中国社会科学院登峰战略优势学科（产业经济学）阶段成果

产业发展的热点与焦点问题 [2018]

HOT SPOTS AND FOCUSES ON INDUSTRIAL DEVELOPMENT (2018)

中国社会科学院工业经济研究所《产业经济学》学科组 ◎ 著

经济管理出版社
ECONOMY & MANAGEMENT PUBLISHING HOUSE

图书在版编目（CIP）数据

产业发展的热点与焦点问题（2018）/中国社会科学院工业经济研究所《产业经济学》学科组著.—北京：经济管理出版社，2019.6
ISBN 978-7-5096-6475-9

Ⅰ.①产… Ⅱ.①中… Ⅲ.①产业发展—中国—2018—文集 Ⅳ.①F269.2-53

中国版本图书馆 CIP 数据核字（2019）第 058190 号

组稿编辑：杜　菲
责任编辑：杜　菲
责任印制：黄章平
责任校对：董杉珊

出版发行：经济管理出版社
（北京市海淀区北蜂窝 8 号中雅大厦 A 座 11 层　100038）
网　　址：www.E-mp.com.cn
电　　话：(010) 51915602
印　　刷：三河市延风印装有限公司
经　　销：新华书店
开　　本：880mm×1230mm/16
印　　张：23
字　　数：613 千字
版　　次：2019 年 6 月第 1 版　2019 年 6 月第 1 次印刷
书　　号：ISBN 978-7-5096-6475-9
定　　价：98.00 元

·版权所有　翻印必究·
凡购本社图书，如有印装错误，由本社读者服务部负责调换。
联系地址：北京阜外月坛北小街 2 号
电话：(010) 68022974　　邮编：100836

前 言

本书是中国社会科学院登峰战略优势学科（产业经济学）的阶段性成果，共收录了 2018 年中国社会科学院工业经济研究所学者发表在《经济研究》《管理世界》《中国工业经济》《财经问题研究》等核心期刊上的 25 篇代表性文章，汇编而成产业经济学领域优秀论文集。

按照文章主体内容进行归纳梳理后，本书共分为四个专题："专题一　高质量发展与新机制、新动能"主要围绕高质量发展机制变革、传统产业转型升级、化解产能过剩以及技术创新等热点问题进行深度剖析；"专题二　绿色发展与能源资源环境"聚焦于工业绿色发展、区域绿色协同发展、资源安全等重要问题进行深入研讨；"专题三　改革与开放"主要是为激发经济活力，综合把握国内、国际两个大局，用好改革和开放两个抓手，试图从混合所有制企业改革与中国出口低加成率之谜等多视角入手进行理性探索；"专题四　中国经济发展回顾与国际比较"是对改革开放 40 年来中国国有企业制度、民营经济改革、产业政策演进及制造业发展等方面主要成就与基本经验的系统总结，并从人类发展指数、新城规划建设等前沿话题开展系统化的国际比较，为推动我国经济持续健康协调发展提供宝贵的经验借鉴。

对于政府、行业、企业及研究机构而言，希望本书对我国产业经济学前沿与热点问题探讨有所裨益，并促进产业经济学研究成果的交流与分享。

目 录

专题一 高质量发展与新机制、新动能

推动高质量发展的变革机制与政策措施 ······ 3
"新经济"与产业的颠覆性变革 ······ 15
新时代传统产业转型升级：动力、路径与政策 ······ 30
项目匹配与中国产能过剩 ······ 40
产业政策中的市场与政府
  ——从林毅夫、张维迎产业政策之争说起 ······ 58
技术赶超的激励结构与能力积累：中国高铁经验及其政策启示 ······ 70
"两驾马车"驱动延缓了中国产业结构转型？
  ——基于多部门经济增长模型的需求侧核算分析 ······ 90
经济政策不确定性、国有投资与民间投资增长背离 ······ 108
中国专利创新的区域特征与空间格局演变 ······ 122
月度 CPI 增速的高频数据预测方法 ······ 137

专题二 绿色发展与能源资源环境

绿色发展与全球工业化的新阶段：中国的进展与比较 ······ 159
中国工业绿色发展的理论与实践
  ——兼论十九大深化绿色发展的政策选择 ······ 174
京津冀绿色协同发展效果研究：基于"煤改气、电"政策实施的准自然实验 ······ 187
资源安全、大国竞争与稀有矿产资源开发利用的国家战略 ······ 201
矿产资源开发收益合理共享机制研究
  ——基于 Shapley 值法的分析 ······ 214

专题三 改革与开放

劳动报酬如何影响出口企业加成率：事实与机制 ······ 227
中国出口低加成率之谜：竞争效应还是选择效应 ······ 240

中国出口企业低加成率之谜及其形成机制
　　——基于资源配置的视角 ·· 260
论混合所有制企业治理创新的五个关键点 ·· 272

专题四　中国经济发展回顾与国际比较

改革开放 40 年中国产业政策的演进与发展
　　——兼论中国产业政策体系的转型 ·· 283
改革开放 40 年国有企业制度的创新与展望 ·· 299
改革开放 40 年中国制造业竞争优势的转变 ·· 313
中国民营经济改革与发展 40 年：回顾与展望 ··· 326
中印两国人类发展指数比较研究 ··· 339
国外典型大都市区新城规划建设对雄安新区的借鉴与思考 ························· 351

专题一

高质量发展与新机制、新动能

推动高质量发展的变革机制与政策措施

史 丹　赵剑波　邓 洲

摘　要：中国经济已由高速增长阶段转向高质量发展阶段。高质量发展体现了发展方式、经济结构、增长动力的根本转变，质量理念将渗透经济社会发展的各方面、各环节和全过程中。在高质量发展阶段，经济增长不能继续依赖传统要素投入数量和成本优势，必须转变新的发展动能，以提高经济增长的质量和效益。贯彻高质量发展的理念，就要以供给侧结构性改革为主线，推动经济发展质量变革、效率变革、动力变革。推动质量变革，是全面提升企业、产业和宏观经济等多层面、各领域的质量素质。推动效率变革，是提高全要素生产率，不断提升劳动、土地、资本等生产要素的使用效率，以更少的要素投入产生更多的产出收益。推动动力变革，是从旧的以劳动力与资本密集投入为驱动力的发展模式转向新的以创新为驱动力的发展模式，实现制度、理论、科技、文化等领域的全面创新，塑造新的国际竞争优势。此外，高质量发展还受到社会文化环境、政策法律环境以及质量技术基础等外部因素的影响，需要夯实高质量发展的环境基础。本文认为，推动高质量发展变革必须贯彻新发展理念，积极推动"三个转变"，持续深化体制改革，营造良好的市场环境，以应对高质量发展阶段面临的新矛盾、新问题。最后，本文提出了制定质量强国战略、提升供给要素质量、以创新为驱动力、加快质量促进立法、强化质量技术基础、培育质量文化等相关政策建议。

关键词：高质量发展；质量变革；效率变革；动力变革；政策措施

一、引　言

数量与质量是辩证统一的关系，在经济发展的不同阶段，数量和质量分别以矛盾的主要方面而存在。改革开放40年来，中国经济持续快速发展，在经济建设领域创造了众多世界第一，经济规模连续多年列居世界第二位，重新回到世界经济大国的历史地位。新时代，粗放型的经济增长方式将难以为继，必须向集约型的增长模式转变。中共十八大明确提出要"切实把推动发展的立足点转到提高质量和效益上来"，"以提高发展质量和效益为中心"。针对中国经济社会发展的历史性成就和当前的发展阶段，中共十九大做出了重大判断，指出中国社会矛盾已经转化为人民日益增长的美好生活需要和发展不平衡不充分之间的矛盾，中国经济已由高速增长阶段转向高质量发展阶段。这两个判断反映了中国经济社会发展的实际状况，揭示了制约经济发展的症结所在，指明了解决当代中国发展问题的着力点。与高速度

---

* 本文发表在《财经问题研究》2018年第9期。

[作者简介] 史丹，中国社会科学院工业经济研究所党委书记、副所长、二级研究员；赵剑波，中国社会科学院工业经济研究所副研究员、博士；邓洲，中国社会科学院工业经济研究所副研究员、博士。

增长相比，高质量发展要求平衡好数量和质量的关系，在充分发展"量"的同时，还要重视解决"质"的问题，在质的提升中才能实现量的有效增长。高质量发展是当前和今后一个时期中国确定发展思路、制定经济政策、实施宏观调控的根本要求，必须深刻认识、全面领会、真正落实。落实中共十九大的决策部署，需要优化经济结构，实施品质革命，改善发展质量；需要转变发展方式，提高增长效率，实现资源节约和绿色发展；需要转换增长方式、实现新旧动能转换，保持中高速增长。如何诠释质量的内涵，推动发展方式、经济结构、增长动力的根本转变，已成为当前中国亟待解决的关键问题。

二、推动经济发展的"三大变革"

高质量发展是发展方式、经济结构、增长动力的转变，为中国经济发展提供新的、系统化的视角。中共十九大报告提出，为了更好地贯彻新发展理念，建设现代化经济体系，必须坚持质量第一、效益优先，以供给侧结构性改革为主线，推动经济发展质量变革、效率变革、动力变革，提高全要素生产率。

（一）推动经济发展的质量变革

质量已经成为中国经济社会发展的关键点和核心要素。经济发展的质量变革体现在企业、产业、宏观三个层面，从高速度到高质量发展的过程就是由量变到质变的转型过程，企业提供的产品和服务具有更高品质、产业结构更加合理、经济运行更有效率，最终实现经济发展更可持续，生态环境更加绿色，社会分配更加公平。

1. 企业层面的质量变革

企业是生产产品或提供服务的经济单位，产品与服务质量是人们感受最直接的质量问题，两者能够满足消费需求、关系人民群众的切身利益。企业层面的质量变革要实现能够提供用户所需、质量合格的产品和服务。根据质量的定义，产品与服务质量是指产品与服务与用户需求的契合度、适用性、满意度。[1]当前，中国经济供给结构不能适应需求结构的变化，由于消费需求已经从满足数量型转向追求质量型，对商品和服务质量的要求越来越高，但供给结构仍重视量的扩张而忽视质的提高。以制造业为例，中国目前虽然是世界第一工业大国，有200多种产品产量居全球第一位，但却无法满足高品质的市场需求，不但一些高档数控机床、集成电路、高端芯片等依赖进口，在很多一般消费品领域仍有大量"海淘"现象存在。

企业经营质量变革，一是要坚持"质量为先"，生产出符合市场需求、性价比合理、安全性与稳定性高的产品和服务，并能够不断满足消费升级的需要。二是要塑造具有影响力的品牌及品牌创造能力。高质量发展意味着要顺应消费个性化、多样化发展的大趋势，努力增加高品质、品牌化产品和服务供给，在产品细节、做工、创新、性能上多下功夫，不断塑造具有全球影响力的知名品牌。三是要夯实产品和服务创新的技术能力和技术基础。技术是质量的保障，没有一流的技术就不会有一流的质量。企业必须坚持以技术创新为核心，不断提高产品和服务的品质，创造出满足消费升级需求的新技术、新产品、新模式和新业态。四是要形成具有提质增效的先进质量管理体系和企业文化。企业质量管理体现在先进质量管理理念和质量管理方法等方面，高质量发展要大力推广卓越绩效、六西格玛管理等先进技术手段和现代质量管理理念方法，并进一步塑造形成中国企业特色的质量管理体系，致力于全面质量绩效的提高。

2. 产业层面的质量变革

产业是国民经济中的基本生产部门，健全的产业体系可以满足人民对物质与精神产品的各项需求。企业经营质量是产业发展质量的组成部分，产业的高质量发展是实现宏观经济高质量发展的重要支撑。从产业发展现状看，中国产业结构仍然以资源密集型、劳动密集型产业为主，产品结构则以低技术含量、低附加值产品为主，在经济效益上还存在高成本、低效益问题，在生态环境上还存在高排放、高污染现象。高质量发展就是要不断推动产业发展从规模速度型转向质量效率型增长、从粗放增长转向绿色集约增长转变，推动产业发展方式向结构更合理、附加值更高的阶段演化。

推动产业层面的质量变革：一是产业体系不断完善。产业体系的完善意味着现代农业、先进制造业、现代服务业等主要产业的完善发展，具有合理的产业结构、组织结构和贸易结构，形成先进的技术支撑和技术创新平台，构建现代化产业体系。高质量的现代产业体系要求产业组织结构优化，不同产业之间结构平衡、产业内各环节联系密切，产业集群具有竞争力，拥有众多世界一流企业等。二是产业结构合理优化。产业结构调整的核心是提高供给体系的质量水平，强化高端制造业、战略性新兴产业、现代服务业发展对供给结构优化的关键作用，不断提升质量竞争力。产业结构合理意味着资源配置合理，以及供给要素和供给体系质量的提升，加之不断适应技术创新水平，从而能够满足消费升级等需求，最终促进和保证经济的高质量增长。三是产业创新能力增强。创新是产业整体实力和发展质量的综合反映，是竞争能力的核心要素，是国家强盛的关键内核。从产出角度看，创新驱动产业转型升级意味着更多新产业、新产品、新技术、新业态的出现。只有实现更多的产业创新产出，才能推动产业不断转型升级，向更高水平的价值链环节发展，形成对产业发展制高点的掌控力。因此，高质量的创新发展就要在中高端消费、创新引领、绿色低碳、共享经济、现代供应链、人力资本服务等领域培育新的增长点、形成新动能，从而引领产业高端化发展。

3. 宏观层面的质量变革

宏观层面的高质量发展除了上述产品与服务质量、产业规模与结构等内容外，还包括直接关系人的更高层次需求问题，质量的内涵从经济层面扩展到社会层面。例如，经济增长与社会稳定性对人的安全性影响，生态环境状况对人的健康的影响，收入分配对公平正义的影响等。长期以来，中国高投资、高消耗、高污染支撑的经济增长必然带来低质量、低效益、低福利的负面结果。中国经济社会发展不平衡不充分问题尚存，而这种不充分和不平衡在各区域、各领域、各方面都有表现，制约着经济发展质量和效益。此外，经济发展规模与生态建设之间不平衡，民生领域的短板有待提升。

推动宏观层面的质量变革，一是要保持适度的经济增长速度及稳定性。经济增长应包括两方面的内容——数量即速度、质量即好坏，两者是辩证统一的关系。高质量发展并不意味着放弃经济增长速度和总体规模的要求，规模与速度是中国经济发展的重要优势。根据中国经济发展战略规划，为了实现到2020年全面建成小康社会的目标，中国经济增长速度只要不低于6%即可，而这一增长速度与中国的潜在增长率基本相吻合。宏观经济的质量好坏还体现在增长的稳定性方面，如果经济增长速度出现大起大落，则反映经济成熟度较低，宏观调控机制不健全，这是发展质量不高的典型体现。近年来，中国经济增速虽然有所下降，但增长的稳定性大大增强，反映了中国经济质量向好的发展趋势。二是要保持经济发展的均衡性与协调性。高质量发展侧重更加宽广领域的协调，满足整体均衡与结构协调。整体均衡是指经济发展速度与效率的平衡，经济发展不但要保持一定的增速，还要处理好结构均衡的问题。高质量发展尤其要注重区域结构与区域之间、城乡之间的协调发展。此外，高质量发展一定是开放的发展，只有融入全球竞争体系，才能够建设现代化经济体系，才能够通过高质量发展构筑中国经济在全球竞争格局中的领先地位，实现与世界的合作共赢发展。三是要保持社会的公平性和包容性。在新的经济发展阶段，质量不仅意味着产品质量、产业结构、宏观质量等从微观到宏观的延伸，高质量发展还需要兼顾生产、生态、生活等多方面需求。社会的公平性和包容性主要反映民生质量水平，民生质量是指经济发展成果为民所享的程度。中国特色社会主义进入了新时代，推动高质量发展必须以人民需求的发展和升级为导向，实现更多的公平和正义，按照人民日益增长的美好生活需要来发展经济。

总之，高质量发展意味着经济发展不仅表现为数量的增加，而且表现为质量的提高。高质量发展体现为优质的国民经济发展质量，意味着国民经济规模壮大、布局合理，经济运行平稳，从生产、流通到消费能够实现良性循环。高质量发展涉及经济增长的全要素、全过程，从要素投入到社会再分配都要实现高质量发展，最终要实现满足人民日益增长的美好生活需要，让改革开放的成果更多更公平地惠及全体人民。

（二）推动经济发展的效率变革

效率变革是推动高质量发展的主线。生产率的变动不仅影响一国的经济增长速度，而且直接决定着其经济增长质量。考察美国、德国、日本、韩国等发达国家的经验，经济增长对全要素生产率的依赖程度呈现不断上升的趋势。如何推进全要素增长率的持续快速增长，这是中国经济走出高投入增长困境、实现高质量发展必须解决的一个重要问题。

1. 提升全要素生产率

高质量发展的效率变革就是要求提升劳动、土地、资本等生产要素的使用效率，并不断提升科技进步贡献率和全要素生产率。从投入产出的角度看，要素投入质量与使用效率的提升，意味着以更少的要素投入产生更多的产出收益，以最小的质量成本产生最大的质量效益。长期以来，中国经济增长主要依赖于资源、土地、人口等初级生产要素的投入，但建立在土地、资源、人口等初级生产要素基础上的传统优势正在边际递减。为了实现粗放型增长向内涵型增长转变，政府制定了一系列促进政策。随着中国整体进入工业化后期阶段，依靠要素投入增加的发展模式难以为继，在资源环境约束趋紧的同时，劳动力要素成本不断提高，产业政策在做强上的效果远远不及做大，中国制造业传统比较优势逐渐消失殆尽。在新一轮科技革命和产业变革背景下，要素投入将更多依靠科技、人力资本、信息、数据等新的生产要素，而传统要素如劳动、资本、土地、资源、环境等的质量需要全面提升。

提升要素投入质量，一方面，要提升员工素质和员工能力，使得员工素质能够与新科技革命和产业变革的要求相适应；另一方面，要不断提升投入资源的利用效率，改变长期经济发展所依靠的要素投入模式。按照供给侧结构性改革研究的观点，只有提升要素投入质量，才能够不断提高产品质量，乃至提升企业竞争力、实现产业转型升级等。产品质量提升也是重要的效益提升途径，高质量意味着制造和维护成本的下降，生产要素利用率因此而得到提升。总之，只有不断提升供给要素质量，不断提升劳动力素质、人力资本和能力，以及提升资源利用的集约程度，供给和需求才能够在更高水平实现动态平衡。

2. 提升产业发展效益

产业发展效益体现在两个方面：质量效益和持续发展能力。质量效益是从生产绩效角度反映产业发展质量，展现制造业质量水平、生产组织效率和产出竞争能力，反映产业发展"好不好"的情况。质量效益提升表现为生产技术水平世界领先、信息化发展水平较高、产品质量水平高、劳动生产率高、创造价值高、占据价值链高端环节等。[2]要素质量提升要能够满足中高端的消费个性化、多样化的要求，通过提升要素投入质量的方式推动产业转型，不断适应需求侧消费升级的需要。按照这一逻辑，只有通过改善供给要素质量和提升供给体系的质量，使得质量需求和质量供给能够在新的高度实现均衡，经济发展才能够实现动态均衡。

持续发展能力体现产业长期发展潜力。走绿色低碳发展之路是提升产业发展效益的重要途径，产业的持续发展需要构建绿色发展的能力。[3]绿色发展是大势所趋，中国绿色生产、绿色技术创新、绿色金融、绿色产业、绿色消费等低碳循环发展的产业体系正在形成。中国单位GDP所消耗的能源与过去相比，更多是绿色、低碳的能源，其增长质量已不同于过去，经济发展正在走向绿色增长。近年来，中国经济出现明显的质量改善、结构优化、环境友好的发展趋势，2012~2016年，中国每万元GDP能耗降低率从3.7%升至

5.0%，到 2016 年清洁能源消费量占能源消费总量的 19.7%。以绿色发展为理念推行低碳工业化，契合人民群众对美好生活的向往及对生活环境品质的需求，符合社会主义市场经济的本质要求。因此，为了实现中国"两个一百年"奋斗目标，实施高质量发展还需要针对绿色发展的根本问题，增加绿色产品和服务有效供给、补齐绿色发展短板，为中国实现低碳工业化、赶超工业发达国家探索一条新路。[4]

3. 提升生态质量水平

效率变革还要提升经济发展的环境友好性。中国经济发展长期以来形成了依靠资源能源消耗的路径依赖，经济增长速度仍优先于经济增长质量，最终经济体量不断增大，质量水平却提升缓慢。经过 40 年高速发展，中国经济在取得历史性成就的同时，资源消耗及生态环境的承载能力已接近峰值和极限，生态环境恶化趋势加快，严重地影响了中国经济发展和人民生活的幸福感。经济增长质量是经济的数量增长到一定阶段的背景下，经济增长的效率提高、结构优化、稳定性提高、福利分配改善、创新能力提高的结果。新时期的经济增长方式要由高速增长进入中高速增长，从数量增长转向质量增长，只有不断提升质量，才能节约资源、减少环境污染，才能提振消费信心、满足人民需要，从而实现有效益、有质量、可持续的发展。

经济发展的环境友好性体现了生态质量水平，生态质量主要描述经济发展对环境的外部性大小，以及满足可持续发展要求的程度。高质量发展要求既能够创造更多物质财富和精神财富满足人民日益增长的美好生活需要，也能够提供更多优质生态产品以满足人民日益增长的优美生态环境需要。在高质量发展过程中，"物耗、能耗、三废排放"越少，生态质量越高。高质量的发展是实现人与自然和谐共生的发展，以绿色发展理念为指导，建设生态文明成为高质量发展的重要组成部分。因此，环境友好和生态质量要求以技术进步和制度优化实现经济发展的资源节约、环境友好，形成持续发展的能力。

（三）推动经济发展的动力变革

动力变革是推动高质量发展的基础。中国长期以来形成的依靠低成本劳动力、资源能源消耗以及投资驱动的粗放型增长方式已经不可持续，发展中不平衡、不协调、不可持续的问题亟待改变。要保持持续、稳定的增长，需要以创新为动力、实施创新驱动发展，切实把发展的立足点转到提高质量和效益上来。

1. 创新成为发展的驱动力

创新之所以成为发展的第一动力，是因为当今世界经济社会发展越来越依赖于理论、制度、科技、文化等领域的创新，国际竞争力越来越体现在创新能力上。中国在改革开放 40 年的时间里，以劳动力与资本驱动的外延式经济发展模式取得了巨大的成就，但这种模式发展至今已遇到瓶颈。中国经济社会的发展不能再继续建立在追加要素投入的基础上，劳动力收入水平的提高、自然资源的加速枯竭、环境保护力度的加强都不允许粗放式的增长和发展再继续，中国传统的要素成本比较优势逐渐消退。中国经济要实现可持续发展，必然需要从旧的以劳动力与资本投入为驱动的发展模式转向新的以创新为驱动的发展模式。科学技术是第一生产力，对劳动力、资本、技术、管理等生产要素具有乘数效用。科技创新的乘数效应越大，对促进产品质量提升的贡献率越大，经济发展的质量也就越高。把创新作为生产要素投入的主要方向，从过分依靠资金、劳动力和物质资源投入的规模，转向加大技术进步、管理创新和技能提高的投入。通过不断提升创新要素的投入比例，实现增长的动力从要素驱动转变为创新驱动，推动经济高质量发展。

中国经济和产业的质量提升已经进入必须依靠技术进步和自主创新的阶段。一方面，新科技革命将使全球技术要素和市场要素配置方式发生深刻变化，将给产业形态、产业结构、产业组织方式带来深刻影响，很可能带动整个产业升级换代，催生全新产业，并对人类经济活动和社会生活产生根本性的影响。从创新视角来看，创新要成为推动高质量发展的主要动力，不断推动经济发展从规模速度型转向质量效率型增长、从粗放增长转向集约增长的转变，推动经济发展方式向结构更合理、附加值更高的阶段演化。创新驱动发展对于中国抓住新一轮科技革命和产业变革机遇、打造国际竞争新优势，对于适应把握引领经济发展新常态、加快新旧动能接续转换，对于决胜全面建成小康社会、实现"两个一百年"奋斗目标，具有十分重大的意义。[5]另一方面，制造业重新成为全球经济竞争的焦点。一些主要发达国家纷纷实施"再工业化"战略，创新发展高端制造、智能制造、绿色制造、服务型制造等创新模式不断成熟。面对全球竞争新态势，中国经济发展只有以创新为动力，不断加快迈向全球价值链中高端。针对经济发展新生动力不足等问题，唯有创新才能驱动质量效益提高、产业结构优化、发展方式转变、增长动力转换。无论对整个国家、某个行业还是一个企业，都只有通过不断加强创新才可能获得质量和效益提升。从发展动力来看，高质量的发展一定是创新驱动，增强技术创新能力是内涵式发展的必然要求，体现产业高端化发展能力和经济长期发展潜力。

2. 新科技革命与创新领域

新科技革命为中国经济发展的动力变革提供新的机遇。中共十九大报告提出，"加快建设制造强国，加快发展先进制造业，推动互联网、大数据、人工智能和实体经济深度融合"。尤其在新产业革命和科技变革背景下，作为下一代通用技术，互联网、大数据和人工智能受到广泛关注。在以人工智能为核心的新技术中，"端""网""云"跨越了不同行业，重新构造和分配行业价值，改变了传统的商业组织形式和商业模式，并由此催生新产品（服务）、新模式、新业态和新产业。新一代信息技术能够改变和解决制造业面临的"痛点"，对于劳动力成本上升导致的竞争力衰退问题，机器人、人工智能等技术能够提高劳动生产率，快速响应个性化需求，并通过产品和商业模式创新满足新的需求；对于生态环境约束和节能减排压力等问题，新一代信息技术能够降低产品消耗、减少排放，提高良品率，减少原材料浪费，降低库存和在制品压力；对于产业链向高端突破难题，新一代信息技术能够缩短产品开发周期、快速迭代，在提高创新效率的同时，向用户提供更多增值服务，向价值链高端攀升。例如，凭借数据和互联网可以实现各个行业全面的信息化、自动化，在高技术行业的应用可以极大提升研究和创新的效率，加速新兴技术的应用和扩散。在全球网络和定位系统、大数据的协助下，视觉计算、语音识别、机器人等各种智能技术将进入教育、医疗、金融、交通等各行各业，目前已经在部分领域成为现实。除了技术层面的变革外，新技术必然带来管理方式、社会思维模式的颠覆性革命。

中国依托庞大的人口基础和互联网普及度，在新一轮科技革命处于有利的竞争地位。从供给侧来看，中国制造业产业门类最齐全、产业链最完整、企业发展层次多，为新一代信息技术与制造业的深度融合提供了庞大的数据量和多样化的应用场景，是很多发达国家无法比拟的优势。大数据和人工智能创新性地与实体经济特别是制造业的融合不仅是新时代的需求，也成为当前振兴实体经济、以智能制造引领产业结构调整、建设现代化经济体系的突破口。从需求侧来看，创新能够实现需求对于供给的引领作用，导致需求拉动型的技术创新成果不断出现。2018年中国零售额将突破5.8万亿美元，将成为世界第一大消费市场。庞大的消费需求和用户基础，使得中国可能产生更多原创性的创新成果。只有以创新为动力，才能不断增强供给侧体系对需求变化的适应性，基于消费需求不断实施技术创新和管理创新，产生基于消费需求的新规则和新机遇，推动中国经济朝着更高质量、更有效率、更加公平、更可持续的方向发展。可以说，新一代信息技术将发展成为未来的支柱产业，与制造业等实体经济的深度融合将为经济发展注入新动能。

总之，中国经济正在由高速增长阶段转向高质量发展阶段，正处在转变发展方式、优化经济结构、转换增长动力的攻关期，建设现代化经济体系是跨越关口的迫切要求。实现高质量发展，就要推动质量变革、效率变革、动力变革等三大重要变革。其中，质量变革是主体，效率变革是主线，动力变革是基础，关键是不断提高全要素生产率，构建现代化经济体系。

三、优化高质量发展的环境基础

高质量发展受社会文化环境、政策法律环境的影响，追求精益求精的质量文化和质量消费自觉有助于创造高质量发展的氛围，良好的法律法规体系能够提供"依法治质"的保障，并形成良好的质量治理体系。此外，推动高质量发展还需坚实的质量技术基础。

（一）社会文化环境

高质量发展需要全方位多层次的质量文化。文化指的是人类在社会历史发展过程中所创造的物质和精神财富的总和。质量文化是伴随工业化进程形成的、渗透工业发展中的物质文化、制度文化和精神文化的总和。[6]文化因素对经济社会发展具有基础性、长期性、决定性影响。自18世纪英国工业革命后，美国、德国、日本等国家形成了各自的现代制造文明。世界最优秀的制造工业，如德国制造、日本制造、瑞士制造，背后都有一丝不苟的质量文化和精神的支撑。所以，质量文化具有传播、认知、规范、凝聚、调控、创新等功能。质量文化有助于实现人的全面发展，是增强工业实力和经济发展的重要手段，是国际影响力提升的重要途径。质量是国家硬实力的体现，是科技水平、创新能力、资源配置、管理能力、劳动者素质的多种因素集成；质量又是国家软实力的体现，质量文化规范经济发展的管理制度、组织形式、价值体系、行为准则、经营哲学等。只有软硬实力兼备，才能赢得优良的经济发展环境，才能推动技术体系、生产体系、资源体系、管理体系发生变化，这些行为会形成新的社会价值观，产生新的文化并推动产业转型和经济发展。

深受延绵数千年农耕文化的影响，中国工商业领域的从业人员普遍具有封闭保守、自给自足、追求快速盈利、做事不精细等显著特征。在近几十年工业化的转型过程中，出现了投机取巧、急功近利等浮躁之风，产品质量和安全问题时有发生。现阶段，中国还未形成追求质量的社会文化环境，主要原因在于：一方面，市场中存在急功近利的思想。中国存在一定的"重商不重工"的普遍心态。从好的方面来说，重商能够加快经济增长；而从坏的方面来看，重商则加重了急功近利的思想，使得中国丧失了在工业和科技上长期的核心竞争力。另一方面，经济脱实入虚现象已经愈演愈烈，越来越多的资金在逃离实体经济，进入房地产市场、商品市场、股票市场甚至债券市场，资产泡沫程度越来越高。由此带来恶性循环，实体经济的回报率越低，资本越投向虚拟经济，资产泡沫程度越来越高，又进一步提升实体经济的运营成本。由于实体经济的持续低迷，企业不断减少质量和品牌的投入，产业转型升级的步伐步履维艰。

随着中国经济发展进入了以文化作为重要支撑的新阶段，必须形成自己独特的工业文化和质量文化。中国经济的转型将越来越取决于能否逐渐形成现代工业文明的社会文化和实业基础，积淀下植根于中国本土的实业精髓。梳理中国产品和服务品牌的个案，中国工商业企业并不缺乏自主创新精神和能力，但如何将这种精神和能力内化为整个社会的文明理念，需要更多标杆企业的出现。因此，在吸收传统优秀文化的基础上，应努力培育和发展符合时代要求的质量文化，为高质量发展提供支撑和保障。培育先进质量文化，需要以社会主义核心价值观为指导，不断推进先进质量文化建设，提升全民质量意识，倡导科学理性、优质安全、节能环保的消费理念，努力形成政府重视质量、企业追求质量、社会崇尚质量、人人关心质量的良好氛围。

（二）政策法律环境

推动高质量发展，要汇聚全社会的共识与智慧，通过微观产品（包括产品、服务与工程）质量的提升驱动产业发展，乃至实现宏观经济和社会发展整体的质量提升。以质量为立足点促进经济社会的全面发展，涉及政府、企业、消费者、社会组织和质量技术服务机构促进高质量发展的治理权限划分与责任承担等复杂的社会关系，有必要制定专门的《质量促进法》，对高质量发展中的社会共治关系进行专门的规范和调整。从发达国家的经验来看，《质量促进法》是一部规定政府、企业、消费者、社会组织和质量技术服务机构等各类质量主体共同分享高质量发展的治理权限，共同促进微观产品、产业发展和经济社会发展质量提升的促进型立法，在法制环境建设、激励制度建立和国民质量意识提升等方面，可以明确政府的主导和推动作用，明确企业、社会组织、质量技术中介机构和消费者的质量权利与义务，对于推动经济社会高质量发展十分重要，也势在必行。

国际上具有成功的立法案例可资借鉴。国外发达国家普遍通过立法和政策，明确构建全社会质量共治机制促进产业和经济社会的发展。在工业化过程中，美、德、日、韩等国家都经历过"质量低谷期"，这些国家普遍采用质量促进立法等举措，促进质量提升与发展，并取得了显著成效。德国建立了一整套有效的"法律法规—行业标准—质量认证"体系，不断完善的法律法规如《设备安全法》《产品安全法》《食品法》等，范围广泛的法律体系成为德国产品质量的根本保证。日本在20世纪60年代把"质量救国"作为国家战略，在全国范围内推广全面质量管理，1999年颁布的《生产基础技术促进基本法》明确规定了国家、公共团体、生产经营者在促进生产基础技术方面的职责，《消费者教育促进法》还专门规定了消费者教育的基本方针和主要措施。为了应对日本制造的竞争，美国政府于1987年推出《质量振兴法案》，通过在制造和服务领域追求卓越、对质量改进工作进行战略规划，提高美国在全球市场的有效竞争力。通过设立"国家质量奖"，实施"卓越绩效评价标准"，激励企业提升产品质量。通过质量促进立法，美国在多个产业领域重夺领导地位。韩国于2005年提出"质量第一韩国"的愿景，出台《质量管理和工业产品安全控制法》，授权产业通商资源部负责企业、公共机构及团体的质量管理综合政策，对提升国家竞争力发挥了重要作用。韩国每五年制定一次质量发展规划，支持质量管理机构和奖励质量管理优秀企业，并推行质量管理体系认证和质量标识监管。

中国现有的质量立法偏重管理型立法，侧重政府质量管理行为的设计与规定，忽视了企业、消费者、社会组织和质量技术服务机构在质量治理中的积极参与和促进作用，单一的质量治理模式是中国质量问题长期得不到解决的根源，亟待通过法律固化全社会质量共治机制，解决质量治理难题。如果通过制定《质量促进法》以法律形式将质量社会共治制度固定下来，促进政府、企业、消费者、社会组织和质量技术服务机构的均衡建设，将能够弥补质量管理型立法对多元主体参与质量治理的制度性短缺，整合不同质量主体的力量共同促进中国经济社会高质量发展。因此，应加快制定《质量促进法》，从根本上提升全社会质量意识，提高质量发展水平，推动中国经济的转型发展。《质量促进法》的制定应借鉴国外质量立法经验，总结国内质量发展实践，着重规定国家质量创新发展的政策措施。

（三）质量技术基础

质量发展的技术基础主要指国家质量技术基础。质量技术基础也是国家质量基础（National Quality Infrastructure，NQI），是经济社会发展技术传承的重要载体。国家质量基础是制造强国的重要支撑，必须建立高水平的质量服务体系，如计量基础、标准体系、认证认可体系、检验检测体系等。[7]通过发挥标准的规范性、计量的基准性、认证认可的公允性、检验检测的符合性，对国家竞争力和产业价值链提供有力支撑，并通过与国际组织的互动，形成与国际市场接轨的国际质量基础，提升国际贸易和合作的竞争力。

质量技术基础具有基础性、整体性、公益性、国际性等特征。[7]从基础性来看，国家政权的建立与稳固必须有统一和权威的计量体系作保证，必须以标准为经济社会发展提供技术规则。质量技术基础通过解决计量的准确性、标准的一致性、认证的公允性、产品的符合性等问题，全面保障质量安全，提升产业竞争力，促进经济社会可持续发展。从整体性来看，计量、标准、认证认可和检验检测相互作用、相互支撑，共同促进质量发展。这四大质量基础不可分割、不可替代。从公益性来看，这四者都是公共产品，都具有公益性科研的特征，需要国家在这些领域投入大量的财政资金，用于支撑在质量技术基础方面的公益性产出。从国际性来看，质量技术基础不仅服务于国内经济社会发展，更是参与国际竞争、维护国家核心利益的有力抓手。计量、标准、认证认可、检验检测已经成为国际通用的"技术语言"，是国际贸易游戏规则的重要组成部分。因此，争夺国际标准制定的主导权和话语权，成为各国特别是发达国家标准化的核心战略重点。

新产业变革和科技革命背景下，质量技术基础的重要意义越发凸显。计量和标准正在成为国际科技和贸易竞争的制高点，认证认可和检验检测已经成为全球质量治理的共同手段。通过推动计量科学、标准和科技来保障经济安全，可以提升生活质量，从而提升创新水平和产业竞争力。尤其在新产业变革和科技革命背景下，巩固国家质量技术基础，能够确保中国在计量、标准等方面的国际领导地位，能够避免新技术带来的复杂、苛刻的计量及标准方面的挑战，维护中国经济和国家安全。高质量发展需要夯实质量技术基础，需要强化质量技术基础保障能力，充分发挥标准的规范性、计量的基准性、认证认可的公允性、检验检测的符合性的功能，提升产业的核心竞争力，为质量提升提供基础性、支撑性作用。夯实质量发展基础，需要加强计量、标准、认证认可、检验检测等国家质量基础设施，提升技术标准水平，增强技术进步对质量提升的支撑作用，护航中国先进制造乃至经济持续发展的能力。

四、实施高质量发展的政策建议

转向高质量发展，这既是当前中国经济发展的现实要求，也是未来中国经济发展的基本目标。高质量发展是协调、可持续、以人民为中心的经济发展方式，推动高质量发展需要贯彻新发展理念，不断提升供给要素质量，以创新为驱动力，加快质量促进立法，强化质量技术基础，并不断培育质量文化。

（一）制定质量强国战略

为了更主动地适应和引领经济发展新常态，加快中国经济提质增效升级的步伐，需要全面贯彻高质量发展的理念。改革开放以来，中国经济快速发展，创造了世界瞩目的"中国速度"，但同时也面临经济发展不可持续的挑战，要实现转型升级，必须跨越创新能力不足和发展质量不高的困境，树立"高质量发展"的理念。2016年发布的《国家创新驱动发展战略纲要》提出了"推动质量强国和中国品牌建设"，《"十三五"规划纲要》提出了"加快建设质量强国、制造强国，要大力实施质量强国战略"。但是，这些战略规划文件中提及的"质量"主要还是产品、服务、工程等层面的质量含义，还没有把质量完全提升到整个经济社会发展层面来考虑。高质量发展的说法拓展了"质量"的内涵，涉及经济社会发展质量水平的提升，是系统工程。经济转型和高质量发展是党和国家的战略选择，中共十九大明确了"高质量发展"的说法，明确了保持中高速增长、产业迈向中高端水平的"双目标"。实施高质量发展涉及经济、政治、文化和社会等各个领域，关系到企业、市场、政府和社会各个方面，既涉及资源配置、劳动者素质、创新要素等投入，又要满足规模、效益、生态、民生等多元目标，还受经济基础、法治环境、文化教育等方面的综合影响，需要在国家战略层面统筹规划、整体推进。因此，确立和制定质量强国战略，设立完善的评价框架和评价体系，有助于全面推进党中央、国务院战略决策的落实，不断落实形成以战略规划、行动计划、专项方案为依托的方案体系。

（二）提升供给要素质量

通过提升供给要素质量，实现全要素生产率的提高，改变对传统投入要素的依赖，实现资源节约型增长。尤其针对产业革命和科技变革的要求，强化科技、人力资本、信息、数据等新生产要素的投入，并不断提升劳动、资本、土地、资源等传统生产要素的质量和效益。在劳动力投入方面，要提升员工素质和员工能力，使员工素质能够与新科技革命和产业变革的要求相适应。针对科技革命和产业变革，密切结合生产实际需要，培养高素质的知识型员工和产业工人，实施全员质量提升工程，全面提升决策者、管理人员、产业工人的质量素养和职业精神。在生产工具投入方面，充分利用新科技革命中产生的新技术、新工艺，齐头并进地推动生产装备在数字化基础上向网络化、智能化转变，提高生产过程的智能化水平。在资源和能源投入方面，要依靠技术进步，不断提高清洁能源、生态友好型资源的使用比例，不断提高资源和能源的转化效率。在产业政策制定方面，逐步实现各项政策的转型和优化，提高政策的长期性、普惠性、引领性和国际化，优化政策传导机制，使政策能够有效适应高质量发展的新需求。

（三）加快新旧动能转换

要加快新旧动能转化，使创新替代要素投入的增加成为驱动高质量发展的主要动力。满足高质量发展的新要求，构建高效的国家创新体系，加快突破制约高质量发展的技术和制度短板。在技术创新方面，瞄准世界科技前沿，强化基础研究，加强应用基础研究，突出关键共性技术；在制度创新方面，要形成有利于创新活动开展、有利于创新成果交易和转化、有利于创新主体获得应得收益的环境。鼓励创新是提升产品质量的重要途径。科技创新与产品质量改进密切相关。没有深刻的动力变革，质量变革、效率变革都难以实现。应大力培育发展新动能，加强国家创新体系建设，深化科技体制改革，建立以企业为主体、市场为导向、产学研深度融合的技术创新体系，加强对中小企业创新的支持，促进科技成果转化。倡导创新文化，强化知识产权创造、保护和运用。优先发展教育事业，加快教育现代化，建设知识型、技能型、创新型劳动者大军，弘扬劳模精神和工匠精神，加快从劳动力数量红利向质量优势转换。培养造就一大批具有国际水平的科技人才和创新团队。激发和保护企业家精神，鼓励更多社会主体投身创新创业。

（四）健全质量法律法规体系

加快制定《质量促进法》，从根本上提升全社会质量意识，提高质量发展水平，推动中国经济的转型发展。《质量促进法》的制定应借鉴国外质量立法经验，总结国内质量发展实践，着重规定国家质量创新发展的政策措施。明确《质量促进法》的性质定位和基本功能，协调相关法律法规之间的关系，完善中国质量促进体系。将产品质量、工程质量、服务质量、环境质量纳入相应的法规条例。《质量促进法》的制定应立足于中国的国情和实际，充分借鉴域外质量促进立法的成功经验，着重规定国家质量创新发展的政策措施。《质量促进法》的基本功能定位于通过巩固质量社会共治体系与机制，合理配置政府、企业、消费者、社会组织和质量技术服务机构的质量促进权限，完善中国质量促进的责任体系；优化质量管理体系，实现质量监管与质量提升并举；构建社会共治体系，加快形成以市场监督为主的市场自治体系；统一规定各主体参与促进质量发展的基本职责，构建均衡的促进质量发展的社会共治机制；合理配置各主体的质量促进权限，明确质量促进的行为模式和路径，形成"企业自主、市场调节、行业自律、社会参与"的质量共治格局；严格企业质量主体责任，提高企业质量管理水平；营造优胜劣汰的市场环境，各类市场主体依法开展生产经营、平等受到法律保护、公平参与市场竞争。

（五）全面强化质量技术基础

加强计量、标准、认证认可和检验检测等质量技术基础，努力扩大高质量产品和服务供给；推动质量服务市场化，加强检验检测、计量校准、合格评定、信用评价等服务的市场化供给水平；推进质量创新能力建设，加强标准化工作，强化计量基础支撑作用。推动完善认证认可体系，加快检验检测技术保障体系建设；推动质量服务市场化进程，加强第三方质量管理、检测认证等质量技术推广服务机构建设；利用大数据等新一代信息技术，推进质量技术基础要素融合，打造"一站式"公共服务平台，更好地为企业提供计量、标准、检验检测、认证认可、品牌建设等全方位服务，提升质量竞争力；坚持试点引领，总结地方质量技术基础服务示范先进经验和典型做法，以点带面、逐步推广；紧密围绕新产品、新模式、新技术和新业态，创新质量技术基础服务支撑，充分发挥质量技术基础在促进产业转型升级、推进供给侧结构性改革等方面的基础和引领作用。

（六）培育工匠精神和质量文化

在国家战略层面，树立质量强国意识，在全社会引导树立质量诚信文化；培育先进质量企业，转换以规模换成本、以成本换价格的竞争模式，树立以创新、质量、品牌为先的发展理念；引导企业牢固树立"质量是企业生命"的理念，实施以质取胜的经营战略，将诚实守信、持续改进、创新发展、追求卓越的质量精神转化为社会、广大企业及企业员工的行为准则，抵制违法生产经营行为；加大质量宣传力度，形成政府重视质量、企业追求质量、社会崇尚质量、人人关心质量的社会氛围；重视质量管理对塑造工匠精神的重要作用；塑造工匠精神，对消费者存敬畏之心，不让低质产品流向市场，在全行业倡导精益求精的工匠精神；加强全面质量管理，推广卓越绩效管理、精益制造、标杆管理、六西格玛管理等先进质量管理模式，培育形成工匠文化；在全社会宣传和践行工匠精神；在中国质量奖等评选表彰中提高一线工人的比例，树立"大国工匠"标杆，提高技能劳动者的荣誉感和社会地位，使工匠精神成为企业决策者、经营者和全体员工共同的价值取向和行为准则；加强质量人才队伍建设；培育先进质量人才，探索开展高校教育、职业技术教育及工业文化普及、先进制造业人才培养的结合试点，广泛开展工业文化教育等，培养出高质量的工程类人才，以及符合新型工业化道路的创新型人才。

参考文献

［1］中国社会科学院工业经济研究所"质量强国"研究课题组．中国经济转型中质量强国战略框架体系［J］．财经智库，2017（5）：23-40.

［2］国家制造强国战略咨询委员会，中国工程院．制造强国（综合卷）［M］．北京：机械工业出版社，2015.

［3］史丹．能源转型与低碳工业化道路［J］．理论视野，2017（11）：29-32..

［4］苗圩．发展经济的着力点放在实体经济上［A］//本书编写组．党的十九大报告辅导读本．北京：人民出版社，2017.

［5］史丹．中国工业绿色发展与低碳工业化［A］//中国社会科学院工业经济研究所．中国工业发展报告（2017）．北京：经济管理出版社，2017.

［6］王新哲，孙星，罗民．工业文化［M］．北京：电子工业出版社，2016.

［7］"制造质量强国战略研究"课题组．制造质量强国战略［J］．中国工程科学，2015（7）：24-28.

The Change of High - Quality Development: Mechanism and Policies

Shi Dan, Zhao Jianbo, Deng Zhou

Abstract: China's economy is shifting from high - speed growth to high - quality development. Promoting high - quality development is necessary for sustainable and healthy economic growth, as well as to achieve the goal of building a moderately prosperous society in an all-round way. Based on the analysis of high-quality growth, the paper proposes that as a new development concept in the era of new normal, it includes quality change, efficiency change and driver change. The quality change refers to the improvement of quality in three levels of macro-economics, industrial development, and business management. The efficiency change refers to total factors efficiency, and improve the efficiency of labor, capital etc.. The driver change refers to the shift from investment-driven to innovation-driven mode. In contrast, "High-speed" growth, which was typical to intensive industrialization, is now morphing into "high-quality" growth. More significantly, China aims at high-quality development, while fostering a quality-driven development mode along with developing base and process, and further improving the country's economic scale and structure, such as the growing contribution of innovation, the emerging influence of high-tech sectors, the narrowing gap between rural and urban areas, and the successful reduction of excessive carbon emission, all of which point to solid progress in pursuing high-quality development. The goal of high-quality growth is to ensure better quality, fairer and more efficient and sustainable development, and to meet people's ever-increasing demand for a better life. To achieve high-quality development, the paper proposes some policies and measures, including of making new Quality strategy, conducting innovation-driven development and seeking new growth areas through supply-side reform.

Key Words: High-quality Development; Quality Change; Efficiency Change; Driver Change; Policy Measures

"新经济"与产业的颠覆性变革

李晓华

摘　要：在以新一代信息技术为代表的一组通用目的技术的推动下，"新经济"再次浮现，成为世界各国经济中投资最火爆、创新最活跃、增长速度最快的领域。"新经济"的技术经济特征表现为以新科技为根本动力、数据成为生产要素、万物互联、智能无处不在。在"新经济"条件下，新科技通过自身发展壮大和与其他产业深度融合两个方面推动产业的更新与新旧动能的转换，具体表现为产业在产品形态、业务流程、产业业态、商业模式、生产方式、组织方式、治理机制、劳资关系等方面发生颠覆性变革。需要使市场在资源配置中起决定性作用的同时，更好发挥政府作用，为"新经济"发展创造良好环境。

关键词：新经济；颠覆性创新；产业变革；新动能

一、"新经济"提出的背景

"新经济"（New Economy）一词是由《时代周刊》在1983年的一篇封面文章中最早提出的，该刊用"新经济"描述从重工业向以技术为基础的经济的转型。[1]"新经济"一词的真正流行则始于《商业周刊》杂志主编谢泼德（Stephen B. Shepard，1997）在该杂志刊发的一篇题为"新经济：其真实含义是什么"的文章，他指出："新经济是指实际GDP大幅度增长，公司运营利润上升，失业率低，通货膨胀率低，进出口之和占GDP的比例上升，GDP增长中高科技的贡献度比重上升。"[2] 广义上，"新经济"是指美国经济20世纪90年代初到2001年互联网泡沫期间出现的高增长、低失业和低通胀并存的一波经济繁荣。由于信息技术特别是互联网技术是推动美国这一时期繁荣的技术基础，互联网产业是其中的热点，信息技术在获得广泛应用的同时也催生出一大批互联网公司，因此"新经济"也被狭义地理解为"以信息为基础的经济"，也有人称为"数字经济""知识经济"。但是随着2001年互联网泡沫的破裂，新经济无论在政界、学界还是媒体都归于沉寂。

尽管"新经济"的热潮不再，但是科技仍然在潜滋暗长孕育着变革爆发的力量。例如，2006年，亚马逊和谷歌先后推出弹性计算云服务（Elastic Computer Cloud）和提出"云计算"概念，开启了人类利用计算机资源的云计算时代。[3] 新科技的身影也逐渐被学术界和各国政府捕捉。2012年4月，英国 Economist（2012）刊出以"第三次产业革命"为题的特别报道，引起了国内外对第三次工业革命的关注和热烈探讨。[4] 2013年，德国工程院、弗劳恩霍夫协会、西门子

＊ 本文发表在《财经问题研究》2018年第3期。
［作者简介］李晓华，中国社会科学院工业经济研究所研究员。

公司等德国学术界和产业界在汉诺威工业博览会上发布《把握德国制造业的未来——实施"工业4.0"攻略的建议》，提出以"信息物理系统"（CPS）为特征的第四次工业革命已经到来。李克强总理在2016年的政府工作报告中重提"新经济"，使"新经济"的概念在我国再次进入人们的视野。在2016年2月24日的国务院常务会议上，李克强总理指出："中国经济发展到今天，正面临转型的阵痛期，再让传统动能继续保持过去那样的高增长，不符合经济规律。但只要我们坚韧地走过来，让'新经济'形成新的'S型曲线'，就会带动起中国经济新的动能。"从我国经济发展的实际情况看，高新技术产业、战略性新兴产业的增长速度明显高于工业平均水平，信息传输、软件和信息技术服务等与"互联网+"相关的服务业保持高速增长，网上购物、移动支付、网约车和共享单车等新模式创新活跃，具有新特征的经济部门表现出巨大的活力和发展潜力。

然而作为否定之否定，当下的"新经济"与20世纪90年代美国的"新经济"无论在技术基础还是在产业结构、运行规则等方面都存在显著的不同。已有学者注意到，以互联网技术为核心的新一轮科技革命对服务业的资源配置方式以及商业模式、竞争方式、激励机制、评价视角等方面的影响，需要用新的经济学理论进行解释。[5]本文在对"新经济"的技术经济特征进行分析的基础上，对产业在产品形态、业务流程、产业业态、商业模式、生产方式、生产组织、治理机制、劳资关系等方面的颠覆性影响进行研究，在此基础上对中国大力发展"新经济"、加快实现新旧动能转换提出政策建议。

二、"新经济"的技术经济特征

"新经济"是相对于旧经济或传统经济而言的。由于"新经济"部门有着相对国民经济其他部门更高的增长速度，是社会投资的热点，因此"新经济"在宏观上表现为与新技术的使用和深度融合为特征的经济部门（或经济领域）的高速增长和在国民经济中比重的提高。随着新经济部门的发展壮大和对其他领域的渗透，整个国民经济将会呈现高增长的"新经济"特征。当前"新经济"的技术经济特征主要包括以下四个方面。

（一）新科技是根本动力

每一次工业革命都是由通用目的技术（General Purpose Technology，GPTs）的成熟和广泛使用而推动的。所谓"通用目的技术"，是相对特定技术（Specific Technology）而言的，是指具有得到广泛应用、可以进行持续的技术改进、可以在应用领域促进创新等三个特征的技术。[6]驱动18世纪中后期第一次工业革命的通用目的技术以蒸汽机、纺纱机、炼铁为代表；驱动19世纪中期开始的第二次工业革命的通用目的技术主要包括发电机、内燃机、电动机、冶金、石油冶炼、化学、铁路、汽车、电话等；驱动20世纪四五十年代第三次工业革命的则是集成电路、计算机、软件、原子能、空间技术、生物技术等通用目的技术。通用目的技术会引发社会、经济全方位的变革，并由此带来生产效率提高、经济增速加快以及国家之间竞争优势的变化，整个国民经济呈现"新经济"特征。李克强总理在政府工作报告中提出的"新经济"是新技术、新要素、新产品、新模式、新业态、新产业的集合，其中"新技术"是新经济的根本推动力。

从技术基础来看，无论是20世纪90年代美国的新经济还是当前中国的"新经济"都是由新的技术变革推动。美国"新经济"的推动力是第一代信息技术，互联网从一种通信方式转变为一种商业模式，其应用领域从电子邮件、新闻传播渠道扩大到门户网站以及B2B、B2C电子商务等新兴商业模式或产业，涌现出以雅虎、亚马逊、eBay为代表的互联网公司。与美国20世纪90年代的"新经济"一样，中国当下的"新经济"也是在新技术的推动下产生和发展的，但是与美国新经济主要以信息技术特别是互联网技术的推动不同，当前中国的新经济是由一系列重大技术创新构成的通用目的技术集群推动的，具体包括：①新一代互联网技术群，包括云计算、大数据、物联网、移动互联网、区块链等；②新一代信息技术，包括人工智能（AI）、虚拟现实VR（增强现实AR/混合现实MR）、智能传感器等；③先进制造技术，包括高性能机器人、3D打印等；④生命科学技术，包括基因工程、脑科学等。此外，还包括新材料（以石墨烯为代表）、可再生能源等新技术。根据Gartner在2017年7月发布的报告，增强数据挖掘、边缘计算、物联网平台、深度学习、机器学习、认知专家顾问、软件定义安全等新兴技术将会在2~5年成熟。[7]

美国"新经济"时期的互联网技术主要应用于个人消费、办公室等服务性质的场景，是商业互联网、消费物联网。在当前中国的"新经济"阶段，以新一代信息技术为代表的新技术集群的应用则不局限于信息技术领域本身和服务性质的活动，而是已经应用于生产、生活的许多方面，并且应用范围仍在不断扩展，互联网从之前的消费互联网、商业互联网向产业互联网演进，与各个产业领域以及产业链的各个环节深度融合。

（二）数据成为生产要素

能够创造财富的传统生产要素是土地、资源、资本、劳动力。但历史地看，人类对资源和生产要素的认识是随着技术的发展逐步变化的。在蒸汽时代之前，煤炭基本上不能为人类大规模利用；在电气时代之前，石油和天然气也几乎不是资源，还有许多工业副产品和废弃物也曾经不是资源，回收技术的发展使这些废弃物成为新的"矿山"。大数据、云计算、物联网、人工智能等技术的发展，给我们打开了利用新的资源的大门。由于技术的制约，长期以来数据很难产生价值，往往是生产活动的副产品。但是信息技术的发展使数据无用的状态发生了根本改变。一方面，随着智能传感器、移动互联网、物联网等技术的发展，数据的产生速度、产生规模出现了爆发式增长，数据低成本的生成、采集、传输、存储成为可能；另一方面，大数据、人工智能等技术极大地提高了数据处理效率、降低了处理成本，使海量的、非结构化的数据清洗、分析、使用成为可能。企业不但可以通过数据分析发现用户需求、提高生产效率，更重要的是对数据处理的结果本身就可以作为产品/服务提供给用户。以航空发动机制造商为例，航空发动机的工作效率直接影响油耗，从而影响航空公司的效益，为提高产品竞争力，传统上航空发动机公司需要不断改进发动机的材料、设计、加工工艺，以提高发动机性能；但是依托大数据分析，发动机公司可以在不改变发动机物理状态的情况下，通过分析飞行员的驾驶数据，改进飞行员的驾驶习惯，使发动机工作效率得到显著提高。如果说土地是农业时代的原材料，钢铁是工业时代的原材料，那么数据就是信息时代的原材料[8]，数据已经成为数字经济时代的关键要素[9]，因此英国《经济学人》杂志评论道："对本世纪来说，数据就像上个世纪的石油一样是增长和变革的动力。数据的流动创造新的基础设施、新商业、新垄断、新政治，以及更关键的新经济"[10]。数据成为价值的重要来源，掌握和利用数据的能力成为决定企业竞争优势的关键因素。

（三）万物互联

在互联网发展的早期，连接主要发生在人与人之间、人与物之间，前者如通过电子邮件、即时通信软件、社交网络实现人与人之间的交互，后者如通过摄像头、传感器（温度、湿度、压力等）、控制总线、物联网等，掌握生产设备的工作状态。在"新经济"条件下，支持移动传输的3G、4G通信网络成为普及型的通信基础设施，卫星通信和卫星定位成本大幅度降低，智能终端（手机、平板电脑）的普及率远远超过台式电脑等固定终端，传感器的精度更高且更加智能，软件的功能更加强大，这就使得通信网络更加泛在化，在任何时间、任何地点实现万物互联成为可能。不但更多的物体被接入互联网，而且互联网、传感器和软件将人、设备（产品）、自然资源、生产线、物流网络、资金流等经济和社会生活中的各个方面连接起来，不仅是人与人之间的联系，而且是物与物、物与服务、服务与服务、人与物、人与服务的连接（见表1），接入单元的数量、交互的频次、产生的数据量等方面实现指数级的增长。在制造业领域，制造企业通过无处不在的传感器、嵌入式终端系统、智能控制系统、通信设施，在企业内部以及与供应商、经销商、客户和商业生态形成数字化连接网络，德国工业4.0战略提出的未来工业愿景将之概括为横向集成、端到端集成和纵向集成。横向集成涉及存在供应关系的企业间的连接；端到端集成是从产品开发到制造工程、产品生产和服务等价值链全过程的数字化连接；纵向集成是以工厂内部的数字化连接为基础。[11]

表1　万物互联的类型与代表性示例

类型	代表性示例
物与物	生产设备之间、生产设备和零部件之间可以实时通信，掌握对方的工况
物与服务	基于产品采集的数据，向用户提供增值服务（在线监测、个性化解决方案）
服务与服务	不同服务系统之间交换数据，提供更精准的服务，如基于搜索信息进行电商产品推送
人与物	可穿戴设备实时采集运动、健康数据，与智能家居进行交互
人与服务	通过互联网、智能终端获得各种服务

（四）智能无处不在

对人工智能的研究是伴随着现代计算机的出现而出现的，并出现三次人工智能发展的高潮。第一次是20世纪五六十年代，人工智能的许多基本理论被提出；第二次是20世纪八九十年代，以IBM深蓝战胜人类国际象棋冠军卡斯帕罗夫达到它的顶峰；第三次人工智能浪潮自2006年开始，到2016年DeepMind公司的AlphaGo战胜人类世界围棋冠军李世石，引起社会各界的极大关注。与前两次相比，第三次人工智能浪潮真正从科学家的实验室走进工厂和千家万户，成为一种实用的、对经济社会具有颠覆性影响的技术。人工智能技术商业化的原因主要有三个方面：一是人工智能算法的演进，20世纪八九十年代的主流技术是基于统计、规则或实例的，如专家系统、统计模型，目前的人工智能则是建立在深度学习技术的突飞猛进发展之上；二是随着GPU在人工智能领域的使用以及专用人工智能芯片的开发，计算机处理能力和运算速度获得大幅度提高；三是互联网技术的发展和广泛产生海量的数据。利用海量数据，深度学习算法能够进行训练、学习并不断提高。因此，"人工智能＝深度学习＋大数据"是最为普遍接受的认识[12]，也有人将算法、算力和大数据概括为人工智能的三大基石。目前，人工智能技术已经在搜索引擎、图像识别、翻译、新闻推荐和撰稿、金融投资、医疗诊断、工业生产、无人驾驶汽车等生产、生活的许多领域获得实际的应用，并为企业创造出真正的价值，而且人工智能的应用领域仍在持续、快速扩大。可以预见，在不远的将来，人工智能将无处不在，所有的产品（服务）都将是智能产品（服务），所有的生产系统都将是智能生产系统，而且人工智能技术将贯穿于价值链的全过程和产品的整个生命周期。

三、产业的颠覆性变革

"新经济"条件下产业的颠覆性变革受到产业界的高度重视。在2016年10月的云栖大会上，马云提出"五新"概念，即新零售、新制造、新金融、新技术、新能源，并在2017年7月成立阿里巴巴"五新"执行委员会，负责全面落实"五新"战略的执行。阿里巴巴是根据自身的优势和战略布局，从具体产业的整体视角来认识产业的颠覆性变革。实际上按照这一分类标准，新产业远不止"五新"，任何因新科技出现或与新科技融合发生颠覆性变革的产业都可以称为新产业，如新农业、新物流、新娱乐、新教育等。要把"新经济"下的产业颠覆性变革讲清楚，不是要列举哪些产业发生了变化，而是要一般性地总结出新科技会使产业内部发生怎样的变化。

新科技能够从两个维度推动新产业的形成。第一个维度是作为一种使能技术（Enabling Technology），以新一代信息技术为代表的新科技在其他产业中的广泛使用会带来产业运作方式的显著改变，从而使旧产品（服务）转化为新产品（服务），旧产业重生为新产业。例如，人工智能、移动互联网、激光雷达、毫米波雷达、GPS等技术的使用使汽车向无人驾驶汽车快速演进，围绕汽车形成的产业生态将会被颠覆。第二个维度是新科技会直接转化为可供销售的产品和服务，当这些产品和服务的规模扩大到一定程度就形成了新产业，如新一代信息技术发展而来的云计算服务、大数据服务；虚拟现实技术发展而来的虚拟现实头盔、眼镜以及虚拟现实视频；智能传感器与互联网结合而形成的可穿戴设备、智能家居；机器人技术进一步发展所形成的服务机器人、手术机器人；生命科技产业化形成的基因测序、精准医疗服务。新科技所形成的新产品、新服务不仅改造新产业，而且其所属产业本身也以新的运作方式生产、供应和消费。同时，传统产业在与新科技融合后的生产率提升、成本降低、竞争力增强、市场规模扩大、盈利状况改善，反过来又会带动对新科技的需求，从而推动新科技直接形成的新产品、新服务所属产业的发展。无论新产品、新服务还是新的运作方式都会使产业发生深刻变革，即形成新产业，如图1所示。新科技对各个产业的影响将是全覆盖的，相对于哪些产业会发生巨大改变，新科技对产业内部的影响更具有普遍意义。本文将产业新的运作方式概括为组织和业务两大类以及产品形态、业务流程、产业业态、商业模式、生产方式、生产组织、治理机制、劳资关系八个方面，并具体分析这八个方面在新经济条件下颠覆性变革。

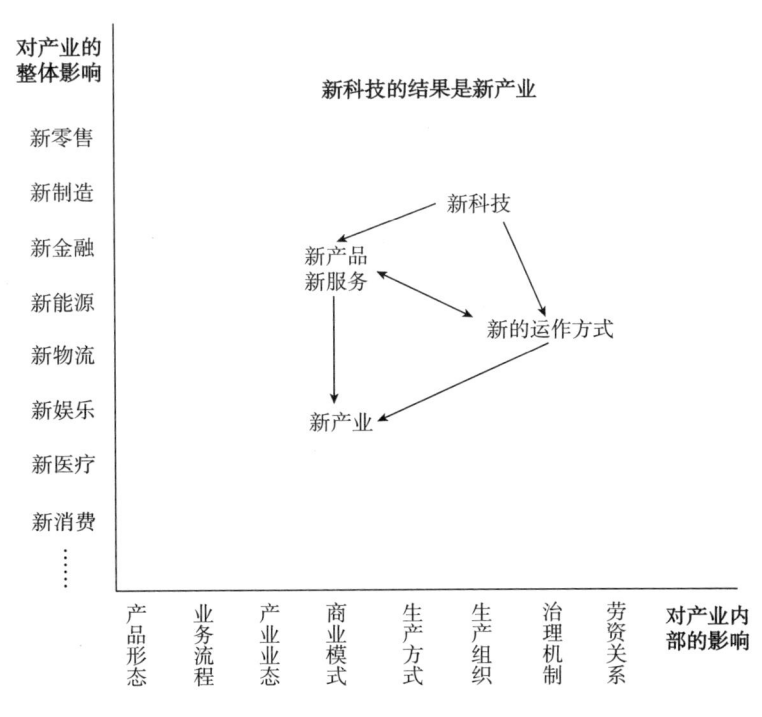

图1　新科技的产业影响

（一）对业务的影响

业务的颠覆性变革涉及企业经营的微观层面，包括产品形态、业务流程、产业业态和商业模式四个方面。

1. 产品形态

在工业经济时代，我们所使用的产品与服务基本上以所见即所得的形式存在，也就是说，我们使用的产品或服务就是我们看到的全部。但是随着信息技术的进步，一件产品在具有物理形态的同时也具备虚拟的和数字的形态，成为物理实体与数字虚体的组合，即"数字孪生"（Digital Twin）。所谓数字孪生，是以数字化方式为物理对象创建的虚拟模型，来模拟物理对象在现实环境中的行为。[13]数字孪生包括三个部分：实体空间中的物理产品、虚拟空间中的虚拟产品，以及将虚拟产品和实体产品联系在一起的数据和信息的连接。[14]由于数字孪生实现了物理产品与虚拟产品之间的完全映射，两者的运行数据完全相同，因此企业可以根据实体产品传导到数字世界中的运营参数进行监控、分析，基于大数据、人工智能等技术将实体产品的运行状态调整到最优。GE刚刚卸任的CEO杰夫·伊梅尔特就说，借助物理设备的数字化孪生模型，引擎、涡轮、核磁共振仪等机器可以快速调校和持续升级，从而使机器保持良好运行状态，提升可靠性和适应性，创造更多价值。对于用户来说，他们可以直接接触数字化的虚拟产品，而由企业设立在远程的实体产品提供物理上的支撑。例如，我们使用手机上的各种APP，虽然也使用了手机本身的计算（CPU）和存储能力，但各种服务主要是由企业在远端的服务器提供。

虚拟产品与实体产品的分离还引发"新产品"的"产用合一"①特征。一方面，用户在使用实体产品的同时，企业可以在用户感知不到的情况下，对虚拟产品进行调整并将调整的结果反馈到实体产品上，用户每一时刻使用的产品与上一时刻的产品并不完全一致，例如，当我们在手机上使用新闻客户端时，APP后台系统会根据我们使用的情况动态调整新闻的推荐顺序。另一方面，对于许多平台型产品来说，平台企业只是提供产品架构和后台基础设施，构成产品的核心层，再加上平台参与者及其活动，才构成平台用户所需要的完整产品，这就意味着平台用户在使用平台的同时参与平台的生产活动。对于网约车用户来说，网约车平台和网约车司机的抢单及后续用车服务才构成一个完整的产品；而对于网约车司机来说，网约车平台和乘客的下单及后续的付款、评价才构成一个完整的产品。无论是乘客还是网约车司机，都在使用网约车平台的过程中参与完整产品的生产，而网约车平台提供的服务也在乘客和司机使用的过程中时刻发生变化。

2. 业务流程

在工业时代，制造企业的生产流程一般是由研发部门开发新产品，随后被认为具有市场潜力的产品进行大规模生产，最后通过分销渠道将产品销售给最终用户。尽管随着社会生产由供不应求时代进入供大于求时代，企业对待市场的导向由生产观念、产品观念、推销观念转向营销观念，即以工厂为出发点转向以目标市场为出发点[15]，但是，所谓的以市场为出发点也仅是通过小样本的抽样调查、零星的用户反馈或小规模试销售获得用户的需求信息。这种方法存在以下弊端：第一，小规模的调查、试销或用户反馈很难反映所有用户的需求；第二，企业在对抽样、试销和用户反馈信息处理后往往只提取共性特征，许多个性化的需求信息被忽略；第三，即使企业关注个性化需求，但是由于与大规模生产相比高昂的成本，企业也很难把个性化定制付诸实践。因此，工业化时代的生产流程根本上还是以企业为出发点指向用户的，即M2C（Manufacurers to Customers，生产厂家直接对消费者）或M2B2C（Manufacurers to Business to Customers，生产厂家通过中间商连接消费者）模式。

在"新经济"时代，连接、数据、智能等特征使生产流程发生颠覆性变化。由于交易成本的大幅度下降，制造企业可以摆脱中间商找到并服务于它的最终用户，用户也可以越过中间商发现商品的实际生产和提供者，生产过程呈现去中介

---

① "产用合一"的概念由《新型工业化》杂志社杨青峰先生率先提出。

化的趋势[16]，业务流程由生产商驱动转向用户需求驱动，即 C2M（Customers to Manufacurers，生产厂家直接对接消费者）成为可能。通过互联网、移动互联网、物联网建立起的企业与用户之间的连接，不但能够使企业掌握用户使用产品的情况，而且用户可以直接向企业发送他们的产品需求；基于连接产生的大数据可以让企业了解用户的产品使用习惯，实时掌握生产进度、供应链的运转状态；数字化的设计工具、可重构生产系统、人工智能、虚拟现实、3D 打印等技术使企业创新链、供应链、价值链更具柔性，单个产品的设计、生产过程效率更高、成本更低、时间更短，按需定制产品与大规模生产产品的成本差距大幅度缩小，大量个性化的需求得以满足。总之，在智能传感器、物联网、机器人、3D 打印等硬技术和大数据、人工智能等软技术的支撑下，制造系统、服务系统将具备敏捷感知、实时分析、自主决策、精准执行、学习提升等能力，在不需要或极少需要人工干预的情况下，根据用户需求智能化地管理供应链和服务链，高效率地提供与市场需求相匹配的产品和服务，生产流程真正转变为以用户为起点，从用户的真实需求出发组织研发、生产，甚至定制化设计、生产和交付。在高度劳动密集型的服装行业，衬衣、西服等品类已经可以做到量体裁衣、按需定制，以大规模定制的成本生产定制服装产品。由于研发设计、加工制造、产品销售、用户服务相互之间实现连接和数据的实时传输，各个环节几乎同步进行，研发、制造、销售之间的界限变得模糊。同时由于 M2C 实际上是一种按需生产方式，因此只要需求和生产的流程不中断，就可以避免工业经济时代普遍存在的库存积压问题。

3. 产业业态

业态是日本学者提出用于描述零售业具体经营形式的词汇，店铺位置、规模、经营结构、价格政策、销售方式、服务等共同决定一种商业业态，如百货商店、超市、大型超市、购物中心、专卖店、工厂折扣店、仓储式会员店、便利店、食杂店等。近年来，业态一词有泛化使用的趋势，但是却一直没有准确的定义和内涵界定。笔者认为，产业业态是指一个产业所呈现出来的具体的存在或运作形态。在新一代信息技术的推动下，产业呈现出融合发展的趋势，通过产业与产业之间的融合形成各种新型产业形态。就制造业而言，其与服务业之间的界限日趋模糊，呈现出制造业服务化的趋势。在工业时代，制造业以加工制造产品为中心，企业通过销售市场需要的产品获得收入和利润。但是在"新经济"时代，随着用户需求趋于多元化以及物联网等信息技术推动的连接和数据实时传输，制造企业提供更多基于其制造产品的服务成为必然趋势。制造业的服务化呈现出以下特点：第一，由以产品为中心向以客户为中心转变；第二，由加工组装为主向以"制造 + 服务"转变；第三，由一次性交易产品向长期提供服务转变；第四，由以产品为价值来源向以"产品 + 服务"的组合为价值来源。制造业的服务化打破了制造业与服务业的界限，也对国民经济统计提出了挑战。按照传统的国民经济产业分类标准，已经很难准确反映产业的规模以及产业之间的比例关系。产业融合与新业态的形成不仅发生在三次产业之间，也发生在细分产业之间，从而使国民经济各个行业的存在形态发生颠覆性的变化。

4. 商业模式

商业模式是一家企业如何为客户创造价值、传递价值以及从中获得价值的模式。奥斯特瓦德和皮尼厄（2016）认为，企业商业模式的选择取决于客户细分、价值主张、渠道通路、客户关系、收入来源、核心资源、关键业务、重要合作、成本结构九个方面[17]，这九个方面内容及其组合的变化就会推动商业模式的变革。新一代信息技术及其利用带来的万物互联、数据成为生产要素、智能无处不在，会使上述多个方面发生改变，从而催生新的商业模式。在数字经济时代，典型的商业模式包括长尾、免费、平台、分享等，都是技术变革的颠覆性结果。在实际生活中，这些商业模式常常被组合使用。

（1）长尾。在任何市场上，利基产品都远多于热门产品。在传统经济中，由于受到销售成本的限制，企业更愿意利用有限的货架空间、让有限的销售人员销售热门产品，利基产品的价值难以实现。但是互联网等信息技术的出现大幅度降低了利基产品的展示、搜寻、交付成本。例如，电商网站以图片、视频展示商品，无论展示成本还是用户通过搜索引擎发现商品的成本都非常低廉，电影、音乐、图书等一些原来以实物为载体的商品通过数字化还能够以近乎为零的成本传输。尽管单个利基产品的销量很小，但是由于种类繁多，聚集起来就能够形成与热门产品相匹敌的大市场，为企业创造价值，长久存在的80/20法则被颠覆。[18]

（2）免费。企业为了实现利润最大化，经常采取价格歧视策略。成功实施价格歧视必须具备三个条件：具有市场势力、知道或能够推断消费者对每单位产品的支付意愿、能够组织或限制以低价格获得产品的消费者向高价出售的销售者转售。[19]但是在实际操作中，由于与消费者之间信息不对称的存在，企业很难实施按照每个消费者的保留价格定价的完全价格歧视，而只能针对不同购买数量或不同群体实施差别定价。信息技术的发展可以让企业更精准、实时地掌握供需关系、用户习惯和购买意愿，从而做出接近完全价格歧视的定价策略。例如，滴滴、优步等网约车公司可以根据乘客的付费意愿、附近车辆多少、距离等因素实施动态定价，调整供需关系。在具体的经营过程中，由于数字产品边际成本为零的特点以及为了扩大用户基础、巩固市场地位，互联网公司往往实施对部分服务、部分用户免费的策略，而对其他服务、用户实施精准的价格歧视。免费的具体策略包括以高获利产品补贴亏损产品的直接交叉补贴；三方市场中对A类客户免费对B类客户收费，所谓"羊毛出在猪身上"；基本服务免费、增值服务收费或个人客户免费、企业客户收费的免费加收费模式。[20]

（3）平台。在工业时代，企业的成长需要依赖于自身的资源和能力，资本的积累是一个缓慢的过程，即使并购等手段能够加快资本集中，但企业扩张的速度仍然受自身能力的制约，因此一家企业从诞生到成长为世界性的行业领先企业往往需要几十年甚至上百年的时间。数字化平台提供了买卖双方高效交易的场所，同时由于双边网络效应的存在，平台一侧用户数量越多就会对另一侧用户具有更大的吸引力。具有较大用户基础的平台能够使正反馈机制发挥作用，促进平台两侧用户数量规模的进一步快速增长，平台企业的收入可以随着平台两侧用户数量的增长获得不断增加。因此，平台的兴起使企业在很大程度上摆脱了自身资源和能力的束缚，可以更大程度地利用企业外部的资源实现成长。Uber——世界上最大的出租车公司，并不拥有自己的汽车；Facebook——世界上最流行的媒体所有者，却不创造内容；阿里巴巴——最有价值的零售商，却没有自己的存货；Airbnb——世界最大的住所提供商，却没有自己的不动产。[21]平台企业的成长速度也要比工业时代快得多。2007年第三季度，世界市值最大的10家公司分别是埃克森美孚、通用电气、中国移动、中国工商银行、微软、皇家荷兰壳牌、俄罗斯天然气工业股份公司、AT&T、花旗集团和美国银行，其中只有微软是一家数字企业和平台企业，但是到2017年第3季度，世界市值最大的10家公司变更为苹果、谷歌母公司、微软、亚马逊、伯克希尔·哈撒韦、阿里巴巴、腾讯、脸书、埃克森美孚、强生，数字经济和平台公司已经占据其中7席。①

（4）分享。分享是在新一代信息技术推动下出现的一种新型商业模式。分享经济的英文表述是sharing economy，但实际上有两种不同的形态：一种是闲置资源（包括产品、生产设施、能力和时间等）的出让和再利用；另一种是基于互联网的分时租赁。两者的区别在于前者的交易对象是分散在众多个人手中的闲置资源，因为是闲置资源，每种资源的数量少，规格、质量非常不统一；

---

① 参见维基百科"List of public corporations by market capitalization"词条。

后者的交易对象则是由一家企业所拥有,利用互联网平台,根据需要在不同时间将产品出租给使用者。为了将 sharing economy 的两种形态区分开来,国内产业界将前者称为"分享",后者称为"共享"。另外,分享与共享又存在共性:一是基于一个互联网平台进行交易;二是使用而不占有,只租不买,按需付费。[22]分享(共享)经济之所以能够发展起来,是由于基于信息技术的分享平台能够将分散的供需集合起来,大数据、人工智能等技术能够高效地对需求信息进行检索、匹配,甚至高效地调度所分享的资源。分享(共享)不仅存在于交通出行、住宿等消费或服务业领域,在制造业领域也有巨大的发展潜力。一是借助分享经济平台,制造企业可以把闲置的生产能力与需求进行匹配;二是随着产品的个性化程度日益提高,制造企业越来越不具备承担所有个性化定制的能力,由此衍生出大量个性化设计企业,甚至个人也参与到所需产品的开发设计之中,价值链分工进一步细化,一些制造企业就会转型为专业化的加工制造能力分享平台。

(二)对组织的影响

"新经济"条件下组织的变革具体包括生产方式、生产组织、治理机制、劳资关系等四个方面。

1. 生产方式

这里所说的生产方式是指在经济生产活动中,作为生产活动主体的劳动者与生产资料结合的方式。生产方式要适应生产的发展水平,因此也随着生产力的不断提高而发生变化,如表2所示。①在前工业革命时代,生产力水平低下,人类主要利用简单的手工工具从事生产活动,以人力手工生产为主,并且生产成果是少量定制化的。少量主要是受生产力水平所限无法进行大规模的产品生产;定制化则更多地受制于参与生产的劳动者能力的天然差异,很难生产出完全相同的产品,是一种被动的个性化。②工业革命的爆发使机器得到日益广泛的应用并取代人力、畜力等直接的自然力,人类生产进入机械化时代,生产效率获得极大的提高,批量化、标准化生产成为可能。但由于生产力发展水平仍然有限且社会分工程度较低,工业品生产以小批量为主。③随着电力的发明和商业应用,人类生产进入电气化时代,生产力进一步被释放,兼之专业化生产设备和标准化零部件的出现,大规模、低成本地生产标准化产品成为可能。1870年,在美国辛辛那提屠宰场出现第一条流水生产线,随后亨利·福特的T型车将流水线发扬光大,将大规模生产推向极致,成为二战后世界工业主要的生产方式。④经济发展带来的收入水平提高,使发达国家消费者越来越倾向于购买个性化商品,这种个性化需求产生许多细分市场,要求企业提供低成本、高质量、更加差异化的产品。在这一时期,计算机、数控机床等获得广泛使用,人类生产进入自动化时代。模块化、计算机辅助设计、可重构生产系统使生产系统更加具有柔性,经济、快捷地设计、生产多品种产品成为可能,生产方式从大规模生产向大规模定制转变。[23]⑤目前方兴未艾的新一轮科技革命与产业变革的代表性特征是移动互联网、工业互联网、3D打印、人工智能、数字化制造、新材料等技术的成熟和应用,人类生产进入数字化、网络化、智能化时代。经济发展、产业升级使得消费者和企业对个性化产品和服务的需求进一步提高,同时数字化、网络化、智能化的生产系统更具有柔性,以3D打印为代表的生产技术本身就更加适应定制生产,因此个性化定制生产成为可能。[24]

表2 技术发展与生产方式、生产组织和治理机制的变革

	技术发展	生产方式	生产组织	治理机制
前工业革命	手工工具;手工生产	少量定制	家庭作坊,手工工场	产销合一,所有权与控制权合一
第一次工业革命	机器;机械化	少量标准化生产	工厂	产销分离,科层组织,所有权与控制权合一

续表

	技术发展	生产方式	生产组织	治理机制
第二次工业革命	电力，专业化生产设备，标准化零部件，流水线；电气化	大规模生产	现代企业	产销分离，科层组织，所有权与控制权分离
第三次工业革命	计算机，模块化，可重构生产系统；自动化	大规模定制		
第四次工业革命	3D打印，移动互联网，工业互联网，人工智能；数字化、网络化、智能化	个性化定制	社会化生产	产销合一，去中心化，自组织

2. 生产组织

与生产力的发展、生产方式的变革相适应，人类社会的生产组织形态也在不断发生演变。在前工业革命时代，生产力低下，产品构成简单，分工程度低，生产规模小，经济生产活动的开展以分散的家庭为单位，家庭作坊是主要的生产组织形态。16世纪中叶到18世纪末叶，产品复杂程度的提高和分工的深化需要将不同种类的手工业工人联合到一个工厂里进行分工协作，从而生产出最终产品，生产组织形态演变为手工工场。第一次工业革命后，蒸汽动力替代人力和畜力极大地提升了人类利用自然资源的能力，可以加工处理的对象不断丰富、生产规模持续过大，在生产规模、市场扩大的同时又进一步促进分工的细化和迂回生产程度的提高，即斯密所说的"市场决定分工的范围"。更大的生产规模、更细致的分工要求将更多的劳动者组织起来进行生产，大工业"在技术上同自己的手工业以及工场手工业基础发生冲突"[25]，现代意义上的工厂成为工业化时代典型的生产组织形态。在第二次工业革命时期，火车、轮船扩大了市场的范围，为进一步提高生产效率，大规模生产成为主流。18世纪80年代之后，规模大、地域范围广的纵向和横向一体化的现代企业在美国最重要的产业部门兴起。[26]经济发展水平的提高不断缩短劳动时间，增加了劳动力的闲暇；而教育水平的提高使闲暇时间成为认知盈余。计算机和互联网成本的持续下降使其在个人用户中大规模普及，而且它们具有生产资料的特征，与认知盈余的结合使得受过教育的劳动者能够在闲暇时间参与产品的创新和生产之中。[27]数字化交易平台显著降低了交易成本，打破了地域的阻隔，将分散的生产者组织起来共同参与生产过程，呈现出社会化生产的趋势。最初的社会化生产主要表现为爱好者共同开发开源软件、编辑维基百科等百科全书或者参与大企业发布的创新方案征集等形式。随着信息技术的进一步发展以及产品形态、商业模式的创新，社会化生产的范围也越来越广泛，不仅在实体产品的数字化原型设计或数字化产品和服务中广泛存在，3D打印机的发展使个人不再需要仰仗大公司而自己动手完成实体产品的制造[28]，甚至由无数拥有3D打印机的个体进行协作生产更为复杂的实体产品。

3. 治理机制

在交易成本经济学里，治理机制是指如何协调生产活动主体之间的关系，在现代经济中主要包括企业、科层和中间组织三种类型。但是如果历史地考察，生产活动的治理远非这三种类型。如前所述，企业是在19世纪末20世纪初才出现的一种组织形式。在前工业革命时期，是以家庭为单位的个体手工生产，因此在这一阶段，生产资料的所有者与生产资料的控制和使用者、生产者和消费者之间都是合二为一的，绝大多数人消费的只是他们自己生产的东西。在第一次工业革命前后，随着手工工场的出现，社会生产规模的扩大和分工深化，要求将具有不同技能的劳动者组织起来开展在工序分工基础上的生产，一开始是劳动者带着自己的生产设备加入工场，随后由资本家提供生产资料、劳动者提供劳动力，由此不但开始由科层化的组织进行生产活动的组织，而且出现生产资料所有权与控制权、使用权以及生产者和消费者之间的分离，资本家拥有生产资料、组织生产活动，独立的生产者和消费者出现，从"为使用而生产"的社会转变为"为交换而生产"的社会。随着19世纪后期一体化大企业的兴起，作为生产资料所有者的资本家不一定具备经营管理企业的能力，因此他们开始雇用职业化的经理人负责企业的经营，所有权和经营权出现分离，由更加专业化的现代经理人（代理人）代替资本的所有者（委托人）实施具体管理的现代企业出现。在这一时期，同样是产销分离和科层化组织的治理机制。

在社会化生产方式下，企业中发布命令的核心与科层治理机制的重要性下降，社会化生产很多时候不是由企业的经营者发号施令决定生产什么、怎么生产和为谁生产，而是由大量分散的个体独立决定生产什么、怎么生产和为谁生产。生产活动越来越呈现去中心化的趋势，许多产品或服务的生产已经不需要一个发号施令的中心，而是通过无数分散化、地位平等的个体自发与无序活动的组合构成完整的社会生产系统，研发、生产出社会需要的产品。在社会化生产方式下仍然存在企业，但是企业的生产活动不是完全依赖科层内部的员工、资源，也不是完全依赖供应商，而是依靠与企业没有严格控制关系与合同关系的大量分散的个体。企业在雇用员工为它工作时，往往面临多种制约。第一，由于能力和知识是个人的私有信息或如哈耶克所说的关于特定时间和特定地点的信息，有些知识还具有如波兰尼所说的"只可意会不可言传"的默会性，企业很难准确识别员工的能力和拥有的知识，进而分配给他们最合适的任务；第二，由于监督成本高昂，企业也很难对员工的工作进行有效监督[29][30]；第三，员工的绩效受到多种因素的影响，特别是一些支撑性工作无法表现为市场业绩，企业很难对员工绩效进行准确的计量。因此，在企业治理模式下，就会存在对员工的有效激励问题。对于分散的个体来说，他们既拥有个人能力和知识的充分信息，又不存在委托—代理的激励问题，而且其业绩直接由市场来反映，所以在许多情形下比企业治理机制更具有效率。

经典的交易成本经济学认为，治理结构取决于资产专用性、不确定性和交易频率三个维度[31]，三者都涉及交易双方的信息问题。例如，交易双方在签订契约时，一方难以预期另一方今后的行为，因此就会影响它进行资产专用性投资的决策；交易频率的提高能够在一定程度上降低违约行为。近年来，建立在新一代信息技术基础上的区块链技术快速兴起，不但创生了去中心化的货币（如比特币），而且其更重要的功能是改变了交易参与者之间存在的信息不对称、提供了新的监督手段。区块链是一种共享的分布式数据库技术，每家企业或每个人的每一次交易行为都能够被记录在区块链中，这些交易记录分布存储在网络中，不可篡改、不可伪造。这就意味着，交易参与方可以在契约签署前查看潜在合作对象的信息，确定交易企业的信用及交易产品的真实情况。这份"诚信记录"的存在实际上构成了一个市场主体与其他所有市场主体之间的无限次重复博弈，为了实现长期收益的最大化，履约就成为其最优选择。区块链的出现在很大程度上解决了交易中存在的不确定性问题，使得交易频率、资产专用性的重要性下降，企业、市场和中间组织等传统交易方式及其相对重要性将会被改写。

4. 劳资关系

在20世纪八九十年代企业就发现，工作任务不一定交给企业内部的员工来完成，使用外包公司成本更低，全职工作开始土崩瓦解。[32]而去中心、自组织的治理结构意味着在企业中工作、雇用与被雇用的劳资关系进一步被颠覆。第一，自由就业越来越普及。工作不再意味着朝九晚五的全职上班、听从于老板的命令。劳动者可以根据自己的爱好、能力、时间，自主决定从事何种产品的生产、什么时间从事生产。淘宝店主、专车司机、网络主播，都是近年来兴起的依托于互联网的自由职业。第二，职业身份的复合化。在企业上班意味着是企业的员工，在工作时间上需要按照企业层层下达的指令开展工作。受闲暇时间、能力、生产资料等方面的限制，劳动者大多只能从事单一的工作。但是在新经济时代，由于可以自由就业且生产资料越来越普及化，越来越多的劳动者告别相对固定单一化的分工角色而拥有多种职业身份，身兼数职的"斜杠青年"在年青一代中成为潮流。例如，对于一个软件工程师来说，工作日在互联网公司工作，上下班可以做顺风车司机，周末可以做网络主播展示自己的专业知识或演艺特长。第三，从雇佣到合作。由于劳动者不再附属于任何一家公司，公司与劳动者的关系从雇佣和被雇佣到平等合作，从趋势上看，大企业被自由人（专业的或非专业的）的组合取代，工作关系不再是雇佣合同而是合作协议，甚至根本没有任何协议。

"新经济"下劳资关系的另一个颠覆性变化是人工智能技术对就业岗位的替代。虽然机器对工作的替代可以说与工业革命和技术进步相伴，但总体上看，机器在替代一些就业岗位的同时创造出更多的就业岗位，并且把人类从危险、繁重和枯燥的工作中解放出来。但是随着机器人性能的提高、成本的下降以及人工智能的兴起，人类与机器的赛跑可能已经进入"棋盘的下半场"，即出现就业机会的绝对减少。[33] 即使人工智能造成社会就业绝对减少的情况不会发生，制造业的就业岗位大量被替代将成为不争的事实，无人工厂/黑灯工厂将成为加工制造环节的典型模式，制造企业的就业岗位将越来越多地为研发设计人员所占据，企业人力资源管理工作需要从以管理低技能劳动力为主向管理知识型员工转型。

四、结论与政策建议

在以移动互联网、物联网、大数据、云计算、人工智能等信息技术为代表的一组通用目的技术推动下，"新经济"再次浮现。"新经济"的技术经济特征表现为以新科技为根本动力、数据成为生产要素、万物互联、智能无处不在。在"新经济"条件下，新科技对产业产生颠覆性影响，既有新科技自身形成新产业而使产业结构发生改变，更有新科技与传统产业融合而对产业内部的产品形态、业务流程、产业业态、商业模式、生产方式、组织方式、治理机制、劳资关系等方面的颠覆性变革。这些深层次的产业变革有的刚刚显露苗头，有的已经形成滚滚洪流。积极拥抱变革的企业取得远超传统经济企业的高速增长，积极迎接变革的国家和地区的经济增长也呈现良好的势头。

国际金融危机后，我国经济呈现增长速度换挡期、结构调整阵痛期、前期刺激政策消化期"三期叠加"的特征，经济发展进入"新常态"，即从高速增长转为中高速增长，经济结构不断优化升级，从要素驱动、投资驱动转向创新驱动。同时在产业层面，也出现"新常态"的特征，"新经济"与"旧经济"交织、新科技与旧产业融合渗透、传统产业增速下降与新兴产业蓬勃发展并存。当前，新科技引发的"新经济"已经成为世界各国着眼未来竞争的焦点，主要国家纷纷出台政策加大对新科技创新的支持，修改法律法规为新模式、新业态创新松绑。2015年以来，我国围绕"新经济"也出台包括"中国制造2025"、"互联网+"、人工智能、双创等领域的一系列政策。世界经济发展的历史表明，每一次科技革命和产业变革时期都是后发国家实现"弯道超车""换道超车"的时间窗口。当前正在兴起的"新经济"的核心技术是新一代信息技术，而新一代信息技术具有典型的网络效应特征，用户、市场规模是影响产业发展的关键因素。我国是世界人口规模最大的国家，改革开放以来40年的高速增长带来收入水平的显著提高，人口大国意味着市场大国，容易发挥网络效应、引发正反馈机制，这是在电子商务、移动支付、社交网络等"新经济"领域，我国取得世界领先地位的大国优势。随着消费互联网加快向产业互联网拓展，我国在实体经济部门特别是制造业的大国优势同样将成为"新经济"发展的重要支撑。经过自20世纪80年代以来持续的离岸外包，发达国家的产业体系和价值链已经不完善，主要集中于高科技产业和研发、营销等价值链高端环节的优势可能转变为在产业互联网发展时期缺少应用场景的劣势。它们虽然提出工业4.0、工业互联网等制造业未来发展构想，并发布了Predix和MindSphere等平台，但它们缺乏足够丰富的场景加快这些平台的成熟和提高适用性。相比之下，我国是世界制造业规模最大、产业门类最齐全、产业配套最完善的国家，而且我国制造业发展水平不平衡，既有先进的数字化、智能化工厂，又有更多的工厂处于自动化阶段。拥有最丰富的产业应用场景，为我国制造业领域的颠覆性创新，特别是确立自主的标准、平台和系统提供了优势条件。

促进"新经济"发展，加快实现新旧动能转换，需要使市场在资源配置中起决定性作用的同时，更好发挥政府作用，为"新经济"发展创造良好环境。第一，对"新经济"继续秉承包容审慎的监管态度，鼓励企业和个人进行包括技术、产品、业态、商业模式在内的各类创新；第二，产业的颠覆性创新必然与原有的制度条件形成冲突，如无人驾驶不符合现有的道路监管法律法规，需要对阻碍"新经济"的法律法规和政策及时进行修改；第三，在产业的颠覆性变革时期，基础科学或竞争前技术的商业化速度更快，与产业发展的联系更紧密，因此需要加强对"新经济"领域科技创新的支持，夯实产业发展的基础；第四，"新经济"的发展依赖于云计算、物联网、移动互联网等新一代基础设施，因此应加快推进新一代基础设施建设，为产业发展提供良好的条件；第五，互联网领域竞争的关键是标准、平台和系统，应发挥我国人口和市场规模大、应用场景丰富的优势，支持在工业互联网、无人驾驶汽车、数据标准等领域和方面的自主标准、平台和系统建设，掌握产业话语权，降低对发达国家的依赖和加强产业安全；第六，由于我国产业特别是制造业发展存在严重的不平衡，技术、理念和模式先进与落后的企业并存，因此应树立标杆、加强示范推广，促进落后企业以标杆为基准进行学习、追赶；第七，适时调整高等教育专业和课程设置、加强在职培训以及慕课、知识分享等学习型平台发展，培育"新经济"发展所需的高素质人才。

参考文献

[1] Charles P Alexander. The New Economy [J]. Time Magazine, May 30, 1983, 121 (22).

[2] Stephen B Sheperd. The New Economy: What It Really Means [J]. Business Week, 17 November, 1997: 38 - 40.

[3] 杨青峰. 智能爆发：新工业革命与新产品创造浪潮 [M]. 北京：电子工业出版社，2017：9.

[4] The Economist. Manufacturing: The Third Industrial Revolution [EB/OL]. 2012 - 04 - 21, http://www.economist.com/node/21553017 - html.

[5] 江小涓. 高度联通社会中的资源重组与服务业增长 [J]. 经济研究，2017 (3)：4 - 17.

[6] [美] 布朗温·H. 霍尔，内森·罗森博格. 创新经济学手册（第二卷）[M]. 上海市科学学研究所，译. 上海：上海交通大学出版社，2017：35 - 37.

[7] Gartner. Hype Cycle for Threat - Facing Technologies, 2017 [R]. July 2017.

[8] Alec Ross. The Industries of the Future [M]. New York: Simon & Schuster, 2016: 152.

[9] 习近平. 实施国家大数据战略加快建设数字中国 [EB/OL]. [2017 - 12 - 09]. http://politics.people.com.cn/n1/2017/1209/c1001 - 29696291.html.

[10] The Economist. The Data Economy: Fuel of the Future [J]. May 6th, 2017: 14 - 17.

[11] 工业4.0工作组. 把握德国制造业的未来：实施"工业4.0"攻略的建议 [R]. 德国联邦教育研究部，2013.

[12] 李开复，王咏刚. 人工智能 [M]. 北京：文化发展出版社，2017.

[13] 赵栋. 西门子的"数字孪生模型"愿景——访Siemens PLM Software制造工程软件业务高级副总裁Zvi Feuer先生 [EB/OL]，2016 - 02 - 04，http://news.e-works.net.cn/category912/news65672.htm.

[14] Grieves, Michael. Digital Twin: Manufacturing Excellence through Virtual Factory Replication. White Paper, 2014.

[15] [美] 菲利普·科特勒. 营销管理（第11版）[M]. 梅清豪，译. 上海：上海人民出版社，2003：

21 - 24.

[16] Makinsey Global Institute. Digital China: Powering the Economy to Global Competitiveness [R]. December 2017.

[17] [瑞士] 亚历山大·奥斯特瓦德, [比利时] 伊夫·皮尼厄. 商业模式新生代 [M]. 黄桃, 郁婧译. 北京: 机械工业出版社, 2016: 4 - 7.

[18] [美] 克里斯·安德森. 长尾理论 [M]. 乔江涛译. 北京: 中信出版社, 2006: 35 - 39.

[19] [美] 丹尼斯·W. 卡尔顿、杰弗里·M. 佩洛夫. 现代产业组织 [M]. 北京: 中国人民大学出版社, 2009: 280 - 281.

[20] [美] 克里斯·安德森. 免费: 商业的未来 [M]. 蒋旭峰等译. 北京: 中信出版社, 2009: 23 - 26.

[21] Tom Goodwin. The Battle Is for the Customer Interface [EB/OL]. TechCrunch, March 3, 2015, http://techcrunch.com/2015/03/03/in - the - age - of - disintermediation - the - battle - is - all - for - the - customerinterface/.

[22] 马化腾, 等. 分享经济: 供给侧改革的新经济方案. 北京: 中信出版社, 2016.

[23] [美] B. 约瑟夫·派恩. 大规模定制: 企业竞争的新前沿 [M]. 操云甫等译. 北京: 中国人民大学出版社, 2000.

[24] [美] 彼得·马什. 新工业革命 [M]. 赛迪研究院专家组, 译. 北京: 中信出版社, 2013.

[25] 马克思. 资本论(第一卷). 北京: 人民出版社, 1975: 420.

[26] [美] 小艾尔弗雷德·D. 钱德勒. 看得见的手——美国企业的管理革命 [M]. 北京: 商务印书馆, 1987: 576 - 577.

[27] 李晓华. 信息技术推动下的分散式创新及其治理 [J]. 财经问题研究, 2016 (11): 3 - 10.

[28] [美] 克里斯·安德森. 创客: 新工业革命 [M]. 萧潇译. 北京: 中信出版社, 2013.

[29] 陈永伟. 理解"三重革命":《机器、平台和大众》介评 [J]. 互联网前沿, 2017 (3): 80 - 82.

[30] Andrew McAfee, Erik Brynjolfsson. Machine, Platform, Crowd: Harnessing Our Digital Future [M]. New York | London: W. W. Norton & Company, 2017.

[31] [美] 奥利弗·E. 威廉森. 治理机制 [M]. 王健, 方世建等译. 北京: 中国社会科学出版社, 2001: 51.

[32] [美] 约翰·布德罗, [美] 瑞文·杰苏萨森, [加] 大卫·克里尔曼. 未来的工作: 传统雇佣时代的终结 [M]. 毕崇毅, 康至军译. 北京: 机械工业出版社, 2016: 30.

[33] [美] 埃里克·布莱恩约弗森, 安德鲁·麦卡菲. 第二次机器革命: 数字化技术将如何改变我们的经济与社会 [M]. 蒋永军译. 北京: 中信出版社, 2016.

"New Economy" and Disruptive Changes of the Industries

Li Xiaohua

Abstract: Driven by a set of general purpose technologies presented by the new generation information technologies, "new economy" has been emerging again, and become the new investing hot spot and the most innovative, fastest growing sectors of the national economy in the world. The technical and economic characteristics of "new economy" are that sciences and technologies as the fundamental driving force, data as the factor of production, interconnection of all things, and AI in all. Under the condition of "new economy", new sciences and technologies will promote the industries' renewal and the replacement of old growth drivers with new ones through its own continuous development and its deep integration with other industries, mainly shown in the disruptive changes including the aspects of product form, operation process, industrial format, business model, the mode of production, organizational form, governance mechanisms, and employee-employer relations. It is necessary to make the market play a decisive role in resources allocation and the government plays a more effective role to create a favorable environment for the development of the "new economy".

Key Words: New Economy; Disruptive Innovation; Industrial Revolution; New Drivers of Growth

新时代传统产业转型升级：动力、路径与政策

刘 勇

摘 要：新时代背景下我国传统产业转型升级是供给侧结构性改革和建设现代经济体系的重要内容。转型升级的实质是以创新为动力，以适应竞争环境、提高经济附加值和竞争力为目标的产业演进和变迁过程，受要素成本硬约束、产能过剩倒逼、内需升级拉动、创新驱动、政府调控引导等作用和影响。近年来，我国在推动传统产业转向高值化、品牌化、服务化、平台化以及绿色化发展等方面取得了积极成效，但仍面临着诸多问题的困扰，包括：企业发展观念和战略思维滞后；不公平竞争挤压中小民营企业发展空间；企业税费负担过重；融资难、融资贵；共性技术供给不足；高素质人才短缺；知识产权保护不够等。本文认为，促进传统产业转型升级，需要从构建公平的竞争环境、增强企业转型发展能力、加大行业共性技术供给、打破人才束缚、完善知识产权保护制度等方面，制定实施相应的政策。

关键词：新时代；传统产业；转型升级；动力；路径

随着新时代的到来，我国经济已由高速增长阶段转向高质量发展阶段，正处在转变发展方式、优化经济结构、转换增长动力的攻关期。从传统产业来看，随着要素成本上升、资源环境压力加大、产能过剩持续以及后发国家工业化和发达国家再工业化的双重挤压，以往依靠要素驱动和依赖低成本竞争的增长模式越来越难以为继，迫切需要转型发展。

一、传统产业的内涵、特征与转型升级

（一）传统产业的内涵与特征

从我国当前情况来看，传统产业主要是指在工业化的初级阶段和重化工业阶段发展起来的一批产业门类，在统计分类上大多属于第二产业中的原材料工业以及加工工业中的轻加工工业，在工业化的不同阶段对国民经济发展起过重大支持作用。

传统产业主要有四个特征：一是技术成熟性。一般以稳定成熟的传统技术为主，主要以外延式扩大再生产，其产品往往需求弹性小，附加值较低，盈利能力处于一般水平。二是成长趋缓性。从长期来看，其占国内生产总值比重、对经济增长贡献率等指标将趋于下降。三是概念动态性。例如，纺织工业在工业化初期的初级阶段是新兴产业，而进入工业化中期后就演变为传统产业。此外，有些传统产业在吸收新兴技术后，也会转化为新兴产业。四是地域相对性。例如，从东部沿海地区向中西部地区转移的加工制造业、向新

---

* 本文发表在《学习与探索》2018年第11期。

[作者简介] 刘勇，中国社会科学院工业经济研究所研究员、博士生导师。

探明储量地区转移的采矿业等，在转入地区都有可能是新兴产业。

（二）产业转型升级

在概念上，产业转型通常被界定为一个国家或地区的国民经济主要构成中，产业结构、产业规模、产业组织、产业技术装备等发生显著变动的状态或过程，包括产业结构、组织和技术等多方面的转型；产业升级则是指使产品附加值提高的生产要素改进、结构改变、生产效率与产品质量提高、产业链升级。但是，在实践中产业转型和产业升级经常交织在一起，很难进行区分。[①] 本文认为，产业转型升级是以创新为基本驱动力，以适应竞争环境、提高经济附加值水平和竞争力为目标，以技术、市场、管理、商业模式、企业形态、产业联系等多维创新实践为具体形态的产业演进和变迁过程，在宏观层面表现为主导产业更替、增长动力转换、从低附加值产业向高附加值产业转换等结构性改变，在产业层面表现为技术水平、生产效率、管理能力、产品附加值等全面提升和跃进。

二、传统产业转型升级的动力

传统产业转型升级是市场主体基于外部环境和自身要素禀赋动态变化所选择的战略发展过程，其中受多种因素的影响和作用，其发展动力主要由竞争压力的约束和倒逼、需求牵引与拉动、创新驱动和政府政策引导等构成。

（一）要素成本硬约束

改革以来，中国经济的强势崛起，在很大程度上得益于外向型产业的高速增长。这种增长模式的实质是国际市场需求与国内低成本的劳动力、资源、环境等发展要素之间的一种低端对接，但也在客观上把一大批产业锁定在全球垂直分工体系的底端，技术、市场甚至资源能源等对外形成了较强的依赖。进入21世纪以后，我国人口红利逐渐缩小，劳动力供求关系发展转折性变化，"民工荒"现象不断蔓延，以农民工为主体的普通劳动力工资呈持续上涨态势，劳动力比较优势下降。根据国家统计局相关数据，2003~2015年，全国城镇单位就业人员平均工资（以下简称人均工资）从13969元提高到62029元，年均名义增长率为13.23%，实际增长率为10.21%。2015年，我国单位劳动产出提高至7318美元，但仍明显低于世界平均水平的18487美元，相当于欧元区的10.7%、日本的9.6%、美国的7.4%。从矿产资源和能源来看，除煤炭、稀土等少量品种外，大部分矿产资源和能源需要依赖进口，导致企业生产成本不断上升，且面临较大不确定性。据国家发改委预测，到2020年，我国重要金属和非金属矿产资源可供储量的保障程度除稀土等有限资源为100%外，其余均大幅下降，其中铁矿石为35%、铜为27.4%、铝土矿为27.1%、铅为33.7%、锌为38.2%、金为8.1%。从1993年开始，我国由石油净出口国转为净进口国。2011年以来，石油对外依存度屡创新高：2015年首次突破60%，达到60.6%；2017年又升至67.4%。从生态环境来看，高污染和高耗能的传统产业不仅消耗大量资源和能源，而且带来严重的空气污染、水污染、土壤污染等环境问题，不断侵蚀和降低生态环境的承载力，对人类健康和生命构成严重威胁。这些变化要求传统产业必须摒弃以往那种以大量使用廉价劳动力和大量消耗资源能源为基础的粗放型增长模式，依靠在市场、技术、产品、工艺、管理等多维度上的创新探索，实现以质量和效益为基础的转型发展。

（二）产能过剩倒逼

近30年来，我国出现过3次比较严重的产能过剩。第一次是在20世纪90年代初，起因于大规模重复建设，引起国民经济过热，纺织等行业大幅供过于求。第二次是在20世纪90年代末到

[①] 金碚提出，所谓工业转型或产业升级，实质上是工业所具有的创新性和革命性的自我彰显，是一个由微观经济主体的自主创新活动所实现的而不以计划中心的主观意志为转移的经济演化过程，在此过程时，市场发挥资源配置的基础性作用，政府管控和公共政策也应发挥影响未来的重要职能和积极作用。金碚. 工业的使命和价值 [J]. 中国工业经济, 2014 (9).

21世纪初，由于一些地区盲目投资，500多种消费品和一半以上生产资料产品供过于求。第三次是从2008年第四季度至今，为应对国际金融危机冲击，国家实施大规模经济刺激计划，随后钢铁、造船、太阳能光伏等行业出现产能过剩问题。从国内权威部门公布的数据看，2015年年底我国粗钢、煤炭、水泥、平板玻璃、电解铝、船舶产能利用率分别为67.0%、64.9%、73.8%、68.0%、75.4%和不足70%，明显低于国际通用标准。[①] 值得注意的是，当前我国产能过剩涉及的行业和领域既包括钢铁、水泥等传统行业，也包括多晶硅、风电设备等新兴产业，呈现典型的"四高四低"特征，即"高投入、高消耗、高污染、高速度"与"低产出、低效率、低效益、低科技含量"并存，加剧了土地、资源、环境的承载压力。对于陷入过度竞争泥潭的企业来说，产能过剩是一把双刃剑，既能把企业推入绝境，也能倒逼激发企业最大潜力，也就是努力降低成本，提高管理水平，加快技术创新和产品升级，以提高自己的生存能力和竞争能力。当然，发挥这种倒逼作用必须以理顺政府和市场关系、完善市场竞争优胜劣汰机制为前提。

（三）内需升级拉动

全球金融危机爆发以后，随着世界经济的深度调整，内需逐渐成为中国经济增长的决定性力量。据国家统计局核算，2008~2017年，内需对经济增长的年均贡献率达到105.7%。其中，贡献率最高的年份为国际金融危机冲击最为严重的2009年，内需对经济增长的贡献率达到142.6%；贡献率最低的年份为世界经济回稳的2017年，贡献率也达到90.9%。2017年，最终消费支出对经济增长的贡献率为58.8%，比2007年提高13.5个百分点，成为经济稳定运行的"压舱石"。2017年，我国居民消费恩格尔系数已降至29.3%，食物支出之外的穿、住、用、行等物质型消费比例上升，消费升级势能持续增强。据尼尔森公司的数据，2014~2017年我国消费品市场前30大类快消品溢价指数（Premium Price Index）持续攀升。从长远来看，消费升级对产业增长的主引擎推动作用将越发凸显。其原因在于：一是我国人均耐用消费品支出与发达国家还有较大差距；二是信息、医疗、养老、家政、旅游等服务型消费空间刚刚打开；三是城镇化的快速推进将进一步拓展消费空间。[②] 内需的崛起和高级化为长期以来被挤压在世界垂直分工体系底端的中国工业提供了千载难逢的"换轨"机遇，这就是在增长动力上摆脱对投资和国际低端市场的过度依赖，将聚焦点从国际市场上的成本竞争转向国内市场上的差异化竞争，逐步淘汰市场衰退、需求量明显下降的产品和技术，转向市场需求增长较快、需求的收入弹性较高、未来发展潜力较大的产品和领域。

（四）创新驱动

高新技术具有高附加值、高关联度、高渗透性等特点。从技术进步的角度看，传统产业转型升级本身也是最新科技成果（如信息、生物、循环利用等）对已有技术路线、生产工艺和商业模式等的渗透、颠覆和改造过程。从第三次工业革命来看，科技创新不仅改造了制造业，还诞生了以互联网、可再生能源为融合导引的新兴产业，通过促进物质产品与服务的融合，提供了全球经济向互联网、信息技术、低碳等新产业发展的产业升级机遇。经过40年的艰苦奋斗，我国已成为全球第二大研发投入大国和第二大知识产出大国。2016年全社会研发支出占GDP达到2.08%；国际科技论文总量居世界第2位，被引论文数和国际热点论文数双双攀升至世界第3位，8个重要领域国际科技论文引用率排名第2位；发明专利

---

① 根据国际通行标准，产能利用率超过90%为产能不足，79%~90%为正常水平，低于79%为产能过剩，低于75%为严重产能过剩。邹蕴涵．我国产能过剩现状及去产能政策建议［J］．发展研究，2016（7）．

② 2017年年末，我国常住人口城镇化率为58.52%，距离发达国家80%左右的平均水平还有很大差距。据国家统计局测算，城镇化率每提高1个百分点，拉动消费增长近2个百分点。定军．中国内需动力强劲，消费成经济平稳运行"压舱石"［J］．21世纪经济报道，2018-04-11．

申请量居世界第一，有效发明专利保有量居世界第三。重大科技创新成果不断涌现，战略高技术捷报频传，科技创新的系统能力显著提升。[①] 科技创新加速突破应用，引领支撑新旧动能转化。到2016年年底，全国4200余家众创空间、3600余家科技企业孵化器和400余家企业加速器，服务创业团队和初创企业近40万家，带动就业超过200万人。新技术、新业态、新产业、新模式发展迅猛，有力地带动了传统产业转型升级。

（五）政府调控引导

1978年以来中国经济高速发展的一大特征就是政府对经济的强干预。事实上，推动产业转型升级已经内化为政府的一种职能，甚至是非常重要的职能。政府的产业政策、竞争政策、价格管制、财税政策以及补贴计划等都对产业转型升级构成影响。概括起来，政府的作用可归纳为以下四方面：一是制定竞争政策（有利于公平竞争的法律法规）；二是完善基础性制度安排，提供相应的公共产品和服务；三是综合运用货币、财税等总量政策手段，使社会总供求达到基本平衡；四是制定产业政策，引导调控重点产业发展。2016年6月，国务院发布《关于在市场体系建立公平竞争审查制度的意见》，标志着之后的产业政策都要通过公平竞争审查，确认不具有排除、限制竞争后才能发布实施。2017年1月，中央确定发挥市场在资源配置中的决定性作用和更好发挥政府作用的改革方向，从顶层明确了政府和市场的关系。因此，传统产业转型升级过程中的政府作用也面临着转型。转型的方向就是把竞争政策放到基础性地位，发挥市场的决定性作用；而在市场失灵领域，政府利用产业政策进行有效的弥补。对于大多属于竞争性领域的传统产业来说，转型升级过程将在竞争环境、市场秩序和共性服务等方面得到更多的政府支持。

三、传统产业转型升级的主要路径

党的十八大以来，作为工业领域最大板块的传统产业，围绕供给侧结构性改革的发展主线，以企业为主体，以市场为导向，以技术改造、技术进步、技术创新为突破口，依靠创新驱动，加快新旧动能转换，转型升级取得长足进展。

（一）依靠技术进步和自主创新转向高值化发展

面对严峻的发展局面，通过结构性调整和技术改造，提升企业技术能力，使发展重心转向高附加值的产业领域或产业链环节，成为传统产业转型升级的必然选择。在转型发展中，一大批企业借助设备更新改造，尤其是以信息化、自动化、智能化、供应链管理为重点的技术改造，强化核心基础零部件（元器件）、关键基础材料、先进基础工艺、产业技术基础建设，通过重新梳理战略理念以及导入新技术、新工艺、新装备和网络技术，实现流程创新、产品创新和模式转变，逐步以更多符合市场需要的高附加值产品来取代传统的落后产品，变低端市场的"红海"为中高端市场的"蓝海"。例如，山东如意集团自主研发了"高效短流程嵌入式复合纺纱技术"，实现了对传统纺纱技术的突破，既节约原料，又大大提高了产品附加值。此外，还有一些企业通过加大研发和设计投入、建设自主销售体系，使业务范围从低端加工制造环节，向"微笑曲线"两端高附加值的研发、设计、销售及售后服务环节延伸拓展或实现全产业链发展。近年来，我国钟表行业抓住内需市场消费升级的机遇，建立了一批具

---

① 近年来，我国在量子通信、光量子计算机、高温超导、中微子振荡、干细胞、合成生物学、结构生物学、纳米催化、极地研究等领域取得一大批重大原创成果，在载人航天和探月工程、采用自主研发芯片的超算系统"神威·太湖之光"、国产首架大飞机C919、蛟龙号载人深潜器、自主研发的核能技术、天然气水合物勘查开发和新一代高铁、云计算、人工智能等方面的成就举世瞩目。中共科学技术部党组. 创新驱动铸辉煌、科技强国启新篇[J]. 求是，2017（11）.

有国际水准的钟表设计制造系统,围绕新材料、新技术、新工艺加大研发力度,开发具有自主知识产权的新产品,将技术引进—消化吸收—自主创新—技术突破的创新路线进行了良好的实践。

(二) 依靠质量提升和标准建设转向品牌化发展

品牌是一国经济发展和综合国力的集中体现。提升质量、标准、品牌是推动传统产业转型升级的重要途径。受市场竞争和消费升级的双重作用,在政府的引导和支持下,传统产业中全面质量管理和产品标准体系建设发展迅速,有力推动了中高端消费品供给能力和供给品质的提升。2016年,我国空气净化器、电饭煲、智能马桶盖、智能手机、儿童纸尿裤等10类重点消费品总体抽查合格率为90.3%,同比提升5.2个百分点,5000余种产品实现内外销"同线同标同质"。在儿童用品、服装纺织、家用电器等12个领域,面向21个发达国家和地区、国际标准化组织、相关国际组织,在比对770余项技术法规和标准中的3800多项技术指标中,我国消费品安全标准中近八成的指标与国外保持一致水平,有部分指标技术水平甚至高于国外。截至2016年年底,全国近万家企业开展品牌培育试点,99家消费品企业入选亚洲品牌500强。一部分品牌型企业通过依靠生产外包、品牌授权、兼并重组或产业转移,在更大空间范围内整合产业和市场资源,使用自主品牌进入国际市场,推动自主品牌从区域性品牌向全国性和国际性品牌跃升。

(三) 依靠新一代信息技术和产业融合转向服务化发展

近年来,移动互联网、大数据、云计算、物联网、人工智能等新一代信息技术在中国高歌猛进,向各领域快速渗透融合,有力地推动了制造业的服务化转型,催生了一批新业态和新商业模式。服务型制造已成为传统产业转型升级的重要方向。制造企业不再局限于研发、制造、销售产品和提高简单的售后服务,而是向它的客户提供越来越多的高附加值服务,如个性化定制、提供综合解决方案、智能信息服务等。目前,工业设计、融资租赁、节能服务、信息技术服务等生产性服务业逐步壮大。工程机械、电力设备、风机制造等行业服务型制造业务快速发展,全生命周期管理、融资租赁等业务日益成为企业利润的重要来源,部分企业服务业务收入超过总营业收入的50%。虽然我国制造业服务化转型刚刚起步,服务化产出比重与世界领先水平还有一定的差距,但发展前景极为广阔。

(四) 依靠组织形态调整和商业模式创新转向平台化发展

随着互联网的崛起,现代平台经济横空出世,极大地颠覆了商业价值创造逻辑、企业战略和竞争行为、企业组织模式、用户角色、雇佣关系、社会管理模式等,打破了时空界限,迸发出无尽活力,迅速从"经济舞台"的边缘走向中心。1995~2015年,全球互联网平台企业的市值从167亿美元上升到2.56万亿美元。如果再加上140多家未上市、估值超过5000亿美元的独角兽企业,平台企业的总市值超过3万亿美元,20年间的成长超过了180倍。互联网平台正在成为国家竞争优势的来源。依托强大的平台企业,中国和美国走在了数字革命的前沿。在全球最大的111家互联网平台企业中,美国有49家,中国有55家;从市值来看,美国占比达到75.3%,中国则超过了18%。平台化发展也已成为我国传统产业转型升级的重要方向。例如,海尔集团启动"企业平台化、员工创客化、用户个性化"战略,从原来封闭的企业组织变成开放的平台生态圈;格兰仕通过"G+智慧家居战略平台",致力搭建一个开放交互的统一平台和共同发展的生态圈,帮助更多家电企业完成智能化改造和升级;美的与阿里巴巴合作,构建一个基于阿里云的物联网开放平台,实现家电产品的连接对话和远程控制。与此同时,越来越多的中小企业选择加入各种平台,依托平台集聚的资源优势和网络效应来发展壮大自己。

(五) 依靠清洁生产和循环经济转向绿色化发展

绿色发展是构建高质量现代化经济体系的必

然要求，也是解决环境污染问题的根本之策。2012~2016年，全国深入推进绿色制造发展，财政资金支持建设了225个重大绿色制造项目，建设以绿色标准、绿色工厂、绿色产品、绿色园区和绿色供应链为核心的绿色制造体系，带动了一批重点行业，资源能源利用效率不断提高。与此同时，传统产业充分利用国家和地方节能减排、技术改造、绿色信贷等政策措施，加快推进绿色化改造，运用清洁生产方式和循环利用技术，通过产品设计、原材料选择、设备工艺改革、生产过程管理和物料内部循环再利用等措施，使其生产过程尽可能节约原材料和能源消耗，并减少废物排放数量和毒性。例如，江苏华尔润集团作为一家大型民营玻璃生产企业，通过与国内大专院校和科研院所、环保设备生产企业联合进行技术攻关，先后对9条生产线进行余热发电和脱硫除尘治理，提高了能源利用率，降低了废气污染物排放。2012~2016年，全国规模以上企业单位工业增加值能耗累计下降29.5%，万元工业增加值用水量累计下降26.6%。2017年，全国规模以上工业企业单位增加值能耗又同比下降了4.6%。

四、传统产业转型升级面临的主要问题

（一）部分企业发展观念和战略思维滞后

产业转型升级是企业作为市场主体自主选择的自我发展过程。在微观层面上，它主要是在众多企业家的带领下实现的。诚然，在此过程中企业或企业家的"耐心"在很大程度上取决于制度与政策环境。但是，企业家以什么理念办企业，以什么方式获取利润，决定了产业发展的方向。[①] 企业家的视野和思维决定了企业的战略远见。传统产业的技术、工艺、产品、市场都已成熟，思维易固化而不易改变。在不少行业，观念落后、思维僵化的情况仍然存在。例如，有些企业认为支付专利费过于昂贵，先"偷偷用"着，等被发现了再说；有的企业认为环保投入应当能少则少，环保工作仅仅是为了应付政府的监管；不少企业仍对互联网心存畏惧或简单地把互联网当作销售渠道；大量的企业热衷于获取短期利润，一心想"赚快钱"，难以潜心去做核心技术的积累，在脱实向虚的大浪中渐行渐远。从本质上讲，没有真正落后的产业，只有落后的观念、标准、技术和管理。

（二）发展环境亟待进一步完善

一是不公平竞争挤压中小民营企业发展空间。市场化改革不够深入，政府职能转变尚不到位，行政干预和审批形成许多"政策机会"，导致企业靠寻租而不是靠技术进步和创新获利。国有大企业凭借资源优势和体制优势，进入相对回报丰厚的市场领域，大举进行跨界扩张，形成"赢者通吃"的局面。民营企业在市场准入、资源配置和政府服务等方面难以享受与国企同等待遇，发展空间受到了相当的挤压。

二是企业税费负担过重。1995~2012年，我国GDP名义增长8.6倍，全国工资总额增长8.8倍，税收增长16.7倍，政府非税收入增长18.8倍。[②] 此外，由体制机制问题给企业造成的经济、时间和机会等制度性交易成本也较为显著。例如，创新主体耗费过多精力用于应对政府部门的申报和审查；各种评估、认证、检测等服务名目过多、频率过密，都增加了企业的隐性负担。

三是融资难、融资贵问题。实体投资回报率显著下滑、虚拟经济投资回报率节节升高对传统产业在信贷市场上产生了显著的"挤出效应"。由于企业的所有制和规模不同，以及中小企业财务信息不透明、不真实，又形成了事实上的"信用双轨制"。中小企业和初创企业申请贷款时，不仅要有不动产作为实物抵押、办理审批时间长、贷款基准利率普遍上浮10%~40%，还加强了贷后管理，即资金并不进入企业账户，而是按资金使用情况逐项审批，程序烦琐。

---

① 金碚. 中国产业转型升级要有哪些新思维［N］. 经济日报，2017-06-23.
② 周其仁. 中国经济的唯一出路［EB/OL］. 2018-01-01，http://www.sohu.com/a/213994283_725885.

（三）共性技术供给不足

随着新一轮科技革命和产业变革的展开，创新载体也从单个企业向跨领域多主体协同创新网络转变，具有跨界、融合、协同特征的新型创新载体为核心的全球制造业创新生态系统正在形成。在中国，企业技术中心、企业研究院、工程技术研究中心等创新载体有力地促进了企业创新能力的提升，但是产业共性技术支撑体系仍无法有效满足转型升级对共性技术的巨大需求。尤其是随着原有各类研究院所纷纷改制为企业并直接参与市场经营之后，作为竞争前阶段的、介于基础研究和应用开发之间、具有准公共产品特性的产业共性技术的供给面临市场失灵和组织失灵。① 在传统产业中，特别是中小企业集中的行业，因大部分企业自身研发能力薄弱，加上行业共性技术供给缺失，许多企业实施技术改造或者依靠购买设备和引进生产能力，或者不得不寻找研究机构合作研制设备，自己投入大量前期费用。共性技术供给不足对传统产业转型升级的羁绊日渐凸显。

（四）高素质人才短缺

随着传统产业改造升级和创新加快，企业生产一线的劳动力需求结构已经发生变化，需求重点从一般的操作工转向高素质的技术工人和管理人员。从东南沿海地区来看，技能型和管理型人才短缺对转型升级已经构成明显制约。例如，在汕头，不少本土成长起来的企业选择将总部迁走，落户广州、深圳或者珠三角其他城市，很大一部分原因是在汕头没有办法招到合适的人才。② 据国务院发展研究中心课题组调研，数控机床企业面临高端人才匮乏的窘境，特别是企业急需的高端工程和生产管理人员与技术工人供应严重不足，有的企业花上百万元的年薪从国外聘请有实践经验的高级工程管理人员。③ 据国家统计局嘉兴调查队的数据，46.0%的企业反映"管理人才缺乏"是转型升级中的主要困难，占比最高；而在企业规模和特殊分组中，大型企业和上市公司反映"管理人才缺乏"的占比均超过六成，分别为68.1%和68.2%。④ 传统产业中大多数企业并不在一、二线城市，所在城市对于高素质人才的吸引力较弱，人才缺乏与企业的转型升级意愿形成了一定的反差。

（五）知识产权保护不够

随着我国企业的创新能力提高，专利、商标等知识产权数量快速增加，各级法院受理审结的知识产权案件逐年提高。一方面，这说明我国保护知识产权的法律体系不断完善，司法保护力度不断加大，知识产权保护取得明显成效；另一方面，也反映出知识产权保护意识不够强，知识产权保护能力不够高。不少企业反映，企业要创新，投入巨大，历时很长，但关键岗位人员跳槽后泄密，相关的取证、判决极为困难。"新产品易被仿冒"也是转型升级企业普遍的困扰，企业投入大量资金研发出新产品后却面临着其他企业低成本抄袭、复制。产业转型升级依靠创新驱动，而核心技术的获取不仅需要研发投入，还要有足够的产权保护。侵犯知识产权的违法成本太低，企业打假维权成本较高，必然严重挫伤企业创新的积极性。可以说，在传统产业转型升级过程中，全社会的知识产权保护意识、法律意识、商业机密意识都面临着转型升级的挑战。

五、促进传统产业转型升级的对策与建议

我国传统产业在转型发展中尽管遇到了一些困难和障碍，但仍具有相当的竞争优势，不仅是人力资本、产业发展基础和配套能力，更有令人艳羡、规模巨大且联系更趋紧密的内需市场。为此，要坚持问题导向，把政府和市场的作用有机

---

① 程小辉. 加强行业共性技术供给、推进制造业创新中心建设 [J]. 浙江经济，2017 (5).
② 沈丛升. 技术型高层次人才紧缺制约企业发展 [N]. 南方日报，2017－06－28.
③ 吕薇. 传统产业改造升级的动力、模式与政策（二）[N]. 中国经济时报，2012－09－07.
④ 国家统计局嘉兴调查队. "五因素"制约嘉兴制造业企业转型升级 [N]. 2015－11－20，http：//www.jiaxing.gov.cn/jxgdd/tjxx_9544/tjsj_9546/201511/t20151120_552635.html.

结合，改进制度安排，加强政策引导，尽快打开束缚产业转型发展的各种枷锁。

（一）理顺政府和市场的关系，营造公平的竞争环境

首先，不断完善市场准入负面清单制度。定期对清单事项进行合法性审核，清理已不符合法律法规规定的事项；从审批体制、监管机制、社会信用体系和激励惩戒机制等方面，落实相关配套制度；把更多监管资源投向加强对市场主体投资经营行为的事中事后监管；对未纳入市场准入负面清单的事项要及时废止或修改设定依据。

其次，建设服务型政府。政府要从"干预"转向"服务"。通过健全对公务人员的考核监督机制，提高服务水平和专业化能力，把政府不该管的事转给企业、市场、社会组织和中介机构，把政府经济管理职能转到主要为市场主体服务和创造良好发展环境上来；加强政策实施的评估和监督，杜绝一些企业钻政策空子的行为。

最后，优化政府产业引导资金使用。政府资金应定位于引导和分担风险的作用，突出企业创新的内生激励；通过引入社会资本与政府资金合作设立产业引导投资基金，以市场化方式开展投资；根据各地产业发展特点，研究制定对不同类型项目的最优支持方式，引入第三方机构对产业引导基金实施效果进行独立评估，提高政府引导资金使用效率。

（二）减轻企业负担，增强转型发展能力

首先，降低企业税费负担。对符合条件的增值税一般纳税人实行增值税"留抵退税"，解决纳税人进项税额占用资金问题；加大对中小微企业特别是科技型中小企业的税收减免力度，继续清理和降低各种涉企费用，进一步提高研发费用加计扣除比例；适当降低企业在养老、医疗等方面的负担比例，减轻企业的社会负担。

其次，降低企业创新成本。推进政府创新管理制度改革与规范，以"鼓励创新和研发投入"为目标，简化申报和审查流程，去除创新主体过度或不必要的负担，兼顾创新主体的灵活性与政府的有效监管。

最后，进一步深化放管服改革。建立适应互联网环境下生产许可数字证书管理系统，加强不同区域之间的认证认可、检验检测结果互认，降低获取生产许可审批的交易成本；做好放管服改革涉及的相关政策协同，加强和完善不同部门之间的联动机制。

（三）加大金融对传统产业转型升级的支持力度

一是提升金融供给质量。金融创新应立足于实体经济，通过优化、完善金融机构内部创新机制和管理理念，将产品创新的系统性、技术性及合规性有效结合，建立科学的创新产品监测与后评价机制；通过精准解析客户需求、创新融资产品和服务手段、构建有效的金融体系来降低隐性交易成本和风险，提高企业的融资效率；充分运用网络信用体系，整合金融资源，创新网络金融服务模式。

二是提升对中小微企业的金融服务水平。建立完善中小微企业贷款风险补偿机制，引导信贷投放向中小微企业倾斜；支持小额贷款公司开展信贷资产证券化业务，促进中小微企业与社会资本有效对接；推动银行机构大力发展产业链融资、商业圈融资和企业群融资，开办商业保理、金融租赁和定向信托等融资服务；引导规范中小微企业周转资金池，为符合续贷要求、资金链紧张的小微企业提供优惠利率周转资金。

三是优化金融生态环境。创建政银企对接合作平台，完善重大产业、重大项目、重点企业的金融对接机制；定期向金融机构发布产业政策和行业动态，及时推荐优质重点企业和重点项目。深化政策性担保体系改革，规范发展融资性担保公司，发展多层次中小企业信用担保体系。建立企业数据共建共享平台，构建企业信用档案，完善中小企业信用评价体系。加大对恶意逃废债行为的打击力度，对恶意逃废债企业实施联合惩戒。

（四）加大行业共性技术供给，奠定传统产业转型升级的技术基础

一是加强论证和统筹规划，做好顶层设计。编制关键共性技术目录，建立行业关键共性技术项目计划。加强行业关键共性技术布局,以利于集中资金、人才、设施等各类资源开展协同创新。要将应用技术作为主攻方向,坚持市场化主体运作,以提高创新资源的配置效率。

二是加强产业共性技术创新组织建设。这类创新组织的主要任务是突破制约行业发展的共性和关键技术;促进行业新型通用技术的转移扩散和首次商业化应用;开展行业前沿基础性技术的研发与储备;做好行业共性技术输出和人才培养。

三是在中小企业比较集中的区域,结合区域产业基础和产业规划以及产业集群的特点,由市场主导和政府引导相结合,搭建区域共性技术服务平台,发展质量检测、设计服务和市场信息等生产性服务业,提高产业集群的创新效率。

(五)大力发展职业教育和技能培训,打破转型升级的人才束缚

首先,大力发展职业教育和应用型大学。通过创新体制机制,深化产教融合、校企合作,建立政府主导、行业指导、企业参与的职业教育办学机制。根据产业转型升级的发展特点,调整学科和专业设置,提高教育质量,培养大量适应生产一线需要的技能型劳动者。

其次,根据劳动者不同就业阶段特点,加强职业素质培养,开展就业技能培训、岗位技能提升培训、创业创新培训,着力缓解就业结构性矛盾。引导企业结合生产经营和技术创新需要,制定技术工人培养规划和培训制度,鼓励企业职工带薪培训,确保企业职工教育培训资金落实到位,并向一线技术工人倾斜。

最后,加大政策支持力度。对参加职业培训的技术工人提供职业培训补贴和职业技能鉴定补贴;发挥失业保险基金支持参保职工提升职业技能作用,为参保职工提供技能提升补贴;完善社会化职业技能培训、考核、鉴定、认证体系,提高劳动者职业技能和岗位转化能力。

(六)完善知识产权保护制度,维护创新主体的合法权益

首先,完善知识产权立法。拓宽知识产权保护范围,推进商业机密、商业标识等立法进程,促进创新资源在品牌运营中的有效结合,使品牌运营各方的权益与责任得到准确、有效的法律规范;加强知识产权立法的衔接配套,增强法律法规可操作性。

其次,加强知识产权执法保护。加强司法保护体系和行政执法体系建设,发挥司法保护知识产权的主导作用,提高执法效率和水平,强化公共服务。深化知识产权行政管理体制改革,加大司法惩处力度,提高侵权代价,将恶意侵权行为纳入社会信用评级体系;降低维权成本,特别是中小企业知识产权申请和维护费用,有效遏制侵权行为。

最后,规制不正当竞争。对符合不正当竞争特征而法律又未明确规定的不正当竞争行为,采用列举示例法与概括相结合的方法,以利于执法部门结合社会具体情况予以制裁。对恶性严重的不正当竞争行为,应从法律上规定其承担"加重民事责任"或"惩罚性民事责任",并明确加重或惩罚赔偿的幅度。

参考文献

[1] 金碚. 中国产业转型升级要有哪些新思维[N]. 经济日报, 2017-06-23.

[2] 中共科学技术部党组. 创新驱动铸辉煌、科技强国启新篇[J]. 求是, 2017(11).

[3] 程小辉. 加强行业共性技术供给、推进制造业创新中心建设[J]. 浙江经济, 2017(5).

[4] 邹蕴涵. 我国产能过剩现状及去产能政策建议[J]. 发展研究, 2016(7).

[5] 任保平, 周志龙. 新常态下以工业化逻辑开发中国经济增长的潜力[J]. 社会科学研究, 2015(2).

[6] 金碚. 工业的使命和价值[J]. 中国工业经济, 2014(9).

[7] 黄群慧. "新常态"、工业化后期与工业增长新动力[J]. 中国工业经济, 2014(10).

[8] 刘宁宁, 沈大伟, 宋言东. 我国传统产业转型升级国内研究综述[J]. 商业时代, 2013(34).

[9] 熊勇清. 战略性新兴产业与传统产业互动耦合发展研究[M]. 北京:经济科学出版社, 2013.

[10] 吕薇. 传统产业改造升级的动力、模式与政策

The Transformation and Upgrading of Conventional Industries in a New Era: Motivation, Path and Policy

Liu Yong

Abstract: The transformation and upgrading of Chinese conventional industries in a new era is the main content of deepening the structural reform of supply side and developing a modernized economy. In fact, the substance of the transformation and upgrading is a process of industrial evolution and change drove by innovation and with targets of adapting to competitive environments and improving value added and competitiveness. It is affected by hard constraints of factor cost, excess production capacity, upgrading of domestic demand, innovation driven, and government regulation and guide. In recent years, China has made proactive achievements in many aspects in changing the conventional industries into high – value, branding, servitization, platformization and green development. However, there are still quite many challenges, including outdated development mindset and strategic vision, constrained development room for mid and small private enterprises due to the unfair competitive environment, heavy taxation burden, difficult and costly financing, insufficient generic technology supply, shortage of high – quality talents, and insufficient protection of intellectual property, etc. In order to boost the transformation and upgrading of the conventional industries, it is necessary to adopt related policies on creating a competitive environment, strengthening abilities of transformation developing of enterprises, increasing the supply of generic technology and high – quality talents, and protecting intellectual property, etc.

Key Words: New Era; Conventional Industry; Transformation and Upgrading; Motivation; Path

项目匹配与中国产能过剩

吴利学 刘 诚

摘 要：根据中国项目招商的特点，本文将产能形成看作地方政府与投资企业的匹配行为，利用搜寻—匹配模型阐明产能过剩的根源在于地方政府收益分配比例超过其对项目匹配贡献强度，而且这种收益—贡献的不对称性越强，产能过剩越严重。同时，本文利用行政审批改革作为地方政府收益—贡献比例差异的代理变量，检验了以上理论结论。实证发现，地方政府设立行政审批中心可以显著提高产能利用率，并且中心设立时间越长、层次越高，则效果越强。分行业回归结果进一步表明政府收益—贡献不对称在高国企比重、高垄断性、重工业和严重过剩行业的影响更为突出。本文为产能过剩成因分析提供了新的视角，为最优产能判别给出了理论基准，为调控政策提供了新的微观基础和工具选择。

关键词：产能过剩；项目匹配；地方政府；行政审批改革

一、引 言

"产能过剩"已经成为中国经济发展的"痼疾"，在不同领域，以不同程度和不同表现形式反复出现，对经济健康的危害越来越突出（冯飞等，2014）。为解决这一问题，中央政府在不同时期出台了多项相关政策，特别是近期大有"猛药去沉疴"的态势，然而效果却不尽如人意（江飞涛等，2012）。因此，只有找到中国产能过剩问题的根本原因、阐明其形成机制，才能辨证施治、标本兼治，从而实现药到病除。

从关于产能过剩的既有研究来看，对其成因分析大体可以归纳为产业组织、企业动态、国有产权和地方政府干预四个视角。首先，产业组织和企业动态的观点提示市场经济也可能出现产能过剩现象。例如，新产业组织理论认为在位企业会储备部分冗余产能以遏制潜在竞争者的进入（Dixit，1980；Tirole，1988）。企业动态理论指出，企业进入新兴市场的过程面临不确定性，而过度自信会导致它们倾向于提供高于市场需求的生产能力（Malmendier & Tate，2005；徐朝阳和周念利，2015）。其次，基于中国的所有制结构，部分学者认为国有企业产权不明晰，特别是预算软约束导致的数量扩张倾向，是造成中国产能过剩的关键原因（张维迎和马捷，1999；魏后凯，2001）。最后，更多的研究者认为，中国地方政府为了 GDP 和就业等目标，利用市场分割和要素扭曲等方式来干预企业行为，从而导致了严重的产能过剩（周黎安，2004；江飞涛等，2012；杨其静和吴海军，2016）。

这些研究都在很大程度上丰富了我们对产能

---

* 本文发表在《经济研究》2018 年第 10 期。

[作者简介] 吴利学，中国社会科学院工业经济研究所能源经济研究室副研究员、硕士生导师；刘诚，中国社会科学院财经战略研究院。

过剩的认识，但对于中国产能过剩的解释也存在一定的不足，特别是对其内在的形成机制阐述不够深入和明确。产业组织观点认为，只有具有市场地位的大企业才会形成过剩产能，而企业动态观点仅能解释新兴市场的潮涌现象（林毅夫，2007）。虽然从国有产权的视角能够在一定程度上解释为什么某些国有企业比重较高的行业产能过剩更为突出，但却不能解释部分行业非国有企业产能过剩也很显著的事实，特别是计划经济时代的普遍短缺和当前某些强计划行业的供给不足问题。地方政府干预理论确实捕捉到了地方政府这个导致中国产能过剩的关键力量，但是还不能解释为什么地方政府的投资补贴和由此导致的产能过剩具有行业选择性，也不能解释为什么产能过剩没有随着地方市场分割的弱化而减弱。例如，从该理论出发，地方政府行政审批的减少会降低区域内企业负担（类似于增加补贴），应当会恶化当地产能过剩状况，但实际情况相反。

在我们看来，要深入探讨中国产能过剩的形成机制，关键是认识其特殊性。与一般市场国家以周期性为主的产能过剩相比，中国产能过剩程度更为严重、行业更为广泛，而且更有长期性和反复性。特别地，纵观中国产能过剩在不同时期、不同地方和不同行业的表现，我们会发现一个非常有趣的事实，产能过剩表现最为突出的既不是计划程度非常高的地区和行业，也不是市场化程度非常高的地区和行业，而是那些处于"不完全的市场化状态"的地区和行业。在这些领域中，地方政府和市场中的企业都对行业发展非常重视，也都从行业发展中获得巨大收益。例如，纺织和家电行业分别在20世纪80年代中期和90年代前期出现严重的产能过剩。当时这两个产业都处于从计划经济向市场经济转轨阶段，也正是很多地方经济的"主导产业"。但此后，这两个行业改革程度不断提高，基本实现市场配置为主，却再没有出现过大规模产能过剩。再如，钢铁行业本轮产能过剩表现最为突出。但是在1978年之后相当长一段时间并没有大幅度的市场化改革，产业长期处于短缺状态。20世纪90年代中后期开始市场化改革但直至目前仍不够彻底，其间不断出现严重的产能过剩。

基于这一观察，我们尝试从地方政府和企业互动的角度来分析中国产能过剩的成因。根据中国项目招商的特点，我们将产能形成看作地方政府与投资企业在招商项目市场中的匹配行为。我们假设全国各地的地方政府之间和各个企业之间都是竞争性的，某地政府和进入企业都对行业产能形成具有关键性的影响，也都从中获得收益。在此基础上，我们借用标准的搜寻—匹配模型（Pissarides，2000）阐明：当且仅当市场参与者对项目投产的贡献与其项目收益分配比例一致时，行业产能才是最优的；当政府收益分配比例超过其对项目匹配的贡献强度时，行业产能就会出现相对过剩；当企业收益分配比例超过其对项目匹配的贡献强度时，行业产能则会相对不足。

为检验本文的理论结论，我们利用地方政府行政审批改革这一政策冲击，将不同地区地方政府行政审批改革的时间和强度作为其收益—贡献比例差异的代理变量，并使用2001~2012年30个省区市19个制造业行业的产能数据，估计地方政府收益—贡献比例差异变化对各行业产能过剩率的影响。结果发现，地方政府收益—贡献比例差异下降会显著降低该省（区、市）制造业产能过剩率，设立审批中心可以提高产能利用率10%以上，设立时间增加一年则利用率提高2.5%，中心类型提高一个层次则产能利用率提高2%以上。分行业分析的结果进一步表明地方政府收益—贡献不对称在高国企比重、高垄断性、重工业和严重产能过剩行业的影响更为突出。这充分说明政府的项目收益—贡献不对称性对行业产能过剩率的重大影响，很大程度上证实了前面分析的理论机制。

与既有研究相比，本文从理论上给出了最优产能的判别基准，能够解释为什么不同规模、不同所有制和不同行业都会出现产能过剩，以及它们如何随着改革进程的推进而变化。更为重要的是，本文分析说明了行政审批改革等市场化改革能够缓解而不是加剧地区产能过剩的内在机制，补充和修正了以往地方政府干预理论对产能过剩的解释偏差。当然，本文理论的前提与中国改革开放以来的经济现实非常切合。一方面，它需要经济体制处于从计划经济到市场经济的转轨过程；另一方面，地方政府要对地区经济具有很强干预动机和能力。因而，它可能不适用于传统的计划经济和完善的市场经济，也不适用于那些地方政府缺乏行为能力的转轨经济。

本文的研究结论有以下政策含义：首先，本文理论表明当地方政府除提供公共服务和依法收税之外不能直接干预经济时，市场竞争会使政府和企业对地区经济发展的贡献与收益大体匹配。换言之，只有通过规范地方政府行为，才能从根本上解决产能过剩（也包括产能不足）问题。其次，本文理论也表明：①项目开发和投资成本越高（低），均衡产能匹配数量就越少（多）；②园区与企业之间关系越稳定、项目市场前景越好，实际产能对最优产能的偏离程度就越低；③企业技术进步或者市场需求增加都会提高项目产出，而市场萧条或者中央政府税收提高都会降低项目（可分配）产出。因而，中央政府也可以根据各地区各行业的产能状况，采取一些相机决策性短期政策。

二、理论模型与机制分析

本部分借鉴标准的搜寻匹配模型阐述中国地方政府招商式产能形成的基本机制，模型架构和推导主要参考 Pissarides（2000）。

（一）模型设定

考虑一个类似于工业园区招商的"项目"市场。地方政府通过土地开发和产业规划等方式提供招商项目，企业为了利润在市场中进行项目搜索并提供投资。如果当期双方匹配，则进行项目建设并开始分享项目的收益；如果不成功，则下一期继续进行类似决策。不失一般性，我们假定市场中有多个同质企业但每个企业只能进行一项项目投资，地方政府可以建立多个同质园区但每个园区只招商一个项目。全部企业和可建总园区数量的测度给定。

假设项目匹配数量是地方政府园区数量和搜寻企业数量的增函数且规模报酬不变。具体地，为了分析方便，我们采用最为常用的 Cobb-Douglas 形式的匹配函数：

$$m_t = m(u_t, v_t) = A u_t^\alpha v_t^{1-\alpha} \tag{1}$$

其中，m_t 表示 t 时期项目市场匹配成功的数量，u_t 表示进行项目搜寻企业的数量，v_t 表示政府招商项目（空缺园区）的数量，$\alpha \in (0, 1)$ 和 $1-\alpha$ 分别表示招商园区数量和搜寻企业数量对项目匹配数量的影响强度，$A > 0$ 为匹配常数。

假设地方政府若提供一个园区进行招商项目，每一期都需要支付维护成本 $c > 0$。匹配成功的项目每一期能够产生固定收益 $y \in (0, +\infty)$。如果匹配不成功，企业可进行其他投资并得到收益 $z \in [0, y)$（例如，至少可以得到银行存款利息）。同时，由于市场风险和企业与地方政府之间的潜在利益分配冲突，每一个投资项目存活时间都是不确定的。具体地，我们假设匹配项目在任意时期都可能以固定概率 $s \in (0, 1)$ 退出市场（如果我们采用连续指数分布，则项目的期望存活时间为 $1/s$）。需要特别说明的是，本文模型中项目结束不等于企业死亡：为了简单起见，我们假定企业可以收回死亡项目的初始投资并在下一期进行搜寻。①

假设地方政府和企业都追求长期收益最大化，跨期（主观）净贴现率为 $r \in (0, 1)$。② 如果项目匹配成功，地方政府与企业进行谈判以决定如何分配，其中企业所得为 $b \in [0, y]$，地方政府

---

① 现实中项目投资往往具有不可逆性，特别是项目初期失败的话很难完全收回投资成本，但这一问题的理论处理与对每期收益的定义相关。关于企业可以收回初始投资的假设，我们可以理解为企业每一期都从当期收益中进行风险拨备，并使得其期望数量等于初始投资。

② 当然，地方政府可能存在"任期性短视"，但这并不妨碍本文的分析。原因有两个：第一，中国制造业企业的平均存活时间是 6~7 年，由此推断地方政府项目的平均存活时间并不一定长于政府任期；第二，在本文模型中，政府存活 T 期还是无穷期的差别主要体现在项目残值对双方行为的影响，但我们假设即使项目失败，企业也能收回投资，所以这方面影响不大。

所得为 $\tau = y - b$。具体地，我们假设地方政府与企业之间的博弈为 Nash 谈判，企业的谈判能力为 $\phi \in (0, 1)$，地方政府的谈判能力为 $1 - \phi$。

（二）经济行为

为了表述方便，我们定义 θ_t 为项目市场的紧张度（Tightness），以反映该市场供求比率。同时，根据市场匹配结果可知，每一个企业搜寻到合适项目的概率为 $p_t \equiv m(u_t, v_t)/u_t$，而每一个园区有项目投产的概率为 $q_t \equiv m(u_t, v_t)/v_t$。具体地，由匹配函数式（1）可以得到：

$$p_t \equiv m(1, \theta_t) = A\theta_t^{1-\alpha} \quad (2)$$
$$q_t \equiv m(\theta_t^{-1}, 1) = A\theta_t^{-\alpha} \quad (3)$$

首先，我们分析地方政府的行为。注意到每个投产园区会以概率 s 变为空缺园区，而每个空缺园区会以概率 q_t 变为投产园区。令 F_t 和 V_t 分别表示 t 时期产业园区有项目投产和空缺状态对地方政府的收益价值，从而 $F_t - V_t$ 为园区因项目匹配成功而增值的部分。根据 Bellman 最优性原理可得：

$$F_t = y - b + [sV_{t+1} + (1-s)F_{t+1}]/(1+r) \quad (4)$$
$$V_t = -c + [q_{t+1}F_{t+1} + (1-q_{t+1})V_{t+1}]/(1+r) \quad (5)$$

其次，我们考虑企业行为。与园区类似，每个投产企业会以概率 s 变为搜寻企业，而每个搜寻企业会以概率 p 变为投产企业。令 I 和 U 分别表示投产企业和搜寻企业的市场价值，从而 $I - U$ 为企业因项目匹配成功而增值的部分。根据最优性原理可得：

$$I_t = b + [sU_{t+1} + (1-s)I_{t+1}]/(1+r) \quad (6)$$
$$U_t = z + [p_{t+1}I_{t+1} + (1-p_{t+1})U_{t+1}]/(1+r) \quad (7)$$

最后，我们分析地方政府与企业之间的博弈，即如何分配匹配剩余（Matching Surplus）。令 $S_t = (I_t - U_t) + (F_t - V_t)$ 表示匹配的总剩余，从而得到 Nash 谈判问题：

$$\max_{\{(I_t - U_t), (F_t - V_t)\}} (I_t - U_t)^\phi (F_t - V_t)^{1-\phi}$$

$$\text{s.t. } S_t = (I_t - U_t) + (F_t - V_t) \quad (8)$$

其中，$I - U$ 表示企业的匹配收益，$F - V$ 表示园区的匹配收益。

（三）稳态均衡

为了简单起见，我们仅考虑稳态均衡，即行业产能形成的最终结果，而不考虑其转移动态过程。首先，在稳态条件下，每一期失败的项目或者说空缺出来的园区数量 $s(1-u)$，必然等于企业搜寻到合适项目或者说新投产园区的数量 pu[①]，从而我们有：

$$u = s/(s+p) = s/[s + A(v/u)^{1-\alpha}] \quad (9)$$

这就是 Beveridge 曲线，它反映了项目市场中搜寻企业数量与空缺园区数量之间的关系。

其次，由于企业和地方政府都可以自由进入项目市场，稳态时空缺园区的预期收益将恰好等于其维护成本，因而有 $V = 0$。从而根据式（5）得到：

$$F = (1+r)c/q \quad (10)$$

将这一结果代入式（6）可以得到：

$$q(y-b) = (r+s)c \quad (11)$$

式（11）是本模型的一个重要均衡条件，等号左侧为一个空缺园区的期望（现值）收益，右侧为园区空缺的期望（现值）成本，两者相等表示地方政府从项目匹配中获得的净收益恰好抵补它进行园区开发和招商的成本。

最后，地方政府与企业分配博弈的均衡解为：

$$(I-U) = \phi S, \quad (F-V) = (1-\phi)S \quad (12)$$

这意味着谈判能力决定了两者的分配份额。利用式（4）和式（6）分别解出 F 和 I，并将结果代入式（12）可以得到：

$$rU/(1+r) = z + \phi\theta c/(1-\phi) \quad (13)$$

其中，$rU/(1+r)$ 可以看作企业在下一期进行搜寻的价值（贴现）。联合式（9），我们有：

$$b - z = \phi(y-z) + \phi(\theta c) \quad (14)$$

这也是本模型的一个重要均衡条件。其中，$b - z$ 为项目匹配给企业带来的额外收益，$y - z$ 为

[①] 以下我们用不含时间下标的符号表示模型变量的稳态值。以进行项目搜寻企业的数量 u_t 为例，若经济在 $\bar{t}$ 时刻达到稳态，则对于所有 $t \geq \bar{t}$ 有 $u_t = u_{t+1} = u$。

总产出超过机会成本的部分，$\theta c = vc/u$ 是每个搜寻企业需要承担的空缺园区成本。换言之，式（14）说明稳态均衡时 Nash 谈判的结果必然是企业额外收益抵补部分园区开发成本并得到部分项目匹配价值，而且两者的比例都恰好为其谈判能力。

联合式（11）和式（14），我们可以得到稳态下市场紧张度的均衡方程：

$$y - z = \frac{r + s + \phi p}{(1-\phi)q} c \qquad (15)$$

在本文中式（15）可以被称为项目创造曲线，其中 p 和 q 都是 θ 的函数，所以可以根据它（隐含地）得到市场紧张度 θ 的稳态值。进一步地，根据式（9）可以得到稳态下搜寻企业的数量 u，并利用式（11）或者式（14）得到企业分配份额 b。这样就解出了整个模型，即得到空缺园区数量 v，地方政府所得 τ 和当期匹配项目数量 m。注意，在 $u - v$ 空间下，Beveridge 曲线（9）向下倾斜并凸向原点，而项目创造曲线（15）向上倾斜，因而以上模型的稳态解存在且唯一。

（四）社会最优产能

1. 最优产能实现条件

以上分散均衡的稳态解保证了企业和地方政府实现收益目标最大化、空缺园区不存在净收益以及市场谈判所决定的匹配剩余分配。但是，通常情况下，它并不能实现资源最优分配。为更清楚地说明这一点，我们借鉴 Hosios（1990）的处理，从一个特别的角度考虑社会最优分配问题，即中央计划者以选择地方政府与企业项目匹配剩余的分配比例的方式实现社会福利最大化。①

我们知道，最大化社会福利需要企业搜寻价值曲线与地方政府项目创造曲线在 $\phi - \theta$ 空间下相切。将 θ 看作 ϕ 的函数，在式（13）两边对 ϕ 求导可以得到其斜率：

$$\frac{\partial \theta}{\partial \phi} = \frac{\theta}{\phi(1-\phi)} \qquad (16)$$

类似地，对式（15）两边对 ϕ 求导，得到项目创造曲线的斜率：

$$\frac{\partial \theta}{\partial \phi} = -\frac{\theta + (y-z)/c}{\phi + \alpha(r+s)/p} \qquad (17)$$

令两个斜率相等，可以得到：

$$y - z = \frac{(\alpha/\phi)(r+s) + \phi p}{(1-\phi)q} c \qquad (18)$$

与式（15）类似，式（18）也是一个关于 ϕ 的一元函数。特别地，对比两式可以发现：当且仅当 $\phi = \alpha$ 时，两者的解相同，由此可以得到命题 1。

命题 1：当且仅当 $\phi = \alpha$，即企业与地方政府在匹配剩余分配博弈中的谈判能力与其在项目匹配中的贡献强度相等时，分散均衡的稳态项目匹配数量恰好实现最优资源配置。②

这是本文的一个重要结论，它表明只有当匹配双方贡献与收益比例相同时，产能状况才能实现社会最优。其经济学含义与其他市场的社会最优决定原则类似，都是边际收益等于边际贡献。但与单一决策者市场不同的是，项目匹配市场要求双方行为同时符合这一原则。因为一旦一方偏离此原则，另一方也必然偏离。

有趣的是，即使双方市场都是竞争性的，也不能自动满足双方都符合边际收益等于边际贡献的原则，因而现实中实际产能状况就往往偏离社会最优。其背后的经济学直觉在于：在分散经济中，尽管供需双方都是竞争性的，但整个项目市场并不是完美的，政府和企业行为都具有外部性。以招商方为例，某地方政府多建立一个招商园区会增加企业的投资成功机会，对企业产生正的外部性；但同时也会降低其他地方政府成功招商的概率，对其他地方政府会产生负外部性。因而，分散经济中的均衡项目匹配数量既可能多于也可能少于社会最优匹配数量，并不能保证实现社会福利帕累托最优。

2. 对最优产能的偏离

以上分析说明，分散的双边竞争市场并不能自动实现社会最优，那么现实中会发生怎样的偏

---

① 当然，我们也可以通过求解中央计划的企业收益最大化问题来得到这一结果，但以上方式更为直观。该处理也可以参见 Pissarides（2000）。

② 本文命题的证明见附录，下同。

离呢？为探讨这一问题，不妨定义 $\Delta \equiv (1-\phi) - (1-\alpha) = \alpha - \phi$，即地方政府收益比例与贡献比例的差异（以下称为收益—贡献比例差异），从而我们可以得到命题2。

命题2：当 $\Delta > 0$ 时，式（18）的解大于式（15）；当 $\Delta < 0$ 时，式（18）的解小于式（15）。换言之，当地方政府在匹配剩余分配博弈中的谈判能力大于其在项目匹配中的贡献强度时，分散均衡中的项目匹配数量就多于社会最优数量；否则，分散均衡中的项目匹配数量小于社会最优数量。

这一命题给出了实际产能偏离方向的决定因素，其背后的经济学机制在于：在不同的收益—贡献结构下空缺提供者（地方政府）与机会寻找者（企业）对项目匹配的影响存在差异。以产能过剩情况为例，其具体机制如下：当地方政府的收益分配比例超过其对项目匹配的贡献强度（亦即企业在匹配剩余分配博弈中的谈判能力小于其在项目匹配中的贡献强度）时，某个地方政府增加园区建设对企业的正外部性相对较小，但对其他地方政府的负外部性相对较大，因而其他地方政府为了提高对企业投资的吸引力，也需要大幅度增加园区建设；但某一企业增加项目投资对其他企业的负外部性相对较小，而对地方政府的正外部性相对较大，因而其他企业反应不大，但地方政府有强烈增加项目供给的意愿。这样，分散经济的均衡结果是倾向于增加项目匹配数量，从而超过社会最优数量。

3. 对产能偏离的调整

以上分析给出市场均衡和计划均衡中项目匹配的结果，接下来我们来看经济环境参数如何影响这些内生变量的稳态值。在实际产能偏离社会最优的情况下，这些结果反映了经济环境参数对偏离程度的影响，因而可以作为调整产能偏离的政策参考。在本文模型中，除了前面讨论的地方政府收益—贡献比例差异 Δ 之外，影响稳态的主要有项目产出水平 y、投资的机会成本 z、园区开发成本 c 和项目失败概率 s。① 事实上，我们有命题3。

命题3：稳态下项目匹配数量是项目产出和项目失败概率的增函数，是企业机会成本和地方政府开发成本的减函数。

在现实经济中，经济环境和政府政策改变都会导致这些参数发生变化。首先，项目产出将受供给和需求两方面的影响。例如，企业技术进步或者市场需求增加都会提高项目产出，而市场萧条或者中央政府税收提高都会降低项目（可分配）产出。对于地方政府在收益分配中谈判能力较高，或者说产能相对过剩的行业，项目产出的增加会进一步恶化产能过剩状况。这也就是为什么在繁荣时期过剩产能增长迅速，而中央政府加强宏观调控时产能过剩状况有所缓解的重要原因。其次，项目匹配稳态数量随项目失败概率增大而提高，是一个非常有趣且重要的结果。这表明，在其他条件不变的情况下，园区与企业之间关系越稳定、项目市场前景越好，实际产能对最优产能的偏离程度就越低；反之，偏离程度就越高。最后，企业机会成本和地方政府开发成本的影响是类似的，如果项目开发和投资成本高，均衡匹配数量就少。换句话说，中央政府可以考虑采用提高地方政府开发成本和企业投资成本的政策来抑制过剩行业的产能。

三、实证模型与数据

（一）实证策略

考虑到当前中国的经济现实，本文重点分析产能过剩而不是产能不足问题。为了寻找缓解产能过剩的可行政策，我们侧重于政府收益比例与贡献份额不一致的影响。根据前面的理论分析结果，当地方政府在某一行业的收益分配比例超过其对项目匹配的贡献强度时，此地区该行业产能相对过剩，而且这种不对称性越强，产能过剩越严重。因此，本文的实证方程为：

---

① 主观贴现率通常较为稳定且难以通过政策调节，而且其在模型中的影响与项目失败概率完全相同，我们不再单独讨论。匹配成功率参数 A 对模型只有量纲的影响，也不予讨论。

$$ocr_{i,j,t} = \psi\Delta_{i,t} + \chi\beta + \varepsilon_{i,j,t} \qquad (19)$$

其中，ocr 表示产能过剩率，Δ 表示地方政府收益—贡献比例差异，χ 为控制变量（向量），ψ 和 β 为回归系数，ε 为随机扰动，i、j、t 分别代表地区、行业和时间。不过，通常情况下，政府收益—贡献比例差异并不能直接观测，因而难以直接估计式（19）。幸运的是，近年来地方政府行政审批改革为我们提供了测度地方政府项目收益—贡献比例变化的良好机会，使得我们能够对本文理论预测进行实证检验。

审批制是中国政府部门用行政手段干预配置资源和实施产业政策的主要形式。尤其是在基层的实际操作过程中，通过审批地方政府可以影响、选择或决定地方产业发展方向、行业规模、企业多寡、企业性质构成，甚至直接控制单个企业或项目的产量。① 行政审批改革主要是取消或下放一些审批事项，它可以降低地方政府在项目收益分享中的谈判权力，进而降低政府在项目中的收益；同时，审批改革还可以便利化政府服务，降低企业的制度性交易成本，增大政府在项目中的贡献，从而对地方政府收益—贡献比例产生影响，尤其可以抑制地方政府收益分配比例超过贡献强度而造成的产能过剩问题。一方面，审批权力越大的政府在收益分享中的谈判能力越强，而致力于取消或下放审批权的行政审批改革自然会降低政府的谈判力和收益份额 $(1-\phi)$，即使得 ϕ 变大。另一方面，地方政府园区开发对项目投产的贡献主要是通过提供土地资源、基础设施服务等实现的，并不与对具体企业的审批相关。而且，行政审批可能会增加企业的非生产性成本，行政审批改革则会减少企业负担、有利于项目投产，将提高地方政府对项目匹配的贡献份额 $(1-\alpha)$，即使得 α 变小。根据前面的定义 $\Delta \equiv (1-\phi) - (1-\alpha) = \alpha - \phi$ 可知，行政审批改革会使得地方政府收益—贡献比例差异变小。特别地，考虑到市场化程度相对较高的地区有可能会更早、更积极地推进行政审批改革，我们有理由认为：在给定其他条件的情况下，实施行政审批改革的地区，地方政府收益—贡献比例差异比较小；行政审批改革的时间越长、强度越大，地方政府收益—贡献比例差异越小。

基于这一逻辑，我们将行政审批改革进程作为地方政府收益—贡献比例差异的代理变量。该指标有以下三方面的优势，对于本文实证分析中的机制识别非常关键。第一，这一政策冲击可以很好地反映地区政府收益比例与贡献份额不对称程度的改变。② 如前所述，行政审批改革对地方政府在项目收益分享能力方面的负面影响非常大，而对其在项目投产中生产性贡献的影响比较小（即使有也基本上是正面的），因此可以作为地方政府收益—贡献比例差异的单调映射。第二，行政审批改革相对于产能水平而言，很接近外生事件。审批制度改革首先是政治体制领域内的改革，是政府落实"简政放权"的重要举措。同时，行政审批改革很大程度上是服务于经济发展的，因此也可能是出于经济改革特别是与其他地区竞争的需要而设立。无论从哪个方面讲，地方政府都不太可能出于"去产能"而进行此项改革。第三，与其他影响地区产能状况的因素相比，该政策冲击的独立性很强。不同地区在行政审批改革的时间和强度方面存在很大差异，这使得我们能够在很大程度上将这一政策冲击与宏观经济波动、环境与能源政策、地区经济结构等其他因素的冲击分离开来，更好地测度它对产能过剩的影响。此外，行政审批改革往往减少企业的投资成本，类似于对当地企业进行补贴。基于以往地方政府

---

① 需要强调的是，虽然地方政府有些微观干预行为并不是以"行政审批"为名目，但本质上都是政府利用行政权力管制企业的行为，而且都需要严格的审批程序才能定夺，与行政审批制度息息相关。例如，陶然等（2007）发现1999~2003年中国土地出让的85%以上采用了政府"包办"的低价协议方式，招拍挂等市场配置方式仅占约一成。

② 席鹏辉等（2017）使用税收分成的冲击研究了政府收益对于产能过剩的影响，但本文"地方政府收益—贡献"的概念更为宽泛，不仅是税收，也包括GDP、就业等，为了捕获地方政府收益与贡献不对称程度的改变，我们使用相对间接的行政审批改革这一指标。朱旭峰和张友浪（2015）、毕青苗等（2018）一些文献都使用这个指标来测度政府在经济发展、企业进入等方面的权力变化，而这个谈判权力变化正是政府与企业博弈中收入贡献分享的基础。

竞争的产能过剩解释，特别是地方政策性补贴理论，这将加重当地产能过剩；而根据本文强调的匹配机制，这将减缓当地产能过剩。所以，根据实证分析结果中地方政府收益—贡献比例差异系数ψ的符号，我们很容易识别出这两种机制中哪一个更为关键。

（二）变量定义

1. 产能过剩率

本文实证分析中采用产能过剩率（$excessratio$）作为产能过剩的度量指标。目前，中国没有对产能利用状况的全面统计，只能采用各种间接方法度量。其中，常用的主要有生产函数法（郭庆旺和贾俊雪，2004）、成本函数法（韩国高等，2011）、数据包络分析法（DEA）（董敏杰等，2015）、随机前沿分析法（SFA）（程俊杰，2015）等。不过，由于数据或方法的限制，多数文献只是测度国家层面的细分行业或者省级层面的工业总体产能问题，而刘航和孙早（2014）、刘航等（2016）测度了省级—行业层面的产能过剩水平，数据更加微观细致。因此，本文主要采用刘航和孙早（2014）、刘航等（2016）的处理，从而得到2001~2012年30个省份（西藏、港澳台除外）19个制造业行业的产能过剩率。

该处理的具体做法是：首先，根据可变成本函数，对各地区分行业进行参数估计，得到各地区分行业的潜在产出水平；然后，用潜在产出减去实际产出（用工业增加值度量）表示产能过剩量，进而除以实际产出即为产能过剩率。依据国家统计局编制的国民经济行业分类体系（GB/T4754—2002），选取20个制造业行业：农副产品加工业，食品制造业，饮料制造业，烟草制造业，纺织业，造纸及纸制品业，石油加工、炼焦及核燃料加工业，化学原料及化学制品制造业，医药制造业，化学纤维制造业，非金属矿物制品业，黑色金属冶炼及压延加工业，有色金属冶炼及压延加工业，金属制品业，通用设备制造业，专用设备制造业，交通运输设备制造业，电气机械及器材制造业，通信、计算机及其他电子设备制造业，仪器仪表及文化、办公用机械制造业。但在测算产能过剩率时，石油加工、炼焦及核燃料加工业在一些地区的潜在产出为负，故而做了剔除处理。

2. 地方政府收益—贡献比例差异：行政审批改革的进程与强度

各地区地方政府收益—贡献比例差异是本文的关键解释变量，其代理变量为行政审批改革强度。由于审批的范畴相当广泛，审批改革进展测度的量化也并不容易。虽然政府和媒体常用"下放或取消审批事项的个数""办理某项业务花费时间的减少"来表示审批改革的进展，但由于不同省份对于审批事项的大小界定不同、媒体采访时受众较少且差异大等，并不能简单地据此比较不同地区的审批改革情况。从中国行政审批改革的具体实践来看，改革进展集中体现在审批中心的设立上。从20世纪八九十年代开始，深圳、上海等一些地方政府开始设立审批中心，其初衷是方便外商投资企业的注册审批。2001年国务院成立了行政审批改革工作领导小组，2004年开始施行《中华人民共和国行政许可法》，推动了审批改革和审批中心的设立。审批中心的职能陆续扩充，包括企业注册、相关证照办理、项目审批、税费缴纳、公共资源交易和网上审批等服务内容，简化了涉事企业的办事手续和环节，降低了企业的制度性交易成本，增强了企业自主配置资源的能力。审批中心的建立不仅实现了审批事项的简化和集中办理，反过来又推进了行政审批制度的深化改革，可以在较大程度上代表审批改革的强度。[①] 因而，本文采用各省行政审批中心设立的时间顺序和职权范围差异来表示审批改革的不同程度，进而作为地方政府收益—贡献比例差异的度量指标。

具体处理如下：首先，我们使用虚拟变量$Center$刻画地区是否设立行政审批中心。根据各省、市、自治区设立审批中心的时间，在设立第

[①] 艾琳等（2013）认为，行政审批中心具有聚集整合和创新再造能力，是审批改革能否全面深化的关键。既有文献中朱旭峰和张友浪（2015）、Zhu 和 Zhang（2016）、夏杰长和刘诚（2017）等使用是否设立行政审批中心的虚拟变量来表示城市的行政审批改革情况。

二年及以后取值为1，否则取0。其次，本文根据审批中心设立的时长建立 centertime 变量。考虑到审批中心设立的边际效应随着新举措的不断出台而加强，我们用设立审批中心以来的年度测度地区审批改革的持续时间。最后，本文根据审批中心的类型构建审批改革的强度指标，以体现审批改革的实际落实情况和执行力度的差异性。结合审批中心的发展历史和职权范围，我们将审批中心进一步细分为服务大厅、行政服务中心、政务服务中心三个层次，设置审批中心类型虚拟变量 centertype =0（没有任何审批中心），1（设立服务大厅），2（设立行政中心），3（设立政务中心）。① 需要说明的是，本文设定的行政审批改革进程和强度与地方政府收益—贡献比例差异是负相关的，因而我们预期当匹配机制起主导作用时实证式（19）中系数 ψ 的符号应当为负。

3. 其他变量

参照董敏杰等（2015）、王立国和鞠蕾（2012）等文献的做法，本文还在回归中控制了如下两类变量：①地区层面的变量，包括人均地区生产总值的自然对数（ln$pgdp$）、工业增加值占地区生产总值的比重（ind）、地区工业生产者出厂价格指数（ppi）、货物出口额（万美元）的自然对数（lnexp）、规模以上工业企业的资产中非国有占比（$state$）。②省级—行业层面的变量，包括工业增加值的自然对数（$indugdp$）、固定资产净值的自然对数（$capital$）、从业人员数的自然对数（$employee$）、企业单位数（$number$）、总利润的自然对数（$profit$）。为了减缓可能的内生性问题，计量回归中对所有控制变量滞后一期处理。

（三）数据来源与描述性统计

本文产能过剩率直接来自刘航和孙早（2014）、刘航等（2016）。审批改革变量通过手工检索各审批中心的官方网站、百度百科、新闻获得。省份层面的GDP、产业结构等数据来自中经网统计数据库；省级—行业层面的工业增加值、企业单位数等数据来自《中国工业经济统计年鉴》。表1呈现了各主要变量的描述性统计。产能过剩率 excessratio 均值为负，说明不同地区、不同时期和不同行业差别较大。就本文的核心解释变量行政审批改革的状况来看，省级审批中心的设立经历了渐进的过程，从2001年的4家到2012年的24家（见图1）；样本期内大约有一半省份设立了审批中心，比例为47.8%，标准差为0.5；审批中心设立时间平均为2.425年，标准差为3.324年；中心类型总体上接近于服务大厅水平，类型均值为0.997，标准差为1.177。其他控制变量的描述统计不再赘述。

表1 主要变量的描述性统计

变量	观测值	平均值	标准差	最小值	最大值
excessratio	6758	-0.046	1.585	-56.144	57.173
center	360	0.478	0.500	0.000	1.000
centertime	360	2.425	3.324	0.000	12.000
centertype	360	0.997	1.177	0.000	3.000
ln$pgdp$	360	9.787	0.727	8.006	11.442
ind	360	0.398	0.084	0.128	0.592
ppi	360	102.871	7.876	0.000	125.250

---

① 服务大厅只是将少数审批事项集中到一个统一的窗口办理，只是地理上的便利；行政中心则涉及审批权限的下放和集中，中心具有相对具体的审批权限；政务中心则在行政中心的基础上进一步强化，加入了网上审批等便利服务。三个层次的审批中心能力和权限不断扩展，审批改革依次渐进。

续表

变量	观测值	平均值	标准差	最小值	最大值
lnexp	360	13.585	1.722	9.694	17.968
state	360	0.409	0.190	0.056	0.860
indugdp	6840	123.140	253.816	-9.680	4089.240
capital	6598	117.501	227.327	0.010	4450.020
employee	6602	8.681	17.3081	0.010	330.770
number	6611	375.350	744.482	1	9215
profit	6552	27.771	66.323	-74.590	1039.830

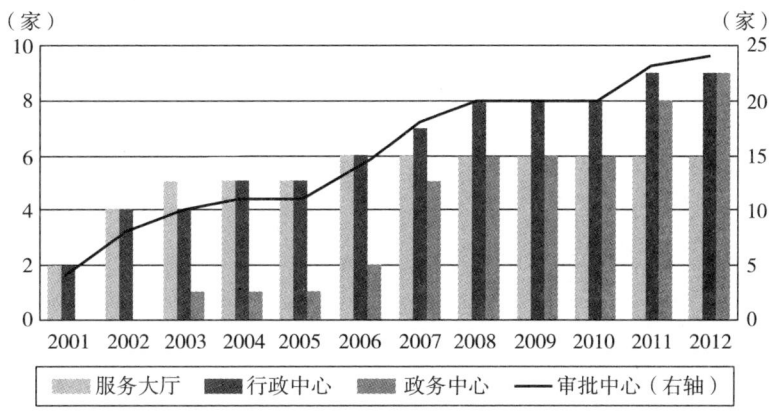

图1 2001~2012年各类审批中心设立数量的累计

四、实证结果分析

本部分首先报告全部样本的回归结果，然后从时间趋势、解释指标测度和内生性等方面讨论结果的稳健性问题，最后讨论分行业特征。

（一）基本结果

1. 省份—行业—年份三维数据估计

表2报告了基于省份—行业—年份三维数据的回归结果。其中模型（1）~（3）使用审批中心虚拟变量（center）作为主要解释变量，模型（4）~（6）使用审批中心设立时长（centertime）作为主要解释变量，模型（7）~（9）使用审批中心类型（centertype）作为主要解释变量；POLS代表混合最小二乘方法，FE代表固定效应方法。① 表2模型（1）~（3）结果显示，设立审批中心可以显著降低产能过剩率，显著性水平都在1%以上。模型（4）~（6）显示，审批中心设立年限的系数显著为负，说明审批中心降低产能过剩率的作用是随时间递增的。模型（7）~（9）显示，随着审批中心职能定位的提升，服务大厅、行政中心、政务中心对于化解产能过剩的作用是依次加强的。从3个变量的9个回归结果来看，不论是否加入控制变量和固定效应，审批中心的系数都很显著且变化不大，说明审批中心的相关作用比较稳定。

---

① 由于本文主要解释变量center、centertime和centertype不随行业而变化，因此我们通过加入年份、省份和行业虚拟变量的方式来控制相应的固定效应。

表2 行政审批改革对产能过剩的影响

	(1)	(2)	(3)	(4)	(5)	(6)	(7)	(8)	(9)
	POLS	POLS	FE	POLS	POLS	FE	POLS	POLS	FE
center	-0.1783*** (0.038)	-0.1176*** (0.029)	-0.1034*** (0.022)						
centertime				-0.0248*** (0.005)	-0.0246*** (0.004)	-0.0287** (0.013)			
centertype							-0.0907*** (0.014)	-0.0416*** (0.011)	-0.0271** (0.012)
lnpgdp		0.1842*** (0.045)	0.3060 (0.347)		0.2121*** (0.049)	0.2799 (0.346)		0.1670*** (0.045)	0.3069 (0.348)
ind		-0.4412* (0.236)	-1.5572* (0.875)		-0.4323* (0.233)	-1.2693 (0.905)		-0.4240* (0.239)	-1.5545* (0.875)
ppi		-0.0016 (0.003)	-0.0026 (0.003)		-0.0018 (0.003)	-0.0024 (0.003)		-0.0015 (0.003)	-0.0026 (0.003)
lnexp		0.0088 (0.022)	0.1917 (0.147)		0.0098 (0.022)	0.2164 (0.141)		0.0074 (0.022)	0.1916 (0.146)
state		-1.0731*** (0.145)	-0.7045* (0.364)		-1.1346*** (0.145)	-1.0087** (0.403)		-1.0190*** (0.151)	-0.7068* (0.364)
indugdp		-0.0013*** (0.000)	-0.0012*** (0.000)		-0.0013*** (0.000)	-0.0012*** (0.000)		-0.0012*** (0.000)	-0.0012*** (0.000)
capital		0.0010*** (0.000)	0.0009*** (0.000)		0.0011*** (0.000)	0.0009*** (0.000)		0.0010*** (0.000)	0.0009*** (0.000)
employee		0.0027* (0.002)	0.0039** (0.002)		0.0022 (0.002)	0.0036** (0.002)		0.0028* (0.002)	0.0039** (0.002)
number		-0.0000 (0.000)	-0.0001** (0.000)		-0.0000 (0.000)	-0.0001** (0.000)		-0.0000 (0.000)	-0.0001** (0.000)
profit		0.0011*** (0.000)	0.0006 (0.000)		0.0011*** (0.000)	0.0006 (0.000)		0.0010*** (0.000)	0.0006 (0.000)
cons	0.0399 (0.033)	-1.1738*** (0.434)	-5.0512 (4.073)	0.0148 (0.027)	-1.4105*** (0.448)	-4.813 (4.127)	0.0450 (0.030)	-1.0374** (0.427)	-5.0518 (4.069)
N	6758	6526	6526	6758	6526	6526	6758	6526	6526
R^2	0.0032	0.0192	0.1490	0.0027	0.0201	0.1496	0.0045	0.0189	0.1490
年份	no	no	yes	no	no	yes	no	no	yes
省份	no	no	yes	no	no	yes	no	no	yes
行业	no	no	no	no	no	yes	no	no	no

注：括号中报告的是稳健标准误。"yes"表示控制相关变量。*、**、***分别表示10%、5%和1%的显著性水平。下同。

总之，不论采用何种方法，审批中心虚拟变量、设置时长及类型都可以显著降低该省制造业产能过剩率。从 center、centertime 和 centertype 三者的系数大小来看，设立审批中心可以提高产能利用率10%以上，设立时间增加一年则利用率提高2.5%，中心类型提高一个层次则产能利用率提高2%以上。① 由此可见，相比没有设立审批中心的省份，通过审批中心规范政府行为的地方，产能利用率提高的程度非常明显。这充分说明地方政府收益—贡献比例差异对行业产能过剩率的重大影响，很大程度上证实了前面分析的理论机制。

2. 省份—年份二维数据估计

由于主要解释变量"审批中心"是省份层面的变量，在本质上回归拟合所使用的样本变异仍然来自省份层面，行业层面估计只是在大样本情况下增大了估计的精确度。因此，省级—行业—年份三维数据固然可以使数据更加微观和细致，但仍需省份—年份二维数据下进行稳健性检验。将产能过剩率及其若干控制变量在省份层面进行加总，可以在省份层面上估计审批中心对产能过剩率的影响。由于二维数据不涉及行业维度，我们直接采用去均值方法处理年份和地区固定效应。表3报告了估计结果，依然显示审批中心的设立会显著降低产能过剩率，并且这一效果随时间和中心类型而边际递增，与前面三维数据的估计结果十分吻合。

表3 省份层面的回归结果

	(1)	(2)	(3)	(4)	(5)	(6)
	POLS	FE	POLS	FE	POLS	FE
center	-0.4677**	-0.5050**				
	(0.235)	(0.215)				
centertime			-0.0189***	-0.0314***		
			(0.006)	(0.009)		
centertype					-0.0768***	-0.0812**
					(0.023)	(0.040)
控制变量	yes	yes	yes	yes	yes	yes
N	354	354	354	354	354	354
R^2	0.0814	0.1129	0.1204	0.1568	0.0736	0.1029
年份	no	yes	no	yes	no	yes
省份	no	yes	no	yes	no	yes

（二）稳健性检验

1. 安慰剂检验

设立审批中心的省份可能具有降低产能过剩率的趋势，这一趋势的来源可能是本文没有控制的其他变量，即可能存在同时影响审批中心和产能过剩的其他变量。为了排除这一趋势的存在性，我们借鉴Martincus和Blyde（2013）采用的安慰剂检验法，将事件发生的时间人为向前推移。如果确有经济趋势存在导致虚假回归，那么改变审批中心的成立时间，相关结论依然应当是显著的；反之，不存在这一趋势。考虑到地区在设立审批中心前通常会酝酿并开始实施一些简政放权措施，我们把各省份审批中心的成立时间向前推移3年，构建center 3变量。② 表4报告了以新虚拟变量center 3为核心解释变量的回归结果，结果发现其系数都不显著，与前面的结果形成鲜明对比。这说明前面回归分析确实反映了审批中心的设立对产能利用率的推动作用，而不是两者共同时间趋势的结果。

---

① 这背后的原因可能是：一方面，审批中心的设立不是一时的制度变化，而是长期存在的，其作用将逐渐显现；另一方面，审批中心设立后简政放权的审批改革随之进一步深化，即具有自我强化的制度特性。

② 例如，2005年成立审批中心的center 3在2002年及之后取值为1。我们还尝试了向前推移2年和4年，结果（备索）类似。

表 4　安慰剂检验的回归结果

	(1)	(2)	(3)
	POLS	POLS	FE
center 3	-0.4826	-0.0630	0.0277
	(0.815)	(0.092)	(0.063)
控制变量	no	yes	yes
N	6758	6526	6526
R^2	0.0020	0.0142	0.0971
年份	no	no	yes
省份	no	no	yes
行业	no	no	yes

2. 审批中心度量的多样化

行政审批改革进程和强度可以较好地刻画地方政府收益—贡献比例差异的状况，但是改革的量化难免有误差。一方面，地级市的审批权限较大，且同一省份不同城市间审批改革的差别较大，所以使用地级市审批中心可能会捕捉一些省级审批中心难以覆盖的信息；另一方面，不同审批中心的落实存在较大差异，一般来说服务大厅、行政中心、政务中心的改革强度依次递进，但也不是绝对的，而且它们之间也不能笼统地认为是 1∶2∶3 的数量关系。为此，我们作出两个调整：一是使用下属的市级审批中心成立率（citycenter）来表示审批中心的设立情况，使用"该省的市级审批中心数量/该省份的地级市数量"来度量；二是服务大厅（service）、行政中心（administration）、政务中心（affair）作为类别变量分别参与回归，而不是赋值为一个连续变量，实证结果如表 5 所示。可见，下属城市设立审批中心比例越高，则产能过剩率越低，并且服务大厅、行政中心、政务中心均可以降低产能过剩率，从系数上看三者的效果大致呈现递增趋势。

表 5　审批中心度量的多样化

	(1)	(2)	(3)	(4)	(5)	(6)	(7)	(8)
	POLS	FE	POLS	FE	POLS	FE	POLS	FE
citycenter	-0.2064***	-0.1761***						
	(0.052)	(0.050)						
service			-0.0210	-0.0193**				
			(0.017)	(0.009)				
administration					-0.0482**	-0.0402**		
					(0.024)	(0.019)		
affair							-0.0466***	-0.0517***
							(0.008)	(0.010)
控制变量	yes	yes	yes	yes	yes	yes	yes	yes
N	6526	6526	6526	6526	6526	6526	6526	6526
R^2	0.0312	0.1641	0.0138	0.1260	0.0154	0.1433	0.0197	0.1780
年份	no	yes	no	yes	no	yes	no	yes
省份	no	yes	no	yes	no	yes	no	yes
行业	no	yes	no	yes	no	yes	no	yes

3. 工具变量

我们选择了三个审批中心设立的工具变量（IV）。第一个是各省份反腐水平（anti-cor）。行政审批是地方政府腐败的重要领域，两者具有高度相关性。中央政府反腐力度在2012年之后出现了明显的提升，导致各地落马厅官数量集中出现断点式上升，大体上是准外生事件。因此，我们采用此阶段官员落马数量作为此前各地政府行政审批强度的工具变量。为了体现时间上的差异性，并考虑到财政压力也是推动政府干预企业生产的重要外生动力（赵文哲和杨继东，2015），我们将反腐水平（anti-cor）与当地政府的财政压力（deficit=财政收支缺口/GDP）交互，得到 anti-corruption × deficit 作为审批中心（center）的IV。

第二，我们采用世界银行的中国营商环境指数（Doing Business in China）。世界银行（2008）对中国各省份2007年营商环境做了测度，包括"开办企业成本"（start=开办成本/省域人均GDP）指标，可以较好地体现行政审批的规范性。由于数据只是2007年的截面数据，我们使用2008~2012年的样本与之匹配，检验2007年各地的营商环境对之后产能过剩的影响。① 营商环境与各省的行政审批情况相关，而又不通过制度（确切地说是政企关系）之外的其他因素影响产能扩张或过剩，是一个较好的外生变量。与对反腐水平变量的处理相似，这里也使用 start × deficit 作为审批中心（center）的另一个IV。

第三，我们还使用国内常用的市场化指数指标作为审批中心（center）的IV。樊纲等（2011）连续多年编制了中国各地区市场化指数，其中"政府与市场的关系"分项指数中使用了"减少政府对企业干预"指标，以企业管理者与政府部门打交道的时间或者企业对行政审批手续方便简捷情况的评价来度量。这与本文的处理，即使用行政审批改革来表示政府对企业生产活动干预的减少，是高度一致的。因此，我们使用樊纲等（2011）中2000~2009年的"减少政府对企业干预"（intervention）并滞后一期，作为审批中心（center）的IV。②

表6呈现了工具变量的回归结果，五个模型均使用2SLS方法，以 center 为核心解释变量。③ 限于工具变量样本的可得性，五个模型的样本量各有差异，其中模型（1）的IV是反腐，是我们最关心的工具变量，因为反腐的外生性较强，而且使用的是全样本数据，与上文相关结果的可比性更强。其 center 的系数为 -0.1748，比表2模型（3）的系数大，这可能是因为审批中心只是"简政放权"、"理顺政府市场关系以及政企关系"等一系列改革中的一个代表，使用反腐作IV时其内涵更加丰富了。模型（2）和模型（3）分别使用营商便利度和市场化指数作IV，结果也很显著。模型（4）和模型（5）则进一步使用前两个以及共同三个作为IV，结果依然很稳健，系数都在1%水平上显著。总之，五个模型的IV虽有不同，结果也略有差别，但 center 的系数都显著为负，验证了前文结论的稳健性。

表6 工具变量回归结果

	(1)	(2)	(3)	(4)	(5)
	全样本	2008~2012年样本	2001~2010年样本	2008~2012年样本	2008~2010年样本
IV	anti-cor × deficit	start × deficit	intervention	anti-cor × deficit、start × deficit	三者

---

① 使用事前的制度变量作为事后制度变量的IV，是文献常见的处理方式[参见周黎安和陶婧（2009）、Acemoglu 等（2015）]，其基本逻辑是：制度是延续的，之前的制度会影响以后的制度水平，同时现在的经济绩效不能影响之前的制度。

② 需要说明的是，虽然王小鲁、樊纲和余静文（2017）将相关数据更新到了2014年，但对2008年以后的数据做了重新计算和评分，与之前数据的连贯性和可比性下降。所以，我们依然使用之前的数据。

③ 使用 centertime、centertype 作主要解释变量时，结果（备索）类似。

续表

	(1)	(2)	(3)	(4)	(5)
	全样本	2008~2012年样本	2001~2010年样本	2008~2012年样本	2008~2010年样本
center	-0.1748**	-0.1203***	-0.1986**	-0.1850***	-0.2104***
	(0.090)	(0.028)	(0.081)	(0.061)	(0.068)
控制变量	yes	yes	yes	yes	yes
工具变量F值	17.02	14.35	12.16	18.21	19.63
N	6526	2769	5310	2769	1658
R^2	0.0529	0.0105	0.0213	0.0207	0.0452
年份	yes	yes	yes	yes	yes
省份	yes	yes	yes	yes	yes
行业	yes	yes	yes	yes	yes

(三) 分行业结果

如前所述，中国各行业产能利用状况差别很大，有必要针对各行业的特征加以区别。为此，我们根据常用的国企占比、垄断程度、轻重工业等方式对制造业行业进行划分（韩国高等，2011；董敏杰等，2015），分别进行了对比分析。具体来说，我们按照非国企占比（state）是否小于均值（各省工业资产中非国企占比的均值为40.9%）分为国企占比高低两组，按照行业内企业数量是否高于各行业中位数（各省份各行业企业数量的中位数为140）分为垄断程度高低两组，按照行业性质分为重工业和轻工业两组。特别地，考虑到本轮严重产能过剩主要集中在部分行业（刘航和孙早，2014；董敏杰等，2015），而且也受到了国家政策的重点关注（江飞涛等，2012），因而我们还区分了是否是重点行业。其中，重点行业选择了造纸及纸制品业、化学原料及化学制品制造业、非金属矿物制品业、黑色金属冶炼及压延加工业、有色金属冶炼及压延加工业、专用设备制造业，其他制造业行业为非重点行业。

表7报告了分行业的回归结果，核心解释变量均为center，其中Panel A为POLS估计，Panel B为FE估计，Panel C为反腐IV估计。① 结果完全符合我们的预期：在高国企资产占比行业、高垄断程度行业、重工业行业和被重点关注的严重产能过剩行业，也即是政府干预比较强的领域，行政审批改革（或者说地方政府收益—贡献比例不对称程度下降）对"去产能"的效果非常显著；而在低国企资产占比行业、低垄断程度行业、轻工业行业和非重点关注行业，也即是政府干预比较弱的领域，行政审批改革对"去产能"影响的幅度和显著性都明显下降。考虑到本文以上行业划分的重叠性，这一结论就更为突出。

表7 分行业回归结果

	(1)	(2)	(3)	(4)	(5)	(6)	(7)	(8)
	国企占比		垄断程度		轻重工业		重点行业	
	高	低	高	低	重	轻	是	否
				Panel A：POLS				
center	-0.1308***	-0.0082	-0.1203***	-0.0681*	-0.1529***	-0.0689	-0.1622***	-0.0963

---

① 主要解释变量使用centertime、centertype时以及工具变量使用其他指标时，结果（备索）都类似。

续表

	(1)	(2)	(3)	(4)	(5)	(6)	(7)	(8)
	国企占比		垄断程度		轻重工业		重点行业	
	高	低	高	低	重	轻	是	否
Panel A：POLS								
center	(0.048)	(0.030)	(0.028)	(0.039)	(0.026)	(0.051)	(0.023)	(0.076)
R^2	0.0188	0.0276	0.0216	0.0179	0.0183	0.0245	0.0340	0.0144
Panel B：FE								
center	-0.1127***	-0.0263*	-0.1378***	-0.0847*	-0.1636***	0.0132***	-0.2768***	-0.0655
	(0.030)	(0.015)	(0.035)	(0.051)	(0.034)	(0.003)	(0.027)	(0.049)
R^2	0.1334	0.3427	0.2352	0.1358	0.1206	0.2261	0.3055	0.1365
Panel C：工具变量（IV = anti - cor × deficit）								
center	-0.3365***	-0.1129	-0.2588***	-0.1053	-0.3037***	-0.0843	-0.2421***	-0.0643
	(0.082)	(0.097)	(0.070)	(0.108)	(0.085)	(0.105)	(0.057)	(0.089)
R^2	0.0278	0.0463	0.0460	0.0189	0.0317	0.0534	0.0781	0.0266
控制变量	yes	yes	yes	yes	yes	yes	yes	yes
N	3556	2970	3144	3382	4185	2341	2159	4367

五、总结性评述

根据中国经济发展特别是项目招商的现实特点，本文将产能形成看作地方政府与投资企业在项目市场中的匹配行为，利用搜寻—匹配模型分析了产能形成的机制。理论结果表明：只有当地方政府和企业对项目投产的匹配贡献与其收益分配一致时，行业产能才是最优的；当地方政府在某一行业的收益分配比例超过（低于）其对项目匹配的贡献强度时，此地区该行业产能相对过剩（不足），而且这种不对称性越强，产能过剩（不足）越严重。在此基础上，我们利用地方政府行政审批改革这一政策冲击，将不同地区地方政府行政审批改革的时间和强度作为其收益比例与贡献份额不对称程度的代理变量，并利用2001~2012年30个省份20个制造业行业的产能数据，通过实证分析进一步验证了以上理论结论。

从对中国产能过剩问题的研究来看，本文的边际创新体现在以下几点：一是提供了产能过剩成因分析的新视角[①]；二是给出了判别最优产能的理论基准；三是为调控政策提供了新的微观基础和政策工具选择。如果从搜寻匹配理论本身来看，本文仅仅扩展了它的应用领域，如何根据中国现实来拓展这一理论是我们今后的重要研究课题。借用项目匹配模型，本文阐明了地方政府从企业生产中的获益超过贡献是产能过剩的制度根源，并进一步说明了项目开发成本、项目盈利能力和市场景气状况对产能过剩状况的影响。从政策含义来讲，本文的分析结论表明，只有通过规范地方政府行为才能从根本上解决产能过剩问题，但中央政府也可以根据各地区各行业的产能状况采取一些相机决策性短期政策。

[①] 齐子翔和于瀚辰（2015）也从市场与政府双边匹配的角度研究了中国产能过剩问题。但是，其分析思路跟本文的完全不同，甚至其中的"搜寻—匹配"与本文都不是相同的概念。前者的基础是以机制设计为核心的稳定配置理论，"搜寻—匹配"指的是按照一定规则将地区和项目分别进行排序，从而使得各地区尽量吸引到恰当的项目同时各项目尽量落户到恰当的地区。因此，其中各地区和各项目都是异质性的，且可以按照某些规则进行排序；进入市场的项目数量是外生给定的；匹配结果的差异在于项目的分布而不是项目的数量。本文的基础是摩擦市场中的搜寻配置理论，"搜寻—匹配"指的是某项目在某园区落户，其中园区和项目都是同质的；进入市场的搜寻企业数量内生的；匹配的结果是项目数量而不是项目在各地区的分布。

参考文献

[1] 艾琳、王刚、张卫清,2013:《由集中审批到集成服务——行政审批制度改革的路径选择与政务服务中心的发展趋势》,《中国行政管理》第4期。

[2] 毕青苗、陈希路、徐现祥、李书娟,2018:《行政审批改革与企业进入》,《经济研究》第2期。

[3] 程俊杰,2015:《转型时期中国地区产能过剩测度——基于协整法和随机前沿生产函数法的比较分析》,《经济理论与经济管理》第4期。

[4] 董敏杰、梁泳梅、张其仔,2015:《中国工业产能利用率:行业比较、地区差距及影响因素》,《经济研究》第1期。

[5] 樊纲、王小鲁、朱恒鹏,2011:《中国市场化指数:各地区市场化相对进程2011年报告》,经济科学出版社。

[6] 冯飞、高旭东、张晓晶、李新创,2014:《打赢化解产能过剩攻坚战》,《求是》第1期。

[7] 郭庆旺、贾俊雪,2004:《中国潜在产出与产出缺口的估算》,《经济研究》第5期。

[8] 韩国高、高铁梅、王立国、齐鹰飞、王晓姝,2011:《中国制造业产能过剩的测度、波动及成因研究》,《经济研究》第12期。

[9] 江飞涛、耿强、吕大国、李晓萍,2012:《地区竞争、体制扭曲与产能过剩的形成机理》,《中国工业经济》第6期。

[10] 林毅夫,2007:《潮涌现象与发展中国家宏观经济理论的重新构建》,《经济研究》第1期。

[11] 刘航、李平、杨丹辉,2016:《出口波动与制造业产能过剩——对产能过剩外需侧成因的检验》,《财贸经济》第5期。

[12] 刘航、孙早,2014:《城镇化动因扭曲与制造业产能过剩——基于2001~2012年中国省级面板数据的经验分析》,《中国工业经济》第11期。

[13] 齐子翔、于瀚辰,2015:《区位选择、双边匹配与化解产能过剩的机制设计》,《改革》第9期。

[14] 世界银行,2008:《2008中国营商环境报告》,社会科学文献出版社。

[15] 陶然、袁飞、曹广忠,2007:《区域竞争、土地出让与地方财政效应:基于1999~2003年中国地级城市面板数据的分析》,《世界经济》第10期。

[16] 王立国、鞠蕾,2012:《地方政府干预、企业过度投资与产能过剩:26个行业样本》,《改革》第12期。

[17] 王小鲁、樊纲、余静文,2017:《中国分省份市场化指数报告》,社会科学文献出版社。

[18] 魏后凯,2001:《从重复建设走向有序竞争》,人民出版社。

[19] 席鹏辉、梁若冰、谢贞发、苏国灿,2017:《财政压力、产能过剩与供给侧改革》,《经济研究》第9期。

[20] 夏杰长、刘诚,2017:《行政审批改革、交易费用与中国经济增长》,《管理世界》第4期。

[21] 徐朝阳、周念利,2015:《市场结构内生变迁与产能过剩治理》,《经济研究》第2期。

[22] 杨其静、吴海军,2016:《产能过剩、中央管制与地方政府反应》,《世界经济》第11期。

[23] 张维迎、马捷,1999:《恶性竞争的产权基础》,《经济研究》第11期。

[24] 赵文哲、杨继东,2015:《地方政府财政缺口与土地出让方式——基于地方政府与国有企业互利行为的解释》,《管理世界》第4期。

[25] 周黎安,2004:《晋升博弈中政府官员的激励与合作——兼论我国地方保护主义和重复建设问题长期存在的原因》,《经济研究》第6期。

[26] 周黎安、陶婧,2009:《政府规模、市场化与地区腐败问题研究》,《经济研究》第1期。

[27] 朱旭峰、张友浪,2015:《创新与扩散:新型行政审批制度在中国城市的兴起》,《管理世界》第10期。

[28] Acemoglu, D., C. García-Jimeno, and J. A. Robinson, 2015. State Capacity and Economic Development: A Network Approach [J]. *American Economic Review*, 105: 2364-2409.

[29] Dixit, A., 1980. The Role of Investment in Entry-deterrence [J]. *Economic Journal*, 90: 95-106.

[30] Hosios, A. J., 1990. On the Efficiency of Matching and Related Models of Search and Unemployment [J]. *Review of Economic Studies*, 57: 279-298.

[31] Malmendier, U., and G. Tate, 2005. CEO Overconfidence and Corporate Investment [J]. *Journal of Finance*, 60: 2661-2700.

[32] Martincus, C. V., and J. Blyde, 2013. Shaky Roads and Trembling Exports: Assessing the Trade Effects of Domestic Infrastructure Using a Natural Experiment [J].

Journal of International Economics, 90: 148 – 161.

[33] Pissarides, C. A., 2000. *Equilibrium Unemployment Theory* (second edition) [M]. MIT Press.

[34] Tirole, J., 1988. *The Theory of Industrial Organization* [M]. MIT Press.

[35] Zhu, X., and Y. Zhang, 2016. Political Mobility and Dynamic Diffusion of Innovation: The Spread of Municipal Pro – business Administrative Reform in China [J]. *Journal of Public Administration Research and Theory*, 26: 535 – 551.

Project Matching and Excess Capacity in China

Wu Lixue, Liu Cheng

Abstract: In this paper, we analyze the causes of excess capacity in China from the perspective of the interaction between local governments and enterprises according to the characteristics of China's project investment by considering capacity as the matching between local governments and investment enterprises in the project market. Thus, based on the standard matching theory, we show that there is an excess (lack) of production capacity if the government's proportion of returns is greater (smaller) than its share of contributions to the project, and the difference in distribution of contributions and earnings between the government and enterprises leads to different capacity statuses in different periods, regions and industries. To test the theoretical predictions, we use the time and the intensity of administrative examination and approval reform as proxy variables for local government revenue – sharing capabilities, and find that the approval center enhanced significantly the capacity usage rate, and that the longer establishment time or the center type at a higher level would improve the usage rate. Results of sub – industry analysis show that these conclusions are more prominent in state – owned enterprises, high monopoly industries, heavy industries and industries with serious overcapacity. Our analysis offers a new perspective of the cause of industrial overcapacity, provides a theoretical criterion for optimal capacity, and has a valuable policy implication for economic reform.

Key Words: Overcapacity; Project Matching; Local Government; Reform of Administrative Examination and Approval System

产业政策中的市场与政府

——从林毅夫、张维迎产业政策之争说起

江飞涛　李晓萍

摘　要：2016年以来，围绕产业政策展开的争论引起各方关注。但是，这场争论中各方对于市场机制与功能的理解以及产业政策中市场与政府关系的认识，仍有进一步深入探讨的空间。本文对于这场争论主要参与方的观点和依据进行了回顾和评述，然后基于奥地利经济学市场过程理论，重新审视市场机制、"市场失灵"以及市场与政府之间的相互关系。以此为基础，本文重新审视了产业政策中的市场机制与政府作用以及两者的关系，本文提出在以功能性产业政策或者横向性产业政策为代表的新的产业政策模式下，市场应居于主导地位，政府在为市场机制有效运转提供必要的市场基础制度方面扮演着关键性角色。同时，在环境保护、公共基础设施、基础科学研究、科技公共基础设施和服务体系、教育与劳动者培训等领域，仍需政府补充市场的不足。在新的产业政策模式下，市场与政府是互补与协同的关系。

关键词：产业政策；市场机制；市场功能；市场失灵；竞争政策

一、引　言

2016年，林毅夫与张维迎围绕产业政策展开的争论颇具影响，黄益平、顾昕、田国强、文贯中等许多学者相继加入到讨论中。从这场争论的内容来看，与其说是产业政策的存废之争，不如说是产业发展乃至整个国民经济发展中市场功能与政府作用之争。整个争论的主要内容是围绕着产业发展（乃至整个国民经济发展）过程中市场与政府应该扮演什么样的角色，以及产业政策中政府的作用、市场与政府作用的边界及两者的相互关系而展开的。这场争论之所以具有轰动效应，主要是因为当前中国正处在经济体制改革的重要关口，但是对于未来经济体制改革中具体如何厘清市场与政府的边界，如何处理政府与市场的关系，无论学术界还是政策研究部门，都存在不小争论，对于怎么理解十八届三中全会提出的"使市场在资源配置中起决定性作用和更好发挥政府作用"，各界在具体认识上也存在分歧。这场争论对于大家进一步认识产业政策中的市场与政府是颇为有益的。但是，这场争论对于市场机制与功能的理解，对于产业政策中市场与政府关系的认识，仍有需要进一步补充、探讨的空间。

本文正是试图弥补以上讨论中存在的不足。首先，本文将回顾产业政策争论主要参与者关于产业政策中市场与政府关系的相关观点及依据，然后对这些观点及论据进行分析和探讨，并指出

---

* 本文发表在《财经问题研究》2018年第1期。

［作者简介］江飞涛，中国社会科学院工业经济研究所副研究员；李晓萍，中南大学商学院副教授。

其中的问题或不足,接着系统地探讨产业政策中的政府与市场关系,并以此为基础进一步探讨未来中国产业政策转型中市场与政府的关系如何转变。

二、产业政策争论中的市场与政府

产业政策争论的核心问题是,产业发展乃至国民经济发展中市场与政府应扮演什么样的角色,市场与政府应该是怎样的关系。2016年下半年的产业政策大讨论,许多学者参与其中,林毅夫、张维迎、田国强、顾昕的观点最具代表性。在此,我们主要介绍以上四位学者的观点及相应依据。

(一)林毅夫:新结构经济学中的"有效市场"与"有为政府"

林毅夫在《产业政策与我国经济的发展:新结构经济学的视角》[1]一文中系统阐述了他关于产业政策及产业政策中的市场与政府关系的看法。在林毅夫看来,国民经济发展的实质是人均收入的提高和生活水平的提高,实现国民经济的发展需要"有效市场"和"有为政府"的共同作用。有效市场的重要性在于它能够(通过价格体系)很好地反映各种要素相对稀缺性,以引导企业按照要素禀赋的比较优势来选择技术和产业,只有如此,"生产出来的产品在国内国际市场的同类产品中,要素生产成本才会最低,企业才可能获得最大的利润,整个经济才有机会创造最大的剩余和资本积累,使得比较优势从劳动力或自然资源密集逐渐向资本密集提升,为现有产业、技术升级到资本更为密集、附加价值更高的新产业、新技术提供物质基础"。还需要指出的是,林毅夫认为"成功的产业政策必须是针对有潜在比较优势的产业",而识别这种潜在比较优势也需要以有效市场反映各生产要素的相对稀缺性为前提。对于什么是有效市场,林毅夫并未给出明确的定义。在林毅夫的弟子、新结构经济学的核心研究者王勇所著的《论有效市场与有为政府:新结构经济学视角下的产业政策》[2]一文中,给出了"有效市场"的定义:"如果一个市场是有效的,那就意味着通过价格信号和价格体系就能使得资源配置达到帕累托有效。"

在林毅夫看来,由于公共物品、信息外溢、协调失灵等市场失灵的存在,要实现产业升级、国民经济持续发展,仅仅有"有效市场"是不够的,还需要"有为政府"。对于什么是"有为政府",林毅夫并没有给出明确的定义,只是说"有为政府"必须为技术创新与产业升级过程中"第一个吃螃蟹的企业家"提供必要的激励(税收优惠、资本管制国家提供进口设备的外汇额度、金融抑制国家提供优先贷款),要为新兴产业的发展提供"交通、电力、港口等硬的基础设施和法律、法规等软的制度环境",要为接近前沿的新技术创新和产业升级提供基础科学研究上的支持。

对于"有为政府",林毅夫进一步指出,"以'产业政策'集中有限资源,协助企业家从事那些回报最高的技术创新和产业升级",协助手段就包括以上提到的基础设施建设、制度建设、支持基础科学研究等。林毅夫又将"有为政府"称为"因势利导"的政府。对于"有为政府"如何"因势利导",林毅夫提出了"增长甄别和因势利导"的两轨六步法,"第一轨甄别什么是具有潜在比较优势的产业;第二轨根据这个产业中企业降低交易费用的需要,因势利导,改善软硬基础设施,使其成为具有竞争优势的产业"。更进一步,林毅夫介绍了如何通过六步法来甄别产业进行扶持。

(二)张维迎:从奥地利经济学派的视角看市场机制、企业家精神与产业政策

张维迎在《我为什么反对产业政策——与林毅夫辩》[3]一文中阐述了他对于产业政策、市场机制的基本看法。在该文中,张维迎首先界定了他所理解的产业政策,即"政府出于经济发展或其他目的,对私人物品生产领域进行的选择性和歧视性对待,其手段包括市场准入、投资规模控制、信贷资金配给、税收优惠、财政补贴、进口关税和非关税壁垒、土地价格优惠等"。张维迎从米塞斯—哈耶克范式(奥地利经济学)的视角来理解市场机制与市场失灵,在奥地利学派看来,"市场是人类资源合作的制度,是一个认知工具,市场竞争是人们发现和创造交易机会、新的合作机会的过程;市场最重要的特征是变化,而不是均衡"。对于新古典经济学意义上的市场失灵,张维迎则认为是其"市场理论的失灵",而不是"市场本身的失灵"。张维迎进一步指出,信息的外部性并不会阻碍企业家的创新,至于"协调失灵",市场中的企业家总是会在利润的诱导下,寻求解决协调失灵的方法。

张维迎尤为强调企业家在市场中的重要作用,他认为"企业家是市场的主角,发现和创造交易机会是企业家的基本功能;正是通过企业家发现不均衡和套利,市场才趋向均衡;正是企业家的创新,使得市场不断创造出新的产品、新的技术,并由此推动消费结构与产业结构的不断升级"。张维迎认为产业政策注定会失败,其原因有两个主要方面:一方面,产业政策作为一种集中化的决策模式,需要决策者对未来主导技术、主导产业及发展路径有准确的预测,但是由于人类的认知能力限制,创新与新产业是不可预见的。实现创新、发现新产业的唯一途径是分散化的经济实验,"每个企业家按照自己的警觉性、想象力和判断力来决定做什么、不做什么",然后由市场竞争来决定谁是最后的成功者(例如市场的主导技术、新的产业、主导企业)。另一方面,政府官员既不具有企业家的警觉性和判断力,也没有企业家那样的激励,政府官员很难像企业家一样行动;产业政策还会导致企业家和政府官员的寻租和设租行为,扭曲激励机制。因而,张维迎反对任何形式的产业政策。

(三)田国强:市场失灵、有限政府与产业政策

田国强则在《林毅夫、张维迎之争的对与错:兼谈有思想的学术与有学术的思想》[4]《争议产业政策:有限政府,有为政府?》[5]等文章中,详细阐述了他对市场与政府关系、有为政府与产业政策的看法。田国强指出,林毅夫提倡的有效市场与有为政府存在内在逻辑冲突,有效市场的必要条件是有限政府而不是有为政府。田国强指出,"所谓有限政府指的是,只要市场能做的,就应让市场发挥作用,只有市场不能做或失灵时,政府才应发挥作用,从而才可能导致好的市场经济或有效市场"。田国强指出,有限政府"聚焦于维护和提供公共服务和公共产品""与市场保持一臂之隔",政府的行为边界更为清晰,而林毅夫提出的有为政府其边界几乎是无边界的,同时又排除了政府一般在经济活动中应该无为的至关重要性。

田国强在《林毅夫、张维迎之争的对与错:兼谈有思想的学术与有学术的思想》[4]一文中亦对张维迎的部分观点进行了质疑,田国强认为,张维迎完全否定新古典经济学的指导作用、否定"市场失灵"是缺乏依据的,并指出将产业政策中的激励问题简单归结为官员或者经济人的无耻也是欠妥当的。田国强进一步指出,对于产业政策辩论的焦点不应该是需不需要产业政策,而应该是"政府职能是否需要从全能型、发展型的有为政府转向维护性、服务型的有限政府"。

(四)顾昕:新产业政策理论中的市场与政府

进入21世纪以来,产业政策理论方面的研究取得了新的进展,约瑟夫·斯蒂格利茨(Joseph Stiglitz)和丹尼·罗德里克(Dani Rodrik)是其中的重要代表性人物。顾昕在《重建产业政策的经济学理论》[6]一文中,详细考察了斯蒂格利茨和罗德里克在产业政策领域的研究,并在此基础上阐述了他自己对于产业政策的主要观点:第一,产业政策有其必要性,产业政策的功能是(在产业发展的过程中)弥补市场不足、矫正市场失灵;第二,产业政策应立足于"市场机制充分发挥在资源配置中的决定性作用",产业政策不是要替代市场去"挑选赢家",而是要为产业发展提供服务;第三,产业政策的真正问题在于,建立什么样的制度与激励机制,政府才能为产业发展提供相对有效的服务;第四,产业政策的研究迫切需要借鉴经济学、政治学、社会学、新制度主义关于制度与治理的研究成果。

三、对于产业政策争论的评述：基于市场与政府的视角

在新结构经济学的产业政策中，关于政府与市场的关系的论述是矛盾的。一方面，林毅夫强调，"新结构经济学的产业政策不是政府主导，而是因势利导，也就是企业已经自己发现机会，自发愿意进入这些产业，政府帮助这些企业家克服外部性问题和硬软基础设施不完善的协调问题，以使具有潜在比较优势的产业迅速变成竞争优势产业"，在这里政府与市场的关系是顺应市场和补充市场。另一方面，林毅夫又强调"新结构经济学产业政策中政府对软硬基础设施的相应完善"，必须"集中优势兵力打歼灭战"，将政策资源集中在那些"回报最高的技术创新和产业升级"。这首先需要政府去识别、判断与选择什么才是"回报最高的技术创新和产业升级"，然后将政策资源集中在这些行业中，这种做法与其说是"因势利导"，不如说是"政府驾驭市场"或者"政府主导市场"。

"有效市场"与"有为政府"同样存在矛盾之处。新结构经济学中，需要"有效市场"很好地反映各种要素相对稀缺性，为"有为政府"揭示"潜在比较优势的产业"，为"有为政府"识别、选择"回报最高的技术创新和产业升级"提供充分必要的市场信息，这个有效市场必须"通过价格信号和价格体系就能使得资源配置达到帕累托有效"。在新结构经济学看来，只有"公共物品、信息外溢、协调失灵等市场失灵"的存在，才需要"有为政府"发挥作用。矛盾之处在于，如果市场是"有效市场"的话，那么"有为政府"就没有存在的必要；如果是由于各种市场失灵的存在从而需要"有为政府"的话，那么"有效市场"将不存在，当缺乏"有效市场"来揭示必要市场信息时，"有为政府"如何知晓真正"具有潜在比较优势的产业"都将成为问题，更别说去准确识别"回报最高的技术创新和产业升级"。还需要指出的是，新结构经济学强调按比较优势发展才是经济发展的药方，而按照比较优势发展有两个制度前提——"有效市场和有为政府"。然而，在欠发达国家或者贫困国家，市场制度都是极不完善的，即便在已进入中等收入水平的发展中国家中其市场制度仍是很不完善的，这些国家的市场体系远不是"有效市场"；在一些欠发达国家中，官僚体系腐败甚至连维持基本稳定的国家秩序都困难，其政府亦不是"有为政府"。这在很大程度上意味着欠发达国家并不存在推行新结构经济学"药方"的基本制度前提。

新结构经济学所选择的产业政策工具，其与"有限政府"的基本职能并无本质区别。林毅夫在《产业政策与我国经济的发展：新结构经济学的视角》[1]一文中，阐述了新结构经济学的产业政策工具包，工具包的主要构成有基础设施建设、建立专利制度、完善法律法规、构建良好营商环境、支持科学技术研究、发展金融市场等。不难看出，这些政策工具的本质是建立和完善市场制度以及提供良好公共服务，这与"有限政府""守夜人"政府，甚至与林毅夫所批判的"他所认为的新自由主义"和"华盛顿共识"中的政府职能是相一致的。不同的地方在于，林毅夫（与王勇）认为新自由主义和"华盛顿共识"（"有限政府"或者"守夜人"政府）的政策主张是要一下子"把全国的基础设施都建设好，把全国的各种法制、营商环境都完善好"，而"有为政府"的制度与基础设施的建设完善则是针对特定产业逐步来实施的。然而，这会面临一个非常重要的问题：什么样的基础设施与市场制度建设、什么样的营商环境优化是只针对某个特定产业、具有产业专用性的？

张维迎认为，提供公共物品、投资基础设施、支持教育和科研、保护专利、法治建设都是政府应尽的基本职能。但是，张维迎并不认同林毅夫将"主张市场主导、赞同新自由主义就是'休克疗法'，主张渐进主义改革等同于政府主导"的做法，张维迎进一步指出"事实上，绝大部分古典自由主义者和新自由主义者是不赞同'休克疗法'的"。也就是说，绝大部分古典自由主义者

和新自由主义者并不主张一下子"把国内所有的基础设施都建设好,把全国的各种法制、营商环境都完善好"的政策,甚至绝大部分"华盛顿共识"倡导者也并不持这样的政策主张。①张维迎明确反对政府实施"对私人产品生产领域进行的选择性干预和歧视性对待"的产业政策,反对"市场准入限制、投资规模控制、信贷资金配给、税收优惠和财政补贴、进出口关税和非关税壁垒、土地价格优惠等"政策手段,林毅夫似乎同样反对该类政策。②这样一来,新结构经济学也好,新自由主义也好,"有为政府"也好,"有限政府"也好,在具体政府职能集合的理解上,并没有什么实质性的分歧。唯一令人不解的是,林毅夫一方面强调政府要比"新自由主义"或"有限政府"更有为,而在具体政策工具的选择上,其政府行为又回到了"新自由主义"或"有限政府"的框架内。

张维迎认为应从米塞斯—哈耶克范式来理解市场机制,这对于更好理解现实中的市场机制、更好认识产业政策中的市场与政府而言是具有重要意义的。从米塞斯—哈耶克范式看来,市场是一个动态竞争性的过程(企业家在动态竞争过程中扮演着重要角色),通过动态竞争过程和价格形成过程,分散化的知识得以发现、传播和利用,进而促成生产计划与消费计划之间的协调,并使得市场不断创造出新的产品、新的技术。③正是由于不完全信息,市场的优越性才得以体现。在新古典经济学的一般均衡模型中,假设市场主体具有完全知识,完全抽离分散知识的发现、扩散与利用过程,根本无法说明市场的动态特征以及市场协调机制如何发挥作用。奥地利经济学派对于市场机制的认识,意味着政府实施选择特定产业、技术路线、特定产品、特定企业来进行扶持的产业政策是危险的策略,因为政府无法获得进行"正确"选择所需要的必要信息,"正确"的产业、技术路线或者产品以及最有效率的企业,只有通过市场主体的分散试错与竞争选择过程才能被揭示出来。奥地利经济学派对于市场机制的认识,还表明新古典经济学意义上的"市场失灵"并不必然意味着需要政府介入干预。需要指出的是,张维迎主要是从企业家、企业家精神的角度来介绍奥地利经济学派对于市场机制的理论观点,忽略了市场过程理论中对于市场机制的重要理论阐述;张维迎提出"新古典经济学家所谓的市场失灵,其实是市场理论的失灵,不是市场本身的失灵"的观点,并没有予以更进一步的阐述,也导致诸多质疑。例如,田国强就指出"市场失灵作为现代经济学的一个术语已经成为共识性语言",认为张维迎否认"市场失灵"是偏离学术共同体的基本共识来谈问题的做法,会造成不必要的争论。

田国强(2016)[5]提出,"有限政府论在经济体制转型、结构变迁及市场失灵中发挥着不可或缺的指导性作用,产业政策的采用应适度、慎用","市场化的制度改革而不是产业政策对经济发展起关键作用","靠产业政策和政府直接干预,来试图纠正市场失灵,往往由于信息和激励的问题,效果非常有限,不会比通过激励机制设计推动制度建设的间接方式更为有效",这些理论阐述对于重新审视产业政策的作用以及产业政策中市场与政府的边界,特别是对于认识中国产业政策未来的发展方向,具有重要价值和指导意义。但是,田国强在阐述"有限政府"理论时,更多侧重在政府行为边界以及政府越位可能带来的"政府失灵"方面,而对于"政府提供的良好制度框架是现代市场存在和运行的基本前提","政府必须不断推动市场制度完善、进而让市场更好发挥作用"方面则着墨不多,对于"市场机制""市场失灵"的理解也局限在新古典经济学的框架内。这些问题同样存在于顾昕(2016)[6]

---

① 文贯中. 中国的市场化不是过了,而是十分不足[EB/OL]. 第一财经,2016-10-25. http://www.yicai.com/news/5142715.html.
② 林毅夫. 对张维迎教授的若干回应[J]. 比较,2016(6):196.
③ 杨春学. "社会主义经济核算争论"及其理论遗产[J]. 经济学动态,2010(9).

的研究中,但是其"产业政策应立足于市场机制,产业政策不是替代市场,而是要为产业发展提供服务"等认识仍是值得高度重视的。总体而言,更为全面、深入地探讨产业政策中的市场机制与政府作用以及两者的关系,仍存在比较大的空间。

四、重新审视市场机制与"市场失灵"

重新审视产业政策中的市场与政府,需要更为深入地理解市场机制与"市场失灵",同时需要更为深入地探讨市场与政府的关系。新古典经济学中抽象为"瓦尔拉斯拍卖人"的市场机制与"市场失灵"理论,已经为大家所熟知。但是,新古典理论对于市场机制的理解过于简单,"市场失灵"又往往被赋予过多的政策含义。奥地利学派市场过程理论对于市场机制有独到的理解,对于市场机制及市场复杂动态过程有深刻的洞察,大大拓展和加深了我们对于市场机制的理解,其主要观点及理论阐述亦为新古典经济学所接受[7],并逐渐综合到主流经济学中[8]。王廷惠在其著作中,详细整理和总结了奥地利经济学市场过程理论关于市场机制与"市场失灵"的理论见解①,但这些并没有引起中国学术界尤其是产业政策研究者足够的重视。因而,有必要从市场过程理论的视角重新审视市场机制及"市场失灵"。

(一)重新审视市场机制:基于市场过程理论的视角

在新古典经济学里,市场机制被抽象为"瓦尔拉斯拍卖人",被看作在完全信息情形下,通过价格的制定与调节以实现均衡的机制。新古典经济学假定市场主体具有完美信息,基于已知的偏好、技术、价格、成本等方面的信息,进行效用或者利润最大化的决策。然而,在现实经济中,市场的参与者只具有近临和很有限的信息,相当部分的市场信息分散为无数个人所持有的、特定的、主观的私人知识,这些知识是个人的、默示的、不完全的、模糊的、不规范的,这类知识不可能以集中、整合的形态出现。[8]因而,从奥地利学派看来,市场机制的核心并不是完全信息(知识)情形下实现最优资源配置,而是发现知识,协调具有分散知识的私人行动,从而有效利用分散知识与私人信息,通过使得市场参与者充分利用互惠交换机会进而实现动态效率。[9][10]

在奥地利学派看来,市场机制是发现、传播和利用知识的强有力机制。市场的知识发现机制是企业家争胜竞争过程,机敏的企业家在利润的诱惑下,总是试图不断寻找新的市场机会,不断尝试提供新产品、新服务,积极开拓新的要素组合方式,不断发现与尝试新的企业组织形态、新的内部管理模式以及与之相适应的企业规模。[10]但是,生产者(或企业家)和消费者都不可能事先知道什么是更好的新产品与新服务、什么是更优的要素组合与生产方法、哪些企业更能成功满足消费者需求,在分散知识和不确定性市场下企业分散尝试、创新和竞争,市场的生存检验过程是通过不同个体向各种可能的方向尝试,经过持续的争胜竞争、优胜劣汰、生存检验过程才能发现这些知识并筛选出暂时的胜者。因而,市场的知识发现机制同时也是市场的生存检验过程与筛选机制。[8]

需要指出的是,张维迎非常强调市场中企业家的作用,而对于市场优胜劣汰、生存检验的竞争选择机制阐述不多,这可能会带来一个误解,即认为市场的发现与选择机制要优于政府,仅仅是因为企业家比政府官员更具有信息优势、更不容易在市场中犯错,似乎政府成为企业家政府、政府官员成为企业家官员,就能解决政府在产业政策制定中的信息问题。在奥地利学派看来,企业家在决策时,同样面临有限信息以及"无知"

---

① 王廷惠所著《微观规制理论研究——基于对正统理论的批判和将市场作为一个过程的理解》一书,非常详细地阐述了奥地利学派关于市场机制、市场失灵的认识及相应理论,特别是该书第三章"'市场失败'现象的误解与'市场失败'的不可能性"详细地整理、介绍和总结了奥地利学派关于"市场失灵"的理论见解。

的问题，同样会犯错，但是市场中的企业家是分散决策或者分散试错的，通过市场的生存检验与竞争选择过程，能不断把错误的决策、错误的信息揭示出来，并进而揭示出正确的信息与暂时的赢家（更好的产品、技术、要素组合方式以及更有效率的企业等）。这些信息在被市场过程与市场机制揭示出来之前，无论政府官员还是企业家都是无法获得的。这意味着产业政策的制定者即便能像企业家一样行动，但仍是无法克服有限信息或者"无知"问题的。还需要进一步指出的是，新结构经济学中，"有为政府"要选择"回报最高的技术创新和产业升级"进行集中支持，这首先就会面临无法克服的有限信息甚至"无知"问题，"有为政府"根本无法获取足够的市场信息去预测或者判断什么才是"回报最高的技术创新和产业升级"。

（二）对于"市场失灵"的进一步讨论：奥地利学派与新古典学派的不同看法

张维迎[3]在其与林毅夫的辩论中，提出"新古典经济学家所谓的市场失灵，其实是市场理论的失灵，不是市场本身的失灵"，并没有给出进一步详细的解释，受到田国强的强烈批评，亦为很多人所质疑。其实，奥地利经济学派对于新古典经济学的"市场失灵"有其独到的见解，这些见解对于更为全面地理解"市场失灵"及产业政策有其重要价值。

新古典经济学、奥地利经济学派对于"市场失灵"的不同看法，首先是源于对市场功能的不同看法。在新古典经济学中，将完全信息条件下实现社会资源的最优配置当作市场的功能。新古典经济学以一般均衡模型的理想状态（帕累托最优）及其均衡条件为参照，去评判现实中的市场效率，现实市场与帕累托最优状态时的假设条件差异越大，其市场效率越低，将垄断、外部性、公共物品及信息不对称理解为"市场失灵"现象，并据此认为需要政府的介入与管制。新古典经济学一般均衡理论作为基准理论或有其极端重要性，但是在现实中作为是否引入政府干预的判断基准则会存在问题。因为现实市场对理想市场的偏离，只能说明真实市场运行方式不同于理想模型中的描述，并不能证明现实市场缺乏效率，也不能证明政府施加干预和管制后的市场会具有更高的效率。[8][11]在奥地利经济学市场过程理论看来，市场的功能在于克服知识问题，在于发现和利用知识，并使得市场参与者充分利用互惠交换的机会进而实现动态效率，市场在这方面从未失灵过。争胜竞争的市场过程是迄今为止人类发现和利用分散知识最有效的机制。一般均衡理论语境推演而来的"市场失灵"，其隐含的市场自身的缺陷实际上是想象出来的。[12] Kirzner 进一步指出，所谓市场不完善或"市场失灵"现象，更像是市场实现其真正功能的优势。新古典经济学意义上的"市场失灵"现象，实际上正好是市场有效运作和发挥效率的具体机制与形式。

（1）信息不对称、公共信息与市场失灵。奥地利经济学市场过程理论认为，不完全信息和信息不对称是现实市场经济的常态，它意味着未被发现的利润机会，会激励企业家采取积极行动，随着企业家的争胜竞争过程及市场过程的展开，信息才能不断被发现、扩散并且在交易各方实现动态相对均衡，市场过程自身能内生出各种缓解与克服信息问题的方法，大多数情况下并不需要政府的介入或者干预。[8]例如，在保险市场中，保险公司通过提供不同的保险合同设计，识别和区分不同风险的投保人，以防止投保人利用信息不对称采取欺诈行为；而在金融市场上，金融机构可采用抵押品、信用评级、第三方征信评级机构、主银行制等方式缓解和解决金融市场的信息不对称问题，金融机构的产生与发展就源于求解信息结构不对称带来的现实需要，通过实现规模经济与开发专门技术，金融机构能够降低交易成本，克服信息结构不对称所决定的外部性，提高资源配置效率；在经验产品市场，商标、品牌、卖方声誉、第三方认证以及完善的产品质量保证制度，都是市场内生解决信息不对称的重要方式；在旧车市场，维修保证与第三方独立评估都是市场内生有效解决信息不对称的重要途径。即便是具有公共物品性质的信息，同样能够在市场中内生出有效供给的多种方式[8]，专业的信息及信息服务提供商就是其一，例如国际上鼎鼎大名的汤森路透（Thomson Reuters）、彭博（Bloomberg），以及中国的Wind公司、"我的钢铁网"；同一行业内企业自行组织行业协会或者商会也是其中之一，为会员企业收集整理并提供行业信息是协会或者商会的一项重要职能。

（2）外部性与"市场失灵"。王廷惠[8]阐述了奥地利学派关于外部性问题的主要理论见解，其要点如下：第一，在奥地利学派看来，外部性是内生于市场过程的必然现象。负外部性的本质在于缺乏内部性的框架，在于制度基础存在缺陷（例如，环境外部性产生的主要原因在于环境产权界定不清晰、执行机制不健全），不是市场过程无法发现和利用分散知识以解决外部不经济问题，并非市场过程分析中的"市场失灵"。第二，正外部性不过是市场过程无意的、额外的结果，一部分正外部性体现了个人效率和社会效率一致，并非"市场失灵"的具体表现。而动态的（正）外部性就是市场过程"发现知识、扩散知识与创新知识的精练表达"。例如，机敏的企业家发现新的市场机会及获得利润的机会，并被其他企业模仿的过程。第三，实际上，新古典经济学意义上的外部性及其导致的"市场失灵"，主要原因在于权利界定不当，使得外部性内部化的成本过高，合适的产权结构能够实现外部性的内部化（例如专利与知识产权、排污权的清晰界定以及有效实施的情形下）。外部性及其导致的"市场失灵"应该被理解为权利初始界定出现了错误。第四，对于市场而言，它会产生足够的激励，在给定的初始权利结构下，使得机敏的市场参与者自发形成各种组织来改变权利的相对边界，以实现外部性内部化，从而达到互惠合作的目的，市场自身并不存在所谓失灵。在充分开放的市场过程中，经济主体通过组织创新和不断试错总是能寻找到解决外部性问题的合适形式和方法。[10]

信息外部性问题是现代产业政策理论的重要构成，也被作为需要政府介入的重要依据。然而，奥地利经济学对此却有不同看法，赫苏斯·韦尔塔·德索托[13]指出，信息是企业家意识到利润机会时不断被创造生产出来的，企业家从不断变化的价格束中，注意到以前未被人注意的调整和失调。企业家信息不能根据成本和收益进行配置，因为在企业家发现信息之前，没有人知道它的价值。只要企业家才能的自由发挥没有受到禁止和阻碍，那么市场中创造或生产出来的信息就不能被认为是"生产不足的"。根本就不存在这样的标准，使我们能够确定市场创造和使用的信息量少于所谓的"最优信息量"。

（3）"协调失灵"。现代产业政策理论中，"协调失灵"是一种更为普遍的"市场失灵"，并会导致市场无法对资源进行有效的配置，因而需要政府以产业政策的形式介入。[14]-[16] 松山公纪[17]对于协调失灵问题的看法，很能体现奥地利经济学对于该问题的观点，他认为协调失灵的逻辑并不能证明干预主义的合理性，市场机制在协调方面的失灵并不意味着政府应当干预。他进一步指出，其原因在于对于市场协调失灵的判断是依据不可达到的理想标准；不管运用何种协调机制，协调失灵都普遍存在。松山公纪还指出，试图说明市场协调失灵的理论模型都只是简单抽象，都假设存在完美信息，而现实世界面临的协调问题是非常复杂的，经济主体都只具有局部知识，这种建模方式对提高一个经济学家的技能有所裨益，但是把这种模型作为真实世界的完整描述，以及判断现实的标准和考虑政策的依据，就会产生误导。①

以"协调失灵"为理由呼吁政府干预尤其是呼吁政府广泛干预的做法"是一个冒险的策略判断"②，甚至是"一个危险的策略判断"。事实上，

---

① 松山公纪在青木昌彦等主编的《政府在东亚经济发展中的作用——比较制度分析》一书中的第七章"经济发展：协调问题"详细阐述了其关于"协调失灵"的经济学见解。

② Rodrick（1996）指出，政府在解决协调失败而进行干预时必须持谨慎的态度，因为通过政府干预解决协调失败"是一个冒险的策略判断"。

市场主体同样能自发寻求到解决协调失灵的合适形式与方法。例如，在 Rodrik[18] 模型中出现的情况，在现实中上下游企业会通过在对方的互补性投资中相互持股或者有约束力的长期合约等方式来解决互补投资的协调问题。再以苹果公司的苹果手机产品为例，其研发创新链及产业链极为复杂，涉及许多国家数量庞大的企业及这些企业的大量研发与生产上的互补性投资，其中涉及极为复杂、不同类型的协调问题，而这些协调问题均是通过市场主体自发的协调行为来解决的，并不需要政府的干预。松山公纪[17] 还进一步指出，因为协调失灵无处不在，鼓励协调方面的试验就变得非常重要，他并不认为这种试验应在政府的干预或者指导下进行，更优的协调方式可能来自市场主体自发的创新试验，来自政府的协调努力对于解决某个特定的协调问题可能是有效的，但也会不可避免地限制来自民间主体自发的协调试验，并难以持续地进行协调方式或机制的改进。

需要进一步指出的是，市场主体自发协调的本质是交易和契约，当保障契约实施的制度体系不健全时，交易成本或者说协调成本就会非常高昂，市场自发的协调实验机制就会受到严重制约，进而导致协调困难或者所谓"协调失灵"。真正意义上的"协调失灵"，其根源在于保障契约实施制度的缺失或者缺陷，这在很大程度上仍然是一种制度缺陷。

在奥地利学派看来，市场体系的效率总是会受市场运行所依存的制度体系的制约，新古典意义上的"市场失灵"，并不是市场本身存在的内在局限和不足，而是市场运行所依存的制度体系的失败，即"制度失灵"，这包括缺乏产权的界定与保护（或者）、缺乏维护契约的制度体系等制度上的失败。[19] 当市场体系有效运行所必需的制度条件不具备时，不应该责备市场应该对结果负责，不应该将此时市场中的非效率现象归结为市场失灵，更不宜以此为借口引入政府直接干预资源配置的方式来矫正。[8] 奥地利学派认为，对于新古典意义上的"市场失灵"，应首先考虑通过完善制度，降低市场体系内经济主体自发协调与合作的交易成本，促进经济主体之间交易与合作，为经济主体通过组织创新与不断试错来解决"市场失灵"问题创造有利条件。

五、产业政策中市场机制与政府作用

（一）重新审视产业政策中的政府干预

抛开奥地利学派的极端观点，其关于市场机制、"市场失灵"的理论见解仍充满真知灼见[7]，这些理论见解有助于更为深入地理解产业政策中"市场失灵"与"政府干预"的必要性。基于新古典意义"市场失灵"的产业政策理论强调，在"市场失灵"领域政府应以产业政策介入，以政府干预来替代市场、弥补市场不足。在奥地利学派看来，以新古典意义上的"市场失灵"为理由来引入政府干预，这个理由并不充分，在大多数时候也是不必要的，同时在政策工具选择时应尤为慎重。具体而言，以"市场失灵"为理由制定实施产业政策时，尤其是引入政府干预时，需要从以下五个方面考虑。

（1）新古典意义上的"市场失灵"，很可能只是真实市场运行方式不同于理想模型中的描述，并不能证明现实市场缺乏效率，也不能证明政府施加干预和管制后的市场会具有更高的效率。

（2）新古典意义上的"市场失灵"现象，是真实市场中的常见现象，也正是市场有效运作和发挥效率的具体机制与形式，市场主体创新、分散试错与市场竞争筛选过程往往会发现有效解决"市场失灵"的方法和途径，并不一定需要政府介入干预。如果以"市场失灵"为由引入政府的干预或者介入，首先必须证明引入政府干预比市场内生的解决方法更有效率。

（3）市场机制的核心功能是发现和有效利用分散信息，政府介入解决"市场失灵"问题时，必须考虑政府并不具有市场机制的这一核心功能；政府选择介入的政策工具时，必须考虑是否拥有足够的市场信息与知识来有效实施这些政策，进而能真正、有效解决针对的"市场失灵"问题。

如果不能，那么实施干预性或者管制性的政策就会是危险的策略选择。

（4）"市场失灵"的根源在于市场运行所依赖的制度基础的失败。例如，外部性问题很大程度上是产权制定安排上的缺陷；而协调失灵问题在很大程度上是由于保障契约执行的制度不健全，导致市场主体之间的交易（协调）成本高昂。因而，解决"市场失灵"最有效的途径是矫正制度基础、降低交易成本或协调成本，为市场主体自发寻求和解决"市场失灵"的途径创造空间。

（5）政府在介入"市场失灵"时，应充分考虑市场可能会内生出更有效率的解决途径，其政策选择应以尽可能不阻碍市场自发寻求更好解决途径为基本原则。从奥地利学派市场过程理论的视角来看，在解决"市场失灵"问题上需要市场与政府的共同作用，政府与市场是相互补充的关系，政府通过矫正制度基础、更好界定产权、更好保障契约执行，进而降低交易成本与协调成本，为市场主体自发寻求解决"市场失灵"以及"协调失灵"的有效途径创造有利条件；市场主体则会在潜在利润的激励下，主动通过组织创新、合约设计等方式，并通过分散试错来寻求解决"市场失灵"的途径，市场的争胜过程则会筛选出更具效率的方式。

（二）产业政策中的市场机制与政府作用：互补与协同

重新审视市场机制与"市场失灵"后，我们不难发现，将"市场失灵"（包括信息外溢、协调失灵）泛化从而强调广泛政府干预的产业政策逻辑是一个十分危险的政策主张，政府替代市场、驾驭市场或者指导市场的产业政策模式并不可取。传统的选择性产业政策模式却正是基于以上逻辑，政府选择主导产业、挑选"国家冠军企业"进行扶持，或者保护本国的衰退产业或者企业，这种政策模式多以投资补贴、投资计划、公共银行贷款、生产限额、限价、准入管制贸易保护等直接干预市场、干预竞争。

重新认识市场机制与"市场失灵"后，我们还会发现，市场是配置资源、激励创新、推动效率提升与产业转型升级最为有效的机制，市场机制亦会内生发展出解决"市场失灵"或者"协调失灵"的许多方式，并会通过竞争选择过程筛选出更具效率的方式，政府介入"市场失灵"应极为审慎，并将政府干预行为限定在比较狭窄的范围内。市场机制能否充分发挥以上作用，高度依赖于政府提供制度体系的质量。[20][21]现代国家中，政府最为重要的职能之一就是建立市场经济有效运行所必需的合适制度基础与制度框架，并促进市场体系的发育。政府提供的制度框架包括界定并保护财产权利、保证公正契约得以执行、维护法律与秩序、提供标准货币、提供负有限责任的公司制度安排、规定破产程序、保障资本市场的长期稳定及有效运转，等等。[10][22]

越来越多的研究者与政府也认识到，以直接干预市场为特征的选择性产业政策存在比较严重的缺陷，但是在为产业创新发展创造良好环境方面政府可以发挥重要作用，并主张应转为采用功能性的产业政策（或者横向的产业政策、协调主义的产业政策）。[23]-[25]功能性产业政策在本质上是横向性的（即政策针对所有产业或者多个产业），"旨在创造有利于产业竞争力提升的框架性条件"，"为企业和企业家捕捉盈利机会、实现他们的理念、从事经济活动提供框架性条件"。这些框架性条件包括良好的市场制度、维护公平竞争的市场环境、完善的公共设施、有利于创新和技术扩散的制度与环境、通过培训和教育提升劳动者技能、促进企业之间的合作等。[26]功能性的产业政策（或者横向的产业政策、协调主义的产业政策）迥然不同于传统（旧模式的）的选择性产业政策，故又被认为是新产业政策。

在新的产业政策框架下（功能性产业政策或者横向产业政策），市场及市场机制居于主导地位，但是政府仍扮演着关键性的角色，一方面政府提供的市场基础制度的质量决定着市场机制的有效程度，政府推进制度改进的努力，也决定着市场机制能否更好地发挥作用；另一方面，市场机制的有效程度还取决于政府为市场主体分散试错、自发协调提供了多大的空间，替代市场的协调机制、过多干预市场都会大大压缩市场主体的行为空间,政府还必须约束自己的行为。在环境保护、公共基础设施、基础科学研究、科技公共基础设施和服务体系、教育与劳动者培训等领域,政府仍需补充市场的不足。在新的产业政策体系中,与市场机制一起共同发挥作用的,是一个"有限"而"有效"的政府框架下积极作为的政府,政府应"完善市场制度,增进市场机能,扩展市场作用范围,补充市场不足"。在新的产业政策体系下,政府与市场是互补与协同的关系,而不是替代的关系。[27]

参考文献:

[1] 林毅夫. 产业政策与我国经济的发展:新结构经济学的视角[J]. 比较, 2016 (6): 163 – 173.

[2] 王勇. 论有效市场与有为政府:新结构经济学视角下的产业政策[J]. 学习与探索, 2017 (4): 100 – 104.

[3] 张维迎. 我为什么反对产业政策——与林毅夫辩[J]. 比较, 2016 (6): 174 – 202.

[4] 田国强. 林毅夫、张维迎之争的对与错:兼谈有思想的学术与有学术的思想[J]. 比较, 2016 (6): 203 – 219.

[5] 田国强. 争议产业政策:有限政府,有为政府?[EB/OL]. 财经网, 2016 – 11 – 6.

[6] 顾昕. 重建产业政策的经济学理论[J]. 比较, 2016 (6): 220 – 236.

[7] 杨春学. "社会主义经济核算争论"及其理论遗产[J]. 经济学动态, 2010 (9): 91 – 100.

[8] 王廷惠. 微观规制理论研究——基于对正统理论的批判和将市场作为一个过程的理解[M]. 北京:中国社会科学出版社, 2005.

[9] Hayek, F. A. The Use of Knowledge in Society [J]. American Economic Review, 1945, 35 (4): 519 – 530.

[10] 王廷惠. 竞争与垄断:过程竞争理论视角的分析[M]. 北京:经济科学出版社, 2007.

[11] Demsetz, H. Industry Structure, Market Rivalry and Public Policy [J]. Journal of Law and Economics, 1973, 16 (1): 1 – 9.

[12] Kirzner, M. Entrepreneurial Discovery and Competition Market Process: An Austrian Approach [J]. Journal of Economic Literature, 2000, 35 (1): 60 – 82.

[13] 赫苏斯·韦尔塔·德索托. 奥地利学派:市场秩序与企业家创造性[M]. 杭州:浙江大学出版社, 2010.

[14] Hausman, R., Rodrik, D. Economic Development as Self – Discovery [J]. Journal of Development Economics, 2003, 72 (2): 603 – 633.

[15] Okuno – Fujiwara. Interdependence of Industries, Coordination Failure and Strategic Promotion of an Industry [J]. Journal of International Economics, 1988, 25 (1 – 2): 25 – 43.

[16] Pack, H., Westphal, L. Industrial Strategy and Technological Change: Theory versus Reality [J]. Journal of Development Economics, 1986, 22: 87 – 128.

[17] 松山公纪. 经济发展:协调问题[J]. 见:青木昌彦等编. 政府在东亚经济发展中的作用:比较制度分析[M]. 北京:中国经济出版社, 1998.

[18] Rodrik, D. Corodination Failures and Government Policy: A Model with Applications to East Asia and Eastern Europe [J]. Journal of International Economics, 1996, 40: 1 – 22.

[19] Cordato, R. E. Welfare Economics and Externalities in An Open – Ended Universe: A Modern Austrian Perspective [M]. Boston: Kluwer Academic Publishers, 1992.

[20] Chhibber, A. The State in Changing World [J]. Finance and Development, 1997, 34 (3): 11 – 33.

[21] World Bank. World Development Report, 1997: The State in a Changing World [R]. Washington D. C., 1997.

[22] Keefer, P., Shirley, M. Formal Versus Informal Institutions in Economic Development [M] //Claude MéNARD (ed.), Intuitions, Contracts and Organizations: Perspective from New Institutional Economics. Northampton: Edward Elgar, 2000: 88 – 107.

[23] 江飞涛,李晓萍. 当前中国产业政策转型的基本逻辑[J]. 南京大学学报(哲学·人文科学·社会科学), 2017 (3): 17 – 24.

[24] 顾昕. 协作治理与发展主义:产业政策中的国家、市场与社会[J]. 学习与探索, 2017 (10): 86 – 95.

[25] Bianchi, P., Sandrine L. From "old" industrial

policy to "new" industrial development policies [M] //Patrizio Bianchi and Sandrine Labory (eds.), International Handbook on Industrial Policy. Cheltenham, UK: Edward Elgar Publishing Limited, 2006: 3 - 27.

[26] 孙彦红. 欧盟产业政策研究 [M]. 北京: 社会科学文献出版社, 2012.

[27] 李晓萍, 罗俊. 欧盟产业政策的发展与启示 [J]. 学习与探索, 2017 (10): 105 - 112.

Market and Government in Industrial Policy
—From the Debate between Lin Yifu and Zhang Weiying about Industrial Policy

Jiang Feitao, Li Xiaoping

Abstract: The debate over industrial policy has drawn attention since 2016. However, there is still room for further discussion on the understanding of market mechanism and function and the relationship between market and government in industrial policy. This paper reviews the views and basis of the main participants in this debate, and reexamines the market mechanism, market failure and the relationship between the market and the government based on the market process theory of the Austrian school of economics. On the basis of this, this paper clarifies the role of market mechanism and government industrial policy and the relationship between the both, puts forward that in terms of functional industrial policy or horizontal industrial policy as a representative of the new industrial policy mode, the market should be in the leading position, the government should play a crucial role in providing efficient and effective operation of the market mechanism with the necessary market based system. At the same time, in the fields of environmental protection, public infrastructure, basic scientific research, public infrastructure and service system of science and technology, education and labor training, the government needs to supplement the deficiencies of the market. Under the new industrial policy mode, the relationship between market and government is complementary and synergistic.

Key Words: Industrial Policy; Mrket Mchanism; Market Function; Market Failure; Competitive Policy

技术赶超的激励结构与能力积累：
中国高铁经验及其政策启示

贺 俊　吕 铁　黄阳华　江 鸿

摘 要： 本文把技术赶超的过程理解为微观主体在特定的激励结构下持续开展高强度技术学习的过程。中国高铁从试验性探索、引进消化吸收、正向设计再到自主知识产权创新的技术赶超过程，嵌入中国制度变革和经济发展的宏观背景中。中国经济高速增长为高铁在21世纪的快速发展提供了广阔的市场机会，而中国的总体改革进程又为高铁产业的制度变革打开了空间，并与高铁自身的管理体制、产业组织结构等因素共同塑造了高铁的微观激励结构。这样的激励结构不仅促使创新主体开展高强度的技术学习，而且促成了高铁有别于中国多数产业的组织间合作关系，最终实现了全产业链的技术突破。作为典型的复杂产品系统，"干中学""用中学"和"试验中学"是中国高铁技术能力积累的核心机制，而在技术能力积累的过程中，消化吸收能力、正向设计能力和自主知识产权创新能力的形成和提升背后是高铁部门创新体系不断完善的过程。政府在中国高铁部门创新体系中发挥了独特的、强有力的、不可替代的作用。然而，高铁发展经验对其他产业技术赶超的启示，绝不是泛化"集中力量办大事"这种具有特定边界条件的发展模式。不考虑各产业在技术范式、竞争环境等方面的差异，试图将高铁经验简单复制到其他产业的观点是不当的，甚至是危险的。

关键词： 技术赶超；高铁；激励；能力积累

一、引 言

高铁是中国学者和政策制定者最关注的产业，也是争论最为激烈的产业。备受关注，是因为从发展成就看，高铁是我国在短时间内即实现复杂产品系统技术赶超的极少数产业之一，高铁的快速发展对国民经济社会发展形成了巨大的带动效应；饱受争议，则是由于从发展方式看，高铁技术突破和建设发展背后存在强大的政府干预力量，其发展模式在理论上与主流经济学存在冲突，在现实中是否具有普适性也颇受质疑。由于高铁现象的复杂性，如果想打开中国高铁创新发展的"黑箱"、明确高铁经验的适用边界及其对其他产业的借鉴意义，就必须深入中国高铁的发展历程和微观行为层面进行细致的、全方位的观察和分析。

改革开放之后，中国经济社会快速发展与铁路客运能力缓慢增长的矛盾一度长期存在。到2000年，即便经过了之前的三次大提速，全国铁

---

* 本文发表在《管理世界》2018年第10期。

[作者简介] 贺俊，中国社会科学院工业经济研究所研究员；吕铁，中国社会科学院工业经济研究所研究员；黄阳华，中国社会科学院工业经济研究所副研究员；江鸿，中国社会科学院工业经济研究所副研究员。

路客运平均时速也仅为60.3公里;中国人均铁路乘车率仅为0.8次,不仅远低于日本(43次)、德国(19次)等发达国家,甚至低于印度(5次)和俄罗斯(3.8次)等发展中国家(王雄,2016:55)。铁路运输已经成为21世纪中国经济进一步发展面临的主要瓶颈。30年研究,20年开发,10年运营,中国高铁以卓越的技术赶超成就,使中国铁路运输供求矛盾大为改观,成为改革开放40年来中国产业创新发展的典范。自2008年8月1日京津城际高铁开通至今,中国高铁运营恰满十载,"四纵四横"高铁网基本形成,基本覆盖了全国各省人口50万以上的城市,总里程占世界高铁总里程的比重达到约2/3。截至2017年9月底,中国高铁动车组累计发送旅客突破70亿人次,年均增长35%。高铁已经成为中国主要的出行方式。

然而,中国高铁的学术研究价值不仅源于其技术成就和经济贡献,更重要的是其发展历程所折射出的特殊的因果逻辑和影响机制,从而形成对既有理论命题进行丰富和拓展的机会。中国高铁至少从以下三个方面为深化后发国家的技术赶超问题研究提供了宝贵的素材:一是高技术壁垒领域的高效赶超。高铁是典型的复杂产品系统,涉及复杂的系统集成和零部件技术、软件技术攻关。然而,如果将2004年6月17日原铁道部为铁路第六次大提速进行时速200公里高速动车组招标作为中国高铁技术引进的开端,中国仅仅用12年的时间就跻身全球少数系统掌握先进高铁工程建造、装备设计开发制造和运营组织管理技术的高铁强国之列。二是全产业链的技术赶超。不同于中国多数行业仅少数企业在产业链局部环节的赶超,中国高铁实现了从总成到模块再到零部件、从硬件到软件、从工程技术到基础科学的全面赶超。三是经历了完整的技术赶超过程。中国高铁经过了先形成集成能力、然后整合国外供应链、最终构筑独立产业体系三个连续的发展阶段,完整呈现了以独立研发为主的探索性试验、技术模仿、掌握正向设计能力、掌握完全自主知识产权的技术能力提升过程,为中国多数正处于形成正向设计能力和探索构建本土供应链阶段的产业和企业提供了重要的参考和借鉴。

我们把中国高铁创新发展的过程理解为,嵌入在特定制度基础和市场需求环境中的产业微观主体在特定的激励结构下持续开展高强度的技术学习、不断提升技术能力的过程。按照这样的逻辑,本文首先从外部因素(主要是中国经济社会发展对铁路运输的需求)与中国高铁内部因素的互动的角度回溯了中国高铁的创新历程,然后基于微观视角对促成我国高铁创新发展的内部激励结构和能力发展路径进行了剖析,最后探讨了中国高铁产业技术赶超对思考我国自主创新战略的启示与警示。

二、中国高铁的技术赶超历程

本文依照高速动车组技术进步的阶段性成就,将中国高铁技术的发展历程分为四个阶段:一是2004年以前,中国进行了长期的以独立研发为主的试验性探索,积累了初步的技术能力;二是2004~2008年自主创新导向的技术引进阶段,中国高铁在引进消化吸收的基础上掌握了对引进技术进行适应性改进的能力;三是2008~2012年中国高铁正向设计能力的形成阶段,中国高铁集成技术逐步逼近并达到世界领先水平;四是2012~2017年自主知识产权和中国高铁标准的建设阶段,中国开始从"跟随者"向"引领者"转变。

(一)主要基于独立研发的试验性探索(2004年以前)

面对日益紧张的铁路运输压力,提高铁路运输能力是20世纪90年代铁路部门迫切需要解决的问题。在当时的技术、经济和政策能力下,就是否要建设、什么时候建设高速铁路,多方存在较大的意见分歧。在争论的同时,中国进行了较长时间的高铁科研。这一阶段的技术探索主要目的有两个:一是通过试验性项目,初步积累高铁技术能力;二是通过技术攻关,为中国发展高铁的合理性提供论据。2004年以前,原国家科委和原铁道部累计列出了250余个高铁研究课题,投资了一批关键的科技基础设施，数以千计的科研骨干参与其间，为后来的引进消化吸收再创新奠定了重要的基础。

在企业内部研发设施尚不完善的情况下，中国依托铁路行业性高校与科研院所建立了科技平台，对铁路技术能力的发展起到了重要的支撑作用。以西南交大为例，该校早在1988年便申报了铁路系统的首家国家重点实验室（牵引动力国家重点实验室），建立的大型滚动振动试验台是全国模拟和验证车辆运行动态性能和驱动工况的关键平台。该实验室承担了大量的国家科研攻关项目和企业委托的应用导向的技术研发项目，并根据铁路提速对试验能力的需求，多次增加投资，从最早的单轴试验台逐渐扩大为六轴整车参数试验台。在中国高铁整体技术水平落后于国际领先水平的情况下，中国高铁的台架试验能力率先达到了世界先进水平。

通过一系列试验性探索，中国在高铁技术的主要领域积累了初步的技术能力。第一，通过改建、新建高速客运专线，中国具有传统优势的工程技术开始向高铁工程技术延伸，增强了后来中国高铁跨越发展的"底气"。1999年开工建设的秦沈客运专线，已经使用无缝钢轨，研制了600吨架桥机，研发了接触网材料及结构设计，并建设了一段试验用无砟轨道。秦沈客运专线建设中遇到的技术问题，有助于明确相关技术的发展方向。例如，施工单位深化了对高铁路基结构的认识，为后来解决高铁路基沉降问题确定了技术突破方向；高速道岔存在的技术问题，推动了轮轨关系基础理论研究和材料技术的发展，加速了中国高速道岔技术和生产的国产化。2003年开工建设的遂渝铁路，研制了CRTSⅢ型无砟轨道结构，后来也被运用至全国高铁轨道中。第二，高铁装备制造技术的"大系统"和"小配件"均有一定技术进步。在牵引动力系统方面，株洲所研制的交流传动系统被用于"奥星号""中华之星"等国产高速列车，积累了较为扎实的自主技术能力；国产高速列车还首次采用了车载速度控制系统，株洲所研发的LKJ2000型通信信号系统于2000年被全行业运用；戚墅堰工艺所研制了大缸径活塞环，被应用至准高速列车。

中国以科研攻关项目为载体，还初步形成了高铁技术集成能力。以"中华之星"为例，该车于2000年立项，由国内4家铁路机车车辆企业、4家研究院所和2所高校组成的联合设计攻关团队承担，集中了国内铁路行业"官产学研用"的核心力量。该车于2001年8月通过技术设计审查后进入试制阶段，4个整车企业制造的动车和拖车分别在西南交大的滚动振动试验台上通过了时速330公里、400公里的模拟动力学试验。2002年11月27日在秦沈客运专线的冲刺试验中，该车创造了321.5公里的最高时速，表明中国初步掌握了高铁成套技术。虽然由于种种原因，"中华之星"没有进行大规模生产和运用，但是参与研制的科研人员成为后来中国高铁技术创新的中坚力量。

这一时期高铁技术创新具有探索性和试验性，加之产业技术创新能力的主要载体是高校和科研院所，企业的技术开发能力相对薄弱，这也造成了高铁技术在实际运营层面存在明显的缺陷。更重要的是，由于铁路装备企业的制造技术能力积累不足，国产高速动车组的质量控制难以满足运输部门安全、经济、高效的运营需求。装备制造技术的"短板"造成了高速动车组的设计缺乏灵活性，短时期内难以适应中国高铁运营环境多样化的需要。制造技术的"短板"还造成了高铁工程、网络控制等互补性技术的发展缺乏载体，致使高铁创新体系整体低效。但是，这些特定发展阶段存在的能力不足并不能否定这一阶段中国高铁开展的积极探索和取得的科技进步的重要价值；相反，这些试验性探索为后来明确中国高铁技术学习的方向和重点积累了重要的"正向知识"和"负向知识"。

（二）自主创新导向的技术引进（2004～2008年）

按照经济学的分析框架，可将高铁技术引进时中国高铁发展的决策问题表述如下：在决策目标方面，中国铁路运输供求矛盾日益突出，同时面临其他运输方式快速发展的激烈竞争，迫切需要加快铁路科技发展，提高铁路运能；在约束条件方面，中国国产高铁制造技术发育不足以构成高铁发展最为突出的障碍，必须加以破除。因此，最优的决策是以最小的成本、最快的速度补齐高铁制造技术的"短板"。2004年，原铁道部提出了"直接利用世界最新科技成果，把引进、消化、吸收先进技术与自主创新结合起来，在较高起点上实现铁路技术发展的跨越"。对此策略应从"事前"的策略瞄准效率、"事中"的投入产出效益和"事后"的成效三个层面进行评估。

从"事前"决策的动机看，"实现铁路技术发展的跨越"切中了制约中国铁路发展的关键约束，设定了更具雄心的高标准发展目标；"直接利用世界最新科技成果，把引进、消化、吸收先进技术与自主创新结合起来"，确定了以重效率、低成本的方式达成特定目标。

从"事中"行为看，设定技术引进的门槛和激励本土企业加强自主创新至关重要。一是原铁道部规定合格的投标人需为"在中华人民共和国境内合法注册的，具备铁路动车组制造能力，并获得拥有成熟的时速200公里铁路动车组设计和制造技术的国外合作方技术支持的中国制造企业（含中外合资企业）"，这样的安排确保了高铁技术创新以中国企业为主。根据技术引进合同，技术转让包括技术文件（含设计、制造和质量管理等）、人员培训、外方专家来厂指导等内容，并由外方进行质量验收，在技术和工艺上确保中方企业生产的高铁产品（CRH1、CRH2、CRH3和CRH5）"与外国产品同一档次、同一水平"。二是按照原铁道部的技术招标合同，每包20列车包括1列原装进口的原型车、2列进口散件在国内组装、最后17列不断提升国产化比率。由于高铁近八成的质量问题都与零部件有关，这种早期大量采用进口零部件的引进方式，排除了零部件对最终产品质量的干扰，确保中方企业能够集中精力学习国外转让的制造工艺，从而快速提高工艺水平和产品质量控制能力。三是逐步提高零部件的国产化率，"倒逼"中方零部件企业提升技术能力，避免了中国高铁仅赚取进口零部件加工费的问题。这与中国汽车产业"市场换技术"的后果截然不同（路风和封凯栋，2005）。

从"事后"效果看，以技术引进为手段，铁路行业整合了市场、资金、科研设计力量，避免了低水平重复研究和建设，同时也促使作为以往中国高铁创新体系短板的企业的技术能力特别是工艺水平得到了显著加强。更重要的是，企业的研发体系、生产制造体系和质量控制体系建设通过对标领先企业在短时期内即实现了质的飞跃。通过技术引进，中国能够以较低的时间成本和经济成本接轨国际先进水平，支撑了京津城际等高铁线路的开通运营，加快了中国高铁的产业化和商业化运营的步伐，为后续自主产品开发平台建设奠定了重要的能力基础。

（三）形成正向设计能力（2008~2012年）

由于引进的技术主要是给定技术下的生产制造能力（路风，2013），其成效主要是确保国产装备出厂时能够达到与国外企业基本相当的水平，但引进技术仍然存在较大的改进和提升的空间。第一，原型车在中国环境下运营存在适用性问题，需要根据具体的运营环境进行不同程度的修改。第二，进口替代的国产零部件能否在功能上和性能上替代进口零部件，需要相应的技术平台加以试验验证。第三，2006年3月，京沪高速铁路项目建议书获批，确定了全线最高时速350公里、运行时速300公里的设计方案。因此，国内三大整车企业必须建立产品开发平台，尽快掌握更高时速的高铁动车组研制技术。特别是只引进了200公里时速原型车的国内企业，所面临的压力更大。然而，这些技术升级超出了技术转让合同约定的范围，且外国企业缺乏转让核心技术的动力。中国企业必须通过自主建设产品开发平台进一步提升技术能力。例如，南车青岛四方机车车辆股份有限公司（简称南车青岛四方，2015年南车、北车合并，改称"中车青岛四方"）陆续建成了涵盖系统集成、结构强度、可靠性、电磁兼容、人机工程等领域的17个试验台，形成了具有国际先进水平的关键部件、系统及整车试验能力。

建立自主产品开发平台需要强化基础研究支撑，这要求通过深化高铁科研体制改革，引导利益相关方共同推进高铁创新体系的进一步完善。2008年2月26日，为了支持京沪高铁的建设，国家科技部与原铁道部共同签署了"两部联合行动计划"，科技部门从项目支撑、理论支持、成果认定等方面参与支持了高铁技术创新，先后调动国内100余家高校、科研院所、国家级实验室和工程技术研究中心开展了广泛的技术合作，整合全国的科技资源支撑本土高铁技术能力升级。

通过上述努力，中国在较短的时间内实现了从逆向工程能力向正向设计能力的跃升（吕铁和江鸿，2017），标志着中国高铁集成技术已经达到世界领先水平。中国高铁装备企业针对京沪高铁对时速350公里动车组的需求，正向设计了"和谐号"CRH380系列动车组。以南车青岛四方为例，该企业在CRH380A高速动车组的设计过程中，依托产品开发平台，高效率地完成了20种车头概念设计、10种头型三维流场数值分析、5种头型风洞试验，共进行了17项、75次仿真测试，760个工况的气动力学试验和60个工况的噪声风洞试验，完成了520个测点22项线路测试。以CRH380系列动车组的成功研制为平台，中国系统掌握了高速动车组9项关键技术和10项主要配套技术，不仅满足了高铁运营需求，还创造了多项世界纪录。

高铁是由多个子系统构成的复杂产品系统。由于子系统间的技术和功能互补，每个子系统的价值受其他子系统的影响（Shapiro and Varian，1999）。中国以高速动车组制造技术为基础，发展了与之兼容的工程技术和网络控制技术。以不同运营环境下的高铁建设为契机，中国逐步突破了复杂地质条件下地基处理和路基填筑成套技术，系统掌握了长大桥梁简支箱梁成套技术体系以及无砟轨道技术标准体系，有效缩短了高铁建设工期和建设成本；研发了能够满足时速350公里高铁运营要求的CTCS-3级列控系统。最终，以高铁运营为目标，中国实现了高速铁路工务工程、动车组、牵引供电、通信信号、运营调度、客运服务等各子系统的集成和优化。

正向设计能力的形成还"倒逼"了本土产业链的升级。通过一系列重组改制后，中国已经形成以少数整车企业为龙头、以一批关键系统供应商为骨干、数以千计的多级配套企业为支撑的高铁装备制造产业链，涉及冶金、机械、材料、电子、电气、化工等诸多行业。正向设计从用户需求出发，要求各级集成企业与其供应商建立紧密的合作关系，避免机会主义行为造成产品质量控制失灵。因此，当用户需求升级时，产品性能和质量标准提高将引领各级供应商协同升级，从而起到"牵一发而动全身"的效果。高铁运用部门、整车企业还与核心零部件、关键系统供应商联合攻关，带动了中国基础工业的升级。例如，相关企业联合攻关高铁车体材料、轴承、车轮和半导体器件等，带动了中国原材料工业、装备制造业、电气产业的技术升级；铁路工程建设企业与国内工程机械企业联合攻关，研发了大型高铁工程专用设备和高精度施工测量定位设备。本土产业链的升级对高铁的快速发展起到了有力的支撑作用，推动高铁发展"提速"。例如，全长1318公里京沪高铁建设工期3.5年，年均完成376.57公里；而全长109公里的英国伦敦—福克斯高铁建设工期11年，年均完成9.91公里。建设效率提升有效降低了中国高铁的建设成本，缩短了投资回收周期。

（四）自主知识产权创新与标准体系建设（2012~2017年）

掌握正向设计能力对高铁的技术发展至关重要，然而，中国高铁在运营层面和技术层面出现的新问题催生了新的市场机会和技术机会，促使中国高铁的技术能力继续攀升。首先，截至2012年，中国尚未完全掌握高速动车组的部分关键技术和系统，四大高速动车组产品开发平台中，网络、牵引和制动三大关键系统对外国供应商依赖度较高，对中国高铁"走出去"构成了严重制约。其次，经典的研究表明，科学合理的技术标准是铁路高效运营的核心前提（Chandler and Hikino，1999：79）。中国出于鼓励竞争的考虑，引进了4种动车组原型车，后经再创新，一共形成了20余种动车组型号。在实际运用当中，不同型号的动车组定员、司机室布局、编组方式和车体尺寸存在差异，而且不同车型的信号不能实现互联互通。为保障安全高效运营，运输部门需要准备多种型号的备用车，维护设备和备品备件的多样性还增加了存货投资和成本，限制了高铁运营的规模经济和运输企业的盈利能力。最后，随着中国高铁网络的进一步扩张，高铁运营环境变得更为复杂，需要对高速动车组进行持续的优化。特别是随着中国高铁骨干线路的拓展，大运量、长距离运输不断增长，需要建立符合中国实际情况的高铁的出入库检查和日常管理体系，而标准化是提高效率的前提。

针对上述问题，原铁道部（2013年组建中国铁路总公司，简称铁总）于2012年提出相应的需求，由铁科院牵头相关企业正向设计并成功研制了中国标准动车组。一是针对部分关键设备和系统尚未完全自主化的问题，铁总提出中国标准动车组要"软件全面自主、硬件原则自主、具有自主知识产权、满足'走出去'"的目标，由国内企业进行自主设计和制造。在设计阶段，相关企业就对中国标准动车组的核心技术加以分解，明确了形成专利的技术点，提出专利申请方案，开展专利价值评估，提出申请国外专利的建议。这种形成自主知识产权导向的产品设计和开发方式，确保研制的中国标准动车组"走出去"不存在知识产权纠纷，有效增强了中国高铁参与"一带一路"建设和国际产能合作的能力。二是针对车型不统一造成运营成本高企的问题，铁总要求不同厂家生产的相同速度等级的动车组可重联运营，不同速度等级的动车组可相互救援。为此，中国标准动车组细化了各车型机械接口能够互联、电气接口逻辑互通、控制指令和操作界面互操作的要求，从各承担单位提出的解决方案中选择最优的方案，在更高的水平上鼓励了企业技术竞争，在一定程度上推动了全国高铁技术、知识产权和标准的整合。目前，中国标准动车组已经产生1000多项发明专利。铁总还组织对高速动车组的11大系统、96项零部件开展统型研究，实现了不同供应商提供的车体设备、旅客信息及娱乐系统主要部件可以互换通用，降低了铁路运输部门的运维成本，促进了国内高铁供应链的整合与升级。三是中国标准动车组的研制，涵盖了动车组技术标准体系中的13大类；截至2016年3月，在260项重要标准中，中国标准约占83%。中国高铁标准还具有较强的兼容性，能够更大程度上满足中国高铁"走出去"的需要。

中国高铁自主知识产权创新与标准体系建设，标志着高铁形成了先进、完备的技术体系，实现了从"追赶"到"比肩"甚至在部分领域"领先"国际先进技术水平的跨越。首先，中国高铁的研发效率大幅提高。以中国高铁正向升级能力和本土产业配套能力为支撑，中国标准动车组不仅技术水平更高，而且研制周期大为缩短。时速350公里级的中国标准动车组（正式运营后定名为"复兴号"，CR400），仅用5年时间便完成了项目立项、编制顶层技术指标和技术条件、2个型号的样车研制、运营考核试验以及规模化生产和上线运营。德国西门子公司开发的时速280公里等级的高速动车组ICE 4，仅从技术招标到批量采购就耗时近10年，约为中国"复兴号"的2倍。在标准化和建设自主产品开发平台的基础上，中国还在加快不同速度等级的中国标准动车组的研制，以谱系化的中国标准动车组（CR300、CR200）增强对不同运营环境的适应性。

其次，部分技术突破拓展了国际技术前沿。中国"复兴号"的试验时速达到400公里，并于2016年7月在郑徐高铁完成世界上首次时速420公里的高速交汇试验，标志着中国高铁总体技术水平和科研试验条件处于世界先进水平，且部分技术达到了世界领先水平。中国标准动车组在智能监测、数据集成、安全策略、远程维护等方面正在引领全球高铁的发展方向。依托中国标准动车组的研制，永磁驱动系统、变轨距车、自动驾驶和无人驾驶等多项前沿性技术得到了试验，加强了下一代技术储备。"复兴号"在运行的平稳性、减振降噪、用电用网、空调系统、座位布局、车内空间、安全检测、电磁干扰等方面均进行了优化，乘客的旅行体验达到世界领先水平。"复兴号"动车组还采用低阻力流线型、平顺化设计车体，在车体断面增加、空间增大的情况下，列车空气阻力比 CRH380 系列还降低 7.5%～12.3%；按 350 公里时速运行，"复兴号"比 CRH380 的人均百公里能耗下降约 17%。

最后，中国标准动车组的研制开发带动了自主知识产权与标准体系的发展，促进了中国铁路科研试验体系的进一步完善，形成了固定设备和移动设备相结合、试验基地和正线试验相结合、实车试验和试验仿真相结合的世界一流的实验检验平台，有效提升了中国高铁核心技术的创新能力。

三、中国高铁自主创新的激励结构与技术能力发展

无论是一国的整体技术赶超还是一国某个部门的技术赶超，都是在特定的、复杂的条件下才可能发生的经济现象。也正因此，基于自主创新的技术赶超实际上是后发国家经济发展过程中的罕见现象。然而，在中国铁路这样一个以国有企业为主体、长期存在政府强力干预的传统部门却发生了如此高效率的、全产业链的高铁技术赶超。为了理解这种"非典型"现象，必须对中国高铁背后的微观激励结构和能力发展路径进行细致的观察和分析。

（一）激励结构与高强度技术学习和组织间合作

在给定市场机会和技术机会的前提下，自主创新活动的发生和技术能力的发展需要创新主体具备特定的激励。创新主体面临的激励结构不仅决定技术学习的强度，而且影响技术能力发展的方向。中国高铁的技术创新过程是在中国铁路部门制度改革的背景下逐渐展开的。铁路部门从依靠行政命令运行的计划经济模式向依靠供需关系调节的市场经济模式的制度变革，塑造了创新主体的激励结构，并影响了创新主体间的组织互动关系。

中国铁路行业有很长的自主发展历史，在大规模发展商用高铁之前，就已经形成高度专业化的创新主体（企业组织和非企业组织）以及比较完整的创新体系。这一体系由铁路运输服务主体、勘测设计和工程建设企业、铁路装备生产企业、通信信号系统生产企业、高校和科研机构五类创新主体组成。由于长期的技术积累和巨额的固定资产投资构筑了很高的行业进入和退出壁垒，即使部门的制度基础发生了重大变迁，新的创新主体进入，高铁部门创新系统的关键创新主体也基本保持稳定，并形成了广泛而紧密的分工网络。一方面，尽管既有创新主体的组织属性、所有制性质和内部管理体制在改革开放之后经历了多次变革，但重组与调整更多地发生在公司和科研院所的体制和治理结构层面，并未触及创新主体的业务领域。另一方面，2004 年的技术引进项目与 2008 年的"两部联合行动计划"实施后，国外企业以及铁路系统之外的高校和科研院所成为新的创新主体，高铁部门创新系统的行为人数量增加，合作网络扩大。但是，随着中国高铁制造技术和本土高铁供应链的成熟，以及整个高铁产业正向设计和自主知识产权创新能力的提升，国外企业的供应范围也仅限于少量本土供应商尚不具备制造技术或基于经济可行性考虑暂时不必国产化的零部件。新进入的非铁路行业高校和科研院所在技术知识上对铁路系统内部原有的创新主体形成了补充，为其提供了超出铁路行业边界的知识，但并没有替代或冲击原有创新主体的功能或地位。因此，中国铁路行业关键创新主体的构成始终保持稳定。

在市场化改革的背景下，相对稳定的创新主体结构和专业化的垂直分工体系，形成了有利于促进自主创新的微观激励结构。要启动并维持一个高强度的技术学习过程，有效的激励结构必须解决三方面问题：一是需求方为高水平创新成果进行支付的激励问题；二是创新主体进行专用性技术投资从而形成高水平创新成果供给的激励问题；三是创新主体之间开展技术合作的激励问题。

中国高铁在特定制度基础上形成的激励结构同时满足了以上三方面的要求，使得各方主体很快围绕自主创新和技术赶超形成了新的均衡。

对于第一类激励问题，原铁道部（现铁总）一直具有很强的自主创新抱负。但这种抱负并非独立的外生因素，而是由铁路系统长期以来的垂直分工体系和运输领域始终不变的垂直管理方式决定的。首先，与钢铁、化工等产业的主管部门不同，原铁道部不但承担着第三方监管的职能，而且承担着运输服务供应方的职能，需要对铁路运输效率直接负责。21世纪初，全国铁路客运平均速度仅为60.3公里/小时，远远落后于快速增长的客运需求。原铁道部为了保持自身的组织合法性，必须尽快实现客运安全提速，缓解运力紧张问题。"先进、成熟、经济、适用、可靠"的高铁技术是这种情况下的理性选择。其次，铁路部门涉及国家安全，铁路系统一直以来都有自力更生的文化传统。不同于国家发改委、工信部等非垂直管理部门，原铁道部高层领导几乎都是一线管理人员或技术专家出身，在基层工作中形成了追求技术"自主"和"可控"的思维习惯，具有创新的内在抱负（吕铁和贺俊，2017）。在这种背景下，大规模技术引进并没有抑制引进消化吸收以及后续一系列自主技术创新。

对于第二类激励问题，关键创新主体特别是企业主体保持相对稳定，加之原铁道部以需求方身份严格控制市场准入，从而形成了"相互专用"的长期交易关系。这使得作为垄断买方的原铁道部的创新需求得以有效传导到企业，强化了企业的创新激励。此外，由于每个主体都聚焦于产业链和创新链的特定环节，很少受上下游企业（包括转制后的科研院所）纵向一体化的竞争威胁，只需要集中资源与同一环节的其他主体开展横向竞争，就能够从2004年后庞大的高铁市场机会中获得持续增长的空间，因此有动力根据原铁道部的技术要求加强主营业务关键技术的专用性投资。这使得高铁产业链所有环节都得到了充足而持续的投入，创新主体发育出差异化的技术能力，在产业层面则表现为全产业链技术水平的提升。如果创新主体的一体化程度较高，则会加强对自身收入和利润贡献最大的业务或价值链环节的投入，而忽视对其他业务和环节的资源投入（吕铁和贺俊，2017）。如果部分创新主体追求业务多元化，其他市场主体也会采取多点竞争战略保卫自身的市场地位，造成技术投资重复、分散。这也正是20世纪90年代中国高铁技术进步相对迟缓的原因之一。当时，为了争取各铁路局碎片化、区域化的动车组订单，众多机车厂和客车厂设计生产了多种技术路线的动车组，而在企业自身技术能力不足的情况下，多样的技术路线反而抑制了企业在单一路线上持续进行能力积累、建设自主产品平台的激励。

对于第三类激励问题，高度专业化的垂直分工体系不仅有利于合作，而且有利于在用户创新目标发生变化以及新的微观创新主体进入创新系统之时，通过市场机制快速重构以新的创新目标为导向的合作网络。合作是分工的结果。正因为中国高铁产业分工高度专业化，微观创新主体之间的资产互补性和技术互补性极高，因此产业链上下游的利益冲突较中国绝大多数产业更少，上下游合作更为活跃，在复杂产品系统的各个层次上，都能够形成中心性很高的、稳定的合作网络。原铁道部是整个高铁大系统合作网络的中心节点，以顶层用户身份，联结工程建设、高铁装备和通信信号企业，围绕高铁系统创新目标开展合作。在技术引进阶段，原铁道部成立了动车组项目联合办公室（简称动联办），协调不同企业和科研机构的资源整合和互动反馈，促进产品设计和生产制造技术完善。在移动装备、固定设备、信号控制、路轨等子系统领域，总成企业则发展为中心节点，与其他专业化供应商以及相关科研机构达成稳定的互信合作，形成了中国制造业中少见的关系型供应链。

关系型供应链是有效传导原铁道部或其他中心节点创新抱负的重要机制，激励各级供应商根据中心节点的创新目标进行专用性投资。但是，这种供应链的维系需要一个产业内分工前提，即总成企业专注于总成活动和少数核心零部件的研制，供应商根据总成企业的需求调整技术投入与研发方向，两者之间存在很高的技术互补性，使双方都被锁定在这种关系之中，降低各方被"敲竹杠"或被排除出供应链的顾虑。这与中国制造业常用的交易型供应链带来了完全不同的激励结果。中国工业部门的优势产品多数具有明显的开放型模块化架构（Fujimoto，2007）。在这种产品架构下，很多总成企业选择采用交易型供应链管理模式，采购决策完全基于当期的产品价格和产品性能，因此将技术水平还不能完全满足要求的供应商排除在采购范围之外。当某些中小供应商取得关键技术突破时，不少总成企业往往不是选择与这些供应商开展长期合作，而是通过模仿创新和改进创新，自行开发与供应商产品功能类似或更好的零部件。这种供应链管理模式强化了供应商的短期导向，扼杀了供应商提升技术水平的投资动力，致使中国大量核心零部件技术创新陷入了两难局面。总成企业认为本土供应商提供的核心零部件无法满足性能要求，而由于总成企业不使用本土企业开发的零部件，国内供应商也就缺乏在产品应用中不断发现问题、改进产品的机会。

在高铁产业中，从原铁道部到子系统总成企业（如整车企业）都坚持专业化分工，加之原铁道部和后来的铁总策略性地构建了"有控制的竞争"市场结构，以及由铁路校友资源形成的社会资本，都促成中国高铁形成了关系型的供应链（吕铁和贺俊，2017），以长期承诺促成了创新主体之间的合作活动，成功打破了中国制造业普遍存在的合作悖论。特别地，由于市场交易取代行政指令成为企业合作的基础，总成企业不仅可以与铁路系统内部的创新主体保持关系型供应链，而且能够根据自身需要，以同样的方式将2004年后新进入产业的创新主体纳入创新合作网络之中。例如，南车青岛四方与此前从未涉足铁路业务的丛林铝业、南山铝业等民营企业建立战略合作伙伴关系，在型材设计、模具开发、检验检测等方面为供应商提供技术和资金支持，并等待后者逐步提高铝型材质量。相应地，当时南车青岛四方对车体铝型材的需求量并不足以吸引有实力的国有供应商，而这些民营企业的创新努力满足了南车青岛四方的铝型材性能要求，最终成为南车青岛四方动车组铝型材的核心供应商。随着独立的创新主体嵌入不同层次的关系型供应链，整个高铁部门形成了创新导向的产业合作网络，使中国高铁技术得以免受既有价值网络对创新抑制效应的影响（Christensen，1997）。

总体来看，在市场化转轨和专业化分工体系的共同作用下，中国高铁在2004年后形成了新的技术投资激励结构，自主创新成为不同层次、不同类型创新主体的激励相容的普遍选择。而且，这种激励结构解决了此前部分创新主体特别是企业专用性投资不足、产业技术供给高度依赖行业科研院所的问题。随着企业创新投资激励增强，技术投资力度增大，高铁产业创新投资的重心从单纯注重技术性能的科研院所向注重批量稳定生产的制造企业偏移。在"两部联合行动计划"十大重点课题中，企业（主持单位）自筹的经费往往是国家拨款的数倍。激励结构与创新投资结构的变化，使市场需求成为驱动创新分工网络的关键因素。各类创新主体的自主创新导向趋于一致，不再出现铁路局、制造企业和科研院所各自追求"技术示范""批量产品"和"技术前沿"的割裂与对立，而是向"快速向兼具技术和经济合理性、满足规模化使用需求"（吕铁和江鸿，2017）的工程化、商业化方向收敛。

可以看出，中国高铁的制度变革既有其特殊性，但同时也嵌入中国的宏观改革进程中。高铁技术引进前后，适逢中国深化产业管理制度和国有企业改革的关键时期，因而铁路领域的管理体制和国有企业改革是全国改革的延伸。在政企分离、主辅分离、促进竞争的改革目标之下，铁路部门"横向到边、纵向到底"的集中管理体制被打破，铁路勘察设计、工程建设、装备制造和通信信号等非运输主业相继与行业主管部门"脱钩"，与铁路运输部门之间的关系演变为市场经济条件下的产业链上下游关系。在此过程中，铁路部门的技术创新体系被重构。铁路运输部门作为高铁工程和装备的需求方，按照高铁的技术经济特征，调整了铁路运输组织方式和交易方式，包括撤销了全国全部41个铁路分局，上收了曾下放至铁路局的铁路装备采购权，整合了分散至产业链各个环节的技术创新能力，有效将中国巨大的潜在市场优势转化为产业创新发展的激励（黄阳华和吕铁，2018）。

（二）技术学习与技术能力发展

当制度改革降低了高铁技术进步的市场障碍，而新的激励结构将相关创新主体的微观行为导向自主创新，中国高铁部门创新系统在既有的技术能力基础上，表现出空前的技术学习效率。有关东亚国家制造业技术赶超的研究（Kim，1997）表明，后发国家产业技术赶超的成功在微观行为层面上取决于技术来源和学习强度。这也正是2004年后中国高铁技术学习效率提高、技术能力快速进步的关键微观因素。来自德、法、日三国的技术引进提供了多样化的技术来源，大规模新建并开通高铁线路提高了技术学习强度。中国高铁创新主体通过高强度的"干中学""用中学"和"试验中学"，消化、吸收引进知识，创造本地内生知识，不仅快速弥补了早期制造技术不成熟的短板，在设计、工程、制造、控制、组织、运营等领域发展出完备的能力体系，而且自主形成了领先国际同行的系统集成能力。

高铁是典型的、模块化的复杂产品系统，高铁技术天然具有跨学科和模块化的特点。按照学科领域，高铁技术广泛涉及信息科学、控制科学、材料科学等十余个一级学科。按照系统模块，高铁技术不仅包括基础工程（含勘测设计）、车辆装备、牵引供电、通信信号、运营管理等五大类子系统技术和子系统内部更低层次的模块技术，而且包括将不同层次模块逐级总成为子系统以及将五个子系统最终总成为高铁大系统的系统集成技术。与所有复杂产品系统一样，构成高铁系统的各个子系统之间以及子系统内部的各个模块之间存在着繁复的接口与耦合关系。例如，车辆装备（高速动车组）必须和基础工程（高速铁路轨道）实现轮轨关系上的完美耦合，也必须和牵引供电系统实现弓网关系上的完美耦合。这意味着，高铁创新要求部门创新系统具备完整的、不同层次的模块技术与系统集成技术。在高度专业化的产业分工体系下，这些技术能力分散在众多创新主体之中；只有不同主体的各类技术能力同步提升，整个部门创新系统才具备全面的技术能力，从引进模仿转向自主创新。

中国铁路工业有着数十年的技术积累，这是20世纪90年代之后高铁技术得以发展的重要基础。然而，直到2004年，高铁产业始终存在高层次系统集成能力发育不足的问题。这个问题首先表现为生产企业系统级制造能力的短板，进而影响了设计能力的进步以及设计、工程、制造之间的协同水平，造成全部门技术创新的系统性失灵。以高铁装备为例，行业科研院所能够进行零件级和部件级产品的开发和小试，总装技术的进步则有赖于企业技术投资。由于当时企业技术投资激励不足、技术来源单一（高度依赖行业科研院所）以及学习强度不足（高铁装备订单过少），高速动车组总成企业的总装技术进步缓慢，造成最终产品可靠性不足。在这种情况下，当车辆装备出现故障时，难以识别故障原因是总成企业总装技术不成熟，还是车辆零部件存在质量缺陷，抑或是其他子系统与车辆装备耦合不佳所致。因此，高铁总装技术的短板一方面通过供应链向下传递至车辆装备子系统的各级供应商，一方面抑制了与车辆装备存在技术耦合关系和经济互补关系的其他高铁子系统（如以高铁装备为载体的通信信号系统）的知识积累，造成整个大系统未能达到稳定运行的商业化要求。

2004年后，高铁产业的创新主体既继承了此前中国铁路工业既有的技术能力，又受益于大规模技术引进、高铁建设对技术来源和学习强度的改进作用，技术能力结构产生了迅速而积极的变化。一是解决了前期子系统级制造能力不足的问题，制造工艺不再是限制全部门技术能力提升的短板；二是零部件生产企业和子系统总成企业的自主研发和设计能力极大增强，形成了子系统级别的自主化产品平台；三是在需求方推动下建设了完整的试验平台，以科研机构为支撑发展出总体设计、接口管理、联调联试等技术（盛光祖，2014）和高铁大系统集成的原创性基础理论，形成了大系统级别的系统集成能力，可以根据需求和环境条件自行设计、生产、施工、运营全套高铁交通产品。对于高铁这样工程技术密集的复杂产品系统，无论是零件、部件抑或产品层次的技术进步还是顶层系统集成能力的形成，"干中学"（Arrow，1962）、"用中学"（Mukoyama，2006）和"试验中学"（Thomke，2003）都是技术学习的核心机制。

以高速动车组及其核心零部件生产企业为代表，高铁产品制造商通过"干中学"，首先集中力量掌握国外转让的制造工艺，在此基础上对制造技术进行适应性改造，快速形成了高铁装备制造能力与质量控制能力，消除了制造技术的短板。作为技术引进承接方的高铁装备生产企业均表示，生产制造工艺是其在技术引进中获益最多的部分之一。在技术引进初期，由于不完全掌握工艺流程和关键质量控制点，为了确保制造工艺正确、防止工艺变更影响产品质量，中方企业都提出了"先僵化、后固化"的要求。外方为中方提供原型车的制造图纸，中方企业在外方指导下升级生产设备、优化工艺布局、提升自动化水平、开展工艺培训，其目的在于完全"复刻"外方工艺。当中方企业掌握基本工艺、能够稳定生产固定车型之后，企业开始对生产工艺进行适应性改造，工艺水平不断提高，部分环节的工艺稳定性甚至超过了国外技术转让方。例如，唐车总装厂的接线合格率已经超过西门子公司，创造了世界同业之最。这种进步是在不断重复的批量生产实践中逐渐实现的，其知识基础是反复试错后识别出的关键质量控制点及其控制方法。以动车组车体总成中最重要、最难操作的焊接技术为例，唐车总装厂曾直接派员前往德国接受西门子的焊接技术培训，受训人员回国后又培养了数百名具有国际认证资质的高级铝焊工，能够完成动车组的特种焊接工作。但为了持续提高产品质量，减少可能导致焊接处断裂的小焊缝未融合现象，唐车员工又进行了大量试验才掌握了焊枪的最佳角度和速度，达到了小焊缝焊接的零缺陷（高柏等，2016）。

更重要的是，高铁装备企业全面掌握了子系统和核心组件的设计原理，建立起具有鲜明中国特色的自主知识产权与自主化产品平台，实现了设计与制造的集成。2004年前试验性探索阶段积累的技术能力为快速消化新技术奠定了基础，多源头的技术引进与大规模的高铁建设则大大加速了基于"实践—反思—内化—实践"的"干中学"进程。技术引进初期，中方企业缺少对成熟的高铁产品内外部关联关系的深入理解，技术学习在多数情况下表现为对设计思想与解决方案的校准。此前，中国高铁技术人员曾在独立研发中发现了大量高铁技术问题，也相应地提出过许多假说和解决方案，但或是由于不具备技术识别能力，或是因缺少持续的高铁建设和装备研发项目而没有检验机会，并没有选定最优解决方案。2004年后，中方企业在科研院所和高校的支持下，首先针对既有问题，对外方提供的成熟产品进行"解谜"，并利用大量新建线路提供的批量生产与应用机会检验多种解决方案，在设计理念、设计工具等方面的能力积累明显加快。在解构多国差异化的产品设计的基础上，中方企业深刻理解了高铁产品子系统的内外部耦合关系，发展出高铁装备的正向设计能力。当正向设计能力与制造能力结合起来，高铁装备企业就最终形成了设计制造一体化的产品开发平台。

从制造技术到设计制造一体化产品开发平台，是由"知其然"到"知其所以然"的跨越，是通过工程实践与设计实践反复迭代的"干中学"以及运行、维护技术来源各异的多种列车型号的"用中学"实现的（吕铁和江鸿，2017）。受气候环境、工程环境、地质环境、操作习惯等因素的影响，引进的原型产品在中国面临着大量适应性问题，需要中国企业对设计进行一定程度的修改。在"试错—改错"的过程中，高铁装备企业设计能力在三个方面取得了突破。一是识别核心问题。与所有复杂产品（系统）相同，影响高铁性能的因素极其庞杂，不可能也不必要全部纳入设计模型，而不同因素的相对重要性及其对高铁性能的具象影响往往在产品开发和工程实践中才能显现。得益于经验性的问题识别和定义，中国高铁装备产业才能在迫切的追赶要求下，最大限度地减少过冗余、过试验、过设计造成的浪费，将有限资源聚焦于"真正的问题"。二是构建工作逻辑。正向设计能否形成符合需求的产品系统、实现这一设计的生产成本是否合乎预期，取决于研发人员对整个系统工作逻辑的理解。通过反复调试不同应用条件下的故障逻辑，高铁研发人员最终掌握了部件级、产品级、系统级等各层次硬件和嵌入软件，以及应用软件的联通、控制、监测、诊断等关系，不仅能够根据实际运行条件改写原型产品的工作逻辑，而且能够自主开发全套系统的工作逻辑。三是发展设计工具。高铁装备企业在逆向解构进而还原引进产品设计的过程中，积累了有关建模方法、设计参数、程序结构、实现方法、设计软件的实践经验，构建起不同组件的分析计算模块和子系统级的设计平台。

在企业主体之外，作为需求方的原铁道部和作为科学技术供给方的科研机构也是高铁技术能力的重要载体。原铁道部本身是一个"知识全能型"的领先用户（von Hippel，2005），不仅能够提供清晰的高铁产品需求和技术条件，而且敢于对子系统供应商提出超越现有技术水平的全新要求，驱动高铁技术创新的全过程。就技术能力而言，中国铁道科学研究院（简称铁科院）才是原铁道部技术能力特别是高铁大系统集成能力的主要载体，在前期确定技术条件和后期试验验证与全系统技术协同之中发挥着主导作用。以西南交大为代表的科研机构创立了高速列车耦合大系统动力学，将之前国际学术界作为独立问题研究的四种高速列车耦合关系置于统一的理论体系中进行分析，为系统集成与分析提供了重要的且具有创新性的科学理念和分析工具（沈志云，2014）。与企业相比，这两者的技术能力进步与技术引进关联较小，更多的是中国高铁试验体系自20世纪80年代以来逐步完善的结果，是"试验中学"的产物。

高铁试验体系是固定设备和移动设备相结合、试验基地和正线试验相结合、实车试验和试验仿真相结合的实验检验平台。一方面，根据本土需要陆续建设或升级的众多试验台与实验室意味着国际领先而又极具适用性的仿真测试环境与台架试验条件。1995年建成的西南交大牵引动力国家重点实验室因其"在运行时速才几十公里的时代"建设450公里时速轮轨滚动振动整车试验台的超前意识，在几乎所有型号的高速列车研制中发挥了不可替代的作用。另一方面，2004年后新建的众多线路带来了全球唯一的超大体量、复杂条件现场试验窗口和数据获取机会。每条新线都提供了在建期间的多段、多次试验段试验窗口期，全线铺通后的长距离全线试验窗口期，以及投入运营后的跟踪试验期。更重要的是，这些线路的建设时间相互衔接、建造标准逐步提升、运行环境差异较大，在整体上保证了近10年来兼具连续性和差异性的不间断线上试验。早在2008～2009年武广高铁线上试验期间，铁科院就将发展线路、车辆、牵引供电、通信信号等子系统的联调联试技术与全套标准作为最重要的试验任务。这些技术与标准在后续的新建高铁线路试验中不断调整，成为中国高铁系统按设计速度实现安全、稳定、舒适运营的基本保障。同时，铁科院作为技术总体协调单位，与各个子系统的供应商进行互动和反馈，修正子系统之间的接口标准与子系统设计的技术条件，进一步提高子系统集成水平。也正是基于长期积累的台架试验数据和武广高铁、京沪高铁等线上试验数据，中国科研机构才得以不断发展和完善高速列车耦合大系统动力学理论。

四、高铁对中国技术赶超的启示和警示

中国高铁卓越的技术赶超绩效和政府行政力量在中国高铁发展过程中的深度参与这两个基本事实，很容易诱使研究者和政策制定者泛化政府干预的有效性。然而，对中国高铁微观激励结构

和能力发展路径的细致分析提醒我们，必须对高铁模式的一般性和政府干预的有效性保持足够的谨慎。

（一）构建多元化的技术赶超路径

高铁经验可以为中国其他产业的技术赶超提供难得的借鉴。然而，试图将中国高铁经验简单复制到其他产业却是不当甚至危险的。包括高铁在内的产业丛林的技术范式、竞争环境、制度结构、能力基础等经济、社会、文化条件的多样性决定了每个行业在借鉴高铁的技术赶超经验时，都必须在对不同产业发展的具体条件的差异性保持足够谨慎的前提下再吸收其合理的成分。在这样的认识论指导下，我们将探索性地讨论中国高铁技术赶超经验对干线客机、芯片和轿车三个受到普遍关注的产业的技术创新的启发。

无论是从零部件数量以及控制系统的复杂性，还是技术赶超阶段产品与既有供应体系的供需差距看，高铁和干线客机都属于典型的复杂产品系统。也正因此，研究者常常将这两个领域的赶超战略进行对比。仅从技术壁垒和市场结构看，干线客机的技术发展都面临较高铁更加严峻的赶超环境：首先，由于要追求在高速、高温、高压等极端工况下的稳定性、可靠性和安全性，干线客机具有更复杂的设计结构和更庞大的非重复零部件数量，其研发设计制造涉及流体、结构、材料、燃烧、控制、电子、计算机、数据等各个领域的前沿科学和工程经验，研发周期之长、研发成本之高属民用工业产品之最。被称为"工业之花"的航空发动机的设计难度和制造工艺复杂度更是居于各类工业品前列。因此，干线客机具有较高速动车组更高的技术复杂度。其次，由于干线客机的国际市场集中度更高，领先企业出于激烈的市场竞争压力而向中国企业转让技术的意愿更弱。事实上，2004年前后，部分高铁装备跨国公司面临激烈的市场竞争和严峻的财务压力，是当时中国在技术转让谈判中能够居于主动，从而实现以国内市场换技术和能力的重要条件。在2004年的200公里时速动车组招标过程中，在西门子退出竞标的情况下，作为日本6家企业联合体成员的川崎重工，不顾JR东日本公司、日立制作所、日车公司等成员的反对坚持向中国转让技术，一个重要的原因是当时川崎重工的高铁装备业务正面临严重的财务危机，这也促使日本企业联合体最终将250公里时速以下技术转让给中国企业。当时法国的阿尔斯通亦经营状况不佳。2003年8月，阿尔斯通甚至向巴黎法院申请了破产保护。2004年中国6.2亿欧元的订单挽救了阿尔斯通的破产命运，而阿尔斯通也将其拥有的AGV列车的7项关键技术转让给了中方。相比之下，波音、空客、GE、罗罗等干线客机和航空发动机制造商的市场力量和财务状况都远远好于国际高铁装备制造商。因此，在干线客机领域，本土企业面临的技术壁垒更高、实施以市场换技术策略的难度更大。虽然高铁和干线客机在外生的技术范式和国际竞争环境方面存在差异，但在内生的制度结构方面，两个领域有诸多相似之处——两个领域都采取了政府集中投入和集中分配资源的资源配置方式，两个领域主要的创新主体都是国有企业。这决定了中国高铁的自主创新成功经验对于中国干线客机的技术赶超存在可资借鉴之处：一是干线客机研制作为一项复杂的系统工程，其技术攻关必须有明确的责任部门或个人，且责任部门或个人应当具备足够的技术知识和能力为做出正确的战略决策提供支撑。中国高铁从技术引进到正向设计再到自主创新的过程中，政府之所以没有犯系统性的错误，一个重要的原因是原铁道部和后来的铁总本身是高铁技术的最终用户并且是系统集成技术的掌握者。决策者对技术和行业的深刻理解，是提高决策效率的重要条件。二是需要在主要的供应链环节保持国有企业之间的必要竞争。根据公开资料，C919的雷达罩、机头、机身、机翼等机体部件由国内以国有企业为主体的供应商承制，而发动机及航电、飞控、电源、燃油和液压系统等主要机载系统则要求国外供应商同国内相关企业开展合资或合作，分别成立了16家合资企业。高铁经验表明，由高度专业化的企业而不是一体化的企业负责关键零部件的研制能够提高企业的创新积极性（吕铁和贺俊，2017）。

高铁经验也显示，由三家左右的竞争性企业构成的"有控制的竞争"市场结构有利于企业既保持足够的竞争压力又获得必要的创新报偿，从而形成良性的竞争机制。也就是说，为了获得竞争带来的动态效率，适度的重复建设是应当承担的成本。从这点看，目前中国干线客机创新生态在整机集成和关键零部件领域的竞争是不够充分的。

"中兴事件"之后，国内加快芯片国产化的呼声越来越高。目前来看，不同于高铁政府集中控制的发展模式，中国通用芯片和具有大规模应用市场的嵌入式芯片（如手机芯片）实际上采取了企业主导、政府扶持的发展模式。从技术范式看，不同于高铁和干线客机属于长周期的成熟技术，芯片属于相对短周期的、技术前沿持续推进的技术，需要创新主体能够对技术变化和市场环境变化做出快速反应。这决定了政府和具有内在制度缺陷的国有企业很难适应芯片竞争中快速变化的技术路线和市场环境。从产业组织结构看，由于中国的高铁市场和民用航空市场都几乎是国有企业垄断性经营，因此市场是相对封闭的，这就为利用国内市场拉动技术学习创造了较好的市场条件。但芯片的下游用户基本上是竞争性的私人企业，因此芯片市场是全球竞争的开放市场。这不仅使得中国芯片技术发展很难采用"市场换技术"的技术引进战略，更主要地，英特尔、高通、三星、AMD 等基于客观的技术优势和主观策略性的专利、标准布局，在包括中国在内的市场形成了极强的用户黏性，使得处于追赶阶段、技术成熟度不高的本土芯片企业很难获得早期用户和实验性用户，造成技术追赶的鸿沟。从供给方面看，领先的芯片设计企业与代工制造商和光刻机等关键设备制造商之间形成了复杂的合作关系，后发企业很难切入其生态体系。用户和供应链两方面的抑制效应，不仅对中国芯片企业进行持续的大规模研发投入和技术能力提升提出了很高的要求，同时也对企业的战略管理能力构成了严峻的挑战。面对芯片产业迥异的技术赶超障碍，高铁模式对其总体的适用性显然要大打折扣，但仅仅从政府更高效发挥催化剂和协调者作用的角度看，高铁仍然能够为中国芯片产业的发展提供重要的启示：一是从供给侧看，政府除了采取目前主要通过补贴等手段激励企业进行持续的、大规模研发投入的结构性产业政策外，政府的资金投入应当更多地投向行业共性技术创新系统、实验体系和企业研发体系建设等方面。二是加强需求侧的政策扶持，针对早期用户和实验性用户提供补贴，为企业创造通过"用中学"不断提升技术能力的机会。从中国高铁经验来看，原铁道部和铁总直接为装备厂家提供的研发补贴等降低研发成本的政策效应微乎其微，而研发体系建设和新产品采购订单等可以切实提升企业创新能力和形成初期市场稳定预期的政策却发挥了积极的作用。

我们再以轿车工业为例，讨论高铁对竞争性行业技术赶超的启示。由于轿车的技术范式和竞争范式与高铁存在较大的差异，高铁对轿车工业的直接政策启发意义并不大。但由于中国高铁已经相对完整地走过从模仿到正向设计再到自主创新的技术赶超过程，从高铁的发展历程可以管窥中国轿车工业未来的赶超路径，从而对中国轿车工业各个阶段发展状态的合意性做出更加科学的判断。从能力发展的角度来看，中国高铁装备企业大致经历了从以 CRH2 型车为技术平台的技术引进和模仿学习，到以 CRH380 型车为技术平台的二次开发和正向设计能力提升，再到以标准动车组为技术平台的自主知识产权开发和自主创新能力形成三个阶段。与技术能力相匹配，每一个阶段企业的技术能力和关键战略活动都发生了转换和调整。在技术模仿阶段，整车企业形成了初步的技术集成能力，核心零部件企业的产品开发能力薄弱，只有外围的零部件和材料可以由本地企业配套；在正向设计阶段，整车企业的技术集成能力趋于成熟，其整合国外供应商的能力明显提升，同时开始培育本土的核心零部件供应商；在自主知识产权开发阶段，整车企业的技术集成能力达到甚至由于能够综合多技术路线而在部分领域超越国外整车企业，同时本土核心零部件企业的自主开发能力大幅提升。轿车和高速动车组同属于模块化程度相对较高的非连续流程工业产品，可以预期，中国轿车工业的技术进步大致也会遵循基本相同的能力提升和战略转换路径。总体上判断，目前中国以吉利、长城、奇瑞为代表的走自主开发路线的本土轿车企业开始进入正向设计能力提升阶段，表现为整车厂的技术集成能力显著提升，同时通过并购国外企业等逆向吸收方式快速提升在发动机、变速箱等核心零部件的二次开发能力。最重要的是，本土企业的研发体系和产品开发平台进入快速建设和完善的阶段。这表明，虽然中国轿车工业由于历史的原因走了弯路，但目前总体上在正确的技术赶超路径上前进。这对于产业政策的重要意义在于，对处于正向设计能力提升阶段的本土整车企业和核心零部件企业，政府在判断企业技术创新绩效从而制定政策资源分配标准的时候，除了要关注产品本身的创新程度以外，最主要地应该关注企业的技术学习强度和研发体系、实验体系以及产品开发平台建设的强度和效果；如果产业政策资源分配过度与产品绩效而不是与企业能力挂钩，有可能抑制企业在正向设计阶段的技术学习，因为在这个阶段，企业的技术能力实际上已经出现质的提升，但表现在产品层面仍然缺乏足够的新颖度。

（二）发现"集中力量办大事"的边界条件

中国经济学界的主流观点认为，市场化改革是过去40年中国经济快速发展的根本原因。然而，如果将分析视角聚焦到中观产业层面，这样的总体判断却并不能完全揭示过去40年中国不同产业多样化的发展路径和丰富的技术学习活动。按照标准的微观经济学理论，市场化的经济学内涵应当包含定价机制和市场结构两个层面的内容。不同行业依据其市场化特征可以定位于由这两个维度界定的一个二维坐标中。处于这个二维空间一端的是纺织、服装、家电等中低技术行业，这些行业在20世纪90年代即基本实现了市场化的定价机制并形成了较为分散的竞争性市场结构；处于这个二维空间另一端的则是高铁、干线客机等复杂产品系统，这些行业直到现在仍然具有较强的行政定价和垄断性市场结构特征。其余的多数产业则分布于这两种极端模式的中间。前一种典型的市场化产业发展模式不仅得到主流经济学家的认可，而且也能够为政府部门接受。后一种"国家发展主义"的产业发展模式在政策层面得到高度的推崇。特别在2018年中美贸易摩擦加剧、美国以禁售芯片制裁中国中兴公司的背景下，以政府集中力量办大事的方式加快核心技术突破、摆脱高端芯片和基础软件等受制于人的呼声更趋高涨。然而，在严肃的学术研究层面，研究者对于"国家发展主义"对产业发展绩效的影响却并未形成一致的观点，且不同的学者其观点大相径庭。

政策制定者和主张"集中力量办大事"的学者常常将中国高铁的技术成功视为"集中力量办大事"模式有效的主要论据。由于高铁是政府集中控制市场和资源配置的典型部门，因而一些研究者和政策制定者很容易简单地在"集中资源"和"办大事"（高铁取得的技术成功）之间建立因果关系。然而，对于"什么条件下政府集中资源相对于市场机制更加有效？政府如何有效地进行集中控制"这些重要的问题，既有的研究却并没有给予足够的关注。路风（2013，2014）是国内少数围绕这一问题进行论述的学者。他认为，由于铁路是大型复杂技术系统，因此必须保持国家的集中控制；而政府对铁路市场的集中控制，保证了中国铁路装备工业的引进技术成为自主开发的补充而不是替代。显然，作者将复杂产品系统这一产品技术特征作为政府集中控制的充分条件。然而，既有的有关复杂产品系统的研究并不支持这样的结论。由于干线客机、高铁等复杂产品系统依赖于高度分工的供应链，要求存在能够进行跨知识领域、跨组织、跨国界的技术集成者，但这样的技术集成者完全可以是一个市场化的私人企业（Brusoni，2005），而未必是一个高度干预的政府。因此，复杂产品系统并不是"集中力量"的充分条件。另外，政府集中控制虽然确实常常可以保证以我为主的自主创新战略导向，但诸如国家重大科技专项、863计划等政府集中控制的科技攻关项目中的不少项目并没有取得成功的自主创新绩效。可见，政府集中控制也不是自主创新成功的充分条件。

复杂产品系统、政府集中控制和成功的自主创新确实是刻画中国高铁技术赶超的三个关键词。然而，中国高铁的经验细节却并不能支持"复杂产品系统是政府集中控制的充分条件""政府集中控制可以导致成功的自主创新"这样的一般性结论。有效的技术集成要求集成者具备特定的"能力"，而集中资源则仅仅要求存在特定的"权力"。复杂产品系统技术学习要求的是一种能力结构，而不是权力结构。无论是原铁道部，还是后来虽然完成了企业化改制但仍然在很大程度上承担政府职能的铁总，都是具备跨知识集成能力和跨组织协调能力的主体：一方面，从技术能力来看，原铁道部和铁总始终强调工程化和商业化应用过程中的技术能力提升，密集试验、批量应用中发现问题与解决问题的高强度学习机制建设，以及在技术赶超过程中持续的试验体系和研发体系发展（吕铁和江鸿，2017），从而形成了以铁科院和铁总科技管理部为组织载体的跨知识领域集成能力；另一方面，从组织能力来看，原铁道部或铁总具有对勘测设计、工程建设、装备制造、通信信号、运营管理等庞大的创新系统和生产供应体系进行组织和协调的能力。在这两种能力中，技术集成能力与政府集中控制并没有必然的因果关系，而组织能力虽然和原铁道部与下属企业具有直接的行政隶属关系相关，但同时也受到铁路系统的合作传统、社会资本以及整个供应链体系的高度资产专用性从而对铁总订单的高度依赖的影响（吕铁和贺俊，2017），而这些因素和条件都不是政府集中控制这种权力结构可以内生创造的。因此，中国高铁经验并不支持复杂产品系统的技术范式必然要求采用政府集中控制的经济范式的理论命题。

有关"集中力量办大事"的另一个命题是，政府的集中控制能够促成成功的自主创新。政府的集中控制确实在高铁等少数领域实现了较好的技术赶超绩效，但同时也必须看到，中国在通信设备、工程机械等领域的技术赶超是在更加市场化的制度范式下实现的。因此，政府集中控制并不是产业技术赶超的必要条件。与此同时，不少由科技部、国家发展改革委等部门主导的国家技术创新工程和产业化项目或流于形式或归于失败的事实表明，政府集中控制也不是成功自主创新的充分条件。因此，政府集中控制既不是成功自主创新的必要条件，也不是成功自主创新的充分条件，正确地提出问题的方式是——政府集中控制取得成功的自主创新的条件到底是什么？中国高铁技术赶超的经验显示，政府强力干预促成合意的技术创新绩效至少要满足以下三个条件。

一是复杂产品系统的技术赶超作为一项系统的工程，需要在顶层具有明确的、既有能力又有动力组织项目集中攻关的最终责任人，且最终责任人的权力（控制权）和收益（收益权）要尽可能地匹配。无论是原铁道部基于行政命令还是后来的铁总基于采购订单，作为政府的代理机构，两者都具有组织项目集中攻关、协调各主体创新活动的能力；同时，原铁道部及其改制后的铁总也能够获得足够的中国高铁快速发展所带来的政治和经济利益。因此，原铁道部和后来的铁总都是经济学意义上恰当的最终责任人。反观国内其他的重大科技攻关和产业化项目，最终责任人缺失、权责错配等治理因素常常是其"雷声大、雨点小"的主因。以国家重大科技专项为例，科技部设立的重大专项办公室仅为重大专项的管理、评估机构，并不是项目的最终责任人，也不享有资金的分配权力。项目资金实际上由各个专项的承担单位在参与成员之间进行分配。各专项虽然设有具有相对独立身份的项目总师，但项目总师仅承担项目的咨询义务，并不承担项目失败的责任，也不享有项目成功的收益。这样的项目治理结构决定国家重大科技专项的实际最终责任人和协调人缺位，而资源分配权力和责任在各主体之间的错配，则进一步造成资金使用效率的低下。

二是复杂产品系统技术攻关项目的最终责任人和主要的创新主体要具有"可靠的"自主创新承诺。责任人和创新主体的自主创新承诺可能来自路风（2006）强调的坚定的政治决心，但更需要在特定的制度基础上形成激励结构，使得自主创新切实成为责任人和相关创新主体的激励相容的理性选择。原铁道部和后来的铁总之所以持续地推进高铁全产业链的技术赶超和国产化，主要是出于安全可控和"组织合法性"的理性考虑，原铁道部和后来的铁总的主要领导人的创新抱负和政治决心的形成具有复杂的制度基础、管理组织、文化传统等因素（吕铁和贺俊，2017）。也正是在这个意义上，我们更愿意使用"可靠的创新承诺"，而不是"坚定的政治决心"（路风，2006）这样的理论表述。中国高铁市场快速发展创造的巨大市场机会和经济利益，则形成了高铁装备、工程建设等创新主体开展高强度技术学习的主要激励。因此，复杂产品系统的技术攻关应与市场的培育发展进行协同部署，只有消除创新主体对制约市场发展的体制性障碍和经济性障碍的顾虑，才能形成责任人和创新主体协同创新的局面。

三是政府集中资源不能抑制创新主体之间的创新竞争。虽然高铁的运营环节是原铁道部和之后的铁总垄断的，但高铁装备制造的各个供应链环节都是竞争性的。在2004年技术引进之前，由于机车车辆采购权向各铁路局的下放以及四次铁路大提速的拉动，通过引进或自主开发形成了南车青岛四方、唐车、株机、长客、浦镇、戚墅堰厂、大连厂、大同厂等8家机车车辆厂研制生产的"中华之星""蓝箭""神州""中原之星""先锋"等20多个高速或准高速机车车型。虽然2015年中国南车和中国北车合并为中国中车，但由于历史原因，中国中车对下属公司的管控主要限于战略管控而非财务管控和运营管控，因此中车青岛四方、长客和唐车三家高速动车组整车厂之间的竞争仍然是比较充分的。不仅在整车领域，在网络控制、制动系统等高铁的关键系统和零部件领域，铁总都尽可能培育和促成三家左右的"有控制的竞争"格局的形成，这样的产业组织结构有利于创新主体既能够保持足够的竞争压力，又能够获得必要的利润回报进行持续的研发投入。更重要的是，由于原铁道部和之后的铁总不是通过研发补贴而是通过采购订单的分配来促进竞争，

企业的技术创新从一开始就注重产品的工程化开发以及产品创新背后的研发组织体系建设，从而为企业技术能力提升提供了必要的产品载体和组织基础。

（三）对政府在产业赶超中作用的再认识

前面我们分别基于中国高铁赶超发展的经验围绕政府集中控制发展模式的有效条件、高铁对于不同的技术范式和竞争环境的代表性行业的启示意义等当前中国学术界关注的热点问题进行了探讨，下面我们基于中国高铁经验将关注的重点聚焦到政府在产业发展过程中的作用这一永恒的经济学主题。高铁是政府集中投入、集中控制产业发展模式的典型，铁路系统是计划经济色彩最为浓厚的部门之一，但同时高铁又是近年来中国技术赶超最为成功的产业典范。然而，如果按照标准新古典经济学的观点以及当前中国经济学界的主流声音，建设服务型的政府、减少政府对产业的选择性干预、实施更加功能性的产业政策才是政府经济功能和产业政策调整的正确方向。面对高铁的技术成功与主流学术观点的冲突，不应简单地将高铁的技术成功归为中国经济发展过程中的异类，甚至无端质疑中国高铁的技术成就，更不应盲目地否定经典理论本身的解释力，而应基于对事实的谨慎观察和归纳，从严谨的学术研究发现中寻找对"政府在中国高铁技术赶超过程中到底做对了什么"这一问题的可能解释。

新古典经济学分析政府在产业发展中的功能的基本逻辑起点是市场失败，而市场失败的核心问题是外部性问题。因此，新古典经济学视野下政府功能的理论概括就是通过解决外部性来矫正市场失败，包括通过财政补贴、税收优惠、奖励等政策工具激励具有正外部性的技术创新等活动，或者通过以上政策工具的反向措施来抑制具有负外部性的环境污染等活动。新古典经济学有关政府和企业关系的理论从形式逻辑的严谨性上看臻于完美，因此，一旦接受其基本的理论假设，则接受其政策主张就几乎是必然。因此，新古典经济学有关政府在产业发展中的作用的理论主张在特定问题情境下的解释力下降，一定是其基本理

论假设与特定情境下的基本事实发生了偏差。在后发赶超的情境下，常常与新古典假设不符的一个基本事实是，市场制度本身是不完善的，企业的创新能力是弱的（Cimoli et al.，2009）。加之外部知识供给不足、缺少本地的领先用户，这时，如果政府功能仅仅局限于补充市场，而市场本身又不足以激发企业进行高强度的技术学习，则产业发展很难进入罗斯托意义上的"起飞"阶段。因此，在产业后发赶超的初期，政府的主要功能常常是克服或者消除制约产业"起飞"的那些根本性障碍，包括市场障碍和技术障碍。对于高铁这种特殊领域的后发赶超，如果政府在产业发展初期的作用仅仅是矫正市场，企业的技术学习强度和技术创新能力如果无法突破某个"阈值"，则产业赶超的"起飞"可能非常缓慢甚至无法发生：首先，高铁市场是需要大规模投资才能形成必要的运营网络经济和研制规模经济的公共物品市场，只有政府通过必要的政策"承诺"才能促使企业形成市场大规模扩张的预期，从而开始高强度的技术学习；其次，高铁是具有复杂产品架构和需要掌握大量工程诀窍才能完成产业化的复杂产品系统，只有政府帮助企业接入已经形成的主要由跨国领先企业掌握的高铁知识存量，企业才能获得技术赶超初期的知识来源并开启高效的技术吸收过程。因此，至少在产业赶超的初期，政府在高铁技术赶超过程中的核心作用不是矫正市场，而是帮助市场（企业）克服抑制赶超的市场障碍和技术学习障碍。

从这个角度看，高铁经验对政府在产业赶超发展过程中恰当作用的启发如下。首先，应当批判性地看待新古典经济学主张的市场和政府二分法，而将政府和企业都视为部门创新体系的有机组成部分（Nelson，2009）。新古典经济学的理论逻辑并没有错，但新古典经济学将政府在产业发展中的作用理解为矫正市场，因而其政策引申极易将政府作为市场的"补充"甚至产业发展的"局外人"。从创新系统的视角来看，政府在产业赶超过程中合理功能的问题不是政府和市场孰重孰轻的问题，而是政府和市场应当分别在创新系统中承担什么职能的问题，政府和企业应当共同克服技术突破和产业发展面临的根本性障碍。事实上，当前中国的产业政策研究和政策实践存在明显的将政府和市场二分甚至对立的倾向，过度强调"市场主导"或"政府主导"是这种二分法认识论的典型体现（贺俊，2017）。加强知识保护、建立公平竞争秩序，从而提高市场本身的资源配置效率，当然是政府功能的重要内容。但是对于像高铁、干线客机或集成电路等技术壁垒高、产业生态系统复杂的产业领域，政府的作用不应仅仅局限于激励企业的研发，而是应当帮助企业克服制约其开展高强度技术学习的市场障碍和技术障碍，包括通过系统性的经济性和非经济性的政策组合加强"产业部署"，通过研发机构建设补充部门创新体系的结构性或功能性缺失，等等。显然，创新系统视域下的政府功能外延要比新古典经济学的政策工具箱更为开阔。

其次，由于政府是部门创新系统的一部分，政府自身的能力提升也是产业创新能力提升的重要内容。在新古典经济学的世界里，影响政府政策制定和实施效果的调节变量只有信息不对称问题，因此，产业政策设计的基本逻辑就是或者内生地减少或消除信息不对称，或者外生给定信息不对称时通过政策设计解决影响产业政策效果的逆向选择和道德风险问题。从中国高铁的技术赶超经验来看，激励当然是影响高铁技术发展绩效的重要因素，但在特定制度结构下形成的政府能力，特别是政府作为运营商和技术集成者而形成的技术能力，是政府能够发挥积极的协调者、催化剂作用的重要条件（吕铁和贺俊，2017）。产业技术能力的赶超是一个系统的过程，这个过程包含作为创新主体的企业的技术能力以及与这些技术能力相匹配的战略能力提升的过程，同时也包含非企业的主体，包括高校、科研院所和政府自身的能力提升的过程。传统的计划经济体制存在诸多效率损失，我们当然不是呼吁制度变革的倒退，但必须注意到，由于计划经济体制实行"条条"管理，因此每个行业都形成了明确的责任部门，当时政府管理部门对行业的理解相对也远远高于目前职能型组织结构下的政府经济管理部门,而这恰恰是被新古典经济学视为"异类"的中国高铁能够取得技术成功的一个重要原因。从这一点来看,除了深化体制改革和产业治理体系外,政府经济管理部门及其官员自身的能力建设也至关重要。

虽然高铁被视为通过政府集中控制实现技术赶超的典型案例,但中国高铁成功实现技术赶超所揭示的最重要的普适性经验,并不是通过政府集中控制实现技术突破和产业赶超。针对当前中国产业发展和产业政策调整过程中面临的突出现实问题,中国高铁提供的可能答案是,应当打破政府和企业二分法,从政府和企业共同构成部门创新系统的视角,在优化创新主体的激励结构、加强政府能力建设的基础上,政府、企业和其他非企业主体合作共同解决制约技术赶超的那些最为根本性的技术和非技术障碍。

参考文献

[1] 高柏、李国武、甄志宏等:《中国高铁创新体系研究》,北京:社会科学文献出版社,2016年。

[2] 贺俊:《产业政策批判之再批判与"设计得当"的产业政策》,《学习与探索》,2017年第1期。

[3] 黄阳华、吕铁:《产业分权与技术赶超:基于中国高铁的调查研究》,中国社会科学院工业经济研究所工作论文,2018年。

[4] 路风、封凯栋:《发展我国自主知识产权汽车工业的政策选择》,北京:北京大学出版社,2005年。

[5] 路风:《走向自主创新:寻求中国力量的源泉》,南宁:广西师范大学出版社,2006年。

[6] 路风:《冲破高铁迷雾——追踪中国高铁核心技术来源》,《瞭望新闻周刊》,2013年第48期。

[7] 路风:《中国高铁技术发展的源泉》,《瞭望新闻周刊》,2014年第1期。

[8] 路风:《论产品开发平台》,《管理世界》,2018年第8期。

[9] 吕铁、贺俊:《如何理解中国高铁技术赶超与主流经济学基本命题的"反差"》,《学术月刊》2017年第11期。

[10] 吕铁、黄阳华、贺俊:《高铁"走出去"战略与政策调整》,《中国发展观察》,2017年第8期。

[11] 吕铁、江鸿:《从逆向工程到正向设计——中国高铁对装备制造业技术赶超与自主创新的启示》,《经济管理》,2017年第10期。

[12] 王雄:《中国速度:中国高速铁路发展纪实》,北京:外文出版社,2016年。

[13] 盛光祖:《正在阔步前行的中国高铁》,《求是》,2014年第10期。

[14] 沈志云:《我的高铁情缘——沈志云口述自传》,长沙:湖南教育出版社,2014年。

[15] Arrow, K. J., 1962. The Economic Implications of Learning by Doing. *The Review of Economic Studies*, 29: 155 – 173.

[16] Brusoni S., 2005. The Limits to Specialization: Problem Solving and Coordination in Modular Networks [J]. *Organization Studies*, 26: 1885 – 1907.

[17] Chandler, A., Hikino, T., 1999. *Big Business and the Wealth of Nation*. Cambridge: Harvard University Press.

[18] Christensen, C., 1997. *The Innovator's Dilemma: When New Technologies Cause Great Firms to Fail*. Boston: Harvard Business School Press.

[19] Cimoli, M., Dosi, G. and Stiglitz, J., 2009. *Industrial Policy and Development: Political Economy of Capabilities*. Cambridge: Oxford University Press.

[20] Fujimoto, T., 2007. *Competing to Be Really, Really Good: The Behind – the – scenes Drama of Capability – building Competition in the Automobile Industry*. Tokyo: International House of Japan.

[21] Kim, L., 1997. *Imitation to Innovation: The Dynamics of Korea's Technological Learning*. Cambridge: Harvard Business Press.

[22] Mukoyama, T., 2006. Rosenberg's "Learning by Using" and Technology Diffusion. Journal of Economic Behavior and Organization, 61: 123 – 144.

[23] Nelson N., 2009. Building Effective Innovation System versus Dealing with Market Failure as Ways of Thinking about Technology Policy. In Foray D., (ed.) *The New Economics of Technology Policy*. UK: Edward Elgar.

[24] Sako, M., 1994. Supplier Relationship and Innovation. In Dodgson, M. and Roy R. (ed.) *Handbook of Industrial Innovation*. UK: Edward Elgar.

[25] Shapiro, C. and Varian H., 1997. *Information Rules:*

A Strategic Guide to the Network Economy. Boston: Harvard Business School Press.

[26] Thomke, S. H., 2003. *Experimentation Matters: Unlocking the Potential of New Technologies for Innovation*. Boston: Harvard Business School Press.

[27] von Hippel, E., 2005. *Democratizing Innovation*. Cambridge: MIT Press.

Incentive Structure of Technology Catch – up and Capacity Accumulation: Experiences and Implications of China's High – speed Railway

He Jun, Lv Tie, Huang Yanghua, Jiang Hong

Abstract: This paper argues that the process of technology catch – up is that of an agent continually intensive technical learning under a certain incentive structure. As for China's high – speed railway (HSR), the process has gone through the experimental exploration, introduction, digestion and absorption, forward engineering and independent innovation, which has been embedded into the process of China's institutional reform and economic development. On one hand, China's fast – growing economy has provided a wide range of market opportunities for HSR rapid development in the 21st century; On the other hand, China's overall reform has opened up the space for the HSR institutional reform, and also has created the HSR incentive structure at the micro level together with HSR management system and industrial organization structure. Indeed, this incentive structure would not only help the innovative agent carry out intensive technical learning, but also foster HSR to build the inter – organization relation different from that of most of other industries in China, finally achieving the technical breakthrough of the whole industrial chain. As the typical product system, learning by experimenting, learning by doing, and learning by using are the core mechanisms contributing to the rapid technical accumulation of HSR in China, and during this accumulation process, when the capabilities of digestion and absorption, forward engineering and independent innovation are shaped and then enhanced, the HSR innovation system also becomes correspondingly improved. The government has played a unique, powerful, and irreplaceable role in this HSR innovation system. However, the implication of HSR on technological catch – up in other industries is not the generalized "mobilizing resources to accomplish large undertakings", which is a development mode under particular boundary conditions. It is unsuitable and even dangerous to simply replicate the HSR experience to other industries without consideration of some differences such as the competitive environment and technological paradigm.

Key Words: Technology Catch – up; High – speed Railway; Incentive; Capacity Accumulation

"两驾马车"驱动延缓了中国产业结构转型？
——基于多部门经济增长模型的需求侧核算分析

渠慎宁　李鹏飞　吕　铁

摘　要： 改革开放以来，中国产业结构变化大体遵守了"库兹涅茨事实"的规律，但仍呈现出一些独有特点。研究发现，中国产业结构转型过程中存在"三个典型问题"：①为什么中国农业、工业劳动力份额不是一直下降或上升而是呈现出"波浪式"的有升有降特点？②为什么中国农业劳动力份额在某些时间段能"企稳回升"？工业劳动力会一部分"逆向"流入农业，而非转型至服务业？③为什么中国服务业劳动力份额增速会忽然"降挡"？而工业劳动力份额增速会忽然"提挡"？本文建立了包含非位似偏好和差别化生产率的多部门经济增长模型，在此基础上将"两驾马车"纳入其中，并对其进行需求侧的核算分析。结果发现，"两驾马车"驱动的经济增长模式是解释中国产业结构转型过程中"三个典型问题"的主要原因。因此，本文认为，只有通过实施供给侧结构性改革，降低"两驾马车"依赖度，实现可持续的内生经济增长模式，才是加快我国产业结构转型的根本手段。

关键词： 产业结构转型；"两驾马车"；多部门经济增长模型；供给侧结构性改革

一、引　言

改革开放以来，中国经济呈现出投资、净出口与消费"三驾马车"带动的增长模式。然而，"三驾马车"中真正的"马车"只有投资和净出口，消费仅起到了"牛车"的作用（沈利生，2009）。[①] 相比投资和净出口，消费对经济增长的带动较为有限。内需不足一直都是中国经济的主要问题之一。由此，可引申出一个问题：投资和净出口"两驾马车"驱动是否会对中国"产业结构转型"（Structural Transformation，也称为Structural Change）产生影响？独特的经济增长模式会否导致独特的产业结构转型特征？本文试图对此问题进行解读。事实上，作为中国经济发展的一个重要指标，中国产业结构在过去的三十多年里

---

* 本文发表在《管理世界》2018年第1期。

[作者简介] 渠慎宁，中国社会科学院工业经济研究所副研究员；李鹏飞，中国社会科学院工业经济研究所研究员；吕铁，中国社会科学院工业经济研究所研究员。

① 国内研究界和公共媒体对"三驾马车"的定义并不一致，有的写的是"出口"，有的则是"净出口"。究其原因，在于近年来中国进口增速波动与出口高度相关，净出口项中对经济增长的影响主要受制于出口，导致人们往往聚焦于出口。在经典的宏观分析框架里，根据用支出法衡量的GDP核算恒等式，消费、投资和净出口是国民经济的三大需求，三者的变化共同决定了GDP增长速度。同时，根据国家统计局公报，其分析拉动GDP增长的"三驾马车"中，消费和投资并未扣除进口最终产品和中间产品，可见，国家统计局官方所述的"三驾马车"仍然指的是"净出口"。因此，无论从理论层面还是实际层面看，拉动GDP增长速度的是"净出口"而非"出口"，将"净出口"作为"三驾马车"之一是完全合理的。

发生了显著变化。① 从中国三次产业的就业占比可清晰地发现,早在1994年,服务业便已超过了工业,且在2011年超过农业,成为吸纳就业人数最多的产业部门(见图1)。农业劳动力份额总体呈现下降态势,而工业劳动力份额总体呈现上升态势。②

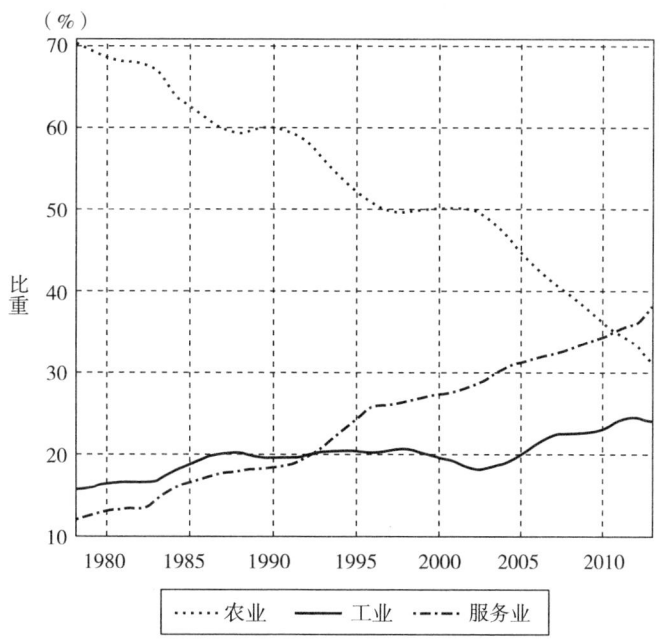

图1 中国三次产业劳动力份额变化

然而,与日本等东亚其他国家相比,中国产业结构的演进路径存在明显差异(见图2)。在日本、韩国的产业结构转型过程中,农业劳动力份额一直在下降,服务业劳动力份额一直在上升,而工业劳动力份额先上升再下降,符合典型的"驼峰"特征(Uy et al.,2013)。但在中国的产业结构转型过程中,农业劳动力份额呈现出"波浪式"下降特征。农业劳动力份额在1988~1992年、1998~2004年,均进入了短暂的"企稳上升"式波峰阶段。与之相对应的则是工业劳动力份额显现出的"波浪式"上升特征。工业劳动力份额在1988~1992年、1998~2004年,均进入了短暂的下降式波谷阶段。此外,在服务业劳动力份额的动态上升过程中,日本、韩国均保持在较为平稳的增长速度上。中国服务业劳动力份额在经历了1991~1996年的较高速增长后,却忽然增速"降挡",之后较长的时间内维持在了一个相对低的增长速度层级。工业劳动力份额在经历1997~2003年的低谷后,却忽然"提挡",在2004年后几年里迎来了1978年来增速最快的阶段。针对这些特点,我们可以提出关于中国产业结构转型过程中的"三个典型问题":①在经历"驼峰"之前,为什么中国农业、工业劳动力份额不是一直下降或上升而是呈现出"波浪式"的有升有降特点?②为什么中国农业劳动力份额在某些时间段能"企稳回升"?为什么当工业劳动

---

① 由于农业、工业和服务业产品价格黏性程度存在较大差异,三次产业的通货膨胀率也不尽相同(渠慎宁等,2012),用三次产业增加值占GDP比重衡量产业结构变化并不准确,国外学术界更多的是使用三次产业劳动力份额变化作为产业结构转型的显性指标(Herrendorf et al.,2014)。

② 在国民经济的三次产业中,第二产业是工业加上建筑业。然而,研究产业结构转型问题时,建筑业由于其特殊的行业性质,一直都不是关注的重点。在近年来关于产业结构转型的重要文献如Ngai and Pissarides(2007)、Rogerson(2008)、Duarte & Restuccia(2010)、Author等(2013)、Uy等(2013)中,其对国民经济行业的划分均为农业、工业(或制造业)和服务业,并在此基础上研究农业、工业(或制造业)和服务业的结构变迁。因此,本文重点讨论的也是农业、工业和服务业。

力份额下降后,工业劳动力会一部分"逆向"流入农业,而非转型至服务业?① ③为什么中国服务业劳动力份额增速在工业出现"驼峰"前会忽然"降挡"?而工业劳动力份额增速在经历波段式下降后会忽然"提挡"?这三个典型问题表明,我国的产业结构转型过程并不是"一帆风顺",甚至可以说是有些"拖沓"。

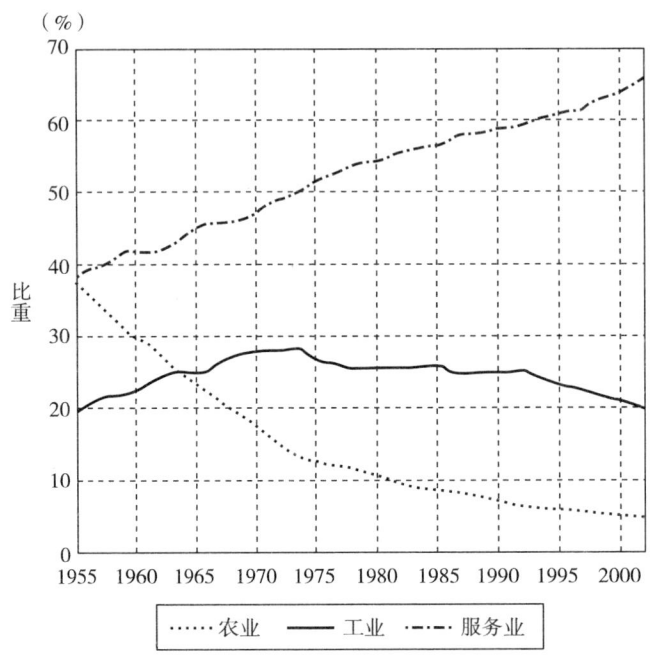

图2 日本三次产业劳动力份额变化趋势

据我们所掌握的文献,尽管产业结构转型是一个非常重要的问题,但国内外少有学者针对中国情况进行系统性研究。对于改革开放以来中国产业结构发生重要变化这一事实,现有相关研究主要关注其对生产率增长和经济增长的影响(吕铁,2002;郑若谷等,2011;吕健,2012),较少分析其背后的驱动因素,尤其是在不同阶段引起产业结构变迁的原因。特别是就中国产业结构转型过程中出现的"三个典型问题"尚未有研究关注。中国这种产业结构转型的特征既存在一般性,也存在特殊性。三次产业结构变化的总体趋势符合一般国家经济发展的基本规律。Kuznets(1966)最早总结了国家产业结构的变迁过程:农业所占比重下降,服务业所占比重上升,而工业所占比重则呈现出先上升后下降的"驼峰"特点。这也被称为产业结构转型的"库兹涅茨事实"。Maddison(1991)通过对不同国家的长期跟踪研究发现,几乎所有发达国家的产业结构变迁均呈现出这三个特征。

"库兹涅茨事实"的广泛适用性引发了学术界高度关注,诸多学者对国家在经济增长过程中出现"库兹涅茨事实"的原因展开了大量研究。一些学者认为,产业结构转型会受收入效应的影响,而这主要通过消费者的非位似(Non-homothetic)偏好表现出来(Echevarria,1995;Kongsamut et al.,2001)。随着收入的提高,消费者对满足收入弹性较低的食品与工业消费品渴求会逐步减弱,而将更多地消费收入弹性大于1的服务类商品,这将推动劳动力要素从农业、工业流向服务业。同时,农业、工业和服务业不同的生产率增长率也被认为是导致产业结构转型的重要原因(Ngai and Pissarides,2007;Rogerson,2008)。当商品和服务间的替代弹性不等于1时,三个产业部门的不同生产率增长会使生产要素从全要素

---

① 由于改革开放后,中国建筑业劳动力份额一直呈现出平稳上升态势,同时服务业也保持上升态势,对于农业劳动力份额在1988~1992年、1998~2004年进入短暂的"企稳回升"期的原因,只能是工业劳动力份额的"净流出"所致。

生产率（TFP）较低的部门流向 TFP 更高的部门。生产率因素能较好地解释工业"驼峰"式的产业结构变化路径：当一国工业生产率达到一定程度时，其会通过相对价格形成的比较优势，从其他行业手里抢来市场份额，从而推动劳动力源源不断地流入工业，此即为"驼峰"中的上升阶段。然而，当工业生产率持续增长后，该国便可以逐步缩减劳动力规模，用更少的劳动力投入生产产品供应市场，此即为"驼峰"中的下降阶段（Duarte and Restuccia, 2010）。

然而，从中国的实际情况看，尽管中国产业结构的演进路径大体遵循了"库兹涅茨事实"的规律，但仍呈现出一些独有特点。现有产业结构转型研究中的收入效应与生产率效应假说仅能解释"库兹涅茨事实"，并不能解释中国产业结构转型中出现的这三个问题。Delke 和 Vandenbroucke（2011）认为，鉴于中国经济问题的复杂性，除了非位似偏好与生产率效应外，还有其他诸多因素对中国产业结构转型有着重要影响，政府部门规模的削减就能解释 15% 的农业劳动力规模下降。这表明，我们可能需要从中国过往的经济增长模式，特别是"两驾马车"中挖掘产业结构转型的其他影响因素。事实上，已有研究认为对外贸易与投资会影响一国产业结构的变化。首先，对外贸易程度深化可以强化一些行业的比较优势，外需增加会提高产品的相对价格，扩大行业生产和消费规模，从而在行业间对部门就业人员数量进行再分配。Author 等（2013）发现 1/3 的美国制造业就业占比下降是由与中国间的贸易导致。Uy 等（2013）研究了韩国的产业结构转型问题，指出对外贸易是影响韩国产业结构转型的重要因素，加入对外贸易后的模型能够完整地解释韩国工业"驼峰"式的变化路径。其次，投资尤其是基建投资可以带动大量工业产品的需求，推动劳动力流入相关行业。Mourmouras 和 Rangazas（2009）认为，尽管基建投资的边际收益会随着投资增加而减少，但当投资总量不断加大时，投资总收益仍会继续增加，从而保障经济增长率不会下降，并将影响国家的产业结构转型。

中国"两驾马车"驱动的经济增长模式是否延缓产业结构转型？本文将对此问题进行分析，通过建立开放环境下的多部门经济增长模型，系统性研究中国的产业结构变迁过程。我们将首先建立包含非位似偏好与生产率变化的基准模型，并在此基础上分别加入资本产出弹性可变与对外贸易，构建出封闭模型与开放模型。通过这三个模型之间的比较，细致地量化核算需求侧的投资与外贸对中国产业结构转型的影响程度，并对中国产业结构转型过程中出现的三个典型问题进行解释。本文主要结构如下：第二部分为模型构建；第三部分为参数设定与数值模拟；第四部分讨论"两驾马车"是否延缓中国产业结构转型；第五部分为结论与政策内涵。

二、基本模型

我们建立一个三部门经济增长模型来刻画经济增长进程中劳动力的跨部门配置。参考 Rogerson（2008）、Duarte 和 Restuccia（2010）、Huang（2011）的建模思路，本文分析所采用的三部门经济增长模型包含两个特征：一是消费者偏好是非位似的；二是三个产业部门间的技术进步或生产率增长是不平衡的。具体而言，三部门经济增长模型包括生产、消费和均衡三个方面。在基准模型设定中，不同部门间的生产率和非位似偏好是解释"库兹涅茨事实"的重要因素。随后，我们将扩展成包含资本产出弹性可变与开放部门的模型，考察"两驾马车"的影响。

（一）生产

假定经济中有农业（A）、工业（M）和服务业（S）三个部门。所有生产活动都需要使用劳动（L）和资本（K）这两种生产要素。每个部门都是同质企业的连续统，各部门代表性企业的生产函数为规模报酬不变的柯布—道格拉斯生产函数：

$$Y_{A,t} = A_{A,t} K_{A,t}^{\alpha} L_{A,t}^{1-\alpha}$$
$$Y_{M,t} = A_{M,t} K_{M,t}^{\beta} L_{M,t}^{1-\beta} \quad (1)$$
$$Y_{S,t} = A_{S,t} K_{S,t}^{\gamma} L_{S,t}^{1-\gamma}$$

其中，$Y_{A,t}$、$Y_{M,t}$、$Y_{S,t}$ 分别是农业、工业和服务业

在 t 期的产出，$A_{A,t}$、$A_{M,t}$、$A_{S,t}$ 分别表示三个部门在 t 期的生产率，$K_{A,t}^{\alpha}$、$K_{M,t}^{\beta}$、$K_{S,t}^{\gamma}$ 是三个部门在 t 期的资本要素投入，$L_{A,t}^{1-\alpha}$、$L_{M,t}^{1-\beta}$、$L_{S,t}^{1-\gamma}$ 是劳动要素投入，α、β、γ 是三个部门的资本产出弹性。同时，假定 $A_{A,t} \neq A_{M,t} \neq A_{S,t}$，$\alpha \neq \beta \neq \gamma$。这意味着，农业、工业和服务业的技术水平和资本产出弹性均不同。同时，部门间的生产率增长是不平衡的。

由于各部门都是同质企业的连续统，则其要素市场和产出市场都是竞争性的。进一步假定资本和劳动这两种要素可以无成本地跨部门流动，则对于 t 期部门 i（$i \in \{A, M, S\}$）中的代表性企业而言，产出品价格 $P_{i,t}$，要素价格 w_t 和 r_t 都是给定的。其利润最大化问题如下式所示：

$$\max \quad P_{i,t} Y_{i,t} - w_t L_{i,t} - r_t K_{i,t}$$
$$\text{s.t.} \quad K_{i,t} \geq 0, L_{i,t} \geq 0 \quad (2)$$

（二）消费

假定经济中的人口由规模（L）不变、存续期无限长的代表性家庭构成，在每一个时期 t，家庭中的各个成员必须向劳动力市场提供一单位劳动，于是每一个时期劳动力市场的总供给都等于 L。① 因此，代表性家庭决策就是在预算约束下，通过选择消费结构，使得由下式表示的"终生"效用（U_τ）最大化：

$$U_\tau = \sum_0^\infty \rho^t U(C_t) = \sum_0^\infty \rho^t \frac{C_t^{1-\delta} - 1}{1-\delta} \quad (3)$$
$$\text{s.t.} \quad \sum_{i=A,M,S} p_{i,t} C_{i,t} + S_t = w_t L + r_t K_t$$

其中，ρ 是时间贴现因子，δ 为大于 0 的风险规避系数，S_t、K_t 分别是 t 期的储蓄和资本存量，C_t 的消费结构由下式给定：

$$C_t = (C_{A,t} - \bar{C}_A)^\varepsilon \left\{ \left[\mu_M^{\frac{1}{\theta}} C_{M,t}^{\frac{\theta-1}{\theta}} + (1-\mu_M)^{\frac{1}{\theta}} C_{S,t}^{\frac{\theta-1}{\theta}} \right]^{\frac{\theta}{\theta-1}} \right\}^{1-\varepsilon} \quad (4)$$

其中，$C_{A,t}$ 是代表性家庭在 t 期的农产品消费量，$C_{M,t}$ 是工业产品消费量，$C_{S,t}$ 是服务消费量。$\bar{C}_A$（$\bar{C}_A > 0$）是能使代表性家庭生存下去的农产品最低消费量，参数 ε [$\varepsilon \in (0, 1)$] 刻画了代表性家庭对农产品消费偏好，参数 θ [$\theta \in (0, 1)$] 衡量工业制成品与服务之间的替代弹性，参数 μ_M [$\mu_M \in (0, 1)$] 表示工业部门消费所占比重。

（三）均衡

假定农业和服务业这两个部门只生产最终消费品和服务，工业部门既生产最终消费品，又可提供农业和服务业部门所需的资本。在均衡状态下，在每一个时期 t，要素市场、产出市场和金融市场都要出清。这表明，三个产业部门对劳动力的需求量必须等于当期劳动总供给，对资本的需求量必须与当期总资本存量相等；代表性家庭对农产品、工业制成品和服务的需求量必须与它们的供给量相等；金融市场上的投资要与储蓄相等，即有

$$L_{A,t} + L_{M,t} + L_{S,t} = L, \quad K_{A,t} + K_{M,t} + K_{S,t} = K_t \quad (5)$$
$$Y_{A,t} = C_{A,t}, \quad Y_{M,t} = C_{M,t} + I_t, \quad Y_{S,t} = C_{S,t} \quad (6)$$
$$K_{t+1} = (1-\sigma) K_t + I_t, \quad S_t = I_t \quad (7)$$

其中，I_t 是 t 期表现为投资的中间品消费，σ 是折旧率。

经济体的竞争均衡状态由三个部门产品和要素价格组合 $\{p_{A,t}, p_{M,t}, p_{S,t}, w_t, r_t\}$、代表性家庭的消费组合 $\{C_t(C_{A,t}, C_{M,t}, C_{S,t})\}$、企业的劳动和资本配置组合 $\{L, L_{A,t}, L_{M,t}, L_{S,t}\}$ 与 $\{K_t, K_{A,t}, K_{M,t}, K_{S,t}\}$ 共同构成。各部门的代表性企业根据给定价格，通过选择劳动和资本配置求解式（2）表示的利润最大化问题。代表性家庭则根据给定价格，选择消费结构求解式（3）表示的跨期效用最大化问题。同时，价格组合要使得式（5）、式（6）、式（7）表示的投入市场、产出市场和金融市场出清条件得到满足。

代表性企业利润最大化的一阶条件是，劳动和资本的边际生产率分别等于工资和利率。由于假定劳动和资本都可以无成本跨部门流动，所以

---

① 在传统的经济增长模型中，不少文献均假定人口（劳动力）是增长的。考虑到本文的研究重点是产业结构转型间的劳动力跨行业配置，更多关注的是劳动力在农业、工业和服务业间的转移，劳动力本身的增量变化并不是我们关注的重点，因此，未考虑人口增长这一因素，应该不会对本文的分析结论产生显著影响。事实上，国外主要的产业结构转型文献在模型设定中，均是假定人口规模不变，如 Rogerson（2008）、Duarte 和 Restuccia（2010）、Author 等（2013）、Uy 等（2013）等。

在每一个时期 t，不同部门的工资和利润都是相同的。设部门 i 的人均资本为 $k_{i,t} = (K_{i,t}/L_{i,t})$，根据上述一阶条件就有：

$$K_{A,t} = \frac{\alpha(1-\beta)}{\beta(1-\alpha)} \cdot K_{M,t}, \quad K_{S,t} = \frac{\gamma(1-\beta)}{\beta(1-\gamma)} \cdot K_{M,t} \quad (8)$$

进一步，把工业产品价格标准化为1，即 $P_{M,t} = 1$，那么农产品和服务相对于工业产品的价格 $p_{A,t} = (P_{A,t}/P_{M,t}) = P_{A,t}$，$p_{S,t} = (P_{S,t}/P_{M,t}) = P_{S,t}$ 就是由部门间的相对生产率和表示资本收入份额的参数共同决定。具体如下所示：

$$p_{A,t} = \frac{P_{A,t}}{P_{M,t}} = \frac{A_{M,t} \cdot (1-\beta)}{A_{A,t} \cdot (1-\alpha)} \cdot \frac{(K_{M,t})^{\beta-\alpha}}{[\alpha(1-\beta)/\beta(1-\alpha)]^\alpha} \quad (9)$$

$$p_{S,t} = \frac{P_{S,t}}{P_{M,t}} = \frac{A_{M,t} \cdot (1-\beta)}{A_{S,t} \cdot (1-\gamma)} \cdot \frac{(K_{M,t})^{\beta-\gamma}}{[\gamma(1-\beta)/\beta(1-\gamma)]^\gamma} \quad (10)$$

于是，可以把 t 期工资和利率表示为：

$$w_t = (1-\beta) \cdot P_{M,t} \cdot A_{M,t} \cdot (K_{M,t})^\beta \quad (11)$$

$$r_t = \beta \cdot P_{M,t} \cdot A_{M,t} \cdot (K_{M,t})^{1-\beta} \quad (12)$$

根据式（8）、式（9）、式（10）、式（11）、式（12）确立的变量和参数间关系，结合代表性企业利润最大化目标函数，可将农业、工业、服务业所需的劳动力用式（13）表示：

$$L_{A,t} = \frac{-K_t + K_{S,t} + K_{M,t} \cdot L - \dfrac{K_{S,t}}{\gamma(1-\beta)/\beta(1-\gamma)}}{K_{M,t} \cdot \{1 - [\alpha(1-\beta)/\beta(1-\alpha)]\}} \quad (13)$$

$$L_{M,t} = \frac{K_t - K_{S,t} - [\alpha(1-\beta)/\beta(1-\alpha)] \cdot K_{M,t} \cdot L + \dfrac{K_{S,t} \cdot [\alpha(1-\beta)/\beta(1-\alpha)]}{(1-\beta)/\beta(1-\gamma)}}{k_{M,t} \cdot \{1 - [\alpha(1-\beta)/\beta(1-\alpha)]\}} \quad (14)$$

$$L_{S,t} = L - L_{A,t} - L_{M,t} \quad (15)$$

由式（13）、式（14）、式（15）可知，在竞争均衡状态下，农业、工业、服务业这三部门在 t 期的就业人数取决于总资本存量 K_t、服务业资本存量 $K_{S,t}$ 和工业部门人均资本存量 $K_{M,t}$。这是本文模拟分析的基础。

代表性家庭跨期效用最大化的一阶条件由欧拉方程给出：

$$\left(\frac{C_{t+1}}{C_t}\right)^\delta = \rho \cdot \left(\frac{P_t}{P_{t+1}}\right) \cdot (r_{t+1} + 1 - \sigma) \quad (16)$$

其中，产出价格指数 P_t 由式（17）给定：

$$P_t \cdot C_t = \sum_{i=A,M,S} P_{i,t} \cdot C_{i,t} \quad (17)$$

结合式（4）可得：

$$\frac{(C_{A,t} - \overline{C_A})}{[\mu_M^{\frac{1}{\theta}} C_{M,t}^{\frac{\theta-1}{\theta}} + (1-\mu_M)^{\frac{1}{\theta}} C_{S,t}^{\frac{\theta-1}{\theta}}]^{\frac{\theta}{\theta-1}}} = \frac{\varepsilon}{(1-\varepsilon)} \cdot \frac{P_{A,t}}{[\mu_M \cdot (P_{M,t})^{\theta-1} + (1-\mu_M) \cdot (P_{S,t})^{\theta-1}]^{\frac{1}{\theta-1}}} \quad (18)$$

$$C_{M,t} = \left(\frac{\mu_M}{1-\mu_M}\right) \cdot C_{S,t} \cdot (P_{S,t})^\theta \quad (19)$$

显然，根据式（18）、式（19），在 t 期各部门技术水平（$A_{A,t}$、$A_{M,t}$、$A_{S,t}$）不变的条件下，达到长期均衡后消费结构和价格水平也会保持不变，即 $C_{t+1} = C_t$、$P_{t+1} = P_t$。如果进一步假定时间贴现因子 ρ 和折旧率 σ 保持不变，那么根据式（16）可得：

$$\gamma^* = \frac{1}{\rho} + \sigma - 1 \quad (20)$$

其中，γ^* 是长期均衡利率。由于 ρ 和 σ 保持不变，γ^* 也是一个常数。这意味着此时的长期均衡即为 Kongsamut 等（2001）所界定的广义均衡增长路径。

在广义均衡增长路径上，根据式（12）可以发现，工业部门人均资本由下式决定：

$$k_{M,t}^* = \left(\frac{P_{M,t} \cdot \beta \cdot A_{M,t}}{\gamma^*}\right)^{\frac{1}{1-\beta}} \quad (21)$$

如前所述，为了便于分析，把工业制成品价格标准化为1，即 $P_{M,t} = 1$，于是长期均衡状态下，工业部门人均资本 $K_{M,t}^*$ 就只决定于工业部门的技术水平 $A_{M,t}$。可见，长期中只要技术进步能持续，三大产业的资本存量也将保持增长。① 同时，根据式（9）、式（10）可发现，长期均衡状态下农业部门和服务业部门产出的相对价格 $p_{A,t}^*$ 和 $p_{S,t}^*$，就是由相对劳动生产率决定。相对价格确定后，可根据式（17）、式（18）求得代表性家庭的消费结构。结合式（3）中的预算约束恒等式，求得长期均衡状态下的资本存量 K_t^*。最后，根据式（8）就可求出各部门的就业占比。由此，便可模拟出劳动力的跨部门配置过程，即产业结构变迁过程。

（四）基准模型扩展

1. 资本产出弹性可变

为了反映投资对经济增长和产业结构的影响，我们将动态化资本产出弹性，即将生产函数改写为：

$$Y_{A,t} = A_{A,t} K_{A,t}^{\alpha_t} L_{A,t}^{1-\alpha_t}$$
$$Y_{M,t} = A_{M,t} K_{M,t}^{\beta_t} L_{M,t}^{1-\beta_t} \quad (22)$$
$$Y_{S,t} = A_{S,t} K_{S,t}^{\gamma_t} L_{S,t}^{1-\gamma_t}$$

2. 开放环境

在封闭经济模型基础上，通过引入贸易盈余，可将其扩展为开放经济条件下的三部门结构转型模型。贸易顺差表明用于国内产业消费和投资少于部门产出量，而贸易逆差则表明用于国内产业消费和投资多于部门产出量。这意味着，与封闭经济相比，开放经济条件下的三部门结构转型模型只需要将式（6）中农业、工业和服务业部门产品供需平衡的等式改写为下式即可：

$$Y_{A,t} = C_{A,t} + NE_{A,t}, \quad Y_{M,t} = C_{M,t} + I_t + NE_{M,t},$$
$$Y_{S,t} = C_{S,t} + NE_{S,t} \quad (23)$$

其中，NE_t 为 t 期的净出口额。因此，开放经济条件下三部门结构转型的模拟与上文阐述步骤相同。

三、参数设定与数值模拟

（一）模型参数设定

从前述分析可知，要模拟农业、工业和服务业这三个部门的劳动力配置变化情况，需要给定的参数有：①各部门的资本产出弹性：α、β、γ；②消费偏好参数：ρ、δ、θ、ε、μ_M、$\overline{C}_A$；③各部门生产率和折旧率：$A_{A,t}$、$A_{M,t}$、$A_{S,t}$、σ。需要指出的是，生产率序列由初始值 $A_{i,0}$ 及其增长率 $\dot{A}_i$ 构成。对此，我们将先采用多种方法构建中国农业、工业和服务业相关变量的实际时间序列数据，并采用校准（Calibration）和估计方法识别模型参数（见表1）。

1. 各部门的资本产出弹性

资本产出弹性系数通常由资本收入份额或生产函数回归得出。两种方法的核心都在于三次产业资本存量的测算。对此，我们将借鉴曹跃群等（2009）、陈立泰等（2010）、白重恩和张琼（2014）的方法，使用永续盘存法分别测算农业、工业和服务业的资本存量。具体公式为 $K_{i,t+1} = (1-\sigma_i)K_{i,t} + I_t$，其中，$K_{i,t+1}$ 和 $K_{i,t}$ 分别表示行业 $t+1$ 期与 t 期的资本存量，σ_i 为行业折旧率，I_t 为以不变价格衡量的 t 期新增投资额。针对该公式涉及的三个变量，分别做如下处理：①每年新增投资额。主要数据选取自历年《中国统计年鉴》与《中国国内生产总值核算历史资料》。②折旧。由于农业、工业、服务业折旧程度不同，分行业处理折旧更为可靠。我们通过查找《中国国内生产总值核算历史资料》，得到各行业的固定资产折旧，从而可加权平均出年折旧率，这就避免了折旧率估算带来的叠加误差。③基期资本存量。Hall 和 Jones（1999）认为，经济系统在稳定状态下，资本存量的增速与投资增速是一致的，其以1960年的投资比上之后10年内的平均投资增速与折旧率之和，估计出各国1960年的资本存量。对于基年，现有研究一般确定为1952年或1978年，考虑到数据的一致性与可获得性，我们选取1978年为基年，同时资本存量的价格为1978年不变价。同时也沿用该方法，用1978年

---

① 在 $P_{M,t}$、β 和 γ 给定的条件下，资本 $K_{M,t}^*$ 就只决定于技术水平 $A_{M,t}$。因此，在长期均衡状态下，只要技术水平 $A_{M,t}$ 保持增长，资本 $K_{M,t}^*$ 就会保持增长。随后的数据处理过程是根据生产函数计算出三次产业历年的全要素生产率，并通过时间序列计算全要素生产率的年增长率平均值，作为外生增长率 $\dot{A}_A^*$、$\dot{A}_M^*$、$\dot{A}_S^*$ 的近似值，也与该结论保持一致。

的农业、工业和服务业投资额比上折旧率与1978~2013年各产业投资平均增速之和，得到1978年我国农业、工业和服务业的初始资本存量。一般而言，随着时间的推移，基期数据的准确性对后期资本存量的误差影响将逐步减弱。获得三个变量数据后，可测算出我国农业、工业和服务业1978~2013年的资本存量。在此基础上，通过计算农业、工业和服务业的资本收入份额，可确定α、β、γ的取值分别为0.13、0.64、0.53，该结果同于泽等（2014）相近。当资本产出弹性可变时，我们将从1978年起，以5年为一个单位（最后一个时期为6年），分别计算每期农业、工业和服务业的资本收入份额平均值，从而可得到每段时期的资本产出弹性。

2. 生产率和折旧率

由于生产率单位选取仅仅影响经济规模度量，我们将基期（1978年）各产业部门的初始生产率均标准化为1，即$A_{A,0} = A_{M,0} = A_{S,0} = 1$。利用计算好的三次产业资本存量与实际就业数据，根据生产函数计算出三次产业历年的全要素生产率，并通过时间序列计算全要素生产率的年增长率平均值，作为外生增长率$\dot{A}_A$、$\dot{A}_M$、$\dot{A}_S$的近似值。由此，可测算出1978~2013年我国农业、工业、服务业全要素生产率增长率分别为1.61%、5.32%、2.88%。总量资本折旧率的设定参考陈昌兵（2014），取值为5.65%。鉴于在有的文献中中国折旧率选取值为5%或9.7%（吴利学，2009；雷辉，2009），我们另外分别采用5%和10%的折旧率进行测算，发现对结果影响不大。

3. 消费偏好

消费偏好参数ρ、δ、θ、ε、μ_M、$\bar{C}_A$共同影响了消费者对农产品、工业产品和服务消费行为的决策，较难简单通过实际数据测算获取，只能根据经济理论或其他经验性研究的实证结果确定。时间贴现因子ρ取值参考Bai等（2009）关于中国居民效用相关性系数的估计，取值为0.93。居民对农产品的偏好ε与农产品最低消费量$\bar{C}_A$参考陈彦斌等（2013）的估计，分别取值为0.23与0.25。对于风险规避系数δ的取值，考虑到居民收入水平越低，风险规避倾向会越强，因此就中国这类发展中国家而言，消费者的风险规避系数要较发达国家高一些。我们参考吴利学（2009）的设定，取值为2。工业制成品与服务之间的替代参数在Rogerson（2008）中取值为0.4，工业制成品消费占非农消费的比重在Duarte和Restuccia（2010）中取值为0.2。鉴于中国现阶段工业规模依然较大，工业产品的消费偏好理应高于美国，因此我们适当加大参数值，将其分别调整为0.6和0.4。

表1 模型参数取值

技术参数取值	α	β	γ	$A_{A,0}$	$A_{M,0}$	$A_{S,0}$	$\dot{A}_A$	$\dot{A}_M$	$\dot{A}_S$
取值	0.13	0.64	0.53	1	1	1	1.61%	5.32%	2.88%
偏好参数	ρ	θ	ε	μ_M	$\bar{C}_A$	δ	σ		
取值	0.93	0.6	0.23	0.4	0.25	2	5.65%		

（二）数值模拟

与基准模型不同，封闭模型与开放模型分别引入了资本产出弹性可变与对外贸易（见表2）。基准模型即为考虑非位似偏好与产业差别化生产率的三部门经济增长模型。封闭模型为在基准模型的基础上加入可变的资本产出弹性，即加入"投资"的影响。开放模型为在封闭模型的基础上加入对外贸易，即进一步考虑"净出口"的影响。我们分别对三个模型进行数值模拟，并同1978~2013年历史数据进行比较，结果如图3~图5所示。可见，无论是农业、工业还是服务业，加入投资后，封闭模型较基准模型对历史数据的拟合都有一定提升；而在加入外贸后，开放模型较封闭模型对历史数据的拟合又有进一步的提升。

这也表明，本文构建的三部门经济增长模型具备较好的稳健性，加入扩展条件后的模拟结果与历史数据间的误差呈现出收敛趋势。

表2 基准、封闭与开放模型的特点

	非位似偏好	差别化的生产率	资本产出弹性	对外贸易
基准模型	有	有	不变	无
封闭模型	有	有	可变	无
开放模型	有	有	可变	有

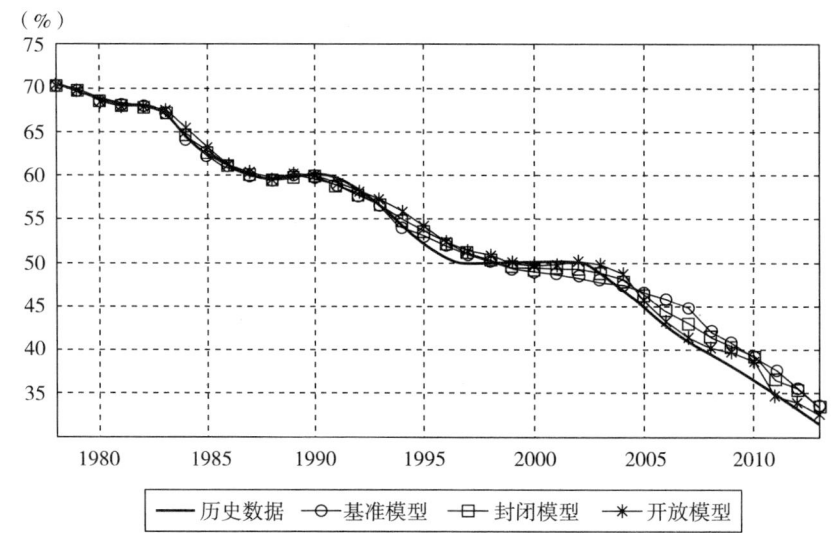

图3 基准、封闭、开放模型对农业的模拟

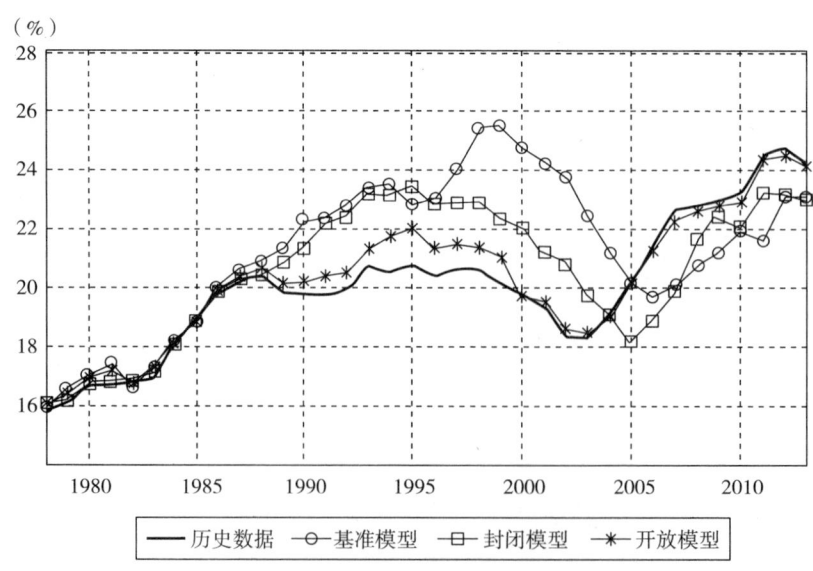

图4 基准、封闭、开放模型对工业的模拟

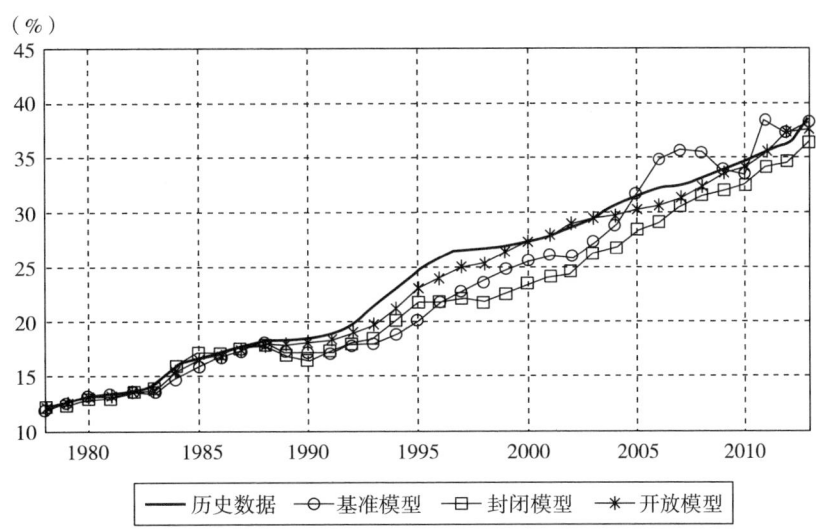

图5 基准、封闭、开放模型对服务业的模拟

四、中国产业结构转型中出现的三个典型问题的实证解释

(一)"两驾马车"导致中国农业、工业劳动力份额"波浪式"地"有升有降"?

通过比较模型模拟数据与历史数据之间的统计指标差异,无论是均值、标准差还是偏度,可发现封闭模型较基准模型与历史数据之间的统计指标差异更小,而开放模型又较封闭模型进一步降低了与历史数据之间的误差(见表3)。可见,当基准模型加入投资与外贸后,对历史数据的模拟明显更为准确。这就意味着,投资与净出口"两驾马车"是导致我国三大产业劳动力份额波动的主要影响因素。进一步地,从三大产业的各自模拟结果看,基准、封闭与开放模型的拟合误差又不尽相同。对于农业而言,三个模型拟合的误差并不大。对于服务业而言,三个模型之间的误差要大于农业。工业则是三个模型之间误差最大的部门。这表明,"两驾马车"对工业的影响最大,服务业次之,农业最小。从三个模型拟合情况的时间维度看,1978~1988年,三个模型对三大产业的模拟结果与历史数据相比误差均很小,而1988年后,误差则开始变大。这表明,1978~1988年,中国经济主要是依靠生产率提高与改革制度红利带来的内生性增长模式,而1988年后,"两驾马车"对经济增长的影响越来越大。"两驾马车"导致中国农业和工业劳动力份额"波浪式"地"有升有降"。

表3 各模型模拟结果与历史数据之间的统计差异

农业				
指标	历史数据	基准模型	封闭模型	开放模型
均值	0.5303	0.5351	0.5350	0.5336
标准差	0.1111	0.1022	0.1041	0.1083
偏度	-0.2020	-0.0740	-0.1268	-0.2358
工业				
指标	历史数据	基准模型	封闭模型	开放模型
均值	0.2005	0.2126	0.2047	0.2030

续表

	工业			
指标	历史数据	基准模型	封闭模型	开放模型
标准差	0.0229	0.0261	0.0243	0.0221
偏度	0.1573	-0.4702	-0.2561	0.0929

	服务业			
指标	历史数据	基准模型	封闭模型	开放模型
均值	0.2410	0.2210	0.2314	0.2350
标准差	0.0789	0.0706	0.0842	0.0781
偏度	0.0668	0.4669	0.4265	0.1718

投资和外贸对产业结构的影响主要表现为需求增加带来的规模效应与生产率效应。中国投资尤其是基础建设类投资可以直接带动工业相关行业需求，对产出带来较强、持续时间较长且时滞较短的正影响（郭庆旺和贾俊雪，2006）。这会提高工业对劳动力的需求，且在全国各地区均能带来短期和长期的正向就业效应（张光南等，2010）。与之类似，出口则通过产出的扩张，对工业尤其是制造业劳动需求产生显著且重要的影响（毛日昇，2009）。投资带来的生产率效应主要通过资本深化（Capital Deepening）进程来体现。依靠新增资本替代传统资本，不仅增加了企业资本投入量，还提高了资本质量，有助于提高生产率并降低生产成本（Jorgenson，2003）。进入20世纪90年代后，中国步入了比较明显的重化工业化阶段（陈佳贵等，2012），工业部门的资本劳动比不断上升（陈勇和李小平，2006）。中国工业部门资本深化水平的提高，较大幅度地提升了工业部门特别是出口比重较高的行业生产率，并由此推高了资本回报率，进一步吸引新资本进入（Bai et al.，2006；单豪杰和师博，2008）。与之相比，对外贸易则通过学习效应提高行业生产率（Greenaway and Kneller，2007）。在主要依赖价格竞争而出口的粗放式增长阶段，出口对企业生产率的提升效应（或者说出口学习效应）很难体现出来。但随着对外贸易程度的不断提高，出口对企业生产率的提升效应就会变得更加显著（Wagner，2007）。张杰（2009）通过测算发现，"出口学习效应"促进了中国本土制造业企业全要素生产率的提高，但这并不是通过促进企业自主创新能力的提升获得，而是通过改善企业生产工艺流程与组织管理方式，以及外部制度环境等非创新因素获得。投资和外贸带来的生产率效应能显著提高相关行业的比较优势，吸引更多的劳动力流入。

对外贸易规模迅速扩张和工业部门资本深化这两大进程交织在一起，对中国产业结构变迁特别是工业部门就业占比变化产生了明显的"共振"作用。事实上，通过观察历史数据可以发现工业劳动力份额的波动与投资、净出口的强弱有着直接关联（见图6）。1989年，中国固定资产投资和净出口所占GDP比重大幅下降，并导致工业就业占比1989年、1990年连续两年下降。随着之后固定资产投资的大幅增加，尽管净出口占比1992年、1993年有所下降，但仍推动工业就业占比平缓上升。然而，1997年后，固定资产投资开始放缓，净出口占GDP比重也不断下降，导致工业就业占比开始下降。2004年后，固定资产投资与净出口的快速增长又推动了新一轮工业就业占比的提高。

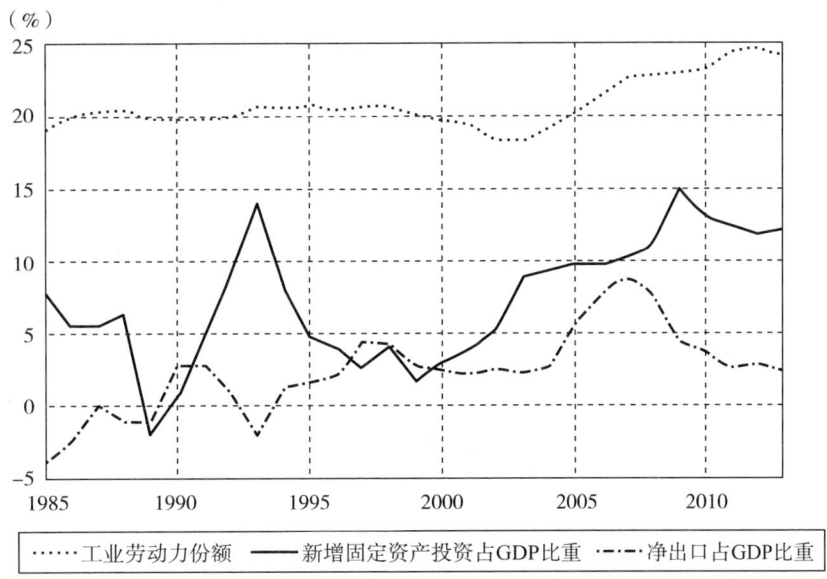

图6 "两驾马车"与工业就业占比之间的关系

(二)"两驾马车"导致中国劳动力在农业与工业之间"有来有走"?

1988～1992年与1998～2004年,中国农业劳动力份额"企稳回升",工业劳动力份额则"止升回落"。同时,服务业劳动力份额增速保持稳定,劳动力呈现出由工业流向农业的"逆向"结构调整。我们通过核算1988～1992年与1998～2004年基准、封闭与开放模型模拟出的农业与工业波动率,来量化投资与外贸在这两段时间内对农业、工业劳动力份额波动的影响程度(见表4)。1988～1992年,基准模型模拟出的农业波动率为0.0103,与历史数据之间的误差为0.0037;封闭模型模拟出的农业波动率为0.0091,与历史数据之间的误差为0.0025。封闭模型比基准模型较历史数据近似了0.0037－0.0025＝0.0012,由

于两者之间的差异仅在于投资的变化,因此,投资可以解释1988～1992年农业波动率的0.0012/0.0066＝17.98%。同理,开放模型比封闭模型较历史数据近似了0.0025－0.0010＝0.0015,由于两者之间的差异仅在于外贸的变化,净出口可以解释1988～1992年农业波动率的0.0015/0.0066＝23.11%。类似地,可以测算出其他阶段投资和外贸的影响程度。结果可见,1988～1992年,"两驾马车"对农业的影响程度达41.09%,对工业的影响程度达到72.16%;1998～2004年,"两驾马车"对农业的影响程度达31.56%,对工业的影响程度达到37.52%。这表明,"两驾马车"是导致中国农业、工业之间出现"逆向"结构调整的重要原因,而外贸比投资具有更大的影响力。

表4 "两驾马车"对农业、工业劳动力"有来有走"的影响程度

农业波动率						
年份	历史数据	基准模型	封闭模型	开放模型		
1988～1992	0.0066	0.0103	0.0091	0.0076	投资影响程度	外贸影响程度
波动率差异(｜模型－历史数据｜)	—	0.0037	0.0025	0.0010	17.98%	23.11%
1998～2004	0.0207	0.0092	0.0124	0.0158	投资影响程度	外贸影响程度
波动率差异(｜模型－历史数据｜)		0.0115	0.0083	0.0049	15.25%	16.31%

续表

工业波动率						
年份	历史数据	基准模型	封闭模型	开放模型		
1988~1992	0.0027	0.0063	0.0054	0.0034	投资影响程度	外贸影响程度
波动率差异（｜模型-历史数据｜）	—	0.0036	0.0027	0.0007	21.88%	50.28%
1998~2004	0.0087	0.0123	0.0110	0.0093	投资影响程度	外贸影响程度
波动率差异（｜模型-历史数据｜）	—	0.0036	0.0023	0.0006	15.82%	21.70%

对"两驾马车"增长模式的依赖，导致经济系统容易在外部冲击的影响下，投资与净出口出现大幅波动，且难以在短时间内恢复，并给产业结构带来较大调整。1988~1992年出现的"逆向"调整，在较大程度上是由1989年发生的政治风波所致。1989年、1990年国内投资与外贸增速出现负增长，直接导致工业产出增速出现"断崖式"下降。由于当时服务业发展较为缓慢，工业减少的劳动力需求只有少部分能被服务业吸收消化，多数只能"再回乡"从事农业生产。与之相比，1998~2004年的"逆向"调整则主要是受国企改革和亚洲金融危机的影响。1992~1998年，我国固定资产投资的主体为国有和集体企业，投资主要领域为基本建设投资。然而，国有和集体投资收益下降，积极性也不断降低，导致1999年投资大幅放缓（王彤，2003）。同时，1998年亚洲金融危机的爆发使得我国净出口大幅下降，这两方面造成1998年、1999年经济增速的下滑。尽管2000年后我国经济增速重回8%以上，但这主要依托的是东部沿海经济的恢复与快速增长，中部与东北地区则呈现出了"塌陷"症状。以中部山西省为例，工业劳动力份额由1998年的0.2132下降至2003年的0.1910，且恢复缓慢，直到2004年才止跌回升（见图5）。相比之下，山西省农业劳动力份额由1998年的0.4609上升至2002年的0.4724。一部分劳动力由工业与服务业"逆向"进入农业，使山西省农业就业人口比重维持在了一个小高位。东北也呈现出类似的问题。以黑龙江省为例，其工业劳动力份额由1998年的0.1860下降至2003年的0.1465。这推动了东北农业劳动力份额由1998年的0.4892上升至2003年的0.5128。同时，值得注意的是，山西省与黑龙江省的服务业也在2000年前后出现下滑，产业结构倒退趋势明显。中部和东北"塌陷"的原因在于，其市场经济运作方面落后于东部，国家资源分配方面又落后于西部。中部和东北多为农业大省，同时工业中资源型产业占比偏高，产业结构欠均衡。随着我国加入WTO，国家开始实施非均衡发展战略，加大对东部投资力度，着力把东部沿海打造成"中国制造"出口标杆。在东部沿海出口型制造业强大的"虹吸效应"影响下，中部和东北工业特别是制造业竞争力不断下降，沦为了农产业和原材料基地（王洛林和魏后凯，2006；杨胜刚和朱红，2007）。中部和东北"塌陷"导致工业的劳动力"逆向"重返农业，并拖累全国产业结构的衰退。

表5 1998~2004年山西省与黑龙江省产业结构变化趋势

"中部塌陷"——山西省的情况							
年份	1998	1999	2000	2001	2002	2003	2004
农业	0.4609	0.4699	0.4759	0.4733	0.4724	0.4427	0.4375
工业	0.2132	0.1926	0.2006	0.1956	0.1940	0.1910	0.1989
服务业	0.2722	0.2867	0.2703	0.2791	0.2802	0.3121	0.3083

续表

"东北塌陷"——黑龙江省的情况							
年份	1998	1999	2000	2001	2002	2003	2004
农业	0.4892	0.4912	0.5051	0.5075	0.5059	0.5128	0.4831
工业	0.1860	0.1848	0.1734	0.1695	0.1650	0.1465	0.1513
服务业	0.2833	0.2816	0.2780	0.2798	0.2830	0.2909	0.3052

注：根据历年《山西省统计年鉴》与《黑龙江省统计年鉴》计算得出。

（三）"两驾马车"导致中国服务业增速"降挡"、工业增速"提挡"？

1991~1996年，服务业劳动力份额保持高位增长速度，但在1997年后，增速忽然"降挡"。与之相反，工业劳动力份额增速在2000~2003年内一直保持在低位徘徊，但从2004年开始至2007年，增速忽然"提挡"，迎来了改革开放后最快的增速期。我们分别用基准、封闭与开放模型对这些时间段里的服务业与工业波动率进行核算（见表6）。1991~1996年，基准模型模拟出的服务业波动率为0.0173，而1997~2002年的波动率为0.0152，前后两段时期内波动率差异为0.0021，与历史数据间的误差为0.0180。封闭模型下的前后两段时间内波动率差异为0.0062，与历史数据之间的误差为0.0139。封闭模型比基准模型较历史数据近似了0.0180 - 0.0139 = 0.0041。由于两者之间的差异仅在于投资的变化，投资可以解释服务业增速"降挡"的0.0041/0.0201 = 20.28%。同理，可计算出外贸的影响程度。如表6所示，"两驾马车"对服务业增速"降挡"的影响程度达到42.07%，对工业增速"提挡"的影响程度达到85.65%。同时，外贸比投资是更重要的影响因素，尤其是带来工业增速"提挡"的主要原因。

表6 "两驾马车"对服务业增速"降挡"、工业增速"提挡"的影响程度

服务业增速"降挡"						
年份	历史数据	基准模型	封闭模型	开放模型	投资影响程度	外贸影响程度
1991~1996	0.0281	0.0173	0.0197	0.0221		
1997~2002	0.0080	0.0152	0.0135	0.0116		
波动率差异（|晚期 - 早期|）	0.0201	0.0021	0.0062	0.0106		
波动率差异（|模型 - 历史数据|）	—	0.0180	0.0139	0.0095	20.28%	21.79%

工业增速"提挡"						
年份	历史数据	基准模型	封闭模型	开放模型	投资影响程度	外贸影响程度
2000~2003	0.0072	0.0093	0.0098	0.0063		
2004~2007	0.0151	0.0072	0.0066	0.0140		
波动率差异（|晚期 - 早期|）	0.0079	0.0021	0.0032	0.0077		
波动率差异（|模型 - 历史数据|）	—	0.0058	0.0047	0.0002	14.42%	71.23%

1991~1996年，我国农业劳动力份额快速下降，而工业劳动力份额增长较为缓慢，农业流出的劳动力主要被服务业所吸收，推动服务业劳动力份额快速上升。服务业劳动力份额的快速增长很大程度上源于商贸餐饮与交通运输等传统服务业的快速发展（李美云，2003）。在计划经济时代，我国服务业发展水平非常之低，服务类产品全面紧缺。进入20世纪90年代后，我国市场经

济改革步伐加快,服务业发展的制度壁垒被逐步打破,尤其是商贸、餐饮、交通运输等资本技术门槛较低、人员需求大、适于个体经营的消费性服务业率先得以扩张。然而,随着消费性服务业增长势头逐步放缓,对劳动力的吸纳能力开始减弱,服务业的发展必须依赖生产性服务业(夏杰长和李芳芳,2015)。但是,由于我国的工业发展模式较大程度上依赖投资与净出口,随着1997年后固定资产投资与净出口增速的放缓,工业增速的下降也拖累了服务业,导致其劳动力份额增速"降挡"。相比之下,工业增速"提挡"则更直接地受益于投资和净出口。2003年后,我国主要投资领域由基本建设投资转向更新改造投资与房地产投资,推动投资增速迅速提高,带动工业就业开始企稳。在经历加入WTO的前两年过渡期后,净出口也于2004年后迎来爆发性增长。2004~2007年,净出口增速与工业劳动力份额增速几乎"平行"(见图6),净出口成为工业增速"提挡"的最关键影响因素。

五、结论与政策内涵

本文建立了多部门经济增长模型模拟1978~2013年中国的产业结构变迁过程,并在基准模型的基础上分别加入投资和净出口进行比较,以此考察"两驾马车"对中国产业结构转型的影响。我们发现,加入"两驾马车"后的模型可以解释几乎所有中国农业、工业和服务业劳动力份额的波动过程。与之相比,去除"两驾马车"后的基准模型对工业和服务业的解释力度较差。"两驾马车"加入后的模型模拟的工业劳动力份额与历史数据波动率误差为0.008,而基准模型误差高达0.032,这意味着两者之间的准确度相差4倍。加入"两驾马车"后的模型表现更佳,是因为其能更好地刻画需求变化带来的规模效应与生产率效应。本文研究结果表明,投资和净出口"两驾马车"是解释中国产业结构出现"库兹涅茨事实"外独有特征的关键因素,是解释中国产业结构转型过程中"三个典型问题"的主要原因。正

是一直以来"两驾马车"驱动的经济增长模式,导致中国农业、工业劳动力份额"波浪式"地"有升有降",导致中国劳动力在农业与工业之间"有来有走",导致中国服务业增速"降挡"、工业增速"提挡"。因此,本文认为,"两驾马车"驱动的经济增长模式,延缓了中国产业结构转型步伐。

本文结论具有较强的政策内涵。自20世纪80年代末起,我国就提出要促进产业升级。在这30年的时间里,尽管产业结构转型与升级取得了不能否认的成绩,但从速度和效果上看,并不能让人满意。经济对"两驾马车"的过度依赖,使效率与要素协同驱动的内生经济增长模式难以建立。特别是在2003年后,"两驾马车"的影响有越发加大之势。全要素生产率增长率逐年降低,对经济增长的贡献也不断下降(江飞涛等,2014)。经济无法实现创新驱动、效率驱动,产业结构转型自然就难以取得实质性进展。

"两驾马车"驱动的经济增长模式之所以能够形成、加强和延续,在较大程度上是由我国长期以来遵循的凯恩斯主义宏观经济管理思路所致。这种需求侧的刺激方法,如今暴露出越来越多的弊端。对外需的依赖使得经济系统受外需波动影响较大,每当国外经济不景气时,我国经济也会面临较大下行压力。此时,"稳经济"只能依靠投资拉动的"老办法"(见图6)。这又进一步加大地方政府债务压力,推高系统性风险发生概率。尤其是2008年国际金融危机后,政府"四万亿"刺激方案对"铁公基"和房地产的大量投资,导致钢铁、煤炭、水泥等重化工行业产能过剩严重。本该在经济震荡过程中由市场自发调整和淘汰的落后产能靠着政府投资又活了过来,但这种依靠过剩产能的短期经济增长不仅不可持续,还造成产业结构转型"更慢""更痛",给整个国民经济带来庞大负担。正如2016年5月9日《人民日报》刊载的"权威人士"所言,"长痛不如短痛",在我国当前面临的主要矛盾是结构性而不是周期性的情况下,"进"才是"稳"的根基。通过实施供给侧结构性改革,落实"三去一降一

补"五大任务,降低"两驾马车"依赖度,实现可持续的内生经济增长模式,才是解决凯恩斯主义"治标不治本"的疗方,才是加快我国产业结构转型的根本手段。

从长期看,供给侧调结构与稳增长并不矛盾,产业结构转型是经济可持续增长的重要保障。但在短期内,供给侧调结构可能会在一定程度上影响经济增速,此时就不能完全放弃"两驾马车"的作用。为保障国民经济健康发展,需求侧的招数也要用,但需把握好"稳"与"调"的"度"。扩大总需求不仅要"适度",还要"改进",重视提高国内消费需求的地位,让其逐步替代"两驾马车"在需求侧的角色。正如中共中央总书记习近平同志于2015年5月在华东七省市党委主要负责同志座谈会上强调:"促进经济增长由主要依靠投资、出口拉动向依靠消费、投资、出口协调拉动转变,由主要依靠第二产业带动向依靠第一、第二、第三产业协同带动转变,由主要依靠增加物质资源消耗向依靠科技进步、劳动者素质提高、管理创新转变。"[①] 今后,应一边推进供给侧结构性改革这条主线,一边适度扩大和大力改进总需求,实现稳增长与调结构并行不悖,加速推动我国产业结构升级。

参考文献

[1] Author, D., D. Dorn and G. Hanson, 2013. The China Syndrome: Local Labor Market Effects of Import Competition in the United States. *American Economic Review*. 103 (6): 212–268.

[2] Bai, C., C. Hsieh and Y. Qian, 2006. The Return to Capital in China. *Brookings Papers on Economic Activity*, 37 (2): 61–102.

[3] Bai, C., W. Sun and X. Wang, 2009. *Migration and Income Mobility of Rural Households in China*. Working Paper.

[4] Duarte, M., and D. Restuccia, 2010. The Role of the Structural Transformation in Aggregate Productivity. *Quarterly Journal of Economics*, 125 (1): 129–173.

[5] Delke, R. and G. Vandenbroucke, 2011. A Quantitative Analysis of China's Structural Transformation. *Journal of Economic Dynamics & Control*, 36: 119–135.

[6] Echevarria, C., 1995. Agricultural Development vs. Industrialization: Effects of Trade. *Canadian Journal of Economics*, 28 (3): 631–647.

[7] Greenaway, D. and R. Kneller, 2007. Firm Heterogeneity, Exporting and Foreign Direct Investment. *Economic Journal*, 117 (1): 134–161.

[8] Hall, R. and C. Jones, 1999. Why do Some Countries Produce so Much More Output per Worker than Others. *Quarterly Journal of Economics*, 114 (1): 83–116.

[9] Herrendorf, B., R. Rogerson and A. Valentinyi, 2014. Growth and Structural Transformation//P. Aghion and S. Durlauf (eds.). *Handbook of Economic Growth*. North - Holland, 2: 855–941.

[10] Huang, Z., 2011. *The Decline of the U. S. Manufacturing: An Explanation from Structural Change*. MPRA Paper, 29919.

[11] Jorgenson, D., 2003. Information technology and the G7 economies. *World Economics*, 4 (4): 139–169.

[12] Kongsamut, P., S. Rebelo, and D. Xie, 2001. Beyond Balanced Growth. *Review of Economic Studies*, 68 (4): 869–882.

[13] Kuznets, S., 1966. *Modern Economic Growth*. Yale University Press, New Haven.

[14] Maddison, A., 1991. *Dynamic Forces in Capitalist Development: A Long - Run Comparative View*. Oxford University Press, Oxford.

[15] Mourmouras, A. and P. Rangazas, 2009. Fiscal Policy and Economic Development. *Macroeconomic Dynamics*, 13 (4): 450–476.

[16] Ngai, R. and C. Pissarides, 2007. Structural Change in a Multi - Sector Model of Growth. *American Economic Review*, 97 (1): 429–443.

[17] Rogerson, R., 2008. Structural Transformation and the Deterioration of European Labor Market Outcomes. *Journal of Political Economy*, 116: 235–259.

[18] Uy, T., K. Yi and J. Zhang, 2013. Structural Change in an Open Economy. *Journal of Monetary Economics*,

---

① 摘自《抓住机遇立足优势积极作为系统谋划"十三五"经济社会发展》,《人民日报》2015年5月29日,第1版。

60 (6): 667–682.

[19] Wagner, J., 2007. Exports and Productivity: A Survey of the Evidence from Firm-Level Data. *The World Economy*, 30 (1): 60–82.

[20] 白重恩、张琼：《中国的资本回报率及其影响因素分析》，《世界经济》，2014年第10期。

[21] 陈昌兵：《可变资本折旧率估计及资本存量测算》，《经济研究》，2014年第12期。

[22] 陈彦斌、陈伟泽、陈军、邱哲圣：《中国通货膨胀对财产不平等的影响》，《经济研究》，2013年第8期。

[23] 陈佳贵、黄群慧、吕铁、李晓华：《工业化蓝皮书：中国工业化进程报告（1995—2010）》，社会科学文献出版社，2012年。

[24] 陈勇、李小平：《中国工业行业的面板数据构造及资本深化评估：1985—2003》，《数量经济技术经济研究》，2006年第10期。

[25] 陈立泰、叶长华、林川：《农业资本利润率变动趋势及其成因的实证研究》，《产业经济研究》，2010年第2期。

[26] 曹跃群、张祖妞、郭春丽：《服务业资本利润率变动趋势及成因》，《产业经济研究》，2009年第5期。

[27] 郭庆旺、贾俊雪：《基础建设投资的经济增长效应》，《经济理论与经济管理》，2006年第3期。

[28] 江飞涛、武鹏、李晓萍：《中国工业经济增长动力机制转换》，《中国工业经济》，2014年第5期。

[29] 吕铁：《制造业产业结构变化对生产率增长的影响研究》，《管理世界》，2002年第2期。

[30] 吕健：《产业结构调整、结构性减速与经济增长分化》，《中国工业经济》，2012年第9期。

[31] 雷辉：《我国资本存量测算及投资效率的研究》，《经济学家》，2009年第6期。

[32] 李美云：《全面小康社会与扩大第三产业就业容量研究》，《统计研究》，2003年第5期。

[33] 毛日昇：《出口、外商直接投资与中国制造业就业》，《经济研究》，2009年第11期。

[34] 渠慎宁、吴利学、夏杰长：《中国居民消费价格波动：价格粘性、定价模式及其政策含义》，《经济研究》2012年第10期。

[35] 沈利生：《"三驾马车"的拉动作用评估》，《数量经济技术经济研究》，2009年第4期。

[36] 单豪杰、师博：《中国工业部门的资本回报率：1978—2006》，《产业经济研究》，2008年第6期。

[37] 吴利学：《中国能源效率波动：理论解释、数值模拟及政策含义》，《经济研究》，2009年第5期。

[38] 王彤：《近年来我国固定资产投资变动特点及影响因素》，《中国物价》，2003年第6期。

[39] 王洛林、魏后凯：《振兴东北地区经济的未来政策选择》，《财贸经济》，2006年第2期。

[40] 夏杰长、李芳芳：《经济新常态背景下中国服务业就业特征与趋势研究》，《学习与探索》，2015年第7期。

[41] 于泽、章潇萌、刘凤良：《中国产业结构升级内生动力：需求还是供给》，《经济理论与经济管理》，2014年第3期。

[42] 杨胜刚、朱红：《中部塌陷、金融弱化与中部崛起的金融支持》，《经济研究》，2007年第5期。

[43] 张杰：《出口促进中国企业生产率提高吗？——来自中国本土制造业企业的经验数据：1999—2003》，《管理世界》，2009年第12期。

[44] 郑若谷、干春晖、余典范：《中国产业结构变迁对经济增长和波动的影响研究》，《经济研究》，2011年第5期。

[45] 张光南、李小瑛、陈广汉：《中国基础设施的就业、产出和投资效应》，《管理世界》，2010年第4期。

Did "Two Carriages" Slow Down China's Structural Transformation?
—Based on Multi-sector Growth Model Accounting

Qu Shenning, Li Pengfei, Lv Tie

Abstract: China's structural transformation followed "Kuznets Facts" since the reform and opening, but still showed some unique features. Three typical problems existed in China's structural transformation process: (1) Why did not China's agricultural and industrial labor share always decrease or increase but showed a wave-like rise and drop? (2) Why did China's agricultural labor share rebound in certain period? Why did industrial labor reverse into agriculture other than service? (3) Why did the growth rate of China's service labor share decelerate suddenly while industrial labor share accelerate? This paper builds a multi-sector economic growth model which contains non-homothetic preferences and differential productivity. Then "two carriages" are considered and accounting analysis on the demand side is carried. It is found that the economic growth pattern driven by "two carriages" is the main reason to explain three typical problems. Therefore, this paper argues that only structural reform of the supply front can accelerate China's structural transformation and achieve the goals of sustainable economic growth.

Key Words: Structural Transformation; "Two Carriages"; Multi-sector Economic Growth Model; Reform of the Supply Front

经济政策不确定性、国有投资与民间投资增长背离

李鹏飞

摘 要：本文通过面板回归模型估计，发现经济政策不确定性对民间投资增长的显著抑制效应，是导致国有投资与民间投资增长背离的重要因素。经济政策不确定性对民间投资的负面影响具有多维特征，既有直接的实物期权效应，也有因金融摩擦而形成的金融加速器效应和债务——通缩效应，后两种效应对经济政策不确定性的民间投资抑制效应产生了明显放大作用，从而进一步强化了国有投资与民间投资增长背离趋势。面板门限模型的估计结果显示：金融摩擦的放大作用具有非线性特征：当金融摩擦程度较低时，民间投资主体面临较平等的融资环境，金融摩擦不会显著放大经济政策不确定性对民间投资的抑制效应；当金融摩擦程度较高时，民间投资主体的投融资成本高于其他类型投资主体，金融摩擦会加剧经济政策不确定性对民间投资的负面影响。

关键词：经济政策不确定性；国有投资；民间投资；面板门限模型

一、问题提出

近年来，国有及国有控股投资与民间投资的增长趋势出现了持续背离现象。2012年以来，民间固定资产投资增速一直处在下降通道，4年降低21.6个百分点；但国有及国有控股固定资产投资增速相对稳定，并且在2016年快速增长。已有研究表明，非国有企业的全要素生产率更高，其投资的回报率也更高（Hsieh and Klenow, 2009）。因此，促进国有投资和民间投资平衡、稳定增长，是以供给侧结构性改革为主线推动发展方式转型的重要保障。

促进国有投资与民间投资平衡、稳定增长，关键是要准确把握导致两者增长背离的关键因素及作用机制。现有相关文献主要关注周期性因素、结构性因素和制度性因素对近些年民间投资增速大幅下降产生的影响。不过，近些年来中国经济政策不确定性水平上升及其剧烈波动，可能对中国固定资产投资特别是对国有投资和民间投资增长背离，产生了不可忽略的影响。根据 Baker 等（2016）发布的经济政策不确定性指数，2008年以来，中国经济政策不确定性水平仅低于欧盟，要高于美国和日本。事实上，已有一些文献关注此类问题。Wang 等（2014）发现，当政策不确定性程度上升时，中国的上市公司会减少投资，但资产收益率更高、更多使用内部融资的上市公司和非国有上市公司的投资，受政策不确定性的影响相对较低，而市场化程度更高地区的上市公司的投资，对政策的不确定性则更加敏感。李凤羽和杨墨竹（2015）发现，经济政策不确定性对非国有上市公司投资的抑制效果更明显。

---

* 本文发表在《南京大学学报》（哲学·人文科学·社会科学版）2018年第5期。
[作者简介] 李鹏飞，中国社会科学院工业经济研究所研究员。

在此背景下，促进国有投资与民间投资平衡、稳定增长，需要高度关注的问题是，中国的经济政策不确定性是不是导致国有投资和民间投资增长背离的重要因素？这种影响是否存在行业差异？有哪些因素与经济政策不确定性产生"共振"，对国有投资和民间投资增长背离产生了更大的影响？实际上，如果忽视经济政策不确定性对固定资产投资特别是民间投资可能造成的负面效应，也许就难以做好促进国有投资与民间投资平衡、稳定增长"顶层设计"，进而会影响供给侧结构性改革的深入推进。有鉴于此，本文利用中国行业层面2012年3月至2016年12月的面板数据，将研究主题聚焦于探究中国经济政策的不确定性是否对国有投资和民间投资增长背离产生显著影响，并力图从中国信贷体系中的利率双轨制这一现实出发，探讨金融摩擦是否进一步加剧经济政策不确定性的负面影响，从而强化国有投资与民间投资增长背离趋势。

二、经济政策不确定性对国有投资与民间投资增长背离的影响

（一）经济政策不确定性对固定资产投资的影响与机理分析

首先，从总体上看，当经济政策不确定性水平上升时，投资项目未来现金流的不确定性会提高，这实际上降低了投资的预期收益率，从而会对固定资产投资增长产生抑制作用。现代投资理论认为，不确定性会通过实物期权效应使投资下降。原因在于，投资具有不可逆性，面对不确定性冲击，企业会选择推迟投资，直到不确定性水平降低（Bernanke，1983；Bloom et al.，2007）。具体到经济政策不确定性对投资的影响，Fernandez-Villaverde等（2015）以美国1970年第一季度至2014年第二季度的数据为基础，运用向量自回归模型（VAR）估计了财政政策不确定性冲击对主要宏观经济指标的影响。与总产出、消费、工作时间、实际工资、名义利率等其他宏观经济指标相比，投资受财政政策不确定性冲击的影响更大。美国财政政策不确定性发生2个标准差的冲击时，投资的下降幅度会超过2%。Gulen和Ion（2016）利用1987年1月至2013年12月美国企业的季度数据，分析了经济政策不确定性对投资的影响。他们发现，经济政策不确定性水平上升1倍，会使美国企业下一季度的投资下降24.1%。

其次，分行业看，受行业技术经济特征的影响，"重资产"行业的投资受经济政策不确定性的影响更大。根据不确定条件下的投资理论，在行业层面，投资不可逆程度越高的行业，其投资增长就越容易受到不确定性的影响。Driver等（2004）利用英国工业联合会1978年第一季度至1999年第一季度38个制造业行业的面板数据，就不确定性对投资的影响所做的分析表明，医药及日用化工业、建筑钢铁制造业、农业机械制造业等资本密集型行业的投资与不确定性显著负相关，而纺织消费品制造业、制鞋业等劳动力密集型行业的投资受不确定性的影响就较低。Kim和Kung（2017）从资产再配置性角度，以1989年第一季度至2010年第四季度美国91526个企业样本数据为基础，分析了经济不确定性对企业投资的影响。他们发现，与批发业、仓储业等资产再配置性高的行业相比，石油开采业、铁路运输业、水运业、航空运输业、半导体及电子元件制造业等资产再配置性低的行业的投资，更容易受经济不确定性的负面影响。Gulen和Ion（2016）对美国企业投资的研究也表明，经济政策不确定性对不同行业投资的影响程度是有差异的。其中，投资不可逆程度更高的行业和对政府支出依赖度更高的行业，受经济政策不确定性的影响更大。

中国进入重化工业发展阶段后，地方政府出于GDP竞赛的考虑，以各种优惠政策吸引了大量资本尤其是民间资本进入重化工产业。在这些"重资产"行业，投资的不可逆程度较高，因此，中国经济政策的不确定性水平上升，很可能通过实物期权效应对固定资产投资特别是民间投资产生显著的负面影响。同时，在行业层面，与"轻

资产"行业相比，非金属矿物制品业等"重资产"行业的投资增长受经济政策不确定性的影响更大。

因此，在理论上，中国经济政策不确定性水平上升，会对固定资产投资增长形成显著的抑制效应，并且投资不可逆程度越高的行业，其投资增长受经济政策不确定性的负面影响就越大。

（二）计量模型、变量界定和数据来源

为验证上述理论推测，本文设定以下基本计量模型方程：

$$Sinv_{it} = \alpha_0 + \alpha_1 Epu_{it} + \alpha_2 Epu_{it} \times Irr_{it} + \alpha_3 Irr_{it} + \eta \cdot Z + \varepsilon_{it}$$

$$Pinv_{it} = \alpha_0 + \alpha_1 Epu_{it} + \alpha_2 Epu_{it} \times Irr_{it} + \alpha_3 Irr_{it} + \eta \cdot Z + \varepsilon_{it} \quad (1)$$

式（1）中，被解释变量 $Sinv_{it}$ 和 $Pinv_{it}$ 分别用于度量中国的行业 i 在时期 t 的国有及国有控股固定资产投资、民间固定资产投资增速的指标。考虑到自变量的数据可获得性，本文以 15 个工业大类行业为分析对象，样本期间为 2012 年 3 月至 2016 年 12 月。式（1）中的 Epu_{it} 是用来衡量时期 t 的经济政策不确定性的代理指标，它不会随行业的变化而改变，这是本文的核心解释变量。我们以美国芝加哥大学和斯坦福大学共同发布的中国经济政策不确定性月度指数为基础，将其对数化后，作为 Epu_{it} 的取值。Irr_{it} 是度量行业 i 在时期 t 的投资不可逆程度的指标。借鉴 Farinas 和 Ruano（2005）以及 Gulen 和 Ion（2016）的处理方法，并结合数据的可得性，本文以

$$\left(1 - \frac{\text{行业 } i \text{ 在 } t \text{ 期的累计流动资产平均余额}}{\text{行业 } i \text{ 在 } t \text{ 期的累计资产总额}}\right)$$

作为 Irr_{it} 的取值。

为了尽可能使式（1）表示的计量模型不出现明显的偏误问题，我们根据相关研究发现，在控制变量集 Z 中设置了以下 5 个自变量：①宏观经济不确定性（Meu_{it}）。Bloom 等（2007）、王义中和宋敏（2014）等的研究都表明，宏观经济不确定性会通过外部需求这一渠道对企业的投资行为产生负面影响。借鉴王义中和宋敏（2014）的处理方法，本文采用广义自回归条件异方差模型［GARCH（1，1）］计算出 2012 年 3 月至 2016 年 12 月中国月度 GDP 增长率的条件方差，将其作为度量中国宏观经济不确定性的指标。②外部融资条件（Efc_{it}）。Campello 等（2010）的实证分析结果显示，外部融资条件是影响企业投资决策的重要因素，两者之间通常呈现正相关关系。本文以 2012 年 3 月至 2016 年 12 月社会融资规模增量的月度同比增长率来衡量外部融资条件，数据来源于中国人民银行。③行业销售收入增长率（Sg_{it}）。国内外关于企业投资行为的研究都发现，销售收入增长率是影响投资的重要因素之一（俞乔等，2002）。行业销售收入增长率越高，行业内企业通常会对未来增长形成乐观预期，从而增加投资。本文以各行业产品销售收入的月度同比增长率来度量其销售收入增长率，数据来源于 Wind 的行业经济效益指标数据库。④行业资产负债率（Lia_{it}）。Hubbard（1998）、童盼和陆正飞（2004）等的研究结果都表明，资产负债率是影响企业投资的重要因素。高资产负债率行业的企业获取外部资金的成本更高，因而其投资相对较低。各行业的资产负债率数据取自 Wind 的行业经济效益指标数据库。⑤行业利润总额增速（Pg_{it}）。Inci 等（2009）发现，当存在融资约束时，企业的利润或经营现金流是影响其投资决策的重要因素。本文以行业利润总额月度同比增速来度量各行业内企业可以用于投资的内部资源，数据来源于 Wind 的行业经济效益指标数据库。此外，为了控制技术创新、产业政策等外部冲击对不同行业民间投资的影响，式（1）的控制变量集 Z 中还包括刻画各行业固定效应的虚拟变量。ε_{it} 是计量模型方程的随机误差项。由于计量模型方程式（1）中的某些控制变量与因变量之间可能存在逆向因果关系，为缓解此问题，本文对控制变量的取值滞后一期。表 1 报告了上述 9 个变量的基本统计描述。

表1 主要变量的描述性统计

变量	观测值个数	均值	标准差	最小值	最大值
国有固定资产投资增速 $Sinv_{it}$	810	0.5010	6.9141	-1.0015	153.2630
民间固定资产投资增速 $Pinv_{it}$	810	0.2066	0.4334	-0.6800	3.5858
经济政策不确定性 Epu_{it}	810	2.2329	0.2582	1.6064	2.8108
投资不可逆程度 Irr_{it}	810	0.5256	0.1599	0.3188	0.8760
宏观经济不确定性 Meu_{it}	810	0.0000038	0.0000883	-0.0002932	0.0004612
外部融资条件 Efc_{it}	810	0.1449	0.5781	-0.6659	2.8284
行业销售收入增长率 Sg_{it}	810	0.0431	0.1073	-0.3615	0.2927
行业资产负债率 Lia_{it}	810	0.5760	0.0656	0.4329	0.7023
行业利润总额增速 Pg_{it}	810	0.1171	1.0972	-2.5376	17.0175

资料来源：笔者计算整理。

（三）经济政策不确定性对国有投资、民间投资增速影响的检验结果

以15个行业2012年3月至2016年12月的数据构成面板的是一个长面板（Long Panel），所以在对计量方程式（1）进行估计之前需要考虑扰动项 $\{\varepsilon_{it}\}$ 是否存在组间异方差、组内自相关和组间同期相关。组间异方差的沃尔德检验的P值为0.0000，组内自相关的沃尔德检验的P值是0.0009，组间同期相关的Breusch-Pagan LM检验的P值为0.0000。也就是说，此面板数据的扰动项 $\{\varepsilon_{it}\}$ 存在组间异方差、组内自相关和组间同期相关。于是，我们采用能同时考虑这三个因素的全面可行广义最小二乘法（即全面FGLS）对式（1）进行估计。

表2报告了采用全面FGLS对式（1）进行逐步估计的结果。模型1给出的是仅以经济政策不确定性为解释变量的估计结果。模型2展示的是引入投资不可逆程度指标Irr的估计结果。模型3报告的是同时考虑5个控制变量的估计结果。从中可以看到，核心解释变量经济政策不确定性对国有投资增速、民间投资增速的影响与模型2一致。在5个控制变量中，宏观经济不确定性 Meu_{it} 和行业利润总额增速 Pg_{it} 的估计系数都不显著；行业销售收入增长率 Sg_{it} 对Sinv和Pinv都产生了显著影响，但作用方向相反，即行业销售收入增长会促进民间投资、抑制国有投资，前者符合理论预期，后者与理论推测相悖。此外，外部融资条件 Efc_{it} 和行业资产负债率 Lia_{it} 对国有投资形成了明显的负效应，前者似乎与理论推测相悖，后者符合理论预期。

表2 经济政策不确定性影响国有投资、民间投资的全面FGLS检验结果

	模型1		模型2		模型3	
	被解释变量 Sinv	被解释变量 Pinv	被解释变量 Sinv	被解释变量 Pinv	被解释变量 Sinv	被解释变量 Pinv
Epu	0.1022 (1.07)	-0.0448** (-2.12)	0.7342** (2.39)	0.1524** (2.16)	0.8424** (2.02)	0.1938** (2.53)
EpuIrr			-0.7851** (-2.53)	-0.3298** (-2.23)	-0.9604** (-2.30)	-0.3938** (-2.40)
Irr			-9.4734*** (-3.95)	-3.9967*** (-6.69)	-15.1191*** (-4.70)	-4.0193*** (-6.18)
Meu-1					-433.4132 (-0.56)	-46.2523 (-0.70)

续表

	模型1		模型2		模型3	
	被解释变量 $Sinv$	被解释变量 $Pinv$	被解释变量 $Sinv$	被解释变量 $Pinv$	被解释变量 $Sinv$	被解释变量 $Pinv$
$Efc-1$					-0.2149**	0.0111
					(-2.47)	(1.40)
$Sg-1$					-0.7605**	0.4103***
					(-2.52)	(4.75)
$Lia-1$					-5.3733***	0.2343
					(-3.51)	(0.42)
$Pg-1$					-0.0066	0.0020
					(-0.28)	(0.35)
_cons	-0.2275	0.0509	5.1545***	2.4727***	12.0146***	2.3433***
	(-0.99)	(0.74)	(3.34)	(7.30)	(4.91)	(4.59)
行业固定效应	控制	控制	控制	控制	控制	控制
Wald chi2 值 (P-value)	100.75 (0.0000)	121.63 (0.0000)	40.86 (0.0000)	185.75 (0.0000)	55.39 (0.0000)	214.48 (0.0000)
观测值	810	810	810	810	810	810

注：***、**、*分别表示1%、5%、10%（双尾）的统计显著性水平。各解释变量回归系数后括号内的数值为经过异方差调整后的 z 值。

资料来源：笔者计算整理。

（四）内生性问题讨论、稳健性检验及国有投资与民间投资增长背离的机制分析

在理论上，利用式（1）检验经济政策不确定性对国有投资和民间投资的影响时，可能出现内生性问题。不过，一方面，我们在回归模型中对控制变量都采用滞后指标，这样可以在相当程度上规避由于反向因果关系形成内生性的风险。另一方面，尽管不能排除经济政策不确定性与国有投资和民间投资之间存在由联立性（Simultaneity）带来的内生性问题这种可能，但从媒体密集发声及中央政府出台促进民间投资稳定增长的相关文件的时间看，应该说，在2016年6月之前，很难说会存在因为联立性而形成的内生性问题。当然，经济政策不确定性对国有投资和民间投资的影响，还很可能遇到因为遗漏重要变量而产生的内生性问题。为了尽可能缓解这两种可能存在的现象所导致的内生性问题，我们首先把分析的样本期缩小为2012年3月至2016年6月，然后在回归方程式（1）的等式右侧引入因变量 $Sinv$ 和 $Pinv$ 的滞后1期和滞后2期指标后进行稳健性检验，估计方法仍然采用全面FGLS。

表3的模型1给出了稳健性检验的估计结果。由于 Epu 对 $Sinv$ 的偏效应为正，由此可见，整体上，经济政策不确定性对国有固定资产投资的"促进效应"在10%的统计水平上显著。也就是说，经济政策不确定性对国有固定资产投资非但没有形成抑制，反而产生了促进。这与理论推测不一致。这背后可能是因为国有投资存在一定的"被动性"，即在民间投资增速持续降低时，为使全社会固定资产投资不至于过快下降，国有企业需要逆势增长。如果这个推测成立，那么经济政策不确定性对国有投资的"促进效应"，实际上是在民间投资对经济政策不确定性作出恰当反应之后，国有投资出现"被增长"的一个表现。当然，国有投资之所以能够"被增长"，也与其软预算约束问题密切相关。若这一推测能够得到经验证据的支持，则国有投资与民间投资增长趋势相背离的根源就一个，即经济政策不确定性对民间投资产生显著抑制效应。

表3 经济政策不确定性影响国有投资、民间投资的稳健性检验结果

	模型1		模型2	模型3
	被解释变量 $Sinv$	被解释变量 $Pinv$	被解释变量 $Sinv$	被解释变量 $Pinv$
Epu	1.1110* (1.76)	0.0650 (1.07)	-0.1726* (-1.94)	-0.0312 (-0.35)
$EpuIrr$	-1.1560* (-1.64)	-0.1371 (-1.11)	-0.0635 (0.39)	-0.3401** (-2.03)
Irr	-28.2517*** (-6.49)	-1.4847*** (-3.09)	1.6887 (1.55)	0.1302 (0.21)
$Sinv-1$	-0.1560*** (-3.73)			
$Sinv-2$	-0.00607* (-1.76)		$Pinv-3,\cdots Pinv-24$	$Sinv-3,\cdots Sinv-24$
$Pinv-1$		0.4322*** (11.77)	的回归系数及z值见表4	的回归系数及z值见表4
$Pinv-2$		0.2076*** (5.88)		
$Meu-1$	-760.6495 (-0.82)	-39.0194 (-0.52)	-338.8525*** (-4.48)	-38.8097 (-1.08)
$Efc-1$	-0.2142** (-2.22)	0.0089 (1.22)	0.0493*** (4.25)	0.0014 (0.23)
$Sg-1$	-1.6234*** (-4.20)	0.1330* (1.93)	0.0630 (0.50)	0.3021*** (4.16)
$Lia-1$	-7.9248*** (-3.52)	-0.0143 (-0.05)	-1.1723* (-1.80)	1.3081*** (3.15)
$Pg-1$	-0.0037 (-0.12)	0.0001 (0.01)	-0.0233 (-1.62)	-0.0480*** (-3.41)
_cons	21.1053*** (6.01)	0.9139*** (2.75)	-0.1363 (-0.16)	-0.5829 (-1.11)
行业固定效应	控制	控制	控制	控制
Wald chi2值（P-value）	90.17 (0.0000)	1443.31 (0.0000)	330.03 (0.0000)	1194.23 (0.0000)
观测值	690	690	360	360

注：***、**、* 分别表示1%、5%、10%（双尾）的统计显著性水平。各解释变量回归系数后括号内的数值为经过异方差调整后的z值。

资料来源：笔者计算整理。

表3中模型2的估计结果显示，在考虑民间投资增速 $Pinv$ 8个季度的滞后变量后，Epu 对 $Sinv$ 的偏效应显著为负。也就是说，一旦控制住可能导致国有投资"被增长"的因素，经济政策不确定性对国有投资的"促进效应"就会消失，反而会出现比较明显的抑制效应。从表4给出的民间投资增速 $Pinv$ 8个季度的滞后变量系数估计值及其显著性水平看，前期民间投资增速对国有投资增速的整体影响显著为负。

表3中模型3的估计结果表明，在考虑国有投资增速 $Sinv$ 8个季度的滞后变量后，Epu 对 $Pinv$ 的偏效应在5%的统计水平上显著为负。从表4给出的国有投资增速 $Sinv$ 8个季度的滞后变量系数估计值及其显著性水平看，前期国有投资增速对民间投资增速的整体影响显著亦为负。这意味着，国有投资"被增长"后会对民间投资产生一定"挤出效应"，这很可能强化民间投资增速下滑的趋势。

表4 表3中模型2和模型3的相关控制变量之回归系数及z值

	$Pinv-3$	$Pinv-6$	$Pinv-9$	$Pinv-12$	$Pinv-15$	$Pinv-18$	$Pinv-21$	$Pinv-24$
被解释变量 $Sinv$	0.1393*** (3.70)	0.0844** (2.30)	-0.0439 (-1.36)	-0.0268 (-0.84)	-0.1247*** (-4.34)	-0.2010*** (-7.48)	-0.0476** (-1.99)	0.0314 (1.35)
	$Sinv-3$	$Sinv-6$	$Sinv-9$	$Sinv-12$	$Sinv-15$	$Sinv-18$	$Sinv-21$	$Sinv-24$
被解释变量 $Pinv$	-0.0404*** (-4.17)	-0.0138* (-1.87)	-0.0008 (-1.27)	0.0009 (1.34)	-0.0019*** (-2.87)	-0.0001 (-0.14)	0.0003 (0.63)	-0.0005 (-1.15)

注：***、**、* 分别表示1%、5%、10%（双尾）的统计显著性水平。各解释变量回归系数后括号内的数值为经过异方差调整后的z值。

资料来源：笔者计算整理。

基于表3中模型2和模型3的估计结果，可以认为，在控制联立内生性以及部分遗漏变量的影响后，经济政策不确定性对国有投资和民间投资的抑制效应是显著的，并且存在明显的实物期权效应。当然，中国固定资产投资问题也有更复杂的一面。在本文中，这表现为近些年国有投资增速加快与民间投资增速放缓，只是同一个硬币的两个面而已。因为，这两个表明上看似相反的现象，背后都受经济政策不确定性这个关键因素的影响。具体传导机制是：①经济政策不确定性上升，会对民间投资和国有投资的增长产生抑制效应；②为使全社会固定资产投资不至于过快失速，国有投资就会"被动增长"，并且民间投资增速下降越快，国有投资被动增长的速度就越高，于是，当民间投资增速迅速下滑时，国有投资的"被动增长"效应就会超过经济政策不确定性的抑制效应，国有投资因而出现逆势增长；③在其他条件不变的情况下，国有投资的挤出效应又使得民间投资增速进一步放缓。由此，国有投资和民间投资增长趋势出现持续背离。

三、纳入金融摩擦因素后的检验结果

（一）金融摩擦放大经济政策不确定性对民间投资的抑制效应的机制分析

前述实物期权效应是在不考虑金融市场因素的基准模型中产生的。但投资活动与金融市场息息相关。因此，进一步的分析就需要考虑金融因素，以使理论和实证分析更加全面。理论上，由于投资主体无法分散经济政策不确定性带来的系统性风险，政策不确定性水平上升使风险溢价提高，从而导致借贷成本升高，最终会对投资产生负面影响。近些年来，多项研究表明，现实经济运行中普遍存在的金融摩擦会明显放大不确定性对投资的抑制效应（Christiano et al.，2010）。具体的影响机制主要是两个：一是金融加速器效应。当政策不确定性变大时，投资主体的违约概率提高，并且尾部风险会上升，这两个因素都会导致风险溢价提高，从而使借贷成本及贴现率上升。

由于企业净值是借贷成本和贴现率的减函数，根据Bernanke等（1999）阐述的金融加速器机制，此时，企业资产负债状况的恶化会抑制投资。金融加速器机制的一个重要特征是，企业净值变化对投资的影响在经济衰退阶段比繁荣时期大。Pastor和Veronesi（2012）的研究表明，在经济衰退期，政府会因为改变政策的成本更低而密集出台各类政策，从而使得政策不确定性变得更大。于是，在金融加速器的作用下，政策不确定性水平上升对投资的抑制效应变得更强了。二是债务－通缩效应。当政策不确定性水平上升时，由于贴现率的提高，企业的资产价格会降低，这会使得以这些资产为抵押的贷款变得"过度"了。此时，企业不得不将其现金流优先用于偿还债务，而非进行投资。在此过程中，价格水平尤其是工业生产者出厂价格指数（PPI）会持续下降。价格水平不断降低，又会进一步削弱企业投资的动力（Christiano et al.，2010）。在行业层面，不可逆的投资一旦发生，企业就需要承担事后可能会发生的财务困境成本，并且，财务困境成本是投资不可逆程度的增函数（Kumar & Yerramilli，2018）。因此，与"轻资产"行业相比，"重资产"行业投资与不确定性的负相关关系会受到金融摩擦的更大影响。

在实证研究文献中，Gilchrist等（2014）以1963年第四季度至2012年第三季度美国宏观经济的季度数据为基础，采用包含企业融资决策问题的动态随机一般均衡（DSGE）模型分析了不确定性对投资的影响。他们的研究表明，考虑金融摩擦因素后，2.5个标准差的不确定性冲击，会使投资在随后的5个季度内最多降低6%。这比不考虑金融摩擦因素的基准模型的分析结果高出近4倍。Bonciani和Bjoern（2015）发现，将银行业引入动态随机一般均衡模型后，1个标准差的不确定性冲击，就会使欧元区的投资在随后的4个季度里降低0.5%。与不考虑银行业的基准模型分析结果相比，引入金融摩擦因素后，不确定性冲击对投资的负面影响最多会放大近1倍。

这些年来，尽管中国金融部门市场化改革取

得了一定进展，但整体而言，由于金融市场体系发展水平还不够高，间接融资仍然在社会融资体系中占据绝对主导地位。并且，存在金融中介传导机制不畅、多元化的长期投资产品不足和刚性兑付未破三大痼疾（钱军，2016）。这意味着金融摩擦在中国是一个不可忽视的重要因素，它很可能会通过金融加速器效应和债务—通缩效应，放大经济政策不确定性对投资的负面影响。事实上，在非市场因素导致中国信贷市场扭曲的情况下，国有企业通常能够以较低的非市场利率获得银行贷款，而民营企业则需要根据市场化利率获得贷款（杨熠等，2013）。中国信贷体系中的利率双轨制，会使民间投资成本在经济下行阶段以更快的速度提高。易峘和梁红（2016）比较民营企业贷款利率和公共部门贷款利率后发现，2013年以来，中国民间投资贷款利率的"惩罚性溢价"始终高于2%，并且，在2016年第二季度急剧上升至6%。中国民间投资借贷成本快速提高，会通过金融加速器效应，放大经济政策不确定性对民间投资的负面影响。此外，2013年3月至2016年8月，中国工业生产者出厂价格指数连续53个月负增长。于是，至少在工业领域，债务—通缩效应很可能会放大经济政策不确定性对民间投资的抑制效应。考虑到工业投资占中国民间投资总额的比重超过40%，债务—通缩效应应该也会比较显著地强化经济政策不确定性与民间投资总量之间的负相关性。

（二）金融摩擦的放大效应的检验结果

为了验证金融摩擦会放大经济政策不确定性对民间投资的负面影响，并且此放大效应在投资不可逆程度越高的行业会变得更强这个理论推测，我们设定以下计量模型：

$$Pinv_{it} = \beta_0 + \beta_1 Epu_{it} + \beta_2 Ffri_{it} + \beta_3 Epu_{it} \times Irr_{it} \times Ffri_{it} + \theta \times Z + \sigma_{it} \quad (2)$$

计量方程（2）中引入了一个新变量 $Ffri_{it}$，这是用于度量中国金融体系摩擦程度的指标。在本文中，金融摩擦对经济政策不确定性的抑制效应产生放大作用的基础，使民营部门借贷成本比非民营部门更高。考虑到数据的可获得性，我们以温州民间借贷综合利率与中国1年期贷款基础利率（LPR）的差值为基础，用中心化处理后的数值来衡量金融摩擦程度。由于贷款基础利率数据最早只能回溯至2013年10月，于是，变量 $Ffri_{it}$ 的样本期为2013年10月至2016年12月，观测值为540个，均值为 1.86×10^{-9}，标准差为0.008182，最小值和最大值分别是 -0.022294、0.007906。相应地，在运用式（2）进行分析时，其他变量的样本期均缩短为36个月。温州民间借贷综合利率数据来源于中国人民银行温州市中心支行，贷款基础利率数据来源于全国银行间同业拆借中心。

表5的第2列报告了在上一节稳健性检验基础上引入金融摩擦变量后的迭代式FGLS估计结果，从中可以发现，经济政策不确定性指标 Epu 的回归系数为负，并且在1%的统计水平上显著；综合考虑 Epu 和 $Epu \times Irr \times Ffri$ 的回归系数，经济政策不确定性对民间固定资产投资增速的影响仍然为负。不过，我们注意到在表5第2列报告的模型1的估计结果中，交叉项 $Epu \times Irr \times Ffri$ 的回归系数均不显著。在理论上，金融摩擦变量 $Ffri$ 本身的回归系数是否显著，可能与是否选择合理的度量指标有关；但交叉项 $Epu \times Irr \times Ffri$ 的回归系数不显著，要么是在样本期内金融加速器效应和债务—通缩效应都不明显，要么是存在这两种效应相互抵消的情况。由于在PPI持续下降阶段，金融加速器效应与债务—通缩效应的作用方向是一致的，即都是使经济政策不确定性的投资抑制效应更加显著。那么，两种效应相互抵消只会出现在PPI同比增长的阶段。

考虑到从2016年9月开始，PPI结束了连续53个月同比增长为负的态势，我们剔除15个行业2016年9~12月的60个观察值后，同样采用迭代式FGLS对相同的变量进行估计。第3列报告的结果显示，Epu 的回归系数差异不大，显著性也相同；但交叉项 $Epu \times Irr \times Ffri$ 的回归系数由正变负，并且在1%的统计水平上显著。也就是说，剔除PPI为正期间的样本后，金融摩擦变量对经济政策不确定性的投资抑制效应产生了统计上显著的放大效应。当然，我们很难说，剔除 PPI 为正期间的样本前后的估计结果不同，就一定说明在中国情景下，金融摩擦放大经济政策不确定性的投资抑制效应，主要是通过债务—通缩效应来实现的。原因在于，在表 5 模型 2 的估计结果中，行业资产负债率变量 Lia 的回归系数为负，并且在 1% 的统计水平上显著。这其中就可能蕴含一部分金融加速器效应，因为金融加速器效应是通过企业资产负债状况恶化来抑制投资的。

表 5 中模型 2 的估计结果表明，在考虑金融摩擦因素后，经济政策不确定性依然对民间投资资产投资产生了显著的抑制效应，并且投资不可逆程度越高，这种抑制效应也越强。为了判断金融摩擦是否放大经济政策不确定性的投资抑制效应，我们同样以 15 个行业在 2013 年 10 月至 2016 年 8 月的数据为基础，采用迭代 FGLS 估计了剔除金融摩擦变量后的模型 3，结果显示，尽管经济政策不确定性变量 Epu 对被解释变量民间固定资产投资增长率 Pinv 的综合影响依然为负，但与模型 2 的估计结果向比较，在统计上显著的 Epu 对 Pinv 的偏效应（$-0.1813 \times Irr$）>（$-0.1375 - 4.7329 Ffri \times Irr \times Ffri$）。按 Irr 和 Ffri 的均值计算，模型 2 中 Epu 对 Pinv 的偏效应比模型 3 高出 40% 多。这表明，考虑金融摩擦因素后，经济政策不确定性对民间固定资产投资增速的负面影响变得更大，而且投资不可逆程度越高，金融摩擦的放大效应就越明显。这就意味着，在更贴近现实的环境中，经济政策不确定性因素强化了国有投资与民间投资增长背离趋势。

表 5 中控制变量的回归系数的符号和显著性水平，与表 2 和表 3 的估计结果略有不同。表 5 中模型 2 和模型 3 引入金融摩擦变量之后，并把样本期限定在 PPI 为负的阶段，除宏观经济不确定性指标 Meu 之外，其余 4 个控制变量的回归系数在统计上都是显著的。其中，外部融资条件指标 Efc 和行业利润总额增速指标 Pg 的回归系数估计值为正，行业负债率指标 Lia 的系数估计值为负，这都符合理论预期。但行业销售增长率指标 Sg 的回归系数估计值为负，这与理论推断不一致，可能是因为样本期缩短至 PPI 持续下降阶段后，行业销售收入增长主要来自数量的扩张，而非价格的提高。这在一定程度上表明，行业的前期产能扩张已经使企业间进行价格竞争。在此条件下，行业内企业就会放缓固定资产投资步伐。另外，表 5 模型 3 的估计结果中，宏观经济不确定性指标 Meu 的回归系数在 10% 统计水平上显著为正。这与王义中、宋敏（2014）的研究结论不符。比较表 5 模型 1 与模型 2 及模型 3 中 Meu 回归系数符号的差别，大致可以推测，样本期缩短是模型 2 和模型 3 中 Meu 回归系数符号与理论预期相反的直接原因。背后的机制可能是，在 PPI 持续下降阶段，宏观经济不确定性下降使民间投资主体认为当前的困局会持续，从而放缓投资步伐。

表 5　金融摩擦的放大效应检验结果

	被解释变量（Pinv）		
	模型 1	模型 2	模型 3
$Pinv-1$	0.1358*** (3.33)	0.00829** (2.37)	0.1327*** (3.24)
$Pinv-2$	0.2482*** (6.66)	-0.0261 (-0.94)	0.0764** (2.20)
Epu	-0.1330*** (-7.22)	-0.1375*** (-15.72)	-0.0536 (-1.05)
$Epu \times Irr$			-0.1813* (-1.77)
$Epu \times Irr \times Ffri$	0.3527 (0.27)	-4.7329*** (-3.10)	
$Ffri$	0.6058 (0.35)	8.5589*** (4.41)	
$Meu-1$	-16.9622 (-0.48)	19.2830 (1.03)	55.8058* (1.83)
$Efc-1$	0.0220*** (3.85)	0.0220 (7.76)	0.0227*** (4.80)
$Sg-1$	0.0994 (1.41)	-0.1442*** (-3.39)	-0.2667*** (-4.69)

续表

	被解释变量 Pinv		
	模型1	模型2	模型3
$Lia-1$	-0.5467（-1.09）	-2.4310***（-7.82）	-1.6986***（-4.44）
$Pg-1$	0.0159***（2.43）	0.0359***（4.82）	0.0434***（4.82）
_cons	0.5861*（1.67）	1.9306***（8.86）	1.5145***（5.49）
行业固定效应	控制	控制	控制
时间效应	控制	控制	控制
Wald chi2值（P-value）	907.57（0.0000）	2944.93（0.0000）	1710.52（0.0000）
观测值	540	480	480

注：***、**、* 分别表示1%、5%、10%（双尾）的统计显著性水平。各解释变量回归系数后括号内的数值为经过异方差调整后的 z 值。

资料来源：笔者计算整理。

（三）金融摩擦因素的门限效应分析

在前文中，我们根据现有相关理论及实证研究结果推断，金融摩擦本身会对民间固定资产投资增速形成负面效应。但表5报告的模型1和模型2的估计结果都显示，金融摩擦变量 $Ffri$ 及其交叉项 $EpuIrrFfri$ 对民间投资增速 $Pinv$ 的偏效应均为正。这与理论推断结论不符。导致这种不符合理论预期的估计结果出现的一种可能，是金融摩擦在其不同取值区间对民间投资增速的作用方向并不一致。为了验证金融摩擦与民间投资增速之间的非线性效应是否存在，我们以金融摩擦变量及其交叉项作为门限变量，设定以下门限面板回归模型（Panel Threshold Regression）：

$$PInv_{it} = a_0 + a_1 Epu_{it} + a_2 Ffri_{it} \times I(Ffri_{it} \leq p) + a_3 Ffri_{it} \times I(Ffri_{it} > p) + a_4 Epu_{it} \times Irr_{it} \times Ffri_{it} \times I(Ffri_{it} \leq p) + a_5 Epu_{it} \times Irr_{it} \times Ffri_{it} \times I(Ffri_{it} > p) + A \times Z + \varepsilon_{it} \quad (3)$$

$$PInv_{it} = b_0 + b_1 Epu_{it} + b_2 Ffri_{it} + b_3 Epu_{it} \times Irr_{it} \times Ffri_{it} \times I(Epu_{it} \times Irr_{it} \times Ffri_{it} \leq \vartheta) + b_4 Epu_{it} \times Irr_{it} \times EFri_{it} \times I(Epu_{it} \times Irr_{it} \times Ffri_{it} > v) + B \times Z + \mu_{it} \quad (4)$$

在计量方程式（3）和式（4）中，$I(\cdot)$ 是一个示性函数，p、ϑ 分别是金融摩擦变量 $Ffri$ 和交叉项 $Epu \times Irr \times Ffri$ 的门限值。显然，如果计量方程式（3）的估计结果显示，$a_2 = a_3$、$a_4 = a_5$，则金融摩擦变量 $Ffri$ 不存在门限效应；若计量方程式（4）的估计结果表明，$b_3 = b_4$，则交叉项 $Epu \times Irr \times Ffri$ 不存在门限效应。反之，就存在门限效应。

进行门限回归之前，需要对基于面板数据的门限回归模型形式进行检验，以确定两个门限变量各自的门限值。根据门限效应检验结果，我们把两个门限变量的取值都分为2个区间：金融摩擦变量的区间1是（$Ffri \leq 0.0027$），区间2是（$0.0027 < Ffri$）；交叉项的区间1是（$Epu \times Irr \times Ffri \leq 0.0060$），区间2是（$0.0060 < Epu \times Irr \times Ffri$）。

表6给出了在金融摩擦变量 $Ffri$ 及其交叉项 $Epu \cdot Irr \cdot Ffri$ 不同门限区间内的门限回归结果。以金融摩擦 $Ffri$ 为门限变量的计量方程式（3）的估计结果显示，当时 $Ffri \leq 0.0027$，金融摩擦 $Ffri$ 对 $Pinv$ 的偏效应为正，但在统计上并不显著。这表明，当金融摩擦程度较低时，一方面，它本身不会对民间固定资产投资增速产生显著的影响；另一方面，它与经济政策不确定性和投资不可逆程度的交互效应，也不会对民间投资增速形成抑制。不过，当时，金融摩擦变量的回归系数为负、交叉项的回归系数为正，并且都在1%的统计水平上显著。整体看，$Ffri$ 对 $Pinv$ 的偏效应（$-53.805 + 44.9131 \times Epu \times Irr$）为负。这就意味着，在金融摩擦程度较高时，它会对民间固定资产投资增速形成显著的抑制效应。对比表5中模型1下的两组估计结果可以发现，在门限值上下金融摩擦变量对民间投资增速产生了不同的效应。这背后的逻辑是清晰的：当金融摩擦程度较低时，民间投资主体面临较为平等的融资环境，其投融资成本与其他类型的投

资主体相比不会明显偏高，这时它们在做投资决策时很可能就不会考虑金融摩擦这个因素；但是，当金融摩擦程度较高时，民间投资主体面临更加不平等的融资环境，它们的投融资成本显著高于其他类型投资主体，这自然就会成为影响其投资决策的重要变量。换言之，金融摩擦之于民间固定资产投资，就类似雾霾之于民众的生活，改善了不一定更幸福，但恶化了必然会觉得更不幸福。

表6中计量方程式（4）以金融摩擦与经济政策不确定性和投资不可逆程度的交叉项 $Epu \times Irr \times Ffri$ 为门限变量，其两组回归结果显示：当 $Epu \times Irr \times Ffri \leq 0.0060$ 时，金融摩擦变量本身，以及交互项对民间投资增速均无显著影响；当 $0.0060 < Epu \times Irr \times Ffr$ 时，尽管交互项并没有对民间投资增速产生显著影响，但金融摩擦变量本身对被解释变量具有明显的负面效应，并且 $Ffri$ 对 $Pinv$ 的偏效应（$-53.805 + 44.9131 \times Epu \times Irr$）为负。我们注意到，当 $Epu \times Irr \times Ffri \leq 0.0060$ 时，经济政策不确定性变量 Epu 的回归系数为负，并在5%的统计水平上显著；不过，当 $0.0060 < Epu \times Irr \times Ffr$ 时，Epu 的回归系数并不显著。由此可以判断，当交叉项 $Epu \times Irr \times Ffri$ 的值提高时，不管是由 Epu 上升引起还是由 $Ffri$ 增加导致，其对民间固定资产投资增速的抑制效应基本上是通过金融摩擦这个机制来实现的。这在一定程度上说明了，深化金融体制市场化改革，构建更加有效的金融体系，对于扭转民间固定资产投资增速持续回落态势，进而缓解国有投资和民间投资增长背离趋势的重要性。

表6 门限回归结果

	被解释变量 $Pinv$			
	计量方程（6）（$Ffri$ 为门限变量）		计量方程（7）（$EpuIrrFfri$ 为门限变量）	
	$Ffri \leq 0.0027$	$0.0027 < Ffri$	$EpuIrrFfri \leq 0.0060$	$0.0060 < EpuIrrFfri$
Epu	-0.1434（-1.06）	-0.1538（-1.22）	-0.1120**（-2.02）	-0.3339（-0.0626）
$Epu \times Irr \times Ffri$	-1.2453（-0.23）	44.9131***（3.83）	4.9509（0.91）	17.2161（0.858）
$Ffri$	2.3389（0.27）	-53.8050***（-3.35）	-3.5981（-0.57）	-93.5646***（-2.820）
$Meu-1$	18.8572（0.06）	254.1314（1.39）	-20.8679（-0.19）	972.1516***（2.453）
$Efc-1$	-0.0021（-0.09）	0.0120（0.27）	-0.0120（-0.70）	-0.1287（-1.191）
$Sg-1$	0.0528（0.28）	0.3066（1.01）	0.1044（0.68）	0.8475（1.477）
$Lia-1$	-0.5075**（-2.10）	-1.7739***（-3.80）	-0.8551***（-3.86）	-2.0091***（-2.855）
$Pg-1$	0.0418***（3.08）	-0.0505（-1.53）	0.4395***（31.62）	-0.0520**（-2.374）
_cons	0.6304**（2.01）	1.6550***（3.68）	0.8327***（4.54）	2.5785**（2.024）
行业固定效应	控制	控制	控制	控制
时间效应	控制	控制	控制	控制
异质性检验 P 值	0.0034	0.0021		
观测值	480			

注：***、**、*分别表示1%、5%、10%（双尾）的统计显著性水平。各解释变量回归系数后括号内的数值为 t 检验值。

资料来源：笔者计算整理。

四、结论与政策建议

本文在考察国有投资和民间投资增长趋势背离的形成机制的基础上，利用15个工业行业2012年3月至2016年12月的面板数据进行实证分析，得到了以下三个方面有意义的发现：第一，国有投资增速提升与民间投资增速放缓，这两个表面看起来相互背离的趋势背后，是经济政策不确定性对民间投资增长形成了显著的抑制效应，并且投资不可逆程度越高的行业，经济政策不确定性对民间投资增长的负面影响越大。第二，在中国金融体系的资源配置方式尚未完全市场化的背景下，信贷体系中的利率双轨制等摩擦性因素，显著地放大了经济政策不确定性对民间投资增长的抑制效应，进而会对国有投资和民间投资增长背离产生更强的驱动作用。具体表现就是，在经济政策不确定性上升期间，若金融摩擦程度同步提高，则民间投资增速降幅更大，于是国有投资"被增长"幅度更大，两者背离趋势更加明显。第三，金融摩擦对经济政策不确定性的投资抑制效应的放大作用存在门限效应。当金融摩擦程度较低时，它不会显著地放大经济政策不确定性的民间投资抑制效应；不过，当金融摩擦程度较高时，它会显著地加剧经济政策不确定性对民间投资的负面影响，从而进一步强化国有投资与民间投资增长背离趋势。这在一定程度上表明，深化金融体系市场化改革减少金融摩擦，在提高金融资源配置效率之外，还会部分"对冲"经济政策不确定性对民间投资的负面影响，进而使国有投资与民间投资增长背离趋势放缓，从而形成更大的"改革红利"。这些经验证据，对于扭转中国国有投资与民间投资增长持续背离态势，促进资源流向更有效率的部门，具有重要的政策含义。

结合中国实体经济发展大环境和本文研究结论，我们就促进国有投资和民间投资平衡、稳定增长，提出以下针对性政策建议：一是强化统筹协调，尽可能增强不同类别经济政策之间的协调性，以减轻经济政策不确定性对民间投资的负面影响。为最大限度地降低经济政策不确定性，建议首先在理论研究比较成熟、国外实践比较丰富的宏观经济政策领域，探索完善宏观审慎政策框架及其协调机制，加强宏观审慎监管政策与货币政策、财税政策等其他政策的协调配合，防范和化解系统性风险。同时，也要针对产业结构调整、区域协调发展、经济体制改革等重大现实问题的需要，积极推动理论创新，探索建立有助于实现各类政策协调的体制机制，走出"集体行动的困境"，尽可能减少影响民间投资增速放缓的经济政策不确定性因素，从根本上破解国有投资与民间投资增长趋势背离的驱动机制。二是高度重视金融摩擦的放大效应，以深入推进利率市场化改革为抓手，构建有利于民间投资增速企稳回升的金融环境。在基本放开利率行政管制的基础上，进一步健全市场化利率形成和调控机制，一方面，可以推动金融资源流向发展前景好的行业和运营效率高的企业，直接获得金融资源配置效率提升带来的"改革红利"；另一方面，可以获得金融摩擦程度降低带来的民间投资"促进红利"，即失去金融摩擦这个"杠杆支点"，经济政策不确定性对民间投资的负面影响，以及国有投资和民间投资增长趋势背离的形成基础，就不再包含金融加速器效应和债务—通缩效应。三是加强分类指导，根据投资不可逆程度和民间投资增速下降幅度的高低对不同行业进行分类，做到定向施策、精准发力。政策之目的不是消除实物期权效应，而是在政策资源有限的前提下，针对那些投资不可逆程度高、民间投资增速下降幅度大的行业，通过深入推进供给侧结构性改革，尽可能抵消实物期权效应带来的负面影响，稳定这些行业中民间投资主体的预期，形成民间投资增速企稳向好的示范效应，以此带动国有投资和民间投资实现平衡、稳定增长。

参考文献

[1] 李凤羽、杨墨竹，2015：《经济政策不确定性会抑制企业投资吗？——基于中国经济政策不确定性指数的实证研究》，《金融研究》第4期。

[2] 钱军，2016：《中国金融改革的市场化进程前瞻》，《人民论坛·学术前沿》第11期。

[3] 童盼、陆正飞，2005：《负债融资、负债来源与企业投资行为》，《经济研究》第5期。

[4] 王义中、宋敏，2014：《宏观经济不确定性、资金需求与公司投资》，《经济研究》第2期。

[5] 杨熠、林仁文、金洪飞，2013：《信贷市场扭曲与中国货币政策的有效性——引入非市场化因素的随机动态一般均衡》，《金融研究》第9期。

[6] 易峘、梁红，2016：《民间投资借贷成本有多高？》，《中国国际金融股份有限公司宏观经济研究报告》，7月21日。

[7] 俞乔、陈剑波、杨江、张玮，2002：《非国有企业投资行为研究》，《经济学（季刊）》第2期。

[8] Baker, Scott R., Nicholas Bloom, and Steven J. Davis, 2016. Measuring Economic Policy Uncertainty. *Quarterly Journal of Economics*, 131 (4): 1593 – 1636.

[9] Bernanke, B. S., 1983. Irreversibility, Uncertainty, and Cyclical Investment. *Quarterly Journal of Economics*, 98 (1): 85–106.

[10] Bernanke, B. S., Gertler, M., and Gilchrist, S., 1999. The Financial Accelerator in a Quantitative Business Cycle Framework//Taylor, J. B. and Woodford, M., editors. *Handbook of Macroeconomics*. 1 (21): 1341–1393.

[11] Bloom, N, Bond, S and Van Reenen, J., 2007. Uncertainty and Investment Dynamics. *Review of Economic Studies*, 74 (2): 391–415.

[12] Bonciani, Dario and van Roye, Bjoern, Uncertainty Shocks, 2015. Banking Frictions and Economic Activity. ECB Working Paper, 1825.

[13] Campello, M., Graham, J. R. and C. R. Harvey, 2010. The Real Effects of Financial Constraints: Evidence from a Financial Crisis. *Journal of Financial Economics*, 97 (3): 470–487.

[14] Christiano, Lawrence J. and Motto, Roberto and Rostagno, Massimo, 2010. Financial Factors in Economic Fluctuations. ECB Working Paper, 1192.

[15] Fernández-Villaverde, J., P. Guerrón-Quintana, K. Kuester, and J. Rubio-Ramírez, 2015. Fiscal Volatility Shocks and Economic Activity. *American Economic Review*, 105 (11): 3352–3384.

[16] Driver, C., K. Imai, P. Temple, and G. Urga, 2004. The Effect of Uncertainty on UK Investment Authorization: Homogenous vs. Heterogeneous Estimators. *Empirical Economics*, 29 (1): 115–129.

[17] Farinas, J. C., and S. Ruano, 2005. Firm Productivity, Heterogeneity, Sunk Costs and Market Selection. *International Journal of Industrial Organization*, 23 (7): 505–534.

[18] Hubbard, R. G., 1998. Capital Market Imperfections and Investment. *Journal of Economic Literature*, 36 (1): 193–225.

[19] Gilchrist, S., Sim, J. W., and Zakrajsek, E., 2014. Uncertainty, Financial Frictions, and Investment Dynamics. NBER Working Papers, 20038.

[20] Gulen, H. and M. Ion, 2016. Policy Uncertainty and Corporate Investment. *Review of Financial Studies*, 29 (3): 523–564.

[21] Hsieh, Chang-Tai and Peter J. Klenow, 2009. Misallocation and Manufacturing TFP in China and India. *Quarterly Journal of Economics*, 124 (4): 1403–1448.

[22] Inci, A. C., Lee, B., and Shu, J., 2009. Capital Investment and Earnings: International Evidence. *Corporate Governance: An International Review*, 17 (5): 526–545.

[23] Kim, Hyunseob and Kung, Howard, 2017. The Asset Redeployability Channel: How Uncertainty Affects Corporate Investment. *Review of Financial Studies*, 30 (1): 245–280.

[24] Kumar, P. and V. Yerramilli, 2018. Optimal Capital Structure and Investment with Real Options and Endogenous Debt Costs. *Review of Financial Studies*, forthcoming.

[25] Pastor, L. and P. Veronesi, 2012. Uncertainty about Government Policy and Stock Prices. *Journal of Finance*, 67 (4): 1219–1264.

[26] Wang Yizhong, Chen C. R. and Huang Y. S., 2014. Economic Policy Uncertainty and Corporate Investment: Evidence from China. *Pacific-Basin Finance Journal*, 26 (3): 227–243.

Economic Policy Uncertainty and Growth Divergence between State-owned Investment and Private Investment in China

Li Pengfei

Abstract: By conducting panel estimations, we find that economic policy uncertainty (EPU) has a significant negative effect on the growth of private investment (PI) in China, which is an important factor leads to the growth divergence between state-owned investment (SI) and PI in China. The negative influence of EPU on PI has multi-dimensional features, which includes direct real option effect, and financial accelerator effect and Fisher deflation effect due to financial friction. Panel threshold model estimation shows that the exacerbating effect of financial friction has some non-linear characters. At a lower level of financial friction, there is no significant exacerbating effect of financial friction on the negative effect of EPU, because the agents of PI are in the face of a more equitable financing environment. When financial friction exceeds the threshold, it will aggravate further the negative effect of EPU on PI, because the financing costs of PI are higher than non-private investment.

Key Words: Economic Policy Uncertainty; State-owned Investment; Private Investment; Panel Threshold Model

中国专利创新的区域特征与空间格局演变

陈晓东　胡　伟　陈　竹

摘　要：党的十九大明确提出，要加快建设创新型国家，创新是引领发展的第一动力，是建设现代化经济体系的战略支撑。专利是实现科技研发与创新向现实生产力转化的一个重要关口，是实现我国经济增长方式由要素、投资驱动发展向创新驱动发展转变的核心推动力。运用地理信息系统的空间分析方法，结合空间计量方法，以省级面板数据（专利授权量）为基础，分析1996~2015年中国专利创新区域发展特征及其在地理空间范围内的格局演变、省际区域层面专利结构动态演变特征与趋势。研究结果表明：①我国专利创新的空间格局分布具有较为显著的阶段性特征：由北至南（1996~2005年）→由西向东（2006~2012年）→由东向西（2013~2015年）；②三类专利的空间演变路径均较为清晰，发明专利与实用新型专利的演变路径与专利授权量的演变路径大致相似；③在专利结构演变与专利密度提升方面，中西部地区的陕西、重庆、四川等省市区已赶超东部地区的部分省市区，且这种势头还在持续；④省际专利创新的离散型（随机）分布格局得到明显改善，尤其是2008年金融危机后，我国省际专利创新的集聚态势逐渐显著，整体表现为"离散→集聚"。

关键词：专利创新；专利结构；区域差异；空间格局

一、问题提出

专利作为直接影响生产率的创新产出成为重要战略资源[1]，是实现由科技研发与创新向现实生产力转化的一个重要关口，是最贴近生产力的知识产权表现形式，是相当可靠的创新衡量指标。[2]随着产业结构不断调整、优化升级，专利在产业结构调整过程中发挥着越来越重要的作用。[3]《中共中央国务院关于深化体制机制改革加快实施创新驱动发展战略的若干意见》指出，创新是推动一个国家和民族向前发展的重要力量，

面对全球新一轮科技革命与产业变革的重大机遇和挑战，面对经济发展新常态下的趋势变化和特点，必须加快实施创新驱动发展战略。[4]《国务院关于新形势下加快知识产权强国建设的若干意见》（国发〔2015〕71号）指出，全球新一轮科技革命和产业变革蓄势待发，我国创新引领发展的趋势更加明显，为深入实施创新驱动发展战略，亟须建立知识产权与产业发展相结合的知识产权体制机制，加快知识产权强国建设。[5]

党的十八大明确提出"科技创新是提高社会生产力和综合国力的战略支撑，必须摆在国家发展全局的核心位置"[6]，尤其是我国经济增长步

＊ 本文发表在《江苏社会科学》2018年第4期。
［作者简介］陈晓东，中国社会科学院工业经济研究所执行研究员；胡伟，中国社会科学院工业经济研究所博士后；陈竹，天津城建大学经济与管理学院讲师、博士。

入新常态后，科技创新已成为当前我国转方式调结构的重要推动力[7]；党的十九大明确提出"要加快建设创新型国家"，并指出"创新是引领发展的第一动力，是建设现代化经济体系的战略支撑"[8]，创新驱动作为国家发展战略，是指导区域经济社会实践和转型升级的重要理论依据[9]，也是我国在新的发展阶段贯彻"以供给侧结构性改革为主线"要求的具体举措。

面对经济新常态下我国经济发展的新形势与新任务，在国家大力推进知识产权战略、强化创新驱动发展、持续深化供给侧结构性改革的大背景下，研究区域专利创新的区域差异与空间格局演变特征，不仅有助于深刻掌握区域间专利创新的发展格局与演变态势，为提高知识溢出的正外部性、整合区域创新成果提供理论支撑，也为有针对性地推进创新驱动发展、深化供给侧结构性改革提供理论与实践参考。

二、文献综述

在知识经济时代，专利作为一种新兴的生产要素在区域间的市场竞争中发挥着越来越重要的战略性作用，成为影响甚至决定区域竞争实力的关键因素[10]，学者们从专利密度、专利结构、专利创新效率等多个视角对专利创新的空间格局进行了深入的研究。

基于专利密度的空间格局研究：孙玮等通过对东北地区2000～2012年专利密度及其分布的时空演化特征进行分析，发现东北地区的专利密度呈持续上升态势但增速逐渐放缓，城市间专利密度存在明显差异，且极化趋势显著。[10]曾鹏等对我国三种类型专利密度分布进行时空差异分析，指出我国省域专利密度均有所提高，发明专利密度指数水平提升较快。[1]

基于专利结构的空间格局研究：刘凤朝和潘雄锋通过对我国八大经济区专利结构分布、变动的差异和基本特征进行研究，指出在1990～2003年我国各大经济区的专利结构均呈现出由纺锤形向哑铃形的转变。[11]刘凤朝和沈能从专利结构视角对我国区域创新能力差异进行研究，发现以发明专利表征的原始创新能力在地区间表现出明显的趋异特征。[12]

基于专利创新效率的空间格局研究：赵惠芳等通过构建专利创新效率综合评价指标体系，对我国东、中、西部区域创新效率进行分析，指出我国中西部地区与东部地区创新效率存在较大差异。[13]崔恺媛等基于随机前沿分析（SFA）方法对山东省17个城市专利创新效率进行分析，指出2004～2008年山东各城市的专利创新效率呈上升趋势，但城市间的效率差距较大。[14]李靖等运用空间计量分析技术对1998～2007年30个省级区域创新的空间相关与集聚进行分析，指出区域创新存在显著的正向空间相关性，且在东部及沿海地区形成了创新活动的密集带；地理区位特征与社会经济特征均会对区域创新产出及其空间相关性产生影响。[15]孙磊等从全国、省际区域、八大综合经济区等不同视角对我国专利密集型产业进行分析，指出2005～2014年，我国专利密集型产业的技术创新效率进步迟缓，东部沿海地区的经济实力与专利密集型产业的技术创新效率不相匹配。[16]

随着知识时代的到来，专利创新的空间格局日益受到学者们的广泛关注：罗发友通过对1994～2002年中国各省区专利授权量进行分析，指出中国创新产出具有明显的空间分布特征。[17]李志刚等以省际专利数据作为衡量创新产出的指标，对我国创新产出的空间分布特征进行分析，指出1990～2004年我国创新产出的不平衡性逐渐加剧，并呈现出在少数省区聚集的现象。[18]张玉明等利用空间计量分析方法，对中国31个省际区域创新产出的空间分布以及空间相关性进行研究，指出中国省际区域创新产出呈现空间集聚和空间依赖的特点，而非随机分布。[19]

符淼运用空间计量方法对省域专利面板数据进行分析，指出人口流动和流动导致的某些区域人口的增量对专利创新有重要的影响。[20]Chen等按八大区域划分对我国1999～2004年的专利申请活动进行分析，并对专利申请与GDP、R&D投入的关系进行分析。[21]于伟等基于2007～2009年的省域专利授权数据进行分析，指出我国各省域专利授权总数和发明专利授权量存在空间相关关系，区域间差异明显。[22]陈晶等采用GIS技术对1988~2008年发明专利分布的空间演化过程进行分析，发现我国区域创新活动特征已逐渐从单极化的点状发展向沿海区域分散化的线、面发展转变，且区域差距呈现扩大趋势。[23]王春杨等运用ESDA方法对1997~2009年我国341个城市专利产出的时空演变特征进行分析，指出城市专利产出的空间差异在全国层面趋于发散，在依据空间依赖模式进行分组的区域内部却表现出相异的时空演变特征。[24]肖刚等以专利授权总量为主要指标，基于省域空间单元对1985~2013年中国区域创新差异的时空动态演化过程、格局与特征进行分析，指出中国区域创新差异整体上呈现继续扩大的态势。[25]

综上所述，学者们从多个视角对专利或专利创新的空间格局做了卓有成效的研究，这些研究对于深刻掌握我国专利创新发展现状和推动专利创新进一步发展，具有重要的理论参考和实践指导作用。然而，专利创新空间格局演变的阶段性特征并未受到学者们的广泛关注。因此，本文基于1996~2015年的面板数据，分析省际区域专利创新时空特征，为转变经济增长方式，推进创新驱动发展提供一个新的研究视角。

三、理论模型

本文主要运用空间分析框架下的重心模型（Gravity Center Model）、叠置分析（Overlay Analysis）、全局自相关分析（Global Moran's I）等模型和方法。此外，为使专利创新空间发展阶段特征的识别更为清晰与精准，本文首先通过计算专利授权量的重心，然后对1996~2015年的所有重心点进行聚类分析。

（一）重心模型

重心模型[26,27]表示各个方向的力量在合力作用点的对比保持相对稳定，可用于识别一组要素的地理中心（或密度中心）。重心是指在区域经济空间里各个方向上的经济力量保持相对均衡的合力作用点，根据重心模型的构建机理，重心点表示各省（区/市）各类统计值在全国范围内重新达到相对均衡的合力作用点，由于1996~2015年间中国各省（区/市）的地理坐标位置基本不变①，从而使得各省（区/市）统计值（GDP、专利授权量）的变化成为影响重心点迁移的关键变量。

设定各省（区/市）的地区生产总值（GDP）、专利授权量（总量、发明专利、实用新型专利、外观设计专利）为作用力，即可得到逐年演变各类重心，以及各类统计值的重心迁移轨迹线，重心计算公式为：

$$x_j = \sum_{i=1}^{n} M_{ij} \cdot X_{ij} \Big/ \sum_{i=1}^{n} M_{ij} \quad (1)$$

$$y_j = \sum_{i=1}^{n} M_{ij} \cdot Y_{ij} \Big/ \sum_{i=1}^{n} M_{ij} \quad (2)$$

其中，$G(x_j, y_j)$表示重心点，j表示年度（$j = 1996, 1997, \cdots, 2015$），$i$表示各省（区/市）（$i = 1, 2, 3, \cdots, 31$），$M_i$表示各省（区/市）的属性值（分别用GDP、专利授权量表示），X_i、Y_i表示i省（区/市）的地理位置。

结合叠置分析与重心模型，本文可以基于地理信息系统的空间分析与空间统计分析方法，依据各省（区/市）的专利授权量，分析1996~2015年以来中国专利创新的时空演变格局，以及中国专利创新的区域转移态势。

（二）Moore结构值

Moore结构值指标运用空间向量测定法，以向量空间夹角为基础，时间序列的Moore结构变化值可细致、灵敏地揭示产业结构变化的过程与程度。[28]本文将Moore结构值应用于专利结构分析，将专利分为3类（发明、实用新型、外观设计），构成一组三维向量，把两个时期间两组向量间的夹角，作为表征专利结构变化程度的指标，其计算公式[29]：

$$M^+ = \frac{\sum_{i=1}^{n} W_{i,t} \times W_{i,t+1}}{\sqrt{\sum_{i=1}^{n} W_{i,t}^2} \times \sqrt{\sum_{i=1}^{n} W_{i,t+1}^2}} \quad (3)$$

---

① 1997年重庆建制直辖市，并未从根本上改变各省（区/市）的空间分布格局。

其中，M^+ 表示 Moore 结构变化值，$W_{i,t}$ 表示 t 期第 i 类专利所占比重，$W_{i,t+1}$ 表示 $t+1$ 期第 i 类专利所占比重。当某类专利在专利授权量中的份额发生变化时，它与其他类型专利（向量）的夹角就会发生变化。将两个时期两组向量间的夹角作为象征专利结构变化程度的指标，把所有的夹角变化累计起来，就可以得到各省市区的专利结构变化情况。

设定专利份额（矢量）之间变化的总夹角为 θ，则有：

$$\cos\theta t = M_t^+, \quad \theta_t = \arccos M_t^+ \quad (4)$$

其中，t 表示时间跨度，θ_t 越大表明专利结构变化的幅度越大。Moore 结构值标度了两个时期间专利结构变动的快慢，值越大表明专利结构变动幅度越大。①

（三）全局空间自相关

本文采用全局 Moran's I[30] 指数计算中国各省（区/市）的专利授权量（总量，发明、实用新型、外观设计）在空间上的平均关联的程度，全局 Moran's I 指数的计算公式为：

$$It = \frac{\sum_{i=1}^{n}\sum_{j=1}^{n} w_{i,j}(x_{it}-\bar{x}_t)(x_{jt}-\bar{x}_t)}{\sum_{i=1}^{n}\sum_{j=1}^{n} w_{i,j} \sum_{i=1}^{n}(x_{it}-\bar{x}_t)^2}$$

$$= \frac{\sum_{i=1}^{n}\sum_{i\neq j}^{n} w_{i,j}(x_{it}-\bar{x}_t)(x_{jt}-\bar{x}_t)}{So^2 \sum_{i=1}^{n}\sum_{j=1}^{n} w_{i,j}}$$

$$So^2 = \frac{\sum_{i=1}^{n}(x_{it}-\bar{x}_t)^2}{n}, \bar{x}_t = \frac{1}{n}\sum_{i=1}^{n} x_{it} \quad (5)$$

其中，$w_{i,j}$ 是各省（区/市）i 和 j 之间的空间权重，n 为观测数据样本的省（区/市）个数，So 是所有空间权重的聚合。

统计的 ZI 得分计算公式为：

$$ZI = \frac{I - E[I]}{\sqrt{V[I]}} \quad (6)$$

其中，$E[I] = -1/(n-1)$，$V[I] = E[I^2] - E[I]^2$，$E[I^2]$ 的计算公式如下：

$$E[I^2] = \frac{n[(n^2-3n+3)S_1 - nS_2 + 3So^2]}{(n-1)(n-2)(n-3)So^2}$$

$$- \frac{D[n^2-n]S_1 - 2nS_2 + 6So^2]}{(n-1)(n-2)(n-3)So^2} \quad (7)$$

$$D = \frac{\sum_{i=1}^{n}(x_{it}-\bar{x}_t)^4}{(\sum_{i=1}^{n}(x_{it}-\bar{x}_t)^2)^2},$$

$$S_1 = \frac{1}{2}\sum_{i=1}^{n}\sum_{i=1}^{n}(w_{i,j}+w_{j,i})^2,$$

$$S_2 = \sum_{i=1}^{n}(\sum_{i=1}^{n} w_{i,j} + \sum_{i=1}^{n} w_{j,i})^2 \quad (8)$$

四、数据与方法说明

（一）数据来源

本文研究使用的数据为中国 31 个省（区/市）级行政单元 1996~2015 年国内三种专利授权量（授权量，件）、发明专利授权量（发明，件）、实用新型专利授权量（实用新型，件）、外观设计专利授权量（外观设计，件）②，年末人口数（年末人口，万人），研究区域不包括香港、澳门、台湾等地区。1996~2015 年的 GDP 数据来自 1997~2016 年《中国统计年鉴》，三种专利授权量（发明、实用新型、外观设计）数据来自 1997~2016 年《国家知识产权局统计年报》。

由于《国家知识产权局统计年报》在 2010 年的统计数据中才开始区分专利申请量与受理量，在此之前统计为"申请受理量"，为使得本文研究的时间跨度更为完整，本文研究中所使用的专利数据为授权量数据（专利授权量的数据 1996~2015 年均完整）。尽管在众多研究中均认为专利申请量能客观真实地反映一个地区的创新活跃程度[31]，本文认为专利授权量更能真实地体现一个

---

① 但不能反映专利结构是否向高度化、合理化演进的趋势和方向。
② 发明是指对产品、方法或者其改进所提出的新的技术方案；实用新型是指对产品的形状、构造或者其结合所提出的适于实用的新的技术方案；外观设计是指对产品的形状、图案或者其结合以及色彩与形状、图案的结合所作出的富有美感并适于工业应用的新设计。参见：中华人民共和国专利法 [EB/OL]. http://www.npc.gov.cn/wxzl/gongbao/2009-02/05/content_1505227.htm, 2017-07-28.

地区的创新活跃程度和创新实效,因为并不是所有专利申请都能成为国家认可的专利,而专利授权量则表明在一定的标准体系下被国家知识产权局认可的专利创新水平。

表1 主要变量的描述性统计

变量		年度	观测值数	均值	中位数	标准差	最小值	最大值
三种专利授权量(件)	发明	1996~2015	31×20=620	1753.45	298	4194.47	0	36015
	实用新型	1996~2015	31×20=620	7359.15	1903	15882.06	1	124465
	外观设计	1996~2015	31×20=620	5308.05	734	16329.34	1	175758
	授权量	1996~2015	31×20=620	14420.64	3124	34300.61	2	269944
年末人口(万人)		1996~2015	31×20=620	4185.02	3752	2671.57	244	11430

资料来源:笔者根据整理的年鉴数据利用 Matlab R 2010b 计算而成。

(二)研究过程

本文的研究过程分为以下三步。

第一步,计算专利授权总量、发明专利授权量、实用新型专利授权量、外观设计专利授权量等统计值1996~2015年的重心点;将各类重心点逐年连接成线,以获得各类统计值在地理空间上的迁移轨迹线;

第二步,计算各省(区/市)专利创新的Moore结构值与结构层次系数;计算各省(区/市)各类专利的全国占比和专利密度。

第三步,对各省(区/市)历年的专利授权量(总量、发明专利、实用新型专利、外观设计专利)进行空间自相关分析,计算 Moran's I 指数。

五、实证结果分析

(一)专利创新阶段性特征分析

1996~2015年,我国专利授权量的重心点集中在靠近东部沿海地区的一个较小区域,这种态势并未根本性的改变,专利创新的省际不均衡现象依旧。专利创新的空间格局分布具有较为显著的阶段性特征:"由北至南→由西向东→由东向西"。

第一阶段,1996~2005年,呈现显著南移态势。这一阶段东北三省的专利授权量全国占比逐年下滑,由1996年的11.85%降至2005年的7.03%,与此同时,广东省的专利授权量呈现快速增长态势,不仅总量急剧增长,其全国占比也是逐年上升,由1996年的14.43%上升至2005年的23.33%,占到全国总量的近1/4。正是由于东北地区比重的下降,以及广东省的比重快速增长,合力作用下使得专利授权量的重心点呈现显著南移态势。同期表现出轻微的东移态势主要归因于与上海(4.41%→7.97%)、江苏(7.06%→8.59%)、浙江(6.60%→12.5%)三省市的全国占比有不同幅度的上升,推动着其重心点缓慢东移。

在这一阶段,各省(区/市)专利授权量的极差呈现较为显著的上升态势,由1996年的14.03%上升至2005年的23.30%,尽管在1999年亚洲金融危机期间和2003年"非典"期间出现不同幅度的下滑,但随即分别在第二年(2000年和2004年)很快恢复了上升态势。由此表明,在1996~2005年期间,我国各省(区/市)的专利创新差距呈现扩大趋势,只是在1998年亚洲金融危机之后,省际差距扩大的态势趋于缓和。

第二阶段,2006~2012年,表现为东移态势进一步强化,但东移速度依然缓慢。得益于江苏省的专利授权量全国占比快速提升、浙江省的专利授权量全国占比缓慢提升,以及广东省全国占比加速下降,这一阶段的重心点不再继续南移,而是转向东迁移。在此阶段,省际差距在前期呈现缩小态势,至2009年达到"V"形谷底后快速反弹,以至于到2012年其省际差距23.89%,超过前一阶段2005年的最高值(23.30%)。

第三阶段,2013~2015年,表现为快速西移态势。在此期间东部地区大部分省市区的全国占比呈现下降趋势,其中江苏、浙江两省的全国占比下降幅度最大,分别由 2012 年的 19.80%、16.75% 下降至 2015 年的 15.86%、14.89%,降幅分别达 3.94 个百分点、1.83 个百分点;与此同时,中部和西部的大部分省区市在专利创新方面加速发力,分别实现了 1.15%、2.01% 的全国占比增量,从而不仅使重心点加速西移,极大地缩小了省际差距。

整体来看,在过去的 20 年间,我国专利创新的省际差距呈现出较为显著的 M 形轨迹(见图 1):第一阶段整体表现为波动上升;第二阶段呈现为 V 形轨迹,即省际差距经历了先缩小再扩大的过程;第三阶段,省际差距呈现加速缩小的态势,到 2015 年省际极差已降至 15.85%,略高于 1996 年 14.43%。由此也表明,在过去的 20 年间,我国专利创新的省际差距并没有缩小。

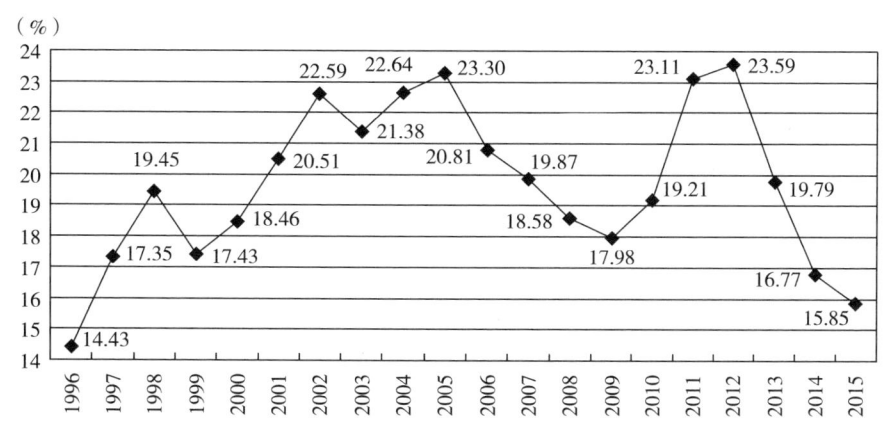

图 1 1996~2015 年各省(区/市)专利授权量全国占比极差变化趋势

纵观三个不同发展阶段,1996 年以来,中国专利创新集聚在东部地区或靠近东部地区的发展态势并未得到根本性的改变,无论是从专利授权量的省际差距来看,还是从其重心点分布来看,如果不出现大的创新政策调整,专利创新省际发展不均衡、区域分布不均衡的现象仍将在一段时间内持续,但省际差距有进一步缩小的趋势。

(二)不同类型专利的演变路径分析

结合地理加权叠置分析与重心模型,本文基于地理信息系统的空间分析与空间统计分析方法,依据各省(区/市)的专利授权量(总量,发明专利、实用新型专利及外观设计专利)得到逐年的重心,经图层的叠置与合并,可得各类专利重心的迁移轨迹线,从而展示出各类专利授权量的路径演变。

1996~2015 年,我国三类专利的空间演变路径均较为清晰,发明专利与实用新型专利的演变路径与专利授权量的演变路径大致相似,三者均表现出较为一致的由北向南移态势。发明专利重心相比于实用新型专利和专利授权量的重心更偏向于偏北的地区,其南移态势在 2000~2010 年十分显著,2011~2014 年呈现出缓慢北移的态势,直到 2015 年又回归南移趋势。

实用新型专利的演变路径相比于发明专利略微偏南,相比于专利授权量略微偏北一些,其向南迁移的演变路径在 2010 年之前十分清晰,之后其南移态势趋缓。相比而言,外观设计专利演变路径的阶段性与专利授权量的阶段性特征更为相似,均在 2005 年和 2012 年出现拐点,只是两者的演变趋势不尽相同,在 1996~2005 年(第一阶段)整体表现为东移态势,但期间的演变路径起伏不定,没有清晰的轨迹可寻,自 2006 年开始至 2012 年(第二阶段),其向东北方向迁移的演变路径十分清晰,从 2013 年开始,呈现明显向西南方向迁移的态势,2015 年西移态势更显著。

(三)专利结构与密度的空间格局

本文通过构建专利授权量的 Moore 结构值,

产业发展的热点与焦点问题（2018）

表2 1996~2015年各省区市专利创新的Moore结构值

地区	1996~1997年	1997~1998年	1998~1999年	1999~2000年	2000~2001年	2001~2002年	2002~2003年	2003~2004年	2004~2005年	2005~2006年	2006~2007年	2007~2008年	2008~2009年	2009~2010年	2010~2011年	2011~2012年	2012~2013年	2013~2014年	2014~2015年
北京	◐50.33	◐55.91	◐56.68	◐57.86	◐60.46	◐60.79	◐60.51	◐60.49	◐60.45	◐58.71	◐57.10	◐55.69	◐54.44	◐56.34	◐54.46	◐50.37	◐47.13	◐44.31	◐49.84
天津	◐55.11	◐57.95	◐57.32	◐58.68	◐59.75	◐59.73	◐60.66	◐59.38	◐60.38	◐61.94	◐61.47	◐58.20	◐56.87	◐58.49	◐55.58	◐51.08	◐45.95	◐42.64	◐42.12
河北	◐48.55	◐56.88	◐56.21	◐54.41	◐57.46	◐60.92	◐62.07	◐61.30	◐60.45	◐58.76	◐57.47	◐54.63	◐54.48	◐56.29	◐54.72	◐52.19	◐50.43	◐50.78	◐55.05
山西	◐42.33	◐52.23	◐53.16	◐50.76	◐55.62	◐56.24	◐56.53	◐58.80	◐58.71	◐54.92	◐54.34	◐52.50	◐52.69	◐55.61	◐54.16	◐52.96	◐52.51	◐51.37	◐51.45
内蒙古	◐52.13	◐55.92	◐55.60	◐55.87	◐59.73	◐61.36	◐63.96	◐65.69	◐65.11	◐64.58	◐63.12	◐60.04	◐63.28	◐63.96	◐58.68	◐56.56	◐55.97	◐52.84	◐50.82
辽宁	◐46.05	◐51.34	◐49.88	◐45.97	◐45.29	◐49.20	◐52.86	◐53.73	◐52.53	◐49.31	◐47.22	◐42.62	◐42.64	◐48.08	◐47.66	◐45.10	◐43.30	◐43.20	◐45.79
吉林	○38.69	◐52.54	◐55.58	◐54.12	◐54.70	◐58.94	◐60.33	◐60.00	◐58.26	◐54.22	◐52.18	◐49.47	◐52.84	◐54.79	◐52.47	◐51.81	◐50.58	◐46.77	◐45.42
黑龙江	◐42.52	◐46.40	◐48.99	◐49.65	◐48.90	◐49.91	◐49.97	◐49.71	◐49.52	◐49.18	◐48.09	◐44.41	◐47.24	◐49.21	◐62.29	◐67.13	◐64.89	◐54.18	◐46.68
上海	◐63.70	◐65.77	◐65.76	◐65.85	◐68.01	◐68.23	◐69.34	◐70.46	◐69.72	◐69.61	◐69.16	◐68.51	◐68.66	◐69.00	◐67.18	◐62.90	◐55.85	◐53.26	◐54.21
江苏	◐60.30	◐62.71	◐61.63	◐60.24	◐61.75	◐63.66	◐64.83	◐66.38	◐67.32	◐67.68	◐68.42	◐68.89	◐69.08	◐68.24	◐68.28	◐69.19	◐68.23	◐66.87
浙江	◐66.38	◐67.38	◐67.21	◐67.07	◐67.63	◐67.99	◐68.03	◐68.37	◐68.62	◐68.58	◐68.57	◐68.61	◐68.82	◐68.91	◐68.35	◐68.12	◐67.25	◐68.23	◐65.72
安徽	◐48.76	◐55.43	◐59.78	◐61.52	◐61.20	◐62.25	◐63.07	◐61.79	◐62.89	◐63.04	◐62.40	◐62.73	◐65.54	◐66.10	◐66.16	◐65.17	◐56.73	◐47.59	◐45.18
福建	◐67.96	◐67.40	◐67.75	◐67.98	◐68.09	◐67.85	◐67.77	◐68.20	◐68.37	◐68.54	◐68.22	◐67.83	◐67.74	◐67.43	◐64.61	◐63.05	◐62.90	◐63.71	◐64.49
江西	◐54.31	◐61.78	◐61.72	◐59.67	◐63.27	◐66.13	◐65.94	◐65.08	◐65.49	◐64.35	◐61.34	◐58.50	◐62.57	◐64.09	◐63.03	◐62.85	◐62.09	◐63.78	◐64.79
山东	◐56.20	◐59.17	◐58.10	◐57.41	◐58.20	◐59.12	◐60.37	◐60.68	◐61.41	◐60.58	◐58.42	◐56.30	◐56.60	◐56.23	◐51.46	◐45.73	◐42.55	◐43.49	◐45.16
河南	◐44.07	◐49.57	◐50.46	◐48.73	◐49.79	◐52.73	◐55.40	◐58.14	◐60.09	◐60.76	59.94	◐61.63	◐63.20	◐60.49	◐55.44	◐52.89	◐51.31	◐51.38	◐53.20

续表

地区	1996~1997年	1997~1998年	1998~1999年	1999~2000年	2000~2001年	2001~2002年	2002~2003年	2003~2004年	2004~2005年	2005~2006年	2006~2007年	2007~2008年	2008~2009年	2009~2010年	2010~2011年	2011~2012年	2012~2013年	2013~2014年	2014~2015年
湖北	◐44.21	◐50.34	◐53.27	◐53.37	◐54.49	◐56.29	◐56.47	◐55.36	◐57.19	◐56.83	◐54.21	◐53.32	◐59.70	◐62.54	●60.73	◐57.47	◐52.97	◐49.39	◐48.42
湖南	◐44.67	◐46.66	◐49.99	◐53.70	◐54.43	◐55.05	◐59.67	●62.94	●62.70	●66.40	●66.20	●60.65	●62.41	●63.53	●63.03	●62.76	●60.21	●58.65	●60.90
广东	●66.62	●65.84	●66.44	●67.31	●67.47	●67.33	●67.44	●68.12	●68.41	●68.64	●68.72	●69.09	●69.69	●69.67	●69.42	●68.91	●68.30	●67.86	●68.09
广西	●64.48	●65.50	●63.40	●61.90	●60.03	●59.61	●61.92	●64.59	●64.66	●63.35	●61.65	●58.74	●61.64	●62.74	●61.48	●61.27	●58.58	◐53.90	◐55.75
重庆	◐54.80	●61.80	●61.74	●61.80	●64.18	●67.43	●68.22	●68.41	●68.51	●68.35	●67.92	●65.57	●67.00	●67.21	●63.96	●60.55	●56.28	●57.19	●57.69
四川	◐57.99	●62.53	●63.56	●64.67	●67.35	●68.06	●68.28	●68.80	●68.84	●69.26	●69.01	●68.79	●69.16	●69.04	●68.81	●68.04	●66.77	●65.68	●66.49
贵州	●61.12	●63.84	●61.33	●63.37	●65.17	●64.97	●66.17	●66.39	●62.30	◐58.58	◐56.16	◐53.57	◐56.25	◐59.01	●60.11	●64.54	●66.39	●66.49	●66.42
云南	●65.34	●65.34	●63.75	●65.34	●66.87	●67.44	●68.25	●67.94	●67.81	●68.19	●67.51	●65.69	●66.32	●66.18	●62.78	◐58.71	◐54.68	◐51.90	◐52.40
西藏	●68.15	●69.79	●74.04	●71.51	●70.20	●71.46	●70.08	●71.08	●67.72	●66.54	●68.72	●70.07	●71.67	●70.71	●71.44	●73.49	●64.51	●66.47	●71.10
陕西	◐46.49	◐52.05	◐52.99	◐51.39	◐51.77	◐53.42	◐54.28	◐55.41	◐54.42	◐54.40	◐55.62	◐53.92	◐55.37	◐57.79	◐54.20	◐48.75	◐47.96	◐46.40	◐59.84
甘肃	◐50.47	◐51.75	◐47.01	◐48.63	◐53.61	◐54.84	◐54.01	◐51.30	◐51.22	◐55.26	◐55.44	◐52.71	◐52.90	◐55.82	◐53.12	◐50.33	◐51.61	◐49.57	◐50.93
青海	◐52.15	◐54.50	◐53.45	◐59.48	◐62.06	●61.80	●67.57	●68.39	●64.67	●63.26	●69.59	●69.03	●70.34	●71.77	●71.04	●70.74	●66.50	●60.53	●60.94
宁夏	◐41.88	◐47.15	◐46.22	◐48.41	◐59.44	●64.80	●66.45	●68.33	●66.86	●61.74	●61.83	●66.42	●69.44	●68.35	●73.36	◐51.89	◐49.04	◐41.01	◐40.44
新疆	◐40.26	◐49.84	◐54.00	◐55.68	◐55.23	◐55.77	◐56.23	◐55.29	●60.33	●60.14	◐56.92	◐54.87	◐53.58	◐51.18	◐45.21	◐48.93	◐54.97	◐53.55	◐57.98
海南	●72.21	●65.41	●66.45	●67.58	●67.87	●67.25	●68.77	●69.56	●69.95	●69.21	●68.00	●64.60	●63.77	●66.68	●64.36	◐59.33	◐55.83	◐57.92	●60.70
全国	●61.91	●64.90	●64.72	●64.15	●65.50	●66.66	●67.77	●68.30	●68.22	●68.05	●67.51	●67.04	●68.44	●68.63	●67.90	●67.49	●65.73	●63.01	●62.69

注：实心黑圆表示Moore结构值≥60；3/4实心黑圆表示60＞Moore结构值≥55；半心黑圆表示55＞Moore结构值≥50；1/4实心黑圆表示50＞Moore结构值≥40；空心圆表示40＞Moore结构值。

清晰地反映了各省（区/市）专利结构的变化程度，1996~2015 年，各省（区/市）的专利结构均经历了较大的变化，其 Moore 结构值基本在 40 度以上。上海、江苏、浙江、安徽、福建、江西、广东、广西、重庆、四川、云南、西藏、青海、宁夏、海南等省区市的专利结构变化程度均十分显著；而在过去的 20 年中，东北三省（黑龙江、辽宁、吉林）专利结构的变动程度则处于全国的较低水平，且一直低于全国平均水平（见表2）。

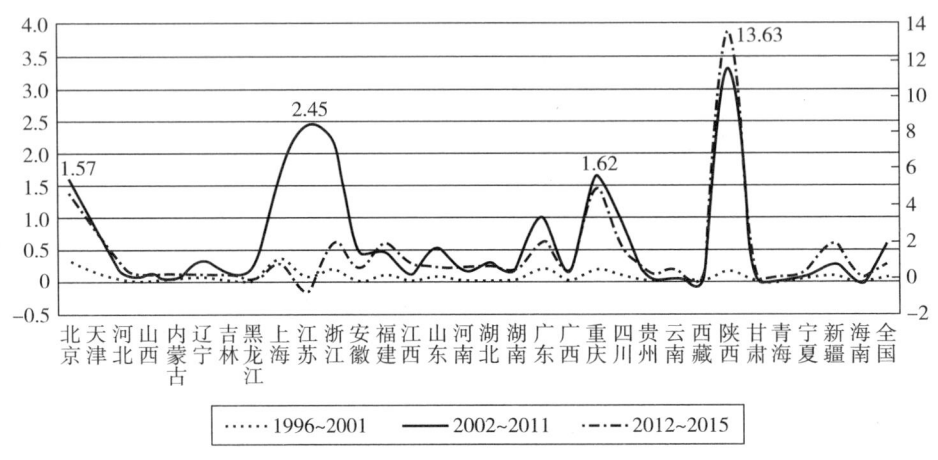

图 2　专利结构波动阶段与专利密度年均变化（件/百万人）

注：笔者使用 Excel 绘制，左侧轴对应 1996~2001 年、2002~2011 年，右侧轴对应 2012~2015 年。

通过对 1996~2015 年各省区市专利创新的 Moore 结构值做进一步分析，1996~2001 年期间各省区市的专利结构变动程度都较为平稳，2001~2011 年各省区市的专利结构变动程度出现较大波动，具体表现为大部分省（区/市）的 Moore 结构最大值集中在此期间（见表2），2011 年以后，各省区市专利结构的变动逐渐回归于 2001 年前的平稳状态。

再结合各省区市的专利密度进行分析，省际专利结构的变动与专利密度之间具有一定的关联关系，依据图 2 可知，2002~2011 年，陕西、江苏、浙江、上海、北京、重庆、天津、广东等省区市的专利密度年均增量较为显著，以陕西、江苏、浙江、上海、北京和重庆等地最为显著，其年均增长都在 1.5 件/百万人以上；2012~2015 年，陕西、重庆、北京三省市的专利密度得到显著提升，其中以陕西为最，其专利密度在这 3 年间提升了 54.54 件/百万人，实现了年均 13.63 件/百万人的高速增长。与此同时，江苏、黑龙江两省的专利密度有所下降，分别减少 2.7 件/百万人、0.3 件/百万人。

对照上文分析的专利创新空间格局演变的三阶段来看，第二阶段 2006~2012 年各省区市的专利密度增长最为显著，但在第三阶段 2013~2015 年个别省区市的专利密度增量也十分惊人。

在第一阶段（1996~2005 年），上海、重庆、北京、浙江、广东、陕西、天津、江苏、福建、四川等 10 省市（中西部地区有 3 个省市）的年均专利密度增量居于全国水平的 0.0936 件/百万人，但整体来看其增量都不是很显著；第二阶段（2006~2012 年），各省（区/市）的专利密度都实现了较大幅度的增长，实现了全国水平 0.9818 件/百万人的年均增长，其中陕西、江苏、浙江、重庆、北京、上海、四川、天津、广东等 9 省市（中西部地区有 3 个省市）的年均增速在全国水平之上；第三阶段（2013~2015 年），全国水平的专利密度增速下降，但依然保持良好的增长态势，其中有陕西、重庆、北京、天津、广东、福建、四川、浙江、新疆、上海、江西 11 个省份（中西部地区有 5 个省份）的年均增量在全国平均水平之上，尤其是陕西省实现了跨越式的增长，达到了年均12.05件/百万人的增长。

纵观各省份在各阶段的专利密度增长情况，整体而言，中西部地区的专利密度有显著提升，达到全国水平之上的中西部省市逐渐增多。由此表明，在过去的20年间，中西部地区在专利创新方面取得了较为显著的成效，尽管与东部地区的各省份仍然存在一定的差距，但中西部地区的部分省份已明显赶超东部地区的部分省份。

（四）专利创新的空间分布格局

全局空间自相关侧重于研究区域空间对象某一属性的空间分布状态，在给定一组要素及相关空间属性的情况下，"空间自相关"可以评估所表达的模式是聚类模式、离散模式还是随机模式。本文用全局Moran's I指数测度了1996~2015年各省（区/市）的三类专利授权量、发明专利授权量、实用新型授权量、外观设计专利授权量的空间相关性，以此来考察专利创新的空间分布格局。根据Moran's I的原理，Moran's I指数的取值一般为-1~1，Moran's I>0表示测度的样本空间正相关性，其值越大，空间相关性越明显，在空间分布上表现为集聚趋势；Moran's I<0表示测度的样本空间负相关性，其值越小，空间差异越大，在空间分布上表现为离散趋势；Moran's I=0，表示属性随机分布，或不存在空间自相关性，在空间分布上表现为随机分布。本文测度的全局Moran's I指数结果如表3所示。

在表3中，Moran's I一直在0.15~-0.05低位徘徊，表明1996年以来，中国省际专利创新的发展并不存在十分显著的空间相关性，既不存在显著的集聚也不存在显著的离散，其随机性较为显著。

空间自相关分析（Global Moran's I）通过计算Z得分和P值来指示是否可以拒绝零假设。根据表2的测算结果，从发明专利来看，1996~2015年其随机离散态势十分明显，仅个别年份（1996年、1997年、2000年）的Z得分大于1.65（1997年为1.7916）或1.96（1996年为2.1208；2000年为2.0971），且此时的P值小于0.1，表明发明专利只在这3年表现出集聚模式；比较其余年度的Z得分和P值，由于均不落在可置信区间内，因而不能拒绝零假设，即其余年度的发明专利在省际水平的空间分布模式很可能是随机空间过程产生的离散分布结果，整体表现为"集聚→离散"。

从实用新型专利来看，其空间分布的集聚态势较为明显，整体表现为"集聚→离散→集聚"，仅在2001~2008年表现为随机分布态势，其余年度均表现出较为明显的集聚趋势，尤其是1996年、2013年和2014年这三个年份的集聚态势更为显著；从外观设计专利来看，其空间分布几乎完全服从随机分布，基本不体现集聚态势（仅2009年具有不太显著的集聚态势）。

从三类专利的授权总量来看，我国省际专利创新的离散型（随机）分布格局得到了一定的改善，整体表现为"离散→集聚"，得益于实用新型专利日益显著的集聚态势，专利授权量的空间格局向集聚态势靠拢，且这种趋势自2009年以来得到了很好的保持，主要集中在江苏、浙江、广东3省，占据将近全国的一半。如图3所示，专利授权量最少的5省（区/市）之和还不到全国的1.5%（最高时仅为1.47%），特别是自2005年以后其全国占比不到1%。

从四大经济区域来看，我国专利创新呈现向东部地区集聚较为显著的态势，东部地区的专利授权量全国占比由1996年的58.80%上升至2015年的70.35%，提升11.56个百分点，其余三个区域的专利授权量全国占比均呈现下降态势，东北地区由11.85%下降至3.36%，中部地区由13.87%下降至13.55%，仅有略微下降，西部地区由15.39%下降至12.74%，下降2.75个百分点。可见，在过去的20年间，我国专利创新的区域差距并没有缩小，反而呈现进一步扩大的趋势。为进一步呈现过去20年间我国专利创新区域差距趋于扩大的态势，本文将四大经济区域的专利授权量全国占比进行省均折算（见图4），东北地区专利创新的快速下降趋势较为显著，与之相对的是东部地区在波动中快速上升的趋势，中部与西

表 3 1996~2015 年中国专利创新的全局 Moran's I

年份	发明专利 Moran's I	发明专利 Z得分	发明专利 P值	发明专利 模式	实用新型专利 Moran's I	实用新型专利 Z得分	实用新型专利 P值	实用新型专利 模式	外观设计专利 Moran's I	外观设计专利 Z得分	外观设计专利 P值	外观设计专利 模式	三类专利总量 Moran's I	三类专利总量 Z得分	三类专利总量 P值	三类专利总量 模式
1996	0.1081	2.1208	0.0339	C**	0.1866	2.8520	0.0043	C***	-0.0066	0.5231	0.6009	R	0.0158	0.6681	0.5040	R
1997	0.0848	1.7916	0.0732	C*	0.1660	2.5710	0.0101	C**	0.0042	0.7203	0.4713	R	0.0085	0.6021	0.5471	R
1998	0.0513	1.3350	0.1819	R	0.1653	2.5585	0.0105	C**	0.0014	0.6851	0.4933	R	0.0019	0.5331	0.5940	R
1999	0.0535	1.3862	0.1657	R	0.1346	2.1638	0.0305	C**	0.0081	0.7805	0.4351	R	0.0132	0.6673	0.5046	R
2000	0.0993	2.0971	0.0360	C**	0.0974	1.6937	0.0903	C*	0.0088	0.7729	0.4396	R	0.0072	0.5909	0.5546	R
2001	0.0433	1.2242	0.2209	R	0.0928	1.6442	0.1001	R	0.0100	0.7850	0.4325	R	0.0044	0.5703	0.5684	R
2002	0.0378	1.1262	0.2601	R	0.0845	1.5540	0.1202	R	0.0206	0.9557	0.3392	R	0.0126	0.7092	0.4782	R
2003	-0.0214	0.1871	0.8516	R	0.0906	1.6345	0.1022	R	0.0583	1.4028	0.1607	R	0.0479	1.1794	0.2382	R
2004	-0.0488	-0.2225	0.8239	R	0.0655	1.3314	0.1831	R	0.0267	1.0188	0.3083	R	0.0123	0.6917	0.4891	R
2005	0.0096	0.6137	0.5394	R	0.0592	1.2534	0.2101	R	0.0336	1.1206	0.2625	R	0.0228	0.8477	0.3966	R
2006	0.0138	0.6510	0.5150	R	0.0643	1.3216	0.1863	R	0.0670	1.4944	0.1351	R	0.0516	1.2090	0.2266	R
2007	-0.0020	0.4260	0.6701	R	0.0753	1.4602	0.1442	R	0.0815	1.6428	0.1004	R	0.0690	1.4220	0.1550	R
2008	-0.0339	-0.0080	0.9936	R	0.0844	1.5723	0.1159	R	0.0753	1.5159	0.1295	R	0.0710	1.4286	0.1531	R
2009	-0.0422	-0.1229	0.9022	R	0.1083	1.8792	0.0602	C*	0.0856	1.6758	0.0938	C*	0.0910	1.6999	0.0891	C*
2010	-0.0420	-0.1195	0.9049	R	0.1305	2.1781	0.0294	C**	0.0675	1.4495	0.1472	R	0.0936	1.7434	0.0813	C*
2011	-0.0365	-0.0434	0.9654	R	0.1544	2.4990	0.0125	C**	0.0574	1.4601	0.1443	R	0.1052	1.9776	0.0480	C**
2012	-0.0218	0.1558	0.8762	R	0.1544	2.4990	0.0125	C**	0.0358	1.1217	0.2620	R	0.1025	1.9577	0.0503	C*
2013	-0.0092	0.3243	0.7457	R	0.1720	2.7516	0.0059	C***	0.0401	1.0815	0.2795	R	0.1008	1.8691	0.0616	C*
2014	-0.0046	0.3837	0.7012	R	0.1592	2.6054	0.0092	C***	0.0528	1.2079	0.2271	R	0.0954	1.7613	0.0782	C*
2015	0.0295	0.8364	0.4030	R	0.1504	2.4734	0.0134	C**	0.0385	1.0063	0.3143	R	0.0917	1.7061	0.0880	C*

数据来源：利用 Arcgis10.2 计算。* 表示置信度为 90%，** 表示置信度为 95%，*** 表示置信度为 99%，R 表示随机模式（也即离散模式），C 表示集聚模式。

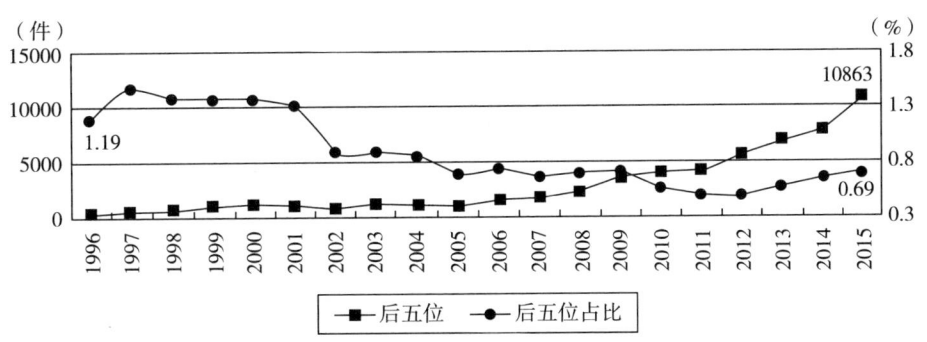

图3 1996~2015年专利授权量最少的5个省区市的全国占比情况

数据来源：笔者绘制。

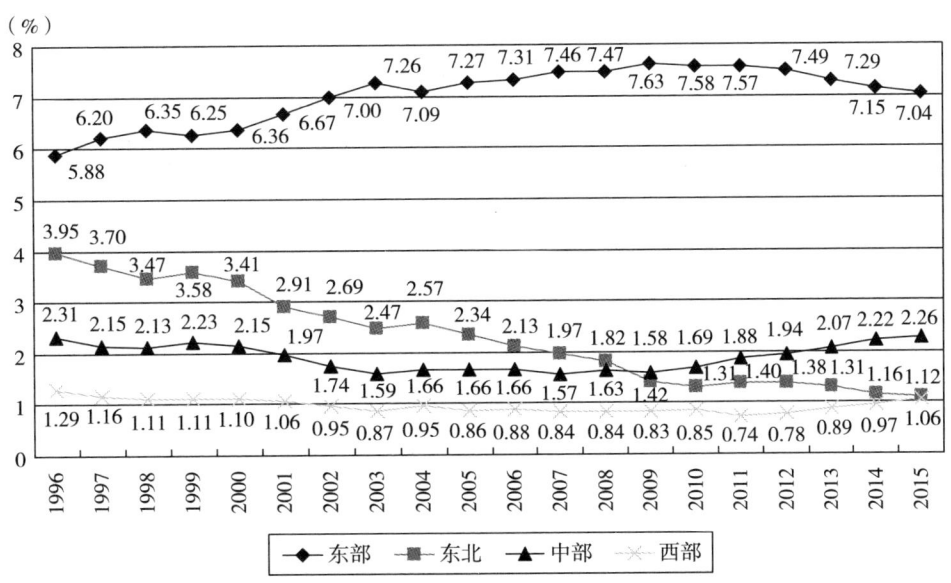

图4 1996~2015年四大经济区域的省均专利授权量全国占比

资料来源：笔者绘制。计算方式为：根据四大区域（东北、东部、中部、西部）将区域内各省区市的专利授权量全国占比加总，然后根据各区域所辖的省区市数量（东北3、东部10、中部6、西部12）计算各区域内的省均专利授权量全国占比。

部地区则都经历了一个先下降、再上升的过程，不过整体还是趋于下降。

综上所述，1996~2015年，在省际水平上，各省（区/市）专利创新在空间上以随机分布态势为主，但其集聚态势正逐步强化；专利创新总量集中的东部地区少数省份的现状长期没有改变，尽管近年来各省区市的专利创新差距有所缩小，但专利创新的区域差距还是表现出扩大趋势。

六、结论与政策含义

（一）结论

本文基于GIS空间分析框架，对1996~2015年中国专利创新的阶段性特征、区域（省际）发展差异、空间分布格局与演变特征进行了分析，主要结论如下。

第一，中国省际专利创新的空间格局演变具有显著的阶段性特征，省际差距呈现出较为显著的"M"形轨迹，从专利授权量重心点的迁移态势来看，可以分为三个阶段：第一阶段为 1996～2005 年，呈现显著南移态势；第二阶段为 2006～2012 年，表现为东移态势进一步强化，但东移速度依然缓慢；第三阶段为 2013～2015 年，表现出快速西移态势。

第二，三类专利的空间演变路径均较为清晰，发明专利与实用新型专利的演变路径与专利授权量的演变路径大致相似，三者均表现出较为一致的由北向南移态势；外观设计专利演变路径的阶段性与专利授权量的阶段性特征更为相似。

第三，在专利结构演变与专利密度提升方面，中西部地区的陕西、重庆、四川等省区市已赶超东部地区的部分省区市，并且这种势头还在持续。

第四，中国省际专利创新的发展并不存在十分显著的空间相关性，各省（区/市）专利创新在空间上以随机分布态势为主，但其集聚态势正逐步强化，我国省际专利创新的离散型（随机）分布格局得到了一定的改善，整体表现为"离散→集聚"，尤其是 2008 年金融危机后，我国专利创新的集聚态势逐渐显著。

（二）政策含义

我国经济已由高速增长阶段转向高质量发展阶段，正处在转变发展方式、优化经济结构、转换增长动力的攻关期，但发展不平衡不充分的一些突出问题尚未解决。[8] 在深化供给侧结构性改革与创新驱动发展战略框架下，经济发展不仅依赖于社会总供给结构优化[32]，也有赖于专利创新对经济发展质量的持续推动。本文研究的政策含义如下。

第一，处理好"全国整体推进"与"区域重点突破"的关系，实施差别化并有侧重的区域创新发展战略，着力在中西部地区的创新大省推动专利创新，通过构建专利创新的区域性增长极，在允许省际专利创新差距适度扩大的情形下，逐步缩小区域创新差异。

第二，合理引导区域创新的空间布局，顺应区域发展空间格局逐渐走向集聚与中西部地区部分省市区快速崛起的发展态势，充分发挥专利创新的区域间地理临近性作用，充分利用信息时代的技术优势，以合作、共享、协同的理念来打破区域行政划分地理范围[25]，推动区域创新资源的协作与共享，从而最大限度发挥区域创新协同效应、溢出效应与地理临近效应。

第三，处理好专利创新"洼地"与"高地"的关系，发挥好创新"高地"的示范引领作用，着力打造区域性专利创新"高地"，尤其要在西部地区培育和发展 2～3 个专利创新"高地"，从而带动、培育好广袤的西部地区的创新氛围，以创新驱动发展带动西部地区经济发展。一般来说，专利创新活跃的地区基本都是经济发展条件好或经济发展势头强劲的地区，对于确实没有条件、没有基础大力推进专利创新的"洼地"（如西藏），不宜深入推进专利战略，而应该充分发挥专利创新"高地"的示范引领与创新溢出效应，宜采用"对口支援"或"创新成果转化"的方式推动创新"洼地"的创新驱动发展。

参考文献

[1] 曾鹏，赵聪. 中国三种类型专利密度分布时空差异研究. 科技进步与对策, 2016 (21).

[2] Acs, Z., Anselin, L., Varga, A. Patents and Innovation Counts as Measures of Regional Production of New Knowledge. Research Policy, 2002, 31 (7): 1069-1085.

[3] 胡坚. 产业结构调整视域下"专利悖论"破解研究. 科技进步与对策, 2012 (3).

[4] 中共中央 国务院关于深化体制机制改革加快实施创新驱动发展战略的若干意见. http://www.gov.cn/xinwen/2015-03/23/content_2837629.htm.

[5] 国务院关于新形势下加快知识产权强国建设的若干意见. http://www.gov.cn/zhengce/content/2015-12/22/content_10468.htm.

[6] 中国共产党第十八次全国代表大会在京开幕. 人民日报, 2012-11-09 (1).

[7] 刘国华，南爱华，刘可迅. 资金来源结构对我国专利创新效率影响的差异化研究——基于随机前沿模型的分析. 山东社会科学, 2014 (8).

[8] 中国共产党第十九次全国代表大会在京开幕. 人民日报, 2017-10-19 (1).

[9] 霍国庆，杨阳，张古鹏. 新常态背景下中国区域创新驱动发展理论模型的构建研究. 科学学与科学技术

管理，2017（6）．

[10] 孙玮，孙全亮，陈燕．地区专利密度及其分布的时空演化特征——基于东北地区城市数据的实证分析．技术经济，2014，08：42－47．

[11] 刘凤朝，潘雄锋．我国八大经济区专利结构分布及其变动模式研究．中国软科学，2005（6）．

[12] 刘凤朝，沈能．基于专利结构视角的中国区域创新能力差异研究．管理评论，2006（11）．

[13] 赵惠芳，李伟卫，徐晟，王冲．我国东中西部地区专利创新效率差异研究．中国管理科学，2008（S1）．

[14] 崔恺媛，尹奥．基于专利的山东省区域创新效率评价研究．科学与管理，2010（2）．

[15] 李婧，谭清美，白俊红．中国区域创新生产的空间计量分析——基于静态与动态空间面板模型的实证研究．管理世界，2010（7）：43－55，65．

[16] 孙磊，陈伟，刘锦志，杨早立．中国专利密集型产业技术创新效率评价．科技管理研究，2016，19：52－55，69．

[17] 罗发友．中国创新产出的空间分布特征与成因．湖南科技大学学报（社会科学版），2004（6）．

[18] 李志刚，汤书昆，梁晓艳，吴灵光．我国创新产出的空间分布特征研究——基于省际专利统计数据的空间计量分析．科学学与科学技术管理，2006（8）．

[19] 张玉明，李凯．中国创新产出的空间分布及空间相关性研究——基于1996—2005年省际专利统计数据的空间计量分析．中国软科学，2007（11）．

[20] 符淼．省域专利面板数据的空间计量分析．研究与发展管理，2008（3）．

[21] Chen Y, Yang Z, Shu F, et al. A patent based evaluation of technological innovation capability in eight economic regions in PR China. *World Patent Information*, 2009, 31（2）：104－110．

[22] 于伟，张鹏．我国省域专利授权分布及影响因素的空间计量分析——基于2007—2009年统计数据的实证研究．宏观经济研究，2012（6）．

[23] 陈晶，陈宁．我国专利分布的空间特征与区域创新能力影响因素分析．中国科学技术大学学报，2012（3）．

[24] 王春杨，张超．我国城市专利产出的空间俱乐部收敛特征研究．科研管理，2014（1）．

[25] 肖刚，杜德斌，戴其文．中国区域创新差异的时空格局演变．科研管理，2016（5）．

[26] Ebdon, D. *Statistics in Geography*（Second Edition）. Oxford：Basil Blackwell, 1991.

[27] Shaw G, Wheeler D. *Statistical Techniques in Geographical Analysis*（Second Edition）[M]. Chichester：Wiley, 1994.

[28] 刘志彪，安同良．中国产业结构演变与经济增长．南京社会科学，2002（1）．

[29] Moore J, H. A Measure of Structural Change in Output. *Review of Income and Wealth*, 1978, 24（1）：105－118.

[30] Anselin L. Spatial Externalities, Spatial Multipliers, and Spatial Econometrics. *International Regional Science Review*, 2002, 26（2）：153－166.

[31] Griliches Z. Patents Statistics as Economic Indicators：A Survey. *Journal of Economic Literature*, 1990, 28（4）：1661－1707.

[32] 邱兆祥．从供给侧推动产业结构优化升级．人民日报，2016－08－24（7）．

Regional Difference and Spatial Pattern Evolution of Patent Innovation Change in China

Chen Xiaodong, Hu Wei, Chen Zhu

Abstract：Patent is an important mark for realizing the transformation of science and technology R&D, and innovation into practical productive forces, also is the core impetus to promote the transformation of economic growth mode from investment – driven development to innovation – driven development. Using the spatial analysis method of geographic information system, combined with space econometrics methods, this paper analyzes the regional characteristics of China's patent innovation and the evolution path, dynamic features and Trends of patent structure, based on the provincial panel data (the amount of patent grants) from 1996 to 2015. It shows: (1) The spatial distribution of patent innovation is characterized by distinct stages: "From north to south (1996 – 2005) → From west to east (2006 – 2012) → From east to west (2013 – 2015); (2) The spatial evolution path of the three types of patents is very clear, and the evolution path of patents for invention and utility model is roughly similar to that of patent grants. (3) As for the evolution of patent structure and the promotion of patent density, Shaanxi, Chongqing, Sichuan have already surpassed some provinces in the eastern region, and this trend is still continuing to strengthen. (4) The discrete (random) distribution pattern of provincial patent innovation has been significantly improved, especially after the financial crisis in 2008, the trend of agglomeration of inter – provincial patent innovation in China became noticeable, the overall trend was "discrete → agglomeration".

Key Word: Patent Innovation; Patent Structure; Regional Differences; Spatial Pattern

月度CPI增速的高频数据预测方法

梁泳梅 董敏杰

摘　要：本文对CPI增速的预测进行了数据和方法论上的新尝试。在数据方面，将大数据纳入作为CPI增速预测的基础数据，使用包括政府部门高频统计数据以及电商产品销售价格数据等在内的大数据。在方法论上，本文主要做了以下几个新尝试：第一，把主流预测框架由"食品＋非食品"二分法扩展为"食品＋工业消费品＋服务"的三分法框架，使预测的内容更为精确；第二，根据城镇居民消费支出结构、投入产出表等数据，重新梳理了CPI各个分项的权重体系；第三，把对CPI增速的最大干扰因素——春节因素客观化和具体化，细分为"节前""节中""节后"三种并量化考察其对各分项价格变化的影响。回溯检验显示，在本文分析框架下的CPI增速预测，效果要明显优于传统的方法，预测结果和实际值完全吻合以及误差在0.1个百分点及以内的分布频率为80%，较传统的平均预测值均高出近13个百分点。

关键词：CPI；食品；非食品；高频数据；春节因素

一、引　言

月度居民消费价格指数（以下称CPI）是市场上非常关注的一个宏观指标，对投资、生产等经济活动有很强的参考作用。一般而言，我国的CPI月度增速都是在次月9日由国家统计局综合司统一对外发布。由于发布时间有滞后，因此，许多研究机构都会对CPI月度增速进行提前预测，以便为投资和生产提供参考。

对于CPI月度增速，目前的估测方法主要有五种。一是利用计量方法以及CPI时间序列数据估测（王扬眉和杨桂元，2012）。二是神经网络模型估算方法（何丹，2017）。三是利用大数据预测。这一方法是近年来逐渐兴起的，随着大数据技术的完善，基于网络搜索指数的研究逐步增多（张洋，2016；董莉等，2017）。四是使用期货价格变动预测（Manolis and Lecturer，1999；梁晓娟，2008；Bigman et al.，2010）。五是高频数据预测方法，在市场研究分析中使用较多（董德志和李智能，2015）。

在上述五种研究方法中，前两种主要利用的是CPI增速的历史数据，难以反映最新的变化。后两种方法则能较好地把握CPI的最新变化因素。考虑到大数据预测方法的关键词搜索具有一定的主观性，这里主要使用的是最后一种高频数据预测方法。本质上讲，高频数据其实是"大数据"的简化形式，当然存在的问题是有不少项目难以找到合适的高频数据可供预测。鉴于此，市场的主流预测方法是"高频＋历史均值"二分法，对应的估测方法框架是"食品＋非食品"二分法（董德志和李智能，2015）。其中，食品项主要根据高频数据跟踪预测，非食品项主要用历史均值法。由于CPI

---

* 本文发表在《当代财经》2018年第12期。

[作者简介] 梁泳梅，中国社会科学院工业经济研究所副研究员；董敏杰，中信建投证券股份有限公司研究发展部行业研究员。

增速主要由食品项驱动，如果用高频数据估测 CPI 食品项的变动，基本可以较好地把握 CPI 增速的变动。但是从 2018 年以来，上述方法预测的准确性有所下降，明显案例是 2018 年 2 月、3 月 CPI 市场预期与实际值偏差较大。推测这可能至少跟几个因素有关。第一，食品高频数据质量的下降。估测食品项增速时，市场机构之前普遍使用统计局 50 城主要食品平均价格，但 2018 年 1 月开始该项指标不再公布，市场机构转而使用商务部、农业部等其他食品高频指标，但这些高频指标与统计局 50 城数据相比准确性相对较低，使预测结果受到较大影响。第二，春节错位因素的影响。由于至少两方面的原因，春节错位会对月度 CPI 增速预测带来干扰。一方面，在春节假期期间部分食品高频数据并不公布数据，而假期期间通常价格较高，数据样本点的缺失可能会导致估测结果的偏误（黄文涛和董敏杰，2018）；另一方面，对于部分指标而言，春节"节前""节中"与"节后"的影响可能不全相同。第三，历史均值法对非食品项的预测效果下降。2016 年年中以来，非食品项的同比增速中枢不断抬升，传统的历史均值方法难以反映这种趋势性变化，如能利用高频数据与领先指标加强对非食品项的预测，则有助于提高 CPI 预测结果的准确性。

基于上述原因，我们尝试重新构建月度 CPI 增速的预测方法。相较于以往方法，有以下几点可能的创新，同时这几点也是我们预测方法的关键所在。第一，与传统的"食品+非食品""高频+历史均值"二分法不同，我们使用"食品+工业消费品+服务"三分法框架，估测方法相应调整为"高频+领先指标+历史均值"三分法。对于非食品项中的工业消费品与服务价格，根据数据特征与数据可得性，使用不同的预测方法，其中工业消费品使用"高频+领先+历史均值"方法，服务项使用"历史均值+春节因素"方法。第二，根据城镇居民消费支出结构、投入产出表等数据，我们重新梳理权重体系。第三，纳入春节因素的影响。我们将春节因素分为"节前""节中"与"节后"三种并定量化，考察其对各分项价格变化的影响，如果影响显著则纳入该分项的预测之中。第四，重新梳理了主要食品分项的预测方法，将统计局高频数据替换为其他数据源，并引入春节因素、季节性因素等优化预测结果。第五，我们建议，在从分项指标按权重合成时，需要进行一定的调整。这是因为，不管采取什么方法确定分项指标权重，都会跟统计局使用的真实权重有偏差，而各分项的波动幅度可能会有差异，其结果是，直接从分项指标按权重合成上一层次指标时，可能会有系统性偏差。以食品与非食品项为例，食品项价格增速波动幅度明显高于非食品项，如果估测采用的食品权重过高，则会导致估测结果波动幅度系统性偏高，需要进行一定"折扣"调整。

文章其余部分结构安排如下：第二部分是对上述五点中前三点的进一步说明，包括预测思路的选择、权重体系的设定以及春节因素的量化说明。第三至第五部分分别介绍食品项、工业消费品与服务项价格增速的预测方法。第六部分介绍 CPI 增速预测结果，并对预测效果进行检验。第七部分是对进一步研究方向的思考。

二、预测思路、权重设定与春节因素的说明

（一）预测思路的选择

对于 CPI 的预测思路，目前有两种主流的做法。一是按照 CPI 公布的八个项目分别预测。二是"食品+非食品"二分法。我们认为，基于至少两点原因，第一种思路可能会加大工作量。第一，项目分类可能发生调整，从而要求预测方法也相应调整。2013 年版《居民消费支出分类》包含的八大类，就跟 2013 年之前的城镇与农村农民消费支出调查八大类有所区别。第二，八大类中有些项目特征较为一致，例如服务项，普遍缺乏高频数据且季节性明显，如果分别预测，则较为烦琐。

鉴于此，对于月度 CPI 增速，目前市场的主流方法框架是"食品+非食品"二分法，对应的估测方法是"高频+历史均值"二分法。但是，如前所述，非食品项的同比增速中枢不断抬升，

传统的历史均值方法难以反映这种趋势性变化。通常而言，CPI服务价格的季节性要明显高于非食品项，1~2月虽然季节性规律较弱，但主要是跟春节错位因素有关，如后文所述，用春节因子进行调整后仍具有较明显的季节性规律。因此，如果将非食品项按消费品与服务项分别进行预测，应该能更好地反映CPI变化。

（二）权重体系的设定

在"食品+工业消费品+服务"三分法框架下，权重体系涉及两个层次：第一个层次是食品、工业消费品与服务三个分项的权重，可称为"一级分项权重"；第二个层次是每个分项内部对应的细分项的权重，可称为"二级分项权重"。

对于"一级分项权重"，由于CPI分项与消费资料数据均未提供，我们使用CPI增速及对应分项增速倒推，具体分为两步。第一，使用CPI同比、CPI食品同比与非食品价格同比增速可推测得到食品项与非食品项权重，使用CPI同比、CPI消费品同比与服务价格同比增速可推测得到消费品项与服务项权重。需要注意的是，考虑到CPI增速公布值只保留到小数点后一位，四舍五入导致个别月份可能会出现权重异常的情况，需要删除。第二，将食品项权重从消费品权重扣除后的其余部分，视为工业消费品权重。严格来讲，"工业消费品"并非CPI的项目，在目前的消费资料数据中也并未有对应项目，但有一些统计资料提到这一说法，后文再详细介绍。这样可以得到食品、工业消费品与服务三个"一级分项权重"（见图1）。

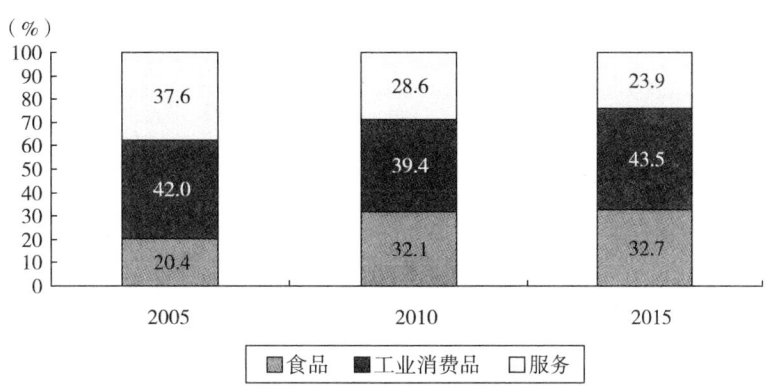

图1　CPI中食品、工业消费品与服务权重估测

数据来源：笔者计算。

对于"二级分项权重"，主要来自居民消费资料，辅以投入产出表数据。跟据统计局的说明，CPI各分项权重根据城乡居民消费支出资料确定，具体包括8个大类、39个中类与262个基本分类；每隔5年进行基期轮换，例如2016~2010年使用2015年的消费支出资料，2011~2015年使用2010年的消费支出资料。目前可公开获取的城乡消费支出资料的统计标准在2013年有过调整，之前是分别按城镇与农村统计，之后合并为统一的城乡居民收入与支出一体化调查。从项目数据的详尽程度看，2013年之前的农村消费支出与2013年开始的城乡居民一体化支出数据仅公布了8个大类分项的消费数据，只有2013年之前的城镇消费支出数据较为详尽，除了8个大类分项之外，还公布了一些重要的中类项目特别是食品的消费数据。考虑到城镇居民消费在全国居民消费中的占比非常高，达到80%左右（以2012年投入产出表数据计算，城镇居民消费占全国居民消费支出比重78%左右；以社会零售规模计算，2017年城镇消费占比85%）。因此城镇居民消费支出结构基本可以代表全部消费的状况，可以作为CPI权重的基础资料来源。回溯检验结果显示，如果以城镇居民消费支出结构作为权重，将CPI分项加总，得到的拟合值跟实际值较为吻合（见图2），表明以其作为权重来源基础资料较为合适。对于城镇居民消费资料未能提供的部分分项权重，可以使用投入产出表中的最终消费支出数据测算。

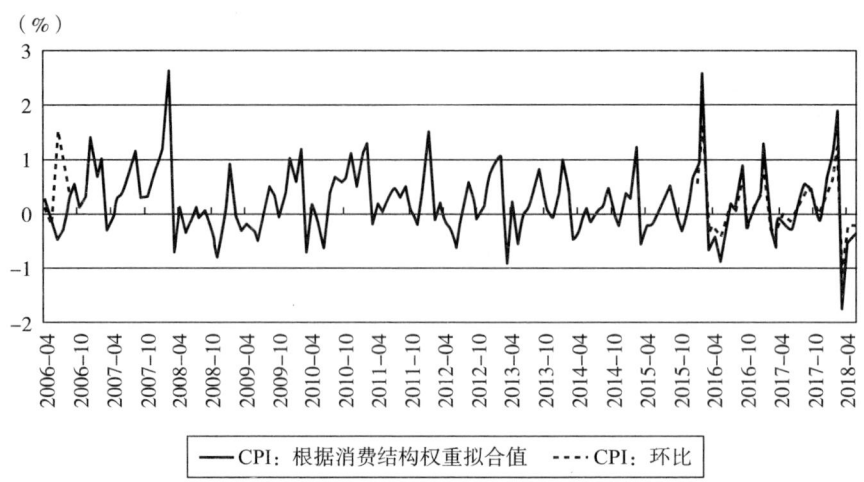

图 2　CPI 食品环比：实际值与消费结构为权重的拟合值

数据来源：笔者计算。

（三）春节因素的量化

众所周知，春节因素对于 CPI 通常有明显的上拉作用。我们认为，评估春节因素的影响对于 CPI 增速预测非常重要，不仅对年初（通常是 1~2 月）月度 CPI 增速（可理解为"短期预测"）结果有参考意义，而且对往后各月以及全年 CPI 增速中枢（可理解为"长期预测"）均有参考意义。原因在于，各月 CPI 同比增速大致可视为连续 12 个月环比的累计结果，因此年初月份的 CPI 增速预测结果将直接影响之后各月份的 CPI 增速预测，进而对全年 CPI 增速中枢预测值都有比较大的影响。2016 年与 2017 年是典型案例，在年初 CPI 增速低于预期后，市场对全年 CPI 增速中枢的预测相应下移，年初的 CPI 增速高低基本奠定了全年的增速幅度。因此，在年初预测时，无论是短期预测还是长期预测，春节因素的影响都值得关注。

处理春节因素的一个简单做法是，根据经验将春节当月的 CPI 增速给予一定的上修。但是，从实践来看，春节因素对物价的影响不仅仅局限于春节当日，而是在春节前后可能都会有所体现。对于不同的 CPI 细分项，春节因素的影响持续时间可能也有所差异。对于食品项，春节因素主要是通过需求扩大引起价格上涨，由于通常有高频数据可以跟踪，春节因素的影响通常可以捕捉到。但是，在春节假期期间，多数高频数据并没有公布样本点，由于春节假期食品价格通常较高，这会导致估测结果的偏误。对于工业消费品，春节期间供需两端通常变化并不明显。对于服务项，受春节因素影响较明显的是家庭务工与旅游两个分项，前者主要是因为务工人员返乡导致的价格上涨，后者主要是春节期间旅游人数增多导致的价格上涨。

概而言之，在传统"食品高频 + 非食品历史均值"框架下，对于食品项，春节因素主要是通过高频数据样本点问题影响预测结果，导致的偏差主要局限于春节假期期间；对于非食品项，春节因素通过供给与需求两端均会影响预测结果，导致的偏差不仅仅局限于春节假期期间，在假期之前或之后可能都有所体现。鉴于此，我们建议将春节因素具体化，一是分为节前影响、节中影响与节后影响三部分，二是对于 CPI 各分项的影响具体化分析。

具体化的前提是定量化。一些研究以春节为中心，将每个阶段设定为相等天数（如 10 天、15 天等）。我们认为，从实践看，"节后"天数要长于"节前"。例如，在北方许多地方，腊月二十三被视为过年开始，而正月十五才被视为春节的结束；又如，春运通常是春节前 15 天至春节后 25 天、春节假期是从除夕到正月初六，均是春节后天数要超过春节前。参考春运期限，这里将春节前 15 天①到假期前视为"节前",共计 14 天;春节假期为"节中",共计 7 天;从春节假期结束到春节后 25 天视为"节后",共计 19 天。除了更符合现实外,选择这一标准的另外一个好处是客观性,避免了每个阶段天数选择的主观性。

我们整理了 2008~2018 年的春节假期及春运起始时间,从中可以得到各年度"节前""节中"与"节后"的具体时间。按照这一分布,可分别计算落在各月的"节前"、"节中"与"节后"天数,与"节前""节中"与"节后"天数(分别是 14 天、7 天与 19 天)相比,可得到各月份的"节前""节中"与"节后"因子(见表 1)。例如,对于 2018 年 2 月,从 1 日到 14 日为"节前",对应的"节前因子"为 1(14/14),从 15 日到 22 日为"节中",对应的"节中因子"为 1(7/7),从 23 日到 28 日为"节后",对应的"节后因子"为 0.37(6/19);对于 2018 年 3 月,则从 1 日至 12 日为"节后",对应的"节后因子"为 0.63(12/19)。

表 1　2008~2018 年 1~3 月的春节因子

年份	1月			2月			3月		
	节前因子	节中因子	节后因子	节前因子	节中因子	节后因子	节前因子	节中因子	节后因子
2008	0.57	0.00	0.00	0.43	1.00	0.89	0.00	0.00	0.11
2009	1.00	1.00	0.00	0.00	0.00	1.00	0.00	0.00	0.00
2010	0.07	0.00	0.00	0.93	1.00	0.47	0.00	0.00	0.53
2011	0.86	0.00	0.00	0.14	1.00	1.00	0.00	0.00	0.00
2012	1.00	1.00	0.16	0.00	0.00	0.84	0.00	0.00	0.00
2013	0.36	0.00	0.00	0.64	1.00	0.68	0.00	0.00	0.32
2014	1.00	0.29	0.00	0.00	0.71	1.00	0.00	0.00	0.00
2015	0.00	0.00	0.00	1.00	1.00	0.21	0.00	0.00	0.79
2016	0.50	0.00	0.00	0.50	1.00	0.84	0.00	0.00	0.16
2017	1.00	0.71	0.00	0.00	0.29	1.00	0.00	0.00	0.00
2018	0.00	0.00	0.00	1.00	1.00	0.37	0.00	0.00	0.63

资料来源:笔者计算。

三、食品价格增速估测

由于 CPI 变动主要由食品项推动,并且食品高频数据比较多,本文与现有研究不同,主要表现在两个方面。第一,之前不少研究的预测使用的是统计局 50 城主要食品平均价格数据,但自 2018 年开始,统计局停止公布该数据,因此需要使用商务部及农业部等其他数据源。第二,商务部与农业部数据通常为批发价格指数,跟 CPI 所代表的零售价格之间尚有中间批发商的环节。我们发现,部分食品项目在春节期间以及部分月份的批发价格与 CPI 价格变化之间存在系统性差异,因此加入春节因素与季节性因素(用月份虚拟变量衡量)调整。

对 CPI 食品项的基本思路是"高频数据→食品分项环比→CPI 食品环比→CPI 食品同比"(见图 3)。具体分为四步:第一,计算各类食品分项的月度环比增速。根据 CPI 编制方法说明,统计部门在采集价格数据之后,首先需要计算月平均

---

① 对于多数年份,腊月有三十,因此从腊月十五到除夕共计 16 天;少数年份没有腊月三十,从腊月十五到除夕为 15 天。这里为计算方便,统一设为 16 天。另外,个别年份春节假期从正月初一开始,这里统一从腊月三十开始。

价格，在此基础上计算价格指数。根据这一思路，将统计局等部门公布的高频数据按月度简单平均，在此基础上计算得到环比增速。第二，确定各食品分项在食品中的权重。第三，根据8个食品分项的环比变动幅度与权重，加权得到月度食品环比。第四，根据食品环比与同比历史数据，得到CPI食品同比预测值。

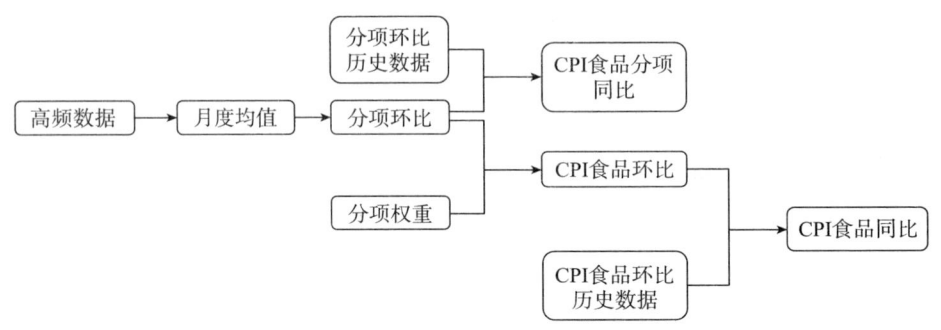

图3　食品价格预测方法框架

数据来源：笔者计算。

按统计局公布的月度CPI口径，食品主要包括8类，即粮食、油脂、肉类、水产品、鲜菜、鲜果、蛋类、奶类，下面按各项分别说明。

（一）粮食

粮食主要包括小麦、稻米与玉米。高频数据方面，统计局（2018年之前）公布了前两类粮食价格，商务部公布了三类粮食价格。统计局数据不再公布后，只能使用商务部数据。以粮食价格环比为被解释变量，三类粮食价格环比为解释变量构建回归模型，结果显示，玉米价格相关系数不显著，可能是因为玉米直接作为消费主粮的比重较低。因此，这里主要考虑小麦与稻米价格，

对两者价格变动加权平均，可得到粮食价格变动的预测值。权重的基础数据取自农村居民人均主要食品消费量，可获得1990~2012年数据。粮食消费结构比较稳定，小麦与稻米比重平均为32%与54%，标准化之后约为40%与60%。

相对于其他食品分项，粮食价格变动预测效果较差（见图4），但由于粮食价格通常较为稳定，价格变动幅度（2014年以来环比通常为-0.3%~0.3%）比较小，并不会导致CPI整体预测结果有太大误差。以粮食3%左右的权重计算，0.3%左右的估测误差造成的CPI增速误差只有0.01个百分点左右。

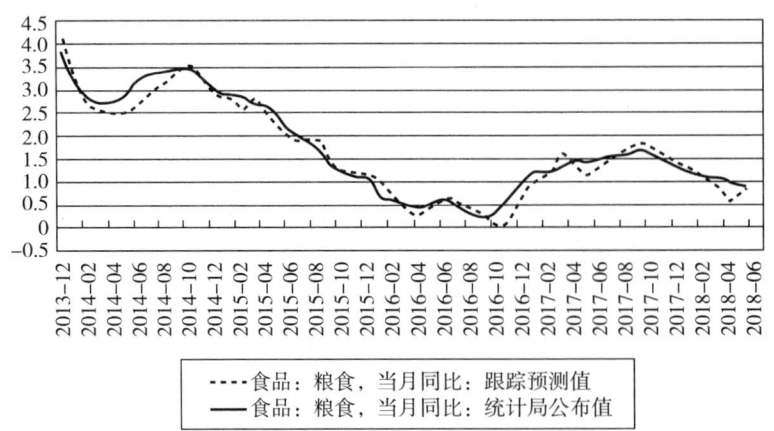

图4　CPI粮食价格同比：实际值与预测值

数据来源：笔者计算。

（二）油脂

油脂主要包括豆油、花生油、菜籽油与调和油。高频数据方面，统计局（2018 年之前）提供了前 3 种油脂的价格数据，商务部则提供了 4 种油脂数据。我们分两步估测。第一步，根据上述思路，得到前 3 种油脂的加权价格增速，根据最新数据，3 种油脂权重大致是 46.9%、20.7%、31.8%；第二步，构建回归方程考察 CPI 油脂价格变动与 3 种油脂加权价格、调和油价格之间的关系，同时控制季节性因素。我们认为，这种做法的好处有两点：一是可以利用 USDA 提供的较客观的 3 种油脂消费权重；二是可以纳入没有权重数据但与 CPI 油脂变动相关度较高的调和油。

即便如此，油脂价格变动预测效果较差。但是，油脂价格变动幅度（环比通常为 -1.0% ~ 0.5%）与 CPI 中权重（1.0% 左右）都比较小，并不会导致 CPI 整体预测结果有太大误差。以 1% 左右的权重、1% 左右的估测误差计算，造成的 CPI 增速误差只有 0.01 个百分点左右。

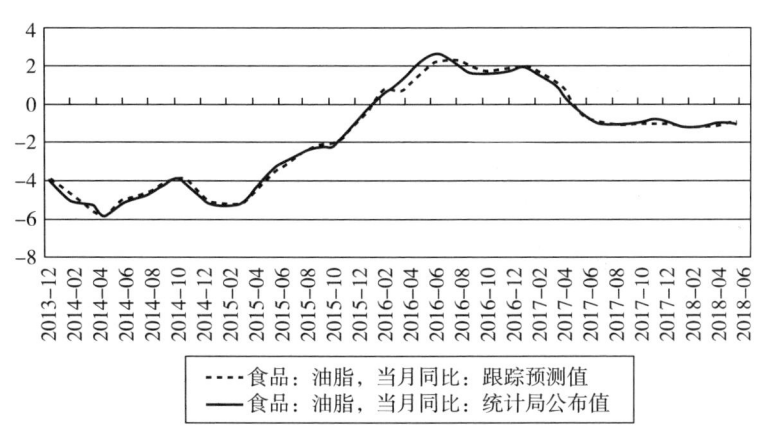

图 5　CPI 油脂价格同比：实际值与预测值

数据来源：笔者计算。

（三）肉类

肉类包括畜肉类与禽肉类，前者主要包括猪肉、牛肉与羊肉，后者主要包括鸡肉、鸭肉等。统计局每月公布的 CPI 增速除了肉类价格，还包括猪肉、羊肉与牛肉 3 类畜肉。高频数据方面，统计局（2018 年之前）、农业部与商务部均公布了 3 类畜肉价格，其中统计局为零售价格，农业部与商务部为批发价格。另外，农业部与商务部还公布了白条鸡价格，其中商务部为零售价格，农业部为批发价格。

考虑到农业部与商务部公布的是批发价格，统计局公布的是零售价格且种类较全，一般选取统计局数据为基础数据。在统计局数据停止公布后，我们只能使用农业部与商务部数据，通过比较发现，对于 3 项畜肉价格，均是农业部数据预测效果较好，因此预测 3 类畜肉价格时采用农业部数据。另外，在预测时加入春节因素和季节性因素能提高预测效果。3 项肉价的春节节中因子显著为正，这跟春节假期期间高频数据普遍缺失有关。

四种肉类权重的基础数据取自居民食品消费量结构。《中国统计年鉴》公布了农村居民人均主要食品消费量（2012 年及之前口径）与全国居民人均主要食品消费量（2013~2014 年口径），其中包括肉禽消费量以及其中的猪肉、牛肉、羊肉与禽类 4 项细分消费结构，用对应肉类的平均价格调整后，可得到各年份相应肉类在肉类消费支出中的权重。各年份权重略有波动，2015 年大致为 55%、12%、9%、24%。从结果（见图 6 与图 7）来看，肉类价格预测效果可以接受。

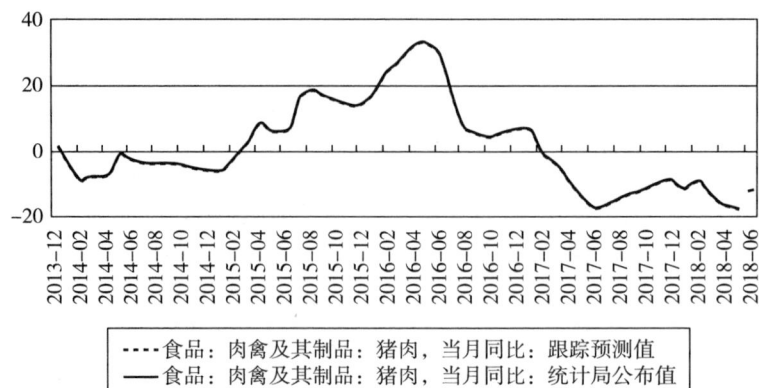

图 6 CPI 猪肉价格同比：实际值与预测值

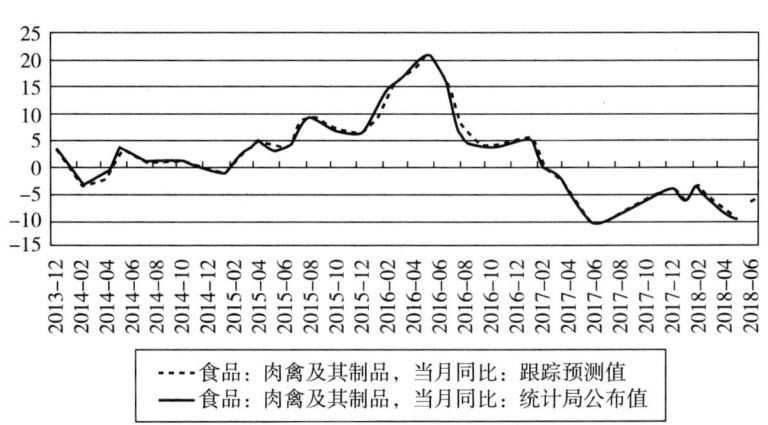

图 7 CPI 肉禽制品价格同比：实际值与预测值

（四）水产品

水产品的种类较多，商务部、农业部与统计局（2018 年之前）分别公布了 8 种、4 种、3 种鱼类价格。观察历史数据，CPI 水产品价格环比增速具有较明显的季节性，因此利用季节性规律与春节因素进行预测（见图 8）。

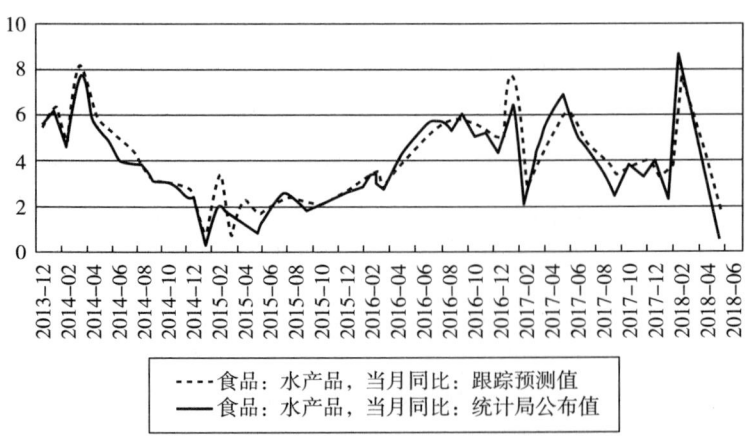

图 8 CPI 水产品价格同比：实际值与预测值

数据来源：笔者计算。

(五) 鲜菜

鲜菜包括的品种较多，农业部与商务部均公布了18类蔬菜价格，统计局公布了7种蔬菜价格。由于蔬菜种类过多且缺乏合理的权重构建方法，我们选取农业部蔬菜批发价格作为基础数据。回归方程结果显示，前者的系数为0.8左右，并且春节"节中因素"有显著正向影响，少数月份有一定的季节性规律。得到的拟合结果与CPI鲜菜价格较为接近（见图9）。

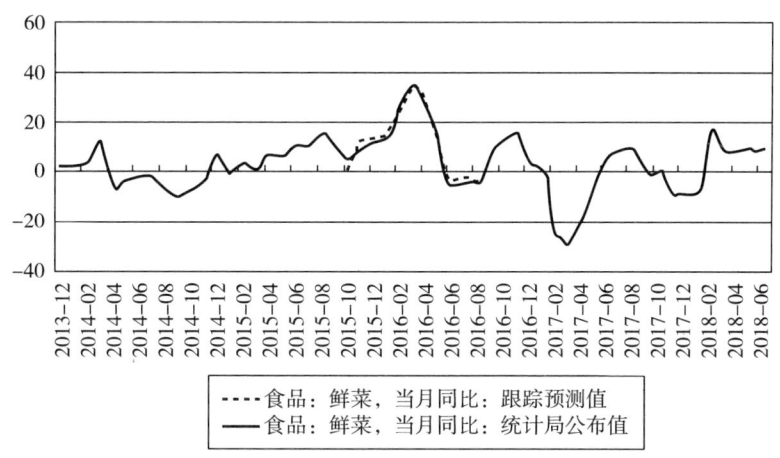

图9　CPI鲜菜价格同比：实际值与预测值

(六) 鲜果

与鲜菜类似，各部门公布主要种类水果的价格数据，其中商务部公布苹果、香蕉、鸭梨、葡萄、西瓜五种，农业部则公布水果批发价格指数。这里使用农业部水果批发价格指数，预测结果（见图10）尚可接受。

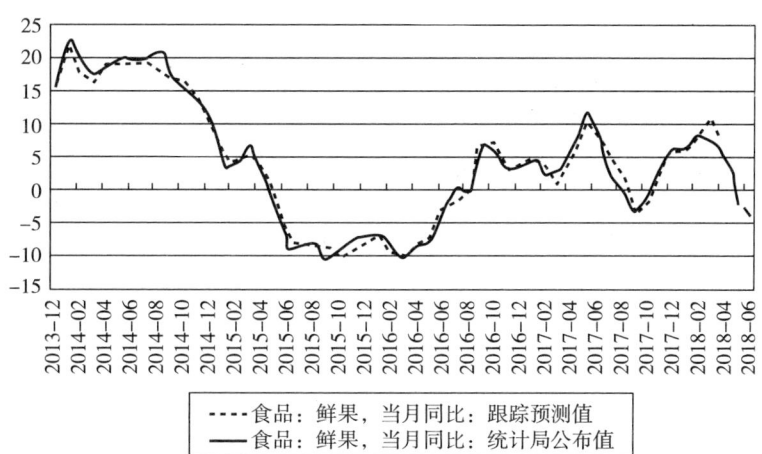

图10　CPI鲜果价格同比：实际值与预测值

与其他多数食品项不同，水果价格变动的一个特征是，批发价格与零售端销售价格增速的差值具有明显的季节性特征：7~9月零售价格增速要高于批发价格增速，4~6月零售价格增速要低于批发价格增速。另外，2月与11月也有类似现象。我们推测这一现象可能跟不同季节中间商行为的差异有关。假设水果消费需求较为稳定，那么零售价格变动应该也不会有明显波动；从批发端看，

7~9月通常水果丰收，供应增加，同时批发商为了减少储存成本，倾向于较快销售出水果，因此批发价格增速低于零售价格增速；4~6月经过较长时期消耗后，水果库存量较低，批发商倾向于抬高价格。对这一逻辑尚需相关数据的进一步验证。

（七）奶类

奶类及制品只有商务部周度高频数据，种类包括牛奶、酸奶、婴幼儿奶粉（国外品牌与国产品牌）与成人奶粉。回归结果显示，只有牛奶与统计局公布的奶类品CPI变动相关系数显著，因此，选取其作为预测值。相对于其他食品分项，奶类价格预测效果较差（见图11），但由于奶制品价格变动幅度（环比通常为 -0.5% ~1.0%）与CPI中权重（1.5%左右）都比较小，对食品预测结果的影响并不明显。以1.5%左右的权重计算，1.0%左右的估测误差造成的CPI增速误差只有0.015个百分点左右。

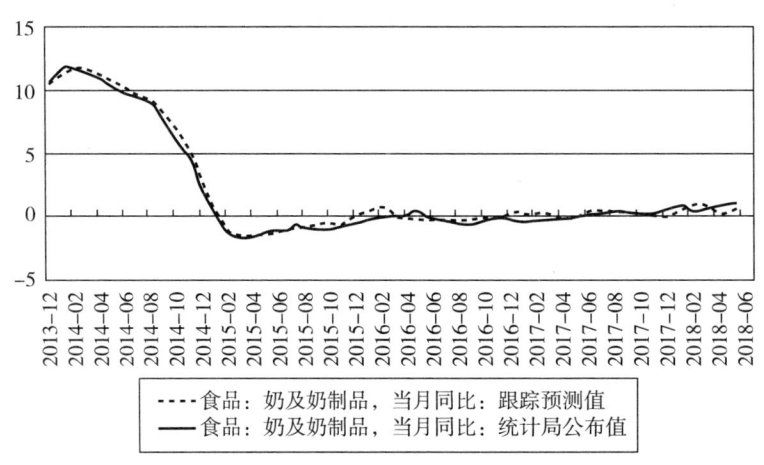

图11　CPI奶类价格同比：实际值与预测值

（八）蛋类

使用农业部鸡蛋批发价格指数预测CPI蛋类价格。该指数变动趋势与统计局公布的CPI蛋类价格走势高度一致，但波动幅度明显超过蛋类CPI。回归方程结果显示，前者的系数约为0.5左右，并且春节节前因素有显著正向影响，少数月份有一定的季节性规律。结果得到的拟合结果（见图12）与蛋类CPI较为接近。

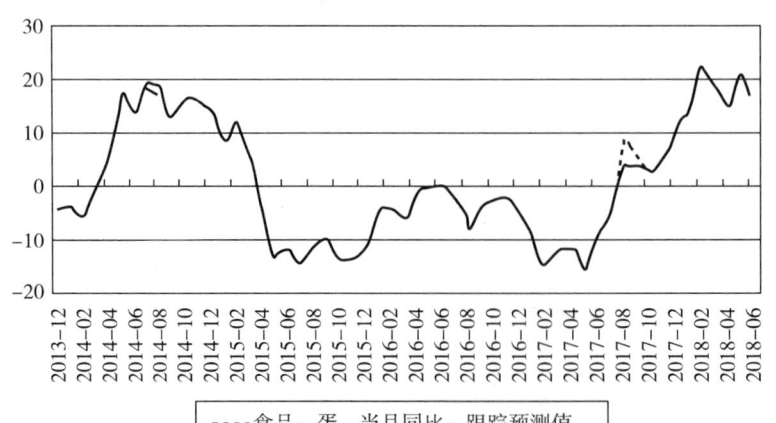

图12　CPI蛋类价格同比：实际值与预测值

(九) 食品价格环比与同比增速

根据上述 8 个食品分项价格环比增速的预测值以及其权重，可得到 CPI 食品环比预测值。这里需要说明的是，CPI 食品项统计时所包含的项目并不止上述 8 个分项，而是更多。按照统计局的相关说明，2011~2015 年使用的基期是 2010 年，食品大类包括 16 个中类，其内容包括粮食、淀粉、干豆类及豆制品、油脂、肉禽及其制品、蛋、水产品、菜、调味品、糖、茶及饮料、干鲜瓜果、糕点饼干、液体乳及乳制品、在外用膳食品以及其他食品；在 2016 年开始的基期轮换中，统计局将"茶及饮料"与"在外用膳食品"调出食品项。根据城镇居民消费支出资料，上述可利用高频数据预测的 8 个分项在食品中的占比仅是 70% 左右（见表 2），尚有其他项目（淀粉及薯类、干豆及豆制品、调味品、糖类与糕点类）缺失，无法使用高频数据预测。

表 2 食品项"二级分项"说明及权重

序号	食品分类标准				权重				
	城镇居民消费支出资料	是否属于 CPI 食品中类调查项目 (2011)	是否属于 CPI 食品中类调查项目 (2016)	是否公布 CPI 增速分项	2012	2010	2005	2000	1995
1	粮食	是	是	是	2.7	2.9	3.0	3.8	7.4
2	油脂类	是	是	是	1.0	0.9	1.1	1.3	2.1
3	肉禽及制品	是	是	是	7.1	6.8	7.1	8.2	11.8
4	蛋类	是	是	是	0.7	0.7	0.9	1.1	2.0
5	水产品类	是	是	是	2.5	2.4	2.4	2.9	3.4
6	干鲜瓜果类	是	是	是	3.0	2.8	2.6	2.6	3.2
7	菜类	是	是	是	3.6	3.7	3.5	3.8	5.4
8	奶及奶制品	是	是	是	1.5	1.5	1.7	1.4	0.9
9	淀粉及薯类	是	是	否	0.3	0.3	0.3	0.4	0.6
10	干豆及豆制品	是	是	否	0.4	0.4	0.5	0.6	0.8
11	调味品	是	是	否	0.5	0.5	0.6	0.6	0.7
12	糖类	是	是	否	0.3	0.3	0.4	0.5	0.7
13	糕点类	是	是	否	0.7	0.7	0.8	0.8	1.0
14	在外用餐	是	否	否	7.9	7.6	7.6	5.8	4.5
15	酒和饮料	部分（茶及饮料）	否	否	1.8	1.7	1.7	2.1	2.2
16	坚果及果仁	否	否	否	0.0	0.0	0.4	0.5	0.6
17	烟草类	否	否	否	1.6	1.7	1.8	2.0	2.2
18	其他食品	是	是	否	0.6	0.6	0.8	0.8	0.6
	城镇居民消费支出 8 个分项加总				36.2	35.7	37.1	39.2	49.9
	其中：CPI 食品权重①				32.8	32.2	33.1	34.6	45.0
	其中：公布 CPI 增速的 8 个分项加总				22.1	21.7	22.3	25.1	36.0

注：①食品采用 2011 年标准，为城镇居民消费支出 18 个分项加总后扣除烟草、酒和饮料、坚果及果仁。
数据来源：笔者计算。

对于无法用高频数据预测的项目价格变化，一个可行的观察思路是，假设其跟随 8 个可观测分项价格而变动，因而可将其视为 8 个可观测分项价格环比的函数。进而，实际的 CPI 增速可视为是 8 个可观测分项环比加总值的函数。回溯检验显示，需要将 8 个可观测分项加总值进行一定调整之后，才能比较好地拟合实际 CPI 环比实际值。调整系数为 0.75 左右，这表明，无法用高频数据预测的项目价格变化幅度通常低于 8 项可观测分项。这与 8 个分项中的肉禽、鲜菜、鲜果价格波动幅度非常大的直观感受符合。

在得到 CPI 食品环比增速后，结合统计局公布的 CPI 同比与环比历史数据，可得到 CPI 食品同比预测值。从结果来看，无论是环比还是同比数据，预测值与统计局公布的实际值走势基本吻合（见图 13）。从食品分项看，猪肉、鲜菜、鲜果等分项权重较高且波动幅度较大，预测效果尚可接受，而粮食、油脂与奶类虽然预测效果相对较差，但由于权重较低或波动幅度较低，误差不会导致结果出现较大偏误。

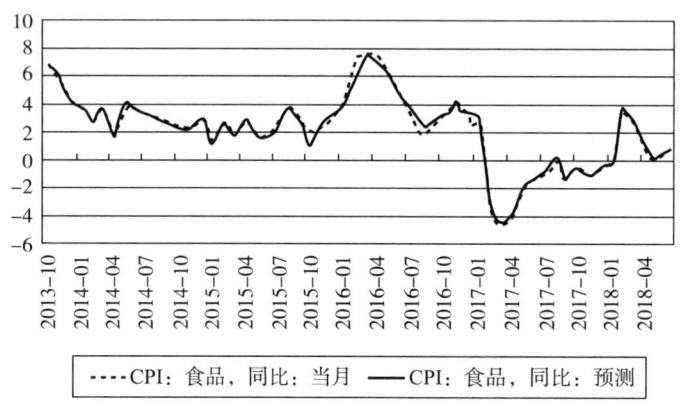

图 13　CPI 食品价格同比：实际值与预测值

四、工业消费品价格增速估测

严格来讲，"工业消费品"并非 CPI 的项目，在目前的消费资料数据中也并未有对应项目，但有一些统计资料能间接印证。例如，PPI 的生活资料项目包括食品、衣着、一般日用品与耐用消费品，除食品外的其他三项可以视为是工业消费品。又如，2015 年发改委发布的《全国重要消费品和服务价格监测报告制度》，提到的城市居民日用工业消费品至少包括烟酒、家庭日化用品、衣着类与家庭耐用消费品类。遗憾的是，虽然消费品价格按旬度在每月 5 日、15 日、25 日三次采集价格，但旬度数据并未公布，只公布了月度数据。

我们转而寻求其他方法预测工业消费品价格。第一种可能的思路是将工业消费品作为整体预测，在分离出 CPI 工业消费品价格增速后，考察其与其他相应的价格加总指数的相关程度。可利用的加总指数包括 PPI 生活资料（按主营业务收入权重扣除食品后）、义乌中国小商品指数、临沂商城价格总指数等，但预测效果均不理想。第二种思路是跟食品类似的"分项预测再加总"，先利用高频数据、领先指标与历史数据对可以观测的一些项目进行预测，然后再推测得到工业消费品价格增速。这里采用的是第二种思路。

根据权重与可用于预测增速的数据可得性，将工业消费品分为三类：第一类是同时可获得权重与高频数据预测的项目，包括酒类、服装、家用器具、交通工具用燃料；第二类是可以获得权重，无法获得可用高频数据但可获得 CPI 增速历史数据的项目，包括医药、交通工具、通信工具等；第三类是无法同时获得权重与 CPI 增速（包括高频数据或者 CPI 增速历史数据），进而无法预测的项目。这里首先介绍前两类项目的预测过程，最后汇总得到工业消费品价格增速。

（一）酒类

按 CPI 分类标准，酒类在 2016 年之前属于食品项，但 2016 年统计局将其调出食品项。可获取的高频数据包括发改委重要消费品调查数据（月度）、高档白酒（52 度五粮液、国窖 1573、泸州老窖）供应商出厂价数据（不定期，调价公告日）、一号店（周度数据，包括红酒、白酒与啤酒）。一些研究曾采用泸州白酒批发价格指数预测，但2015年9月开始该数据从公开途径难以获得。

我们尝试新的预测思路。尽管发改委重要消费品调查数据并未公布高频数据，但公布了重要品种与规格的月度增速。通过相关性分析发现，无论是当期值还是领先值CPI酒类价格增速跟，52度高档白酒的相关性高达0.95～0.97，而跟其他品种或规格的酒类价格增速相关性不高。基于这一发现，我们主要通过高档白酒价格预测CPI酒类价格增速。

高频数据中，高档白酒出厂价月均值跟CPI酒类价格增速的走势关联度不大，难以作为预测基础。可公开获得的一号店8种白酒数据中，除一种（西凤酒）外，其他价格与CPI酒类价格相关度均超过0.7；以7种白酒价格月度同比增速6月移动均值为基础，可以比较好地预测CPI酒类价格增速（见图14）。

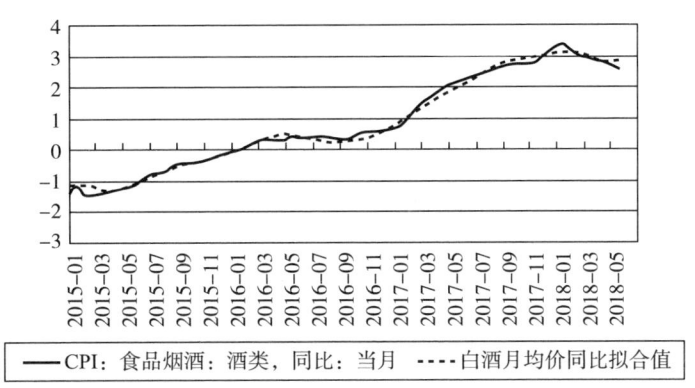

图14　CPI酒类价格同比：实际值与预测值

（二）服装

服装可获取的公开高频数据比较多，如中国大朗毛织价格指数、柯桥纺织价格指数、常熟男装指数、西樵轻纺价格指数、临沂商城服装服饰价格指数等。从结果看，上述数据的预测效果均不太理想。考虑到服装CPI环比增速具有较明显的季节性规律，这里直接使用季节性规律预测CPI服装价格环比增速，再预测同比增速（见图15）。

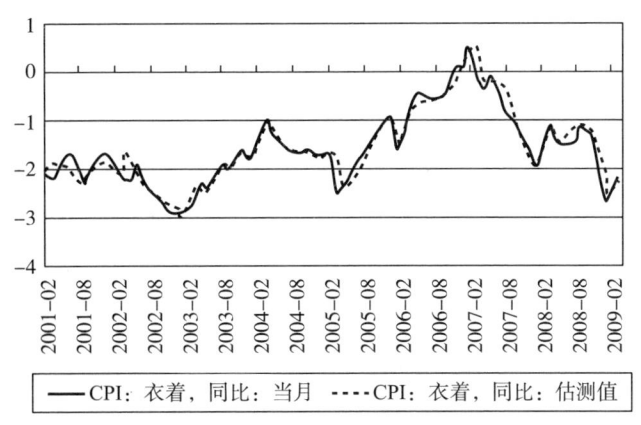

图15　CPI服装价格同比：实际值与预测值

(三) 家用器具

家用器具的构成比较复杂。按城镇居民消费支出中的家庭设备用品的统计口径，至少包括耐用消费品、室内装饰品、床上用品、家庭日用杂品、家具材料等；按 PPI 生活资料的统计口径，包括一般日用品与耐用消费品。在 CPI 分项中，有"家用器具"项目，但细分项目并未公布，因此，这里将其作为整体进行预测。

可获得的相关高频数据或领先指标包括临沂商城价格指数、PPI 生活资料（包括耐用消费品类与一般日用品类）、义乌中国小商品指数等。比较而言，临沂商城价格指数的预测效果较好。领先 7~10 期的临沂商城价格指数同比增速与 CPI 家用器具同比增速的相关系数最高，均超过 0.9，因此采用这四期同比增速均值预测（见图 16）。

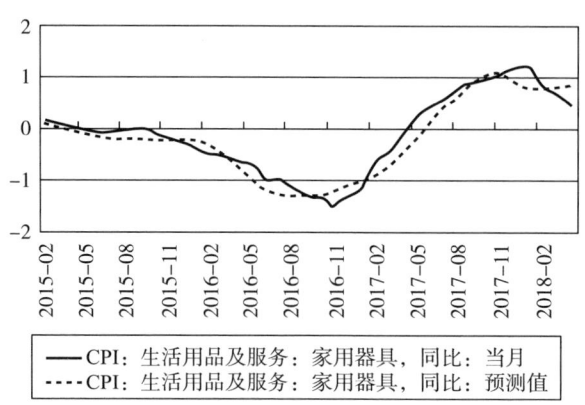

图 16　CPI 家用器具价格同比：实际值与预测值

(四) 交通工具用燃料

居民消费的交通工具用燃料主要是指汽油。对于汽油，发改委公布了最高零售指导价。按照现行成品价调整机制，国内成品油价格"十个工作日一调"，相应的汽油价格也是按此频率公布。我们首先计算得到汽油月度价格均值，然后再计算环比与同比增速。从结果看，预测效果比较好（见图 17）。

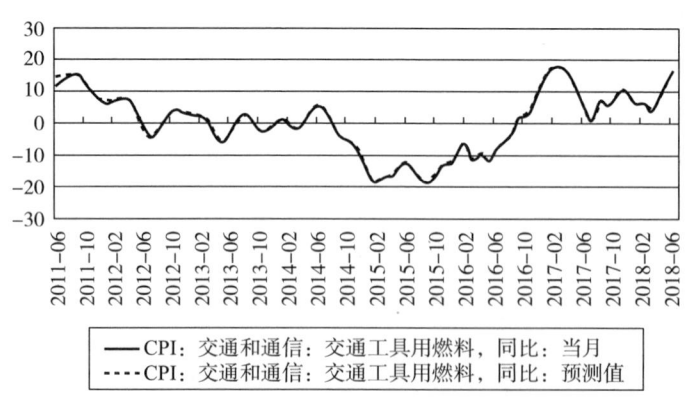

图 17　交通工具用燃料价格同比：实际值与预测值

(五) 中药/西药/交通工具/通信工具/水电燃料

我们将这几类项目放在一起，是因为其具有一些共性特征，所采用的预测思路也相同。一是有对应的 CPI 分项增速数据公布；二是可以从居民消费或投入产出表得到权重;三是尽管可以获取一些高频数据(如药品的康美中药材价格指数、广东药品价格指数、中国成都中药材价格指数,交通工具的永康五金市场交易价格指数——车及配件、临沂商城价格指数——汽摩配件及装具等),但预测效果并不理想,环比增速规律性也并不明显;四是在某些阶段同比增速具有明显的上涨或下行趋势。

我们使用历史环比增速均值作为环比增速预测值,然后再预测得到同比增速。从结果看,虽然几类项目的环比增速季节性并不明显,但同比增速预测值与实际值的偏差并不算很大。其中的逻辑在于,同比增速可简单视为连续12个月环比增速之和,预测每月同比增速时,前11个月环比增速已知,误差的来源主要是当月环比与实际环比的差距。在增速处于明显的上升或下降趋势时,与过去11个月的环比累计增速值已反映同比增速的大部分信息,与其相比,当月环比的测算误差并不明显。简而言之,这几类项目增速的"级别"比"精确"更为重要。

(六)工业消费品价格同比增速

在估测得到上述分项同比增速之后,需要加总得到工业消费品价格同比增速。这需要解决两个问题。一是确定二级分项权重;二是估测实际的工业消费品价格同比增速,这是因为并未有专门的CPI工业消费品价格增速公布。相应地,这部分分为三步进行。

第一步,确定二级分项权重,得到加总后的工业消费品价格同比增速。如前所述,工业消费品"二级分项"可分为三类,权重的确定主要涉及前两类,基础资料来自两方面。一是城镇居民消费支出结构,包括酒类、服装、家庭器具、水电燃料。二是投入产出表的居民最终消费支出结构数据,包括汽油、中药与西药(投入产出表中为医药,假设中西药占比相等)、交通工具、通信工具。最近可得的投入产出表是2012年,为提高数据获得性,使用的是139个部门的数据。需要说明的是,投入产出表中的居民最终消费支出与居民消费支出略有差异。根据定义,居民实际最终消费=居民最终消费支出+居民从政府部门和为住户的非营利机构部门获得的实物社会转移,实际最终消费与最终消费支出两者的区别主要在于对实物社会转移的处理上,前者主要是从住户部门"获得"的角度统计消费,后者更多是从住户部门"支出"的角度统计消费(详见我们前期报告《国民经济核算体系修订:背景、内容与影响》)。从规模上看,城镇居民消费支出总额要小于城镇居民最终消费支出额,相当于后者的比例在2000年是73.0%,2010年是79.7%,2005年数据缺失,假设为2000年与2010年的均值76.4%。由于投入产出表中的消费为最终消费支出口径,因此为了与其他项目权重资料来源(城镇居民消费支出结构)保持一致,各项权重需要除以上述比例,得到对应年份的权重(见表3)。

表3 工业消费品项"二级分项"说明及权重(%)

类型	第一类				第二类					第三类
特征	可获得权重可获得高频数据或领先指标				可获得权重无高频数据,但可获得历史数据					无法同时获得权重与高频(历史)数据
来源[①]	消费支出	消费支出	消费支出	投入产出	投入产出	投入产出	投入产出	投入产出	消费支出	工业消费品扣除之前项目
项目	酒类	服装	家用器具	汽油	中药	西药	交通工具	通信工具	水电燃料	其他
2015年	1.77	10.88	6.23	1.46	1.25	1.25	3.8	1.0	5.4	9.1
2010年	1.71	10.66	6.29	1.53	1.31	1.31	3.9	1.0	6.0	6.0
2005年	1.71	9.99	5.17	1.60	1.37	1.37	4.1	1.1	6.5	11.4

注:①"消费支出"是指城镇居民消费支出结构,2015年使用2012年的数据;"投入产出"是指投入产出表(2012年139个部门)。其中,投入产出表原始数据只有"医药",未提供"中药"与"西药"数据,这里假设两者相等。

第二步，推测实际的工业消费品价格同比增速。由于可以估测得到 CPI 中食品与工业消费品的权重，如果将消费品视为整体，就可以得到消费品中食品与工业消费品的权重。再根据 CPI 消费品价格增速与食品价格增速，就可以推测得到 CPI 工业消费品价格增速。

第三步，根据加总后的工业消费品价格同比增速与实际的工业消费品价格同比增速的拟合关系，最终得到工业消费品价格同比增速预测值（图18）。

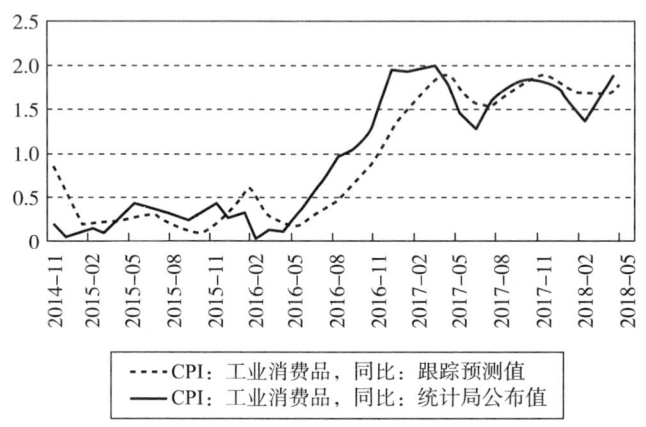

图 18　CPI 工业消费品价格同比：实际值与预测值

五、服务价格增速估测

服务价格可供参考的高频指标非常少，可利用的预测思路是其季节性规律。通常而言，4月、7月、9月服务环比价格会环比上升，最典型的旅游与教育。通常4月进入旅游旺季，7月进入暑假，旅游价格通常会环比上涨；9月学校开学，学费上涨主要发生在9月。1月、2月通常服务价格环比高增，但波动比较大，主要是受到春节错位因素的干扰。一方面，春节期间由于务工人员返乡导致家庭服务价格明显上涨；另一方面，假期旅游人数增多也导致旅游价格上涨。

利用季节性，再加入春节因素调整，可预测 CPI 服务项的价格变动。从模型结果看，春节"节前""节中"与"节后"因素的影响并不一样，"节前""节中"影响显著为正值，"节后"影响显著为负值，综合影响为正，也与预期符合。在环比增速基础上，可得到服务价格同比增速（见图19）。

图 19　CPI 工业服务价格同比：实际值与预测值

六、CPI 估测结果及说明

将食品、工业消费品与服务价格增速加总,可得到 CPI 同比增速预测值。通过回溯检验考察预测效果,共获得 2014 年 10 月至 2018 年 4 月 45 个样本点。其中,与实际值完全一致的样本点有 17 个,占比 37.8%;误差为 0.1 个、0.2 个与 0.3 个百分点的样本点分别有 19 个、7 个、2 个,占比为 41.1%、15.6% 与 4.4%。换而言之,预测的最大误差为 0.3 个百分点;有近 40% 的预测结果和实际值完全吻合,误差在 0.1 个百分点及以内的分布频率达到 80%(见图 20)。

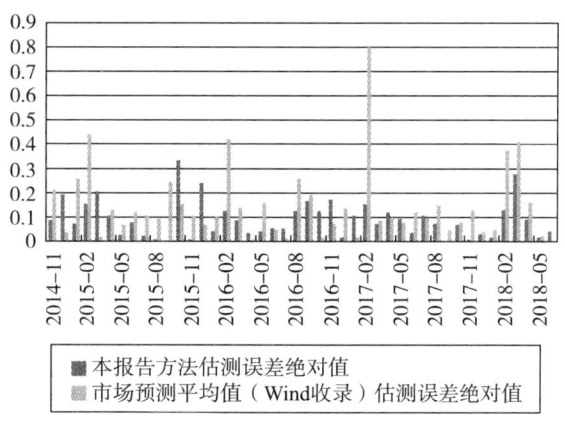

图 20 预测误差绝对值:本方法与市场预测值比较

与市场平均预测结果相比,上述方法预测效果较为理想(见图 21)。以 Wind 收录的市场平均预测值为例,这一区间的预测最大误差是 0.8 个百分点,预测误差超过 0.3 个百分点的比例是 11.6%。相比而言,本文预测结果走势与实际值更较接近,对应的准确率也提高近 14 个百分点,最大误差幅度也明显较窄。

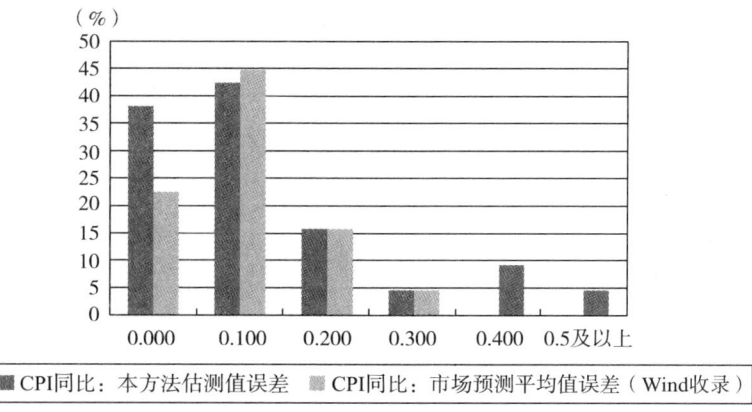

图 21 预测误差幅度分布比较

七、对进一步研究方向的思考

即便本报告方法的预测准确性有一定程度提高,但一些样本点的误差仍然偏大,尚有改进空间。那么改进的重点方向在哪里?我们认为还是在食品项。如将各月预测误差值进行分解,可发现食品项是预测误差的主要来源。虽然 CPI 食品项的权重明显低于工业消费品与服务项,但各分项对CPI增速的拉动率同时取决于权重与增速波动两个因素,由于食品项波动幅度较大,其增速预测偏差也高于工业消费品与服务项(见图22)。因此,如果能提高食品项的预测准确度,则能更有效地提高CPI增速的预测准确性。

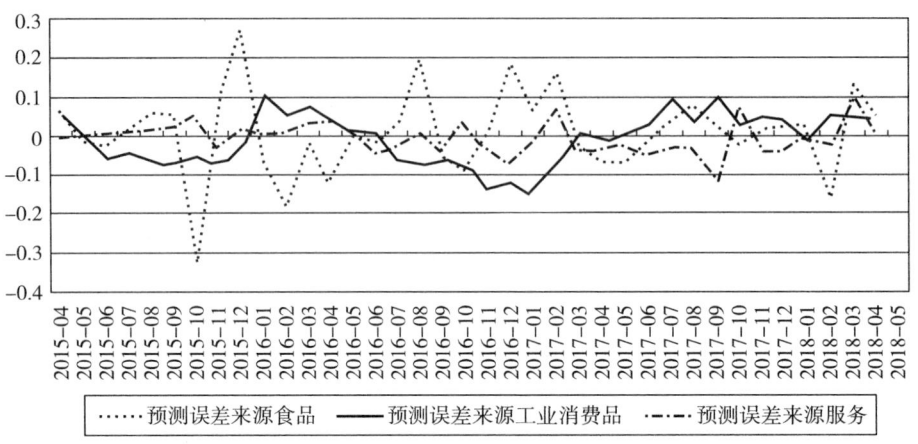

图22　CPI同比增速(三分项):预测值与实际值的偏差

参考文献

［1］董德志,李智能. CPI非食品环比"高频+均值"预测方法研究［J］. 债券,2015(8):58-66.

［2］董莉,彭凯越,唐晓彬. 大数据背景下的CPI实时预测研究［J］. 调研世界,2017(8):51-54.

［3］何丹. SARIMA模型在预测中国CPI中的应用［J］. 统计与决策,2017(2):76-78.

［4］黄文涛,董敏杰. 为何2月CPI猪肉价格增速与高频数据背离?［R］. 中信建投证券研究发展部,2018.

［5］梁晓娟. 从期货价格变动预测CPI变化［J］. 经济管理,2008(21~22):16-21.

［6］王扬眉,杨桂元. 基于季节ARIMA模型的安徽省CPI预测［J］. 价格月刊,2012(8):10-13.

［7］张洋. 基于百度搜索指数的CPI短期预测研究［D］. 天津财经大学硕士学位论文,2016.

［8］Bigman D,Goldfarb D,Schechtman E. Futures Market Efficiency and the Time Content of the Information Sets［J］. *Journal of Futures Markets*,2010,3(3):321-334.

［9］Manolis G. Kavussanos,Lecturer S. The Forward prieingFunetion of the Shipping Freight Futures Market［J］. *Journal of Futures Markets*. 1999,19(3):353-376.

On the Method to Predict Monthly CPI Growth with High – Frequency Data

Liang Yongmei, Dong Minjie

Abstract: The accuracy of CPI growth prediction based on traditional methods has somewhat declined due to the influence of many factors, so a new predication method is needed. The differences of the new methods are as follows: firstly, the mainstream forecasting framework is changed from the bisection method of "food + non – food" into the trichotomy framework of "food + industrial consumer goods + services", which has a more comprehensive content; secondly, the weight system of CPI sub – items is adjusted, according to such data as the urban residents consumption expenditure structure, the input – output table and so on; thirdly, it takes into account the factors of Spring Festival objectively and specifically, dividing them into the three situations, i. e., pre – festival, in – festival and post – festival, then each of them is quantified, so as to examine their impacts on the price changes of each sub – item. The retrospective test shows that the result of the new method is notably superior to the traditional methods in predicting the CPI growth. The distribution frequency of forecast error within 0.1 percentage point is close to 80%, and the forecast accuracy is nearly 15 percentage points higher than the results of the existing methods.

Key Words: CPI prediction; Food; Non – food; High – frequency Data; Factor of Spring Festival

专题二

绿色发展与能源资源环境

绿色发展与全球工业化的新阶段：中国的进展与比较

史 丹

摘 要：本文首先分析在新一轮工业革命驱动下，全球工业绿色发展的基本趋势及对经济发展的驱动作用，提出绿色发展开启了低碳工业化新阶段，同时指出传统工业化评价方法与指标的局限性。根据改革开放40年来经济发展规划目标和实际效果，本文划分了中国工业绿色发展的三个阶段，并对各阶段主要政策措施和发展特点进行概括。然后，从投入、产出和产业结构三个方面对中国工业绿色发展进行评价与比较，指出中国低碳工业化在某些方面处于领先地位，但总体上看还有差距。最后，提出推进工业绿色发展需要坚持和完善的政策措施。

关键词：改革开放；工业化；绿色发展；评价

中国工业发展经历了40年的改革开放历程，工业化水平大幅度提高，对中国经济高速增长、从低收入国家迈向中等收入国家起了决定性的作用。然而，中国工业化进程遇到了百年未有的大变局：一是全球化深化，产业分工由行业分工转向产业链分工，工业化的市场环境发生较大变化；二是气候变化问题成为影响工业化发展路径的最大因素；三是新工业革命兴起，工业的绿色低碳化发展与智能化、服务化的发展趋势一起，正在重构全球产业体系和竞争格局。国际金融危机之后，一些发达国家重新认识到产业空心化危害和工业对经济发展的重要性，强化发展本国工业。但在新的国际格局和工业革命的环境下，绿色发展是工业发展的必由之路。本文从工业化水平划分标准入手，提出修正传统工业化水平判定标准和衡量工业绿色发展的重要环节与条件，然后对中国工业绿色发展历程进行总结概括，并对中国工业绿色发展的重要方面进行评价和国际比较，最后提出政策建议。

一、绿色发展对工业化进程的影响与要求

（一）绿色发展开启工业化新阶段

工业化无疑是人类发展历史上最伟大的创举。工业化对财富的创造作用使得任何一个想发展经济的国家都无法拒绝，而且没有其他可选择的第二条道路。但是随着工业化的推进、工业对资源的大量消耗以及污染和废弃物的产生、财富收入主体与污染损害对象的错位，工业化所形成的经济增长开始受到质疑。去工业化呼声首先在工业发达国家兴起，可持续发展理论最早由西方学者提出，并在这些国家产生一些绿色环保组织和政党，传播理念和开展环保活动。20世纪中叶，一些殖民地与半殖民地国家在经过长期斗争后获得了独立和解放，着手发展工业和进行经济建设。工业发达国家的跨国公司为了寻求更高利润和规

---

* 本文发表在《中国工业经济》2018年第10期。

［作者简介］史丹，中国社会科学院工业经济研究所党委书记、副所长、二级研究员。

避本国环保压力，开始向一些发展中国家转移生产，并推动经济全球化和工业生产制造体系的全球布局。由于工业化发展阶段和经济发展水平的差异，在同一时间截面上，工业化在不同国家呈现不同状态：工业发达国家利用其先发优势，向发展中国家转移低附加值、高污染的行业或生产环节，低端生产及高污染行业在本国逐步萎缩，以智力劳动为主的高附加值的服务型产业发展加快，形成了1∶2∶7的三次产业结构。生态环境因此大大改善，展现了生活富裕、环境美好的一面。尽管发达国家工业的占比降到了20%左右，但是其依托跨国公司，掌握着全球工业高端设计制造和营销环节，控制全球的工业制造体系的核心技术，为其服务业发展创造了巨大的市场。但发达国家在经过长期产业转移之后，造成跨国公司发展与国内就业的矛盾，金融泡沫化导致经济发展缺乏动力，并以破坏力极强的金融危机表现出来。借助新工业革命机遇，寻找新的工业发展路径以解决经济发展的动力和就业问题，是发达国家在金融危机之后采取的策略。

2009年3月，欧盟宣布在2013年前出资1050亿欧元支持"绿色经济"，促进就业和经济增长，保持欧盟在低碳产业的世界领先地位。同年10月，欧盟委员会建议欧盟在10年内增加500亿欧元用于发展低碳技术。2010年，欧盟委员会发布《欧盟2020》战略，提出在可持续增长的框架下发展低碳经济和资源效率欧洲的路线图。2012年4月，欧盟环境部部长在欧盟环境与能源部长非正式会议后表示，全力支持欧盟发展绿色经济，认为发展绿色经济不仅能缓解就业难题，还能提高欧盟国际竞争力，是欧洲国家走出经济危机的唯一出路。2012年7月，日本召开国家战略会议，提出"绿色发展战略"总体规划，特别把可再生能源和以节能为主题特征的新型机械、加工作为发展重点，计划在5~10年将大型蓄电池、新型环保汽车以及海洋风力发电发展为日本绿色增长战略的三大支柱产业（张梅，2013）。

目前产业分工已不局限于某个国家内部，而是扩展到全球范围。在全球的产业分工中所处的地位差异对一国的生态环境具有不同的影响。从分工格局来看，发展中国家产业主要集中生产和加工初级产品，处于产业链低端，劳动密集型和资源密集型行业较为发达，发达国家处于产业链的高端，主要生产技术含量高的产品和提供技术服务，金融、信息等服务性行业较为发达。很显然，这种分工格局是造成生态环境差异的重要因素。20世纪七八十年代，发展中国家通过承接发达国家产业转移，工业化进程加速。其中，一些国家经济开始起飞。但是，与工业发达国家相比，发展中国家较早地出现了环境污染问题。一方面，源于工业发达国家的产业转移，高消耗、高污染行业在短时期内集聚式发展；另一方面，源于发展中国家受经济发展水平所限，污染治理能力弱，节能环保行业发展滞后。需指出的是，在工业化进程中，发展中国家出现了分化：其一，以拉美国家为代表，这些国家在工业生产体系尚未健全的情况下就转向贸易与服务业发展，导致产业结构早熟（史丹，2015）；过早的去工业化使经济发展失去了产业支撑，最终落入中等收入陷阱。其二，以亚洲国家尤其是以中国为代表的发展中国家，在承接发达国家产业转移的同时，逐步建立和健全了本国工业生产制造体系，经济发展保持了强劲势头，但环境污染问题也成为影响其可持续发展的巨大挑战。

综上所述，尽管发达国家和发展中国家工业化水平差距较大，但有两个共同问题需要解决：一是经济发展失去工业支撑而不可持续的问题，二是传统的工业化模式不可持续的问题。21世纪以来，随着现代信息技术的发展，新一轮工业革命正在兴起，工业生产方式正在因此改变，智能、绿色、低碳的工业制造体系已见雏形，成为技术创新的重要载体，重新展现了工业发展的前景和对未来经济发展的带动作用。一些工业大国紧紧抓住这一机遇，根据本国国情提出一些发展战略和发展重点。例如，德国提出"工业4.0"战略，美国提出"再工业化"，日本在节能和环保产品制造方面加大投入，中国提出"中国制造2025"

等智能、绿色、低碳的制造体系。2008年10月，联合国环境规划署为应对金融危机提出绿色经济和绿色新政倡议，强调"绿色化"是经济增长的动力，呼吁各国大力发展绿色经济，实现经济增长模式转型，以应对可持续发展面临的各种挑战。2011年，联合国环境规划署发布的《迈向绿色经济——实现可持续发展和消除贫困的各种途径》报告指出，从2011年到2050年，每年将全球生产总值的2%投资于十大主要经济部门可以加快向低碳、资源有效的绿色经济转型。为了抢占绿色发展的先机，英国、日本、美国、法国、德国等十几个国家自2007年以来，先后推出碳标签制度。法国《新环保法案》要求，自2011年7月起，凡在法国市场上销售的产品需标示包括产品生命周期及包装的碳含量等环境信息。芬兰、英国、德国等较早开始征收碳税；一些跨国公司开始实施绿色供应链采购，对其他国家生产进行绿色标准限制；一些国家制定了绿色生产规范和行业标准；等等。

在全球产业分工中，中国处于中低端。要改变这种分工格局，实现绿色发展，关键是提高劳动生产率和进行技术创新，若没有劳动生产率的提高和技术创新，而是简单的去工业化或者经济服务化，只能导致经济发展减速和服务业的成本病。因此，工业的绿色发展不是单纯的环境治理，而是涉及建立什么样的工业制造体系、什么样的产业结构、什么样的国际分工格局等国家战略性问题。《中国制造2025》战略正是因此而生。需指出的是，绿色、低碳发展具有超越国界的外部性，只有世界各国共同携手才能维护好地球这个人类的家园。因此，绿色发展是从国家竞争走向全球合作的过程。在这个过程中，不能忽视一些国家的引领作用。从技术发展趋势来看，新工业革命不仅为工业发展注入新的动力，而且将改变传统的工业化模式，开启低碳工业化新阶段（史丹，2015，2017）。习近平总书记指出，中国要做生态文明建设的参与者、贡献者和引领者。如果说传统工业化是由英美率先实现的，那么，中国将对低碳工业化产生重要影响。美国为了维持竞争优势，甚至发起贸易战，直指"中国制造2025"战略，企图阻止中国经济在新工业革命中乘势崛起。从绿色发展的外部来看，美国阻止中国经济的现代化进程也是阻止全球工业绿色发展的进程。

（二）低碳工业化显示传统工业化理论的局限性

传统工业化理论主要是在发达国家工业化的经验上建立起来的。迄今为止，传统工业化理论仍在被广泛地应用。其原因是新的事物总是脱胎于旧事物之中，新事物要在旧事物的基础上发展。当前绿色发展已成为主流价值观，但理论尚未形成体系，尤其是定量分析方法与经验数据检验方面，仍以传统工业化理论和方法为主，从而形成价值取向与工具运用的不统一、不协调。以工业化水平判别标准为例。改革开放40年，中国最为骄人的成绩之一就是建立健全了工业制造体系，由一个农业弱国转变为工业大国，这个转变开启了中国现代化征程，也使中国从长达数百年的衰落中重新站立起来，回归到世界大国行列。一些学者根据发达国家的经验数值测算中国工业化水平，认为中国经济发展已进入工业化中后期阶段。这种测算方法有个问题：一是用传统工业化标准测量，没有去除价格因素，夸大了中国工业化水平；二是没有体现工业化新阶段即低碳工业化的发展趋势。

传统的测算工业化水平的重要指标之一就是工业在产业结构中的占比。的确，以现价计算，中国产业结构已经发生改变：2006年，第三产业超过了工业；2015年，第三产业超过了第二产业。但若去掉价格因素，从1978年至2017年，工业在GDP中的占比提高了20多个百分点，第三产业只提高了不到10个百分点（见图1）。近年来，中国金融业、电子商务、互联网等发展迅速，但是，服务业成本病也日益显现。服务业部门的价格指数是工业的3倍、整个国民经济部门的1.8倍（宋建和郑江淮，2017）。也就是说，剔除价格因素后，中国仍是以工业为主的国家，这解释了为什么中国经济景气与工业发展状态高度相关，为什么美国高度关注"中国制造2025"。

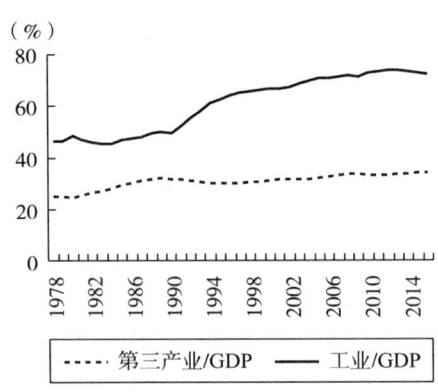

图1 以不变价计算的工业与第三产业在GDP中的比重

随着经济发展,越来越多的生产服务环节在生产制造过程中独立出来,成为专门的行业,发展成生产性服务业。在企业层面,则表现为投入服务化和产出服务化。投入服务化的原因是企业内部服务的效率对企业竞争力的影响越来越大,企业把那些原本由企业自身开展的活动如质检、会计、金融服务等转包给外部专业公司。产出服务化的原因是服务对企业产品的市场信誉具有越来越重要的影响,有些制造业公司转向把服务作为主营业务。例如,罗尔斯-罗伊斯公司是全球最大的航空发动机制造商,是波音、空客等飞机制造企业的供货商,但罗尔斯-罗伊斯公司并不直接向飞机制造企业出售发动机,而以"租用服务时间"的形式出售,并承诺在对方的租用时间段内承担一切保养、维修和服务,其服务收入已超过公司收入的一半以上。20世纪80年代,通用电气公司在全球24个国家拥有113家制造厂,传统制造产值的比重高达85%;而目前,通用电气的"技术+管理+服务"所创造的产值占公司总产值的比重已经达到70%。制造业服务化一个更重要的原因是大数据技术的发展,使得制造业的发展方式逐步由生产者主导转向消费者主导,生产者由过去只是向市场提供标准化产品,转向直接根据消费者的个性需要提供定制化的服务,制造和服务直接联系起来,两者的界线变得非常模糊。

制造业服务化的发展趋势凸显了传统工业化划分标准的局限性。从数据对比来看,从低收入国家到高收入国家,工业的占比并不是线性下降,而是呈现类似倒U形变化,服务业占比的变化也是不十分明显。工业在GDP中的占比并不能完全代表国家的经济发展水平,各国显著的差距是农业在GDP中的占比,高收入国家农业增加值在GDP中的占比一般只有1%多一点,低收入国家则达到20%以上。改革开放初期,中国农业在GDP的占比为27.7%。2016年降到8.6%,与中低收入国家的水平相当。1978年和2017年,倘若把第二产业和去除金融业的第三产业的增加值合计起来计算,可以发现,这一比例分别是88.3%和88.5%,几乎没有变化。这一结果与本文前述的以不变价计算的工业占比是一致的,表明1978~2017年中国经济发展阶段没有根本性的变化,工业等实体经济仍是中国的主导产业。目前,已有一些专家(尹汉宁,2017)对工业化发展阶段理论的现实适用性问题提出质疑,认为按照钱纳里工业发展阶段标准划分工业化水平已不适应当前全球产业发展变化的趋势,在经济全球化的背景下,80%以上的国际贸易和投资发生在跨国公司内部,一方面表现为生产环节和供应环节的分离,另一方面,工业与服务融合发展,工业发展水平已开始用"工业1.0"、"工业2.0"、"工业3.0"和"工业4.0"的表述形式。

笔者认为,与传统工业化水平划分标准相比,用"工业1.0"、"工业4.0"反应工业化水平,其优点是不会因为工业占比的下降而产生"去工业化"问题,它表明工业不会消亡,只会升级,制造业服务化、工业与信息化融合等都是工业升级的表现。但是，这种表述方法也存在一个问题，就是工业绿色低碳发展水平没有完全体现出来。绿色发展及低碳工业化最大的特征就是人类开始有选择、有限制地进行工业化，无限制地消耗资源、损害地球生态环境的所谓经济活动受到批判和扬弃。在传统工业化理论中并没有体现这种扬弃和修正，因此在传统工业化水平测度方法中也没有体现绿色低碳化。这种测度指标的缺失对低碳工业化发展具有重大的影响，需要加以补充。传统工业化发展模式是一种以财富为中心的发展观，无节制地向自然索取，盲目追求经济增长，造成严重的环境污染和资源危机。反思传统工业发展方式，就是要正确处理好经济发展同生态环境保护的关系，牢固树立保护生态环境就是保护生产力、改善生态环境就是发展生产力的理念，更加自觉地推动绿色发展、循环发展、低碳发展，绝不以牺牲环境为代价去换取一时的经济增长。本文在总结中国工业绿色发展阶段进展的基础上，从产出、投入和结构三个方面评价对比中国工业绿色发展的现状。

二、中国工业绿色发展的演进与阶段特征

1949年以来，中国的工业化进程可分为改革开放前和改革开放后两个时期，即以冷战思维为主导的重工业优先发展时期和基于和平发展战略判断的全面进行工业化和现代化建设时期。改革开放后工业化进程可分为三个阶段：一是解决供给短缺的轻重工业平衡发展阶段；二是加入WTO，生产规模加速扩张、生产体系全面形成阶段；三是向智能、绿色、低碳方向转变的高质量发展阶段。其中，第三阶段正值新一轮工业革命开始阶段，是中国继经济全球化之后又一次难得的发展机遇（见图2）。

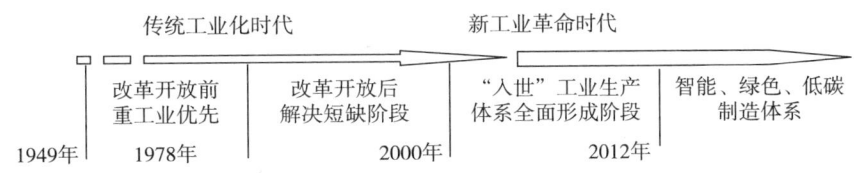

图 2 中国工业化阶段及其特征

从1978年到2018年，虽然只是短短的40年，但是中国却经历了从工业品严重短缺到"世界工厂"的巨变，成为全球生产体系最为完备、生产能力最大的工业大国。中国工业的发展过程也是绿色发展理念在实践中不断深化提升的过程，从单纯强调节约能源资源利用到人力资源、环境保护、经济效益协同发展的新型工业化道路的提出，再到以生态文明建设为目标的绿色发展理念，中国工业绿色发展的方向越来越明朗，并逐步走向世界前列。中国工业绿色发展理念的演进既有连续性又有差异性，经历了一个"以物为本"到"以人为本"的渐进过程。

（一）从解决缺口的角度强调能源资源的节约利用

新中国成立后，中国工业基础获得极大的加强，但在计划经济体制下，中国经济面临着严重的短缺，轻重工业发展比例失调，突出表现为消费品供不应求和能源与原材料长期供给不足。1978年拉开改革开放大幕，面对的突出问题是供给短缺。改革的重点首先要解决"重工业过重、轻工业过轻"的问题，调整轻重工业比例，对轻工业发展实行"六个优先"，即原材料、燃料、电力供应优先，挖潜、革新、改造的措施优先，基本建设优先，银行贷款优先，外汇和技术引进优先，交通运输优先（汪海波，1986）。与此同时，在能源政策上采取开发与节约并重、近期把节能放在优先地位的方针，保障工业生产的需求。具体措施是逐步改变产业结构和产品结构，加强能源管理，搞好热力平衡，降低单位产品能耗，改造耗能大的老设备和落后工艺，发展集中供热、

热电结合，逐步更新能耗高的动力机具，推行燃料替代，实行油改煤，严格控制烧油。

经过一段时间的努力，国民经济重大比例失调的状况已基本得到扭转，但能源原材料交通运输仍是国民经济发展瓶颈。在第六个五年计划中，提出了限制工业发展速度的要求，但是1980~1984年工业增加值实际增长了9%，1985年上半年甚至达到了23.1%。这种超高速增长进一步引起能源原材料和交通运输供应紧张，造成产品质量下降。为此，能源原材料和交通运输行业发展进一步受到关注。在政策措施上，一方面，把发展能源工业作为经济建设的重点之一，加大能源投资。根据中国能源资源条件，确定了以煤炭为主要能源的发展战略，煤炭开发实行"国家、集体、个人一起上，大、中、小煤矿一起搞"和"有水快流"的方针，同时确立了"以电力为中心"的能源建设思路，为了吸引电力投资，采取了还本付息电价，保证电力投资具有稳定较高的投资回报。石油工业在勘探开发等薄弱环节加强投入。此外，伴随着来料加工发展、产品出口增长和外汇收入增加，国家摆脱了依靠石油换取外汇的困境。为了解决国内石油短缺问题，在限制燃油发电的同时，逐步扩大了石油进口。另一方面，通过调整工业结构和产品结构，推广节能技术，进行以节能为中心的技术改造，强化能源节约并取得了显著成效，单位工业增加值能耗下降的幅度超过了"六五"计划规定的降低2.6%~3.5%的目标，节能对支撑国民经济和工业发展发挥了重要作用。

可见，改革开放初期，中国经济发展就认识到加强能源、交通运输等基础设施建设的重要性。党的十二大报告指出，"我国国民经济今后能不能保持较快的增长速度，能不能出现新的发展局面，在很大程度上取决于能源、交通运输问题能否得到恰当的解决"。注重能源发展，重视节能工作，其中一些节能措施，如热电结合发展、改造和淘汰落后设备等至今仍然采用，这是中国工业绿色发展的初步探索。但是，当时工业结构调整主要是从弥补需求缺口出发，能源发展以尽快满足能源需求为主要目标，中国节能措施更多的是保障能源需要，尚未深刻认识到环境污染和温室气体排放对经济发展的反作用和影响，加之新能源技术发展尚不成熟，对清洁能源发展缺乏重视，能源结构没有得到优化，反而进一步恶化。

在保障能源供应思想的指导下，因资源丰富、进入门槛低和较早地实施市场化改革等，中国的煤炭产量迅速上升。1978~1990年，煤炭在能源生产总量中的占比由70.4%上升到74.2%。煤炭消费量在能源消费总量中的占比由74.2%提升到79%。这一发展趋势在其后10年仍然继续，对环保形成较大的压力。

（二）从人力资源、能源资源、经济效益协调发展的角度提出新型工业化道路

到2000年，中国在基本解决人民温饱的基础上，国内生产总值比1980年翻了两番，经济总量越过万亿美元，位列世界第六位，人民生活达到了小康水平。2001年，中国加入世贸组织，中国对外开放达到前所未有的广度和深度。但能源供给已不能完全自给，自1993年起，中国从石油净出口国转为净进口国，石油进口量占石油消费总量的比例开始不断地上升。到2010年，中国GDP总量跃居世界第二位，外汇储备与进出口贸易总额居世界第一位。中国产出占全球产出的比重由1978年的1.8%上升到2010年的9.5%。人均GDP由1980年的313美元增加到2010年的近4500美元。但在收入增长的同时，也付出了生态环境质量严重下降等沉重代价。从大气环境看，2006年中国二氧化硫排放量达到2589万吨，超过了环境理论容量的1倍以上；从土地环境看，到2004年，中国的水土流失面积为356万平方公里，占国土面积的37.1%；从淡水环境看，2005年长江流域废污水排放总量为296.4亿吨，比上年增加8.3亿吨，增幅2.9%。

生态环境恶化趋势，引起党中央高度重视。2002年，党的十六大报告提出了21世纪头20年全面建设小康社会和走新型工业化道路的任务。所谓新型工业化道路，就是以信息化带动工业化，以工业化促进信息化，走出一条科技含量高、经济效益好、资源消耗低、环境污染少、人力资源得到充分发挥的新型工业化路子。新型工业化道路的提出,一方面,基于中国改革开放20多年来,经济发展成果显著,尤其是工业水平大幅度提高,跻身世界工业大国行列,短缺问题基本解决的现状;另一方面,基于社会需求结构从以日用消费品为主转为住宅、汽车、家电等耐用消费品需求增长,对重工业产品需求也快速度发展。但随之带来的是能源需求增长加速,污染物排放加大。若继续延续改革开放初期,主要依靠资源要素投入推动经济发展而不注重效率提高的外延式生产方式,将产生一系列严重的后果。转变经济发展方式成为中国经济发展的首要任务。针对经济发展存在的问题,党的十七大报告提出了"又好又快"的发展方针和"三个转变":一是由主要依靠投资、出口拉动向依靠消费、投资、出口协调拉动转变;二是由主要依靠第二产业带动向依靠第一、第二、第三产业协同带动转变;三是由主要依靠物质资源消耗向主要依靠科技进步、劳动者素质提高、管理创新转变。在继续强调节约能源资源使用的基础上,"十一五"规划中进一步提出"要把节约资源作为基本国策,发展循环经济,保护生态环境,加快建设资源节约型、环境友好型社会,促进经济发展与人口、资源、环境相协调"。

新型工业化道路强调了资源利用率和环境保护,但在能源发展方面仍以保障供给为重,从而使中国的能源结构一直没有得到改变。2000~2010年,甚至出现煤炭的所谓"黄金十年"(见图3)。"十五"期间,仅是煤炭产量的增量就达到9亿多吨,"十五"和"十一五"10年间,煤炭产量增加了17亿多吨。

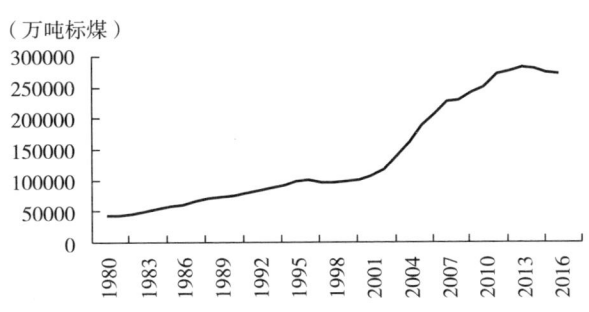

图3 中国煤炭消费量变化趋势

注:煤炭消费量是按发电煤耗折算的。

近年来,有相当多的专家认为,中国的人口红利随着出生率的下降和劳动力人口的减少消失了。笔者认为,从人口结构来看,我国的人口红利确是因供养人口比例的上升而下降,但从人口数量来看,中国仍是劳动力资源丰富的国家,劳动者素质的提高也将产生巨大的人口红利,与其他国家相比仍具有优势。制约中国经济发展的主要问题仍主要是技术与环境。2002年前后,关于温室气体排放问题进入中央决策层考虑范围,提出了《国家减排温室气体行动方案》,并进一步强调注重经济发展与资源环境保护,注重经济效益与发挥劳动力优势相结合。在这一阶段,工业的绿色发展重点由过去依靠以节能为主转向能源结构优化。调整以煤为主的能源结构、大力发展清洁、可再生能源,制定生态环境保护红线等一系列措施在"十五"和"十一五"期间逐步展开,减少温室气体排放作为绿色发展的重要内容,并提出了具体的规划目标。中国工业绿色发展由原来的单纯考虑资源节约转向全面协调发展。2008年,为应对全球金融危机,中国加大了投入,工业发展进一步加速,相当数量的工业品在全球占有率高达到50%,由此导致能源需求又进一步增长,能源与资源环境压力进一步加大。为此,"十二五"期间,在单位GDP能耗下降目标的基础上，又提出了能源消费总量控制和能源结构清洁化目标、水资源红线目标等，资源利用效率和环境管制的力度进一步加大。

有学者测算，中国经济快速发展在一定程度上受益于环境管理缺失。1978~2010年，中国潜在经济增长率平均为9.5%，其中1.3个百分点是环境代价。2000~2010年，环境消耗拉动经济增长平均为2个百分点（袁富华，2010）。笔者认为，中国经济发展存在三个悖论：一是非国有经济发展形成的效率改进与环境保护的悖论；二是中小企业发展形成的市场活力与环境保护的悖论；三是效率提升行业收益下降的悖论。非国有经济的快速发展促进了中国经济，但外商投资把大量高消耗、高污染的产业转移到中国，带来一些资源消耗和污染排放过快、过多的问题，一些民营企业钻环境监管不严的空子，污染治理投入一般低于国有企业，这是中国发展效率与环境保护悖论。企业规模与环境保护悖论的产生，主要源于大企业经济实力强，更加注重社会责任和市场声誉。中小企业尤其是在增加供给做出重要贡献的乡镇企业，由于技术水平低，生产管理落后，控制污染的投入有限，加之布局不合理，其环境污染和能源资源消耗要大大高于同等类型的大中型企业（徐家源和徐文昕，2010）。此外，在国民经济各行业中，工业效率提升最快，但是工业行业利润率持续下降，由于市场竞争和体制改革进程的差异，工业市场化改革形成的效率红利有相当一部分转移到服务业之中，造成工业发展成本高，利润回报低，环境治理投入因此受到影响。

（三）建设生态文明开启的全面绿色低碳发展阶段

中国一直强调发展与保护环境并重，但是在实际工作中，处理好发展与环境的平衡关系并不容易。总体来看，当经济增长速度超过经济增长潜力时，能源与资源消耗加速，节能减排目标就难以实现。改革开放以来，中国"八五"计划、"九五"计划和"十五"计划重点解决能源供需缺口问题，发展目标主要是能源生产稳定增长目标和节能目标，从总量上看，基本完成产量增长目标，但节能目标完成情况并没有得到应有重视。"十五"后三年全国单位GDP能耗上升了9.8%，全国二氧化硫和化学需氧量排放总量分别上升了32.3%和3.5%；节能环保形势比较严峻，"十一五"规划中制定了6个节能减排目标，全国单位GDP能耗下降19.1%，全国二氧化硫排放量减少14.29%，全国化学需氧量排放量减少12.45%，除能耗目标外，基本完成了"十一五"规划纲要确定的目标任务。

党的十八大以来，从生态文明建设的高度对工业发展方式提出了更加严格的要求，理论体系和政策措施更加完备；提出了包括绿色发展在内的五大发展理念；提出了要像对待生命一样对待生态环境，统筹山水林田湖草，实行最严格的生态环境保护制度；提出了保护优先、自然恢复为主的方针，形成节约资源和保护环境的空间格局、产业结构、生产方式和生活方式。与此同时，中国在国际上展现新的姿态，积极参与全球气候变化大会谈判并提出中国自主减排方案，出台了《国家应对气候变化规划（2014—2020年）》，提出构建"人类命运共同体"的中国主张，明确要求中国要做生态文明建设的参与者、贡献者和引领者。与新型工业化道路所提出的内容相比，这一阶段中国形成了绿色发展的理论体系，是更全面的绿色发展。与西方可持续发展理论相比，绿色发展是从生态文明的高度，提出解决好工业文明带来的问题与矛盾，是一种文明的进步。

生态文明作为人类文明发展史上的一个新阶段，强调的是人与自然的和谐相处，其所对应的经济发展方式就是绿色发展，低碳工业化则是绿色发展道路的具体体现。为此，党中央制定了一系列措施，例如，改革自然资源资产产权制度，完善主体功能区制度建设与空间规划体系，完善资源总量管理和全面节约制度，编制自然资源资产负债表，强化领导干部离任审计和党政领导干部生态环境损害责任追究，推进资源有偿使用和生态补偿制度改革等一系列触及发展根本的政策措施。从工业绿色发展的变化看，主要体现在生产要素投入的绿色化、生产过程的绿色化、产品与服务的绿色化。2015年，国务院颁布的"中国制造2025"规划指出，形成经济增长新动力，塑造国际竞争新优势，重点在制造业，难点在制造业，出路也在制造业。要按照"创新驱动、质量为先、绿色发展、结构优化、人才为本"的基本方针推动工业发展。规划提出全面推行绿色制造，构建高效、清洁、低碳、循环的绿色制造体系。其中，包括绿色制造的研究推广使用，加快制造业绿色改造升级。推进资源高效循环利用。积极构建绿色制造体系。开展绿色制造工程，其中包括组织实施传统制造业能效提升、清洁生产、节水治污、循环利用等专项技术改造。开展重大节能环保、资源综合利用、再制造、低碳技术产业化示范。实施重点区域、流域、行业清洁生产水平提升计划，扎实推进大气、水、土壤污染源头防治专项。制定绿色产品、绿色工厂、绿色园区、绿色企业标准体系，开展绿色评价，等等。为落实《国民经济和社会发展第十三个五年规划纲要》和《中国制造2025》战略部署，工业和信息化部于2016年颁布了《工业绿色发展规划（2016—2020年）》专项规划，促进工业绿色发展，规划中提出到2020年，能源利用效率显著提升；资源利用水平明显提高；清洁生产水平大幅提升；绿色制造产业快速发展；绿色制造体系初步建立。到2020年，建成千家绿色示范工厂和百家绿色示范园区，部分重化工行业能源资源消耗出现拐点，重点行业主要污染物排放强度下降20%。到2025年，制造业绿色发展和主要产品单耗达到世界先进水平，绿色制造体系基本建立。

从倡导能源资源节约利用到提出新型工业化道路，从新型工业化道路到以生态文明建设为目标的全面绿色化制造，标志着中国工业绿色发展的深化，也标志着中国工业发展正在向智能、绿色、低碳转轨。本文按1978~2000年、2000~2012年以及2012年以来三个时间段划分，对1978年以来有关文献的初步梳理，发现改革开放以来中国颁布的有关绿色发展的政策法规有如下特点：一是有关绿色发展的文件出台频率和数量逐步加大，包括法律法规、发展规划、指导意见、管理办法等多个层次的文件；二是政策措施从污染末端治理向资源的综合利用、能源结构优化方向转变，举措与监管措施越来越具体，如编制自然资源资产负债表、重点区域的蓝天保卫战、绿色发展标准与指数等；三是对绿色发展的认识越来越深入，颁布的政策内容由最初的污染治理、节约能源扩展到应对气候变化、发展循环经济、最终上升到建设生态文明的高度。

三、中国工业绿色发展的成效与比较

从20世纪90年代开始，UNEP以及世界银行、亚太经济合作组织、联合国统计委员会以及国内一些研究机构等陆续开展了绿色财富、绿色增长、绿色GDP核算、绿色发展指数等相关研究，在科学界定绿色经济概念和分类的基础上，建立了相关模拟和预测模型对绿色经济的贡献和潜力进行分析，但始终没有形成统一的技术方法（郑德凤等，2015）。按照前面提到的工业绿色低碳发展水平的分析思路，本文对中国工业绿色发展的成效评估从三个方面进行：一是产出绿色化，主要分析污染物排放和温室气体的排放量下降程度；二是投入绿色化，主要分析能源清洁化程度；三是产业结构绿色化，主要分析节能环保产业发展状况。

（一）产出绿色化及其比较

产出绿色化主要是指污染物、温室气体排放逐步减少，工业品生产制造与消费的环境负面影响越来越小，本文用单位GDP资源消耗和污染物排放趋势来反映。首先，分析比较单位GDP能耗下降趋势。从图4看，即使按不变价计算，中国单位GDP能耗也呈现显著下降趋势。其中，在2002~2004年，中国单位GDP能耗经过小幅度上升后下降，使得中国单位GDP能耗趋势线上移并变得平缓，其原因主要是产业结构的变化，2002年以后，中国重工业呈现快速发展。但是上移之后，下降的速度仍然比较平滑，说明中国技术进步与节能管理工作在持续地发挥作用。

在经济发展过程中，能源消费有两个趋势：

一是在生产过程中，能源利用效率越来越高，单位产出的能耗越来越少；二是随着收入水平的提高，人均能源消费越来越多。工业发达国家的生产能源消费与生活能源消费的比例接近6∶4，而中国这一比例不到8∶2。这与工业仍是中国重要的产业相关。与工业发达国家现状相比，中国的单位GDP能耗处于较高水平，但与相近的历史发展阶段相比，中国是以较低的能源消耗增长支撑高速度的经济发展，完全不同于工业发达国家工业化进程中能源消耗轨迹。改革开放以来是中国工业化快速推进的时期，但能源消耗弹性系数40年来基本上低于"1"（见图5），而发达国家在工业化中期阶段能源消费弹性系数基本上大于"1"。例如，日本在1965~1973年经济增长率平均达到9.4%，而能源消费增长率为11.8%。从图6可见，在1980年以前，日本的能源消费弹性系数除了一个时间段外，其他时间段大于"1"。国际能源机构（IEA）发布的《世界能源展望中国特别报告》指出，中国能源消耗强度是世界上所有国家中下降最快的，到2040年，中国将是世界上能源强度最低的国家之一。

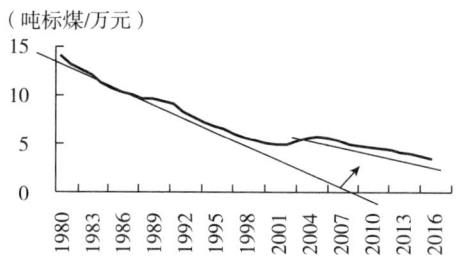

图4　按照1970年价计算的单位GDP能耗

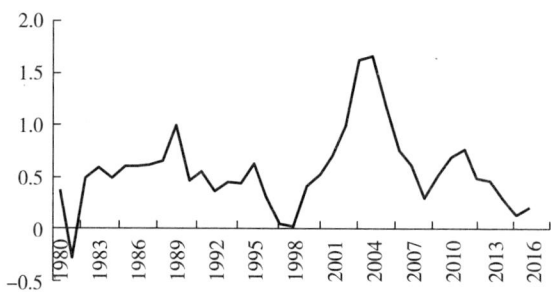

图5　中国能源消费弹性系数

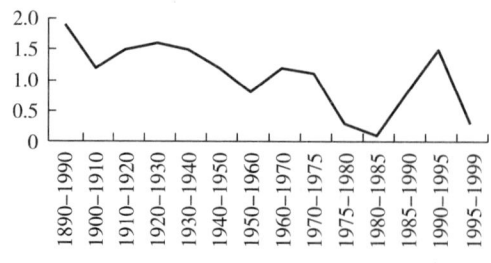

图6　日本能源消费弹性系数

其次，看工业"三废"排放情况。改革开放以来，工业废水排放量、工业化学需氧量、工业氨氮排放量呈现稳中下降趋势，其中工业化学需氧量下降幅度较大。单位工业增加值（按不变价计算）的废水排放量、工业化学需氧量、工业氨氮排放量（见图7、图8）呈现陡降趋势。

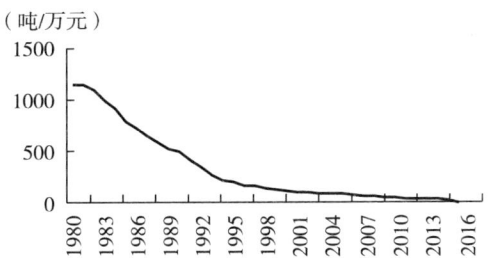

图 7　万元工业增加值废水排放量

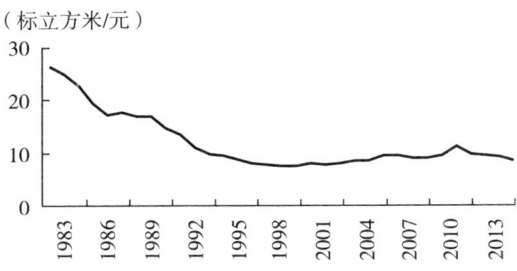

图 8　单位工业增加值废气排放量

(二) 能源清洁化及其比较

能源是重要生产要素，中国工业污染物和温室气体排放相当高的比例源于煤炭等化石能源的生产和消费。能源清洁化、低碳化是工业绿色发展的基础。"十一五"以来，中国在节能的基础上开始重视清洁能源的发展，出台了一系列鼓励优惠政策，可再生能源进入高速发展阶段。近10年来，光伏发电、风电和水电的快速发展，投资与发电装机均处于世界各国前列，对能源结构改善做了重要贡献。2016年，煤炭在能源消费结构中的占比比1980年下降了近8个百分点。

能源结构的转变是能源转型的核心。就全球来看，共发生两次重大能源转型：一是形成以煤炭为主的能源结构，这个时间大约是从第一次工业革命到第二次革命开始；二是形成以油气为主的能源结构，开始的时间大约在20世纪60年代，除中国和印度，世界其他国家基本上以油气为主要能源。目前，伴随第三次工业革命，全球能源正处在向以清洁低碳为主转变的阶段（见图9）。中国的新能源发展速度虽然世界领先，但就能源结构看，中国处于第一次工业革命阶段。

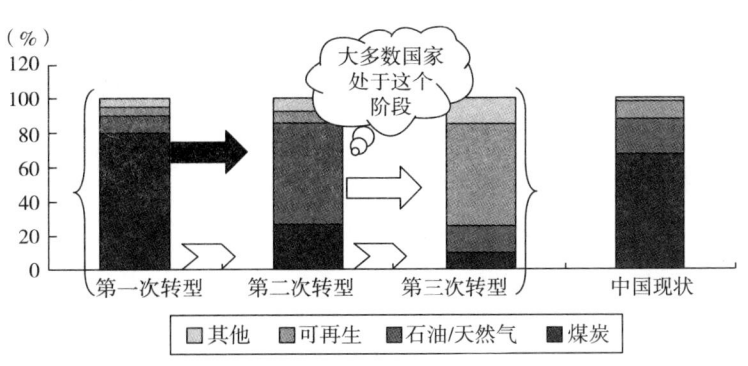

图 9　全球能源转型阶段及中国现状

就消费同等能量能源所排放的温室气体看，欧盟、日本等国家近20年来已有较大幅度的下降，拉开了与其他国家的距离，处于领先地位。若以清洁能源在能源总量占比作为能源转型的衡量标准，可以发现中国处于在世界平均水平之上。在新能源投资与能源转型发展速度方面，中国处于全球领先地位。

（三）产业结构绿色化及比较

产业结构绿色化主要是指节能环保产业的发展程度。在绿色发展中，节能环保产业具有特殊作用。它本身并不生产用于消费的产品，而是用于处置和回收生产正常消费品过程中产生的对环境有害的副产品或富余能源，是国民经济中的静脉产业，与其他产业发展具有较大的关联性。一般来说，节能环保标准越高，环境规制越严格，节能环保产业发展的市场空间越大。此外，节能环保技术对节能环保产业发展具有决定性的影响，如果说明其他产业是对资源加工转换，那么节能环保产业则对已加工转换过的资源再加工利用。因此，节能环保产业发展状况是一国绿色发展政策力度和技术发展水平的集中体现。随着技术进步和产业的发展，预计在今后的30年内，可再生资源产业提供的原料将由目前占总原料的30%提高到80%。目前，美国可再生资源产业的规划超过汽车行业，成为美国最大的支柱产业。

从全球来看，节能环保产业已进入较快发展阶段。2010~2016年，全球环保产业的市场规模已从26281亿英镑增至8225.14亿英镑，年均增长率远远超过全球经济增长率。美国、日本和欧盟的环保产业在全球市场中占有较大的份额。其中，美国环保市场占全球环保产业总值的1/3，是全球最大的环保市场。发达国家拥有节能环保的核心技术，已经建立起比较成熟的废旧物资回收网络和交易市场，产业发展基本上处于成熟期，是主要出口创汇产业。以美国为例，美国每年回收处理含铁废料7000万吨，其中出口废钢铁1500万吨，占世界的30%；回收处理废纸6000万吨，其中出口1000万吨，占世界的40%。每年的再生资源回收总值约1000亿美元，每年销售收入约200亿美元（刘文革，2011）。

我国节能环保的关键核心技术虽然相对短缺，现有环保企业中90%以上环保设备的技术水平落后发达国家10年左右，但是投资增长超过了欧美国家，产业发展处于成长期，市场潜力巨大。据有关方面统计测算，以土壤修复为例，中国仅工业污染场地就达30万~50万元，若按每块地的修复成本300万元测算，中国仅工业污染场地修复的市场就达0.9万亿~1.5万亿元，如果再加上中国3.9亿亩被污染的农业耕地、220万公顷的矿山修复，整个国内土地修复市场近10万亿元。按照"水十条"重点工程任务量测算，预计完成"水十条"的全社会投资大概是4.6万亿元。在工业环保领域，仅工业危废处理一项每年的市场空间就接近2000亿元（史作廷，2018）。《"十三五"节能环保产业发展规划》提出，到2020年，节能环保产业成为国民经济的一大支柱产业，节能环保产业增加值占国内生产总值比重为3%左右；"十三五"以来，为了进一步推动环保产业拓展延伸，环保产业链正逐步形成，带动相关产业的发展。一方面，环保产业已经在大气、水、土壤、危废处理处置等领域形成涉及环保咨询、环保设备、运营维护等多元化产业格局；另一方面，环保产业的产出伴随着能源产业、电子制造业、金融业、专用化学产品制造业等产业的投入，带动这部分产业的发展。对比国外成熟环保企业，我国环保上市公司整体收入和利润规模依然偏小。就环保行业整体市场格局而言，除生活垃圾焚烧板块的寡头垄断趋势愈加明显以外，其他的板块集中度仍处于较低水平。

四、小结与政策建议

改革开放以来，中国工业化水平迅速提高，但工业化进程尚未完成，工业在国民经济中仍占据主导地位。在劳动力成本比较优势下降、更加严格的环境管制和新一轮工业革命涌动的条件下，中国需要突破传统的工业化方式，沿着新一轮工业革命的方向，走低碳工业化道路。建立智能、绿色、低碳工业制造体系。改革开放40年来，中国一直强调能源与资源的节约，走新型工业化道路，尤其建设生态文明思想观点的提出，使中国工业绿色发展的方向越来越明朗。从绿色产出、绿色投入与绿色结构三个角度来看，中国在某些方面开始处于世界领先地位，但总体上看，在绿色低碳技术和产业发展水平方面还有较大差距。技术进步决定着人类的未来，新一轮工业革命正在加速，各国工业竞争力因此重新洗牌。中国工业必须清楚地认识到这一点，不能满足于工业制成品的价格竞争力和基于传统工业化的发展模式，而要抓住新一轮工业革命的机遇，加快工业绿色发展，争取在低碳工业化进程中占据领先地位。根据当前中国工业绿色发展存在的问题，笔者提出如下政策建议。

（一）坚定绿色发展理念不动摇

"绿水青山就是金山银山"是我党改革开放40年来的重要经验之一，也是处理经济发展与环境保护关系的重要准则。中国已总体上实现小康，社会主要矛盾已经转化为人民日益增长的美好生活需要与不平衡不充分的发展之间的矛盾。在全面建设小康社会和实现中华民族复兴的"两个一百年"目标过程中，必须坚定不移地贯彻"创新、协调、绿色、开放、共享"的发展理念，坚持节约资源和保护环境的基本国策，继续加强生态文明建设，解决好人与自然的关系，坚持节约优先、保护优先、自然恢复为主的方针，形成节约资源和保护环境的空间格局、产业结构、生产方式、生活方式。

（二）坚持技术创新、体制改革和市场需求的协同拉动

技术创新、体制改革和市场需求是促进工业绿色发展的三大动力。生态环境的恶化在相当大程度上源于劳动生产力低下，缺乏对生态环境保护手段和绿色发展能力。技术创新是提高绿色生产力的关键。就工业领域看，要紧紧抓住新工业革命有利时机，加快推广绿色技术装备；大力发展绿色制造产业，发展壮大节能环保服务业。据有关专家统计，目前中国节能环保企业中仅有11%左右有研发活动，这些企业的研发资金占销售收入的比重不到4%，远远低于欧美15%~20%的水平。技术交易、转移和扩散的市场化机制也未形成。由于产权界定较困难，自然资源和环境领域最容易出现市场失灵现象。因此，要持续完善工业绿色发展政策体系，完善技术标准和市场准入的环境标准；充分利用财政资金，引导企业绿色投入，发展绿色金融，促进企业的绿色研发和生产发展；逐步完善自然资源产权制度，建立以环境税费为主的"绿色税收"体系和环境使用权的交易制度，从而形成有利于资源节约和环境保护的市场运行机制。

（三）加快能源转型，从源头上解决生态环境问题

能源结构的清洁化、低碳化是实现绿色发展非常重要的环节，也是新工业革命的发动机之一。尽管中国新能源发展速度较快，但由于中国是世界上煤炭产量和消费量最大的国家，以常规的新能源发展和替代速度无法满足绿色发展的要求，需要以能源革命的力度，加快发展清洁、可再生能源。现阶段，在能源安全有保障的条件下，可推动石油、天然气对煤炭的替代，但从长远和能源转型的根本目标看，能源结构需要转向以低碳可再生能源为主。促进清洁低碳能源发展：一是完善能源价税体系，提高清洁低碳能源的市场竞争力，促进其健康持续发展；二是加快清洁低碳能源的技术创新，提高新能源发电效率，降低生产成本，提升可靠性，增加电源与电网的融合度；三是建立与新能源相匹配的能源利用方式，适度发展分布式电源；四是推动绿色证书和发电碳排放交易，促进绿色电力发展的市场化。

（四）加快发展循环经济，做好工业布局

工业部门是对资源进行转化的生产部门，开展资源的循环利用可以大大降低工业生产过程中产生的"三废"，变废为宝。发展循环经济是推动工业绿色发展的有效途径。国家有关部门在环境评估时，要增设资源循环利用的评价，推动工业布局的优化，企业内要做好能源利用循环，工业园区内要形成上下游循环，在区域内要形成产业大循环。要重点做好沿江、沿海、沿湖的工业布局调整，长江流域在不搞大开发、共抓大保护的原则下，搬迁企业要按照循环经济的思路，做好选点布局。通过工业生产流程的完善和再造，上下游产业布局的优化，提高生态环境的承载力和绿色发展的保障能力。要推进绿色工厂认证制度，工信部联合重点行业协会共同编制的GB/T 36132—2018《绿色工厂评价通则》国家标准正式发布。这是中国首次制定发布绿色工厂相关标准。要通过标准认证和评价，引导广大企业创建绿色工厂，推动工业绿色转型升级，实现绿色发展。

中国相当一些地区受不正确的工业化标准分析的影响，对本地区的经济发展水平分析也直接采用钱纳里工业发展阶段的划分方法，以工业在GDP中的占比判断工业化水平，如处在工业化中期、工业化后期等，并以此确定产业发展的重点。其结果是造成全国相当多的省份产业发展雷同，这也是不同时期不断地形成产能过剩的重要原因之一。一个地区的产业发展是全国产业总体布局的有机组成部分，各地区没有必要也不应该像一个国家那样形成完整的产业体系，经济发展过程中，工业发展的规律不会在每一个地区同样重复出现，套用产业发展过程中产业演变规律制定本地区的产业发展重点，不符合客观实际。区域的发展重点是发挥本地区的比较优势，走差别化发展道路，与其他地区形成优势互补，形成"1+1>2"的效果。

（五）逐步提升我国的环境标准，加大节能环保产业的投入

标准是引导产业发展的风向标，也是实施环境管制和提高产业竞争力的有效手段。逐步提高产业的环境标准，主要原因是我国人口众多，人均资源占有少，产业规模庞大，产业和人口过于密集，导致污染物排放和资源消耗超出环境容量，必须从提高环境标准上入手，促进企业改进生产工艺、优化生产流程，采用节能环保技术，淘汰落后技术与设备，降低排放总量。与此同时，要加大节能环保的投入，增强节能环保产品和服务的供给能力。据国务院发展研究中心研究显示，从2015年到2020年中国绿色发展的相应投资需求约为每年2.9万亿元人民币，其中政府的出资比例只占10%~15%，超过80%的资金需要社会资本解决，绿色发展融资需求缺口巨大。要鼓励社会资本进入节能环保产业，尤其是处于节能环保产业链中游的服务环节。由于投资周期较长、资金需求较大、投资回报较慢等，我国大多数节能环保服务企业的规模较小、服务水平较低，因此企业普遍面临"融资难、融资贵"的困境，需要引入多元投资主体加以解决。

（六）优化产业结构，促进产业转型升级

产业结构与产业链分工中的地位对生态环境有着重要影响。优化产业结构和促进产业转型升级是实现绿色发展的重要途径，但产业结构优化不是简单的"去工业化"，而要通过技术创新，提升生产效率，大力发展高附加值产业。产业结构不合理，影响了产业的整体发展水平。以节能环保产业为例，我国很多环保企业热衷于从事污染控制设备、节能环保产品的生产制造，对于生态修复、环境治理、信息和咨询服务等生态环境的整体治理领域关注度不高，导致我国节能环保产业发展仍处于初级生产加工环节，产业的服务环节发展滞后。此外，我国金融服务业脱实向虚，工业等实体经济部门发展与金融业发展不协调，生产制造环节被跨国公司低端锁定，品牌培育和市场营销发育迟缓，在相当程度上影响了我国工业的转型升级。突破上述困扰，必须在产业发展的薄弱环节上下功夫，根据不同行业的特点和问题制定有针对性的措施。

（七）采取措施解决我国工业绿色发展的"三个悖论"

在工业领域，绿色发展的有关政策措施逐步细化到具体区域和具体行业与生产过程，完善绿色产品、绿色工厂、绿色园区及绿色供应链评价要求等绿色标准规范，制定和发布相关标准；对全工业行业实施绿色标准认证；完善主体功能区规划体系及配套政策，建立资源环境承载能力监测预警长效机制，实施重点生态功能区产业准入负面清单制度；积极应对气候变化，启动全国碳排放交易体系，开展省级人民政府控制温室气体排放目标责任评价考核，进一步强化地方控制温室气体排放的责任；强化对中小企业节能减排的服务工作，加快推动服务业市场化改革，降低工业发展成本。

参考文献

[1] 刘文革. 世界节能环保产业发展动态与思考. 中国能源报, 2011 - 11 - 07 (24).

[2] 史丹. 产业结构调整要防止产业结构早熟. 人民日报, 2015 - 02 - 11.

[3] 史丹. 能源转型与低碳工业化道路. 理论视野, 2017 (11): 29 - 32.

[4] 史丹. 中国工业绿色发展与低碳工业化. 中国经贸导刊, 2018 (3): 66.

[5] 史作廷. 需求驱动下的产业爆发. 中国投资, 2018 (15).

[6] 宋建, 郑江淮. 产业结构、经济增长与服务业成本病———来自中国的经验证据. 产业经济研究, 2017 (2): 3.

[7] 汪海波. 新中国工业经济史. 北京: 经济管理出版社, 1986: 330, 332.

[8] 徐家源, 徐文昕. 基于环境约束的中国工业化道路转变. 集体经济, 2010 (4): 46.

[9] 尹汉宁. 工业化发展阶段理论现实适用性问题. 学习时报, 2017 - 11 - 22.

[10] 袁富华. 低碳经济约束下的中国潜在经济增长率. 经济研究, 2010 (8).

[11] 张梅. 绿色发展: 全球态势与中国的出路. 国际问题研究, 2013 (5): 94.

[12] 郑德凤, 臧正, 孙才志. 绿色经济、绿色发展及绿色转型研究综述. 生态经济, 2015, 31 (2): 67.

The Green Development and the New Stage of Industrialization: Progress in China and Comparison with Others

Shi Dan

Abstract: This article analyzes the trend of global industrial green development and its driving effects on economic development under the new round of industrial revolution. The article states green development starting the new stage of low carbon industrialization, and the traditional methodology and criteria of evaluating industrialization have their limitations. According to the economic development goal and the actual effect of 40 years of reform and opening up, this article breaks down Chinese green development into three stages, and summarizes the main polices and development characteristics of each stage. This article also assesses and compares the Chinese industrial green development from 3 aspects: input, output and industrial structure. In the end, the article proposes the policies that China should insist on and improve to promote green industrial revolution.

Key Words: Reform and Opening up; Industrialization; Green Development; Evaluation

中国工业绿色发展的理论与实践
——兼论十九大深化绿色发展的政策选择

史 丹

摘 要：资源与环境约束导致发展空间不足是影响工业发展的主要障碍。党的十八大以来中国绿色发展的大政方针已取得了成效，国内关于绿色发展的理论研究也取得了一些进展。目前，能源转型与低碳工业化是中国工业绿色发展的两大核心问题，深化供给侧结构性改革是中国工业绿色发展的新动力。党的十九大之后，改革方向和措施包括：①创造工业绿色发展的良好市场环境；②加大对新兴绿色产业基础技术、前沿技术和共性技术的研发支持力度；③优化工业布局，在生态脆弱区和水资源短缺的地区要严禁上马大型工业项目；④重点解决好大气污染、水体污染、温室气体排放等环境问题；⑤在工业"走出去"及参与"一带一路"建设中要积极树立中国工业绿色发展的形象；⑥工业应在全面建设社会主义现代化国家新征程中再立新功。

关键词：工业；绿色发展；能源转型；低碳工业化；供给侧改革

改革开放以来，我国经济快速发展，用40年的时间完成了工业发达国家近百年才完成的工业化进程，但是，资源短缺、环境污染、生态恶化等问题日益严重。解决资源环境问题已成为关系人民福祉、关系中华民族可持续发展的发展战略问题。习总书记指出"绿水青山就是金山银山"，清晰地说明对生态环境的重要性以及生态环境与经济发展关系的认识。只有理论上的正确才能有正确的发展路线和方针。党的十八大以来，党中央、国务院高度重视生态环境问题，采取了一些措施，生态环境恶化趋势得到明显的遏制。2015年，针对中国经济新常态，从破解发展难题、厚植发展优势出发，党中央明确提出了"创新、协调、绿色、开放、共享"五大发展理念和"四个全面"生态文明建设的总体方案，形成了比较系统的绿色发展的顶层设计。近年来中国经济出现明显的质量改善、结构优化、环境友好的发展趋势。但是，离国际先进水平还有差距，为了实现中国"两个一百年奋斗目标"，需要针对绿色发展的根本问题，力争在低碳工业化方面为中国实现工业化、赶超工业发达国家探索一条新路。

一、中国工业发展面临着环境约束

改革开放以来，中国工业制成品以其强劲的价格竞争优势进入世界市场，用40年的时间，生产规模超越了世界上所有国家，成为名副其实的世界工厂。中国工业创造了众多世界第一，带动中国经济长达20多年的高速增长，极大地提高了中国的国力和民族自信。但是随着工业化进程的

---

* 本文发表在《当代财经》2018年第1期。

[作者简介] 史丹，中国社会科学院工业经济研究所党委书记、副所长、二级研究员。

加深，中国工业发展面临着两大问题：一是要素供给的比较优势下降，主要表现为人口红利减少，资源消耗因环境与安全方面的需求受到抑制；二是产业质量提升较慢，产品附加值低，在国内外市场中竞争优势下降。具体表现为一般性工业产品生产过剩，高端产品供给不足。由于原来的领跑行业降为跟随服务业之后，在产业结构中的占比也逐步地下降。那么，是任其滑落下去还是转型继续加快工业发展，是一个重大决策问题。国际经验表明，制造业是经济发展的基石、技术创新的重要载体，一些拉美国家之所以没有跨越中等收入陷阱，其重要原因是工业尤其是制造业的发展缺乏后劲，逐步丧失竞争能力。服务业在产业结构占比的上升是经济发展的一般规律，但并不意味着去工业化。工业发展速度减缓，并不表明工业不重要，而是显示工业进入转型升级、优势再造的发展阶段。一些发达国家在经过国际金融危机之后，再次认识到工业在防止经济空心化、泡沫化的作用，开始推行"再工业化"。如果我国在国内产业结构调整期、美国等发达国家大力推进再工业化的国际环境下，不加快工业转型发展，就有可能重蹈拉美国家的覆辙，落入"中等收入陷阱"。

然而，中国工业如何转型、实现稳速发展？学术界有相当多的讨论。有相当多的专家认为工业发展减缓的原因是由于进入工业化后期发展阶段而形成的结构性减速，持这种观点的学者主要是借鉴传统工业化理论和工业化过程的经验数据，以人均GDP、产业结构等指标判断工业化水平，认为中国工业减速具有必然性。这种分析方法和结论可能有助于分析国内需求结构的变化，但忽视了追赶型工业化与先行工业化国家的历史条件的变化与区别。这种理论观点不能支持我国实现"两个一百年"的奋斗目标。发展中国家在经济上追赶发达国家本质上就是快速推进工业化（韩民青，2016），因为制造业不同于其他产业部门，制造业是可贸易的，且劳动生产率无条件收敛，这些主要特征使得制造业成为发展中经济体实现追赶的完美扶梯，过早地去工业化就相当于移走这个扶梯（王文和孙早，2017）。对发展中国家在人均收入水平较低的条件下就出现工业化速度减缓现象，不能用发达国家的发展过程来解释，以经济增长为核心的传统经济发展模式，以及支撑这种经济增长模式的产业结构及其演进方式，具有明显的生态缺陷性（鲁雁，2011）。这种生态缺陷性主要表现为，传统产业结构演进理论基于西方传统经济学对社会经济系统及运行机制认识的基本原理和假设，始终把自然资源、生态环境排除在经济增长的内生要素之外，理论的先天不足导致实际问题的产生。

从20世纪60年代起，随着西方生态环境问题越来越严重并影响到广泛普遍民众的生产与生活，在欧美等发达国家民众自发地兴起声势浩大的绿色运动，要求政府严惩造污者，关闭污染企业。后来纷纷成立环保组织，有的绿色环保组织甚至提出"环保至上"等口号。然而，西方发达国家在治理本国环境的同时，把一些污染企业转移到发展中国家，一些国外学者也认为，20世纪70年代以来，资本的积累和资本主义经济的持续增长，"主要是通过在总体上对南部国家和世界范围内的穷人欠下一笔生态债来完成的"。生态学马克思主义代表人物戴维·佩伯则进一步指出，正如今天一些欧美发达国家建立在许多第三世界国家"不发达"的基础上一样，今天一些发达国家的生态同样建立在更多的发展中国家被污染的基础之上。因此，发展中国家在工业化进程中会较早地出现资源与环境问题，尤其是接受工业发达国家产业转移的国家，虽然传统意义上的工业化进程有所加快，但其解决资源与环境问题的能力没有同步增长，在工业化中后期就会出现更加严重的资源与环境约束，并且成为其推进工业化、追赶工业发达国家的重大障碍。

根据环境质量公报，2016年我国的环境质量虽然比上年有所改善，但问题依然严重。2016年，全国338个地级及以上城市中，84个城市环境空气质量达标，占24.9%；254个城市环境空气质量超标，占75.1%。其中，8个城市的优良天然比例为100%，169个城市的优良天数比例为

80%~100%，137个城市的优良天然比例为50%~80%，24个城市的优良天数比例低于50%。338个城市发生重度污染2646天次，严重污染784天次，以PM2.5为首要污染物的天次占重度及以上污染天数的80.3%。浙江、上海、江西、福建的大部分地区和湖南中东部、广东中部、重庆南部、江苏南部和安徽南部少部分地区是我国酸雨污染的主要地区，而这些地区也是我国工业比较发达的地区。全国地表水污染问题比较严重。2016年，1940个国考断面中，一类水只占2.4%，二类水占37.5%，三类水占27.9%，四类水占16.8%，五类水占6.9%，劣六类水占8.6%。地下水124个监测点，水质优良级占10.1%，良好级为25.4%，较好级为4.4%，较差级为45.4%，极差级占14.7%。主要污染物为金属污染和重金属污染。上海全域、江苏和浙江部分海域，海水为劣四类海水，全国近海海水质量只有少数海域是一类海水。2015年全国2591个县域中，生态环境质量为优的548个，良的为1057个，一般的为702个，较差的为267个，差的为17个。

工业化进程中的生态环境问题，从源头上看主要是三个方面的原因：一是产业结构以高消耗、高污染的行业为主；二是能源资源利用效率低；三是保护生态环境的技术落后或者缺乏。这三个方面与经济发展水平和产业竞争力又密切相关，是发展中国家的通病，如果没有政策强力引导，走绿色发展之路，就会落入生态环境陷阱。

二、绿色发展理论指导下的政策体系

（一）绿色发展的政策体系

如何处理人与自然的关系，如何在人与自然和谐共处中实现中华民族永续发展，是我党在新时代所要面对的主要矛盾之一。习近平总书记在党的十九大报告中提出坚持人与自然和谐共生及"绿水青山就是金山银山"的理念，是新时代中国特色社会主义新思想的重要组成部分，充分体现了"以人民为中心""实现人的全面发展"的马克思主义的核心价值观和辩证唯物主义，是我党在新时代抓经济发展基本规律和主要矛盾、领导中国经济与社会发展的基本方略之一，也是在全面建设小康社会的基础上开启全面建设社会主义现代化国家新征程、指引工业经济发展的方向标。

绿色发展是人与自然和谐共存、可持续的发展模式。绿色发展是顺应发展大势，顺应人民意愿的重大战略决策。中国绿色发展理念既传承中华民族天人合一的传统文化，又借鉴世界其他国家的发展经验，是从源头上破解我国资源环境瓶颈约束，提高发展质量、形成人与自然和谐发展的必由之路，是未来中国经济社会文化发展的方向。中国绿色发展的思想在《"十五"计划纲要》中就开始体现，最初集中在绿色食品生产、绿色消费方式建立等，在后来的三个五年规划，绿色发展涉及的领域与范围越来越广，地位越来越高。尤其是党的十八大以来，中国推进绿色发展的政策措施逐步完善，基本上形成了推动绿色发展的政策体系。

一是提出生态文明建设，形成推动绿色发展的核心理念。2012年11月，党的十八大从新的历史起点出发，做出"大力推进生态文明建设"的战略决策，从10个方面绘出生态文明建设的宏伟蓝图。党的十八大报告把生态文明建设提到与经济建设、政治建设、文化建设、社会建设并列的位置，形成了中国特色社会主义五位一体的总体布局。党的十八大首次把生态文明建设作为中国共产党执政的目标，这标志着我国开始走向社会主义生态文明新时代，也标志着中国特色社会主义理论体系更加成熟。人类文明实质上是人与自然各种关系的总和，生态文明是比工业文明更高级的文明，在工业文明基础上，生态文明强调尊重自然、顺应自然、保护自然；在开发利用自然资源的同时，更加注重绿色发展、循环发展、低碳发展。

二是法律与制度保障逐步完善。新中国成立尤其是改革开放40年来，我国逐步颁布了一些法律法规保护生态环境，党的十八大以来，更加注重生态环境保护，根据生态文明建设的目标与要求，颁布实施了更加严格的法律法规，强化了生态文明建设的制度保障。党的十八大以来，生态环境保护除了着力于理念建设，也着力于基础性法律框架建设，在已有法律基础上，又明确提出构建自然资源资产产权制度、国土空间开发保护制度、空间规划体系、资源总量管理和全面节约制度、资源有偿使用和生态补偿制度、环境治理体系、环境治理和生态保护的市场体系、生态文明绩效评价考核和责任追究制度等8个方面的制度体系，使我国的生态文明建设和绿色发展有了制度保障。

三是推动绿色发展的部门性政策措施逐步出台并相互补充。部门性相关政策措施归纳起来可分为五个方面：①资源开发利用方面，其中包括资源使用的红线管理制度，例如，水资源使用红线规定、能源消费总量控制、资源的有偿使用、资源节约利用目标管制。②国土开发利用方面政策措施，如陆地、海洋主体功能区的划分、矿资源规划、土地整理规划等。③改善环境质量的政策措施与节能减排的政策方面，如"十二五""十三五"节能减排目标等，京津冀、长三角、珠三角、东北等地区大气污染防治地区污染总量控制，实施重点区域大气污染传输通道气化工程等。④加快发展节能减排产业的政策措施，如出台内燃机工业节能减排的指导文件，加快新能源产业发展的政策，节能标准化工作指导文件等。⑤实行最严格的问责和考核措施；如编制自然资源资产负债表、领导干部离任自然资源资产负债表审计制度。

生态环境是由土地、资源、江河湖海、大气、草地森林等构成，是一个共同的生态系统，也是与人类息息相关的生命体系。除自然灾害，人类活动尤其是工业活动是影响生态环境的重要因素。工业领域在出台《中国制造2025》基础上，颁布了《工业绿色发展规划》。该规划紧紧围绕提升资源能源利用效率和清洁生产水平，以传统工业绿色化改造为重点，以绿色科技创新为支撑，以法规标准制度建设为保障，实施绿色制造工程，加快构建绿色制造体系，大力发展绿色制造产业，推动绿色产品、绿色工厂、绿色园区和绿色供应链全面发展，建立健全工业绿色发展长效机制，提高绿色国际竞争力，走高效、清洁、低碳、循环的绿色发展道路，推动工业文明与生态文明和谐共融，实现人与自然和谐相处。为了推进工业绿色发展，规划计划实施五大绿色工程和10项任务：能效提升工程，绿色清洁生产推进工程，资源高效循环利用工程，工业低碳发展工程，绿色制造体系创建工程；工业绿色发展的10项任务以及完成各项任务的政策措施等。

四是在国际上提出全球治理、构建人类命运共同体以及建设"一带一路"的倡议并得到大多数国家的热烈响应。以中国责任和中国理念引领全球气候治理机制建设。习近平在气候变化巴黎大会开幕式上向国际社会传递了中国积极应对气候变化、担当发展中国家责任的积极信号。如期向联合国提交2020年后应对气候变化的"国家自主决定贡献"，并且明确了于2030年前后达到碳排放峰值。中国把应对气候变化的行动列入"十三五"发展规划中，做出"铁腕"治理环境的国内外承诺。此外，中国还倡导共同但有区别的责任原则、公平原则和各自能力原则，推动各国在全球气候治理的理念和原则问题上达成一致，为推进全球气候治理贡献了中国理念和智慧。

（二）坚持解决工业发展中的环境问题

工业既是能源资源消耗部门、污染物和温室气体排放的主要部门，也是提升资源能源利用、在提高人民生活水平条件下解决和改善生态环境的技术提供部门和实践部门。习近平总书记指出，发展是解决我国一切问题的基础和关键，在发展中解决问题是中国改革开放以来的重要经验。党的十八大以来，针对中国经济发展过程中出现的环境问题，以创新、协调、绿色、开放、共享的发展理念为指导，出台了史上最严格的一系列环保政策与措施，生态环境明显改善。一方面，经济结构不断优化，实现了经济平稳发展；另一方面，全党全国绿色发展理念的自觉性和主动性显著增强，驱动工业增长的主要行业力量发生积极变化。2016年，装备制造业对工业增长的贡献率达到50%，比2012年提高22.7个百分点；高新技术制造业的贡献率达到21.6%，比2012年提高10.5个百分点。电子和汽车产业已成为拉动我国工业经济发展的主要力量，2016年两个行业对工业增长的贡献率高达27.9%，比2012年提高16.6个百分点。随着供给侧结构性改革不断深化，淘汰落后产能不断深入，钢铁、煤炭、石化、建材等传统行业的过剩产能减量调整不断推进，市场供需关系得到改善，企业生产经营环境改观，盈利能力增强。传统产业转型升级不断推进，产品结构进一步优化。传统产业中如合成材料制造、专用化学产品制造、稀有稀土金属冶炼等细分行业，以及与居民生活和消费密切相关的医药类和消费品类行业大部分实现两位数的增长。通过转型升级，中国传统产业在国际产业链中的分工地位逐步提高，关键装备、核心零部件严重依赖进口的状况逐步改善。工业内部结构优化带来明显的节能成效，对整个社会节能的推动作用十分明显。2016年，全国规模以上工业单位增加值能耗比2012年累计降低24%，高于单位GDP能耗降低幅度6.1个百分点，年均下降6.6%。按照单位工业增加值能耗计算，规模以上工业累计节能约7.9亿吨标准煤，占全社会节能量绝大部分（90%以上），全国单位GDP能耗的降低主要是由工业贡献的。党的十八大以来，我国加大节能降耗投入，推广使用节能新工艺、新技术，加强重点行业能效管理，推动重点企业能源管理体系建设。2016年，单位国内生产总值能耗、用水量分别比2012年下降17.9%和25.4%。主要污染物减排效果显著。2015年，全国化学需氧量排放量比2012年下降8.3%，氨氮排放量下降9.3%，二氧化硫排放量下降12.2%，氮氧化物排放量下降20.8%，超额完成主要污染物排放等约束性指标。2016年，在监测的338个城市中，城市空气质量达标的城市占24.9%，比上年提高3.3个百分点；细颗粒物（PM2.5）未达标地级及以上城市年平均浓度52微克/立方米，比上年下降8.8%。海洋环境改善。近岸海域海水水质监测点中，达到国家一、二类海水水质标准的监测点占73.4%，比2012年提高4个百分点；四类、劣四类海水占16.3%，比2012年下降7.6个百分点。

三、绿色发展的理论缘起与国内学术研究

（一）绿色发展相关理论来源

正如马克思主义来源德国古典哲学、英国古典政治学、法国空想社会主义一样，绿色发展理论也有其渊源。中国"天人合一"的思想源远流长，但是中国工业化起步较晚，较早关注工业化的环境问题是西方工业化国家的一些专家学者。1962年美国人卡逊发表的《寂静的春天》、1972年罗马俱乐部的《增长的极限》等著作，引起人们对生态环境的关注，随着西方生态环境问题越来越严重并影响到广泛普遍民众的生产与生活，从20世纪60年代起，在欧美等工业发达国家民众自发地兴起声势浩大的绿色运动，抗议某些工业企业只顾赚钱不顾社会公众利益，造成空气、水体、食物污染，危害公众健康。要求政府严惩造污者，关闭污染企业。后来纷纷成立环保组织，其中包括著名的绿色和平组织。绿色环保组织甚至提出了"环保至上"等口号。之后，人们又进一步认识到绿色环保与经济发展不是对立的，皮尔斯1989年在《绿色经济蓝图》首先提出"绿色经济"一词。1987年，挪威首相布伦特兰夫人在她任主席的联合国世界环与发展委员会的报告《我们共同的未来》中提出可持续发展的理念，把可持续发展定义为"既满足当代人的需要，又不对后代人满足其需求的能力构成危害"。可持续发展的理念揭示了"发展、协调、持续"的系统本质，体现了"速度、数量、质量"的绿色运行。联合国等国际组织是绿色经济的倡导者。2008年10月，联合国环境规划署召开全球环境部长会议提出了"发展绿色经济"的倡议；2011年，联合国环境规划署第26届理事长暨全球部长级环境论上发布了《绿色经济报告》，阐明绿色经济是全球经济增长的新引擎。联合国开发计划署公布的《2012年中国人类发展报告：让绿色发

展成为一种选择》首次明确提出绿色发展的概念。

马克思主义诞生于工业革命的早期,生态环境问题已经开始威胁人类,马克思和恩格斯也注意到生态破坏给人类带来的影响。马克思、恩格斯认为人类是自然界的一部分,是部分与整体的关系,不能分割开来,也是自然发展的产物。恩格斯在《自然辩证法》中讲到,人类沉醉于每一次对自然界的胜利之中,但是在每一次胜利之后自然界对人类都给予了报复(毛静,2015)。

受绿色运动的影响,西方学者将环境保护与马克思主义结合形成生态学马克思主义。他们认为,资本主义的生态危机最终原因是高生产与高消费,受生态资源的有限性和人类消费无限性的影响,两者之间的矛盾日益增加,最终达到不可调节的地步,威胁人类社会的发展,异化消费带来的生态危机比经济危机具有更强的破坏性。根据马克思主义的相关理论,他们提出了消灭异化消费和生态危机的社会变革模式,人们应该调整自己的消费观念,消除异化消费,解决生态危机(刘仁胜,2007)。克沃尔认为,改良资本主义难以解决生态问题,还会加速生态问题的产生,他以劳动异化理论为理论基础,强调使用价值,要实现使用价值替代交换价值。

中国绿色发展的理念与上述理论和观点相同之处是要解决人与自然的关系。不同之处则体现在出发点、目的与对人类社会发展基本规律的认识。绿色发展是坚持"以人民为中心"的思想,以生态危机代替经济危机实质上是否定人类社会发展的基本规律。从生产力的角度看,人类社会经历了原始社会、农业社会、工业社会,目前,一些国家正在向后工业社会发展。在这一发展过程中,人类经历了敬畏自然、依附自然、利用自然、改造自然、重新认识人与自然关系的阶段。治理工业社会以来的环境问题,不能使人类社会倒退到农业社会和原始社会,而是要在发展中解决问题。中国绿色发展是以实现"中国梦"及"两个一百年"奋斗目标为根本目标的。从全球的角度来看,绿色发展也是构建世界人类命运共同体的重要内容。

(二)国内绿色发展的理论研究进展

随着绿色发展的实践与需求,绿色发展的理论研究逐步成为国内研究热点问题,但与其他问题相比,我国绿色发展的研究刚刚起步,据笔者对知网数据的统计分析,1992年之前没有记录,学术论文以绿色发展为主题的只有2篇,博硕论文2002年之前没有记录,2003年只有1篇,如图1所示。学术论文到2012年,党的十八届五中全会提出绿色发展之后大幅度增长。一方面,表明我国绿色发展的实践经验不断丰富;另一方面,也表明国家大政方针对我国学界研究方向的重要影响。从学科分类和研究层次来看,涉及广泛,表明各行各业和各个层次都对绿色发展有所认识,如图2所示。尤其值得注意的是,在学科上从哲学和马克思主义理论方面开展的研究并发表的论文较多,如图3所示。

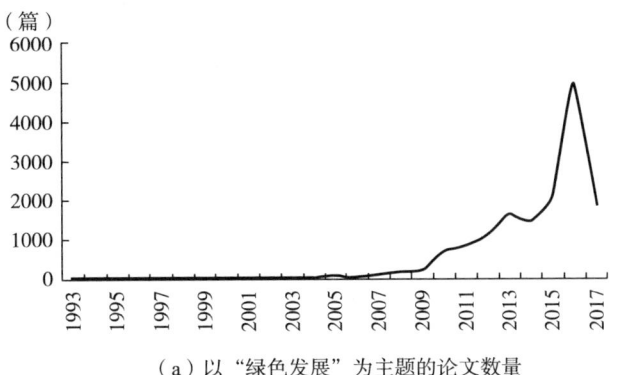

(a)以"绿色发展"为主题的论文数量

图1 "绿色发展"相关论文数量

产业发展的热点与焦点问题（2018）

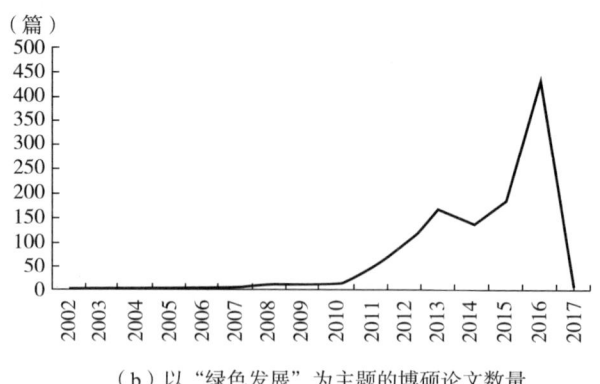

（b）以"绿色发展"为主题的博硕论文数量

图 1　"绿色发展"相关论文数量（续）

注：检索数据截至 2017 年 11 月 27 日。

资料来源：中国知网。

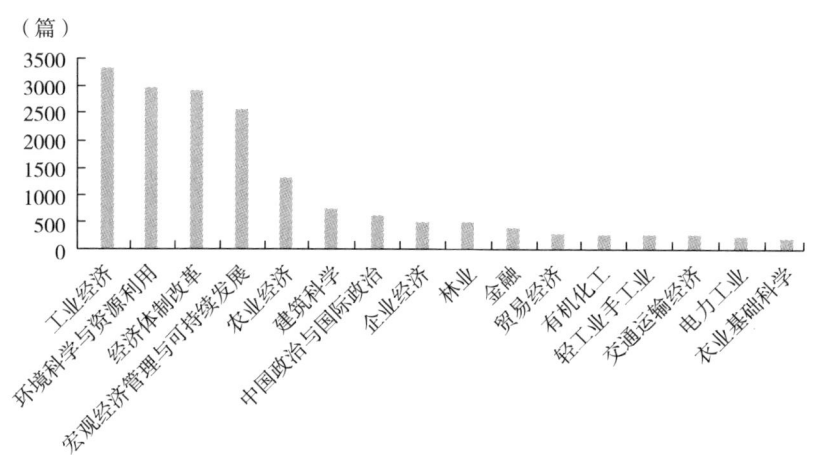

图 2　以"绿色发展"为主题的论文学科分布

注：检索数据截至 2017 年 11 月 27 日。

资料来源：中国知网。

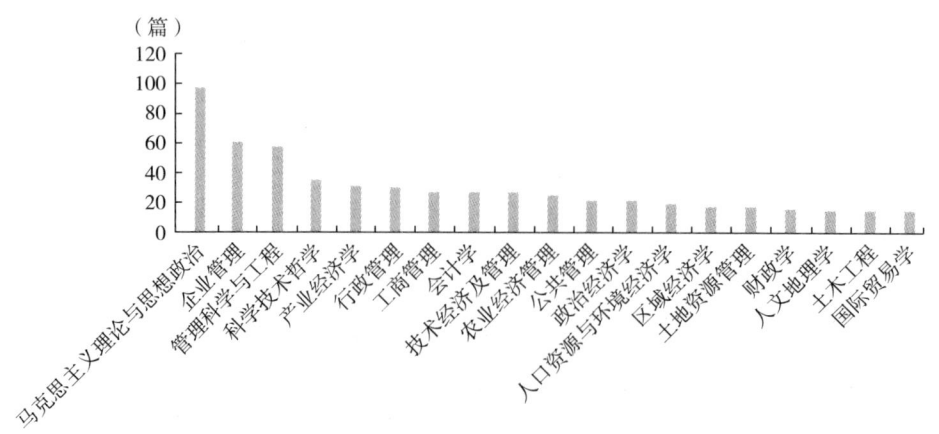

图 3　以"绿色发展"为主题的研究生论文学科分布

注：检索数据截至 2017 年 11 月 27 日。

资料来源：中国知网。

国内关于绿色发展研究的焦点主要集中在探讨绿色发展的内涵及相关领域绿色发展路途。王玲玲和张艳国（2012）认为，绿色发展是在生态环境容量和资源承载能力的制约下，通过保护生态环境实现可持续发展的新型发展模式。在绿色发展的系统中，包含绿色环境发展、绿色经济发展、绿色政治发展、绿色文化发展等既相互独立又相互依存、相互作用的诸多系统。其中，绿色环境发展是绿色发展的自然前提，绿色经济发展是绿色发展的保证，绿色政治发展是绿色发展的制度保障，绿色文化发展是绿色发展内在的精神资源。

刘恩云和党明明（2016）认为，绿色经济与绿色发展迅速兴起，有着深刻的生态、经济和社会历史背景。首先，发源于回应工业文明黑色发展道路与模式的负外部效应所积累的全球范围"黑色危机"越来越严重，已经走到历史的巅峰。它在黑色发展过程中自我否定因素不断生成，形成向绿色经济与绿色发展转型的因素日渐清晰彰显，人类正在迎来生态文明绿色发展的时代。在对已有文献进行综述后，刘、党两人提出，我国相关绿色发展的研究主要集中在绿色增长方面，绿色发展是近些年才开始流行的一种经济发展模式，它不仅包括绿色经济增长，还包括绿色发展模式下经济结构的变化、社会结构的变化以及收入分配结构的变化等诸多方面。还有一系列问题需要研究：如何解决经济发展方式转变与经济增长速度减缓所带来的系列问题之间的矛盾；为了促进人与自然和谐发展，如何构建科学化的城市化布局，如何构建现代生态农业发展格局，如何构建用水权、排污权、碳排放权的初始分配制度，如何建立绿色发展的生态环境保护责任制度和环境损害赔偿制度，如何完善考核制度，如何实现生态保护和与经济发展的协调。

方世南（2016）指出，绿色发展不仅仅是简单的经济发展，也不仅仅涉及节能减排的环境保护。从根本上讲，绿色发展问题既指向人与自然关系问题，又指向人与社会关系问题；既是经济领域的问题，又是政治领域的问题，是经济和政治交融的复合问题。绿色发展理念本质上是一种绿色执政理念，是体现以人民为中心的发展思想和推动经济社会可持续发展的发展理念与发展方式。绿色发展体现执政党一种政治自觉、政治责任、政治使命和政治担当。绿色发展是一个充满明价诉求和价值取向的理念，绿色发展的核心价值追求是保障人民的环境权益，坚持人民的主体地位和实现以人民为中心的发展思想的重大体现。在人类共同命运体和全球生态共同体的态势下，生态环境问题是全球共同面对的问题，不管是资本主义国家还是社会主义国家，只要从事工业化和现代化，只要大力发展市场经济，都会引起人与自然关系的紧张，从而产生生态环境问题，推进绿色发展是资本主义国家和社会主义国家都面临的共同任务。因此，坚持绿色发展，是超越阶级、国家、社会制度和意识形态的共性问题，绿色发展是超越意识形态最具有普适性的发展方式。

张治忠（2015）认为，绿色发展从伦理学的角度看就是共生式发展，强调作为主体的人、作为载体的社会、作为生态环境的自然之间的和谐共存、持续发展。

国内外关于生态环境问题的研究很有借鉴意义，国外的理论研究虽然有其局限性，但是其表明社会主义是解决生态环境的制度选择，他们把技术也分为资本主义技术与社会主义技术过于绝对，但是有些技术的确是有利于改善环境，或者属于环境友好的技术，如共享技术等。国内关于绿色发展问题，从其理论意义、现实作用与实现的具体措施的探讨较多，但正如文献分析所示，文献的层次主要集中在政策研究上。但从工业化的根本方式探索绿色发展道路并不多。

四、能源转型与低碳工业化是深入推进工业化绿色发展的两大核心问题

工业化是人类发展的最伟大里程，但是也是造成生态环境损害的直接原因。绿色发展由工业文明走向生态文明，必须建立起与生态文明相适应的生产与生活方式。按照马克思主义原则，一

切新事物都是由旧事物脱胎而出的,我们把从1740年开始的工业化叫作传统工业化,而化解其传统工业化问题的新工业化叫作低碳工业化。为什么叫作低碳工业化?因为温室气体排放对全球生态环境的影响远远超过某条河流水污染或某个地区空气污染。温室气体的影响是对人类赖以生存的地球的影响,从这一点来看,低碳发展是全球最大最重要的生态环境问题。

(一)化石能源消费与全球气候变化

气候变化是科学家们通过大时间尺度经过长时间科学观察发现的。1750年第二次工业革命以来,化石能源的消费使温室气体快速增长。温度上升导致一系列气象变化,引发地球生态环境的改变,危及人类生存环境,如果不加以遏制,人类将会受到致命的影响。温度升高的主要原因是化石燃料的开采与使用,释放出大量的二氧化碳,在地球表面形成保温层。近年来观测发现,气候变化这一慢变量正在加速。气候变化是21世纪人类面临的两个挑战之一,减缓气候变化刻不容缓。气候变化具有以下特性。

1. 时滞性与不可逆性

温室气体排放所产生的影响在多年之后才能显现,而这种影响一旦产生就会持久。如果不采取措施,人类与地球的关系将彻底被改变。

2. 公害性与公益性

无论排放源在哪里,都会对地球大气产生一样的影响而且长期存在。减排温室气体收益由全人类共享,但收益未必能在当期获得,而且只有减排者或国家承担减排成本。

3. 不确定性与帕累托改进推断

温室气体减排的成本与收益是不确定的,但采取行动应对气候变化与拖延行动不作为对比,前者行为的净成本远低于后者的净损失。在气候变化问题上,存在能够提高后人的福利同时不损害当代人的福利。

4. 收益来自合作与共同减排

单边气候政策成本是非常高的,从经济的角度来看,至少需要贸易伙伴的共同行动才能使减排顺利进行。

科学界对气候变化的认识如同技术创新一样正在改变世界、改变工业化模式、改变生产与生活方式。气候变化由1903年获诺化学奖获得者斯凡特·阿伦纽斯列入1896年学术议程,1994年联合国气候变化公约框架公约正式生效。气候变化谈判的进展表明对气候变化的认识已从科学界转向政界和经济界。

(二)能源转型在绿色发展中的重要性

工业化是通过产业革命实现的,能源开发利用是产业革命的基础。三次产业革命伴随着三次能源的转型,第一次能源转型是由木材转向煤炭,煤炭的开发利用为蒸汽机提高了高热值的燃料,从此拉动了产业革命的大幕。第二次能源转型是加之电力的发明,使得产业革命进入电气化时代,与世界其他国家相比,中国在第一次产业革命和第二次产业革命都被甩在门外,而且中国的能源结构调整也不同于工业发达国家,虽然中国的工业规模居世界第二位,但能源结构仍以煤炭为主。目前世界正处第三次能源革命变革之中,即以可再生能源替代化石能源。这一次能源变革的意义超过前两次,因为它将改变传统工业化的燃料基础,推动工业化模式的转变。这一次中国站在全球能源变革的前列,中国的可再生能源投资处于世界领先地位,风电和太阳能光伏发电装机处于世界第一位(贾根良,2013)。演化经济学家佩蕾丝和苏蒂根据历史经验,提出了落后国家实现经济追赶的两种机会窗口理论:一种是当某种技术体系在发达国家趋于成熟后,发展中国家就具备劳动力成本低廉的比较优势,这种方式被称为第一机会窗口,但在这种情况下,由于发达国家已占据技术创新的制高点,发展中国家无论如何走,对技术经济追赶真正具有意义的则是处于酝阶段的新技术革命所提供的第二种机会窗口,通过进入新兴产业,不仅可以有效缩小与发达国家的差距,甚至有可能像19世纪后期的美国和德国取代英国的技术领导地位那样,实现跳跃式发展。在他们两位看来,除了美国和德国的成功外,法国和许多欧洲小国在19世纪的工业化、日本和韩国在20世纪七八十年代的实践都处于第二种机会窗口中，在追赶成功上的重要作用提供了有力的支持。因此，中国要追赶上工业发达国家，在以新能源为代表的第三次产业革命中一定要抓住机会。

习近平总书记在全球能源转型的大环境下，提出了中国要推进能源革命。目前全球已有150多个国家签订了全球气候变化框架公约。一些发达国家由于受到工业对环境的破坏而较早地开始推行清洁化生产，20世纪90年代中国才提出走新型工业化道路。

笔者认为，全球气候变化公约推动的减排温室气体行动是全球低碳工业化的开端。低碳工业化是以清洁能源为基础，而传统工业化是建立在高碳高排放的能源基础之上的。化石能源是工业化进程中的污染源，传统工业化只关注正向产出，在学界一般以产业结构或者人均收入来衡量传统工业化水平，这种思维与方法的局限性忽视对生态环境的负面影响，往往是工业化程度越高、污染越严重。低碳工业化则关注工业化进程中对生态环境的影响，主要以单位工业增加值的碳排放、污染物排放衡量低碳工业化水平，旨在生态环境友好的条件下推进工业化进程。目前，世界各国都在努力实现能源转型，以清洁低碳可再生能源替代传统化石油能源。据笔者测算，最先倡导低碳发展的欧盟国家，其清洁能源占比也只有13%左右，中国与其十分接近。

按传统工业化水平指标测算，世界上一些国家已经完成工业化或者进入工业化中后期，但按低碳工业化指标测算，全球低碳工业化刚刚开始。"补绿色短板"是世界各国工业发展普遍面临的问题，也是重塑竞争力的机遇。绿色发展与低碳工业化具有天然的联系，绿色发展是理念，低碳工业化是绿色发展的过程和结果。对于中国来说，加快推进工业绿色发展，可有效地推进节能降耗、实现降本增效、化解过剩产能、实现由劳动成本优势转向科技优势、品牌优势转换。

以绿色发展为理念，推行低碳工业化，契合人民群众对美好生活的向往及对生活环境品质的需求，符合社会主义市场经济的本质要求。增加绿色产品和服务有效供给、补齐绿色发展短板，有利于发掘新的经济增长点，增加工业发展的新动能，树立中国工业产品高端、环保的国际形象。

五、深化供给侧结构性改革，增加工业绿色发展新动力[①]

绿色发展是中国工业在经济新常态下的担当与使命。绿色是发展的要求，工业是发展的支撑。有人把工业发展与生态文明对立起来，认为工业化是破坏绿水青山的根源。从局部地区或者某个事项来看，可以是这样的，但是从历史发展的角度来看，工业发展与生态环境的矛盾不是要不要发展工业的问题，而是走什么样的工业化道路问题。解决好绿水青山与金山银山之间矛盾的出路是走区别于传统工业化的新型工业化道路；保护好绿水青山需要加快建立健全主体功能区制度和生态文明制度体系，实现工业的绿色低碳发展；把绿水青山变成金山银山的基础和途径是工业化、信息化、城镇化、农业现代化的协调发展。以旅游业为例，如果没有大飞机，很难想象在几天假期内到数千公里以外的地区旅游，吃住娱乐行背后都是以工业发展为支撑，人口的增加与生活水平的改善更是工业化的结果。习近平总书记指出，我们要建设的现代化是人与自然和谐共生的现代化，既要创造更多的物质财富和精神财富以满足人民日益增长的美好生活需要，也要提供更多优质生态产品以满足人民日益增长的优美生态环境需要。我们要深入理解习近平总书记上述的"既要……也要……"的关系与内涵，我国的发展不平衡不充分的问题很大程度上是工业绿色发展的不平衡、不充分。

中央提出供给侧结构性改革以来，中国经济出现明显向好的局面。工业绿色发展取得显著的成效。当前，中国工业绿色发展呈现良好态势，

---

① 参考史丹. 以供给侧结构改革推进工业绿色发展. 中国工业报，2017-06-25.

"十三五"单位 GDP 能耗以及单位 GDP 碳排放等都有可能提前完成目标，发展速度企稳回升。但是也要看到，绿色低碳发展刚刚起步，由于绿色低碳技术供给不足，绿色发展的体制机制尚未健全，未来中国工业的绿色发展仍存在不少障碍和问题，需要深化供给侧结构性改革，增强工业绿色发展的新动能。

一是创造工业绿色发展的市场环境。要在全社会大力宣传绿色发展理论，提倡绿色消费；积极推动绿色生产标识和绿色产品标识，扩大绿色产品市场需求；鼓励龙头企业与下游企业签订绿色生产协议，防止污染与排放向产业链下游传递；对不同行业实行有差别的减税降费，加强对新兴绿色产业的财政金融支持；大力开展 PPP 项目建设，让更多市场主体投资建设绿色低碳产业；进一步深化财税和金融体制改革，大力发展绿色金融、绿色财政、绿色税收。

二是政府加大对新兴绿色产业基础技术、前沿技术和共性技术的研发支持力度，鼓励私人资本与国有资本合作建立绿色低碳技术研究机构，允许研究人员多点从业。在工业产品目录中要增加成熟的绿色技术目录，引导企业选择绿色技术，扩大先进绿色技术的应用与推广，坚决淘汰落后生产技术与工艺，提高市场准入的绿色标准；对于应用先进绿色技术的传统企业，政府要给予一定比例的配套资金支持或者税收减免；加快对传统产业的技术改造，将绿色技术、绿色工艺渗透应用到传统产业各环节。

三是多层次全方面推进绿色工业生产体系建设。工业包括采掘业、制造业和供水供电等具有一定公用性质的产业。工业的绿色发展是一项系统性工程，要建设绿色矿山、开发绿色技术、实行绿色生产，提供绿色产品和绿色服务，即实现各行各业及全产业链的绿色发展。

四是优化工业布局，在生态脆弱区和水资源短缺的地区要严禁上大的工业项目，在人口密集的城市群区域如京津冀、长三角、珠三角以及长江经济带等，要大力推进绿色产业发展，调整和关闭落后产能。

五是中国工业的绿色发展要重点解决对大气质量、水体污染、温室气体排放等环境问题，进一步强化节能减排措施，加强静脉产业的发展，大力发展循环经济与节能环保产业，进一步落实"中国制造 2025"战略，大力培育新一代信息技术、新能源、生物医药、高端装备、智能制造和机器人等新兴产业，使新增长点汇聚成强大的增长动力。绿色产业发展与绿色园区、绿色小镇、绿色城市建设紧密结合，形成产城融合的绿色生态体系。

六是在工业"走出去"及参与"一带一路"建设中，要积极树立中国工业绿色发展的形象，建设绿色工程，建设绿色园区，输出绿色产品。总之，供给侧结构性改革是党中央和国务院引领经济发展新常态的重大创新，是在经济新常态下促进经济健康发展的系统性方案，是适应经济社会发展需要和国际环境变化的宏观政策手段，是体现中国制度与中国道路自信的战略性措施。推动工业绿色发展及供给侧结构性改革，要注意处理好当前与长远的关系。改革要以问题为导向，从化解当前突出矛盾入手。当前要进一步落实"三去一降一补"五大任务。从长远发展来看，要加强基础科学研究和人才的培养。绿色发展依靠科技创新，要尊重并遵循科技发展规律，加快科技与教育体制改革，增强我国高素质科技人才和职业技术工人的供给，使工业绿色发展建立在牢固的科技和人才支撑基础之上。

七是工业要在全面建设社会主义现代化国家新征程中再立新功。习近平总书记指出，从现在到 2020 年是全面建设小康社会的决胜期，从 2020 年到 2035 年，再奋斗 15 年，基本上建成社会主义现代化，到那时，我国经济实力、科技实力将大幅跃升，跻身创新国家前列，从 2035 年到 2050 年再奋斗 15 年，把我国建成富强民生文明和谐美丽的社会主义现代化强国。过去 30 多年里，工业为中国经济保持高速及中高速度增长、建设小康社会发挥了关键作用。在未来的现代化建设中，工业仍是不可或缺的重要支撑。通过观察早已完成工业化的发达国家的产业结构可以发现，其制造业仍然保持一定的比例，工业创新仍是创新主战场。习近平总书记指出，我国实体经济水平有待提高，发展质量和效益不高，创新能力不强。目标与实际的差距就是发展空间，就是发展动力。改革开放40年的实践证明，要促进人的全面发展，全体人民的共同富裕，没有产业支撑是难以实现的。国际金融危机及拉美国家的经验说明，实体经济是保证国家经济稳定发展的基石，缺乏实体经济发展的国家，难以抵消经济发展的各种风险，更不会有强大的国防和经济自信。

当前，我国经济已由高速增长阶段转向高质量发展阶段。现代化强国建设，久久为攻。要实现社会主义强国建设、中华民族复兴的伟大梦想，必须坚定不移地把发展作为党执政兴国的第一要务，坚持解放和发展社会生产力，坚持把经济是发展的着力点放在实体经济上，建设现代化的经济体系。随着科技发展，工业生产方式与模式正在发生巨大的变化，创新成为工业发展核心要素。人民对美好生活的需要对工业发展提出了更高的要求。中国工业要由过去的中国制造向中国质量、中国品牌、中国标准发展，强化工业质量发展，打造世界级工业品牌，引导工业技术发展方向，只有这样，才能支撑中国走向世界舞台中央，才能成就社会主义现代化强国的伟大目标。

参考文献

[1] 方世南. 领悟绿色发展理念亟等拓展五大视野. 学习论坛, 2016 (4): 39.

[2] 韩民青. 追赶路上的难题: 工业化发展与工业化拐点——关于我国经济增长动力转换的思考. 济南大学学报（社会科学版）, 2016 (4).

[3] 贾根良. 迎接第三次工业革命的关键在于发展模式的革命. 经济理论与经济管理, 2013 (5): 16.

[4] 刘恩云, 常明明. 国内绿色发展研究前沿述评. 贵州财经大学学报, 2016 (3): 105-106.

[5] 刘仁胜. 生态马克思主义概论. 北京: 中央编译出版社, 2007: 42, 70, 122.

[6] 鲁雁. 从工业社会到生态社会产业结构演进研究. 吉林大学博士学位论文, 2011: 59-60.

[7] 史丹. 以供给侧结构改革推进工业绿色发展. 中国工业报, 2017-06-25.

[8] 王文, 孙早. 产业结构转型升级意味着去工业化吗？经济学家, 2017 (3): 58.

[9] 王玲玲, 张艳国. "绿色发展"内涵探微. 社会主义研究, 2012 (5): 143.

[10] 张治忠. 论基于绿色发展的现代节约美德. 伦理学研究, 2015 (7): 116.

Theories and Practices of China's Industrial Green Development
—Policy Options for Deepening the Green Development

Shi Dan

Abstract: The shortage of development space caused by the restriction of resources and environment is the main obstacle hindering the industrial development. Since the 18th CPC National Congress, China has made great achievements in its fundamental policies for the green development, so it is with the domestic theoretical researches concerning the green development. At present, energy transition and low-carbon industrialization are two core issues of China's industrial green development. To deepen the supply-side structural reform is the new impetus for China's industrial green development. After the 19th CPC National Congress, the reform direction and measures include: (1) creating a fine market environment for industrial green development; (2) increasing government support for R&D of the basic, advanced and common technologies in the emerging green industries; (3) optimizing industrial layout and strictly prohibiting new major industrial projects at areas with vulnerable ecology and water resource shortage; (4) focusing on the solutions to the environmental issues, such as air and water pollution, greenhouse gas emissions, etc.; (5) In the process of industrial "going global" and participating in the "Belt and Road Initiative", we should actively establish the image of China's industrial green development; and (6) industry should make new contributions in the new journey of building an all-round socialist modern nation.

Key Words: Industry; Green Development; Energy Transition; Low-Carbon Industrialization; Supply-side Reform

京津冀绿色协同发展效果研究：基于"煤改气、电"政策实施的准自然实验

史 丹 李少林

摘 要：京津冀三地于 2017 年年底联合印发《京津冀能源协同发展行动计划（2017—2020 年）》，"煤改气、电"作为"禁煤区"政策实施的标志性工程，"一刀切"式执法能否承担起调整能源结构、改善空气质量与促进绿色发展的使命，成为社会与学界关注的热点问题。本文以北京、天津、石家庄为"煤改气、电"政策实施的实验组，河北省其余 10 个地级市为对照组，基于 DID 模型与 PSM–DID 模型对 2003~2015 年京津冀地区的"煤改气、电"政策实施推动城市群绿色发展的效果进行准自然实验分析。研究结果表明，由于城市与农村能源基础设施的差异性，"煤改气、电"政策主要通过作用于城市工业领域及农村"煤改电"消费行为从而推动绿色发展；"煤改气、电"政策显著降低了工业烟（粉）尘排放量，对二氧化硫排放量和单位 GDP 能耗的压减效应虽然为负，但在统计上并未产生显著的影响；"煤改气、电"政策对人工煤气、天然气用气人口数具有不显著的负向影响；"煤改气、电"政策使得农村用电量显著下降，可能的原因在于"煤改电"式的能源转型政策并未产生需求响应行为，或是相对于燃煤取暖的高成本引发了农村节能行为的产生。"煤改气、电"政策应避免"一刀切"执法，着力降低技术门槛和成本，确保政策执行初期的补贴可持续性，使得化石能源转型驱动能源需求侧响应行为的微观作用机制畅通，最终实现京津冀绿色协同发展。

关键词：京津冀；绿色发展；煤改气、电；能源转型

一、问题的提出

作为中国最具发展活力的三大经济增长极之一，京津冀是重要的能源消费中心区域之一，能源协同发展构成了京津冀协同发展的重要内容。《京津冀能源协同发展行动计划（2017—2020 年）》提出能源设施协同、能源治理协同、能源绿色发展协同、能源政策协同等目标，对于推动京津冀地区能源结构优化、能源效率提升和能源绿色协同发展具有重要的导向和现实意义。

作为能源绿色发展协同的主要推动力，"禁煤区"划定及禁煤力度的逐步加大，产生了一系列经济社会问题。燃煤作为取暖的主要方式已具有上千年的历史，是近年来"雾霾频发"的主要元凶，已引起公众、政府的高度关切。2017 年是《大气污染防治行动计划》（国发〔2013〕37 号）第一阶段的收官之年，以多种补贴形式推动的

---

* 本文发表在《经济与管理研究》2018 年第 11 期。

[作者简介] 史丹，中国社会科学院工业经济研究所党委书记、副所长、二级研究员；李少林，中国社会科学院工业经济研究所博士后。

"煤改气""煤改电"工程逐步在全国18个省市推广落地,对燃煤取暖发起强烈冲击,然而,2017年12月4日,环保部向京津冀及周边地区"2+26"城市下发特急函"坚持以保障群众温暖过冬为第一原则",进入供暖季,凡属没有完工的项目或地方,继续沿用过去的燃煤取暖方式或其他替代方式。"煤改气、电"政策是否提高空气质量和推动能源绿色转型日益成为社会关注的热点话题,并引起学界的积极回应。[1]

值得质疑的是,从"煤改气、电"政策实施来看存在一些缺陷:一是"一刀切"式执法,部分补贴标准模糊或者不到位;二是缺乏基于需求响应的补贴机制设计,过度依赖补贴,补贴退出机制尚不明确;三是缺乏"煤改气、电"补贴机制对能源供应安全的影响研究,"气荒"等风险管控政策体系不够完善。党的十九大报告再次强调了关于"加快生态文明体制改革,建设美丽中国"的绿色发展理念,"煤改气、电"政策能否扭转居民能源消费行为和产生需求响应,关乎能源转型的安全、稳定与高效。因此,对于"煤改气、电"政策实施效果的评估,有利于及时发掘"一刀切"式执法对政策效果的扭曲,有助于"煤改气、电"政策产生需求响应行为,提升政策实施效果,更好地推动京津冀地区能源绿色协同发展。

二、化石能源补贴改革、绿色发展与"煤改气、电"政策传导机制

(一)化石能源补贴改革理论、实证与政策述评

国内外文献主要从化石能源补贴改革的理论机制、实证效果与政策研究、环境规制等方面对能源转型和绿色发展效果进行分析和评价。化石能源补贴改革的理论研究方面,Ross McKitrick认为,世界各国政府通过削减能源补贴达到增强经济运行效率和减少环境外部性,然而补贴的定义及其测量难度较大,尤其是将未定价的外部因素定义为补贴,尤其会产生误导的结果,补贴应当存在且仅仅是很小的一部分,其他间接手段与财政负担、分配的无效率基本不存在关联性。[2]刘伟和李虹认为,化石能源补贴改革虽然在一定程度上改善了环境和提升了能源效率,但也对经济、社会产生了一系列负面影响,需从主体层、目标层和执行层深入分析化石能源补贴改革的障碍,并提供具有可操作性的化石能源补贴建议。[3]李虹等认为,中国化石能源补贴倾向于消费侧补贴,她运用价差法对中国化石能源补贴规模进行测算,并认为取消补贴不仅可以减轻财政负担,还可获得一定的环境效益。[4]姜春海等采用CGE模型对京津冀和鲁豫的核心"禁煤区"与外围"禁煤区"的禁煤力度进行了模拟分析,认为各地区的禁煤力度应当根据所承受的经济社会压力的差异而区别对待,对于禁煤区的范围应当稳步扩大,并采取中央财政补贴、治霾减排等政策组合,以推动煤炭替代战略更有效的落地实施。[5]

化石能源补贴政策的需求响应行为研究方面,Rajesh和Anver研究了印度能源补贴改革的福利影响,认为所有化石能源的价格弹性较低,而收入弹性较高,能源补贴将引起总体能源价格上涨,将侵蚀实际收入水平进而影响印度的社会福利,随着能源补贴的减少程度,能源消费支出增加进而降低能源消费,政策制定者需明确补贴的真正目标,以确保补贴改革对福利的负面影响降至最低。[6]Nora和Hussain运用一般均衡模型就马来西亚能源补贴取消对能源总需求和潜在能源节约的影响进行了模拟研究,认为同时取消燃料和税收补贴政策对最终能源需求和潜在能源节约的影响最大;在能源补贴完全取消的前提下,基于能源总体需求的潜在能源节约高于国家能源效率总计划的目标。[7]

化石能源补贴的环境与经济效果实证研究方面,Gabriela研究了中东和北非国家的化石能源补贴对经济增长的影响,认为起初对化石能源补贴,随后削减或取消补贴,将引起较高的人均地区生产总值增长率、就业率和年轻人的劳动参与率。[8]蒋竺均和邵帅运用投入产出价格模型,在政府价格管制或者无管制两种情形下,模拟了中

国取消化石能源补贴对居民收入分配的影响，认为取消不同能源补贴的分配具有差异性的影响，补贴改革对居民的间接影响大于直接影响，价格管制可在一定程度上减轻补贴改革的负面效应，能源补贴改革可以从累进性强、影响较小的交通燃料着手，加以适当的补偿减弱对贫困居民的影响。[9]林伯强和刘畅在分析全球化石能源补贴退出的趋势下，认为中国化石能源补贴已基本取消，但居民部门的交叉补贴严重，考虑到经济发展、普遍服务和环境可持续性等能源目标，允许存在一定的有效能源补贴，需主要解决居民交叉补贴并减少环境外部成本，严防能源补贴反弹。[10]

（二）绿色发展与京津冀环境治理文献述评

胡鞍钢和周绍杰认为，绿色发展观是第二代可持续发展观，强调经济系统、社会系统和自然系统之间的系统性、整体性和协调性，并构建了绿色发展的"三圈模型"，分析了经济系统、自然系统与社会系统的共生性和交互机制。[11]李晓西等借鉴人类发展指数的编制思想，在社会经济和生态环境可持续发展同等重要的前提下，构建了"人类绿色发展指数"，采用12个元素指标对123个国家绿色发展指数进行了计算和排序，中国仅位列第86位。[12]韩晶在考虑环境污染与能源消耗的基础上，运用DEA方法测度了中国各地区绿色创新效率及其影响因素，研究认为中国各地区绿色创新效率差异较大，外资进入与结构调整对绿色创新效率产生积极影响，但环境规制并未对绿色创新效率产生显著影响。[13]史丹和马丽梅采用北京、天津和河北11个城市的数据研究了环境规制视角下京津冀协同发展的演进特征，研究表明，2010年以来，京津冀地区环境规制才显现正相关性，污染溢出效应使得单独依靠本地的环境规制难以起到改善环境的效果，需增强空间关联，深化区域协同，才能够共同推动环境规制绩效的提升。[14]马丽梅和史丹从环境规制视角对京津冀城市群的绿色发展进程进行了研究，研究认为，前工业化阶段环境质量逐步下降，工业化阶段环境质量呈现先降后升的U形特征，后工业化阶段的环境质量逐步上升；京津冀地区的绿色发展是"一个整体"，需基于空间视角进行环境治理，推动京津冀绿色协同进程的关键是打造工业低碳发展的新动能。[15]周珍等基于民众、企业和政府的角度，建立了京津冀非合作雾霾治理模型与区间合作治理博弈模型，研究认为，如果没有政府补贴，雾霾治理的成本将无法负担，合作治理雾霾的政府补贴最少。[16]

上述文献存在的局限性主要体现在：一是仅考虑化石能源补贴本身对环境和经济的影响，尚未涉及化石能源替代性消费对绿色发展的影响；二是对"煤改气、电"式能源转型驱动绿色发展的需求响应机制分析不足，作用机理及其反馈效应有待进一步深化研究；三是缺乏对"煤改气、电"政策实施效果的评估，尤其是"煤改气、电"对绿色发展、能源效率和能源消费结构影响的综合研究比较少见。区别于已有文献的研究，本文的创新点主要体现在：一是从能源消费转型与绿色发展的"煤改气、电"政策实施视角，考察"煤改气、电"政策实施的传导机制和效果，弥补了现有文献仅从化石能源消费本身的相关补贴改革研究；二是基于京津冀城市的能源与绿色发展的面板数据，分别从"煤改气、电"政策实施的减排效果、节能效果和能源结构优化效果等维度进行实证研究，对于深化京津冀绿色协同发展的研究具有较强的针对性；三是通过对京津冀各地区主流媒体对"煤改气、电"的新闻报道频率的分析，确定"煤改气、电"政策实施的时间节点，并采用DID模型和PSM-DID模型对政策实施效果进行准自然实验，为下一步更好推进"煤改气、电"政策落地提供依据。

（三）"煤改气、电"政策实施的传导机制分析

化石能源补贴改革侧重于从总体上降低化石能源消耗，改善环境质量和节约能源。与化石能源补贴改革相比，化石能源之间的消费替代成为推动节能减排和绿色发展的重要抓手。"煤改气、电"政策旨在通过降低燃煤消耗量，将能源消费转向相对清洁的天然气和电力，这种消费侧的转移将直接减少燃煤数量，降低因燃煤导致的污染物排放。如今，全国已有18个省市实施"煤改气、电"政策，由于政策力度、政策工具存在差异性，实施效果也各有不同，同时在政策实施过程中也存在着诸多问题，比如，天然气供应紧张、冬季供暖推迟、设备成本过高不能一步到位、政策一刀切、执行操之过急、尚未产生需求响应行为等。本文拟从空气质量、能源消耗和居民生活三个维度对"煤改气、电"政策实施效果进行评价。

从政策实施对污染物排放的影响方面来看，"煤改气、电"政策主要是应对冬季由于燃煤取暖所出现的重度雾霾现象，空气质量的恶化，大面积能见度过低，不仅对人们的出行产生影响，而且对人们的健康也产生很大的危害。所以，为了减少冬季燃煤污染，提高居民生活质量，多地政府开始实质性地推进"煤改气、电"工程，即宜气则气、宜电则电。雾霾主要的组成部分是二氧化硫、氮氧化物和可吸入颗粒物，目前经国家环保机构认定的燃煤排放的主要污染物为可吸入颗粒物、硫氧化合物、氮氧化物和一氧化碳。压减燃煤消耗将通过改变能源消费结构，对污染物减排产生直接影响，本文采用工业烟（粉）尘排放量、工业二氧化硫排放量代表绿色发展的指标。

从政策实施对能源消耗情况的影响机制来看，"煤改气、电"将在压减燃煤的同时，对天然气、电力产生更多的需求，天然气供应的缺口和电力的来源成为"煤改气、电"政策实施应面临的主要挑战，虽然以煤炭为主的能源消费结构在中国短期内不会得到根本性转变，但随之而来的天然气、电力该如何填补因燃煤压减所带来的能源消耗减少，是"煤改气、电"政策实施需考虑的重要问题，例如很可能产生"气荒、电荒"等社会问题，对能源效率的变化也具有直接的驱动作用。本文采用单位GDP能耗代表能源效率的指标，以进行"煤改气、电"政策对能源效率影响的评估。

从政策实施对居民生活的影响方面来看，居民生活中对煤、天然气、电力等能源的需求不可或缺，由于"煤改气、电"政策实施在城市主要采取燃煤锅炉的集中供暖、在农村主要体现为安装燃气、电取暖设备，在政策实践上存在着补贴强度差异，而且居民对天然气、电力消费的转移，将很可能提高能源消费成本。因此，在一些地区存在着居民对"煤改气、电"政策的抵制行为，造成部分地区"煤改气、电"政策执行难以有效落地。如何促进居民对"煤改气、电"政策的支持和制定合理的能源消费补贴政策，是实现燃煤替代战略的关键，亦即"煤改气、电"政策如何落地并产生需求响应行为。本文采用人工煤气、天然气使用人口数量、农村用电量等指标衡量实施"煤改气、电"政策前后居民能源消费结构的变化。

三、指标构建、数据来源与描述性统计

本文关注的是京津冀地区，因此选取北京、天津和河北省11个地级市的数据进行研究，共计13个城市。由于2003年以前国内基本未涉及"煤改气、电"政策，所以选取的时间起点是从2003年开始。出于数据可得性考虑，研究区间取到2015年，各项数据指标分别来源于"中经网统计数据库"、《中国城市统计年鉴》《北京统计年鉴》《天津统计年鉴》《河北省统计年鉴》以及"中国经济新闻库"等。

（一）被解释变量

根据本文的研究需要和数据的可获得性，主要是基于"煤改气、电"政策变化前后，对污染物排放、能源效率、能源消费结构等指标进行考察。首先，"煤改气、电"政策实施后，燃煤压减会导致因煤炭燃烧引起的污染物排放下降，用《中国城市统计年鉴》中"工业二氧化硫排放量"和"工业烟（粉）尘排放量"衡量污染物排放量变化，作为被解释变量的第一个维度；用《河北省统计年鉴》中"单位GDP能耗"衡量能源使用效率，作为被解释变量的第二个维度；用"中经网统计数据库"中"人工煤气、天然气用气人口数"和"农村用电量"衡量能源消费结构变化，作为被解释变量的第三个维度。

(二) 政策变量

2013年9月，北京市开始实施《北京市2013—2017年清洁空气行动计划》，以"煤改气、电"为主要形式的燃煤压减进入快速发展阶段，煤炭消费由2012年的2300万吨压缩至2016年的1000万吨以内。结合图1关于2003~2015年京津冀"煤改气、电"相关新闻报道次数走势来看，自2011年以来，对"煤改气、电"政策的相关报道呈现显著增长。据此，本文将"煤改气、电"政策实施起始年份定为2011年，一方面，2003~2010年，虽然也有"煤改气、电"的相关报道，但频率较低，结合京津冀"煤改气、电"工程建设情况来看，尚未进入大规模实施阶段；另一方面，北京、天津和石家庄作为京津冀地区的核心城市，在"煤改气、电"政策实施上显然处于领先地位，所以选择北京、天津和石家庄作为实验组，河北省其余10个地级市作为控制组，以评估"煤改气、电"政策的实施效果。

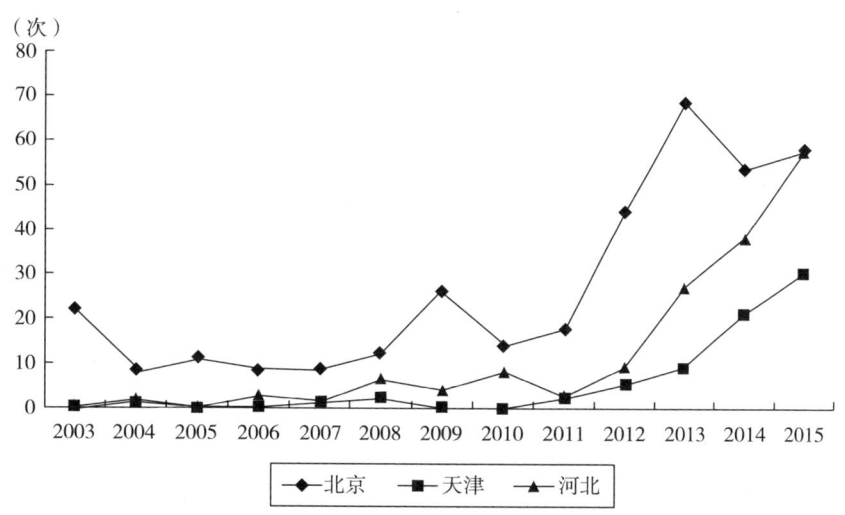

图1 2003~2015年京津冀"煤改气、电"相关新闻报道次数

资料来源：根据《中国经济新闻库》查询整理。

(三) 控制变量

本文选取人均GDP、人口密度、第二产业增加值占GDP的比重、城镇化率和能源工业投资等指标作为控制变量，以更为准确地进行回归估计。人均GDP、人口密度、第二产业增加值占GDP的比重的原始数据来源于《中经网统计数据库》，人均GDP（市辖区）数据作为各个城市经济发展水平的衡量指标；人口密度（市辖区）数据作为各个城市能源消费主体数量的衡量指标；第二产业增加值占GDP的比重（市辖区）作为各个城市产业结构的衡量指标；各个城市城镇化率、能源工业投资的原始数据均来源于《北京市统计年鉴》《天津市统计年鉴》和《河北省统计年鉴》，城镇化率是用非农业人口除以年末总人口得到。在数据搜集与整理过程中出现的部分缺失值的处理方法为相邻加权平均或移动平均法。表1和表2分别对本文所涉及的指标、数据进行说明和描述性统计。

表1 "煤改气、电"政策实施效果评价的主要变量概述

变量类别	变量名称	变量符号	变量含义
被解释变量	工业二氧化硫排放量（万吨）	$lnSO_2$	衡量政策实施前后因燃煤替代导致的二氧化硫排放量变化
	工业烟（粉）尘排放量（万吨）	$lnemission$	衡量政策实施前后因燃煤压减导致的工业烟（粉）尘排放量变化

续表

变量类别	变量名称	变量符号	变量含义
被解释变量	单位GDP能耗（吨标准煤/万元）	energypergdp	衡量政策实施前后能源利用效率变化
	人工煤气、天然气用气人口数（万人）	lnairp	衡量政策实施前后居民用气人口数变化
	农村用电量（亿千瓦时）	lnelev	衡量政策实施前后农村用电量变化
政策变量	政策执行时间变量	time	2003~2010年：time=0；2011~2015年：time=1
	实验组标识	treated	北京、天津、石家庄：treated=1；河北省其他10个地级市：treated=0
	"煤改气、电"政策变量	did	政策执行时间与实验组的交互项
控制变量	人均GDP_市辖区（万元）	lnpergdp	代表地区经济发展水平
	人口密度_市辖区（人/平方公里）	lndensity	人口密度越大，预期污染排放量越大
	第二产业增加值占GDP的比重_市辖区（%）	structure	代表产业结构，预期工业比重越高，污染排放压力越大
	城镇化率（%）	city	城镇化率越高，集中供热面积越大，农村散烧煤取暖越少，预期燃煤污染排放越少
	能源工业投资（亿元）	lninvest	用于衡量能源行业投资规模，投资规模越大，预期政策实施效果越好

表2 各变量的描述性统计

变量	样本量	均值	标准差	最小值	最大值
lnairp	169	4.1584	1.6563	-1.0498	7.2764
lnpergdp	169	1.4211	0.5091	0.3811	2.7722
lndensity	169	7.6472	0.6719	6.1421	9.3457
structure	169	0.5026	0.1232	0.1974	0.7721
$lnSO_2$	169	2.2457	0.7565	0.7916	4.2501
lnemission	169	1.4327	0.9541	-0.6404	5.2257
energypergdp	169	1.3575	0.6155	0.0617	2.9500
city	169	0.4820	0.1696	0.0811	0.8650
lninvest	169	4.0785	1.2501	0.9251	6.7280
lnenergycons	169	7.1204	0.8936	5.5875	8.9192
lnelev	169	3.4804	0.7840	1.5155	5.0314

四、京津冀"煤改气、电"政策实施的准自然实验分析

（一）模型设定与估计

基于京津冀地区城市特征和"煤改气、电"政策实施来看，北京、天津和石家庄较早付诸实践，基于中国经济新闻库对"煤改气、电"政策关键词的搜索和描述性统计，拟设定北京、天津、石家庄为"煤改气、电"政策实施的实验组，河北省的承德、张家口、秦皇岛、唐山、廊坊、保定、沧州、衡水、邢台、邯郸等10个城市为对照组，将2003~2015年京津冀13个城市划分为4组子样本，亦即"煤改气、电"政策实施之前的

处理组、"煤改气、电"政策实施之后的处理组、"煤改气、电"政策实施之前的控制组和"煤改气、电"政策实施之后的控制组。

$$Y_{it} = \beta_0 + \beta_1 du_{it} + \beta_2 du_{it} + \beta_3 dt_{it} du_{it} + \beta_4 Z_{it} + \varepsilon_{it}$$

$du = 1$ 表示京津冀地区实施"煤改气、电"政策的城市，$du = 0$ 表示京津冀地区尚未实施"煤改气、电"政策的城市，$dt = 0$ 表示京津冀地区实施"煤改气、电"政策之前的年份，$dt = 1$ 表示京津冀地区实施"煤改气、电"政策之后的年份。i 和 t 分别表示第 i 个城市和第 t 年，Z 表示一系列控制变量，ε 表示随机扰动项，被解释变量 Y 衡量"煤改气、电"的政策效果，具体包括工业二氧化硫排放量、工业烟（粉）尘排放量、单位 GDP 能耗、农村用电量、人工煤气、天然气家庭供气总量及用气人口数等。

运用 DID 方法进行准自然实验的前提是处理组和控制组必须符合共同趋势假设，亦即如果不存在"煤改气、电"政策，北京、天津、石家庄与河北其余 10 个地级市环境污染、能源效率和能源消费结构的变化不存在系统性差异，不管是从经济收敛理论还是京津冀"煤改气、电"政策实施实践来看，DID 方法有可能满足不了这一假定。Heckman 等开发的 PSM – DID 方法，能够使 DID 方法符合共同趋势假设，并被广泛应用于政策效应的评估研究中。[17][18]

表3 DID 模型中每个参数的含义

分组	实施"煤改气、电"政策前（$dt = 0$）	实施"煤改气、电"政策后（$dt = 1$）	Difference
北京、天津和石家庄（处理组，$du = 1$）	$\beta_0 + \beta_1$	$\beta_0 + \beta_1 + \beta_2 + \beta_3$	$\Delta Y_t = \beta_2 + \beta_3$
河北省其他地级市（控制组，$du = 0$）	β_0	$\beta_0 + \beta_2$	$\Delta Y_0 = \beta_2$
DID			$\Delta\Delta Y = \beta_3$

资料来源：笔者整理。

PSM – DID 方法的原理是基于匹配估计量，在未实施"煤改气、电"政策的对照组里找到某个地级市 j，使得 j 和实施了"煤改气、电"政策的实验组里的城市 i 的观测变量尽可能地相似，也就是说满足 $X_i \approx X_j$，如果城市的个体特征对是否实施"煤改气、电"政策的作用只取决于所选择的控制变量时，城市 j 与 i 实施"煤改气、电"政策的概率比较相近，便于进行比较。匹配估计量能够解决实验组和对照组在受"煤改气、电"政策影响之前不完全满足共同趋势假定所带来的相关问题，对实验组和对照组里的个体进行匹配的时候，倾向得分匹配法在度量距离时具备较好的表现。[19] 本文采用相邻匹配的方法确定权重。具体步骤为：第一，基于实验组变量和控制变量对倾向得分进行估计；第二，计算实施"煤改气、电"政策城市的结果变量在政策实施前后的变化情况，对实施"煤改气、电"政策的每个城市 i，计算和其匹配的所有未实施"煤改气、电"政策的地级市在"煤改气、电"政策实施前后的变化；第三，用实施"煤改气、电"政策的城市在实施"煤改气、电"政策前后的变化减掉匹配以后未实施"煤改气、电"政策的地级市的变化，能够得到"煤改气、电"政策的平均处理效应，亦即衡量"煤改气、电"政策对实验组的城市的实际影响。

表 4 显示的是"煤改气、电"政策对工业烟（粉）尘排放量和二氧化硫排放量的 DID 估计结果。无论是工业烟（粉）尘排放量还是二氧化硫排放量，did 系数均表现出比较显著的负向影响，亦即"煤改气、电"政策实施显著降低了污染物排放总量。

表 4 "煤改气、电"政策对污染物排放影响的 DID 估计结果

解释变量	lnemission (1)	lnemission (2)	$\ln SO_2$ (1)	$\ln SO_2$ (2)
did	-0.6865** (-2.0900)	-0.7190** (-2.4900)	-0.2305*** (-2.8100)	-0.2025** (-2.5300)
$time$	0.9089*** (5.7700)	1.0427*** (6.1500)	-0.3366*** (-3.8300)	-0.5779*** (-3.2400)
$treated$	0.4424** (2.1700)	0.5966** (2.2500)		
$lnpergdp$		-0.1500 (-0.8100)		0.3492*** (3.3300)
$city$		-0.0478 (-0.0700)		0.0735 (0.2500)
$structure$		2.3884*** (3.5200)		0.4035 (1.1600)
$lndensity$		0.2491** (2.4500)		-0.0306 (-0.5600)
$lninvest$		0.2518*** (3.9400)		-0.1222** (-2.1400)
$\_cons$	1.0419*** (10.66)	-2.9386*** (-2.7500)	2.2178*** (36.5800)	2.4121*** (4.4600)
时间变量	不控制	不控制	控制	控制
N	169	169	169	169
R^2	0.1755	0.3901	0.0997	0.0513

注：小括号内的数字代表 t 值，***、**、* 分别表示在1%、5%和10%的水平上显著。余同。

从工业烟（粉）尘排放量的回归结果来看，第1列结果未加入控制变量，did 系数在5%的显著性水平上显著为负；第2列结果加入控制变量之后，did 系数仍然在5%的显著性水平上显著为负，且与未加入控制变量的系数差异很小，表明回归结果具有较强的稳健性。从控制变量的回归结果来看，第二产业增加值占地区生产总值的比重、人口密度和能源工业投资的系数分别在1%、5%和1%的显著性水平上显著为正，表明工业比重偏高是工业烟（粉）尘排放量增加的重要原因，人口密度越大，工业烟（粉）尘排放量越高，能源工业投资也同样导致工业烟（粉）尘排放量的增长，意味着京津冀地区能源行业发展在一定程度上仍然表现为较为粗放型的特征。从二氧化硫排放量的回归结果来看，未加入控制变量和加入控制变量的 did 系数符号和大小均保持一致或无明显差异，但人口密度和能源工业投资的系数与工业烟（粉）尘的回归结果相反。为进一步验证 DID 回归结果的可靠性，需进行共同趋势假设检验，以确保如果没有"煤改气、电"政策的存在，那么各变量应保持相同的变动趋势。

（二）共同趋势假设检验

双重差分法估计结果呈现无偏的一个前提条件是实验组与控制组满足共同趋势假设。也就是说，处理组与对照组在"煤改气、电"政策实施之前应该具备同样的变动趋势，否则 DID 方法可能会对估计结果产生偏差。如果共同趋势假设能够成立，那么"煤改气、电"政策对空气质量的影响只会发生在政策实施之后，而在政策实施之前，实验组和控制组的变动趋势不会存在显著差

异。对政策实施前的2003~2010年与处理虚拟变量之间构建交互项后再次进行回归分析，如果did系数依然显著，而且政策实施前年份与处理虚拟变量的交互项并不显著，则表明满足共同趋势假设检验条件，否则不满足共同趋势假设检验条件，需进一步进行PSM-DID分析，以克服不满足共同趋势假设检验所带来的估计结果偏误。"煤改气、电"政策对空气质量影响的共同趋势假设检验结果显示，以工业烟（粉）尘排放量代表空气质量的DID回归分析结果满足共同趋势假设检验，政策实施前年份与处理虚拟变量的交互项系数为-0.6400，在10%的显著性水平上显著，且政策实施前年份与处理虚拟变量的交互项均不显著。以二氧化硫排放量代表空气质量的DID回归分析结果不满足共同趋势假设检验，政策实施前年份与处理虚拟变量的交互项系数为-0.2075，P值为0.1800，为了降低DID估计对结果造成的偏误影响，需进一步使用PSM-DID方法进行稳健性检验。

在使用PSM-DID方法时，将协变量对处理变量进行Logit回归（回归结果见表5），获得倾向得分，lnpergdp、city、structure、lndensity和lninvest均对处理变量具有显著的解释力（均在10%的显著性水平上显著）。为确保PSM-DID方法的有效性，需要检验在进行匹配后各变量在实验组与控制组的分布是否变得平衡，协变量的均值在实验组和控制组间是否仍然存在显著的差异性，如果不存在显著差异，则表明PSM-DID的方法是适用的。从表6的检验结果来看，进行相邻倾向得分匹配之后，协变量的均值在处理组与控制组间不存在显著的差异性，表明各个变量的分布变得均衡，意味着运用PSM-DID方法是较为合理的。本文采用的是相邻匹配进行估计，对"煤改气、电"政策是否产生降低二氧化硫排放量的效果进行稳健性检验，其估计结果参见表7。

表5 协变量对处理变量的Logit回归结果

解释变量	系数	标准误	Z值	P>|z|	95%置信区间
lnpergdp	-16.4947	9.9076	-1.66	0.0960	-35.9132, 2.9239
city	82.2353	44.0800	1.87	0.0620	-4.1598, 168.6304
structure	-107.0015	61.9416	-1.73	0.0840	-228.4048, 14.4019
lndensity	15.3445	8.8124	1.74	0.0820	-1.9275, 32.6164
lninvest	15.5547	8.5090	1.83	0.0680	-1.1225, 32.2320
_cons	-166.1637	91.6712	-1.81	0.0700	-345.8360, 13.5086

表6 相邻匹配检验结果

变量	是否匹配	均值		t检验	
		处理组	控制组	t值	P值
lnpergdp	未匹配	1.7812	1.3131	5.45	0.0000
	匹配	1.2859	1.3396	-0.30	0.7780
city	未匹配	0.7057	0.4149	13.59	0.0000
	匹配	0.5420	0.5003	0.45	0.6670
structure	未匹配	0.3830	0.5385	-8.15	0.0000
	匹配	0.4218	0.4584	-0.99	0.3590
lndensity	未匹配	7.4507	7.7062	-2.10	0.0370
	匹配	7.7943	7.5355	0.56	0.5930
lninvest	未匹配	5.2317	3.7325	7.60	0.0000
	匹配	4.3841	5.1599	-2.09	0.0820

从表7的PSM-DID估计结果来看,第(1)列和第(2)列未控制时间变量,第(3)列和第(4)列控制时间变量,第(1)列和第(3)列未加入控制变量,第(2)列和第(4)列加入控制变量。回归结果均表明,did系数不显著,表明"煤改气、电"政策具有降低二氧化硫排放量的效应,但是在统计上并不显著,可能的原因在于"煤改气、电"政策对治理农村散煤燃烧的效果不理想,并未产生明显的需求响应行为,亦即"煤改气、电"政策在实施过程中遭遇了诸多技术和成本障碍,使得政策效果大打折扣。

表7 "煤改气、电"政策对二氧化硫排放量影响的PSM-DID估计结果

解释变量	$\ln SO_2$			
	(1)	(2)	(3)	(4)
did	-0.2221	-0.2391	-0.2127	-0.1086
	(-0.26)	(-0.34)	(-0.75)	(-0.40)
time	0.1654	0.1230	-0.2472**	-0.5874***
	(1.25)	(0.86)	(-2.53)	(-3.00)
treated	0.7464*	0.8737**		
	(1.73)	(2.33)		
lnpergdp		0.0428		0.4058***
		(0.27)		(3.64)
city		0.6652		-0.1419
		(0.97)		(-0.47)
structure		3.0796***		0.3451
		(4.63)		(0.90)
lndensity		0.1083		-0.0357
		(1.21)		(-0.60)
lninvest		0.2116***		-0.0493
		(4.08)		(-0.66)
_cons	2.0578***	-1.5412*	2.0520***	2.0991***
	(25.04)	(-1.71)	(30.56)	(3.58)
时间变量	不控制	不控制	控制	控制
N	169	169	169	169
R^2	0.0354	0.3656	0.1592	0.1341

(三)"煤改气、电"政策对能源效率与能源消费结构的影响

"煤改气、电"政策不仅对能源绿色发展具有重要影响,而且可能对能源效率提升产生间接的作用。"煤改气、电"政策通过改变能源消费结构,将对单位GDP能耗产生影响。本文在以单位GDP能耗作为被解释变量进行DID回归后发现,不满足共同趋势假设检验,因此,运用基于相邻匹配法的PSM-DID模型进行回归,从表8可以看出,在使用PSM-DID方法对能源效率的did回归结果均为不显著的负向影响,意味着"煤改气、电"政策在节能上并未做出有效贡献,可能的原因在于气、电相对于煤炭来讲具有较高的使用成本,且安装、调试和维护气、电取暖设备也具有高昂的支出,所以,"煤改气、电"政策只有在降低成本、技术进步的前提下,才能够更好地推动节能的实现。

表8 "煤改气、电"政策对能源效率影响的PSM-DID估计结果

解释变量	energypergdp			
	(1)	(2)	(3)	(4)
did	-0.1774	-0.2548	-0.1601	-0.0382
	(-0.2800)	(-0.53)	(-0.50)	(-0.13)
time	-0.5179***	-0.4970***	-0.8836***	-1.0804***
	(-5.28)	(-5.15)	(-7.96)	(-5.26)
treated	-0.1643	0.0221		
	(-0.5100)	(0.09)		
lnpergdp		-0.0180		0.4018***
		(-0.17)		(3.43)
city		-0.2127		-0.7488**
		(-0.46)		(-2.37)
structure		2.2833***		1.4434***
		(5.12)		(3.59)
lndensity		-0.0222		-0.0159
		(-0.37)		(-0.26)
lninvest		0.2008***		0.0462
		(5.77)		(0.59)
_cons	1.6785***	-0.0253	1.7830***	0.9076
	(27.58)	(-0.04)	(23.39)	(0.142)
时间变量	不控制	不控制	控制	控制
N	169	169	169	169
R^2	0.1840	0.5602	0.2429	0.4898

"煤改气、电"政策旨在通过以气代煤、电代煤的形式,压减煤炭消费,增加天然气和电力消费,将对能源消费结构产生直接影响。从"煤改气、电"政策实施的实践来看,城市实施"煤改气"政策,由于具备天然的管网优势,本文选取人工煤气、天然气用气人口数表征"煤改气"政策引起的能源消费结构变化;农村地区"煤改气"由于缺乏管网基础设施,技术门槛相对较高,实施难度较大,而"煤改电"则具有较好的可行性,因此,选取农村用电量表征"煤改电"政策引起的能源消费结构变化。基于DID模型的估计结果显示,无论是人工煤气、天然气用气人数还是农村用电量,均呈现显著的负向影响,为确保回归满足共同趋势假设,对两类变量的回归进行了共同趋势假设检验。

检验结果表明,人工煤气、天然气用气人口数作为被解释变量的回归不满足共同趋势假设检验,需进行PSM-DID回归,经过相邻匹配的回归后发现,did系数为-1.001,P值为0.141,意味着"煤改气、电"政策对人工煤气、天然气用气人口数具有不显著的负向影响,表明"煤改气、电"政策对城市居民能源消费结构无明显影响,可能的原因是市区已具备完善的供暖系统,市区"煤改气、电"政策可能着眼于非居民生活用的能源领域,比如工业领域等。农村用电量作为因变量的DID模型回归结果满足共同趋势假设检验,无论是加入控制变量还是不加入控制变量,did系数均在1%的显著性水平上显著,且系数差别较小,表明具有较好的稳健性,表明"煤改气、电"政策显著降低了农村用电量,可能的原因在于"电取暖"相对于"燃煤取暖"具有较高的成本,促使农村居民形成节约用电的习惯。另

外，城镇化率的系数在 10% 的显著性水平上显著为负，且对农村用电量的影响程度远大于"煤改气、电"政策，意味着"煤改气、电"政策并未从根源上使电取暖得以普遍应用，政策效果不够理想，城镇化的快速推进，使得农村用电总量呈现出明显的下降趋势，农村地区"煤改电"政策的实施空间仍然较大，不会对电力需求造成较大影响。

表 9 "煤改气、电"政策对能源消费结构影响的 DID 模型估计结果

解释变量	ln$airp$ (1)	ln$airp$ (2)	ln$elev$ (1)	ln$elev$ (2)
did	-0.4185** (-2.24)	-0.3043* (-1.70)	-0.1981*** (-3.09)	-0.2211*** (-3.37)
$time$	1.4492*** (7.25)	1.8820*** (4.72)	0.8228*** (12.00)	0.9414*** (6.45)
ln$pergdp$		-0.2887 (-1.23)		0.0092 (0.11)
$city$		-0.3796 (-0.58)		-0.4295* (-1.79)
$structure$		1.5326* (1.96)		-0.0695 (-0.24)
ln$density$		-0.3609*** (-2.94)		0.0465 (1.03)
ln$invest$		-0.1451 (-1.13)		-0.0166 (-0.35)
$\_cons$	3.4614*** (25.10)	6.3158*** (5.22)	3.0642*** (64.73)	2.9565*** (6.68)
时间变量	控制	控制	控制	控制
N	169	169	169	169
R^2	0.0284	0.0664	0.1193	0.0932

五、结论与政策建议

本文以京津冀地区 13 个城市 2003~2015 年的相关数据为样本，基于中国经济新闻库对"煤改气、电"关键词的搜索与整理，结合"煤改气、电"政策实践，以 2011 年为"煤改气、电"政策的执行时间起点，并将北京、天津和石家庄作为实验组，河北省其余 10 个地级市作为控制组，运用 DID 模型和 PSM-DID 模型实证研究了"煤改气、电"政策实施对城市群绿色发展、能源效率与能源消费结构的影响。研究结论表明，"煤改气、电"政策显著降低了工业烟（粉）尘排放量，对二氧化硫排放量的压减效应虽然为负，但在统计上并未产生显著的影响，且对单位 GDP 能耗的降低效果不显著，"煤改气、电"政策对人工煤气、天然气用气人口数具有不显著的负向影响，可能的原因在于市区"煤改气、电"政策可能着眼于非居民生活用的能源领域，比如工业领域等。"煤改电"政策使得农村用电量下降，可能的原因在于"煤改电"政策并未有效落地，或是相对于燃煤取暖的高成本引发了农村节能行为的产生。研究还发现，城镇化的快速推进也是引发农村用电量下降的重要因素。

基于实证研究结论及"煤改气、电"政策实践遭遇的瓶颈问题，本文拟提出以下政策建议。①"煤改气、电"政策应避免"一刀切"执法，需依据各地区经济发展水平和能源消耗结构特征稳步推进。"煤改气、电"并不是简单地消灭煤炉子，也不是简单的设备更换，而是涉及电网企业线路改造、供热企业用电价格、供暖设备维护保养等诸多环节，电改之后，煤仍然存在，与政策设计初衷存在较大的差距，是"煤改气、电"政策须通力解决的关键问题。②投资成本高、长期依赖于政府补贴是"煤改气、电"政策执行的主要障碍，加大对燃气、电取暖技术的研发投入，最大限度降低技术门槛和成本，是"煤改气、电"政策推进的长久之计。③"煤改电"供暖效果不好、长期变动成本——电费较高、补贴的不可持续性是基层百姓最为关注的话题，也是"煤改气、电"政策能否产生需求响应行为的核心环节，只有基于政策执行受体的行为，才能够更好地体现"煤改气、电"政策对绿色发展效果的促进作用。④"煤改气、电"实际上是传统化石能源内部替代的一种形式。这种替代应不仅体现在绿色发展上，也需要求提高能源效率，亦即"煤改气、电"式能源转型需根据各地能源消耗结构特征，采取适宜的"煤改气、电"推进路线和规模，确保"煤改气、电"政策能够实现节能减排与绿色发展。

参考文献

[1] 张洛鸣. 外国煤改气花十多年，中国"一刀切"后重烧煤 [J]. 新能源经贸观察，2017（12）：58－59.

[2] Ross McKitrick. Global Energy Subsidies：An Analytical Taxonomy [J]. Energy Policy，2017（101）：379－385.

[3] 刘伟，李虹. 能源补贴与环境资源利用效率的相互关系——化石能源补贴改革理论研究的考察 [J]. 经济学动态，2012（2）：94－98.

[4] 李虹，董亮，谢明华. 取消燃气和电力补贴对我国居民生活的影响 [J]. 经济研究，2011，46（2）：100－112.

[5] 姜春海，宋志永，冯泽. 雾霾治理及其经济社会效应：基于"禁煤区"政策的可计算一般均衡分析 [J]. 中国工业经济，2017（9）：44－62.

[6] Rajesh H. Acharya，Anver C. Sadath. Implications of Energy Subsidy Reform in India [J]. Energy Policy，2017（102）：453－462.

[7] Nora Yusma bte Mohamed Yusoff & Hussain Ali Bekhet. The Effect of Energy Subsidy Removal on Energy Demand and Potential Energy Savings in Malaysia [J]. Procedia Economics and Finance，2016（35）：189－197.

[8] Gabriela Mundaca. Energy Subsidies，Public Investment and Endogenous Growth [J]. Energy Policy，2017（110）：693－709.

[9] 蒋竺均，邵帅. 取消化石能源补贴对我国居民收入分配的影响——基于投入产出价格模型的模拟分析 [J]. 财经研究，2013，39（8）：17－27.

[10] 林伯强，刘畅. 中国能源补贴改革与有效能源补贴 [J]. 中国社会科学，2016（10）：52－71.

[11] 胡鞍钢，周绍杰. 绿色发展：功能界定、机制分析与发展战略 [J]. 中国人口·资源与环境，2014，24（1）：14－20.

[12] 李晓西，刘一萌，宋涛. 人类绿色发展指数的测算 [J]. 中国社会科学，2014（6）：69－95.

[13] 韩晶. 中国区域绿色创新效率研究 [J]. 财经问题研究，2012（11）：130－137.

[14] 史丹，马丽梅. 京津冀协同发展的空间演进历程：基于环境规制视角 [J]. 当代财经，2017（4）：3－13.

[15] 马丽梅，史丹. 京津冀绿色协同发展进程研究：基于空间环境库兹涅茨曲线的再检验 [J]. 中国软科学，2017（10）：82－93.

[16] 周珍，邢瑶瑶，孙红霞等. 政府补贴对京津冀雾霾防控策略的区间博弈分析 [J]. 系统工程理论与实践，2017，37（10）：2640－2648.

[17] Heckman J. J.，Ichimura H.，Todd P E. Matching as an Econometric Evaluation Estimator：Evidence from Evaluating a Job Training Program [J]. Review of Economic Studies，1997，64（4）：605－654.

[18] Heckman J. J.，Ichimura H，Todd P E. Matching as an Econometric Evaluation Estimator [J]. Review of Economic Studies，1998，65（2）：261－294.

[19] Rosenbaum P. R.，Rubin D B. The Central Role of the Propensity Score in Observational Studies for Causal Effects [J]. Biometrika，1983，70（1）：41－55.

The Effect of Green Cooperative Development in Beijing – Tianjin – Hebei Region: A Quasi – Natural Experiment Based on the Policy of "Coal – to – Gas/Electricity"

Shi Dan, Li Shaolin

Abstract: At the end of 2017, the Beijing – Tianjin – Hebei region jointly issued the action plan for coordinated energy development between Beijing, Tianjin and Hebei province (2017 – 2020), and the landmark project of "coal – to – gas/electricity" was implemented as the "forbidden zone" policy. This paper takes Beijing, Tianjin and Shijiazhuang as experimental groups, and the remaining 10 prefecture – level cities in Hebei province as control groups. Based on the DID model and the PSM – DID model, a quasi – natural experimental analysis was carried out on the effect of the "coal – to – gas/electricity" policy in the Beijing – Tianjin – Hebei region to promote the green development of urban agglomerations from 2003 to 2015. The results show that due to the difference between urban and rural energy infrastructure, the "coal – to – gas/electricity" policy mainly promotes green development by acting on the consumption behavior of "coal – to – electricity" in urban industrial areas and rural areas; and the "coal – to – gas/electricity" policy has significantly reduced the emissions of industrial smoke (powder) dust; although the reduction effect on sulfur dioxide emissions and energy consumption per unit of GDP is negative, it has no significant impact on statistics; the "coal – to – gas/electricity" policy has no significant negative impact on the population of gas and natural gas; the "coal – to – gas/electricity" policy has caused a significant decline in rural electricity consumption, which may be due to the fact that the "coal – to – electricity" policy has not produced demand response behavior, or has caused rural energy conservation behavior relative to the high cost of coal heating. The "coal – to – gas/electricity" policy should avoid "one size fits all" law enforcement, and focus on lowering technology thresholds and costs, ensuring the sustainability of subsidies at the initial stage of implementation of the policy, so as to make the micro – mechanism of energy demand – side response driven by the transformation of fossil energy unimpeded, and finally the development of Beijing – Tianjin – Hebei green cooperation will be realized.

Key Words: Beijing – Tianjin – Hebei; Green Development; Coal – to – Gas/Electricity; Energy Transformation

资源安全、大国竞争与稀有矿产资源开发利用的国家战略

杨丹辉

摘　要：随着战略性新兴产业的应用日益广泛，稀有矿产作为高技术产业关键原材料的战略意义不断凸显，主要工业国在稀有矿产资源领域展开了激烈的大国博弈。中国是稀有矿产资源大国，稀有矿产品生产和消费居世界第一位，在国际稀有矿产品市场上扮演着举足轻重的角色。本文依据矿产资源消费结构变化的一般规律，从相对稀缺性及其市场响应机制的角度，探讨构建稀有矿产资源国家战略的理论依据，提出面对新一轮科技革命和工业革命下全球资源竞争和安全形势的变化，应在全面评估资源禀赋及开采条件的基础上，本着安全、开放、集约、绿色的原则，建立完善辐射勘探开发、加工冶炼、战略储备、高端应用、国际贸易、环境保护等各个环节的稀有矿产资源国家战略和政策体系，为到2020年基本实现工业化、建设现代产业体系、实现高质量发展提供稳定可靠的关键原材料保障。

关键词：稀有矿产；资源安全；大国竞争；环境影响

一、引　言

众所周知，矿产资源是人类生产生活不可或缺的物质基础。随着经济结构的变迁，一国（地区）对矿产资源的需求会发生显著变化。考察世界范围内工业化历程可以发现，矿产资源消费规模和结构表现出一定的阶段性特征。总体来看，随着人均GDP的增加，一个国家（地区）的人均能源和矿产消费呈现由缓慢增长到快速增长再到减速增长直至零增长或缓慢负增长的"S"形演进的规律性变化（王安建等，2010，2016；成金华和汪小英，2011）。在S形规律作用下，不同类型矿产资源的消费总量达峰存在明显的时间差。在工业化初中期，各国普遍大量消耗煤炭、铁矿石等大宗矿产；工业化中期，石油、有色金属消费增长较快；而进入工业化后期和后工业化时期，基础金属消费下降，稀有矿产资源[①]需求扩大，并成为现代制造业特别是战略性新兴产业和国防工业的关键原材料（杨丹辉等，2015）。稀有矿产资源消费量不断上升的同时，应用于工业生产的稀有矿产资源的种类也大幅增加。以计算机芯片为例，20世纪80年代的计算机芯片仅含有12种化学元素，而21世纪的高速大容量集成电路则

---

* 本文发表在《学习与探索》2018年第7期。

[作者简介] 杨丹辉，中国社会科学院工业经济研究所资源与环境研究室主任、研究员、博士生导师，研究领域为产业经济学、资源环境经济学、国际贸易。

① 稀有矿产资源通常是指地壳中丰度低、分布稀散、难于从矿石中提取，在工业上制备和应用较晚，但在现代工业应用广泛的矿产资源（李鹏飞等，2014）。目前，稀有矿产资源尚无统一的界定和分类。本文中稀有矿产资源包括除稀有放射性金属之外的稀有轻金属、稀有高熔点金属、稀散金属、稀土金属、稀贵金属中的铂族金属以及稀有非金属矿产石墨。

包含61种化学元素。增加的49种化学元素中，包括15种稀有矿产以及钇和除钷之外的其他14种镧系元素共15种稀土金属（National Research Council，2008）。

中国进入工业化中后期乃至后工业化时期，在产业转型推动下，受人口规模、GDP增速、产业结构、技术水平、消费偏好、体制机制等诸多因素的影响，矿产资源消费表现出突出的复杂性和一定的独特性。一方面，在矿产资源消费规律的作用下，压缩式工业化引发我国金属资源消耗临近峰值和环境问题集中爆发，推动未来我国城市矿产的开发利用（王昶和黄建柏，2014）；另一方面，传统产业和基础设施建设对大宗矿产品和基础金属需求强劲的同时，稀有矿产的消费规模不断扩大。目前，中国稀土、钨、锑、钼等稀有金属的消费量均已居世界第一位，未来稀有矿产品生产消费仍有扩张的潜力和动力。

历史地观察，大国崛起势必伴随全球矿产资源供求格局的演变和矿产品贸易规则的重构。随着新一轮科技革命和工业革命蓬勃兴起，主要工业国在新经济新产业等领域的角力将延伸至产业链的前端，对号称"工业维生素"的稀有矿产资源以及由制备的关键原材料展开激烈竞争。从这一角度来看，进入新时代，建设现代化经济体系、实现高质量发展迫切需要国家层面的稀有矿产资源战略做支撑，而全球稀有矿产资源领域的大国博弈也召唤中国更高水平的战略应对。本文探讨制定、实施稀有矿产资源国家战略的理论依据，研判稀有矿产资源领域的国际竞争和安全形势，提出稀有矿产资源国家战略的总体思路和政策方向。

二、资源安全与稀有矿产资源的战略储备

稀缺性，不论从其绝对还是相对程度衡量，无疑都是储存性资源（Stock Resource）[①]的本质特征。实际上，资源的稀缺性不仅仅是一个经济学概念，更是有着深刻政治含义的战略命题。作为战略性新兴产业的关键原材料，稀有矿产同样具有突出的稀缺性。这一特点直接决定着稀有矿产资源开发利用的可持续性，因而是制定稀有矿产资源国家战略需要考虑的首要因素。同时，稀缺性的存在必然引发安全问题，因此，资源安全应纳入稀有矿产资源开发利用的国家战略框架。

（一）稀有矿产资源的稀缺性及市场机制的作用

储存性资源的稀缺性来自其在地球中赋存总量的约束。在不发生技术进步和重大突发事件的情况下，一般可以认为，由于未来每一代人口规模扩大和人均矿产资源消耗量增加，每一年消耗的储存性矿产量是上一年的 ξ 倍（$\xi > 1$）。假设计算期的起始年地球上储存性矿产资源总量为 R_b，该年度世界储存性矿产消耗量为 A，则第二年的消耗量为 ξA……第 m 年的消耗量为 $\xi^{m-1} A$。不考虑循环再利用技术，则 m 年后地球上储存性矿产的存量 R_m 为：

$$R_m = R_b - A - \xi A - \xi^2 A - \cdots - \xi^{m-1} A = R_b - A \frac{\xi^m - 1}{\xi - 1} \quad (1)$$

当该矿产资源达到耗竭状态时，$R_m = 0$，由此可得某种矿产的使用年限 m_0 为：

$$m_0 = \frac{\ln\left[\frac{R_b(\xi-1)}{A} + 1\right]}{\ln \xi} \quad (2)$$

理论上讲，ξ 越接近1，m_0 越大，但储存性矿产都有耗竭之时，加之地球上矿产资源分布并不均衡（这种情况对于稀有矿产资源尤为突出），因此有可能进一步加剧其稀缺性。

关于储存性资源的稀缺性及其可开发使用寿命，经济学家有着不同的判断。不论悲观的马尔

[①] 自然资源可划分为两大类，即储存性（或不可再生）资源和流动性（或可再生）资源。前者主要包括使用后消耗掉的资源（如石油、天然气、煤等主要能源矿产）、理论上可恢复的资源（所有元素矿物）和可循环使用的资源（主要指金属矿物）；后者则涵盖鱼类、森林、土壤、动植物、水、太阳能、潮汐、风能、大气等。详见［英］朱迪·丽丝. 自然资源：分配、经济学与政策［M］. 蔡运龙，译. 北京：商务印书馆，2015：24.

萨斯还是相对乐观的李嘉图，对于自然资源与人类生产生活之间关系的论断都已被证实存在一定的局限性。显然，如果将某种储存性矿产的当前探明储量视为资源可得性的极限，难免得出有关其经济寿命较为消极的结论。然而，在运作完善的市场经济中，任何具有稀缺性的产品，其供求关系均受价格机制的调节。价格机制作用于供求两端，其中需求方的调整包括减少消耗（绝对量）、提高资源利用效率（相对量）以及替代品的开发使用等；而在供给侧，价格上涨成为矿业投资的刺激信号，推动开发更加高效的新型探采技术，改善已探明矿藏的开采效果。因此，由现代工业技术体系支撑的理想市场响应机制为缓解矿产资源稀缺提供了理论支撑。实际上，早在20世纪70年代一些学者就对市场作用于矿产资源稀缺性的机理给出了情景假设和趋势性判断。梅多斯（Meadows，1974）建立了"世界Ⅲ"模型，测算出当储存性资源消耗掉90%时，其供给成本将上升20倍，这种剧烈的成本变化对资源需求曲线的影响将是显而易见的。虽然现实中需求对成本和价格变化的反应是一个复杂、受多因素影响的过程，但长期来看，一般认为价格涨幅达到10%，大多数非燃料矿物的需求将减少6%～20%（Tilton，1977）。

同时，根据经济学的基本释义，储存性矿产消费量的减少并不必然导致经济增速放缓和生活质量下降。随着创新步伐的加快，技术积累将使任何一种特定储存性矿产的消耗都减少到其供求平衡点之上，而替代产品和技术随之也更加多样化，包括商业模式变革对最终产品及其组合的重塑。正是基于地壳中可获得元素的多样性及其技术替代潜力，有些学者甚至认为绝对自然意义上的矿产资源稀缺是不成立的。"只要对地壳的组分有足够的认知，就会否定纯自然意义上矿产资源耗竭概念的实际内涵。整个地球都是由矿物组成的，人类不可能把地球本身开采殆尽。"（Manners，1977）近期一些研究成果则更多地关注经济结构与矿产资源消费增长极限之间的关系。王安建等（2017）认为，矿产资源消费"S"形规律揭示了能源和重要矿产资源消费与经济社会发展之间内在的本质联系及其增长极限存在的可能性，矿产资源消费的转折点和零增长点与城市化率、经济（产业）结构、基础设施完备程度以及社会财富积累水平等经济社会发展重要指标的变化密切相关，随着三次产业的更迭，一国（地区）的矿产资源消费达到峰值，而大国矿产资源消费达峰值则意味着全球矿产资源消费周期的终结。

（二）市场响应的局限性与制度环境的影响

市场失灵无疑是理想化的市场响应模型面临的最大挑战，而且市场机制作用的结果很可能与社会、政治、文化、环境等目标不契合，甚至背道而驰。在价格信号的传导过程中，市场不仅无法克服，而且实际上还会制造、加剧特定时期某些矿产资源的稀缺。撇开由矿产资源赋存严重不平衡导致其难以被均衡开发和替代的情况，资源领域市场失灵的表现颇为复杂。由于多数矿产品开采的市场结构日益被跨国矿业公司垄断，为维持一定的价格水平，这些跨国公司理应更倾向于控制开采量，以延长矿产资源开采周期，减缓其被耗竭的进程。然而，现实是在未来市场走向不明朗的情况下，受制于资源性产品价格波动频发以及贸易条款的约束，矿业企业会加速开发已探明矿藏，从而确保其投资收益，这种"贴现"未来收益的压缩式开发导向在地缘政治不稳定、经济欠发达的矿区更为普遍。在这些地区，可持续开发往往要让位于可预见的短期出口获利。同时，跨国公司还会采取控制新供给的方式，制造人为的市场短缺或供给障碍，进而削弱市场对探矿新技术的开发和投资热情，甚至导致采矿技术出现路径偏差。

市场机制无法防控的风险还包括矿产资源的经济性耗竭。随着矿产开采自然条件的恶化，技术和人工投入增加导致成本上升到一定程度，以至于愿意且有能力购买该种矿产品的消费者越来越少，此时生产者面对的市场需求曲线（D-D）处在MC^n点的水平上，市场会将这种矿产抛弃

(见图1)。成本变化引发的经济性耗竭更多地具有理论层面的意义，而自20世纪60年代以来，世界范围内不断高涨的环境保护诉求对储存性矿产资源的经济性耗竭则起到了推波助澜的作用（Hilson，2006）。由于储存性矿产开发过程中绝大部分环节会产生不同程度的环境影响和生态破坏，各国日益严格的环境法规、无处不在的环保组织的监督以及矿产开采技术难度加大带来的多重冲击必然加快矿业企业 MC^n 点的到来。应该看到，环境制度在很大程度上增加了部分矿产出现经济性耗竭的可能性。典型的例证之一是英国的煤炭。虽然自20世纪五六十年代以来，在不断攀升的技术、人工和环境成本压力下，英国煤矿陆续关闭，但英国政府近10年来一直强化的能源转型路线以及大规模的新能源补贴措施无疑使其本土煤矿的关闭进程进一步提速，并于2015年年底彻底终结了英国300余年的煤炭开采历史，而这段历史也恰恰是英国乃至全球传统工业文明的见证。在稀有矿产资源领域，美国稀土开发利用的情况同样反映出制度因素对矿产资源稀缺性的影响。20世纪90年代之前，美国一直是世界最大的稀土生产、消费和出口国，其稀土精矿产量占全球精矿总产量的比重长期保持在50%以上。20世纪80年代，美国的环保标准更为严格，稀土开采导致的环境问题日益凸显，美国相继终止了本土稀土开采冶炼。进入20世纪90年代，中国大量出口廉价优质的稀土初加工产品，满足了美国工业和国防的需求，美国稀土开采量随之急剧下降，直至2003年其稀土产量降为零。近年来，随着稀有矿产品供求形势的变化以及这一领域国际竞争的加剧，为扭转对中国稀土产品进口高度依赖的状况，美国调整稀土开采、精矿生产和供应链管理政策，并为恢复稀土开采做好了立法准备。这些事例表明，储存性矿产耗竭在其自然耗竭来临之前有可能在经济意义上发生，而经济性耗竭是相对的，往往是政府和市场共同作用的结果。

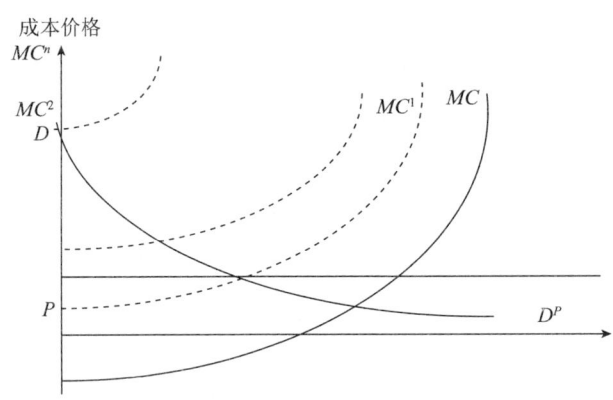

图1 矿产资源的经济性耗竭

注：$MC-MC^n$ 为不同时间点上的供给曲线；$D-D$ 为总需求曲线；$P-D^P$ 为完全竞争市场需求曲线。

（三）稀有矿产资源国家战略的安全维度

如前所述，储存性矿产资源的可耗竭性决定了其绝对和相对意义上的稀缺性，这种稀缺性必然与人类经济社会发展对矿产资源的需求产生矛盾，致使资源安全问题不断凸显。随着越来越多的国家和地区进入工业化阶段，人类面临的整体资源约束增大。特别是冷战结束后，大规模军事战争威胁有所弱化，人与自然之间的关系却加速恶化，资源安全日益成为国家和地区安全的重要组成部分。迈克尔在《资源战争：全球冲突的新场景》一书中指出，资源争夺是国际冲突的根本动因，国家之间在上层建筑方面的对立和冲突，实质上都可以归因于对稀缺战略资源的争夺。尽管这一类观点略显偏激，但直指资源安全对国家安全的重大意义，也折射出稀有矿产资源领域国际竞争的意识形态背景。

就中国的稀有矿产资源安全形势而言，其对国家安全的重要性显然需要更多地关注需求侧的复杂情况。一方面，新工业革命下主导产业更迭以及智能制造、增材制造等制造范式的变革不断推高稀有矿产在高技术领域、战略性新兴产业以及国防军事工业的需求。以稀土为例，稀土的应用大致可分为传统领域和新兴领域。其中，磁材是新兴领域乃至所有下游应用中需求最大且最具市场前景的稀土材料，而钕铁硼作为稀土磁材的代表性产品，未来在国内新能源汽车、新能源、节能环保、智慧家电、工业机器人、智能手机等先进制造领域的应用将持续扩大（见表1）。另一方面，中国是世界稀有矿产的资源、生产、消费和环境影响大国，具有较为突出的资源优势。在稀有矿产品国际市场格局中，中国是主要供给者，稀有矿产资源的下游环节则聚集了日本、美国、欧盟等主要工业化大国和地区。[①] 这些国家和地区对稀有矿产资源的深度开发和高端应用不仅支撑着其高技术产业的国际竞争力，而且也在一定程度上影响国防军事工业的发展。因此，稀有矿产资源领域的大国竞争势所难免，如何协调资源主权与开放式利用成为制定、实施稀有矿产资源开发利用国家战略的重要命题。

表1 国内新兴产业和智能制造对钕铁硼的需求预测

年份	2016	2018E	2019E	2020E	年复合增长率（%）
新能源汽车（吨）	2305.0	4804.9	6732.2	9323.4	41.8
风力发电（吨）	5547.6	7339.5	8492.8	9783.7	15.2
变频家电（吨）	5916.0	7103.0	7762.0	8407.0	9.2
节能电梯（吨）	4494.0	5438.0	5982.0	6580.0	10.0
工业机器人（吨）	2860.0	3280.0	3560.0	3820.0	7.5
智能手机（吨）	934.0	990.9	1010.7	1030.9	2.5
钕铁硼总需求（吨）	24171.1	31753.7	36721.8	38945.0	15.2

注："E"为预测值。

资料来源：中国产业信息网，http://www.chyxx.com/industry/201711/584699.html。

（四）战略储备及其局限性

资源战略储备最初的目的在于备战。目前，实行战略性资源产品国家储备已成为国际通行做法，世界大部分发达国家都对重要资源储备采取相应的战略举措。然而，在资源安全保障机制中，与以贸易方式调整库存进而影响交易价差的机制相对应，有制度安排的库存或简而言之的"资源储备"通过调节供求关系发挥稳定市场的作用。其中，价格较为脆弱且需求弹性较小的大宗商品（原油等），战略储备对资源安全的保障效果更为显著，也是各国和地区在其能源或资源战略中普遍采用的政策工具。理论上讲，战略储备的建立和择机投放有利于平滑价格波动，有效应对供给中断等极端情况和危机事件，然而，从纳入战略储备的简单供求模型可以看出，战略储备的市场释放过程会产生抵消效应（Volatility - depressing Effect），这种效应会在相当程度上使战略储备投放的价格抑制作用被储备重建的价格推升作用消减。在图2中，仅从静态供求关系的角度，无法判断 $P'_1 - P'_0$ 的值大于、等于或者小于 $P_1 - P_0$。

[①] 2016年，中国稀土需求在全球稀总需求中所占比重为56%，居世界首位；日本居第二位，占比21%，美国和欧盟紧随其后，占比分别为9%和8%，日本、美国、欧盟三方需求占比合计为38%。

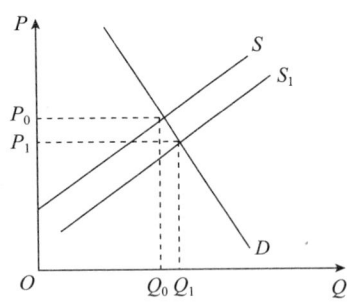 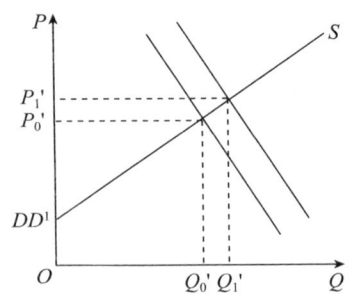

图 2　稀有矿产战略储备投放的影响

如果再考虑战略储备体系构建和运行的各种成本，收储政策在稀有矿产资源战略中的运用显然需要做更为审慎的设计。广义上，储备主体包括政府、民间机构和企业，这些主体都要为购入储备资源付出成本 P_0，其初始的单位固定成本 C_0，单位可变成本为 c，资金成本为 i，则其储备函数为：

$$C_1 = C_0 + P_0 + (c + i) \times t, \quad t = 1, 2, \cdots, n \tag{3}$$

由式（3）可见，收储成本随着时间推移有可能上升。原则上收储矿产释放的价格应设定为不低于即期市场价格，但实践中储备投放之后需要及时的决策恢复，而决策周期往往与资源性产品价格波动的周期并不吻合。因此，稀有矿产战略性储备体系建立及相关政策工具选用对市场信息传递以及决策部门的反应速度和综合能力要求很高。同时，由于市场预期的长期影响，市场投机者必然倾向于累积库存以获得资产性收益。在这种情况下，政府或机构的战略性储备仅增加特定矿产累积库存的可得性。一旦收储规模不科学或投放时机选择不当或储备管理机构偏离其职能，都将进一步加剧市场动荡，反而危及资源安全。从我国现行稀土收储机制运行的进展来看，制度设计和决策体制不同程度地存在上述问题，集中表现在收储主体不明确、储备资金不到位、储备对象投放时机有误等方面，影响战略储备的整体效果。特别是 2016 年 6 月以来，针对稀土价格在较长时期低位徘徊的状况，国家收储启动新一轮招标，采取"少量多次"的方略，分别于 2016 年 12 月以及 2017 年上半年连续 4 次实施收储，对稀土价格走势预期的干预作用十分明显。尽管这一轮收储操作在一定程度上有助于将持续低迷 3 年多的稀土价格拉回合格水平，但同时这种收储节奏放大了上游企业的惜售心理以及市场的投机情绪，导致价格短期暴涨，收储效果难免背离政策初衷。

三、稀有矿产资源领域的大国竞争

回顾世界工业化历史，以低廉的价格持续利用全球矿产资源一向是发达国家资源战略的基本导向。从工业化初期的殖民扩张到掌控矿产品国际定价权，无一不体现出发达国家这一战略出发点。正是通过不断拓展外部供给渠道，尽可能在世界范围内获取低价优质的矿产资源，发达国家有效缓解了工业化的资源环境约束，保障了本国的资源安全，确立了在矿产品国际贸易规则和定价机制中的主导地位。进入后工业化时期，发达国家铁矿石、铜、铝、铅等基础金属的消费总量相继达峰（金殿臣，2017），基础金属消费收缩与稀有金属消费扩大的态势形成了明显的反差。1900～2011 年的百余年间美国代表性大宗矿产品（铁矿石和铜）与稀有矿产品（钼和铟）消费量的变化进一步验证了矿产品消费结构的演变规律。由图 3 可知，美国大宗矿产品消费量在达到峰值后震荡下行，而稀有矿产资源消费量则持续增长。

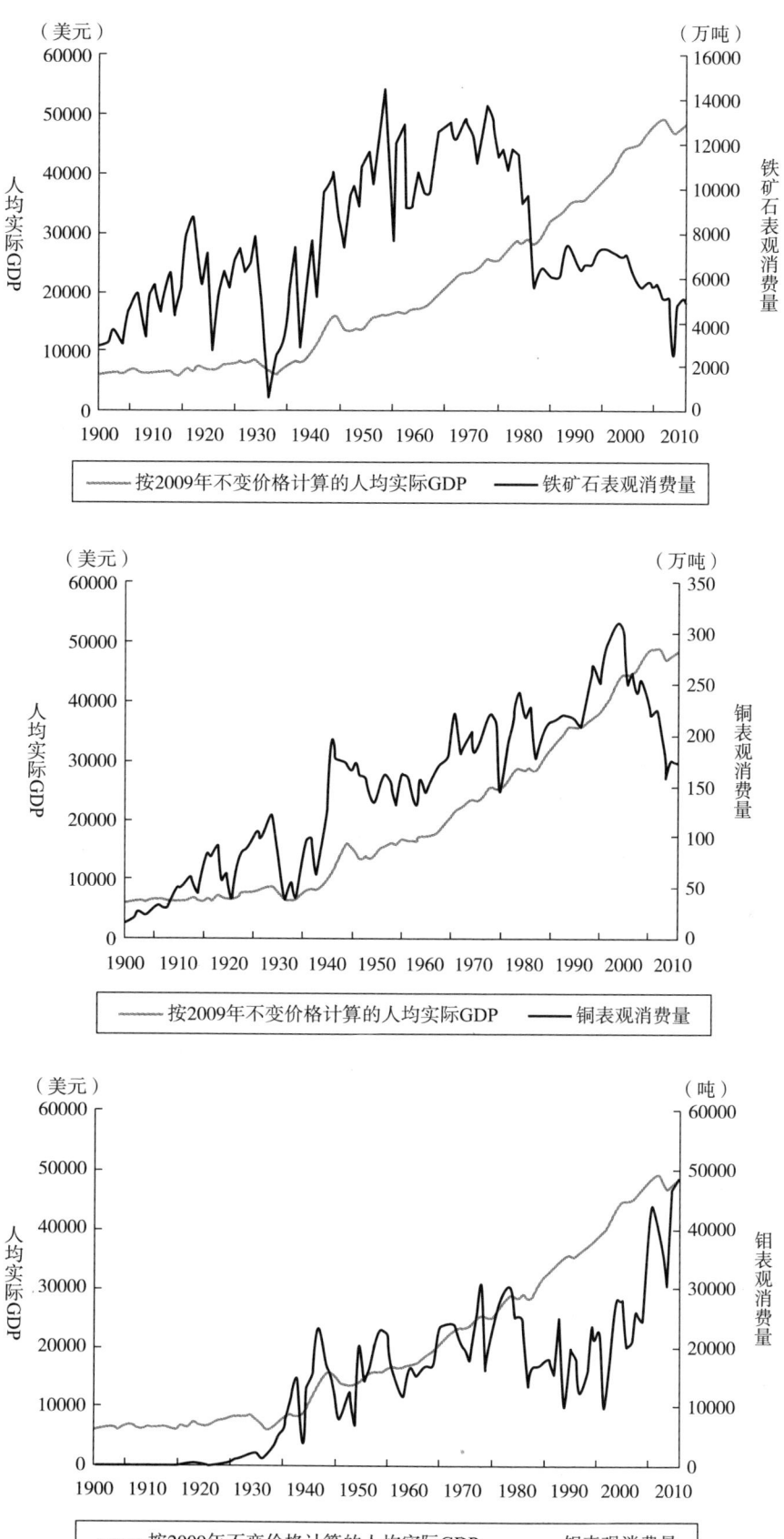

图3　1900~2011年美国人均实际GDP与铁矿石、铜、钼、铟消费量

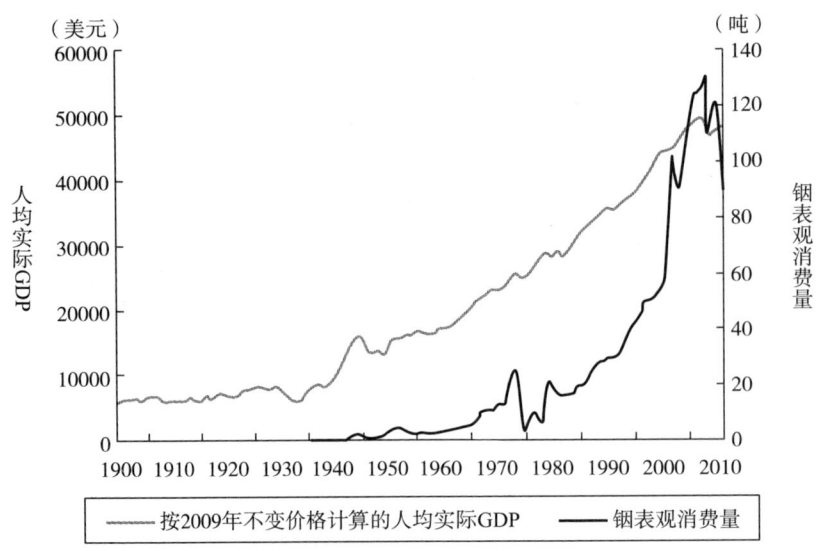

图3 1900～2011年美国人均实际GDP与铁矿石、铜、钼、铟消费量（续）

注：铟的表观消费量为1936～2011年数据。由中国社会科学院工业经济研究所李鹏飞绘制。
资料来源：实际GDP根据美国经济分析局（BEA）数据计算，铁矿石、铜、钼、铟表观消费量数据取自美国地质调查局（USGS）。

国际金融危机发生后，发达经济体推行"再工业化"战略。不论是美国的"总统制造业复兴计划"还是"德国工业4.0"，都把"重振制造业"的重点放在新能源、新材料等战略性新兴产业，而这些产业恰恰是稀有矿产资源应用的主要领域。发达国家不谋而合的战略布局拉动了新能源、新材料、新能源汽车、智能装备、高性能传感器等新兴产业和智能产品对稀有金属的需求，加快促使世界矿产资源争夺的重点从大宗矿产转向"三稀"矿产——稀土、稀有金属和稀散金属资源。

为应对稀有矿产资源领域的大国竞争，美国、欧盟、日本等主要发达国家相继通过法案，加强战略性稀有矿产的国家管控和战略储备，意在逐步降低对中国等稀有矿产品主要出口国的依赖，从而为其新兴产业发展提供充足、稳定的原材料保障。发达国家稀有矿产保障战略的主要措施[①]包括：对稀有矿产的战略性开展动态、科学的评估，甄选出关键原材料；增加包括替代材料和技术在内的研发投入；提升信息情报工作；鼓励企业海外投资，拓展中国以外的供给；加强战略储备；推动回收利用；利用多边贸易平台，主动挑战供给国的出口限制及其他"贸易扭曲"；采取灵活的外交政策保障供给。比较美国、欧盟、日本关键矿产资源保障战略调整及其采取的政策措施可以看出以下突出特点：一是主要发达国家都将资源安全视为国家安全的重要组成部分，高度关注资源领域国际竞争格局的变化及其影响，对关键矿产资源开发利用和战略储备做出长远规划；二是发达国家的稀有矿产资源战略建立在对资源性产品和主要原材料的关键性进行系统、全面的分析评估基础之上，评估主要基于高技术产业（国防工业）的应用潜力以及稀有矿产品国际供求关系和政策环境的趋势，为本国战略调整、开展稀有矿产资源领域的国际协调提供决策支撑；三是将技术创新作为提高资源保障能力的主攻方向，通过不断开发应用替代产品和循环再利用技术，减少稀有矿产品的实际消耗，提高资源利用

---

① 根据以下文件整理：美国能源部 Critical Materials Strategy（2011、2012）；欧盟 Critical Raw Materials for the EU（2010），（A Resource-efficient Europe-Flagship Initiative under the Europe 2020 Strategy（2011），Resource-efficient Europe（2011），Analysis Associated with the Roadmap to a Resource Efficient Europe（2012），Making Raw Materials Available for Europe's Future Wellbeing，Proposal for A European Innovation Partnership on Raw Materials（2012）；日本经济产业省（METI）Strategy for EnsuringStable Supplies of Rare Metals（2009）。

效率，缓解关键原材料供给的长期压力；四是注重在WTO多边贸易体系下充分利用在国际贸易规则制定和运用中的话语权，为改善稀土等战略性资源的供给条件营造有利的贸易环境；五是主要发达国家采取的应对措施既有异曲同工之处，在大国之间形成了一定程度的战略默契，又反映出基于各自产业优势的战略重点和政策工具选用的差别。

同时，在供给层面，世界范围内稀有矿产资源勘探、开采、冶炼、提纯、使用、回收等各个环节都面临更加严格的环保标准，对稀有矿产品供给形成了重要约束。在供求两方面的共同作用下，尽管WTO"稀土案"①败诉后中国取消配额+关税的出口管制措施使得国际市场供给预期趋稳，但全球稀有矿产品的供求关系呈现出持续波动、总体偏紧的态势，供求缺口依然存在（见表2）。值得高度关注的是，尽管发达国家不断强化稀有矿产品供应的"去中国化"战略意图，但国际市场上稀有矿产品供给格局并未如专家学者们普遍预想的取得显著的多元化进展，而是中国继续承担着全球主要供给者的角色。再以稀土为例，2016年，中国稀土产量为10.5万吨②，占世界总产量的比重高达88.9%，除中国之外的其他产地（包括澳大利亚0.8万吨、俄罗斯0.25万吨）产量合计仅为1.31万吨，占比11.1%。中国长期以占世界40%左右（2017年的数据显示，中国占世界稀土总储量的36.7%）的储量供应全球近九成的需求。2011年之前中国之外的稀土产量约4万吨，2011年以来产量维持在2万吨左右。除中国之外其他地区的产量不升反降。究其原因，一方面，中国在WTO败诉后出口管控政策做出了较大的调整，放弃了此前采用的一揽子出口限制措施，这在很大程度上抵消了进口商的政策风险；另一方面，受需求波动影响，美国等国家的产量很不稳定。2016年美国Moutain Pass稀土矿再度停产（2017年该矿进入破产拍卖程序），加之部分国家因稀土、锂等稀有矿产开采、冶炼过程中环境污染严重而关停本国矿山。在上述两方面因素的共同作用下，总体来看，短期内全球稀有矿产品大规模扩产、实现供给多元化的可能性不大。

表2 全球稀土供求态势　　　　　　　　　　　　　　　　　单位：吨

年份	2013	2014	2015	2016	2017	2018E
全球供给	110000	123000	124000	125116	129700	138568
全球需求	123800	129200	131170	133925	139549	143736
供给缺口	-13800	-6200	-7179	-8809	-9849	-5768

注：2017年的数值根据预测值估算；"E"为预测值。

资料来源：中国产业信息网，http://www.chyxx.com/industry/201709/567156.html。

面对供求两侧的压力，如何适应稀有矿产领域大国竞争的形势及政策环境的新变化，建立完善符合中国自身资源条件，满足经济高质量发展和消费升级、加速工业化和城镇化发展的需要，安全、开放、可持续的国家资源战略和政策体系，更具现实紧迫性，这对中国政府资源管理的能力

---

① 2012年3月13日，美国、欧盟、日本就中国对稀土、钨、钼采取出口限制措施向WTO提出磋商请求，这一诉讼简称"稀土案"。2014年8月7日（日内瓦时间），WTO公布了美国、欧盟、日本诉中国稀土、钨、钼相关产品出口管理措施案的上诉机构报告，即终裁决定，认定中方涉案产品的出口关税、出口配额措施不符合有关WTO规则以及中方加入世界贸易组织承诺的裁决。中国于2015年1月和5月相继取消了涉案产品的出口配额管理和出口关税。

② 中国的产量数据不包括所谓非法超额开采的"黑稀土"。

建设提出了更高的要求。

四、构建面向新时代的稀有矿产资源大国方略

中国是一个资源总体丰饶、人均相对贫乏的大国。矿产资源是发展的物质基础，也是我国推进工业化、城镇化面临的最大瓶颈制约之一。长期以来，由于对稀有矿产资源的功能、用途及其战略意义认识不全面、不到位，稀有矿产资源粗放式加工利用的问题十分突出。国内稀有金属生产加工企业普遍"散小乱差"，技术水平低，设备工艺落后，大量输出初加工的资源性产品，"资源优势未能真正上升为产业优势"成为困扰中国稀有矿产资源开发利用的顽疾。应该看到，稀有金属产业链的高端环节发育不足、产品附加值偏低的问题在一定程度上反映了中国工业发展的整体水平，这也是中国工业化阶段性特征所决定的。从人类的工业化历程来看，对特定矿产性能的认识和开发利用，归根结底取决于一个国家和地区的产业体系和技术装备水平。日本企业之所以能够牢牢占据稀有金属产业链高端环节、不断开拓稀有金属应用的新领域，并在稀有金属应用方面形成可持续的国际竞争力，与日本新材料、新能源汽车、电子信息等高技术产业对稀有金属高端材料和零部件的需求直接相关。必须清醒地认识到，真正制约中国稀有矿产资源高端应用乃至稀有金属产业链高附加值环节发育的还是国内高技术产业发展的整体水平以及原材料的需求结构。自2010年这一轮稀有矿产品价格调整和供求形势变化以来，日本等应用大国的稀有矿产应用技术（包括循环替代减量等新技术）已经又迈上一个台阶，在部分尖端领域中国的差距不是缩小了，而是有所拉大。

具体到稀有矿产资源，中国既有的在国际市场上具有一定垄断地位的稀土、钨、钼等品类，也有一些战略性较强、未来需求潜力大的稀有金属如铂族金属，国内资源禀赋相对贫弱。作为先进制造业、高技术产业以及军事国防工业重要的原材料，稀有矿产是国际争夺激烈的战略性资源。不管世界市场上稀有矿产产品价格和供求关系如何波动，都未动摇稀有矿产资源的战略价值。因此，稀有矿产可持续开发利用始终要把维护国家资源安全作为出发点和落脚点，全面评估中国稀有矿产资源禀赋状况及开采条件，从勘探开发、加工冶炼、战略储备、产业化应用、国际贸易、环境保护等各个环节提升稀有矿产资源供给的可持续性和利用效率，从而满足工业化中后期产业转型升级需要。

制定、实施稀有矿产资源开发利用的国家战略要确立两个战略支点：一是立足国内、拓展海外，打通国内国际稀有矿产资源的供给渠道，逐步掌握稀有矿产品贸易规则和国际定价机制的主导权，夯实高质量发展的资源保障基础；二是通过进一步加大自主研发创新，不断挖掘稀有矿产资源在先进制造业和国防工业的应用价值，伸展产业价值链，加快推动我国优势稀有矿产由资源优势上升为产业优势和经济优势。简言之，这两个战略支点一个要放在稀有矿产资源的深度开发上，另一个则要强化稀有矿产资源的高端应用，从而共同支撑由工业大国迈向工业强国的稀有矿产资源国家战略。

（一）增强全球稀有矿产资源整合能力

站在大国战略的高度，稀有矿产开发首先要立足国内。只有不断增强国内资源保障能力，才能在错综复杂的环境下更好地掌握发展的主动权，满足国内经济社会发展的资源需求。因此，进入工业化中后期，要依托国家找矿突破战略，运用世界先进找矿技术，加大勘探开发投入力度，织密勘查网络。顺应全球海洋资源勘探开发等新趋势，拓展矿产勘查新领域、新空间。创新体制机制，深入研判稀有金属的金融属性及其价格形成机制，建立多元化投资平台，打造稀有矿产资源开发合力。同时，稀有矿产资源开发要放眼全球，充分利用国内外两种资源、两个市场，进一步扩展资源边界，建立多元化供给渠道，有效缓解国内相对短缺的稀有金属品种的供给瓶颈。在"一带一路"倡议下，充分发挥"亚投行"的战略平

台作用,通过"基础设施换资源"等方式,促进相关利益方实现优势互补,获得相对稳定的稀有金属海外供给,借力海外矿产开发,更加广泛、深入地参与地区资源整合,重塑地缘经济、政治、外交格局,不断提升全球治理能力。

(二) 着力提高稀有矿产资源应用水平

稀有矿产资源国家战略的落脚点要放在产业化应用上。首先,顺应新工业革命以及"新硬件时代"世界范围内制造模式创新发展的新潮流,积极探索稀有矿产资源应用于智能制造、绿色制造的形态和方向,催化一批新产业,推动稀有矿产资源产业群的发育成长,全面提升中国稀有矿产资源的应用水平和产业国际竞争力;其次,配合《中国制造2025》实施,围绕强化关键基础材料、核心基础零部件(元器件)、先进基础工艺、产业技术基础等"四基"能力,重点开发科技含量高、带动作用强、国内保障程度低的稀有金属材料和关键零部件(元器件),带动中国工业整体素质提升;最后,深化资源领域的供给侧改革,坚持以技术创新和结构调整为抓手,严格行业准入,加快淘汰落后产能,优化稀有矿产资源开发利用的产业组织结构,鼓励引导各类市场主体投资稀有矿产的高端应用领域,促进稀有矿产资源开发利用向高附加值环节延伸,加快缩小在新型材料、关键设备和核心技术等方面与国际先进水平的差距,为建设制造强国、提升国家武器装备水平提供高精尖的新型原材料。

(三) 加大保护生态环境力度

长期以来,稀有矿产开采冶炼造成的生态环境破坏有目共睹,特别是在南方离子型稀土集聚区,从以往的"搬山运动"到现在原地浸矿在部分地质比较疏松的矿区所导致的山体坍塌和水源污染,开采稀有矿产引发的环境问题触目惊心。因此,即使面临"稀土案"败诉后的国际压力,中国也应坚持把合理控制稀有矿产开采规模、有效保护治理生态环境作为基本原则,以建设生态文明为根本方向,坚持节约优先、保护优先、自然恢复为主的方针,在较长的时间内实行保护性开采的特殊矿种总量控制。一要创新保护性开发理念,政府和企业共同努力,不断完善现行环境保护和污染防控标准,鼓励开采加工技术的绿色化创新,实行更加严格的行业环境准入条件,进一步加大环境整治力度,切实减少稀有矿产产业的环境影响,着力修复生态环境,保护稀有矿产从业者及当地居民的健康,实现资源的可持续利用;二要深化资源性产品价格形成机制改革,综合运用资源税、环境税等政策工具,加快形成涵盖生态环境成本的稀有矿产品价格形成机制;三要在稀有矿产资源开发和稀有矿产品生产加工等各个环节上,树立绿色发展的理念,协调稀有矿产开发、地方经济发展与区域环境承载力之间的关系,严格环境执法,坚决杜绝违法开采。

(四) 建立完善战略储备体系

本着"安全、开放、集约、绿色"的原则,加快稀有矿产资源保护专项立法,在科学、全面、动态评估全球及国内稀有矿产资源储量、开发条件及其在高技术产业和战略性新兴产业等领域应用前景的基础上,建立完善稀有矿产资源国家储备体系。明确储备主体,以国家储备为主导,同时,借鉴发达国家战略性物资储备的政策和经验,采取"官民结合"的模式,通过立法要求重点稀土企业在正常的商业储备之外,承担必要的战略储备义务;确定合理、动态的储备规模。战略储备的规模和周期必须符合主要稀有金属元素及其各种氧化物的物理和化学特性,以远景储量和工业储量为主要依据,既要保障国资源家安全和国防军事工业的应用、满足经济增长和产业结构调整的需要,又要考虑国际供求关系、资源利用效率以及替代潜力等因素,并根据国内外形势变化,分阶段实施,适时进行动态调整;根据不同稀有矿产资源的关键性,进行分类储备;试点源头储备,采取"封矿先于产品收储"的方式,对于企业和个人因封矿造成的损失,应积极探索多样化的补偿方式,充分调动地方政府和企业参与战略储备的积极性;设立专项资金,用于勘查、收储、维护、管理等方面的支出,并将资源储备动用的收入主要用于补充储备专项资金,以形成储备资金的良性循环机制;建立专门机构管理战略储备,制订全国资源储备计划，发布储备信息，监管储备运用情况，逐步完善稀有矿产资源战略储备的管理体系。

（五）坚持开放利用

不可否认，现行多边贸易规则对资源主权已经构成实质性的限制，不论从维护资源安全的层面还是保护生态环境的角度，中国稀有矿产开发利用的产业政策和贸易政策都面临一定的外部制度约束。实践表明，在上游资源优势强而下游高端应用弱的失衡产业格局下，采取单边制衡措施的结果往往容易被反制。需要强调的是，作为一个迈向复兴、负责任的大国，中国不可能将稀有矿产这一重要的优势资源作为政治外交的工具谋求非经济利益，而是要协调资源主权与多边贸易规则之间的关系，兼顾国内消费和国际需求，积极与稀有矿产品主要进出口国开展多种形式的对话，多渠道宣传中国为保护生态环境适度控制稀有矿产资源开发的必要性和紧迫，协调彼此的立场，主动化解矛盾，共同促进稀有矿产品多元化国际供给格局形成。积极开展稀有矿产资源领域的技术合作和人才交流，促进发达国家加大对稀有矿产绿色开发和高端应用的资金支持和技术转让。通过广泛参与、富有成效的双边和多边谈判，完善资源性产品的国际贸易规则，为构建开放利用全球稀有矿产资源的国际合作机制贡献中国方案和智慧。

参考文献

［1］王安建，王高尚，陈其慎，于汶加．矿产资源需求理论与模型预测［J］．地球学报，2010（2）：137－147．

［2］王安建，代涛，刘固望．GDP 增速的"S"形演变轨迹——增速放缓背景下的中国矿产资源需求趋势［J］．地球学报，2016（5）：563－568．

［3］成金华，汪小英．工业化与矿产资源消耗：国际经验与中国政策调整［J］．中国地质大学学报（社会科学版），2011（2）：24－27．

［4］李鹏飞，杨丹辉，渠慎宁，张艳芳．稀有矿产资源的战略性评估——基于战略性新兴产业发展的视角［J］．中国工业经济，2014（7）：44－57．

［5］杨丹辉等．中国稀土产业发展与政策研究［M］．北京：中国社会科学出版社，2015．

［6］National Research Council（NRC）．Minerals, Critical Minerals, and the U. S. Economy［R］．Washington, D. C., National Academies Press, 2008.

［7］王昶，黄建柏．中国金属资源战略形势变化及其产业政策调整研究［J］．中国人口·资源与环境，2014（11）：391－394．

［8］［英］朱迪·丽丝．自然资源：分配、经济学与政策［M］．北京：商务印书馆，2005．

［9］Meadows D L Dynamics of Growth in a Finite World［M］．Mass., Wright – Allen Press, 1974.

［10］Tilton J E. The Future of Natural Minerals［M］．Washington D. C., Brookings Institution, 1977.

［11］Manners G. Three Issues of Mineral Policy［J］．Journal of the Royal Society of Arts, 1977（125）：386 – 401.

［12］王安建，王高尚，周凤英．能源和矿产资源消费增长的极限与周期［J］．地球学报，2017，38（1）：3－10．

［13］Hilson G M. Improving Environmental, Economic and Ethical Performance in Mining Industry［J］．*Journal of Cleaner Production*, 2006（3 – 4）：225 – 226.

［14］［美］迈克尔·T. 克莱尔．资源战争：全球冲突的新场景［M］．上海：上海译文出版社，2002．

［15］金殿臣．工业化进程中金属矿产资源消费问题研究［D］．中国社会科学院研究生院，2017．

Resource Security, Competition among Big Powersand National Strategy for the Development and Utilization of Rare Minerals

Yang Danhui

Abstract: Along with the increasingly widespread application of rare mineral resources in strategic emerging industries, the significance of rare minerals as key raw materials for high-tech industries has been continuously highlighted, and major industrial countries have waged intense competition in the rare mineral resource sector. As the biggest reserve, producer and consumerof rare mineralsin the world, China is playing an important role in the global competition landscape. This paper analyzes the theoretical basis of the national strategy of rare mineral resources from the perspectives of relative scarcity and its market response mechanism with the general law of changes in the consumption structure of mineral resources. It is proposed in this pater that in face of new trends of global resource competition and security situation under the new round of technological and industrial revolution, based on comprehensive assessment of the status and exploitation conditions of rare mineral resources as well as in line with the principle of security, openness, intensity, sustainability, China should establish and improve a national strategy and policy system covering various aspects of the value chain of rare minerals, such as exploration and development, processing and smelting, strategic reserve, high-end application, international tradeand environmental protection, so as to provide stable and reliable supply of key raw material to achievethe main goals of economic upgrading, including industrialization in 2020, building a modern industrial system and accelerating high-quality development.

Key Words: Rare Mineral; Resource Security; Competition among Big Powers; Environmental Impact

矿产资源开发收益合理共享机制研究

——基于 Shapley 值法的分析

张艳芳

摘　要：近年来，矿产资源的开发和利用在推动我国经济发展的同时，也对生态环境造成了巨大的破坏。构建矿产资源开发收益分配机制时应考虑生态环境补偿问题。本文选择具体案例，从分析矿产资源开发各利益相关者的博弈行为出发，运用合作博弈的经典模型——Shapley 值法对矿产资源开发收益分配问题作进一步分析求解，并引入"生态补偿因子"对 Shapley 值进行修正与优化。研究结果显示，Shapley 值法对于建立更合理的矿产资源开发收益分配方式，达到社会经济效益最优、生态环境影响最小的目标，实现资源型地区的可持续发展，具有较强的现实意义和可操作性。

关键词：矿产资源；收益分配；Shapley 值；生态补偿因子

一、引　言

矿产资源是经济社会发展的重要物质基础，也是资源产业发展的重要支撑。随着中国经济进入新常态，经济增速放缓将对矿产资源的供求关系产生一系列影响，我国矿产资源安全形势也将发生变化。保障资源的可持续利用是资源安全的重要目标之一，而资源利用的可持续性要求在资源开发利用过程中避免对生态环境造成不可逆转的破坏或者损害。但是，在我国矿产资源开发过程中，资源耗竭、生态破坏与环境污染等诸多问题时有发生，资源地区居民不仅未能享受到矿产资源开发的收益，往往还要承受矿产资源开发带来的负外部效应，同时也面临着区域可持续发展能力衰退的威胁。究其原因，这是由于矿产资源开发收益未能合理分配造成的。因此，构建和完善矿产资源收益合理共享机制，对于规范资源开发秩序、减少安全事故和环境破坏，将资源收益转为区域经济持续发展的动力，保障资源安全，具有重要的现实意义。

矿产资源开发收益分配问题一直是国内外学者研究的重点。矿产资源收益分配是指在矿产资源开采利用过程中所形成的相关利益之间的经济关系。分析矿产资源收益分配问题的关键，就是要厘清矿产资源收益分配的主体包括哪些利益相关主体及各主体之间的利益关系。

国外学者在矿产资源可持续开发、税费制度、收益分配方式等方面的研究为资源产业的发展和资源税费制度的完善提供了丰富的理论依据。收益分配问题涉及的理论依据除了亚当·斯密、李嘉图、萨伊、萨缪尔森等提出的各种分配理论外，产权理论、资源价值论、委托—代理理论也对收益分配问题具有理论指导作用。另外，博弈论也

---

* 本文发表在《资源科学》2018 年第 3 期。

［作者简介］张艳芳，中国社会科学院工业经济研究所助理研究员。

为分析收益分配问题提供了一个理论框架。21世纪初，有学者从利益相关者的角度分析矿产资源开发收益分配问题。[1] 该研究认为，矿产资源开发过程中涉及大量利益相关群体的利益，包括企业与政府机构、非政府组织、非营利组织、当地社区、协会等利益相关方，应当扩大企业对利益相关群体的社会责任，加强利益相关者对矿产开发项目的参与力度，积极寻求企业与利益相关者的合作途径，形成战略合作伙伴关系，以共赢为导向解决利益冲突，促进矿产资源开发的可持续发展。这样看来，矿产资源开发中利益相关者之间的合作已远远超出经济领域，应综合考虑生态、文化和社会分配之间的平衡，为此，有必要制定一系列法律条约或规章制度来约束利益主体间的行为，确保矿业开采的有序进行。[2] 在后期的研究中，许多学者发现，随着矿区不断发展壮大形成矿区经济，这种经济形式在很大程度上影响矿区的发展，反过来也影响矿产资源开发企业的发展。因此，矿业开发企业应明确矿区居民在开发过程中的重要性。[3] 资源产业要实现其可持续发展必须实现利益相关者之间的平衡。[4] 在矿产资源的开发过程中，随着矿业领域法律制度的不断完善，与土地所有者间的直接协商在逐步增加，土地所有者获取有关利益的要求正在不断地上升。[5] 在此基础上，有学者总结了矿产资源开发区有效处理社区关系的工作方法[6]，也有学者探讨了法律保障下的矿业开发者和居民之间达成协议的阻力[7]。每一个公民都应共享国家的资源红利，如何实现资源收益的合理分配，就更值得深入研究。[8][9] 为了解决矿产资源开发项目中出现的不同社会团体（包括当地社区、基层组织、工会等）的利益冲突，基于企业社会责任理论（CSR）的政策框架被提出。虽然CSR可以改善企业沟通、增加利益相关方的参与和对话，但是由于CSR是企业的自愿行为，并不具有强制性，易存在执行力度不足、信息披露不到位等问题，所以CSR并不被视为解决利益冲突的灵丹妙药。[10]

国内学者主要从行为主体在资源开发中的相互关系、利益相关者的成本与收益关系、资源税费制度改革中的收益分配关系、矿区居民参与收益分配等方面来定性研究矿产资源开发收益分配问题。近年来，伴随着开发主体和使用方式的转变，矿产资源开发收益分配主体及分配方式也发生了较大改变，由此引发的矛盾也更加尖锐。[11] 有研究认为，我国矿产资源管理中出现的矿山开发秩序混乱、矿山布局不合理、资源浪费严重、环境污染和安全事故多发等问题，其根本原因在于市场供求关系变化所带来的利益驱动。[12] 伴随矿产开发，大多数资源丰裕国家或区域出现资源耗损、生态环境破坏等问题，以及经济增长波动、反工业化、寻租等"资源诅咒"现象，困扰着资源开发地区的经济发展。[13] 究其原因，矿产资源开发过程中的诸多问题，如资源损耗和生态环境破坏、产业结构单一化与反工业化、短期经济增长波动与长期经济增长滞缓以及寻租、就业矛盾、安全事故、收入差距等，根源在于矿产开发的特殊性与收益分配制度的缺失。[14] 矿产资源丰富地区的资源优势并没有转化成经济优势与发展优势，甚至出现了"资源诅咒"现象，由此产生了一系列社会问题。[15] 总体来说，在中国目前的资源收益分配格局下，开发地居民处于弱势地位，不仅收益渠道不稳定、收益方式单一、收益程度较低，而且还要承受生态环境恶化、健康受损、物价上涨、失地和失业等"痛苦成本"，导致社会矛盾冲突频现，对区域经济协调发展和国家的能源安全构成威胁。[16] 后续研究在公平视角下对矿产资源开采过程中的正负两种收益在不同利益主体之间分配关系进行了梳理，发现收益分配不合理广泛存在于利益相关主体之间。[17] 利益分配不均所引发的社会矛盾日益增多，为了有效协调矿产资源开发中国家利益、地方利益、矿区群众利益之间的冲突，必须建立矿产资源开发利益分享机制，以改善利益相关主体间收益分配不均衡的现象。[18][19] 近年来有学者采用定量方法分析我国矿产资源勘查开发收益分配问题，例如通过构建矿产资源定价模型和矿业权评估模型来探讨所有者权益、矿业权转让人与受让人之间的收益分配问题。[20]

从已有的研究成果来看，关于矿产资源开发收益分配问题，定性研究较多，而运用数理模型进行定量分析的实证研究和案例研究较少。其中，利用博弈论分析资源收益分配问题的研究也往往局限于理论模型的构建，比如有学者运用博弈理论对矿产资源开发的生态补偿及其各利益主体之间关系进行分析并提出了协调平衡生态补偿各方利益的对策与建议。[21]对资源收益量化后再分配的优化分析非常少，有运用Shapley值法对矿产资源收益分配的研究，在对收益值进行修正时考虑的往往是投资、贡献率、风险等因素，对矿产资源开发给当地居民造成的负外部性（如生态环境影响等）考虑不足。[22][23]

矿产资源的开发和利用在推动我国经济发展的同时，也对生态环境造成了巨大的破坏。从20世纪80年代开始，我国矿产资源开发生态补偿在理论和实践上进行了一系列探索，制定了一些生态补偿政策，但现状仍不容乐观，且由矿产资源开发造成的环境污染、生态破坏问题引发的矿群矛盾时有发生。矿产资源开发带来的这种环境外部性，除了政府有弥补的责任外，矿产资源开发企业同样需要承担相应的责任。因此，本文认为需按照"谁污染、谁付费，谁受益、谁补偿"的原则，来重构和完善矿产资源开发收益合理共享机制，只有这样，才能打破资源诅咒，实现区域可持续发展。

本文选择具体案例，从分析矿产资源开发各利益相关者的博弈行为出发，运用合作博弈的经典模型——Shapley值法[24]对矿产资源开发收益分配问题作进一步分析求解，并引入"生态补偿因子"对Shapley值进行修正与优化，选择具体的实例进行验证，分析其资源开发收益分配情况。

二、研究方法与数据说明

（一）研究方法

博弈论（Game Theory）是研究决策主体行为发生直接相互作用时的决策以及谋求这种决策均衡的方法论。在矿产资源的开发过程存在中央政府、国务院委托代理机构——市县一级政府、企业、矿区居民等利益相关者之间利益的分配，在不同的情形下，权力导致利益的重新分配，集体行动也会导致利益的重新分配，由于各方力量的变化，各方在到达一个新的均衡下又达到另一个新的均衡。

合作博弈理论对于合理分配矿产资源开发中利益相关者的收益，促进合作有重要的指导意义。在矿产资源开发的博弈领域中，通常各个利益主体都以实现自身利益的最大化为目标。在矿产资源的开发合作博弈中，如果各局中人的地位不平等，且收益分配不均，就会导致弱势方退出博弈，比如矿区居民在矿产资源开发的经济利益博弈中就长期处于弱势地位，其地位长期被边缘化，在资源开发收益分配中也得不到应有的分量。因此，矿产资源开发合作博弈研究，应重点探讨有效协调政府部门与矿业企业及矿区周边居民等其他不同相关主体间收益的分配问题。

矿产资源开发过程中涉及的局中人是合作与竞争共存的关系。政府、开发企业、矿区居民必须克服自身弱点（如技术力量或财力有限），寻求与他人进行合作，以完成政府、企业、居民所不能完成的多人合作博弈资源开发，把当地的资源优势变为经济优势。开发主体的联盟一旦形成，将会形成一个整体，采取一致的行动，最终目的是使联盟获得最大利益。当博弈完毕时，可按事先约定，分配各自的收益。

为了找到解决合作博弈收益分配的最佳方案，本研究引入合作博弈的重要概念——Shapley值，目的在于探讨政府、开发企业、矿区居民等利益相关者之间的收益分配问题，试图构建公正合理的收益分配模型。

1. 问题描述

矿产资源开发主要发起人为了实现某一战略目标，依据优势互补原则会寻求合作伙伴，$n(n \geq 3)$个成员形成合作关系。那么，这就简化为合作成功后收益如何在n个成员之间分配的问题。每个成员为整体中的一员，这个合作成员组成一个合作博弈，表示为 $N = \{1, 2, \cdots, n\}$。合作中的部分成员由于相互串通形成的小合作联盟表示为 S。合作成功的基础在于合作时比单干收益更高，但是各成员对总体收益的贡献率不同，这个贡献率可以用 Shapley 值法求得的 $\varphi_i(v)$ 来衡量。这种分配方式考虑了各成员对合作活动整体所做的贡献，反映了个体在集体中的重要性程度。但是 Shapley 值 $\varphi_i(v)$ 只考虑成员的贡献大小，并没有考虑合作过程中各成员的行为造成的负外部性，显然是不合理的。因此，有必要对 Shapley 值进行修正，使它更符合实际情况。这里重点引入"生态补偿因子"对 Shapley 值做出修正，使分配更为合理。

2. Shapley 值的确定

多人合作博弈的解有多个，问题在于如何找出其中那个合理的唯一解。经过研究证明，Shapley 值法是一种用于找出多人合作博弈中唯一解的最有效方法。为了推导 Shapley 值法，需要做如下假设：存在一个集合 $\cup$，其中任意集合 N 都是 $\cup$ 的子集。

定义 1：在一个博弈 (N, v) 中，若 $N \subseteq U$，则对于任意一个合作均满足：

$$v(S) = v(N \cap S) \tag{1}$$

定义 2：参与者 i 和 j 在博弈 (N, v) 中是可互换的：

$$v(S \setminus \{i\} \cup \{j\}) = v(S) \tag{2}$$

基于上述定义，把 $\varphi[v] = (\varphi_1[v], \varphi_2[v], \cdots, \varphi_n[v])$ 称为包含 n 个实数的一个值，式中 $\varphi_1[v], \varphi_2[v], \cdots, \varphi_n[v]$ 分别代表局中人获得的收益。$\varphi[v] = (\varphi_1[v], \varphi_2[v], \cdots, \varphi_n[v])$ 还需满足如下三个性质。

性质 1：有效性：首先，如果成员 i 在合作中无任何贡献，则其所得为 0；其次，所有的收益总额等于各利益主体所得的收益之和。

$$\sum_{i \in N} \varphi_i[v] = (v) = v(N) \tag{3}$$

性质 2：对称性，局中人被赋予的顺序编号与其在合作所得到的收益不相关：

$$\varphi_i(v) = \varphi_j(v) \tag{4}$$

性质 3：可加性，也就是对任意两个特征向量，多人同时进行的两项合作，每一个局中人所得到的总收益分别是各项合作所得到的收益之和：

$$\varphi_i(u + v) = \varphi_i(u) + \varphi_i(v) \tag{5}$$

当有且只有一个解同时满足上述三个性质，即为 Shapley 值。Shapley 值可由下式求得：

$$\varphi_i(v) = \sum_{S \in S_i} w(|S_i|)[v(S_i) - v(S_i - \{i\})], i = 1, 2, \cdots, n \tag{6}$$

其中，

$$w(|S_i|) = \frac{(n - |S_i|)!(|S_i| - 1)!}{n!} \tag{7}$$

$\varphi_i(v)$ 表示在多人合作博弈集合中局中人 i 所分配得到的收益，$|S|$ 表示子集 S 中的元素个数，$v(s)$ 为子集 S 的效益，S_i 为博弈集合 I 中包含局中人 i 的所有子集，$w(|S_i|)$ 为权重因子，$v(S_i - \{i\})$ 为子集 S 除去局中人 i 后可获得的收益，n 表示博弈集合 I 中的元素个数。

3. Shapley 值的修正

运用 Shapley 值法对资源开发收益进行分配有一定的合理性，在很大程度上可以减少由于分配不公所引起的成员间的相互不满，从而打击成员参与开发的积极性，避免出现影响矿产资源开发进程的事件。假设在合作过程中，总体的收益为 $v(s)$，考虑生态补偿因子后所得的收益为 $\varphi_i(v)'$。在矿产资源开发过程中，各成员对生态环境的影响为 E'_j，$j = 1, 2, \cdots, n$。

ΔE_i 为成员 i 应承担的生态补偿责任与 $\frac{1}{n}$ 的差值，即

$$\Delta E_i = E'_i - \frac{1}{n} \tag{8}$$

其中，$\sum_{i=1}^{n} E'_i = 1$，$\sum_{i=1}^{n} \Delta E_i = 0$。

则成员 i 收益的修正量为：

$$\Delta v(i) = v(s) \times \Delta E_i \tag{9}$$

当 $\Delta v(i) \geq 0$ 时，表示成员受到生态环境的负面影响，应增加其分配比重；当 $\Delta v(i) < 0$ 时，表示成员造成生态环境的影响，应相应地减少其分配比重。

修正后的分配公式为：

$$\varphi_i(v)' = \varphi_i(v) + \Delta v(i) \tag{10}$$

(二) 数据来源与说明

矿产资源开发利益相关者主要包括中央、省、市和县政府、矿山企业和当地村民，中央和省市县政府存在中央与地方的政府间博弈的问题，这里不作主要讨论，考虑到各利益主体性质不同，将中央、省、市、县四级政府统一归为政府这一主体，因此本研究重点讨论政府、矿企和村民三者的博弈问题，实际上是一个政府、企业、村民各方合作博弈的过程。本文采用的投资、土地费用、各种资源税收等数据来源于中部某省一露天开采铝土矿（以下简称为中部某铝土矿）的实际经营数据。

三、结　果

(一) 相关利益主体及博弈分析

中部某铝土矿开发实际上是一个政府、企业、村民等各方合作的过程，而合作博弈理论对于处理有关合作的问题提供了现实的指导意义。为了避免铝土矿开发中因收益分配不均而引发的不必要冲突，有必要厘清各方的博弈关系，了解各方的利益诉求，解决好收益分配问题。中部某铝土矿开发利益相关者的博弈关系[25]包括如下。

1. 政府与村民的博弈关系

在铝土矿开发过程中，政府代表着国家和社会的公共利益，是矿产资源开发的管理者，也是土地所有者；而当地村民（或村集体）是个人利益的代表，也是土地的使用者。两者关系的焦点集中在土地的征收问题上，也就是土地的实际产权和名义产权之间的矛盾。此外，村民的就业、环境破坏等问题也是铝土矿开发必须考虑的。

2. 政府与矿山企业的博弈关系

对于矿山企业而言，参与铝土矿开发的目的在于获得经济利益；作为土地所有者的政府却更关注铝土矿开发的社会效益和带来的财政收入，两者关系的焦点体现在地价和税费上。因此，如何妥善解决好铝土矿开发的社会效益（比如财政收入、当地居民生活水平）和经济效益（主要是矿产开发利润）成为政府和开发企业博弈的重点。

3. 矿山企业与村民的关系

对于追求利润最大化的矿企而言，参与铝土矿开发就是要追求高额的经济利润，但是参与铝土矿开发又必须给当地村民支付相应的征地拆迁安置补偿费用，甚至需为其提供就业岗位，这些都是村民的主要经济来源。另外，矿企还应以生态修复支出等形式为开采过程中破坏生态环境付出一定代价，为村民维护基本的生存环境。因此，矿企和村民之间的这种博弈矛盾能否合理解决，直接关系到铝土矿开发能否顺利进行。

从以上分析可知，铝土矿开发实质就是通过解决矿权出让金、土地出让金、税费、征地拆迁补偿、村民就业等问题来平衡政府、矿区居民、矿山企业三者的利益关系，铝土矿开发过程就是政府、矿区居民、矿山企业三方博弈的过程。

(二) 基于 Shapley 值法的收益分配结果

中部某铝土矿经过政府、矿山企业、当地村民多种组合开发经营已 10 年（静态年限还有 10 年），各种组合经济收益已知，实践证明，该铝土矿在开发和运营时任何一方不配合都难以持续经营。我们将政府、企业、村民这三个利益相关者分别用 1、2、3 表示，而且这里说的政府指各级人民政府，矿山企业指铝土矿资源开发企业，当地村民指周边村庄涉矿的 3000 多人。

以目前收益分配情况来看，整个开采周期内中部某铝土矿政府、企业、村民三个利益相关者的收益如下。

（1）各级政府税收为 13.075 亿元，同时代表政府入股的某公司 30% 股权分得税后采矿总利润 22.5 亿元的 30% 为 6.75 亿元，扣除政府支持当地村庄发展 4 亿元，政府实际收入 15.825 亿元。

（2）矿企上缴税收后，获得的实际收益为采矿总利润 22.5 亿元的 70%，即 15.75 亿元。

（3）村民通过征地总收入 1.6 亿元，同时有 800 人在矿企就业，可获得工资收入约 3.84 亿元，总计 5.44 亿元。

铝土矿开发中，政府、企业、村民既属于利

益链上的三个相关者，同时处于合作博弈的动态过程。假设任何一方不协作、不配合均会有不同的收益结果，可能的收益情况如下。

（1）假设政府不与外界更多合作，则政府没有股权收益，即政府不合作，铝土矿开发中政府收入为 $v(1)$ = 税收收入（13.075亿元）- 支持村庄发展（4亿元）= 9.075亿元。

（2）假设矿企不与政府合作，公司单独开采收益为 $v(2)$ = 税后开采总利润（22.5亿元）全部所得。

（3）当地村民不与政府、矿企合作，则村民收益为 $v(3)$ = 村民征地补偿1.6亿元，不能得到企业就业岗位，获得相应就业收入，也没有政府其他经费支持。

如果政府、矿企、村民三者中，其中两者合作开发，则：

政府与矿企合作收益 $v(1\cup2)$ = 税后开采总利润（22.5亿元）+ 政府税收（13.075亿元）- 支持村庄发展（4亿元）= 31.575亿元。

政府与居民合作收益 $v(1\cup3)$ = 政府税收（13.075亿元）+ 村民征地补偿（1.6亿元）= 14.675亿元。

企业与村民合作 $v(2\cup3)$ = 税后开采总利润（22.5亿元）+ 村民征地补偿（1.6亿元）+ 工资收入（3.84亿元）= 27.94亿元。

若三者愿意合作开发，则所获收益如下。

$v(1\cup2\cup3)$ = 税后开采总利润（22.5亿元）+ 政府税收（13.075亿元）+ 村民征地补偿（1.6亿元）+ 工资收入（3.84亿元）= 41.015亿元。

详见表1。

表1 中部某铝土矿开发中利益相关者1（政府）的 Shapley 收益值　　　单位：亿元

S_1	包含利益相关者1即政府的所有子集	1	1∪2	1∪3	1∪2∪3
$v(S_1)$	各子集收益	9.075	31.575	14.675	41.015
$v(S_1-\{1\})$	各子集中除去局中人1后的收益	0	22.5	1.6	27.94
$v(S_1)-v(S_1-\{1\})$	各子集中局中人1的收益	9.075	9.075	13.075	13.075
$|S_1|$	各子集中的元素个数	1	2	2	3
$w(|S_1|)$	权重	0.33	0.17	0.17	0.33
$w(|S_1|)[v(S_1)-v(S_1-\{1\})]$	考虑权重后各子集中局中人1的收益	3.03	1.51	2.18	4.36

由表1可知，多人合作博弈中局中人1（政府）能分配到的 Shapley 收益值 $\varphi_1(v)=w(|S_1|)[v(S_1)-v(S_1-\{1\})]=3.03+1.51+2.18+4.36=11.08$（亿元）。

同理可算出局中人2（矿企）能分配到的 Shapley 收益值 $\varphi_2(v)=24.42$ 亿元，局中人3（村民）能分配到的 Shapley 收益值 $\varphi_3(v)=5.52$ 亿元，计算过程详见表2和表3。

表2 中部某铝土矿开发中利益相关者2（矿企）的 Shapley 收益值　　　单位：亿元

S_2	包含利益相关者2即矿企的所有子集	2	1∪2	1∪3	1∪2∪3
$v(S_2)$	各子集收益	22.5	31.575	27.94	41.015
$v(S_2-\{2\})$	各子集中除去局中人2后的收益	0	9.075	1.6	14.675
$v(S_2)-v(S_2-\{2\})$	各子集中局中人2的收益	22.5	22.5	26.34	26.34
$|S_2|$	各子集中的元素个数	1	2	2	3
$w(|S_2|)$	权重	0.33	0.17	0.17	0.33
$w(|S_2|)[v(S_2)-v(S_2-\{2\})]$	考虑权重后各子集中局中人2的收益	7.50	3.75	4.39	8.78

表3 中部某铝土矿开发中利益相关者3（村民）的Shapley收益值　　单位：亿元

S_3	包含利益相关者3即村民的所有子集	3	1∪2	1∪3	1∪2∪3
$v(S_3)$	各子集收益	1.6	14.675	27.94	41.015
S_3	包含利益相关者3即村民的所有子集	3	1∪2	1∪3	1∪2∪3
$v(S_3-\{3\})$	各子集中除去局中人3后的收益	0	9.075	22.5	31.575
$v(S_3)-v(S_3-\{3\})$	各子集中局中人3的收益	1.6	5.6	5.44	9.44
$\|S_3\|$	各子集中的元素个数	1	2	2	3
$w(\|S_3\|)$	权重	0.33	0.17	0.17	0.33
$w(\|S_3\|)[v(S_3)-v(S_3-\{3\})]$	考虑权重后各子集中局中人3的收益	0.53	0.93	0.91	3.15

可得 $\varphi_1(v)+\varphi_2(v)+\varphi_3(v)=41.015$（亿元），其中：

$\varphi_1(v)\geqslant v(1)$，$\varphi_2(v)\geqslant v(2)$，$\varphi_3(v)\geqslant v(3)$

$\varphi_1(v)+\varphi_2(v)\geqslant v(1\cup 2)$

$\varphi_1(v)+\varphi_3(v)\geqslant v(1\cup 3)$

$\varphi_2(v)+\varphi_3(v)\geqslant v(2\cup 3)$

由上述表达式可知，铝土矿开发的各方采取合作，用Shapley值来分配所获得的收益要大于不合作所获得的收益。三方利益相关者在选择合作时，得到的收益最多，其Shapley收益值比各家单独干或任意两方合作都要高。这种分配方式的合理性和优越性在于各利益相关者所获得的收益是由各方在合作过程中的贡献率决定的。但是，这种分配法也存在一些缺陷，它在分配时仅以利益相关者的贡献率作为分配依据，而没有考虑各合作方在合作过程中各利益相关者的责任（即各参与者与生态环境的关系）。

（三）引入生态补偿因子的修正算法

引入生态补偿因子后，可由式（8）算出：
$\Delta E_1=-\frac{1}{24}$，$\Delta E_2=-\frac{1}{12}$，$\Delta E_3=-\frac{1}{8}$，于是根据修正方案式（10）可得：

$\varphi_1(v)'=\varphi_1(v)+\Delta v(1)=11.08-41.015/24=9.37$（亿元）

$\varphi_2(v)'=24.42-41.015/12=21$（亿元）

$\varphi_3(v)'=5.52+41.015/8=10.65$（亿元）

通过引入生态补偿因子，对政府、矿山企业、矿区居民三方利益分配的Shapley值进行修正，考虑到铝土矿露天开采露天开采形成的采坑及堆渣场破坏了大量的土地资源，对地形地貌景观及生态环境的破坏也较大，周边居民的生产生活条件受到较大影响，理应得到更合理公正的补偿，即政府在之前Shapley收益值11.08亿元的基础上，考虑生态补偿因子后应该减为9.37亿元，减少1.71亿元；矿山企业在Shapley收益值24.42亿元的基础上，考虑生态补偿因子后应该减少为21亿元，减少3.42亿元；村民在Shapley收益值5.52亿元的基础上，考虑生态补偿因子后应该增为10.65亿元，增加5.13亿元（见表4）。由于在分配中综合考虑了各参与者在开发中的贡献和面临生态环境破坏的威胁，引入生态补偿因子对Shapley收益值进行修正后，政府、矿企和村民所得的收益分配是相对更加公正、合理。

表4 中部某铝土矿收益分配Shapley值的修正　　单位：亿元

	政府	矿企	村民
不合作收益	9.075	22.5	1.6
Shapley值	11.08	24.42	5.52
生态修正值	9.37	21.00	10.65
修正幅度	-1.71	-3.42	5.13

四、讨 论

铝土矿开发的过程是各方利益博弈的过程，难题是实现各方利益均衡，找到一个各方都能接受的收益值。本文构建了铝土矿开发利益相关者博弈模型，运用 Shapley 值法优化和量化了中部某铝土矿开发中政府、矿企和村民的收益，并引入生态补偿因子进一步对 Shapley 值作了修正，得出了更加公正合理的优化量化值。

通过比较 Shapley 收益值和引入生态补偿因子修正后的 Shapley 收益值的比较与分析，可以得如下结果。

（1）各方收益均实现了增加。引入 Shapley 值后，政府、矿山企业、当地村民三方的收入均在原基础上有所提高，实现了利益最大化。这对于合作博弈的三方来说，是各方愿意接受的结果。可见 Shapley 值分配法对于实现各方收益最大化具有正效应，说明运用 Shapley 值法可以找到一个各利益相关者都可以接受的收益平衡点。

（2）引入了生态补偿因子，Shapley 收益值经过修正后具有明显的优越性：一方面，参与者的贡献与获得的收益成正比，这种分配策略可以对参与者的积极性、合作团体的稳定性起到一定的激励作用；另一方面，通过分析铝土矿资源开发中收益分配存在的生态补偿问题，用此模型可以提供合理的解决方案。

（3）各方利益与贡献匹配更合理。引入生态补偿因子对 Shapley 值进行修正，政府和矿山企业的收入略有下降，而当地村民的收益有了明显提升，正好反映了在铝土矿开发中处于弱势的村民面临地质灾害、环境污染、收入减少等威胁，理应得到更多的补偿，这也说明引入生态补偿因子对 Shapley 值进行修正更合乎矿产开发收益分配的现实，其修正结果也是各方愿意接受的。

总体来看，Shapley 值及其修正模型的计算结果较为合理。可见，Shapely 值法是解决矿产资源开发中收益分配问题的一个有效方法。引入生态补偿因子对 Shapley 值进行修正虽然会对各利益相关者的收益造成不同影响，但受益者的收益减少幅度较小，受损者的收益增加较多，结果是各方都可以接受的。

五、结论与启示

随着绿色发展理念的深入人心和资源性产品价格改革的不断推进，如何协调平衡矿产资源开发中的各方利益，建立政府、企业和矿区居民共同参与收益分配的机制，是新常态下我国经济社会发展面临的巨大挑战，也是实现矿区可持续发展的关键。建立在严格公理框架下的 Shapley 值模型，在解决收益分配问题时具有公平、合理的优点。本文以绿色发展理念为指导，运用 Shapley 值法研究矿产资源开发收益分配问题，并引入了生态补偿因子对 Shapley 值进行修正，既体现了参与者的贡献与收益成正比的原则，也考虑了各方利益受损情况下的补偿问题。

从我国生态补偿政策的变化来看，政策的重点一直是生态环境的修复，补偿客体是遭到破坏的矿山生态环境，而不是补偿给特定的群体。无论是一开始征收生态补偿费，还是之后的矿山生态环境恢复与治理保证金制度，抑或是后来一些地区如山西省征收的可持续发展基金等措施，都是针对解决矿产资源开发利用造成的环境污染或生态破坏而提出的。对于环境污染和生态破坏引发的对矿山周边居民生产生活造成的负面影响和损失，并没有针对性政策或措施。引入"生态补偿因子"对矿产资源收益分配再优化的解，既符合"谁投资、谁受益"的原则，又可以坚持"谁污染、谁付费，谁受益、谁补偿"的原则，对矿产资源开发的各利益相关方来说，也是都可以接受的结果。因此可以说，"引入生态补偿因子"的 Shapley 值修正算法能够为矿产资源开发收益分配问题提供一个各方都能接受、较为合理的解决方案。

参考文献

[1] Gavin Hilson, Barbara Murck. Sustainable Development in the Mining Industry: Clarifying the Corporate Perspec-

tive [J]. Resources Policy, 2000, 26: 227-238.

[2] Howitt R. Rethinking Resource Management: Justice, Sustainability and Indigenous People. Routledge, London and New York, 2001.

[3] Cheney H, Lovel R, Solomon F. People, power and participation: A Study of Mining-Community Relationships. MMSD Research Paper, 2002.

[4] Deborah J Shields, Slavko V Solar. Sustainable Mineral Resource Management and Indications: Case Study Slovenia [J]. Natural Resources Research, 2004: 84.

[5] Neate G. Agreement Making and the Native Title Act//Langton M, Mazel O, Palmer L, Shain K, Tehan M (Eds.). Honour Among Nations? Treaties and Agreements with Indigenous Peoples. Melbourne University Press, Melbourne, 2004.

[6] Kemp D. Between a Rock and a Hard Place: Community Relations Work in the Minerals Industry, Unpublished Ph. D. Thesis, University of Queensland, 2005.

[7] Crooke P, Harvey B, Langton M. Implementing and Monitoring Indigenous Land Use Agreements in the Minerals Industry: An Australian case study: The Western Cape Communities Co-existence Agreement//Langton M, Mazel O, Palmer L, Shain K, Tehan M (Eds.). Settling with Indigenous People: Case Studies in Land Use Agreement Making in Australia, Canada and New Zealand. Federation Press, Annandale, NSW, 2006.

[8] Paul Segal. Resource Rents, Redistribution, and Halving Global Poverty: Resource Dividend [J]. Oxford Institute Planning, 1998, 21 (2): 201-210.

[9] Paul Segal. How to Spend it: Resource Wealth and the Distribution of Resource Rents [J]. Energy Policy, 2012 (51): 340-348.

[10] Diana Mutti, Natalia Yakovleva, Diego Vazquez-Brust, etc. Corporate Social Responsibility in the Mining Industry: Perspectives from Stakeholder Groups in Argentina [J]. Resources Policy, 2016, 37: 212-222.

[11] 姚华军，丁锋，李新玉．浅议我国国土资源利益分配问题 [J]．中国地质矿产经济，2000（4）：21-25．

[12] 江福秀．关于建立和完善矿产资源收益分配制度的研究 [J]．南方国土资源，2007（1）：19-22．

[13] 景普秋．基于矿产开发特殊性的收益分配机制研究 [J]．中国工业经济，2010（9）：15-25．

[14] 张复明．资源型区域面临的发展难题及其破解思路 [J]．中国软科学，2011（6）：1-9．

[15] 刘春学，李连举，李春雪．浅析矿产资源开发中的利益分配博弈 [J]．技术经济与管理研究，2013（5）：20-24．

[16] 孙永平，徐恒宇，汪博．资源开发对要素收入分配的影响研究 [J]．经济评论，2016（4）：63-74．

[17] 宋丽颖，王琰．公平视角下矿产资源开采收益分享制度研究 [J]．中国人口·资源与环境，2016，26（2）：70-76．

[18] 王承武，王志强，马瑛，景邀颖．矿产资源开发中的利益分配冲突与协调研究 [J]．资源开发与市场，2017，33（2）：184-187．

[19] 朱晓．我国矿产资源开发中的利益相关者研究 [J]．商业经济，2017（9）：99-101．

[20] 尹国平，陈甲斌，任忠宝．我国矿产资源勘查开发收益分配机制探析 [J]．中国国土资源经济，2017，30（9）：25-29．

[21] 程倩，张霞．矿产资源开发的生态补偿及各方利益博弈研究 [J]．矿业研究与开发，2014（3）：1-5．

[22] 杨从明，朱海彬，任晓东．基于 Shapley 值法的矿产资源开发利益相关者利益分配博弈分析 [J]．地球与环境，2014（3）：424-429．

[23] 吕波．矿产资源开发利用策略及保障体系研究 [D]．北京：中国矿业大学，2017．

[24] 黄群慧，杨丹辉，等．破除资源诅咒——山西省资源型与非资源型产业均衡发展机制研究 [M]．北京：经济管理出版社，2015．

Study On the Reasonable Revenue Distribution Mechanism of Mineral Resources Development
—Based on Modified Shapley Values

Zhang Yanfang

Abstract: In recent years, the development and utilization of mineral resources has promoted economic development in China, it also causes tremendous damage to the ecological environment. The issue of compensation for ecological environment should be considered in the construction of revenue distribution mechanism for mineral resources development. This paper analyzes the the stakeholders' game behavior during mineral resources development through case study. It applies the classic model of cooperative game – Shapley value on revenues distribution of mineral resources development. And then by introducing "ecological compensation factor", the Shapley values are modified and optimized. The results show that the Shapley value method has a strong practical significance for the establishment of a more reasonable mechanism of allocating the revenues of mineral resources development, achieving the best social and economic benefits and minimizing the impact on ecological environment, and realizing the sustainable development of resource – based areas.

Key Words: Mineral Resource; Revenue Distribution; Shapley Value; Ecological Compensation Factor

专题三

改革与开放

劳动报酬如何影响出口企业加成率：事实与机制

许 明 邓 敏

摘 要：本文基于中国工业企业—海关匹配数据，利用固定效应模型、工具变量法、中介效应模型等方法深入考察劳动报酬提高对企业加成率的微观影响和作用机制。研究发现，现阶段提高员工的劳动报酬有效促进了中国出口企业成本加成率的提升。平均而言，员工获得的劳动报酬每提高10%，则出口企业成本加成率将提升0.495%~0.523%。提高劳动报酬通过强化"质量效应"与"选择效应"间接影响出口企业加成率。企业应重视人力资本对企业的贡献，重点提高高学历员工的薪金待遇。本文结论对中国供给侧结构性改革下有效提升员工的劳动报酬找到另一条识别路径——通过提升出口企业加成率惠及一个国家。

关键词：加成率；劳动报酬；出口企业；中介效应模型

一、引言与文献综述

党的十九大报告强调，要"推动形成全面开放新格局""加快培育国际经济合作和竞争新优势"。发展更高层次的开放型经济、提高企业参与国际竞争与合作能力、实现其全球价值链的跃升是中国当前发展开放型经济的重要途径，而提升企业的加成率既有助于增强中国企业出口附加值和全球价值链地位，又有利于中国贸易利得的整体提升，它反映了企业将价格维持在边际成本之上的能力，是衡量企业国际竞争实力的重要标志之一。王岚和李宏艳（2015）、程大中（2015）均认为企业以高端化战略积极融入全球价值链分工，是增强企业"走出去"的关键，企业价值链延伸至全球，通过吸纳和整合优势资源提升国际竞争力，对企业的生存与发展有着至关重要的作用。价值链的提升对企业劳动生产效率提出了更高的要求，其背后也隐含劳动力成本和工资收入分配等问题。围绕本文主题，一些文献还重点关注"中国企业加成率之谜"的问题，盛丹和王永进（2012）指出，中国出口企业不仅在国际市场上和国外同类企业相比加成率较低，甚至普遍低于在国内市场上的同类企业的加成率，中国出口企业存在典型的"出口低加成率之谜"，持同样观点还有刘啟仁和黄建忠（2015）。另外，一些文献还探讨了企业出口行为与加成率的关系。Melitz和Ottaviano（2008）开创性地提出了M-O模型，通过内生化出口企业加成率推导出企业的可变加成率为临界成本与企业自身边际成本之差的函数，从理论上证明了具有更高生产率的出口企业越容易克服出口所面临出口进入成本，相比

---

* 本文发表在《财经问题研究》2018年第9期。

[作者简介] 许明，中国社会科学院工业经济研究所助理研究员；邓敏，上海财经大学财经研究所在读博士研究生。

非出口企业通常越有更高的加成率。黄先海等（2017）基于扩展的 M-O 模型论证了企业低加成率出口的可能机制，阐述了企业面临的"竞争加剧效应"和"质量升级效应"，并指出中国出口企业目前普通处于"低加成率陷阱"区间。

通过梳理文献可以发现，以上文献并未给出劳动报酬直接影响企业加成率的经验证据和内在机制，而刘长庚等（2014）与许明（2016）均认为收入分配事关民生改善、社会稳定和经济发展。通过调整和转化劳动成本上升压力，发挥劳动报酬的正向积极效应来提升出口企业加成率是应对当前中国出口低加成率困境的突破所在。本文认为，员工劳动报酬在合理配置范围内提高时，企业劳动生产率提升所带来的效益应高于由劳动成本上升带来的损失，在整个过程中低效率的出口企业将不堪承受成本压力选择退出国际市场，高效率企业的出口份额将得到有效提升，最终有利于出口企业加成率的上升。在当前背景下，通过合理有效提高员工的劳动报酬促进出口企业加成率的提升，可以实现企业和劳动者的"双赢"，这既可以满足社会公平的要求，也符合经济效率目标，为供给侧结构性改革的推进和跨越"出口低加成率陷阱"提供了不可或缺的经验事实和政策依据。

本文的贡献可能体现在三个方面：第一，方法上，本文在借鉴 Lu 和 Yu（2015）的基础上，采用更为灵活的三要素超越对数生产函数，有效解决收入法隐含的价格问题和不可观测的效率冲击，准确估计企业层面加成率。第二，内容上，基于中国工业企业—海关匹配数据，实证检验提高员工劳动报酬对出口企业加成率的影响效应，并对影响机制进行深入探讨。第三，理论机制上，在考虑员工劳动报酬对企业加成率直接影响的同时，劳动薪酬在出口企业行为中间接发挥的调节效应正是本文所关注的重点。通过构建中介效应模型，本文试图从企业质量效应以及选择效应的两条主要路径重点分析提高员工劳动者报酬对出口企业加成率的影响。

二、劳动报酬影响出口企业加成率的影响机制分析

从直接影响路径看，陈雯和孙照吉（2015）指出，企业的生产离不开"人"的因素，提高员工劳动报酬，有利于直接激发员工的努力程度和工作积极性，激励员工学习先进技术和管理经验提高劳动生产率，促使企业更快发展，顺利与国际市场接轨，提升出口企业加成率。同时，企业加成率包含产品价格和边际成本的信息，劳动报酬可能通过价格效应和成本效应影响企业加成率。一是价格效应。提高员工劳动报酬直接增加了企业的生产成本，企业通过提高产品价格获取更高的利润。许明和邓敏（2016）发现，由于国际市场存在激烈的市场竞争环境，高效率企业能够通过劳动报酬的激励作用改善企业自身发展形势，并将成本一部分转嫁到产品价格上，进而提高企业的加成率水平。二是成本效应。马双等（2012）认为，员工劳动报酬的提高会增加出口企业的生产成本，但生产成本的增加并不等于边际成本的提高，这一机制还有待于进一步检验。

从间接影响路径看，提高员工的劳动报酬可以通过提高质量效应和选择效应间接促进出口企业加成率的提升。一是质量效应。提高劳动报酬可以通过产品质量效应影响出口企业加成率。合理的收入分配是决定产品质量水平、生产种类和消费的关键因素，企业提高员工报酬的内在动力无疑是通过"效率工资"获得更多的经济利润。一方面，能够提高劳动者的生产积极性，刺激劳动者把企业目标作为自己的内在追求动力，选择通过努力工作提高劳动生产效率来改善产品质量，为企业赢得整体与长远的经济效益来提升企业加成率；另一方面，员工劳动报酬的提高迫使企业提高自主创新的能力，通过影响企业技术升级的自身成长和资源配置效率改善提升出口产品质量进而影响出口企业加成率。企业产品质量的提高不仅有利于消费者福利的改善，而且有利于企业品牌附加值的提升，通过在全球价值链体系中争

取更多定价权提升企业加成率。二是选择效应。提高劳动报酬可以通过企业自我选择效应影响出口企业加成率。提高员工劳动报酬能够有效提高企业单位劳动生产率和产品创新力度，有利于出口企业的选择效应发挥，促使企业加成率的间接提升。另外，张杰等（2009）指出企业进入国际竞争市场之后将会激发企业学习先进的生产技术和产品设计，推动产品质量创新升级，改进现有的组织管理方式，提升出口企业产品的国际竞争优势，激发企业内生成长动力。

以上分析表明，员工劳动报酬可以通过直接效应（价格效应、成本效应）和间接效应中的质量效应和选择效应等渠道对出口企业加成率产生影响。除边际成本效应的影响方向不确定外，其他机制渠道均倾向于提高企业加成率。劳动报酬对企业加成率的净效应体现在企业产品质量提升、技术改进创新、提高生产效率等自身异质性因素以及国际贸易市场环境和国家政策导向等综合影响的结果。影响机制如图1所示。

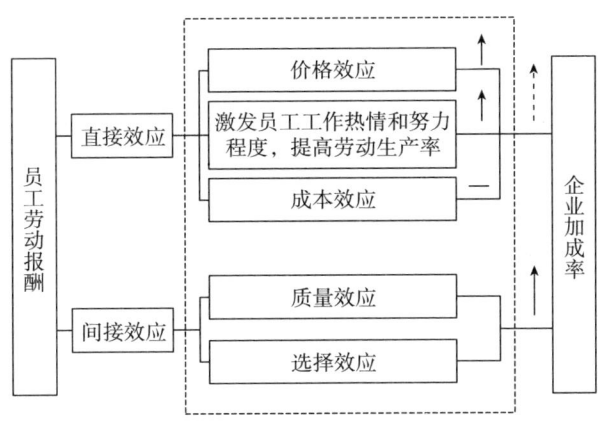

图1 提高员工劳动报酬对出口企业加成率的影响机制

注：虚线箭头代表可能。

三、研究设计

（一）计量模型的设定

在Lu和Yu（2015）研究的基础上，本文设定模型如下：

$$\ln markup_{it} = \beta_0 + \beta_1 \ln labor_{it} + \theta X_{it} + \lambda_t + \delta_i + \varepsilon_{it} \quad (1)$$

其中，i、t分别代表企业和年份，因变量$\ln markup$代表出口企业加成率的自然对数，自变量$\ln labor$代表企业员工获得的平均劳动报酬的自然对数，X表示控制变量的集合，λ_t和δ_i分别代表年份固定效应和企业固定效应，ε_{it}为随机误差项。变量指标的测算见下节。

（二）变量的定义

1. 企业加成率（lnmarkup）的测算

本文在Lu和Yu（2015）生产函数法的基础上对企业加成率进行估计。在不依赖任何需求结构的假设条件下，采用结构模型的方法克服不可观测的生产率冲击和价格因素，使用企业层面的产出数据估计企业加成率。根据de Loecker和Warzynski（2012），企业加成率μ_{it}的表达式为：

$$\mu_{it} = \theta_{it}^m (\alpha_{it}^m)^{-1} \quad (2)$$

其中，θ_{it}^m为中间材料投入要素的产出弹性，α_{it}^m为中间材料投入要素的支出额占比。①

---

① 此处参考de Loecker和Warzynski（2012）采用调整后的要素份额，即在ACF的第一阶段得到残差后，用工业总产值除以exp（估计残差）得到调整的总收入，再采用要素支出额除以调整的总收入，得到调整的要素份额。

根据式（2）可知，由于中间材料投入要素的支出占比可以直接从企业层面数据得到，计算企业层面加成率的关键在于无偏地估计出中间材料投入要素的产出弹性。为克服不可观测的生产率冲击①，采用 Ackerberg 等（2012）的两步估计法进行估计，从而得到稳健的企业层面加成率。在生产函数设定方面，采用更为灵活的超越对数（Translog）生产函数形式，表达式为：

$$y_{it} = \beta_l l_{it} + \beta_k k_{it} + \beta_m m_{it} + \beta_{ll} l_{it}^2 + \beta_{kk} k_{it}^2 + \beta_{mm} m_{it}^2 + \beta_{lk} l_{it} k_{it} + \beta_{km} k_{it} m_{it} + \beta_{lm} l_{it} m_{it} + \beta_{lkm} l_{it} k_{it} m_{it} + \omega_{it} + \kappa_{it} \quad (3)$$

其中，y 为工业总产值，κ 为随机误差项，以上小写字母表示价格平减且取对数后的要素投入。根据 $\hat{\beta}_m + 2\hat{\beta}_{mm} m_{it} + \hat{\beta}_{lm} l_{it} + \hat{\beta}_{km} k_{it} + \hat{\beta}_{lmk} l_{it} k_{it}$ 得到行业层面的中间材料投入要素的产出弹性。② 最后，利用企业层面加成率的计算公式（2）计算出企业层面的加成率估计值 $\hat{\mu}$。

2. 企业员工获得的平均劳动报酬（lnlabor）的测算

本文使用"企业本年应付职工工资总额"与"企业本年应付职工福利总额"之和与企业从业人数之比表示企业员工获得的平均劳动报酬。

3. 其他控制变量的定义

根据 Aghion 等（2015），其他控制变量包括：企业年龄（lnage）；企业规模（lnsize），用企业的年均从业人数的自然对数形式表示；全要素生产率（lnTFP），利用 Ackerberg 等（2015）的两步估计方法在估算加成率的基础上计算得到全要素生产率；出口企业产品质量（lnquality），根据杨汝岱和李艳（2015）计算得到出口产品质量；资本集中度（lnkl），采用企业资本与年均从业人数比值的自然对数形式表示；企业是否盈利的虚拟变量（dummy_profit）；资产负债率（lever），用企业的资产总额与负债总额之比表示；国有资本占比（stateshare）；补贴占比（subratio），用企业获得的补贴收入占销售收入的比值表示；赫芬达尔指数（HHI）。

（三）数据来源及处理

参考杨汝岱和李艳（2015）的匹配思路，本文对 2000~2006 年中国工业企业数据库与中国海关企业层面进出口数据进行合并，共计得到 185068 个观测值。根据黄先海等（2016），本文对 2000~2006 的中国工业企业-海关合并样本进行数据处理，剔除数据异常值。对涉及的变量均以 1998 年为基期进行平减处理，并对关键指标在 1%、99% 分位进行缩尾处理。本文最终得到了 147490 个样本观测值。

四、实证结果与分析

（一）基准回归估计结果

表 1 汇报了员工劳动报酬与出口企业加成率的基准回归结果。表 2 第（5）列采用 OLS 回归，并控制年份和行业固定效应。表 2 其他列利用固定效应（FE）模型进行估计，均控制了年份固定效应和企业固定效应，并逐步增加企业规模、企业年龄、全要素生产率、产品质量等企业或行业特征变量以检验结果的稳定性。从表 2 的回归结果来看，本文关心的主要解释变量员工劳动报酬对应的系数 β_1 显著为正，且通过 1% 显著性检验。根据表 2 第（5）~（6）列回归结果，与 OLS 回归结果相比，通过固定效应（FE）模型的归回结果由 0.0920 下降到 0.0198，表明固定效应（FE）模型能够更好地控制企业层面未观测因素所引起的系数偏误。根据表 3 中的固定效应模型回归结果来看，在控制其他变量不变的条件下，企业员工获得的劳动报酬每提高 10 个百分点，则出口企业成本加成率将提升 0.495%~0.523%。以表 2 第（6）列为基准回归结果，本文发现，

---

① de Loecker 和 Warzynski（2012）指出，由于生产率往往与企业投入选择相关，不控制生产率冲击将导致要素产出弹性估计产生偏误。

② 根据 de Loecker 和 Warzynski（2012）、Lu 和 Yu（2015）的处理方式，考虑到行业间资本密集度不同可能导致生产函数具有较大差异性，本文对"国民经济行业分类 GB/T 4754—2002"中的二位码行业对应投入要素的产出弹性进行估计，并在此基础上计算企业层面的加成率和全要素生产率。

在其他条件不变的情况下,企业员工获得的劳动报酬每提高 10 个百分点,则出口企业成本加成率将提高 0.503 个百分点,且在 1% 显著水平下通过检验。基准回归结果表明,作为企业生产的"人"的因素,劳动报酬的提高将直接影响员工工作的努力程度和积极性,较高的劳动报酬收入既有效发挥了企业对员工的有效激励,又蕴含着更高的人力资本,通过有效的整合和利用"物"的因素,进而提高企业生产效率和出口产品质量,从而有利于中国出口企业加成率的提升。

表 1 劳动报酬与出口企业加成率的基准回归(全样本)

因变量	lnmarkup					
	(1)	(2)	(3)	(4)	(5)	(6)
lnlabor	0.0517***	0.0523***	0.0517***	0.0495***	0.0920***	0.0503***
	(36.1232)	(34.5311)	(33.1100)	(32.1660)	(77.9672)	(32.3412)
lnage		0.0763***	0.0774***	0.0577***	-0.0106***	0.0602***
		(12.7527)	(12.5139)	(9.5244)	(-10.0577)	(9.8714)
lnsize		0.0079***	0.0051***	0.0001	0.0244***	-0.0024
		(4.7402)	(2.9431)	(0.0833)	(39.1868)	(-1.2592)
lnTFP		0.0059***	0.0058***	0.0058***	0.3908***	0.0059***
		(6.9543)	(6.5638)	(6.7000)	(39.7309)	(6.6675)
lnquality			0.0167***	0.0142***	0.0167***	0.0144***
			(10.8011)	(9.3334)	(17.5685)	(9.4440)
dummy_profit				-0.0026	-0.0216***	-0.0026
				(-0.4354)	(-5.7271)	(-0.4465)
stateshare				0.0591***	0.0986***	0.0585***
				(39.7567)	(76.5667)	(39.1910)
lnkl					0.0103***	-0.0047***
					(17.7588)	(-3.4566)
lever					-0.0055**	-0.0162***
					(-2.1444)	(-4.0315)
subratio					-0.1925***	-0.2577***
					(-3.0516)	(-3.3936)
HHI					-0.2353	0.0593
					(-0.9460)	(0.1937)
Constant	-0.0126***	-0.2393***	-0.2446***	-0.2206***	-3.2767***	-0.1859***
	(-3.1442)	(-15.8411)	(-15.6689)	(-14.3955)	(-45.6302)	(-10.3315)
年份固定效应	yes	yes	yes	yes	yes	yes
行业固定效应	no	no	no	no	yes	no
企业固定效应	yes	yes	yes	yes	no	yes
Observation	147 379	147 379	139 738	139 738	139 738	139 738
adj-R^2	0.1012	0.1054	0.1077	0.1283	0.3123	0.1289

注:*、**、***分别表示10%、5%和1%水平下显著,括号内为t值。上述模型均控制了聚类标准误。下同。

(二) 稳健性检验

为保证实证结果的稳健性，本文接下来将进一步考虑样本可能存在的内生性问题、自选择问题以及变量的替换问题。首先，考虑可能存在的内生性问题。由于影响企业加成率的因素众多，可能由于遗漏变量而导致内生性问题。另外，出口企业相比非出口企业具有典型的出口学习效应，出口提高了员工的劳动报酬，同时也使出口企业具有相对较高的加成率，这使两者可能存在反向因果关系，从而导致内生性问题。本文采取两种方法克服内生性问题，一是参照施炳展和邵文波（2014）处理相关问题的做法，考虑企业层面静态面板估计可能产生的估计结果偏误，采用两步系统 GMM 方法对模型进行估计以控制内生性问题。二是参照孙楚仁等（2013）的做法，利用地级市层面的最低工资标准作为工具变量。① 由于最低工资标准为政策性外生变量，其作为企业员工当期劳动报酬的工具变量：一是会影响员工获得的劳动报酬，满足工具变量相关性条件；二是由于最低工资标准为地方政策性的外生变量，满足工具变量外生性条件。

其次，内生性问题与工具变量选择。由于本文的样本主要是持续出口的企业和国有及规模以上的制造业企业，可能受所有权、规模、年龄等多因素影响，因此可能产生样本的自选择问题。为控制样本的自选择问题，本文利用 Heckman 两步法进行估计。

最后，通过变量替换的方法进一步检验回归结果的稳健性。根据叶康涛等（2013）、许明（2016）的定义方法，对计量模型（4）进行分行业和分年度回归，并根据回归系数计算出每个行业对应的"预期人均劳动劳动"，再用"人均劳动报酬"减去"预期人均劳动报酬"，得到超额人均劳动报酬（extra_labor），用以代替劳动报酬。其他变量定义同上。

$$labor_{it} = \gamma_0 + \gamma_1 kl_{it} + \gamma_2 HHI_{it} + \gamma_3 state_{it} +$$

$$\gamma_4 monopoly_{it} + \sum district_{it} + \lambda_{it} \quad (4)$$

另外，本文将员工的人均劳动报酬重新定义为"本年应付工资总额与企业从业人数之比"，即为狭义的人均劳动报酬（na_labor）。稳健性检验结果如表3所示。

表 2 第（1）~（2）列汇报了利用系统 GMM 法（SYS – GMM）和工具变量二阶段最小二乘法（IV – 2SLS）克服内生性问题的估计结果。回归结果表明，在控制内生问题的条件下，提高员工获得的劳动报酬显著有利于出口企业加成率的提升。Sargan 检验的结果表明，SYS – GMM 法的工具变量不存在弱识别问题。同时，Kleibergen – Paap rk LM 和 Kleibergen – Paap Wald F 的结果也拒绝弱工具变量的原假设。SYS – GMM 法和 IV – 2SLS 法回归结果进一步表明，解决可能存在的内生性问题后，提高员工的劳动报酬仍有利于企业成本加成率的显著提升。

表 2 第（3）列汇报了利用 Heckman 两步法的估计结果。在控制样本自选择问题的条件下，员工获得的劳动报酬每提高 10%，则企业加成率将提升 0.719%，并在 1% 统计水平下显著。通过第（3）列回归结果对应的逆米尔斯比率（Inverse Mills Ratio, IMR）检验结果，表明利用 Heckman 两步法处理样本的自选择问题合理。表 2 第（4）~（5）列汇报了变量替换的检验结果，无论是采用超额劳动报酬还是狭义劳动报酬定义，其对企业加成率的影响仍显著为正。通过对比稳健性检验估计结果发现，结合变量定义及工具变量的选取，本文主要采用的自变量员工劳动报酬对应的系数的显著性、方向和系数大小变化基本相同，这表明稳健性检验仍支持本文的基本结论：现阶段，通过合理提高员工的劳动报酬能够显著提升出口企业加成率，从而有助于增强中国出口企业国际市场竞争力和总体贸易利得。

---

① 由于 2004 年国家人力资源和社会保障部通过了《最低工资规定》，将最低劳动工资的要求和标准推广至全国，本文手工收集了全国 2004 ~ 2011 年全国地级市的最低工资标准。

表2 劳动报酬与出口企业加成率的稳健性检验

因变量	SYS–GMM (1)	IV–2SLS (2)	Heckman两步法 (3)	变量替换Ⅰ (4)	变量替换Ⅱ (5)
L.lnmarkup	0.2987*** (33.5627)				
lnlabor	0.0719*** (19.9845)	0.1679*** (5.4603)	0.1023*** (83.5781)		
lnextra_labor				0.3365*** (7.3376)	
lnna_labor					0.0436*** (30.4104)
Constant	−0.1750*** (−6.5433)		−0.0764*** (−3.3701)	−1.1044*** (−7.6533)	−0.1596*** (−8.9328)
企业、行业特征变量	yes	yes	yes	yes	yes
年份固定效应	yes	yes	yes	yes	yes
省份固定效应	yes	no	yes	no	no
行业固定效应	yes	no	yes	no	no
企业固定效应	no	yes	no	yes	yes
Observation	80211	32665	142120	139737	139738
adj–R^2		0.0066		0.1140	0.1274
mills lambda			−0.2663** (−10.1400)		
AR(1)	0.000				
AR(2)	0.476				
Sargan	0.533				

注：企业年龄、规模、全要素生产率、产品质量、国有资本份额、是否盈利、资本集中度、资产负债比、政府补贴占比和 HHI，下同。

五、进一步讨论：影响机制分析

（一）"质量效应"与"选择效应"的间接影响路径

员工获得的劳动报酬提升可以通过产品质量和全要素生产率两条路径进一步影响出口企业加成率的提升。一方面，根据张明志和铁瑛（2016），员工劳动报酬的上升可以带来企业产品质量的提升，通过强化"质量效应"有利于出口市场规模的扩张和企业加成率的提高。另一方面，根据新新贸易理论，出口企业通常具有较高的生产率水平，员工的劳动报酬提高有利于企业生产效率的提升，进而增强企业的自我选择效应，使高效率企业主动选择出口行为，进而提升出口企业的加成率。换言之，提高员工劳动报酬既可以直接影响出口企业加成率，又可以通过提高产品质量和全要素生产率促进出口企业加成率的提升。出口企业加成率为因变量，员工获得的劳动报酬为自变量，全要素生产率或者产品质量为中介变量，三者之间的关系构成典型的中介效应模型。根据Barou和Kenny构建中介效应模型对"质量效应"和"选择效应"两条路径进行检验，具体如下：

$$\ln markup_{it} = \beta_0 + \beta_1 \ln labor_{it} + \sum \beta_2 X_{it} + \lambda_t + \eta_i + \varepsilon_{it} \quad (5)$$

$$\ln quality_{it}(\ln TFP_{it}) = a_0 + a_1 \ln labor_{it} + \sum a_2 X_{it} + \nu_t + \sigma_i + \gamma_{it} \tag{6}$$

$$\ln markup_{it} = c_0 + c_1 \ln lobor_{it} + c_2 \ln quality_{it} (\ln TFP_{it}) + \sum c_3 X_{it} + \varphi_t + \tau_i + \theta_{it} \tag{7}$$

其中，变量定义同上。式（5）代表劳动报酬对出口企业加成率影响的总效应，系数 β_1 表示总效应的大小，式（5）等价于基准回归模型（1）。式（6）反映劳动报酬对企业产品质量或全要素生产率的影响效应。式（7）中的系数 c_2 表示全要素生产率或产品质量对企业加成率的直接影响效应。将式（6）代入式（7）进一步得到产品质量或全要素生产率的中介效应 $c_2 a_1$，即劳动报酬通过提高企业的产品质量或全要素生产率对成本加成率的影响程度。中介效应模型的检验结果如表4所示。

根据表3的中介效应模型回归结果，式（6）中员工获得的劳动报酬对出口企业的产品质量或者全要素生产率呈显著的正向影响，这表明提高劳动报酬的确促进了企业产品质量和全要素生产率的提升。式（7）中的产品质量或全要素生产率影响出口企业加成率的系数均显著为正，这表明两者作为中介变量确实影响了出口企业的加成率。总体上，中介效应检验结果表明，提高员工的劳动报酬可以通过强化"质量效应"和"选择效应"两条路径促进出口企业加成率的提高。从"质量效应"路径看，产品质量对出口企业加成率的中介效应为0.0676，这表明员工获得的劳动报酬每提高10%，可以通过促进产品质量提升增强出口企业加成率0.676个百分点。从"选择效应"路径看，全要素生产率对出口企业加成率的中介效应为0.0101，这表明员工获得的劳动报酬每提高10%，则可以通过促进企业全要素生产率的提升增强出口企业加成率0.101个百分点。进一步，根据Sobel检验结果，产品质量和全要素生产率的中介效应显著。

表3 "质量效应"和"自我选择效应"的中介效应检验

因变量名称		出口企业加成率（lnmarkup）		
路径Ⅰ：质量效应				
自变量名称		系数	T值	标准误
式（6）	lnlabor	0.0396***	12.5419	0.0032
式（7）	lnlabor	0.05263***	33.3466	0.0016
	lnquality	0.01705***	11.0329	0.0015
中介效应		0.0676		
Sobel 检验		0.0000		
路径Ⅱ：选择效应				
自变量名称		系数	T值	标准误
式（6）	lnlabor	0.0121***	1.7379	0.0069
式（7）	lnlabor	0.0508***	33.7012	0.0015
	lnTFP	0.0060***	7.0036	0.0009
中介效应		0.0101		
Sobel 检验		0.0009		

（二）对产品价格与边际成本的直接影响效应

企业加成率同时包含产品价格和边际成本的信息，有必要对劳动报酬能否通过影响产品价格和边际成本进而影响企业加成率的这一机制进行检验。但由于数据限制，中国工业企业数据库和中国海关数据并未提供关于产品价格的信息，根据 Lu 和 Yu（2015）的定义，本文用企业加成率对数与全要素生产率对数之差作为企业价格的代理变量（Price），进一步根据企业加成率定义反推得到企业边际成本的代理变量（MC）。同时，考虑新进企业、在位企业分别与员工获得劳动报酬对应交互项（lnlabor × Entrants、lnlabor × Survivors）的影响。其中，Entrants 代表新进企业的虚拟变量，Survivors 代表在位企业对应的虚拟变量。回归结果如表 4 所示。

根据表 4 第（1）列和第（4）的回归结果，员工获得的劳动报酬每提高 10 个百分点，则出口企业的产品价格显著提升 0.490 个百分点，同时出口企业的边际成本显著降低 0.325 个百分点。回归结果进一步表明，提高员工的劳动报酬可以通过影响出口企业的产品价格和边际成本进而影响中国出口企业的加成率。提高员工的劳动报酬有利于企业的产品质量提升，进而提高产品的价格，抬高企业的议价能力。同时，提高员工的劳动报酬有利于提高企业生产率，从而进一步降低企业的边际成本。因此，本文的研究发现，现阶段提高员工的劳动报酬有利于降低中国出口企业的边际成本，其根源在于生产效率提高的幅度超过工资上涨的幅度会导致单位劳动力成本的下降，促使企业整体竞争力提升，这与王万珺等的观点相一致。当考虑企业动态时，新进出口企业提供的员工劳动报酬的提高显著降低了企业的产品价格和拉高边际成本，而在位企业员工劳动报酬的提高则显著提高了企业的产品价格和显著降低了企业的边际成本。对于新进企业而言，面临在位者的竞争而通过尽可能降低产品价格维持一定的市场份额，压低收益空间。对于这类企业，提高员工的劳动报酬会进一步增加企业成本，因此不利于企业产品价格的提高和边际成本的下降。对于在位企业而言，提高员工的劳动报酬则有利于通过影响产品价格和边际成本促进企业加成率的提升。

表 4　劳动报酬、企业动态与出口企业的产品价格和边际成本

因变量	Price (1)	Price (2)	Price (3)	MC (4)	MC (5)	MC (6)
lnlabor	0.0490*** (31.6011)			−0.0325*** (−2.8864)		
lnlabor × Entrants		−0.0035*** (−5.8568)			0.0156*** (3.3349)	
lnlabor × Survivors			0.0107*** (19.0573)			−0.0187*** (−4.2586)
Constant	−1.2080*** (−66.1643)	−1.0496*** (−55.9606)	−1.0163*** (−55.8611)	0.1284 (0.8110)	−0.0903 (−0.5545)	−0.0677 (−0.4276)
企业、行业特征变量	yes	yes	yes	yes	yes	yes
年份固定效应	yes	yes	yes	yes	yes	yes
企业固定效应	yes	yes	yes	yes	yes	yes
Observation	139738	139738	139738	139738	139738	139738
adj−R²	0.3876	0.3769	0.3800	0.0246	0.0246	0.0247

（三）收入差距、人力资本对出口企业加成率的影响

进一步考察收入差距、人力资本对出口企业加成率的影响。首先，收入差距对企业行为具有重要影响。基尼系数被广泛用于收入差距的衡量，但由于其过强的期望性质和不易分解性，本文在利用基尼系数衡量收入差距的同时，进一步应用泰尔指数测算收入差距。泰尔指数定义为：

$$theil(labor_{it}) = \frac{1}{n_{it}} \sum_{f=1}^{n_{it}} \frac{labor_{fit}}{\overline{labor_{it}}} \log\left(\frac{labor_{fit}}{\overline{labor_{it}}}\right) \quad (8)$$

其中，$labor_{fit}$ 表示企业 f 在三位码行业 i 第 t 年的劳动报酬。$\overline{labor_{it}}$ 代表第 t 年三位码行业 i 的平均劳动报酬。

其次，本文考察了人力资本对出口企业加成率的影响，回答"企业内部劳动报酬的提高到底应倾向于哪一方"这一基本问题。鉴于只有2004年中国工业企业数据库提供了有关员工学历、性别等特征变量，本文采用2004年数据构建了本科及以上员工占比与劳动报酬的交互项（$edu \times lnlabor$）及其分别与加成率、全要素生产率对应的三重交互项（$edu \times lnlabor \times lnquality$、$edu \times lnlabor \times lnTFP$），进一步地，在企业内部将劳动报酬更倾向于高学历人才会更有利于企业加成率的提升。收入差距、人力资本与出口企业加成率的回归结果如表5所示。

表5 收入差距、人力资本与出口企业加成率

	(1)	(2)	(3)	(4)	(5)
$theil\_labor$	-1.1136***				
	(-8.5776)				
$gini\_labor$		-0.6252***			
		(-11.3212)			
$edu \times lnlabor$			0.0048**		
			(2.2895)		
$edu \times lnlabor \times lnquality$				0.0014*	
				(1.9122)	
$edu \times lnlabor \times lnTFP$					0.0003**
					(2.0098)
$lnlabor$			0.1086***	0.1107***	0.1088***
			(46.6897)	(48.0940)	(46.8937)
Constant	-0.0252	0.0235	-0.2873***	-0.2826***	-0.2900***
	(-1.4138)	(1.2520)	(-26.1022)	(-25.6727)	(-29.5558)
企业、行业特征变量	Yes	Yes	Yes	Yes	Yes
年份固定效应	Yes	Yes	no	no	no
企业固定效应	Yes	Yes	no	no	no
Observation	139738	139736	23806	23806	23806
adj-R^2	0.1136	0.1143	0.1562	0.1540	0.1562

根据表5第（1）~（2）列汇报了收入差距与出口企业加成率的回归结果，本文发现，收入差距的扩大显著降低了出口企业的加成率。一方面，收入差距扩大加剧了行业内部劳动力的流动，增加了员工的摩擦性失业；另一方面，收入差距扩大加剧了低利润和低效率企业的退出，导致垄断竞争加剧，总体上不利于中小企业的成长。表5第（3）列回归结果表明，当企业内部收入分配

更倾向于高学历员工时，更有利于企业加成率的提升，且在5%显著水平下通过检验。进一步地，考虑到劳动报酬可以通过"质量效应"和"选择效应"两条路径间接促进企业加成率的提升，表5第（4）~（5）列进一步对这一机制进行了检验。回归结果表明，给予高学历员工更高的劳动报酬通过促进了"质量效应"和"选择效应"正向影响了出口企业加成率的提升。通过表6的回归结果，本文发现，由于收入差距扩大不利于企业加成率的提升，对于行业内的企业而言，应重视人力资本对企业的贡献，重点提高高学历人才的劳动报酬，从而促进出口企业的发展和竞争能力的提升。实际上，员工劳动报酬如果不能及时匹配上相应的企业岗位，员工离职、消极怠慢情绪乃至罢工等现象会间接让企业蒙巨额损失，为了寻求适合的岗位替代者，企业不可避免地需要支付更多的等待成本、培训费用、低效率与错配损失，这对出口企业来说代价无疑是高昂的。相应地，若是企业能够根据自身发展需求提升员工劳动报酬，并实施更具有吸引力的人才方案来推动企业创新转型，那么它在出口市场竞争中就越是占据主动地位和优势提高劳动生产率，也更有利于提升出口企业的加成率。

六、结论与建议

基于中国工业企业—海关匹配数据，深入考察了劳动报酬提高对企业加成率的微观影响和作用机制。本文的主要研究结论如下：第一，现阶段提高员工的劳动报酬可以有效促进中国出口企业成本加成率的提升。平均而言，员工获得的劳动报酬每提高10%，则出口企业成本加成率将提升0.495~0.523个百分点。第二，提高员工的劳动报酬可以通过强化"质量效应"与"选择效应"间接影响出口企业加成率。从"产品质量效应"来看，产品质量对出口企业加成率的中介效应为0.0676，即劳动报酬每提高10%，可以通过促进产品质量提升进而增强出口企业加成率0.676个百分点。从"企业自选择效应"路径来看，全要素生产率对出口企业加成率的中介效应为0.0101，即劳动报酬每提高10%，可以通过促进企业全要素生产率的提升进而增强出口企业加成率0.101个百分点。第三，提高员工的劳动报酬可以通过影响出口企业的产品价格和边际成本进而影响中国出口企业的加成率。当考虑企业动态时，新进出口企业劳动报酬的提高显著降低了产品价格和拉高边际成本，而在位企业劳动报酬的提高则显著提高产品价格和显著降低了边际成本。第四，由于收入差距扩大不利于企业加成率的提升，对于行业内的企业而言，应重视人力资本对企业的贡献，重点提高高学历员工的薪金待遇。

本文的政策建议是明晰的，即现阶段应该重点以提高中国出口企业员工的劳动报酬尤其是高学历员工的劳动报酬以跨越"低加成率陷阱"。一是要重点完善企业内部劳资分配关系，合理提高员工的工资性收入，进一步增加公共财政用于社会保障的支出，适当降低"五险"上缴比例，将降低部分转化为员工可支配收入。二是建立合理的薪酬制度，培养和激发员工的工匠精神，有效转化由员工劳动报酬上升带来的劳动力成本压力，提升企业出口产品质量，重点推动产品创新升级，提高企业出口附加值，促使员工劳动报酬上涨与出口产品质量升级的良性互动，促进企业品牌竞争优势和国际影响力的提升。三是有效发挥劳动报酬对员工的激励效应，着力提升企业自身的生产效率水平，营造良好的出口市场环境，鼓励企业通过创新来提升生产水平。加工贸易在中国普遍存在，这类企业大多存在生产率低、产品附加值低、出口利润低的"三低"问题，而且缺乏持续在国际市场竞争环境中保持优势的动力，加工贸易类企业的转型升级势在必行，企业需要通过加大研发投入提高产品附加值，注重出口产品质量和经济效益的整体提升。

参考文献

[1] 王岚，李宏艳. 中国制造业融入全球价值链路径研究——嵌入位置和增值能力的视角[J]. 中国工业经济，2015（2）：76-88.

[2] 程大中. 中国参与全球价值链分工的程度及演变趋势——基于跨国投入——产出分析 [J]. 经济研究, 2015 (9): 4-16.

[3] 盛丹, 王永进. 中国企业低价出口之谜——基于企业加成率的视角 [J]. 管理世界, 2012 (5): 8-23.

[4] 刘啟仁, 黄建忠. 异质出口倾向、学习效应与"低加成率陷阱" [J]. 经济研究, 2015 (12): 143-157.

[5] Melitz M J, Ottaviano G I P. Market Size, Trade, and Productivity [J]. The Review of Economic Studies, 2008, 75 (1): 295-316.

[6] 黄先海, 诸竹君, 宋学印. 中国出口企业阶段性低加成率陷阱 [J]. 世界经济, 2017 (3): 95-117.

[7] 刘长庚, 许明, 刘一蓓. 员工获得了"公平"的劳动所得吗——基于中国工业企业数据库的测度与验证 [J]. 中国工业经济, 2014 (11): 128-140.

[8] 许明. 提高劳动报酬有利于企业出口产品质量提升吗? [J]. 经济评论, 2016 (5): 96-109.

[9] Lu Y, Yu L. Trade Liberalization and Markup Dispersion: Evidence from China's WTO Accession [J]. American Economic Journal Applied Economics. 2015, 7 (4): 221-253.

[10] 陈雯, 孙照吉. 劳动力成本与企业出口二元边际 [J]. 数量经济技术经济研究, 2016 (9): 22-39.

[11] 许明, 邓敏. 产品质量与中国出口企业加成率——来自中国制造业企业的证据 [J]. 国际贸易问题, 2016 (10): 26-37.

[12] 马双, 张劼, 朱喜. 最低工资对中国就业和工资水平的影响 [J]. 经济研究, 2012 (5): 132-146.

[13] 张杰, 李勇, 刘志彪. 出口促进中国企业生产率提高吗?——来自中国本土制造业企业的经验证据: 1999—2003 [J]. 管理世界, 2009 (12): 11-26.

[14] De Loecker J D, Warzynski F. Markups and Firm-Level Export Status [J]. American Economic Review. 2012, 102 (6): 2437-2471.

[15] Ackerberg D A, Caves K, Frazer G. Identification Properties of Recent Production Function Estimators [J]. Econometrica, 2015, 83 (6): 2411-2451.

[16] Aghion, P., Dewatripont, M., Du, L., et al. Industrial Policy and Competition [J]. American Economic Journal: Mcocroeconomics, 2015, 7 (4): 1-21.

[17] 杨汝岱, 李艳. 中国出口产品质量研究. 第十五届中国青年经济学者论坛工作论文, 2015.

[18] 黄先海, 诸竹君, 宋学印. 中国中间品进口企业"低加成率之谜" [J]. 管理世界, 2016 (7): 23-35.

[19] 施炳展, 邵文波. 中国企业出口产品质量测算及其决定因素——培育出口竞争新优势的微观视角 [J]. 管理世界, 2014 (9): 90-106.

[20] 孙楚仁, 田国强, 章韬. 最低工资标准与中国企业的出口行为 [J]. 经济研究, 2013 (2): 42-54.

[21] 叶康涛, 王春飞, 祝继高. 提高劳动者工资损害公司价值吗? [J]. 财经研究, 2013 (6): 133-144.

[22] 张明志, 铁瑛. 工资上升对中国企业出口产品质量的影响研究 [J]. 经济学动态, 2016 (9): 41-56.

How Does Labor Income Affect Export Enterprises' Markups: Facts and Mechanisms

Xu Ming, Deng Min

Abstract: This paper based on China's industry enterprise database and Chinese longitudinal firm trade transaction date, attempts to investigate the micro influence and functional mechanisms between labor income and export enterprises' markups by using fixed effect model, instrumental variable method and mediating effect model. Results shows that, at the present stage, we find that the improvement of labor income has effectively promoted the export enterprises' markups. With a rising rate of 10% on labor income, the export enterprises' markups would rise 0.495% – 0.523% on average. The improvement of labor income could operate indirectly through quality – strengthen effect and self – selection effect, or both. The enterprises should pay attention to the contribution of human capital, with the emphasis on improving the salary welfare of high – degree employee. Conclusion of this paper offers another potential channel to improve the labor income effectively on the background of China's structural reform under the supply side – by improving the export enterprises' markups which can benefit a nation.

Key Words: Markups; Labor Income; Export Enterprises; Mediating Effect Model

中国出口低加成率之谜：竞争效应还是选择效应

许 明 李逸飞

摘 要：本文基于中国工业企业—海关匹配数据，利用双边随机前沿分析方法测度和验证了选择效应和竞争效应对出口企业加成率的影响效应。研究结果表明，选择效应和竞争效应的相互作用最终导致出口企业实际加成率高于基准加成率7.11%；出口企业的实际加成率虽然不同程度地高于基准加成率，但异质性分组表明选择效应对出口企业加成率的提升有限，而竞争效应进一步抵减了选择效应的正向影响；从选择效应分解来看，全要素生产率可以解释选择效应的28.05%，而非生产率因素可以解释71.95%。通过控制企业出口贸易类型，"出口—生产率悖论"仅在加工贸易企业存在，这表明伴随着贸易自由化程度的不断提高，政策上鼓励企业"走出去"是理解中国出口企业低加成率之谜的重要因素。

关键词：出口低加成率之谜；竞争效应；选择效应；双边随机前沿分析

一、引言与文献评述

企业加成率（Markups）是衡量市场势力及企业定价能力的关键指标，通常用产品或服务的价格与边际成本的比值或者差值表示，其高低直接影响企业在国际市场的竞争力和全球价值链中的福利所得（Peters，2013；de Loecker and Goldberg，2014；Edmond et al.，2015）。然而，中国出口长期以来被贴上低价格、低质量、低利润的"三低"标签，在国际市场上的动态竞争力不足，"中国制造"低价出口之谜背后的主要原因在于中国出口企业的加成率过低（盛丹和王永进，2012）。令人难解的是，中国出口企业不仅在国际市场上和国外同类企业相比加成率较低，甚至普遍低于在国内市场上同类企业的加成率，中国出口企业存在典型的"出口低加成率之谜"（刘啟仁和黄建忠，2015；祝树金和张鹏辉，2015；黄先海等，2016a）。[①]这一方面压低了出口企业的利润水平，导致企业缺乏产业转型升级动力，增加了国外反倾销、资源环境冲突等一系列问题；另一方面，导致部分资源未能得到有效利用，尤其是一些重化工行业和一般制造业出口企业形成了严重的产能过剩，在对外贸易中的有效供给不足导致的"供需错位"问题可能成为阻挡中国经济未来长期健康可持续发展的最大障碍。当前，提升加成率水平既有助于增强中国出口企业国际市场竞争力进而跨越"出口低加成率陷阱"，又

---

* 本文发表在《世界经济》2018年第8期。

[作者简介] 许明，中国社会科学院工业经济研究所助理研究员；李逸飞，国务院发展研究中心《管理世界》杂志社助理研究员。

① 具体结果参见图1。通过倾向得分匹配方法（PSM），匹配后的结果显示中国出口企业的加成率明显低于非出口企业。这表明，中国出口企业普遍低于国内同类企业的加成率，存在典型的"出口低加成率之谜"。

有利于中国贸易利得的整体提升，尤其在供给侧结构性改革大背景下，是中国企业如何有竞争力的"走出去"所面临的重大议题。

根据 Melitz 和 Ottaviano（2008）的新新贸易理论，出口企业通常具有较高的生产率水平，这意味着在外部面临相同的市场环境下，出口企业可以克服较高的出口固定成本进入国际市场，出口企业相比非出口企业而言，普遍具有更高的加成率。"中国出口低加成率之谜"由于违背国际贸易理论预期，很难从理论上加以解释，国内学术界对这一问题的解读更多地转向现实和政策层面（黄先海等，2016b；刘啟仁和黄建忠，2015；钱学锋等，2016）。现实层面，中国长期受到内需不足的困扰，但外部需求较为旺盛，大量缺乏市场定价权的企业涌入出口市场，降低了中国出口企业加成率的总体水平；政策层面，中国对外开放以来，尤其是加入 WTO 之后，随着贸易自由化便利化程度的提高，贸易成本大幅下降，同时出口退税政策、政府补贴政策给予出口企业大量的财政支持，鼓励企业主动"走出去"，加剧了出口企业竞相降价的局面。然而上述解读主要基于现实或政策上的分析，更多地将"中国出口低加成率之谜"归因为中国出口贸易具有的独有特征（戴觅等，2014），但如何对这一现象进行合理的解释，正是现有研究所忽视的问题。

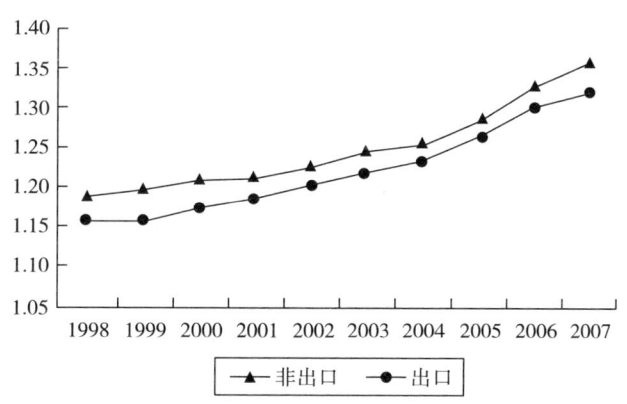

图 1　基于倾向得分匹配的中国工业企业加成率（1998~2007 年）

资料来源：根据中国工业企业数据库计算所得。

围绕本文的研究主题主要包括如下三类文献：第一类是关于企业加成率测算的研究。在不完全竞争市场下，计算企业加成率主要有两类方法：一是会计法。根据 Domowitz 等（1988）利用支付的工资、企业增加值、净中间要素投入的成本等指标计算企业层面的加成率。虽然这种方法计算简单易行，但是会计变量与经济变量仍存在差别，且存在不可观测的边际成本，此种方法常见于国内较早关于出口企业加成率的文献，例如盛丹和王永进（2012）。二是生产函数法。在企业利润最大化的条件下，利用设定的生产函数推导加成率表达式。这种方法提出了市场需求变动和价格对生产函数的影响，能够更为准确地估测出企业的加成率。Edmond 等（2015）推导出劳动收入份额等于劳动的产出弹性与企业加成率的比值，最终估计内生可变的企业加成率。de Loecker 和 Warzynski（2012）通过设定更为灵活的生产函数，解决了不可观测的投入要素差异问题，更为准确地估计企业层面加成率，丰富了相关领域文献。由于企业层面数据很少提供关于产品价格和边际成本的数据，相关文献在测度企业加成率方面并没有可比较的方法和数据基础（钱学锋和范冬梅，2015），国内对企业加成率的准确测度仍有待于进一步完善。

第二类是关于加成率与企业出口之间的关系研究。Melitz 和 Ottaviano（2008）（以下简称 M-O 模型）开创性地通过内生化出口企业加成率推导出企业的可变加成率为临界成本与企业自身边际成本之差的函数，从理论上证明了高生产率企业可以通过弥补进入出口市场的固定成本，从而具有相比非出口企业更高的加成率水平。随后，在 M-O 模型的基础上，学者们开始从经验分析角度探究加成率与企业出口之间的关系。de Loecker 和 Warzynski（2012）基于 1994~2000 年斯洛文尼亚 7951 家制造业企业数据的经验研究表明，出口可以显著提高企业加成率相对水平的 4%~5%，或者提高加成率的绝对水平 0.079~0.099，即出口企业平均而言具有更高的加成率。另外，de Loecker 和 Warzynski（2012）还发现，加成率的提高主要归因于新进入的出口企业。Bellone 等（2016）发现法国企业的出口企业加成率更高，其原因在于产品质量提高带来的竞争效应小于价格效应。与上述研究不同，黄先海等（2016b）、刘啟仁和黄建忠（2015）及祝树金和张鹏辉（2015）基于中国工业企业数据库的研究发现，中国的出口企业加成率显著低于非出口企业，高密度出口企业存在典型的"出口低加成率陷阱"。相关研究主要探析加成率与企业出口的关系，却忽略了中国背景下出口企业加成率应该如何提高的问题。

第三类是关于中国出口低加成率之谜的研究。对于什么因素影响企业加成率，相关文献主要从市场竞争（Lu & Yu, 2015；钱学锋等，2016）、生产率（李卓和赵军，2015；Melitz & Ottaviano, 2008；de Loecker, 2007）、政府政策（任曙明和张静，2013）和产品质量（Kugler and Verhoogen, 2012；Bellone et al., 2016）等方面进行探讨。但鉴于中国出口低加成率的特殊事实，刘啟仁和黄建忠（2015）强调，中国出口企业低加成率与竞争效应和选择效应密切相关，一方面，大量企业涌入出口市场，为了抢占市场竞相压价；另一方面，出口退税、补贴等政策的存在使企业更愿意保持出口而非退出市场，这导致出口密度越高的企业加成率越低，但刘啟仁和黄建忠（2015）并未将"竞争效应"和"选择效应"置于同一经验框架下比较两者的关系。钱学锋等（2016）利用中国工业企业数据库和 WTO 关税数据库数据研究发现，进口竞争对中国制造业企业的加成率具有显著的负向影响，进口竞争越激烈，企业的加成率越低。相关研究虽然认识到新新贸易理论框架下出口行为与企业加成率的经验研究存在差异，所产生的根源在于选择效应和竞争效应的影响差异，但现有对中国企业加成率与出口行为之间的经验分析几乎没有进一步区分和量化这两种影响效应，且主要集中于竞争效应对出口企业加成率的影响。Feenstra（2010）指出，全面而系统地评估企业加成率需要综合考虑竞争效应和选择效应的影响。因此，准确区分和测度竞争效应和选择效应对加成率的影响成为破解中国出口低加成率之谜的关键。

与既有文献相比，本文的主要贡献可能体现在两个方面：第一，内容上，本文利用双边随机边界模型构建了一个包含竞争效应和选择效应共同影响出口企业加成率的统一框架，定量测度竞争效应和选择效应对企业实际加成率的影响程度，不仅可以克服两种效应难以衡量的问题，而且可以弥补现有文献只对单一方面进行研究的不足，为中国目前所面临的"出口低加成率之谜"提供可能的解释。第二，政策上，定量测算选择效应中全要素生产率部分和非生产率因素对企业的影响。通过控制企业出口贸易类型发现，"出口—生产率悖论"仅在加工贸易企业存在，这表明随着贸易便利化自由化程度的提高，积极鼓励企业"走出去"虽然一定程度上提高了企业的实际加成率，但无法有效"过滤"低效率出口企业，这也是解释中国出口企业低加成率之谜的重要因素，对有的放矢地提出相应的政策措施提供依据。

本文其余部分安排为：第二部分是理论模型；第三部分为研究设计；第四部分为经验结果与分析；第五部分是进一步讨论；第六部分为结论与政策建议。

二、理论模型

什么原因影响企业加成率的偏离？对于企业出口行为，从理论上可以通过以下两种渠道。

第一，选择效应。Melitz（2003）认为，出口企业能够克服出口面临的固定成本，具有更高的生产率，一方面，生产率高的企业能够跨越成本门槛出口到国际市场；另一方面，随着出口市场竞争的加剧，导致规模较小、盈利能力差、生产率低的国内企业主动选择退出市场（钱学锋等，2011），进而使出口企业具有更高的加成率，Melitz和Ottaviano（2008）称之为"选择效应"。此外，中国出口贸易具有显著不同的特征（刘啟仁和黄建忠，2015），中国实施的出口退税、政府补贴等贸易政策，降低了成本门槛对企业出口的阻碍，为鼓励一般贸易的出口，中国在1994年施行的《中华人民共和国增值税暂行条例》规定"对于出口商品，不但在出口环节不征税，而且税务机关还要退还该商品在国内生产、流通环节已负担的税款"。之后，中国7次大范围调整了出口退税率范围，特别是在1998年和2008年大幅上调了出口退税税率，以鼓励出口应对金融危机。1999~2007年，中国有12.1%的企业获得政府补贴，补贴总额由257亿元上升至839.9亿元（张杰和郑文平，2015）。为顺应贸易自由化潮流，中国实施的出口退税、政府补贴等政策无疑鼓励了企业走向国际市场，扩大了"选择效应"的范围。因此，选择效应的内涵包含全要素生产率和非生产率因素（例如政策）的影响两个方面。选择效应对企业加成率的作用机制表现在：一是选择效应使出口企业定价更高。Martin（2012）基于法国数据的研究发现，由于运输成本和包装成本，出口距离越远，企业定价越高。Bellone等（2016）指出出口企业会将运输成本加到FOB价格之上，有能力出口的企业定价更高。二是通过选择效应出口的企业具有更高的生产率和更低的边际成本。企业进入国际市场需要支付更高固定成本，生产率门槛更高，因而出口企业一般生产率更高、边际生产成本更低，相比非出口企业具有更高的加成率（Bernard and Jensen, 1999; Melitz, 2003; Crozet et al., 2009）。Melitz和Ottaviano（2008）将加成率表示为临界成本与企业边际成本的差值，出口企业生产率更高，边际生产成本更低，因而成本加成率更高。de Loecker和Warzynski（2012）与de Loecker等（2016）的研究均发现出口企业有更低的边际成本和更高的加成率。

第二，竞争效应。贸易自由化使本土企业进入出口市场，伴随着出口市场竞争加剧和运输成本的分摊，大量出口企业竞相降低产品出口价格，缩小加成率离散度（Bellone et al., 2016）。竞争效应通常反映出口企业所面临的内外部竞争环境。现有研究表明，竞争效应与本地需求、外部市场竞争环境、出口便利化程度等因素密切相关（许家云和田硕，2016；Tybout，2003；de Loecker and Warzynski，2012）。竞争效应影响企业加成率的路径包括：一是竞争效应迫使出口企业降低定价。Badinger（2007）发现欧洲市场一体化加剧了贸易竞争，降低了企业的价格加成。Chen等（2010）研究表明，贸易开放带来的竞争效应降低了企业的定价能力。二是竞争效应抬高要素价格，出口企业边际成本上升。Broersma和Oosterhaven（2009）、Rizov等（2012）利用荷兰企业样本的研究发现，出口企业的过度集聚推动了成本的上升。叶宁华等（2014）指出，中国出口贸易长时间的数量扩张不可避免地带来出口企业的过度集聚与恶性竞争，提高交通与居住以及要素成本。诸竹君等（2017）的研究发现，劳动力成本上升对企业成本加成具有负向作用。

综上所述，一方面，由于选择效应，出口企业具有更高的生产率，边际成本更低（Melitz，2003），而且企业为了弥补出口面临的更高成本，一般倾向较高定价策略（Bellone et al., 2016），在较高定价和较低边际成本共同作用下，出口企业加成率更高。但在中国背景下，政府补贴、出口退税等产业政策使企业倾向于通过保持出口以换取财政支持，扩大了出口企业选择效应的范围，使加工贸易类、低效率企业普遍存在（刘啟仁和黄建忠，2015；张杰等，2015；钱学锋等，2015）。另一方面，国内和国际市场企业都对出口企业形成竞争（Chen et al.，2010），大量企业涌入国际市场，推高了工资等生产要素价格（叶宁华等，2014；盛丹和陆毅，2016）。产品市场和要素市场的过度竞争使出口企业陷入"低加成率陷阱"。因此，分析出口对企业加成率的作用，需先判断是选择效应还是竞争效应发挥主导作用。

在给定企业个体特征的前提下，选择效应和竞争效应会共同影响企业加成率，如果企业面临的竞争效应大于选择效应，则企业更倾向于降低自身的加成率水平，以适应外部市场环境；如果企业面临的选择效应强于竞争效应，则企业会选择提高自身的加成率水平，以取得竞争优势。因此，加成率的形成是通过企业面临的竞争效应和选择效应强弱决定的（Feenstra，2010；钱学锋等，2016）。基于相关文献和机制分析（Melitz，2003；Bernard et al.，2003；Melitz and Ottaviano，2008；刘啟仁和黄建忠，2015），根据 Kumbhaka 和 Parmeter（2009），构建影响企业加成率的双边随机边界模型，具体形式如下：

$$markup_{it} = markup_{it}^* + w_{it} - u_{it} + v_{it} = markup_{it}^* + \varepsilon_{it} = z'_{it}\delta + \varepsilon_{it} \quad (1)$$

其中，$markup$ 代表企业实际加成率；z_{it} 代表样本个体特征，包括企业规模、年龄、产品质量等特征变量。$markup^*$ 代表基准加成率，即在给定企业个体特征条件下，完全市场竞争时的企业加成率，代表市场认可的企业竞争力或定价能力的基准。$markup^* = z'_{it}\delta$，δ 为参数估计向量。复合残差项 $\varepsilon_{it} = w_{it} - u_{it} + v_{it}$。其中，$w_{it}$ 用来描述选择效应对企业加成率的正向影响程度，且 $w_{it} \geq 0$；u_{it} 代表竞争效应对企业加成率的负向影响程度，且 $u_{it} \geq 0$；v_{it} 为随机误差项，反映不可观测因素所导致的企业加成率随机偏离。复合残差项 ε_{it} 可能并不为 0，这导致普通最小二乘估计（OLS）有偏。根据模型（1），选择效应对加成率的正向影响使企业实际加成率高于基准加成率，而竞争效应带来的负向影响又会使企业实际加成率低于基准加成率，通过测度双边（Two-tier）共同影响的净效应衡量企业实际加成率的偏离程度。为了克服 OLS 估计产生的偏误问题，本文采取最大似然法（MLE）来对模型（1）进行估计。假设随机误差项服从正态分布，w_{it} 和 u_{it} 均服从指数分布，且误差项 w_{it}、u_{it} 和 v_{it} 之间相互独立。进一步地，推导出复合残差项 ε_{it} 的概率密度函数如下：

$$f(\varepsilon_i) = \frac{\exp(a_i)}{\sigma_u + \sigma_w}\Phi(c_i) + \frac{\exp(b_i)}{\sigma_u + \sigma_w}\int_{-d_i}^{\infty}\phi(x)dx$$
$$= \frac{\exp(a_i)}{\sigma_u + \sigma_w}\Phi(c_i) + \frac{\exp(b_i)}{\sigma_u + \sigma_w}\phi(d_i) \quad (2)$$

其中，$a_i = \frac{\sigma_v^2}{2\sigma_u^2} + \frac{\varepsilon_i}{\sigma_u}$；$b_i = \frac{\sigma_v^2}{2\sigma_w^2} - \frac{\varepsilon_i}{\sigma_w}$；$c_i = -\frac{\varepsilon_i}{\sigma_v} - \frac{\sigma_v}{\sigma_u}$；$d_i = \frac{\varepsilon_i}{\sigma_v} - \frac{\sigma_v}{\sigma_w}$。$\Phi(\cdot)$、$\phi(\cdot)$ 分别为标准正态分布的累积分布函数和概率密度函数。

对于包含 n 个观测值的样本而言，其对应的对数似然函数形式为：

$$\ln L(Z;\xi) = -n\ln(\sigma_w + \sigma_u) + \sum_{i=1}^{n}\ln[e^{a_i}\Phi(c_i) + e^{b_i}\Phi(d_i)] \quad (3)$$

其中，$\xi = [\beta, \sigma_v, \sigma_u, \sigma_w]'$。通过对式（3）求解最大化，可以得到参数的极大似然估计值。通过对 w_i 和 u_i 条件密度函数的推导，分别得到 w_{it} 和 u_{it} 的条件期望：

$$E(w_i | \varepsilon_i) = \frac{1}{(1/\sigma_u + 1/\sigma_w)} + \frac{\sigma_v[\Phi(-d_i) + d_i\Phi(d_i)]}{\exp(b_i - a_i)[\Phi(d_i) + \exp(a_i - b_i)\Phi(c_i)]} \quad (4)$$

$$E(u_i | \varepsilon_i) = \frac{1}{(1/\sigma_u + 1/\sigma_w)} + \frac{\exp(a_i - b_i)\sigma_v[\phi(-c_i) + c_i\Phi(c_i)]}{\Phi(d_i) + \exp(a_i - b_i)\Phi(c_i)} \quad (5)$$

利用式（4）和式（5）估计每个企业面临的选择效应与竞争效应带来的企业实际加成率与基准加成率之间的绝对偏离程度，转换为百分比形式，分别表示为：

$$E(1 - e^{-w_i} | \varepsilon_{it}) = 1 - \frac{(1/\sigma_u + 1/\sigma_w)}{1 + (1/\sigma_u + 1/\sigma_w)} \cdot$$

$$\frac{[\Phi(c_i) + \exp(b_i - a_i)\exp(\sigma_v^2/2 - \sigma_v d_i)\Phi(d_i - \sigma_v)]}{\exp(b_i - a_i)[\Phi(d_i) + \exp(a_i - b_i)\Phi(c_i)]} \quad (6)$$

$$E(1 - e^{-u_i} \mid \varepsilon_i) = 1 - \frac{(1/\sigma_u + 1/\sigma_w)}{1 + (1/\sigma_u + 1/\sigma_w)} \cdot$$

$$\frac{[\Phi(d_i) + \exp(a_i - b_i)\exp(\sigma_v^2/2 - \sigma_v c_i)\Phi(c_{it} - \sigma_v)]}{\Phi(d_i) + \exp(a_i - b_i)\Phi(c_i)} \quad (7)$$

进一步地，根据式（6）和式（7）推导出选择效应和竞争效应对企业加成率的净效应：

$$NE = E(1 - e^{-w_i} \mid \varepsilon_i) - E(1 - e^{-u_i} \mid \varepsilon_i)$$
$$= E(e^{-u_i} - e^{-w_i} \mid \varepsilon_i) \quad (8)$$

三、研究设计

（一）计量模型的设定

根据刘啟仁和黄建忠（2015）、Lu 和 Yu（2015）的研究，并考虑数据的可获得性，设定回归模型如下：

$$\ln mkp_{it} = \beta_0 + \gamma X_{it} + \sum year_t + \sum prov_r + \sum ind_j + w_{it} - u_{it} + v_{it} \quad (9)$$

其中，i、t、r、j 分别代表企业、年份、省份和行业。$\ln mkp_{it}$ 代表出口企业的加成率的对数。X_{it} 代表企业个体特征变量。根据 Bellone 等（2016）、黄先海等（2016a）的研究，本文主要选取以下变量：①企业年龄（$\ln age$），取对数形式。②企业规模（$\ln size$），以企业的销售收入的对数形式表示。③出口产品质量（$\ln quality$）。① 本文基于 Piveteau 和 Smagghue（2013），通过构建产品质量的局部均衡模型，将中间产品进口来源国的实际汇率作为工具变量，克服模型内生性问题，在控制其他变量条件下，剔除产品价格的影响得到产品质量，最终根据企业出口额加权得到企业层面的出口产品质量，限于篇幅，具体计算方法参见杨汝岱和李艳（2013）。产品质量取对数形式。④劳动力成本（$\ln wage$），采用企业应付工资、福利费之和与从业人数比值的对数形式衡量。⑤资本集中度（$\ln kl$），用企业资本与从业人数的比值衡量，取对数形式。⑥资产负债率（$dabr$）。等于企业的总资产除以总负债。

本文还选取如下控制变量：①所有制类型（$ownership$）。根据 Lu 和 Yu（2015），按实收资本占比大小划分为国有企业、民营企业、港澳台企业和外商独资企业 4 种类型。②年份变量（$year$），生成对应样本区间内的时间虚拟变量。③省份类别（$prov$），生成对应省份的虚拟变量。④行业类别（ind），生成二分位行业对应的虚拟变量。

（二）企业层面加成率的估计

本文在 de Loecker 和 Warzynski（2012）生产函数法的基础上对企业加成率进行估计。在不依赖任何需求结构的假设条件下，采用结构模型的方法克服不可观测的生产率冲击和价格因素，使用企业层面的产出数据估计企业加成率。企业加成率 μ_{it} 的表达式为：

$$\mu_{it} = \theta_{it}^m (\alpha_{it}^m)^{-1} \quad (10)$$

其中，θ_{it}^m 为中间材料投入要素的产出弹性，α_{it}^m 为中间材料投入要素的支出额占比。②

根据式（10）可知，由于中间材料投入要素的支出占比可以直接从企业层面数据得到，计算企业层面加成率的关键在于无偏地估计出中间材料投入要素的产出弹性。大量文献探讨生产函数的估计方法，其核心问题在于如何控制不可观测的生产率冲击。③ 现有研究通常利用 OP 法和 LP 法为代表的半参数方法，通过控制企业投资和中间投入与生产率的单调关系对生产率冲击进行控

---

① 除选择效应正向影响外，企业加成率的提高可能由于存在出口的"学习效应"（Learing by Exporting）（de Loecker, 2007；钱学锋等, 2011），也可能由于沿着生产可能性边界（Production Possibility Frontier）移动使企业加成率提高（de Loecker and Goldberg, 2014）。因此，根据 Atkin 等（2017），本文通过控制企业出口产品质量一定程度上控制这两种效应对企业加成率的影响。

② 此处参考 de Loecker 和 Warzynski（2012）采用调整后的要素份额，即在 ACF 第一阶段得到残差后，用工业总产值除以 exp（估计残差）得到调整的总收入，再采用要素支出额除以调整的总收入，得到调整的要素份额。

③ de Loecker 和 Warzynski（2012）指出，由于生产率往往与企业投入选择相关，不控制生产率冲击将导致要素产出弹性估计产生偏误。

制，但仍可能产生共线性问题，导致估计失效（Ackerberg et al.，2015）。① 因此，本文采用 ACF 两步估计法进行估计从而得到稳健的企业层面加成率。在生产函数设定方面，采用更为灵活的超越对数（translog）生产函数形式，表达式为：

$$y_{it} = \beta_l l_{it} + \beta_k k_{it} + \beta_m m_{it} + \beta_{ll} l_{it}^2 + \beta_{kk} k_{it}^2 + \beta_{mm} m_{it}^2 + \beta_{lk} l_{it} k_{it} + \beta_{km} k_{it} m_{it} + \beta_{lm} l_{it} m_{it} + \beta_{lmk} l_{it} k_{it} m_{it} + \omega_{it} + \kappa_{it}$$
（11）

其中，y 为工业总产值，κ 为随机误差项，以上小写字母表示价格平减且取对数后的要素投入。

利用 ACF 两步估计法处理生产率的内生性问题。第一阶段得到产出 $\bar{\phi}_{it}$ 后，通过非参数方法得到生产率随机冲击 $\bar{v}_{it}(\beta)$。借助资本 k 在初期决定，劳动 l 和中间材料投入要素 m 与滞后一期生产率无关的性质，得到如下矩条件：

$$E[\bar{v}_{it}(\beta)(l_{it-1}, k_{it}, m_{it-1}, l_{it-1}^2, k_{it}^2, m_{it-1}^2, l_{it-1} k_{it}, k_{it} m_{it-1}, l_{it-1} m_{it-1}, l_{it-1} k_{it} m_{it-1})'] = 0$$
（12）

利用 GMM 估计估计得到生产函数中对应的参数估计向量，再根据 $\bar{\beta}_m + 2\bar{\beta}_{mm} m_{it} + \bar{\beta}_{lm} l_{it} + \bar{\beta}_{km} k_{it} + \bar{\beta}_{lmk} l_{it} k_{it}$ 得到行业层面的中间材料投入要素的产出弹性。② 最后，利用企业层面加成率的计算公式（10）计算出企业层面的加成率估计值 $\bar{\mu}$。

（三）数据来源及处理

参考杨汝岱和李艳（2013）的匹配思路，本文对 2000～2006 年中国工业企业数据库与中国海关企业层面进出口数据进行合并，共计得到 185068 个观测值。根据黄先海等（2016a），本文对 2000～2006 年的中国工业企业—海关合并样本进行数据处理，剔除数据异常值。对涉及的变量均以 1998 年为基期进行了平减处理，并对关键指标在 1%、99% 分位进行缩尾处理。本文最终得到了 147490 个样本观测值，样本分布的具体情况如表 1 所示。

表 1　样本分布状况

		观测样本（个）	占比（%）	规模（%）			质量（%）			是否获得补贴（%）	
				小	中	大	低	中	高	否	是
所有权	国有企业	5651	3.83	0.44	0.70	2.70	1.37	1.26	1.20	2.45	1.38
	民营企业	49237	33.38	11.04	10.98	11.37	12.31	12.24	8.84	23.73	9.65
	港澳台企业	44354	30.07	11.50	10.79	7.79	10.35	9.46	10.27	26.24	3.83
	外商独资企业	48248	32.71	10.04	10.53	12.14	8.98	10.04	13.69	27.24	5.47
地区	东部地区	138222	93.72	31.75	31.39	30.58	30.65	31.04	32.03	75.47	18.25
	中部地区	5681	3.85	0.86	1.03	1.97	1.42	1.23	1.20	2.71	1.14
	西部地区	3587	2.43	0.40	0.58	1.45	0.93	0.72	0.78	1.49	0.94
	合计	147490	100.00	33.00	32.99	34.00	33.00	33.00	34.00	79.67	20.33

注：根据出口产品质量的第 33 和 66 百分位将样本划分低档、中档和高档质量产品；根据销售收入的第 33 和 66 百分位将样本划分大规模、中等规模和小规模企业。

---

① Ackerberg 等（2015）认为，OP 方法主要依赖企业投资是生产率的严格递增函数，但是现实中很多企业缺少投资，这就导致必须把投资为零的样本全部剔除，导致样本有很大损失。同时，LP 方法中的劳动和中间投入都是非动态投入，因而两者很可能有相同的决定方式，即 $m_{it} = m_t(\omega_{it}, k_{it})$，$l_{it} = l_t(\omega_{it}, k_{it})$，因此，LP 方法第一阶段的回归会产生多重共线性问题，导致估计失效。

② 根据 de Loecker 和 Warzynski（2012）、Lu 和 Yu（2015）的处理方式，考虑到行业间资本密集度不同可能导致生产函数具有较大差异性，本文对"国民经济行业分类 GB/T 4754—2002"中的二位码行业对应投入要素的产出弹性进行估计，并在此基础上计算企业层面的加成率和全要素生产率。

四、经验结果与分析

(一) 全样本的随机边界模型估计

1. 出口企业加成率的影响因素分析

基于竞争效应和选择效应对出口企业加成率的影响机制及定量测度方法，本文首先对计量模型式（9）进行估计，表2列示了运用双边随机前沿模型估计得到的回归结果。在表2中，第（1）列直接采用控制全部变量的OLS估计，第（2）～（6）列采用逐步增加控制变量的双边随机前沿下的最大似然估计（MLE），其中，模型6对所有变量均进行了控制。似然比检验结果表明，第（3）～（6）列结果显著异于第（2）列，即通过逐步增加变量回归的方法合理。根据回归模型对应的对数极大似然函数值（log likelihood），本文后续以第（6）列作为方差分解的基准模型。

根据表2第（6）列的回归结果，从影响方向看，企业规模、人均工资对出口企业的加成率影响为正，而企业年龄、产品质量、资本集中度、资产负债率对出口企业的加成率呈负向影响。从影响大小看，人均工资对出口产品加成率的影响最大，员工获得的人均工资每提高10%，则出口企业的加成率将提升0.739%。原因在于，企业的生产离不开"人"的因素，提高员工劳动报酬，有利于直接激发员工的努力程度和工作积极性，充分发挥"效率工资"的作用，促使企业更快发展，顺利与国际市场接轨，有利于出口企业加成率的提升（陈雯和孙照吉，2016；张明志和铁瑛，2016）。值得注意的是，现阶段提高出口产品的质量可能并未促进企业加成率的提升，这主要在于中国存在较多的加工贸易企业，出口企业大多位于全球生产链条分工中的零部件组装成成品的环节，以"数量、价格优势"出口的模式并未完全改变（高运胜等，2017）。

表2 双边随机边界模型的基本估计结果（全样本）

因变量	ln*mkp*					
	(1)	(2)	(3)	(4)	(5)	(6)
ln*age*	-0.0149***	-0.0245***	-0.0203***	-0.0170***	-0.0152***	-0.0133***
	(-20.2426)	(-38.0314)	(-32.2337)	(-27.6784)	(-24.7918)	(-20.8692)
ln*size*	0.0593***	0.0697***	0.0664***	0.0598***	0.0636***	0.0636***
	(157.4731)	(215.0825)	(209.3762)	(190.5534)	(197.7765)	(197.8824)
ln*quality*	-0.0007	-0.0014**	0.0005	-0.0010	-0.0024***	-0.0026***
	(-1.0211)	(-2.0569)	(0.8403)	(-1.5450)	(-3.8868)	(-4.2413)
ln*wage*	0.0739***			0.0689***	0.0757***	0.0759***
	(80.1151)			(92.6830)	(98.0344)	(97.4486)
ln*kl*	-0.0106***				-0.0135***	-0.0130***
	(-25.2043)				(-37.0815)	(-35.5387)
dabr	-0.0673***				-0.0546***	-0.0565***
	(-36.0228)				(-34.4311)	(-35.2043)
ownership	是	否	否	否	否	是
year	是	否	否	否	否	是
prov	是	否	是	是	是	是
ind	是	是	是	是	是	是

续表

因变量	ln *mkp*					
	(1)	(2)	(3)	(4)	(5)	(6)
常数项	-0.7017*** (-1.0e+02)	-0.7208*** (-1.7e+02)	-0.7180*** (-1.4e+02)	-0.8369*** (-1.6e+02)	-0.8056*** (-1.6e+02)	-0.8535*** (-1.5e+02)
调整后的 R^2	0.3824					
log *likelihood*		60147.4800	65169.2890	69312.9250	70410.5090	70816.3520
LR (chi2)			10043.6200	18330.8900	20526.0600	21337.7400
p 值			0.0000	0.0000	0.0000	0.0000
样本数	139738	139738	139738	139738	139738	139738

注：**、***分别表示在5%和1%的水平下显著，括号内的值为 *t* 值。在回归变量中，ownership 以国有企业为基准，prov 以北京市（代码11）为基准，ind 以农副食品加工行业（二位行业代码：13）为基准。

2. 方差分解：选择效应与竞争效应对出口企业加成率的解释能力

表3汇报了在表2第（6）列的回归结果基础上的方差分解结果。出口企业面临的选择效应与竞争效应对加成率具有重要的影响，其中，选择效应系数的估计值为 0.1239①，而竞争效应系数的估计值为 0.0835，这使得两者对出口企业加成率作用的综合效应影响为正，$E(w-u)=\sigma_w-\sigma_u=0.0404$。这表明，综合而言，选择效应对出口企业加成率的正向效应大于竞争效应对出口企业加成率的负向效应，导致出口企业实际提供的加成率高于基准加成率水平。根据方差分解结果，复合扰动项的总方差为 0.0240，选择效应与竞争效应的共同影响可以解释总方差 ($\sigma_v^2+\sigma_u^2+\sigma_w^2$) 的 70.95%，未能解释的部分只占 20.95%。其中，选择效应的影响占比高达 90.13%，而竞争效应的影响占比仅为 9.87%。方差分解结果表明，出口企业面临的选择效应明显大于竞争效应，使企业更加倾向于主动选择出口行为，虽然整体上存在出口企业加成率低于非出口企业加成率的"悖论"，但出口企业的实际加成率相对基准加成率水平仍有正向的提高。

表3 方差分解：选择效应与竞争效应的影响

	变量含义	符号	测度系数
复合扰动项	随机误差	σ_v	0.0410
	选择效应系数	σ_w	0.1239
	竞争效应系数	σ_u	0.0835
方差分解	随机误差项的总方差	$\sigma_v^2+\sigma_u^2+\sigma_w^2$	0.0240
	总方差中选择效应与竞争效应共同的影响比重	$(\sigma_u^2+\sigma_w^2)/(\sigma_v^2+\sigma_u^2+\sigma_w^2)$	0.7095
	选择效应的影响比重	$\sigma_w^2/(\sigma_u^2+\sigma_w^2)$	0.9013
	竞争效应的影响比重	$\sigma_u^2/(\sigma_u^2+\sigma_w^2)$	0.0987

---

① 这一数值通过表3对应的回归系数结果来分析对出口企业加成率的具体影响效应，实际强弱程度需要进一步依据预期剩余的百分比来进行衡量。

3. 选择效应与竞争效应对出口企业加成率影响的偏离程度测度

本文根据式（6）和式（7）重点测算选择效应与竞争效应各自对出口企业加成率影响的偏离程度，即 $E(1-e^{-w_i}|\varepsilon_i)$ 和 $E(1-e^{-u_i}|\varepsilon_i)$，其对应的政策含义是由于企业面临的选择效应和竞争效应差异，企业实际提供的加成率相对于基准加成率 $\ln \hat{m} = z_i'\hat{\sigma}$ 偏离的百分比。根据表4的估计结果可知，平均而言，选择效应使出口企业提供的加成率高于基准加成率11.05%，而竞争效应使出口企业的加成率低于基准加成率3.94%。根据选择效应和竞争效应对企业加成率的净效应 $E(e^{-u_i}-e^{-w_i}|\varepsilon_i)$ 可知，两者相互作用最终的效果是使出口企业实际加成率高于基准加成率水平达到7.11%。这表明，由于出口企业面临的选择效应和竞争效应差异，如果出口企业的基准加成率为100，最终提供的实际加成率则为107.11。以2000~2006年中国工业企业－海关匹配数据为例，样本区间内的出口企业实际平均加成率1.257测算，市场的基准加成率水平为1.174，相比提高了0.083。

表4 选择效应和竞争效应对出口企业加成率影响的预期效应估计（全样本） 单位：%

变量	平均值	标准差	Q1	Q2	Q3
选择效应：$\hat{E}(1-e^{-w}|\varepsilon)$	11.0489	8.0861	5.5470	8.1037	13.5796
竞争效应：$\hat{E}(1-e^{-u}|\varepsilon)$	3.9394	1.4236	3.0679	3.4512	4.2298
净效应：$\hat{E}(e^{-u}-e^{-w}|\varepsilon)$	7.1096	8.8809	1.3173	4.6525	10.5117

注：Q1、Q2、Q3分别表示第25%、50%及75%分位，下表同。

表4后3列（Q1~Q3）更为详尽地列示了选择效应和竞争效应对出口企业加成率的净效应分布情况。结果表明，选择效应和竞争效应分别使出口企业的基准加成率发生了不同程度的偏离，具有较强的异质性，但是在出口企业加成率的实际形成过程中选择效应始终发挥主导作用。具体而言，在25%分位时，选择效应的正向影响与竞争效应的负向影响共同作用的结果是使1/4出口企业的加成率分别上升了1.32%。然而，根据50%分位和75%分位的统计结果，两者共同作用的结果使这一分位对应的1/4出口企业加成率分别上升了4.65%和10.51%。

对于中国出口企业，选择效应的正向影响和竞争效应负向影响共同的净效应使企业的加成率高于基准加成率水平，这表明中国出口企业平均而言具有较强的盈利能力和定价能力，但从加成率的提高幅度看，只高于市场认可的基准加成率7.11个百分点，中国出口企业在国际市场上的竞争力仍然不足，这不难理解为何中国出口企业的实际加成率低于非出口企业。一方面，选择效应对出口企业的正向影响有限。中国广泛存在针对出口企业的税收优惠、补贴等产业政策，使大量低加成率企业选择"走出去"（刘啟仁和黄建忠，2015；黄先海等，2016b）。另外，大部分文献发现中国出口企业的生产率反而低于非出口企业，与新新贸易理论的核心结论相反，存在典型的中国企业"出口—生产率悖论"（戴觅等，2014；李春顶，2015；杨汝岱，2015b），选择效应对中国出口企业加成率的正向影响有限与中国出口企业自身存在的低生产率问题密不可分。另一方面，由于中国长期内需不足，国际市场却保持着较为旺盛的需求，贸易自由化程度带来的关税削减使贸易成本大幅降低，大量低效率的企业主动选择进入出口市场，加之大量新进企业为了抢占市场更多的选择降价策略，竞争效应的负向影响抵减了一部分选择效应对出口企业加成率的正向影响。

图2列示了选择效应和竞争效应对出口企业加成率影响的具体分布特征。图2（a）和图2（b）显示，虽然选择效应和竞争效应的影响都呈现向右拖尾的分布特征，但选择效应向右拖尾的

特征更加明显,这表明选择效应在少数出口企业中处于绝对的强势地位。但竞争效应使54.28%的出口企业的实际加成率低于基准加成率3.74%,进一步表明竞争效应对出口企业的影响更具有普遍性,抵减了大部分选择效应对出口企业加成率的正向影响。图2(c)显示,选择效应和竞争效应综合作用的净效应明显大于0,只有不到15%的出口企业的实际加成率低于基准加成率。值得注意的是,选择效应使46.75%的出口企业获得的实际加成率高于基准加成率7.27%,进一步表明,虽然选择效应的正向影响和竞争效应负向影响共同的净效应使企业的加成率高于基准水平,但是选择效应作用效果有限且一部分被竞争效应抵减,选择效应对出口企业加成率的正向作用仍未能有效发挥。

(二)选择效应、竞争效应影响出口企业加成率的子样本分布特征

1. 按年度分组的子样本估计

表5列示了选择效应和竞争效应对出口企业加成率影响的净效应年度分布特征估计结果,选择效应和竞争效应综合影响的净效应从2000年的7.12%降到2006年的6.96%,在样本区间不但没有提升,反而下降了0.16个百分点。总体而言,伴随贸易自由化和便利化程度的不断加深,中国企业积极选择"走出去"开拓国际市场,使其竞争力有了一定程度的提升,出口企业的实际加成率均高于基准加成率水平,但提高幅度平均只有7个百分点。从市场改革历程看,党的十六大以来,尤其是加入WTO之后,净效应由2002年的7.34%降到2003年的6.88%。为顺应贸易自由化潮流,中国对外开放水平不断提高,选择效应使更多高效率企业从事出口活动,提高了出口企业在国际市场上的竞争力和定价能力。但是伴随着出口退税、出口补贴等政策的实施,越来越多的低效率企业也同时涌入了出口市场,这一定程度上限制了选择效应对企业加成率的提高程度。从企业自身来看,大量企业进入出口市场竞相压价带来了过大的竞争效应,进一步抵减了选择效应对出口企业加成率的正向影响,导致中国出口企业层面加成率相对非出口企业不增反降(刘啟仁和黄建忠,2015)。

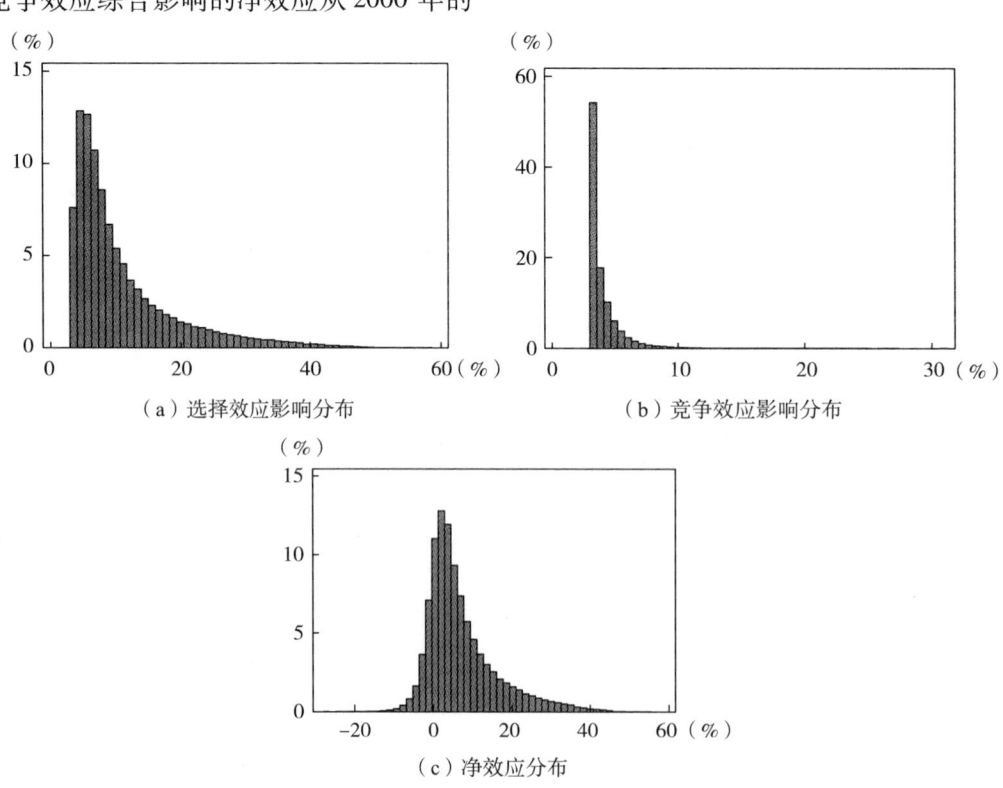

图2 选择效应和竞争效应影响的频数分布

表5　选择效应和竞争效应对出口企业加成率影响的净效应年度分布特征　　　　　　　　　　　　　　　单位:%

年份	平均值	标准差	Q1	Q2	Q3
2000	7.1178	9.0027	1.3014	4.6862	10.4628
2001	7.0274	8.8280	1.3945	4.6187	10.3242
2002	7.3375	9.2729	1.2447	4.8079	10.9692
2003	6.8803	8.5140	1.3612	4.6827	10.2388
2004	7.4399	9.4971	1.3087	4.5443	10.7939
2005	7.0381	8.7042	1.3180	4.5936	10.2948
2006	6.9571	8.4733	1.3044	4.7085	10.5521

2. 按所有制分组的子样本估计

选择效应和竞争效应对不同所有制企业的出口行为影响具有较大差异（Lu and Yu, 2015）。表6估计结果显示，在所有权类型方面，选择效应的正向影响均超过竞争效应的负向影响，使出口企业的实际加成率不同程度的高于基准加成率。其中，国有企业的加成率最高，外资企业次之，而民营企业最低。平均而言，国有企业的实际加成率高于基准加成率7.54%，而民营企业实际加成率只高于基准加成率6.74%。在中国背景下，国有企业相对其他类型企业更具有"政策优势"，以补贴为例，样本区间内国有企业获得补贴的占比为36%，而民营企业只有28.90%，补贴政策明显更倾向于国有企业。[①] 由于补贴、出口退税等政策扭曲，处于产业中下游的大中型国有企业更加倾向于出口，一方面降低了其对国际市场价格竞争的敏感度，另一方面因为企业获得了大量的财政支持而使调整后的企业实际加成率提高。对于外资企业而言，由于其相对国内企业具有技术和生产效率优势，选择出口的倾向性最强，且定价受国际市场影响较小，并不需要为维持市场份额而压低产品价格，因此外资企业的加成率相对较高。对于民营企业而言，往往进入出口市场为了维持市场份额需要尽可能压低价格，导致竞争效应过大，抵减了选择效应对民营企业加成率的大部分正向影响。由此看来，要重点打破国有企业的垄断地位和在某些方面的特权，积极促进民营企业竞争力提升对跨越出口低价成率陷阱大有裨益。

表6　选择效应和竞争效应对出口企业加成率影响的预期效应估计（按所有制分组）　　　　　　　　单位:%

	变量	平均值	标准差	Q1	Q2	Q3
国有企业 (ownership=1)	选择效应：$\hat{E}(1-e^{-w}\mid\varepsilon)$	11.5287	8.8678	5.5627	8.2171	14.1950
	竞争效应：$\hat{E}(1-e^{-u}\mid\varepsilon)$	3.9899	1.6274	3.0534	3.4336	4.2209
	净效应：$\hat{E}(e^{-u}-e^{-w}\mid\varepsilon)$	7.5388	9.7279	1.3417	4.7835	11.1416
民营企业 (ownership=2)	选择效应：$\hat{E}(1-e^{-w}\mid\varepsilon)$	10.6644	7.5808	5.6201	7.9698	12.8629
	竞争效应：$\hat{E}(1-e^{-u}\mid\varepsilon)$	3.9202	1.3977	3.0885	3.4730	4.1892
	净效应：$\hat{E}(e^{-u}-e^{-w}\mid\varepsilon)$	6.7442	8.3522	1.4310	4.4968	9.7745
港澳台企业 (ownership=3)	选择效应：$\hat{E}(1-e^{-w}\mid\varepsilon)$	10.9678	8.1048	5.5374	8.0402	13.3292
	竞争效应：$\hat{E}(1-e^{-u}\mid\varepsilon)$	3.9112	1.2963	3.0746	3.4614	4.2353
	净效应：$\hat{E}(e^{-u}-e^{-w}\mid\varepsilon)$	7.0566	8.8412	1.3021	4.5789	10.2547

---

① 根据表1统计，样本区间内共有国有企业5651家，其中获得政府补贴的企业2035家，占比36%；民营企业49237家，其中获得政府补贴的企业14229家，占比28.9%。

续表

	变量	平均值	标准差	Q1	Q2	Q3
外资企业 (ownership=4)	选择效应：$\hat{E}(1-e^{-w}\mid\varepsilon)$	11.4583	8.4418	5.4709	8.3165	14.5978
	竞争效应：$\hat{E}(1-e^{-u}\mid\varepsilon)$	3.9790	1.5318	3.0454	3.4189	4.2742
	净效应：$\hat{E}(e^{-u}-e^{-w}\mid\varepsilon)$	7.4793	9.3089	1.1968	4.8976	11.5524

3. 按产业类型分组的子样本估计

根据王洁玉等（2013）的方法，将产业（industry）划分为劳动密集型、资本密集型和技术密集型，表7汇报了按产业类型分组的子样本估计结果。平均而言，技术密集型产业获得净效应最高，达到7.36%，资本密集型产业的影响居中，劳动密集型产业影响最小。劳动密集型产业在中国经济结构中占有重要地位，中国的加工贸易类企业大多为劳动密集型产业，这类企业也通常采取"低质、低价"的出口模式，企业的国际竞争力有限。技术密集型产业获得的净效应最高的原因在于，技术密集型产业对技术和智力要素依赖大大超过其他生产要素，实际出口加成率相对基准加成率水平的提升仍然最高。资本密集型产业主要包括基础工业和重工业，与技术密集型产业相比，资本密集型产业更加依靠资金和设备的投入，但未充分利用劳动力的比较优势，选择效应和竞争效应相互作用的结果是使此类产业获得的预期效应居中。另外，根据表7第1四分位的估计结果，选择效应的正向影响和竞争效应的负向影响综合作用的结果是使技术密集型产业的实际加成率偏离基准加成率显著低于另外两类产业（1.237<1.323<1.360），进一步表明，对于这1/4的技术密集型产业的企业而言，更多的是依靠对国外先进设备的引进和技术模仿，自主创新能力不足；而对应的劳动密集型产业利用劳动力成本低的比较优势反而使企业具有一定的定价能力。

表7 选择效应和竞争效应对出口企业加成率影响的预期效应估计（按产业类型分组）   单位：%

	变量	平均值	标准差	Q1	Q2	Q3
劳动密集型 (industry=1)	选择效应：$\hat{E}(1-e^{-w}\mid\varepsilon)$	10.9175	7.9249	5.5743	8.0581	13.2637
	竞争效应：$\hat{E}(1-e^{-u}\mid\varepsilon)$	3.9316	1.3983	3.0764	3.4585	4.2144
	净效应：$\hat{E}(e^{-u}-e^{-w}\mid\varepsilon)$	6.9860	8.7070	1.3599	4.5997	10.1873
资本密集型 (industry=2)	选择效应：$\hat{E}(1-e^{-w}\mid\varepsilon)$	10.9389	8.0864	5.5508	7.9872	13.2559
	竞争效应：$\hat{E}(1-e^{-u}\mid\varepsilon)$	3.9023	1.2556	3.0766	3.4701	4.2276
	净效应：$\hat{E}(e^{-u}-e^{-w}\mid\varepsilon)$	7.0366	8.8063	1.3231	4.5172	10.1793
技术密集型 (industry=3)	选择效应：$\hat{E}(1-e^{-w}\mid\varepsilon)$	11.3427	8.2990	5.4959	8.3123	14.3819
	竞争效应：$\hat{E}(1-e^{-u}\mid\varepsilon)$	3.9872	1.6038	3.0496	3.4195	4.2594
	净效应：$\hat{E}(e^{-u}-e^{-w}\mid\varepsilon)$	7.3554	9.1863	1.2365	4.8928	11.3323

五、进一步讨论

通过以上分析发现，中国出口企业由于面临的选择效应大于竞争效应，实际加成率仍高于基准加成率水平，选择效应对出口企业的正向影响有限，竞争效应的负向影响却抵减了大部分选择效应对出口企业加成率的正向影响，这正是理解中国出口企业低加成率之谜的关键。进一步地，为使经验结果更加稳健，本文在上述计量结果的基础上，进行了三种机制的讨论：一是验证选择效应中"出口—生产率悖论"与非生产率因素的影响,并进一步探讨贸易类型可能的重要作用;二是基于倾向得分匹配方法测算出口与非出口的企业加成率差异;三是检验选择效应和竞争效应对出口企业加成率的影响机制。

(一)"出口—生产率悖论"与非生产率因素的影响

大量研究表明,在使用中国企业数据对出口与生产率的研究中,中国出口企业的生产率反而低于非出口企业,与新新贸易理论的核心结论相反,存在典型的中国企业"出口—生产率悖论"(戴觅等,2014;杨汝岱,2015a)。出口企业相比非出口企业通常具有更高的生产率,在选择效应的作用下,出口企业具有更高的加成率。换言之,中国出口低加成率可能与中国典型的"出口—生产率悖论"现象密切相关。为验证两者的关系,本文以出口企业和非出口企业的加成率均值差与非出口企业加成率均值的比值表示两类企业的加成率差异,同理构建了全要素生产率(TFP)对应的指标。为保证结果的稳健性,本文在指标计算前对样本进行了倾向得分匹配(Rosenbaum and Rubin,1983)。①

根据图3的结果,本文发现,第一,全要素生产率在样本区间内的离差占比呈现整体下降趋势,尤其是2003年之后存在典型的"出口—生产率悖论"的现象。加成率的离差占比始终小于0,验证了中国出口企业加成率低于非出口企业的典型事实。第二,出口企业加成率与全要素生产率在中国背景下并不完全一致,随着中国加入WTO,2003年以前,全要素生产率离差占比的下降伴随着加成率离差占比始终低于0,而2003年之后,加成率与全要素生产率的离差占比趋势基本一致。其原因可能主要包括两点:一是中国出口企业的低加成率之谜与"出口—生产率悖论"密切相关,全要素生产率是影响企业出口加成率提高的重要因素;二是政府补贴、出口退税广泛存在等非生产率因素产生的选择效应带来的影响不可忽视。那么,随之而来的问题是,全要素生产率和非生产率因素又能在多大程度上解释中国出口企业所面临的选择效应?

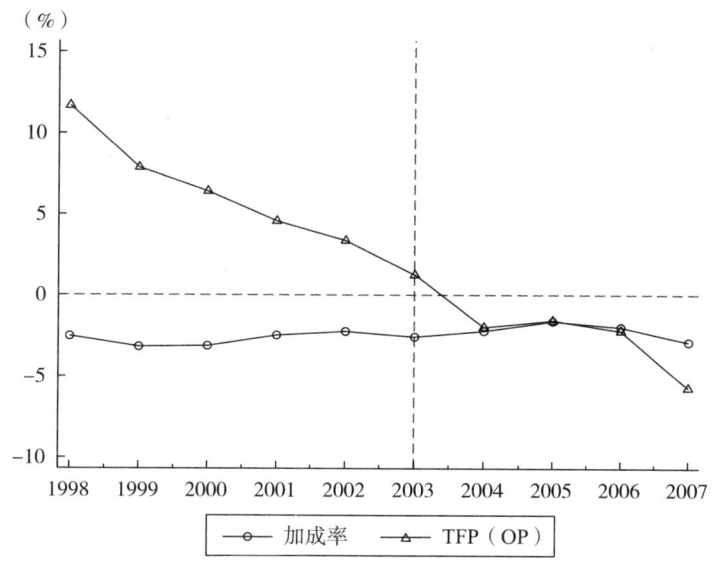

图3 出口、非出口企业加成率与全要素生产率的离差变动

数据来源:笔者根据1998~2007年"中国工业企业数据库"计算而得。

---

① 根据祝树金和张鹏辉(2015)、盛丹和王永进(2012)的做法,选取从业人数、营业利润、企业年龄、资产负债率、员工人均工资和全要素生产率等维度,采用最近邻域法进行倾向得分匹配,下同。限于篇幅,结果备索。

根据典型事实分析，进一步检验全要素生产率和非生产率因素对出口企业选择效应的实际影响。本文在回归模型（9）的设定中加入全要素生产率①，使选择效应仅包含非生产率部分，重新估计得到的结果如表8所示。稳健性检验结果中的竞争效应与未包含全要素生产率的结果（见表4）相比，并未发生明显变动，但是选择效应从11.05%下降到了7.95%，足足降低3.10个百分点。换言之，全要素生产率可以解释选择效应的28.05%，而非生产率因素可以解释选择效应的71.95%。结果表明，非生产率因素是解释中国出口企业选择效应的重要因素。从净效应看，由于选择效应的降低，出口企业的实际加成率相比基准加成率只提高4.02个百分点，相比包含生产率的净效应结果降低了3.09个百分点。值得一提的是，虽然现有文献大多讨论低效率的企业从事出口行为、加工贸易大量存在等问题的弊端（刘啟仁和黄建忠，2015；戴觅等，2014；宋超和谢一青，2017；Yu，2015），但相比市场竞争条件下的基准加成率而言，从政策上鼓励企业"走出去"等非生产率因素却一定程度上提高了出口企业加成率4.02个百分点。虽然对出口企业的实际加成率提升有限，但从根本上确实会提高那些具有"过硬实力"企业的加成率。剔除生产率重新估计结果进一步表明，"出口—生产率悖论"典型事实在一定程度上制约了出口企业实际加成率的提升，阻碍了选择效应的有效发挥，但是非生产率因素发挥着更为重要的作用，虽然一定程度上提高了出口企业的实际加成率，但仍无法有效"过滤"低效率出口企业，限制了提高的程度，这也是解释导致中国出口企业低加成率之谜的重要因素。

表8　选择效应和竞争效应对出口企业加成率影响的预期效应的稳健性估计（剔除TFP）　单位：%

变量	平均值	标准差	Q1	Q2	Q3
选择效应：$\hat{E}(1-e^{-w}\mid\varepsilon)$	7.9522	6.7511	3.2520	5.2603	10.0788
竞争效应：$\hat{E}(1-e^{-u}\mid\varepsilon)$	3.9305	2.5020	2.7043	2.8673	3.9628
净效应：$\hat{E}(e^{-u}-e^{-w}\mid\varepsilon)$	4.0217	8.0104	-0.7108	2.3930	7.3745

据笔者统计，样本期内的加工贸易占比为17.84%，一般贸易为57.25%，混合贸易占比为24.91%，加工贸易是中国参与全球价值链的主要形式。正如李春顶（2015）所指出的，中国企业的"出口—生产率悖论"只是一个局部现象，可能是部分特殊贸易类型或中国贸易特有模式带来的结果。因此，本文有必要对企业贸易类型可能产生的"出口—生产率悖论"进行检验。表9汇报了按出口贸易类型（tradetype）分组的子样本估计结果。一般贸易获得的净效应最高达到7.27%；混合贸易居中，为6.98%；而加工贸易获得的实际加成率提高仅为3.06%。这表明，"出口—生产率悖论"仅在加工贸易类出口企业中较为显著，而在混合贸易和一般贸易类出口企业中几乎并不存在，这与戴觅等（2014）的研究结论相一致。按出口贸易类型分组的预期效应估计结果也表明，在混合贸易和一般贸易类型出口企业中，选择效应一定程度上促进了企业出口企业加成率的提升，但由于竞争效应的抵消，其与非出口企业的加成率差距不大；相反，在加工贸易类型出口企业中，"出口—生产率悖论"广泛存在，非生产率因素虽然使实际加成率相比市场竞争条件下的基准加成率有一定程度的提高，但由于包含出口退税等政策因素，又促使大量低效率企业涌入出口市场，降低了选择效应对加成率的正向作用程度。

---

① 根据杨汝岱（2015b），运用OP方法对二位码行业的全要素生产率进行估计。

表9 选择效应和竞争效应对出口企业加成率影响的预期效应估计（按贸易类型分组） 单位:%

	变量	平均值	标准差	Q1	Q2	Q3
混合贸易 (tradetype=1)	选择效应：$\hat{E}(1-e^{-w}|\varepsilon)$	10.9225	7.9008	5.5563	8.1082	13.3778
	竞争效应：$\hat{E}(1-e^{-u}|\varepsilon)$	3.9367	1.4081	3.0732	3.4505	4.2245
	净效应：$\hat{E}(e^{-u}-e^{-w}|\varepsilon)$	6.9858	8.6927	1.3318	4.6577	10.3046
加工贸易 (tradetype=2)	选择效应：$\hat{E}(1-e^{-w}|\varepsilon)$	8.0544	8.5454	3.3556	6.8302	11.4462
	竞争效应：$\hat{E}(1-e^{-u}|\varepsilon)$	4.9908	1.4311	2.0714	3.4970	4.3460
	净效应：$\hat{E}(e^{-u}-e^{-w}|\varepsilon)$	3.0636	9.3432	1.2842	3.3332	7.1002
一般贸易 (tradetype=3)	选择效应：$\hat{E}(1-e^{-w}|\varepsilon)$	11.1802	7.9843	5.6642	8.2536	13.8888
	竞争效应：$\hat{E}(1-e^{-u}|\varepsilon)$	3.9065	1.4256	3.0603	3.4282	4.1656
	净效应：$\hat{E}(e^{-u}-e^{-w}|\varepsilon)$	7.2736	8.7759	1.4986	4.8254	10.8285

（二）基于倾向得分匹配的出口与非出口企业差异

解释中国出口企业的低加成率之谜，有必要检验竞争效应和选择效应分别对出口企业与非出口企业的影响效应。为减少内生性对结果的影响，利用倾向得分匹配方法筛选出具备出口条件但并未选择出口的非出口（内销）企业，并在此基础上通过双边随机边界模型估计竞争效应和选择效应分别对出口和非出口企业的影响效应，选取1998~2007年的中国工业企业数据作为研究样本。基于双边随机边界模型，分别对控制组和处理组样本进行估计，比较选择效应和竞争效应对企业加成率影响的预期效应，计算选择效应中全要素生产率和非生产率因素的影响程度。计算结果如表10所示。

表10 基于倾向得分匹配的预期效应估计与选择效应分解（1998~2007年） 单位:%

	变量	平均值	TFP影响占比	剔除TFP的影响占比
非出口 (export=0)	选择效应：$\hat{E}(1-e^{-w}|\varepsilon)$	10.7264	19.0875	80.9125
	竞争效应：$\hat{E}(1-e^{-u}|\varepsilon)$	3.8773		
	净效应：$\hat{E}(e^{-u}-e^{-w}|\varepsilon)$	6.8491		
出口 (export=1)	选择效应：$\hat{E}(1-e^{-w}|\varepsilon)$	9.6777	10.3196	89.6804
	竞争效应：$\hat{E}(1-e^{-u}|\varepsilon)$	3.9659		
	净效应：$\hat{E}(e^{-u}-e^{-w}|\varepsilon)$	5.7117		

根据表10估计结果，1998~2007年样本区间内，在竞争效应和选择效应作用下，非出口企业获得的净效应为6.85%，而出口企业获得净效应为5.71%，匹配后出口企业相比非出口企业获得的净效应少1.14个百分点，结果进一步表明中国出口企业的加成率水平确实低于非出口企业，存在典型的"出口低加成率陷阱"。从竞争效应和选择效应的作用效果来看，出口企业与非出口企业主要的差距在于选择效应（9.68＜10.73），这说明选择效应对出口企业的作用有限。从选择效应的分解来看，对于出口企业而言，TFP影响占比只有10.3196%，比非出口企业足足低8.77个百分点，推动中国企业选择出口的关键仍是非生产率因素。由于贸易自由化便利化程度的不断加深，出口退税、补贴等产业政策的广泛存在一定程度上鼓励中国企业主动"走出去"，促使大量低加成率企业选择进入出口市场，尤其是很多低加成率企业选择从事加工贸易，特别是来料加工贸易，严重阻碍了选择效应的发挥，非生产率因素导致出口企业实际获得的加成率偏低。

(三) 对边际成本和产品价格机制的检验

Lu 和 Yu（2015）指出，企业加成率包含产品价格和边际成本的信息。也正如前文分析，选择效应和竞争效应可能同时通过边际成本和产品价格影响企业加成率。鉴于此，有必要对这一机制进行检验。用产品出口总额与出口总量的比值得到企业产品平均价格（$Price$），再根据加成率定义反推得到边际成本的代理变量（MC）。选择效应和竞争效应对企业加成率影响渠道分析结果如表 11 所示。

表 11 选择效应和竞争效应对企业加成率影响渠道分析 单位:%

	变量	平均值	标准差	Q1	Q2	Q3
边际成本（MC）	选择效应：$\hat{E}(1-e^{-w}\mid\varepsilon)$	67.4679	21.5915	44.9832	62.6994	90.2918
	竞争效应：$\hat{E}(1-e^{-u}\mid\varepsilon)$	54.9362	16.8138	43.4531	44.8397	62.0199
	净效应：$\hat{E}(e^{-u}-e^{-w}\mid\varepsilon)$	-12.5317	35.6788	-46.8386	-17.8597	17.0368
产品价格（$Price$）	选择效应：$\hat{E}(1-e^{-w}\mid\varepsilon)$	11.0522	8.1546	5.4950	8.0797	13.6122
	竞争效应：$\hat{E}(1-e^{-u}\mid\varepsilon)$	3.9902	1.4881	3.0905	3.4709	4.2745
	净效应：$\hat{E}(e^{-u}-e^{-w}\mid\varepsilon)$	7.0620	8.9777	1.2205	4.6088	10.5217

注：对边际成本净效果估计时，选择效应和竞争效应的符号设定与原模型相反。

根据表 11 的估计结果，在选择效应和竞争效应的综合作用下，降低了出口企业的边际成本 12.53%，且提高了产品的价格 7.06%，这表明两者确实通过边际成本和产品价格同时影响企业加成率。具体地，由于非生产率因素的作用，对出口企业有大量的税收优惠政策和政府补贴行为，这使得位于 25% 分位和 50% 分位的企业均降低了边际成本，但是对于大企业而言（75% 分位），由于补贴力度有限，反而不利于其边际成本的下降。在产品价格方面，选择效应始终高于竞争效应，有利于出口企业加成率的提升。值得注意的是，在 75% 分位上，大企业的产品价格提升净效应明显低于边际成本的增加，而其他分位则出现相反情况，这在一定程度上反映了中国出口市场中普遍存在扶弱抑强的问题，既促进大量中小型、低效率企业从事出口行为，却又阻碍了大企业国际竞争力的提升。

六、结论与政策建议

基于中国工业企业—海关匹配数据，本文利用双边随机边界模型试图从竞争效应和选择效应的相互作用视角重新解读中国的"出口低加成率之谜"。本文发现，中国出口企业由于面临的选择效应大于竞争效应，使实际加成率仍高于基准加成率水平，选择效应对出口企业的正向影响有限，竞争效应的负向影响却抵减了一部分选择效应对出口企业加成率的正向影响，这正是理解中国出口企业低加成率之谜的关键。具体地，非生产率因素和"出口—生产率悖论"典型事实的存在一定程度上限制了中国出口企业实际加成率的提升，但后者仅在加工贸易类出口企业中存在，这表明为顺应贸易自由化潮流，政策上鼓励企业"走出去"是理解中国现阶段出口企业低加成率之谜的重要因素。

本文的政策建议有：第一，着力提高企业生产率，实现由单纯加工贸易向高附加值生产贸易活动转变。企业要加大研发投入力度，通过技术创新引致生产率提升，提高高生产效率企业进入出口市场的"选择效应"，以生产率提高促进出口企业跨越"低加成率陷阱"。同时，政府要积极鼓励企业的技术创新行为，设立创新科研基金，对取得重大突破的企业创新行为进行政策性补贴或资金奖励，同时财政要加大基础性研究的投入力度。第二，充分发挥市场在资源配置中的决定性作用，提高出口市场进入门槛，逐步加快加工贸易类企业转型，积极引导技术密集型产业出口，增强企业"走出去"的竞争力。未来的产业政策建议考虑对大型国有企业实施征税，而对下游中小民营企业的生产和创新活动实施补贴，重点打破国有企业的垄断地位和在某些方面的特权，现阶段应积极促进民营企业竞争力的提升。第三，着力提升产品的附加值，重点培育本土出口企业的品牌知名度和技术优势，满足市场多样化的需求，以质量促进企业加成率提升。第四，积极落实"西部大开发"和"中部崛起"战略，积极促进中西部地区出口企业的加成率的提升。第五，减少地区贸易壁垒，降低地区贸易成本。由于国内市场存在严重的分割，应尽可能取消或降低省际、市际的"过路费"，直接降低运输费用，增强国内地区间贸易，使大量高生产效率企业主动选择从事出口贸易活动。

当然，本文只是从选择效应与竞争效应的互动视角对中国"出口低加成率之谜"进行解释，要在一个统一的框架对这一问题做出系统解释是非常困难的。尤其需要指出的是，中国是一个情况复杂的发展中大国，区域制度与发展绩效差异是中国区别于其他发达市场经济的一个重要特点，在地方保护主义严重的中国，国内市场分割的地位尤其显著，这导致大量议价能力低的企业主动选择进入出口市场，严重分割的国内市场扭曲了中国企业的出口行为。因此，将经济地理与现有主流文献关于贸易和产业的研究相结合是国际贸易领域未来一个非常重要的研究方向，例如从城市集聚、区位地理、产业园区等角度研究"出口低加成率之谜"，这也是本文未来需要改进的方向。

参考文献

[1] 陈雯，孙照吉．劳动力成本与企业出口二元边际．数量经济技术经济研究，2016（19）．

[2] 戴觅，余淼杰，Madhura Maitra．中国出口企业生产率之谜：加工贸易的作用．经济学（季刊），2014（1）．

[3] 高运胜，郑乐凯，杨张娇．异质性产品质量与出口加成率．统计研究，2017（9）．

[4] 黄先海，诸竹君，宋学印．中国中间品进口企业"低加成率之谜"．管理世界，2016a（7）．

[5] 黄先海，诸竹君，宋学印．中国出口企业阶段性低加成率陷阱．世界经济，2016b（3）．

[6] 李春顶．中国企业"出口—生产率悖论"研究综述．世界经济，2015（5）．

[7] 李卓，赵军．价格加成、生产率与企业进出口状态．经济评论，2015（3）．

[8] 刘啟仁，黄建忠．异质出口倾向、学习效应与"低加成率陷阱"．经济研究，2015（12）．

[9] 钱学锋，范冬梅．国际贸易与企业成本加成：一个文献综述．经济研究，2015（2）．

[10] 钱学锋，范冬梅，黄汉民．进口竞争与中国制造业企业的成本加成．世界经济，2016（3）．

[11] 钱学锋，黄菊蓉，黄云湖，王胜．出口与中国工业企业的产率——自我选择效应还是出口学习效应？．数量经济技术经济研究，2011（2）．

[12] 钱学锋，潘莹，毛海涛．出口退税、企业成本加成与资源误置．世界经济，2015（8）．

[13] 任曙明，张静．补贴、寻租成本与加成率——基于中国装备制造企业的实证研究．管理世界，2013（10）．

[14] 盛丹，陆毅．出口贸易是否会提高劳动者工资的集体议价能力．世界经济，2016（5）．

[15] 盛丹，王永进．中国企业低价出口之谜——基于企业加成率的视角．管理世界，2012（5）．

[16] 宋超，谢一青．人民币汇率对中国企业出口的影响：加工贸易与一般贸易．世界经济，2017（8）．

[17] 王洁玉，郭琪，周沂，贺灿飞．市场分割对中国制造业增长的影响——区域与产业差异．地理科学进展，2013（11）．

[18] 许家云，田硕．人民币汇率与中国出口企业加成率：基于倍差法的实证分析．国际贸易问题，2016（2）．

[19] 杨汝岱．中国企业"出口—生产率悖论"．世界经济，2015a（5）．

[20] 杨汝岱．中国制造业企业全要素生产率研究．经济研究，2015b（2）．

[21] 杨汝岱，李艳．区位地理与企业出口产品价格差异研究．管理世界，2013（7）．

[22] 杨汝岱，李艳．中国出口产品质量研究．第十

五届中国青年经济学者论坛工作论文.

[23] 叶宁华,包群,邵敏. 空间集聚、市场拥挤与我国出口企业的过度扩张. 管理世界,2014(1).

[24] 张杰,翟福昕,周晓艳. 政府补贴、市场竞争与出口产品质量. 数量经济技术经济研究,2015(4).

[25] 张杰,郑文平. 政府补贴如何影响中国企业出口的二元边际. 世界经济,2015(3).

[26] 张明志,铁瑛. 工资上升对中国企业出口产品质量的影响研究. 经济学动态,2016(9).

[27] 诸竹君,黄先海,宋学印,胡馨月,王煌. 劳动力成本上升、倒逼式创新与中国企业加成率动态. 世界经济,2017(8).

[28] 祝树金,张鹏辉. 出口企业是否具有更高的价格加成:中国制造业的证据. 世界经济,2015(4).

[29] Ackerberg D A, Caves K, Frazer G. Identification Properties of Recent Production Function Estimators. Econometrica, 2015, 83 (6): 2411 – 2451.

[30] Atkin D, Khandelwal A K, Osman A. Exporting and Firm Performance: Evidence from a Randomized Experiment. Econometrica, 2017, 132 (2): 551 – 615.

[31] Badinger H. Has the EU's Single Market Programme Fostered Competition? Testing for a Decrease in Mark – up Ratios in EU Industries. Oxford Bulletin of Economics & Statistics, 2007, 69 (4): 497 – 519.

[32] Bellone F, Musso P, Nesta L, Warzynski F. International Trade and Firm – level Markups when Location and Quality Matter. Journal of Economic Geography, 2016, 16 (1): 67 – 91.

[33] Bernard A B, Eaton J, Jensen J B, Kortum S. Plants and Productivity in International Trade. American Economic Review, 2003, 93 (4): 1268 – 1290.

[34] Bernard A B, Jensen J B. Exceptional Exporter Performance: Cause, Effect, or Both? *Journal of International Economics*, 1999, 47 (1): 1 – 25.

[35] Broersma L, Oosterhaven J. Regional Labor Productivity in the Netherlands: Evidence of Agglomeration and Congestion Effects. *Journal of Regional Science*, 2009, 49 (3): 483 – 511.

[36] Chen N, Imbs J, Scott A. The dynamics of Trade and Competition. *Journal of International Economics*, 2010, 77 (1): 50 – 62.

[37] Crozet M, Head K, Mayer T. Quality Sorting and Trade: Firm – level Evidence for French Wine. Cepr discussion papers, 2009, 79 (2): 609 – 644.

[38] de Loecker J. Do Exports Generate Higher Productivity? Evidence from Slovenia. Journal of International Economics, 2007, 73 (1): 69 – 98.

[39] de Loecker J, Goldberg P K. Firm Performance in a Global Market. American Review of Economics, 2014, 6: 201 – 227.

[40] de Loecker J, Warzynski F. Markups and Firm – Level Export Status. The American Economic Review, 2012, 102 (6): 2437 – 2471.

[41] de Loecker J, Goldberg P K, Khandelwal A K, Pavcnik N. Prices, Markups, and Trade Reform. Econometrica, 2016, 84 (2): 445 – 510.

[42] Domowitz I, Hubbard R G, Petersen B C. Market Structure and Cyclical Fluctuations in U. S. Manufacturing. The Review of Economics and Statistics, 1988, 70 (1): 55 – 66.

[43] Edmond C, Midrigan V, Xu D Y. Competition, Markups, and the Gains from International Trade. American Economic Review, 2015, 105 (10): 3183 – 3221.

[44] Feenstra R C. Measuring the Gains from Trade under Monopolistic Competition. Canadian Journal of Economics, 2010, 43 (1): 1 – 28.

[45] Kugler M, Verhoogen E. Prices, Plant Size, and Product Quality. Review of Economic Studies, 2012, 79 (1): 307 – 339.

[46] Kumbhakar S C, Parmeter C F. The Effects of Match Uncertainty and Bargaining on Labor Market Outcomes: Evidence from Firm and Worker Specific Estimates. Journal of Productivity Analysis, 2009, 31 (1): 1 – 14.

[47] Lu Y, Yu L. Trade Liberalization and Markup Dispersion: Evidence from China's WTO Accession. American Economic Journal: Applied Economics, 2015, 7 (4): 221 – 253.

[48] Martin J. Markups, Quality, and Transport Costs. European Economic Review, 2012, 56 (4): 777 – 791.

[49] Melitz M J. The Impact of Trade on Inrea – Industry Reallocations and Aggregate Industry Productivity. Econometrica, 2003, 71 (6): 1695 – 1725.

[50] Melitz M J, Ottaviano G I P. Market Size, Trade, and Productivity. Review of Economic Studies, 2008, 75 (1):

295 – 316.

[51] Yu M J. Processing Trade, Tariff Reductions and Firm Productivity: Evidence from Chinese Firms. Economic Journal, 2015, 125 (6): 943 – 988.

[52] Peters M. Heterogeneous Mark – Ups, Growth and Endogenous Misallocation. The London School of Economics and Political Science, London, UK, 2013.

[53] Piveteau P, Smagghue G. A New Method for Quality Estimation Using Trade Data an Application to French Firms. Mimeo, Columbia University, 2013.

[54] Rizov M, Oskam A, Walsh P. Is There a Limit to Agglomeration? Evidence from Productivity of Dutch Firms. Regional Science & Urban Economics, 2012, 42 (4): 595 – 606.

[55] Rosenbaum P R, Rubin D B. The Central Role of the Propesity Score in Observational Studies for Causal Effect. Biometrika, 1983, 70 (1): 41 – 55.

[56] Tybout J R. Plant and Firm – Level Evidence on "New" Trade Theories. Handbook of International Trade, 2003, 1: 388 – 415.

The Mystery of Low Export Markups in China: The Competition and Selection Effects

Xu Ming, Li Yifei

Abstract: Based on the Chinese Industrial Enterprises Database and Chinese longitudinal firm trade transaction data, this paper empirically measures and analyses the selection effect and competition effect on export enterprise markups by applying the two – tier stochastic frontier model. The results show that the interaction between the selection and competition effects ultimately leads to export enterprises' actual markups being 7.11% higher than the benchmark markups. Although export enterprises' actual markups are higher than the effective markups in different degrees, the heterogeneity grouping indicates that the selection effect is limited to the promotion of export enterprise markups, while the competition effect further offsets the positive influence of the selection effect. From the selection effect decomposition, it is deduced that the total factor productivity can explain 28.05% of the selection effect, while other than total factor productivity can account for 71.95%. By controlling the type of enterprise export trade, the "export – productivity paradox" only arises from processing trade enterprises, it shows that as the degree of trade liberalization continues to increase, the policy of encouraging enterprises to "go out" is an important factor to explain the my – stery of low makeup of Chinese exporters.

Key Words: The Mystery of Low Export Markups; Competition Effect; Selection Effect; Two – Tier Stochastic Frontier Model

中国出口企业低加成率之谜及其形成机制

——基于资源配置的视角

许 明

摘 要：基于中国工业企业—海关匹配数据，本文系统测算了中国企业的加成率，并利用倾向得分匹配法比较中国出口企业加成率和非出口企业加成率的差异，以验证中国"出口低加成率"是否真实存在。进一步地，在动态 OP 方法基础上对出口企业加成率进行分解，从资源配置角度挖掘中国出口低加成率背后的机制。研究结果表明，第一，中国出口企业加成率始终低于非出口企业，平均相差 0.03，中国存在典型的"出口低加成率"现象。第二，企业内效应和资源再配置效应对中国出口企业加成率增长的贡献率分别为 77.89% 和 22.11%，依靠企业自身技术进步提升而带来的加成率增长占据主导地位。第三，中国长期实施出口导向型战略，使大量从事加工贸易的企业涌入出口市场，出口市场的进入门槛较低，这是中国出口企业加成率偏低的重要原因。

关键词：加成率；出口企业；资源配置；加工贸易；形成机制

根据新古典经济学，在完全市场竞争条件下，企业提供的产品价格与边际成本相等，此时资源效率有效配置。但现实世界并不完美，使企业的产品价格与边际成本之间存在一定的偏离，即企业加成率，它是衡量企业市场势力或定价能力的指标，其高低事关一个国家能够在全球价值链条和国际贸易当中的取得更多丰厚的利益和优先定价的权力（Edmond et al., 2015；钱学锋和范冬梅，2015）。由于"中国制造"长期在国际市场上饱受诟病，其往往被贴上低价格、低质量、低利润的"三低"产品标签，国际市场上的动态竞争力不足，低价出口之谜背后的主要原因在于我国出口企业的加成率过低（盛丹和王永进，2012；刘啟仁和黄建忠，2015）。党的十九大报告提出，推动形成全面开放新格局，加快培育国际经济合作和竞争新优势。尤其是在供给侧结构性改革的大背景下，研究我国企业如何出口、如何进一步提高出口企业的竞争力问题具有丰富的理论和现实意义。

Melitz（2003）提出的新新贸易理论认为，出口企业通常具有较高的生产率水平[①]，这意味着在外部面临相同的市场环境下，出口企业可以克服较高的出口固定成本进入国际市场，因此相比非出口企业而言，出口企业普遍具有更高的加成率。虽然部分研究发现，中国出口企业可能存在低加成率现象，但是由于违背国际贸易理论预

---

* 本文发表在《亚太经济》2018 年第 4 期。
[作者简介] 许明，中国社会科学院工业经济研究所助理研究员。
① 与此相反的是，使用中国企业数据对出口与生产率的研究中，大部分文献发现中国出口企业的生产率反而低于非出口企业，与新新贸易理论的核心结论相反，存在典型的中国企业"出口—生产率悖论"（戴觅等，2014；李春顶，2015）。

期,很难从理论上加以解释,目前仍无法形成共识(刘啓仁和黄建忠,2015)。鉴于此,本文尝试做两个方面工作:一是系统测算中国企业的加成率水平,并利用倾向得分匹配法(PSM)比较中国出口企业加成率和非出口企业加成率的差异,以验证中国"出口低加成率"是否真实存在;二是从资源配置角度对中国出口低加成率之谜的形成机制进行解读,并提出相应的对策建议。本文结构安排如下:第一部分是文献综述;第二部分是企业加成率的测算方法;第三部分是数据来源与加成率测算;第四部分验证中国是否存在"出口低加成率"现象;第五部分是影响机制分析:基于资源配置视角;第六部分是结论和政策建议。

一、文献综述

目前,国内外已有不少学者对企业加成率问题进行研究,现有研究大致可以分为以下两类。

第一类是关于出口与企业加成率关系的研究。Melitz 和 Ottaviano(2008)(以下简称 M-O 模型)开创性地通过内生化出口企业加成率推导出企业的可变加成率为临界成本与企业自身边际成本之差的函数,从理论上证明了出口企业相比非出口企业具有更高的加成率水平。随后,在 M-O 模型的基础上,学者们开始从实证经验角度探究加成率与企业出口之间的关系。de Loecker 和 Warzynski(2012)基于 1994~2000 年斯洛文尼亚 7951 家制造业企业数据的实证研究表明,出口可以显著提高企业加成率相对水平的 4%~5%,或者提高加成率的绝对水平 0.079~0.099,即出口企业平均而言具有更高的加成率。另外,de Loecker 和 Warzynski(2012)还发现,加成率的提高主要归因于新进入的出口企业。Bellone 等(2016)通过对法国数据的研究发现,产品质量效应大于市场竞争效应,因此出口企业具有更高的加成率。与上述研究不同,刘啓仁和黄建忠(2015)基于中国工业企业数据库的研究发现,我国的出口企业加成率显著低于非出口企业,我国高密度出口企业存在典型的"低加成率陷阱"。

第二类是关于资源配置问题的研究。当产品间所有的加成率均相等时,资源配置效率最高。高加成率的企业雇用员工的数量低于最优资源配置效率情况,而低加成率企业则生出高于最优资源配置情况,在存在加成率离散的情况下,以上两种情况均会导致资源错配。Lu 和 Yu(2015)研究了中国贸易自由化对行业加成率离散的影响,结果表明贸易自由化能够有效降低行业加成率的离散成率,并通过价格和成本两条渠道进行反馈。钱学锋等(2015)利用 2000~2006 年企业层面数据发现,出口退税政策加大了出口部门和非出口部门之间加成率的差异,加剧了部门间的资源误配程度。

以上文献加深了笔者对企业加成率的认识,也有部分国内学者对这一问题进行了一定的研究,但仍有三个问题亟须规范解决。其一,如何利用中国微观企业数据科学合理的测算企业加成率;其二,我国企业加成率,尤其是 2000 年以来企业加成率的动态变化如何;其三,如果我国真存在"出口低加成率"问题,如何对这一问题进行解读以符合新新贸易理论框架?只有在合理解决这三个问题的基础上才能够进一步探讨何种因素影响企业加成率、如何提高我国出口企业加成率等问题。在现有文献的基础上,本文的贡献主要包括以下三点:第一,方法上,本文在借鉴 de Loecker 等(2014)、Lu 和 Yu(2015)的基础上,采用更为灵活的三要素超越对数生产函数,有效解决收入法隐含的价格问题和不可观测的效率冲击,准确估计企业层面加成率;第二,内容上,利用倾向得分匹配法(PSM),系统比较中国出口企业和非出口企业的加成率变动,揭示中国存在典型的"出口低加成率"现象;第三,机制上,基于 Melitz 和 Polanec(2015)采用的动态 OP 分解方法对出口企业的加成率进行分解,从资源配置角度探究中国"出口低加成率之谜"的形成机制。

二、企业加成率的测算方法

在不完全市场竞争条件下,企业层面加成率

的测算主要包括会计方法和生产函数法（钱学锋和范冬梅，2015）。但是不同企业加成率的计算方法以及数据的可得性差异，导致成本加成计算的结果存在一定的差异。因此，准确测算企业层面的加成率是相关研究的基础。

（一）会计法

会计法主要利用企业层面的财务数据对成本加成率进行测算（Demowitz et al.，1988），但是这种方法无法对不可观测的边际成本进行测量，不足较为明显，其常见于国内较早关于出口企业成本加成的文献，例如盛丹和王永进（2012）。他们的研究认为中国数据样本的时间跨度较短，因此利用会计法计算企业加成率受外部冲击的可能性较小。根据 Demowitz 等（1988），企业产品价格与边际成本之间的关系可以表示为：

$$\left(\frac{p-mc}{p}\right)_{it} = 1 - \frac{1}{markup_{it}} = \left(\frac{va-pr}{va+ncm}\right)_{it} \quad (1)$$

其中，p 代表企业的产品价格，mc 为产品的边际成本，$markup$ 代表企业加成率。va 代表企业工业增加值，pr 为企业当年应付的工资和福利总额，ncm 为净中间投入要素成本。

（二）生产函数法

通过对企业利润最大化条件，对生产函数进行推导从而得到加成率的公式，能够更准确地估测企业的加成率，同时兼顾价格和市场需求变化的影响。Edmond 等（2015）得出劳动收入份额等于劳动的产出弹性与企业加成率的比值，最终估计内生可变的企业加成率。de Loecker 和 Warzynski（2012）通过设定更为灵活的生产函数，解决了不可观测的投入要素差异问题，更为准确地估计企业层面的加成率，丰富了相关领域文献。一般而言，企业的加成率大于1，加成率越高，则企业越有更高的垄断利润。由于企业层面数据很少提供关于产品价格和边际成本的数据，相关文献在测度企业成本加成方面并没有可比较的方法和数据基础（钱学锋和范冬梅，2015），现有研究大多基于收入法对企业加成率进行测算，

无法克服不可观测的投入要素差异对加成率估计的影响，对企业加成率的准确测度仍有待于进一步完善。

1. Edmond 等（2015）测算方法

Edmond 等（2015）以 C-D 生产函数为基础，根据利润最大化的约束条件进一步求解得到企业加成率的表达式，从而测算出企业内生可变的加成率。Edmond 等（2015）方法的优点主要在于估计企业加成率只需要企业层面有关工资、企业增加值、劳动/资本的产出弹性等信息，因此具有一定广泛的应用。但 Edmond 等（2015）的缺点也较为明显，主要基于寡头垄断竞争模型推导而得，未考虑产品价格、数量等信息，只考虑两种要素的投入产出，具有一定的局限性。根据 Edmond 等（2015），企业加成率具体可以表达为：

$$\left(\frac{wl}{py}\right)_{it} = \left(\frac{1-\beta}{markup}\right)_{it} \quad (2)$$

其中，w 代表人均工资，l 代表企业从业人数，wl 代表企业给员工的劳动报酬总额，p 代表企业生产产品的价格，y 代表企业的产出水平，β 表示资本的产出弹性，$markup$ 代表企业加成率。

2. de Loecker 和 Warzynski（2012）方法

de Loecker 和 Warzynshi（2012）可以在不依赖任何需求结构的假设条件下，采用结构模型的方法克服不可观测的生产率冲击和价格因素，使用企业层面的产出数据估计中国企业加成率。企业加成率 μ_{it} 的表达式为：

$$\mu_{it} = \theta_{it}^m (\alpha_{it}^m)^{-1} \quad (3)$$

其中，θ_{it}^m 为中间材料投入要素的产出弹性，α_{it}^m 为中间材料投入要素的支出额占比。[①]

由式（3）可知，由于中间材料投入要素的支出占比可以直接从企业层面数据得到，计算企业层面加成率的关键在于无偏地估计出中间材料投入要素的产出弹性，而如何控制不可观测的生

[①] 此处参考 de Loecker 和 Warzynski（2012）采用调整后的要素份额，即在 ACF 的第一阶段得到残差后，用工业总产值除以 exp（估计残差）得到调整的总收入，再采用要素支出额除以调整的总收入，得到调整的要素份额。

产率冲击是文献研究的重点。① 现有研究通常利用 OP 法和 LP 法为代表的半参数方法，通过控制企业投资和中间投入与生产率的单调关系对生产率冲击进行控制，但仍可能产生共线性问题，导致估计失效（Ackerberg et al.，2015）。② 因此，本文采用 ACF 两步估计法进行估计从而得到稳健的企业层面加成率。在生产函数设定方面，采用更为灵活的超越对数（Translog）生产函数形式，表达式为：

$$y_{it} = \beta_l l_{it} + \beta_k k_{it} + \beta_m m_{it} + \beta_{ll} l_{it}^2 + \beta_{kk} k_{it}^2 + \beta_{mm} m_{it}^2 + \beta_{lk} l_{it} k_{it} + \beta_{km} k_{it} m_{it} + \beta_{lm} l_{it} m_{it} + \beta_{lkm} l_{it} k_{it} m_{it} + \omega_{it} + \kappa_{it}$$

(4)

其中，y 为工业总产值，κ 为随机误差项，以上小写字母表示价格平减且取对数后的要素投入。

利用 ACF 两步估计法处理生产率的内生性问题。第一阶段得到产出 $\bar{\phi}_{it}$ 后，通过非参数方法得到生产率随机冲击 $\bar{v}_{it}(\beta)$。根据投入要素特征，得到如下矩条件：

$$E[\bar{v}_{it}(\beta)(l_{it-1}, k_{it}, m_{it-1}, l_{it-1}^2, k_{it}^2, m_{it-1}^2, l_{it-1} k_{it}, k_{it} m_{it-1}, l_{it-1} m_{it-1}, l_{it-1} k_{it} m_{it-1})'] = 0 \quad (5)$$

利用 GMM 估计估计得到生产函数中对应的参数估计向量，再根据 $\bar{\beta}_m + 2\bar{\beta}_{mm} m_{it} + \bar{\beta}_{lm} l_{it} + \bar{\beta}_{km} k_{it} + \bar{\beta}_{lmk} l_{it} k_{it}$ 得到行业层面的中间材料投入要素的产出弹性。③ 最后，根据式（3）计算得到企业加成率。

三、数据来源与加成率测算

（一）数据来源

本文使用的数据主要包括两个部分：第一个部分是 1998～2007 年中国规模以上工业企业微观调查数据库。根据杨汝岱（2015）对数据进行整合和处理，得到统一的面板数据。中国工业企业数据库主要用于计算中国企业加成率的计算。第二个部分是 2000～2007 年中国企业—海关匹配数据。中国海关企业层面进出口数据（CLFTTD）是中国目前最为原始、翔实、准确的出口贸易数据。参考杨汝岱和李艳（2013）的匹配思路，本文得到 2000～2007 年中国工业企业－海关匹配数据。主要用于准确得到企业出口信息，并在 Melitz 和 Polanec（2015）基础上对出口企业加成率进行分解。根据黄先海等（2016），本文对样本进行数据处理，主要包括：固定资产总值小于固定资产净值、删除从业人数小于 8、非制造业行业等异常值样本；删除固定资产折旧、营业收入等指标缺失的样本；为剔除企业业绩较差或兼并重组等影响，剔除营业利润率绝对值大于 1 或资产负债率大于 1 或小于 0 的样本。

基于 1998～2007 年中国工业企业数据库，本文分别按照 Domowitz 等（1988）、Edmond 等（2015）、de Loecker 和 Warzynski（2012）计算企业及其所在二位码行业对应的平均加成率，并对不同计算方法下的结果进行比较。表 1 汇报了基于不同测算放大的中国制造业二位码行业的平均加成率。表 1 第（1）列为利用 Domowitz 等（1986）会计法计算得到的行业加成率平均值，第（2）列为根据 Edmond 等（2015）计算得到的二位码行业平均加成率，第（3）列为利用 De Loecker 和 Warzynski（2012）计算得到的结果。可以发现，Domowitz 等（1988）、Edmond 等（2015）的计算结果明显高于 de Loecker 和 Warzynski（2012），由于会计法并没有剔除经济周期和外部冲击等因素的影响，Edmond 等（2015）忽略了中间品投入和资本投入，所以这

---

① de Loecker 和 Warzynski（2012）指出，由于生产率往往与企业投入选择相关，不控制生产率冲击将导致要素产出弹性估计产生偏误。

② Ackerberg 等（2015）认为，OP 方法主要依赖企业投资是生产率的严格递增函数，但是现实中很多企业缺少投资，这就导致必须把投资为零的样本全部剔除，导致样本很大损失。同时，LP 方法中的劳动和中间投入都是非动态投入，因而两者很可能有相同的决定方式，即 $m_{it} = m_t(\omega_{it}, k_{it})$，$l_{it} = l_t(\omega_{it}, k_{it})$，因此，LP 方法第一阶段的回归会产生多重共线性问题，导致估计失效。

③ 根据 de Loecker 和 Warzynski（2012）、Lu 和 Yu（2015）的处理方式，考虑到行业间资本密集度不同可能导致生产函数具有较大差异性，本文对"国民经济行业分类 GB/T 4754—2002"中的二位码行业对应投入要素的产出弹性进行估计，并在此基础上计算企业层面的加成率和全要素生产率。

(二) 加成率计算结果

根据 de Loecker 和 Warzynski（2012）的计算结果，如表1所示，分行业的加权平均加成率基本均高于1，但行业间的差异较大，平均加成率为1.267，范围从0.982到1.564。加成率较高的行业是烟草（1.525）、印刷业（1.564）、专业设备制造（1.418），其中烟草为典型的垄断行业。加成率较低的行业是石油加工（0.982）、黑色金属冶炼（1.139）、化学化纤（1.094）和农副加工业（1.124）。石油行业样本较少，导致石油行业加成率的估计受到一定影响，而其他较低加成率的行业主要为产能过剩行业和劳动密集型行业。

表1 基于不同方法的中国制造业二位码行业的平均加成率

行业	(1) Domowitz 等（1988）	(2) Edmond 等（2015）	(3) de Loecker 和 Warzynski（2012）
13	1.461	1.045	1.124
14	1.367	1.067	1.374
15	1.469	1.065	1.349
16	1.854	1.651	1.525
17	1.266	1.241	1.202
18	1.237	1.089	1.333
19	1.263	1.084	1.192
20	1.327	1.263	1.262
21	1.328	1.308	1.340
22	1.329	1.059	1.202
23	1.318	1.420	1.564
24	1.233	1.104	1.319
25	1.408	1.125	0.982
26	1.379	0.995	1.180
27	1.516	1.365	1.328
28	1.272	1.127	1.094
29	1.329	1.458	1.290
30	1.329	1.142	1.153
31	1.352	1.268	1.302
32	1.377	1.135	1.139
33	1.419	1.148	1.145
34	1.314	1.251	1.234
35	1.311	1.261	1.267
36	1.378	1.197	1.418
37	1.325	1.168	1.279
39	1.313	1.051	1.255
40	1.360	1.378	1.268
41	1.327	1.121	1.381
42	1.314	1.254	1.239

数据来源：根据中国工业企业数据库计算而得。

四、中国是否存在"出口低加成率"现象

为验证中国出口企业的低加成率典型事实,利用 PSM 方法筛选出具备出口条件但并未选择出口的内销企业,并在此基础上对比出口企业和非出口企业的加成率差异,选取 1998～2007 年的企业面板数据作为样本。基本步骤如下。

第一步,估计企业的出口倾向。通过选取影响企业特征的因素,基于 Logit 模型进行回归,计算得到对应的倾向性得分(Propensity Score)。在祝树金和张鹏辉(2015)、盛丹和王永进(2012)的基础上,选取从业人数对数、主营利润对数、企业年龄对数、资产负债率、全要素生产率等维度对是否出口的影响进行 Logit 回归,回归结果如表 2 所示。根据表 2 的回归结果,通过对主要变量依次进行控制发现,发现从业人数对数、全要素生产率、企业年龄对数等因素对企业出口均具有显著的影响,且与预期基本一致。根据 Pseudo-R^2 的结果,本文最终选择第(6)列控制变量采用最近邻域法进行倾向得分匹配。

表 2 影响企业出口因素的 Logit 回归结果

	(1)	(2)	(3)	(4)
从业人数对数	0.714*** (348.95)	0.726*** (350.95)	0.721*** (319.01)	0.723*** (313.47)
年龄对数	-0.037*** (-13.21)	-0.020*** (-7.16)	-0.014*** (-4.98)	0.020*** (6.92)
全要素生产率		0.095*** (44.35)	0.082*** (35.61)	0.093*** (38.63)
资产负债率			-0.298*** (-35.78)	-0.322*** (-38.29)
主营利润对数			0.000*** (9.60)	0.000*** (7.84)
补贴占比				0.329*** (56.40)
国有资本占比				-0.655*** (-66.84)
是否盈利				-0.314*** (-55.72)
资本集中度对数				0.000*** (36.39)
常数项	-5.102*** (-242.29)	-5.390*** (-243.79)	-5.188*** (-225.40)	-4.975*** (-211.48)
年份	是	是	是	是
企业	是	是	是	是
Pseudo-R^2	0.208	0.209	0.210	0.216
N	1681365	1681365	1681365	1681365

注:***表示 1% 的水平下显著,括号内为 t 值。

第二步,根据最近邻域匹配法对样本进行匹配,区分非出口企业(控制组)和出口企业(处

理组），并满足平行性假设和共同支撑假设。匹配前后的核密度图如图1所示。

第三步，利用倾向得分匹配法对比出口组和非出口组的加成率各年差异。计算结果如表3所示。

根据表3测算结果，1998～2007年样本区间内，虽然非出口企业和出口企业的加成率均呈逐年上涨趋势，但是出口企业的加成率始终低于非出口企业，中国的确存在典型的"出口低加成率陷阱"。出口企业加成率从1998年的1.160上升到2007年的1.318，共计上升0.158，年均增长1.29；非出口企业加成率从1998年的1.190上升到2007年的1.357，共计上升0.167，年均增长1.32个百分点。非出口企业与出口企业加成率的差额也在样本区间内保持稳定，差额均值为0.031。与非出口企业相比，出口企业无论是在增长幅度（1.29 < 1.32），还是在数值均值上（1.221 < 1.251）均更小，具体如图2所示。对于我国出口企业加成率更低的事实，既有企业生产率的因素，又与我国独特的政策背景、市场分割等因素密切相关，其内在隐含的资源配置问题是对这一问题进行合理解释的关键。

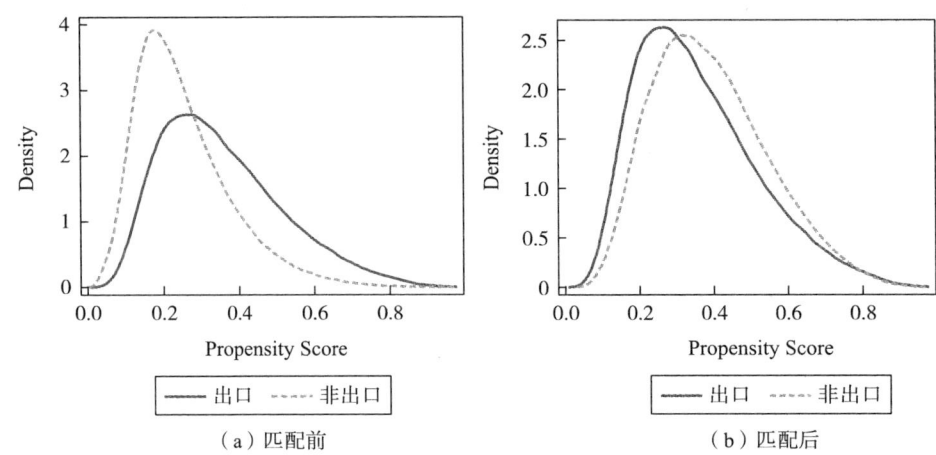

图1 出口与非出口企业匹配前后的Kernel密度分布

表3 基于PSM的出口企业与非出口企业加成率变动差异（1998～2007年）

	非出口	出口	非出口 - 出口
1998	1.1901	1.1600	0.0302
1999	1.1975	1.1593	0.0382
2000	1.2109	1.1731	0.0378
2001	1.2137	1.1838	0.0298
2002	1.2287	1.2013	0.0273
2003	1.2489	1.2166	0.0323
2004	1.2562	1.2286	0.0276
2005	1.2851	1.2646	0.0205
2006	1.3266	1.3005	0.0261
2007	1.3570	1.3179	0.0390

资料来源：笔者自己整理。

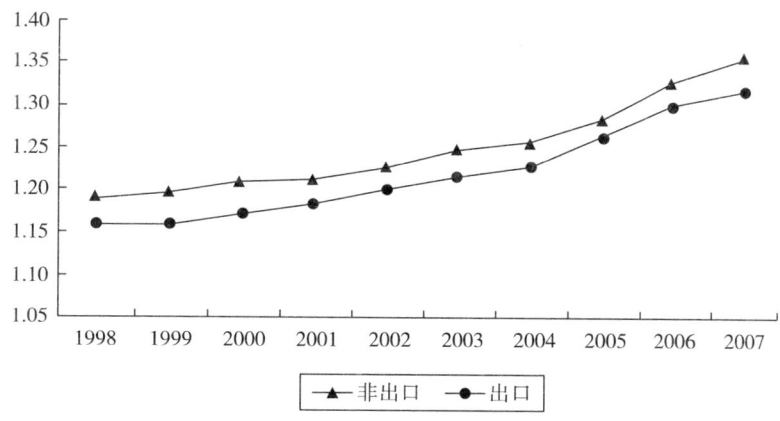

图 2 基于倾向得分匹配的中国工业企业加成率（1998～2007 年）

资料来源：笔者根据中国工业企业数据库计算所得。

五、影响机制分析：基于资源配置视角

前文利用倾向得分匹配方法验证了中国存在典型的出口低加成率现象，进一步地，本文对出口企业的加成率进行分解，细致分析影响出口企业加成率增长的内在驱动因素，从资源配置角度探究中国形成出口低加成率的原因。

本文基于 Melitz 和 Polanec（2015）提出的动态 OP 分解方法，对出口企业的加成率进行分解①，具体的表达式为：

$$\Delta Mkp_{it} = (Mkp_{S2} - Mkp_{S1}) + s_{E2}(Mkp_{E2} - Mkp_{S2}) + s_{X2}(Mkp_{S1} - Mkp_{X1}) = \underbrace{(\overline{Mkp_{S2}} - \overline{Mkp_{S1}})}_{\text{企业内效应}} + \underbrace{\sum_{i \in S}(s_{it} - \bar{s}_t)(Mkp_{it} - \overline{Mkp_{S1}})}_{\text{企业间效应}} + \underbrace{s_{E2}(Mkp_{E2} - Mkp_{S2})}_{\text{进入效应}} + \underbrace{s_{X2}(Mkp_{S1} - Mkp_{X1})}_{\text{退出效应}}$$

$$\underbrace{}_{\text{资源再配置效应}}$$

（6）

其中，MKP_{it} 代表出口企业 i 在第 t 期的加成率；s_{it} 代表出口企业 i 在第 t 期的权重，用从业人数所占比重表示；S、E、X 分别代表企业的在位、进入和退出；下标 2 和 1 分别代表第二期和第一期。$(\overline{Mkp_{S2}} - \overline{Mkp_{S1}})$ 代表在位企业第二期的几何加权平均加成率减去第一期的几何加权平均加成率，用以表示自身成长带来的企业加成率的提升，即企业内效应。$\sum_{i \in S}(s_{it} - \bar{s}_t)(Mkp_{it} - \overline{Mkp_{S1}})$ 代表企业之间配置效率的变动对企业加成率提高的贡献，用以表示企业间的资源配置效率的改善，即企业间效应。$s_{E2}(Mkp_{E2} - Mkp_{S2})$ 表示新进入企业对加成率增长的贡献，即进入效应；$s_{X2}(Mkp_{S1} - Mkp_{X1})$ 代表退出企业对加成率增长的贡献，即退出效应。

在 MP 分解中，企业加成率增长可以分解为企业内效应、企业间效应、进入效应和退出效应，

---

① 现有研究有采用 BHC 分解方法对产品质量、全要素生产率进行分解（张杰等，2014），相比 BHC 分解方法，MP 分解方法克服了 BHC 方法企业间的资源配置只有在加成率大于当期平均行业加成率时市场份额的增加才会提升总体的加成的问题，同时对于 BHC 法分解得到的退出企业和进入企业也存在只有当加成率大于平均加成率时才能提升整体加成率的情况。

而后三项之和又被称为资源配置效率。具体而言，企业内效应表示给定在位企业的市场比重在前后两个时期保持不变，由在位企业自身加成率变化而引致的总体加成率变动；企业间效应表示给定在位企业的加成率在前后两个时期保持不变，由在位企业市场比重变化引致的总体加成率变动，该项为正且越大，表明加成率较高的企业获得越多的市场比重，更有利于资源在在位企业之间配置效率的提高；进入效应表示新进入企业所引致的总体加成率的变化；退出效应表示退出企业引致的总体加成率的变化，当此项为正时，表示低加成率企业有效退出，而资源有效地配置到搞加成率企业，促进了总体加成率的提升。根据定义，企业间效应、进入效应和退出效应之和表示资源再配置效应（杨汝岱，2015）。

本文以2000年为基础年，后续年份的存活企业都是相对于2000年的出口企业。剔除一些无效样本后，2000年共有34956家企业，到2001年有28453家企业存活下来，占比为76.5%，至2011年年底，仅有15681家企业存活下来，占比为24.7%。这表明我国出口企业的存活率较低。表4列示了OP方法的分解结果。从整体来看，企业内效应和资源再配置效应对我国出口企业加成率增长的贡献率分别为77.89%、22.11%。这表明依靠企业自身技术进步提升而带来的加成率增长对于我国出口企业加成率的影响占据主导地位。在资源再配置效率中，企业间效应、进入效应和退出效应依次贡献为20.43%、-11.55%和13.24%，最终导致我国出口企业加成率从的年均增长仅有0.10%。从进入—退出角度分析，退出企业对出口企业加成率的贡献为负，出口企业加成率的增长主要依靠旧进入企业或在位企业的退出实现，而低效率企业的进入对我国出口企业加成的增长产生的负面影响很大程度上抵消了退出效应带来的正向贡献。根据笔者统计，样本2006年的退出企业占比为55.1%，而新进企业占比高达75.3%，新进企业从2001年的8743上升到2006年的47749，增长高达5.5倍。

表4 基于动态OP方法的出口企业加成率分解

年份	总增长贡献	企业内效应	企业间效应	进入效应	退出效应	资源配置效率
2001	0.021	55.059	59.165	-30.426	16.203	55.059
2002	0.056	87.683	18.343	-13.497	7.471	87.683
2003	0.085	71.894	22.008	-12.619	18.717	71.894
2004	0.108	79.419	22.880	-19.204	16.905	79.419
2005	0.160	74.927	19.093	-7.461	13.441	74.927
2006	0.184	82.011	15.523	-7.305	9.770	82.011
水平平均	0.102	0.080	0.021	-0.012	0.014	0.023
份额平均	100	75.16	20.427	-11.551	13.238	22.114

如图3所示，从各年变动的趋势来看，企业内效应总体上呈逐年上涨趋势，而企业间效应和资源配置效率却始终呈下降趋势，企业自身成长的平均贡献在样本区间高达77.89%，杨汝岱（2015）对全要素生产率的分解也得到了类似的结论。以上结果说明，我国出口企业加成率的增长主要依靠企业自身成长贡献，资源配置效率在样本区间内虽然有略微改善，但对于全国整体而言，进一步提升在位企业的资源配置效率有利于现阶段我国出口企业加成率的提升。目前，我国主要依靠不断加大技术投入来实现企业或产业的绝对技术进步，尤其是过多依赖引进国外设备，以达到提升企业加成率和技术升级的目的，从而过多地依靠企业内自身加成率的提高，未充分发挥人力资本的作用，致使大量资源未有效利用，市场的资源配置始终无法在企业加成率的提高过

程中发挥决定性作用。

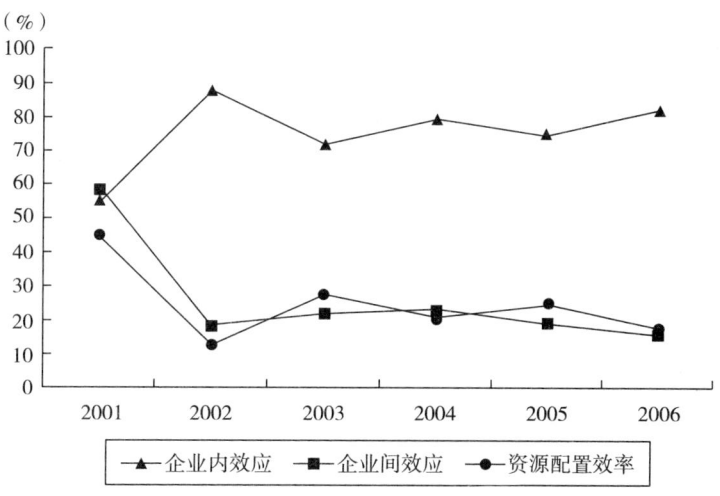

图3 出口企业加成率分解的变动趋势

从企业间效应分析，企业间效应的逐年下降反映了市场分割问题。空间集聚程度的不同是地区之间企业加成率存在差异的重要原因。一方面，当前我国的城市规模仍普遍偏小，空间集聚程度普遍偏低，不利于规模经济效应的发挥。城市为产业集聚的主要地区，为此，在城市化的进程中，不应通过市场分割及制度设计限制城市规模的扩大。另一方面，市场分割阻碍了要素在产业、地区、市场之间的流动，导致大量低加成率企业主动选择从事出口贸易活动，不利于我国出口企业总体加成率的提升。

从进入退出角度分析，我国出口企业加成率的增长主要依靠旧的进入企业或在位企业的退出实现，而低加成率企业的进入对我国出口企业加成率的增长产生的负面影响很大程度上抵消了退出效应带来的正向贡献。导致进出效应没有充分发挥作用的原因主要包括两个点：①新进企业进入门槛低，优胜劣汰机制的不健全是造成我国出口企业加成率增长乏力的重要原因。中国长期实施出口导向型战略，使得大量从事加工贸易的低效率企业涌入出口市场，中国出口低加成率现象其实是中国企业"出口—生产率悖论"的"镜像"，全要素生产率是影响企业出口加成率提高的重要因素，但是大量加工贸易企业的进入导致中国出口企业加成率整体水平提高有限，而且由于补贴、出口退税等政策的存在，低加成率企业又无法有效退出。据统计，样本期内的加工贸易占比为17.84%，一般贸易为57.25%，混合贸易占比为24.91%，加工贸易是中国参与全球价值链的主要形式，这总体上也限制了出口企业加成率的提高。②新进和退出企业比例过高表明大量私营企业的短暂进入和退出国际市场，生产产品大多为加工类出口产品，处于全球价值链的中低端，缺乏国际竞争力。

六、结论与政策建议

本文基于文献对加成率进行测算，并通过倾向得分匹配方法发现中国存在典型的"出口低加成率"之谜，并在此基础上对出口企业加成率进行动态分解，从资源配置角度挖掘中国"出口低加成率"现象背后的逻辑。本文主要发现如下结论：第一，基于倾向得分匹配法的中国出口企业和非出口企业测算发现，在样本区间内，中国出口企业加成率始终低于非出口企业，平均相差0.03，中国存在典型的"出口低加成率"现象。第二，基于Melitz和Polanec（2015）提出的动态OP分解方法对出口企业加成率的分解结果来看，企业内效应和资源再配置效应对我国出口企业加成率增长的贡献率分别为 77.89%、22.11%，且企业内效应呈逐年递增趋势，这表明依靠企业自身技术进步提升而带来的加成率增长对于我国出口企业加成率的影响占据主导地位。第三，从资源配置角度来看，一方面，我国主要依靠不断加大技术投入来实现企业或产业的绝对技术进步，尤其是过多依赖引进国外设备，未充分发挥人力资本的作用，致使大量资源未有效利用，市场的资源配置始终无法在企业加成率的提高过程中发挥决定性作用。另一方面，我国长期实施出口导向型战略，使得大量从事加工贸易的低效率企业涌入出口市场，出口市场的进入门槛较低，导致中国出口企业加成率偏低。

据此，本文的主要建议如下。

第一，着力提高企业生产率，从根本有利于出口企业加成率的提升。企业要加大研发投入力度，通过技术创新引致生产率提升，提高高生产效率企业进入出口市场的"选择效应"，以生产率提高促进出口企业跨越"低加成率陷阱"。同时，政府要积极鼓励企业的技术创新行为，设立创新科研基金，对取得重大突破的企业创新行为进行政策性补贴或资金奖励，同时财政要加大基础性研究的投入力度。

第二，优化产业政策，提高出口市场进入门槛，重点打破国有企业的垄断地位和在某些方面的特权，审慎给予对国有企业的直接政策补贴和出口优惠措施，积极引导技术密集型产业出口，改变以劳动密集型产业出口为主的局面。现阶段提升应重点提升东部地区民营企业的加成率水平。

第三，加快地区间人才、要素流动，减少地区贸易壁垒，降低地区贸易成本。由于国内市场存在严重的分割，应尽可能取消或降低省际、市际的"过路费"，直接降低运输费用，增强国内地区间贸易，促使大量高加成率企业主动选择从事出口贸易活动。

第四，积极优化出口导向政策，提高出口市场进入门槛，逐步加快加工贸易类企业转型，积极引导技术密集型产业出口。未来的产业政策建议考虑对大型国有企业实施征税，而对下游中小民营企业实施补贴，现阶段应积极促进民营企业竞争力的提升。

第五，充分发挥市场在资源配置中的决定性作用，建立统一开放、竞争有序的市场体系，保障大量私营企业平等参与出口市场竞争，有效发挥市场竞争对出口产品质量提升的激励效应，着力提升本土出口企业的技术优势和品牌优势。

参考文献

[1] Edmond C, Midrigin V, Xu D Y. Competition, Markups, and the Gains from International Trade [J]. *American Economic Review*, 2015, 105: 3183 – 3221.

[2] 钱学锋，范冬梅. 国际贸易与企业成本加成：一个文献综述 [J]. 经济研究，2015（2）：172 – 185.

[3] 盛丹，王永进. 中国企业低价出口之谜——基于企业加成率的视角 [J]. 管理世界，2012（5）：8 – 23.

[4] 刘啟仁，黄建忠. 异质出口倾向、学习效应与"低加成率陷阱" [J]. 经济研究，2015（12）：413 – 157.

[5] 戴觅，余淼杰，Madhura Maitra. 中国出口企业生产率之谜：加工贸易的作用 [J]. 经济学（季刊），2014（1）：675 – 698.

[6] 李春顶. 中国企业"出口—生产率悖论"研究综述 [J]. 世界经济，2015（5）：148 – 175.

[7] Melitz M J. The Impact of Trade on Inrea – industry Reallocations and Aggregate Industry Productivity. Econometrica, 2003, 71（6）：1695 – 1725.

[8] Melitz M J, Ottaviano G I P. Market Size, Trade, and Productivity [J]. Review of Economic Studies, 2008, 75（3）：985 – 985.

[9] de Loecker J, Warzynski F. Markups and Firm – Level Export Status [J]. American Economic Review, 2012, 102（6）：2437 – 2471.

[10] Bellone F, Musso P, Nesta L, Warzynski F. International Trade and Firm – level Markups when Location and Quality Matter [J]. *Journal of Economic Geography*, 2016, 16（1）：67 – 91.

[11] Lu Y, Yu L. Trade Liberalization and Markup Dispersion: Evidence from China's WTO Accession [J]. *Amer-

ican Economic Journal Applied Economics, 2015, 7 (4): 221-253.

[12] 钱学锋, 潘莹, 毛海涛. 出口退税、企业成本加成与资源误置 [J]. 世界经济, 2015 (8): 80-106.

[13] Melitz M J, Polanec S. Dynamic Olley-Pakes Productivity Decomposition with Entry and Exit [J]. The Rand Journal of Economics, 2015, 46 (2): 362-375.

[14] Domowitz I, Hubbard R G, Petersen B C. Market Structure and Cyclical Fluctuations in U.S. Manufacturing [J]. The Review of Economics and Statistics, 1988, 70 (1): 55-66.

[15] Ackerberg D A, Caves K, Frazer G. Identification Properties of Recent Production Function Estimators [J]. Econometrica, 2015, 83 (6): 2411-2451.

[16] 杨汝岱. 中国制造业企业全要素生产率研究 [J]. 经济研究, 2015 (2): 61-74.

[17] 杨汝岱, 李艳. 区位地理与企业出口产品价格差异研究 [J]. 管理世界, 2013 (7): 21-30.

[18] 黄先海, 诸竹君, 宋学印. 中国出口企业阶段性低加成率陷阱 [J]. 世界经济, 2016 (3): 95-117.

[19] 祝树金, 张鹏辉. 出口企业是否具有更高的价格加成: 中国制造业的证据 [J]. 世界经济, 2015 (4): 3-24.

[20] 张杰, 郑文平, 翟福昕. 中国出口产品质量得到提升了吗 [J]. 经济研究, 2014 (10): 46-59.

The Enigma of the Low Addition Rate of Chinese Export Companies and Its Formation Mechanism
—Based on the Perspective of Resource Allocation

Xu Ming

Abstract: Based on China's industrial-customs companies matching data, this paper systematically calculates the Chinese company's addition rate, and uses propensity score matching (PSM) to compare the difference between Chinese export company's addition rate and non-export company's addition rate to verify that China's "low addition rate of export". Further, on the basis of the dynamic OP method, the addition rate of export companies is decomposed, and the mechanism behind the low rate of Chinese exports from the perspective of resource allocation is explored. The results of the study indicate that: First, the rate of increase in China's export companies is always lower than that of non-export companies, with an average difference of 0.03. China has a typical phenomenon of "lower export addition rate". Second, the contribution rate of in-company effects and resource redeployment effects to the growth rate of Chinese export companies' markups is 77.89% and 22.11%, respectively. The increase in the rate of bonuses caused by the increase in technological progress of enterprises has dominated. Third, China's long-term implementation of an export-oriented strategy has led to a large number of companies engaged in processing trade influx into the export market. The threshold for entry into the export market is relatively low. This is an important reason for the low rate of Chinese export companies to add up.

Key Words: Addition Rate; Export Companies; Resource Allocate; Processing Trade; Formation Mechanism

论混合所有制企业治理创新的五个关键点

刘戒骄

摘　要：推进混合所有制改革，发展混合所有制企业，迫切需要治理模式和制度的创新。在现代公司制三种典型治理类型中，董事会中心型比股东中心型和经理中心型更适合我国当前阶段的混合所有制企业。实施董事会中心型治理，或者向其靠拢，要求构建相对集中、制衡配合的股权结构，科学配置股东会、董事会和经理层的权责，有效解决不同出资人之间可能产生的利益冲突，实现从内部人治理向外部人治理的制度转换。最重要的是，在股权设置和治理制度上避免控股股东对董事会决策的直接干预，使中小出资人成为企业治理的积极参与者，保障董事会更积极和有效地对企业进行管理和控制。建设外部董事或独立董事占足够比重的董事会，有效激励与约束职业经理人，进而在出资人、股东会、董事会和经理层等多个维度形成现代公司制治理结构，各治理机构相互合作又相互制约，保障混合所有制企业长期健康发展和混合所有制改革顺利推进。

关键词：混合所有制企业；企业治理；董事会

混合所有制企业治理正在成为治理理论和实践关注的一个焦点问题，国内外实践都表明有效治理是公司制企业发展的基础性制度保障，正在稳步推进的混合所有制改革亟待破解企业治理问题。习近平总书记指出，推进国家治理体系和治理能力现代化，必须解决好治理模式选择问题。治理体系和治理能力往什么方向走，是一个带有根本性的问题。[1]习近平总书记对治理提出的这一要求尽管主要是针对党和国家机关，但也对混合所有制企业治理提出了明确要求和基本遵循。混合所有制企业治理是保障董事会和经理层增进出资人和其他利益相关者利益，协调平衡不同出资人利益分歧、管控董事会和经理层行为的一套制度。企业治理方式好坏关系出资人、债权人和社会公共利益，关系企业能否正常有效地运营。

良好的治理是企业长期稳定经营的必要条件，也是混合所有制企业改革顺利进行的基本制度保障。发展国有资本与非国有资本共同投资组建的混合所有制企业，迫切需要创新治理方式，形成以董事会为中心的治理结构和管控方式，克服单一所有制企业存在的控股股东和经理层权力过于集中的弊端，实现治理结构和治理能力的现代化。

一、出资人通过治理机构行使监督管理权，形成董事会中心型治理架构

混合所有制企业是指不同成分的出资人按股份制资本组织方式共同出资组建企业从事生产经营活动，形成的一种以多元产权为特征的公司制企业组织形式，它反映了性质不同的出资人之间

---

* 本文发表在《中州学刊》2018年第1期。

［作者简介］刘戒骄，中国社会科学院工业经济研究所产业组织研究室主任、研究员、博士生导师。

按出资比例分担利益和风险的经济关系。各出资人之间按资本比例关系形成共同的企业法人财产权，进而产生相应的企业治理方式，企业治理制度特别是治理权在股东会、董事会和经理层之间的配置必须适应企业产权多元化的要求。

作为管理和控制企业的一套制度体系，企业治理是指根据相关法律和公司章程规定，在公司股东会、董事会、监事会和经理层之间形成的组织架构和权力配置与制衡体系，以及对企业所有活动进行控制与管理的制度安排。更简明地说，企业治理是保障公司控制者能够根据出资人利益和意愿进行经营管理决策的一套制度，主要包括各出资人以什么方式选聘董事会成员，授权给董事会和职业经理人并对其进行监督管控。在混合所有制企业，任何出资人都无权对企业管理决策进行直接干预和控制，出资人应该通过股东会提名和选举董事，对相关计划、议案、报告等进行表决来行使权力。正如艾克里·弗鲁伯特恩所指出的，如果主要的契约活动在私人秩序的背景下发生，则组织的本质问题就演变成一个"谋求合理的治理结构"。企业中各方参与人拥有的产权会影响激励机制，进而影响行为和企业生产率。[2]混合所有制企业治理的根本目的在于保障公司作为经济组织在运行中维护和增进出资人总体利益，有效管控控股股东对中小股东权利和财富的侵占，尽最大可能满足不同类别投资者的利益诉求。

现代企业治理主要有股东中心型、经理中心型和董事会中心型三种基本类型。股东中心型认为股东在企业治理中居于中心地位，董事和管理层是股东利益的代理人，必须忠实地按股东委托行事。经理中心型认为企业是职业经理管控下的官僚等级组织，经理层具有充分的自主权。董事会中心型认为股东是董事会和经理层履职行为的主要受益人，但不是唯一受益人，企业决策应该考虑所有利益相关者的利益，与企业盈利无关的社会利益也成为其决策考虑的一个因素。企业治理采用何种类型，取决于所有权构成及其决定的所有权和控制权的分离程度和在这个基础上产生的委托代理关系。以上三种治理类型，不存在绝对的好坏之分，但对于特定产权结构的企业可能其中一个治理类型比其他两个治理类型更适用。

当前我国的混合所有制企业在产权构成上，既不同于单一所有制的国有企业和民营企业，也不同于股权分散无控股股东的股份公司，更适宜采取董事会中心型治理模式。股东中心型容易导致控制权向大股东集中，不可避免地产生股东之间的冲突。而且，不是每一位股东都有动机、有能力收集参与决策而必要的信息。经理中心型容易使权力集中于总经理一人手中，可能董事会和股东都失去控制权，也可能使实际控制权集中到控股股东手中，其他股东成为企业治理中无足轻重之人，不能调动各类资本组建混合所有制企业的积极性。董事会中心型能够较好地平衡股东、董事会和经理层关系，实际控制企业的既不是股东也不是经理人，而是董事会可以较好地解决控股股东和经理人按增进自己利益而不是全体股东利益的方式经营企业的问题。实行董事会中心型治理，有利于控股股东摆正位置，按照《中华人民共和国公司法》（简称《公司法》）规定的程序履行职责。

在董事会中心型治理架构下，董事会负责审议和批准发展战略、经营决策，聘任经理层人员并决定其薪酬，但不参与企业日常管理。出资人、股东会、董事会、监事会、经营层之间不是简单的纵向等级关系，而是依照法律和公司章程形成的委托授权关系，各自的权力和责任都受规则的保护和约束。任何一方都有相对独立的权力空间和对应的责任，都不能超越边界，违犯程序，滥用权力，控股股东尤其要学会与其他股东分享决策权。只有形成这种相互制衡的管理体制，既保障所有者的权益，又赋予经营层充分的经营自主权，才能形成"产权明晰、权责明确、政企分开、管理科学"的现代公司制企业治理方式。

董事会中心型治理还有助于解决混合所有制企业制衡缺失、治理权配置不科学的问题。许多混合所有制企业只有产权多元化的形式，没有企业有效治理的实质。控股股东甚至利用关联交易、资金占用和违规担保等方式侵占企业利益，中小股东往往既不能掌握相关信息也不能对控股股东进行有效制衡。同时，国有控股的混合所有制企业在治理上行政色彩浓厚，不同股东之间的地位不平等，控股股东行为缺乏制衡，引入职业经理人滞后。企业决策权和执行权高度集中于董事长和总经理等内部人，治理机构的集体作用发挥不够充分，外部董事的监督制衡作用流于形式，董事会聘任、考核和奖惩经理层高级管理人员的权力落实不到位。解决这一问题，要求混合所有制企业按照《公司法》的要求设立企业治理机构并赋予其权责，使各治理机构按照职责实现其功能定位。其中，带有根本性的措施是使董事会成为企业治理各机构的中心，保障董事会独立于出资人、股东会和经营层，能够独立自主行使对企业发展战略、重大投资等进行决策和高级经理人员选聘的权力，保障中小股东参加董事会和参与决策。

在董事会中心型治理架构下，混合所有制企业经理层成员等高级经营管理人员多由董事会采取市场化方式选聘和考核，不是所有出资人都能参加董事会和参与企业日常运营，这就要求从制度上界定和约束出资人权力与责任，保障企业决策与管理遵守治理规则，防止大股东拥有超越所有权的控制权，进而对企业和中小股东权益造成侵害。这就要求从股东治理转向董事会治理。否则，目前许多公司制企业存在的董事会和经理层权责界定不清、独立董事和监事会制度流于形式的弊端就会在混合所有制企业中再现。结果不仅遏制了民营资本和社会资本出资参与混合所有制改革的积极性，已经设立的混合所有制企业也无法健康发展，反过来阻碍混合所有制改革的推进。

政府作为法定监管者，应充分尊重企业的经营自主权，不干预企业自主经营。作为监管主体，政府要最大限度减少对企业生产经营活动的直接干预，而应按着政资、政企分开原则约束其权力，依法从宏观政策和企业经营行为合法性的角度，对混合所有制企业的生产经营进行监督，履行好监管职能和服务职能，利用经济和法律手段对违法行为和损害社会公共利益的行为加以规制，致力于为企业创造良好环境。国有资产管理机构受政府委托履行出资人职责，必须在法律和公司章程规定的治理框架内行使权力，而不能将政府监督管理职能与商业经营活动相混淆。国有资产管理机构要改变集国有资产行政管理和出资人代表于一身的角色，主要以"管资本"方式履行出资人监督职能，实现国有资产监督管理体制由行政管理和管资产向股权管理和管资本的转变。优化管理监督职能，制定出资人权力清单，明确出资人权力边界。国有资本出资人与非国有股东一样，都要恪守企业治理框架下出资人的权力边界，尊重并维护董事会在治理中的核心作用，保持企业法人独立性和经营管理的专业性，不能越过董事会直接干预企业日常经营管理工作。出资人通过参加股东会、董事会发挥决策、影响和监督作用，依法对筹资投资、资产处置、兼并重组、利润分配和选聘管理者等重要事项表达意见并行使表决权。出资人提出建议和要求，应依法定程序通过股东会和董事会表达，确保董事会作为全体股东受托人的权威性和有效性。在服务职能上，政府提供的各种服务应营造各种所有制经济平等获得稀缺资源的市场环境，发挥公平竞争配置资源的作用。

二、科学设置股权结构，增强出资人之间的相互监督与制衡

股权结构是决定企业治理方式的根本因素，决定企业控制权的配置和治理机构的组成，也是混合所有制企业得以存在的制度保障。混合所有制企业股权存在三个临界点，如表1所示。一是存在一个持有67%以上有表决权的出资人，此时控股股东拥有2/3以上表决权。我国《公司法》规定，某些特别重要的额事项必须经代表2/3以上表决权的股东通过。因此，持股达到2/3是一个有能力绝对控制公司的临界点。二是存在一个持有50%以上有表决权的出资人，此时控股股东拥有1/2以上表决权。以上两种情形都存在拥有

绝对控股权的出资人，控股股东通常控制董事会且可以参与企业经营管理。三是企业不存在绝对控股股东，但依然能够通过行使表决权有效控制企业的出资人，即存在相对控股股东。四是不存在持有足够比例股份能够有效控制企业的出资人，此时企业由管理层控制。通过金字塔结构、多重投票权、交叉持股等方式，大股东可以获得超出其所有权的控制权。

表1 股权结构的几个重要临界点及其对治理的影响

分析指标	大股东持股比例			
	66.67%及以上	66.66%以下、50%以上	50%以下、相对控股以上	股权分散不存在相对控股股东
大股东控制能力	强绝对控股，中小股东难以行使否决权	绝对控股，中小股东可以行使否决权，有一定制衡能力	相对控股，中小股东容易联合起来行使否决权，制衡能力较强	单个股东无控制能力，股东联合起来可能影响董事会决策
董事会作用	容易被大股东直接干预控制	可以被大股东控制	相对独立	独立性强
独立董事作用	容易依附于大股东，缺乏独立性	容易依附于大股东，有一定独立性	独立性较强	独立性强，但可能依附于经理层
经理层作用	容易被大股东直接干预控制	可以被大股东控制	相对独立	独立性强
治理类型	股东会中心型，大股东绝对控制	股东会中心型，大股东控制	董事会中心型，股东之间相互制衡	董事会中心型或经理中心型，股东无控制能力

资料来源：笔者编制。

混合所有制企业只有把产权多元化与完善企业法人治理结构结合起来，科学合理地选择股权结构，建立出资人之间的多元制衡结构，才能形成权力机构、决策和监督机构以及经营管理层之间协调运转的治理架构，降低过度依靠控股股东决策带来的风险，避免中小投资者成为纯粹的财务投资者，吸引非国有资本参加混合所有制改革。无论何种情形，出资人都根据持股比例在股东会行使权力，决定公司章程、法人治理结构和制度安排，享有表决权和收益分享权。大股东比中小股东更能够对企业所有权和控制权进行管控。前两种情形，控股股东占总股份的比例过高，大股东容易按照自身的理念和方法对企业形式控制权，进行日常运营和决策，中小出资人持股比例相对较少，其对企业经营管理和重大决策的话语权容易受到轻视，其经济效益容易受到侵害。尤其是第一种情形，第一大股东持股比例过高且缺乏其他股东的有效制衡，即使建立独立董事制度，董事会也难以发挥作用，大股东和内部人很容易架空董事会、经理层，从而使企业治理流于形式。第四种情形，股权过于分散，难免导致强势经理、弱势股东，企业被管理层控制，董事会被管理层把持，出资人难以通过股东会和董事会对企业行使管理和控制权。可见，第三种情形是混合所有制企业较理想的股权结构。

国内外企业治理的实践表明，如果存在能够制约和配合控股股东的积极股东，将有助于纠正控股股东的决策偏好和不当行为，平衡保护各出资人的利益，同时又不至于降低治理机构的工作效率。在第三种股权结构下，中小股东持股份额可以对表决和否决起到有意义的影响，几个中小股东联合起来还可能对企业决策产生显著影响，成为制衡控股股东的积极因素，因而中小股东对待企业治理的态度和行为不同于第四种情形。如果中小股东能够便捷低成本地参加企业事务决策和监督，可以通过行使否决权有效影响相关动议，进而限制控股股东的决策权，使控股股东难以采取可能给中小出资人带来负外部性的行动。此时，混合所有制企业即使继续维持"一股独大"的股权结构，只要中小股东持股比例足够高，也可以对控股股东产生制衡作用。当然，也要避免股权结构过于分散。因为，持股比例过低的股东介入企业治理的相对成本高于持股比例较高的股东，很多小股东是以随大溜、"搭便车"和用脚投票的心态投资入股，容易软化产权约束，纵容内部人控制。与持股比例较低的股东相比，持股比例较高的股东更能发挥制衡监督作用，促使控股股东更多兼顾其他股东利益。

以此为出发点，混合所有制企业可以保持股权的适度集中，但应该有意识地打造第二大股东。混合所有制改革应把优化股权结构作为发展混合所有制经济的突破口，有效管控控股股东的持股份额。对于必须保持控股的混合所有制企业，通过培育发展相对大股东来有效制衡控股股东，减少控股股东缺乏制约带来的问题。通过引入不同性质的出资人，平衡企业目标，改善企业治理结构，使企业控制权从一元化走向多元化。除必须独资、绝对控股的红线底线外，国有资本可采取相对控股或参股方式，也可以采取国有股东和非国有股东持股比例较为接近的股权结构，使其他股东在企业决策和治理中发挥关键作用。积极引入非国有投资者，形成非国有第二大股东，使其成为企业治理的重要制衡力量和参与者，成为积极的非国有股股东。第二大股东联合其他股东争取董事会席位可以制衡控股股东，使控股股东在修改公司章程、增资扩股、推进兼并重组时能够考虑和尊重中小出资人意见，进而对大股东的行为动机进行矫正，促进中小股东积极参与企业治理。

三、积极推行职业经理人制度，避免董事会与经理层过度交叉

董事会和经理层过度交叉，使得监督经理层与领导企业高层管理团队两个职能集中到一起，必将降低董事会的独立性，削弱董事会对经理层的监督与制衡。企业治理的许多问题源于董事长与总经理的职权合二为一，这种缺乏束缚的控制权被认为是企业治理不容置疑的薄弱环节。美国企业治理不强调董事长和首席执行官两个职权分离，多数美国公司倾向于将这两个权力集中到有开创意识和创业经历的人员手中。[3]欧盟等许多国家的企业治理准则普遍要求董事会与经理层之间应当有适当程度的责任分工，明确规定董事长与首席执行官不能由一人担任。[4]避免董事会与经理层成员过度交叉，决策者与执行者过度合一，可以从制度上防止大股东利用兼任经理层成员的便利侵害小股东利益，解决小股东难以发挥监督和制衡作用的弊端。董事会是出资人委托管理自己资产的代理人，代表股东负责授权范围企业日常工作中重大决策的审议和决定，代表股东会监督经理层的经营管理工作，其首要职责是确保出资人及时准确掌握企业业绩、风险及发展前景的可靠信息。经理层负责落实和执行董事会决策，保障企业生产经营正常进行。

为加强董事会与经理层的相互独立，实现企业治理结构有效运行，混合所有制企业改革要注重解决董事会独立性不够、独立董事制度流于形式、外部董事过少等问题，选派代表国资股东、非国资股东、管理层、专业人士和职工共同构成董事会，完善董事考核评价体系和责任追究制度，形成与履职绩效挂钩的激励约束机制。董事长是法人代表，对出资人负责。董事会决策遵循一人一票的原则，与股东会按出资比例分配表决权不同。经理层是企业的授权执行机构，总经理、副总经理、财务负责人对董事会负责。混合所有制企业必须改变由出资人直接提名、任命总经理、副总经理的方式，不折不扣地落实董事会聘任高级经理人员的权力，进而强化董事会和监事会对经理层的监督和制约。

委托—代理理论和交易成本理论都认为，在产权多元化的公司制企业，董事会是作为一种控制工具而内生存在的，聘任和监督总经理等经理层人员是其重要职能。混合所有制企业由多个出资人按持股比例共同拥有所有权，为激励约束经理层更好地执行董事会决策，避免大股东过度干

预企业日常管理，每一个出资人对企业的管控都应该通过行使出资权进行。在实践中，不可能每一个出资人都亲自参与企业管理，甚至是每一个出资人都不参与企业管理，而是由董事会选聘职业经理人，职业经理人代表出资人行使管理权。混合所有制企业经理层选聘应加快去行政化改革步伐，改变由出资人直接提名经理层高级管理人员的做法，落实董事会聘任经理层人员的权力，探索完善职业经理人制度，通过市场化方式选聘职业经理人，职业经理人根据董事会授权负责企业日常经营管理，并接受董事会指导和监督。

激励是委托人可以采用的引导管控代理人的重要手段。委托人对代理人的激励严重依赖于委托人获得的信息，委托人给予代理人执行其愿望的激励越强，越能促使代理人扭曲委托人能够得到的信息。经理层掌握企业的经营和财务信息，不参加董事会或经理层的股东却很难获取。与为股东利益服务相比，职业经理人更容易追求提高社会地位和改善职业机会。这种信息不对称可能导致经理层与董事会的利益冲突，致使职业经理人的行为偏离董事会的目标，产生道德风险和行为短期化风险。因此，混合所有制企业推行职业经理人制度，委托职业经理人管理企业，必须针对信息不对称问题采取有效的激励机制。董事会对其聘任的职业经理人应该实行任期制契约化管理，严格目标绩效考核，管控好职业经理人的行为目标，内在地强化其与企业、股东长期利益的有机统一，使其能够分享企业长期发展成果，提高其为企业工作的勤勉忠诚程度。暂时不能实行市场化选聘职业经理人的企业，董事长、总经理与财务负责人最好来自不同的出资人单位，可以在一定程度上防止内部人控制和外部治理等弊端。

四、优化董事会构成，加强董事会工作机制建设

董事会制度由组成规则和工作机制两个关键点。规则即董事会的构成，是指各出资人在董事会中占据的席位数量。工作机制即董事会的决策方式。这两个关键点影响董事会的独立性，决定其激励与监督经理层的能力大小，成为决定企业治理水平及有效性的重要因素。外部董事和独立董事在企业战略决策、激励经理人、矫正决策失误方面具有积极作用。当前混合所有制企业董事会机构建设比较完善，但机制建设相对滞后，混合所有制企业董事会建设应以机制建设为重点，推动机构建设和机制建设协同并进，解决董事会制度形式上存在而不能发挥实质作用的问题，确保各出资人顺畅行使对企业的控制权。发挥外部董事和独立董事的治理作用，必须保证外部董事和独立董事占据足够的席位，将传统上由内部人董事控制的董事会改革为外部人控制的董事会。在优化董事会构成的基础上，还要加强董事会工作机制建设，切实落实《公司法》和公司章程赋予董事会的权力，尤其要落实好董事会聘任解聘、薪酬分配、考核奖惩等权力，完善董事会议事程序和重大事项决策机制，严格董事追责和免责机制。

加强独立董事制度，更好地发挥独立董事在企业治理中的作用。与企业内部成员担任董事不同，独立董事应该成为所有股东而不是部分股东或大股东的代理人，成为董事会内部的监控和制衡力量，在有效监督控股股东和管理层、保护中小出资人利益方面发挥积极作用。独立董事必须具有独立客观地进行决策的利益基础，与企业不存在切身利益关系，既独立于出资人，也独立于经理层和企业利益相关者，才能够独立地履行监督职责，成为企业治理中的积极角色，起到有效监督约束企业管理层和保护中小股东权益的作用。董事会应该调查判断独立董事在利益和品格方面能否独立，是否存在可能影响其独立履行职务的因素。

独立董事占董事会全部董事的比重是衡量董事会独立程度的显示性指标。目前，公司制企业独立董事的产生多由控股股东向董事会推荐，董事会在大股东控制下提名通过，大股东再操纵股东会投票表决。这样产生的独立董事很难独立客观地履行职务，更不可能在股东利益冲突中维护

中小股东合法权益。控股股东在董事会和经理层掌握绝对话语权,董事会决策多由这些内部高管人员实际控制。混合所有制企业独立董事的产生方式必须改变这种由大股东操纵独立董事提名和选举的做法,赋予中小股东更多的独立董事提名权。因此,董事会构成上必须控制代表大股东利益的董事和内部董事的数量,将更多的董事提名权分配给非国有资本出资人和非控股股东,使非国有资本在外部董事和独立董事人选上有足够话语权,使中小股东和独立董事更好地发挥决策和监督管理层的作用,从制度上减少民营企业参与混合所有制改革的顾虑。

董事会的组成应该在外部董事和内部董事之间取得平衡。外部董事占半数是董事会人员构成的一个重要拐点。内部董事占比在半数以上,容易削弱董事会的战略决策功能,不利于对经营管理层进行有效约束、监督和客观公正的评价。外部董事占董事会成员的半数以上,既可有效避免董事会与经营层高度重合,又能充分发挥董事会的独立决策功能,平等维护各个出资人的相关权益。因此,混合所有制企业的董事会应保持半数以上的外部董事和独立董事,控制内部人员所占比重;引导和鼓励企业在公司章程中规定,董事会过半数成员须为外部董事和独立董事。

更好发挥独立董事的作用,必须增强独立董事专业胜任能力。经理层可能有意识地改变信息报告的方式来影响董事会的判断,甚至误导董事会决策。拥有财务、管理专业知识和经验的独立董事,能够为决策提供专业性意见,有利于提高董事会决策的科学性和改善企业绩效。保障其知悉企业决策、经营、财务和市场信息的权利,使每位独立董事在事关股东和企业利益的重大问题上独立做出自己的判断。独立董事的报酬不应该与企业年度经营目标挂钩,而应综合考评其履职情况。混合所有制企业可以给独立董事一定的期权奖励,解决报酬偏低、奖励方式单一、长期激励不足的问题,同时对其履职状况进行严格的考核、评定,根据考核结果进行奖励和惩罚,对失职、违规行为进行问责,提高独立董事履职的科学性和监督有效性。

发挥专门委员会决策咨询和支撑作用。董事会专门委员会多由具有专业知识、能力和经验的人员组成,可以在董事会决策表决前开展相关准备和研究,对于辅助董事会决策和提高决策科学性具有重要作用。科学设置专门委员会,发挥其专业化功能,是现代企业治理的重要基础。一些企业设立战略与发展委员会、提名委员会、薪酬与考核委员会、风险控制委员会、审计委员会等专门委员会,作为董事会的工作机构,各自承担相关领域的研究和提出建议,辅助和支持董事会决策,取得了比较好的治理效果。混合所有制企业可以借鉴这一做法,设立专门委员会辅助和支撑董事会决策,避免因为缺乏专业知识和充分研究导致决策失误。

五、加强治理文化建设,创造良好的治理氛围

根据道格拉斯·诺斯的观点,制度是人为设计出来构建政治的、经济的和社会的互动关系的约束,由非正式的约束(如奖惩、禁忌、习俗、传统及行为规则)和正式的规则(如宪法、法律、产权)组成。但制度最终是由一系列道德的、伦理的和行为的规范组成的,这些规则限制着行为的界限,并且制约着具体制定和实施各种规则、规章的方式。[5]制度的演进具有路径依赖性,即一种制度虽然被认为效率低下,但在没有文化力量驱动或政府干预的情况下,可能很长时间不能被更优越、更具有竞争力的制度取代。其对企业治理制度的含义是,没有文化或外力的驱动,企业自身无法实现治理结构和制度向更优越、更有效率的方向演进。在混合所有制企业改革中,普遍建立健全了治理机构,形成了法人治理结构的基本组织结构,但是遵守治理规则的文化建设却严重滞后,直接管理和直接控制、独自管理与独自控制的思想根深蒂固,制衡、均衡、接受监督和合作解决利益分歧等现代治理规则和理念没有得到实质性确立。出资人普遍不能正确把握其

与股东会、董事会和经理层之间的关系，认为其仍然是纵向的等级关系，可以对治理机构进行直接干预，还在沿用"班子""一把手"等来理解董事会、董事长。因此，必须强化治理文化建设，在混合所有制企业中形成良好的治理文化，使出资人、董事、经理层和员工确立现代企业治理的理念。尤其要适应既制衡又合作的治理制度，形成能够正确看待利益分歧、合作解决冲突的工作关系，限制偏离制度约束地追求自身利益的行为。国有股东与非国有股东、董事会与经理层之间都要健全协调沟通和监督制衡机制，缓解股东之间和股东与经理层之间的矛盾冲突，使治理结构有效运作。

混合所有制企业治理文化建设的难点在于，其不仅是资本的组合，而且是文化背景不同的资本出资人为各自目标和利益进行的共同投资，各投资者以产权为基础形成契约关系，并采取委托代理方式进行管理运营。国有出资人和非国有出资人作为性质不同的出资方，其治理结构、决策程序和关心的议题往往不同于单一所有制或一股独大企业。单一所有制或一股独大企业控股股东享有实际控制权，企业治理主要依靠控股股东。混合所有制企业需要多个出资人之间的配合。国内的企业，无论国有企业还是私有企业，出资人普遍擅长与熟悉直接管理和控制，不擅长也不熟悉以股东身份通过治理机构进行间接管理与控制。民营企业尽管管理机制相对灵活，但"家天下"的思想制约成为民企持续发展的障碍，这种以血缘关系和家族亲情为纽带的管理方式，在民营企业创立初期具有信任度高、能够保障决策不折不扣地实施等优势，但存在缺乏管理层竞争优选机制、束缚员工创新能力和制约治理现代化等弊端。一些民营企业"一大就死"的现象与以家族、血缘、亲友关系为纽带形成的产权结构密切相关。当企业发展到较大规模并采取公司制组织形式时，客观上要求采取决策权、管理权和监督权分立的治理方式，建立相互制衡的治理结构。

不同性质资本的相互融合，不仅需要针对企业治理不规范、权力运作机制不完善和监督失效等问题，从制度上对经理层实施有效的约束激励，而且需要在思想上树立排斥控股股东侵害中小股东合法权益、话语权的治理理念。唯其如此，才能消除非国有资本参与混合所有制改革的顾虑和担忧。如果控股股东是国有资本出资人，政府对国有资本出资人有较强的控制意愿，常常将自己的意志传递给国有资本出资人。在现有混合所有制企业中，国有资本出资人提名或委派的董事和高管多具有行政级别和企业家的双重身份，容易使国有出资人与其他出资人处于不平等地位。民营企业多由控股股东进行家族式管理，国有控股企业多由大股东采用行政方式治理，法人治理运作表面化、形式化，难以发挥有效作用。无论民营企业还是国有企业，在治理上都与现代企业治理要求有很大差距。国有资本出资人采取行政手段直接干预的做法，与非国有资本出资人采取的市场化手段容易产生冲突。各出资人提名、委派的董事以及董事会聘任的经理人员具有不同的身份，身份不同的出资人、董事和经理人员可能存在激励冲突，致使混合所有制企业在经营理念和企业发展目标上产生冲突。国有资本出资人采取行政任命方式向国有企业派驻产权代理人，其升迁与企业业绩联系不紧密，倾向于追求政治业绩和政府导向的指标。非国有出资人提名、委派的经理人不具有行政身份，这类人员偏好于追求任期内经营指标。因此，混合所有制企业要积极探索国有资本出资人与非国有资本出资人、大股东与中小股东之间的文化融合方式。

中国共产党在领导改革开放和社会主义现代化建设中积累了宝贵经验，具有很强的总揽全局、协调各方和解决改革发展问题的能力。其中，关于思想建设、作风建设、组织建设和制度建设等方面的做法对于混合所有制企业文化建设和治理能力提升具有十分重要的指导价值。混合所有制企业应该根据《公司法》等要求设立党的组织并为党组织活动提供条件。在企业治理中，统筹考虑党组织作用与治理机构功能，使党组织在企业治理中发挥政治核心作用和党员先锋模范作用。必须把加强党的领导和完善企业治理有机统一起来，明确党组织在企业中的地位以及与企业治理机构的关系，更好地围绕企业生产经营活动开展党的工作，不断创新企业党组织发挥政治核心作用的途径和方式。国有控股企业要发挥党组织领导力强、干部管理积淀深厚的优势，管控好治理机构的党员负责人。通过相互交叉任职方式，党组织成员依照法定程序进入董事会和经理层等治理机构，董事会和经理层人员中的党员可以依照相关规定在党组织任职，使党组织在企业治理中发挥更大作用。要把党组织参与企业重要决策作为发挥政治核心作用的可行途径，在公司章程中做出明确规定。党组织成员与治理机构成员的沟通、党组织意见建议提交给董事会和经理层等事项制度化，作为董事会和经理层履行职责的必要环节。

参考文献

[1] 中共中央宣传部. 习近平总书记系列重要讲话读本. 北京：学习出版社，人民出版社，2016：75.

[2] [美] 奥利伟·E. 威廉森. 企业家精神、交易成本经济学与契约设计//埃里克·布鲁索. 契约经济学理论和应用. 北京：中国人民大学出版社，2011：65-66.

[3] [英] 吉尔·所罗门，阿瑞斯·所罗门. 公司治理与问责制. 大连：东北财经大学出版社，2006：169-171.

[4] 洪祥. 趋同是否正在发生——欧盟公司治理趋同化研究. 东南法学，2016（4）.

[5] [美] 奥利弗·E. 威廉森. 治理机制. 北京：中国社会科学出版社，2001：3.

On Five Key Points of Governance Innovation of Mixed Ownership Enterprises

Liu Jiejiao

Abstract：To promote the reform of mixed ownership and the development of mixed ownership enterprises need for governance innovation. In the three basic types of modern corporate governance, the type of Board Center is more suitable for mixed ownership enterprises than shareholders and manager center now. The implementation of the board center requires effectively solving the interest conflicts of different investors and achieving the transformation of insider governance into external governance. One of the most important key points is to avoid direct intervention in board decision making. The shareholders intervention in decision of board must be in ownership and governance system, so that small and medium – sized investors can become active participants in corporate governance. The board of directors that independent directors accounted for a larger proportion plays an important role for the long – term healthy development of mixed ownership enterprises and mixed ownership reform smoothly.

Key Words：Mixed Ownership Enterprises；Corporate Governance；Board of Directors

专题四

中国经济发展回顾与国际比较

改革开放 40 年中国产业政策的演进与发展
——兼论中国产业政策体系的转型

江飞涛　李晓萍

摘　要：改革开放之初，日本成功实施产业政策的经验在中国引起各界关注。随后，中国开始制定实施产业政策，并以此推动计划经济体制向市场经济体制的转型。随着改革开放的深入与经济快速发展，中国的产业政策经历了一个由计划管理与选择性产业政策混合的产业政策体系向以选择性产业政策为主体、以功能性政策为辅助的产业政策体系转变的过程。党的十八大以来，中国的产业政策开始重视功能性产业政策与创新政策的运用。总体上看，中国的产业政策越来越注重市场机制的作用，但仍保留了大量直接干预市场的措施，由此带来的不良政策效应日趋突出。当前，中国应转为实施以功能性政策为主体的产业政策体系，重在完善市场机制、维护公平竞争、促进创新、推动产业绿色与包容性发展。

关键词：产业政策；市场机制；政策演进；政策转型

一、引　言

改革开放初期，中国计划经济管理体制面临变革，而此时"东亚奇迹"及东亚模式在全球范围内引发关注，也逐渐引起了国内经济部门与经济工作者的关注，政府主导市场经济发展的东亚模式逐渐得到国内各方的认同。这种以选择性产业政策来主导产业发展、产业结构调整乃至经济发展的模式，既能引进市场机制，同时又能保留政府对经济活动的大量干预。这种产业政策模式与当时"有计划的商品经济""国家调节市场，市场引导企业"的总体改革思路不谋而合，也容易被当时各方接受。因而，产业政策模式被当时中央领导人采纳，成为推动计划经济向市场经济渐进式转变的重要方式。20 世纪 80 年代末，中国开始全面推行产业政策，产业政策广泛存在于许多领域中，成为中国经济管理与经济调控颇为重要的工具。在之后的 30 年里，随着中国的市场化改革与经济发展，中国的产业政策也经历了一个演变与发展的过程。详细了解中国产业政策的演进过程、解析其演进的内在逻辑、探讨其存在的不足以及当前面临的挑战，对于当前中国产业政策的转型乃至整个市场化改革都具有重要现实意义。

二、产业政策的概念、理论基础及其相应争论

鉴于产业政策概念模糊性引起的争议，以及各方对于产业政策的内涵与外延的理解大相径庭，为了更好地理解和阐述中国产业政策的演进，有

---

* 本文发表在《管理世界》2018 年第 10 期。
［作者简介］江飞涛，中国社会科学院工业经济研究所副研究员；李晓萍，中南大学商学院、中南大学金属资源战略研究院副教授。

必要对产业政策的概念及基本理论进行简要的梳理和比较。大体上看，对产业政策存在两类不同的认识和实践。

第一类是传统意义上的产业政策及相应理念。这类产业政策指的是战后日、韩等东亚国家（或地区）曾实施过的干预性产业政策。这类产业政策被认为是"政府为改变产业间资源分配和各种产业中私营企业的某种经营活动而采取的政策。换句话说，它是促进某种产业的生产、投资、研究开发、现代化和产业改组而抑制其他产业的同类活动的政策"（小宫隆太郎等，1988）。这类产业政策以对于市场进入、产品价格、生产要素配置与要素价格、投资等经济活动的直接（或间接）干预为主要手段，以"政府对微观经济运行的广泛干预，以挑选赢家、扭曲价格等途径主导资源配置"为主要特征，因而被称为选择性产业政策。在选择性产业政策中，政府处于主导性地位，政府"驾驭"、干预甚至替代市场（江飞涛和李晓萍，2015）。

选择性产业政策多以产业结构演变规律、市场失灵（协调失灵、信息外溢）、规模经济等作为其理论依据，但这些理论依据面临不少质疑与争论（江飞涛和李晓萍，2010、2015；张鹏飞和徐朝阳，2007）。选择性产业政策在理论上还面临一项严峻的挑战，即"政府失灵"问题，政府由于其自身利益的影响（或利益集团俘获问题）与信息问题，很难正确选择应该扶持的产业、产品、技术路线。对于选择性产业政策在东亚国家经济发展中的实际作用，同样存在诸多的质疑与争论（李晓萍和江飞涛，2012；刘鹤，1995）。需要指出的是，日本政府自1960年以来逐渐丧失了进行各种干预的权限，1970年以来转为采取"最大限度地利用市场机制"的产业政策模式（小宫隆太郎等，1988）；韩国政府自1985年颁布《产业发展法》，确立了市场机制在产业发展中的主导性地位，大大减少了政府对产业发展的各种直接干预。

第二类是功能性产业政策及相应理念。20世纪80年代以来，产业政策的理念和实践发生重要转变，选择性产业政策饱受争议，取而代之的是功能性产业政策（李晓萍和罗俊，2017）。越来越多的政府部门与产业政策的研究者认识到，选择性产业政策存在较为严重的缺陷，但是在促进产业创新发展、结构演进与竞争力提升方面，政府仍应扮演重要角色并应采取积极行动。政府应尽可能避免采用选择性产业政策，而是通过完善市场制度，改善营商环境，维护公平竞争，支持产业技术的创新与扩散并为之建立系统有效的公共服务体系，帮助劳动者提升技能以适应产业发展的需求等方式来实现以上目标，这类政策被称为功能性产业政策。在功能性产业政策中，市场处于主导性的地位，市场机制是推动产业创新发展与结构演变的决定性力量，政府则是为市场机制的有效作用创造良好的制度环境，并在公共领域或狭义的"市场失灵"领域补充市场机制的不足，政府与市场之间是互补与协同的关系。

功能性产业政策实践者和倡导者中，欧盟最具有代表性。1990年10月，欧洲共同体委员会发布了第一份产业政策通报。在此后的20多年里，欧盟制定实施了一系列产业政策，并发展出系统的产业政策理念体系。欧盟的产业政策始终坚持"市场导向""横向性""服从竞争政策"的原则，避免采取纵向、干预市场的选择性产业政策。进入21世纪以后，欧盟委员会倡导"矩阵式"的产业政策，即横向政策在不同的行业实施时，应根据不同的行业特征进行调整，政策工具方面仍是采取功能性政策工具。战后的德国、美国、英国，20世纪60年代以后的日本，1985年以后的韩国，实施的主要是功能性的产业政策。

近年来，新结构经济学引发诸多争议，其产业政策理念更像是选择性产业政策与功能性产业政策理念的混合，对于产业政策中市场与政府关系的阐述存在矛盾（江飞涛和李晓萍，2018）。林毅夫（2016）一方面强调新结构经济学的产业政策中，政府对于市场是因势利导的关系，政府顺应市场与补充市场；另一方面又强调政府应选择"回报最高的技术创新和产业升级"，并将政策资源集中于此，而这实际上是政府主导市场。

在政策工具选择方面，林毅夫（2016）亦反对采用准入限制、投资规模控制、财政补贴等干预性政策工具，而是主张采用完善软硬基础设施为主功能性产业政策。基础设施建设、制度完善、营商环境优化等政策措施并不具有产业专用性特征，如何将这些政策资源集中选定的战略性产业，是新结构经济学必须面临的问题。需要指出的是，有为政府能否有能力挑选"回报最高的技术创新和产业升级"方面，新结构经济学面临严重质疑。

需要进一步指出的是，不同产业政策理念之间的差异与争论均是围绕市场与政府的作用、边界与相互关系展开，产业政策的演进过程实质上是在产业发展过程中市场与政府边界与相互关系的调整过程。因而，考察产业政策的发展与演进时，市场与政府关系的演变与调整就成为研究的主线。从中国产业政策的实践来看，改革开放初期中国引进的就是东亚选择性产业政策模式及其理念，在随后30多年里，这种政策模式及理念在政策部门一直占据主导地位。但是，功能性产业政策及其实践，也逐渐引起学者与政策研究者的关注。

三、改革开放初期产业政策理念的引入（1978~1988年）

1978年12月，党的十一届三中全会做出历史性的决策，将党和国家的工作重心转移到经济建设上来，实行改革开放。随后，中国开始逐步在社会经济活动中引入市场机制，投资主体与经济决策呈现多元化的局面，传统高度集中的计划经济管理模式不能适应新的形势，需要提出一种以新的经济管理体制。

20世纪80年代初，围绕经济体制改革的方向、"社会主义商品经济"展开激烈争论。恰恰在这一时期，日本战后经济发展取得的成就引起世人瞩目，政府通过产业政策积极干预经济和产业发展被认为是造就"日本奇迹"的关键（Johnson，1982；沃格尔，1985；Pack and Westphal，1986；Amsden，1989），这引起了中国学者与中国政府的关注。1983年，中国学者陈重和韩志国在《现代日本经济》第3期发表《八十年代的日本产业政策》的文章，这是中国学者第一篇公开发表介绍日本产业政策的论文，该文重点介绍进入20世纪80年代后日本产业政策的调整。1985年，国务院发展研究中心组织学习、研究日本通产省产业政策经验，同年在冲绳举办的"中日经济学术交流会"上，中、日学者围绕日本产业政策问题展开了一些交流和讨论。

随后，越来越多的中国学者开始关注日本的产业政策及其对于中国的启示与借鉴问题。1986年，北京大学经济学院国际经济系的田万苍撰写了《日本政府的产业政策》一文，该文发表在《日本研究》1986年第10期上，该文系统介绍了战后日本不同经济发展阶段产业政策的重点与主要政策措施。中国社会科学院工业经济研究所的杨沐和黄一义（1986）从需求管理与供给管理相结合的角度，探讨了当时在向有计划商品经济转型过程中，在供给侧实施产业政策的必要性。他们进一步指出适用于有计划商品经济体制的产业政策，同计划经济体制时所应用的政策有明显区别，并提出当时研究和制定产业政策应主要包括的内容。同年，《世界经济译丛》（现为《国际经济评论》）摘译了托马斯·普戈介绍日本产业政策的文章，该文介绍了日本战后产业政策的发展情况与主要手段，进入20世纪80年代日本产业政策的发展趋势，以及日本产业政策的实施效果。

1987年，国内学者围绕产业政策问题公开发表的论文数量显著增加，其中以国务院发展研究中心产业政策专题研究组（1987），周林、杨云龙和刘伟（1987）年的研究最有影响。周林、杨云龙和刘伟（1987）的论文亦是国务院发展研究中心1986年组织的我国产业政策研究的成果之一，该论文提出，"用产业政策推进发展与改革"，并将"实现第一、二、三次产业之间关联方式的根本转换""更新现存工业体系的产业关联方式和产业素质"作为当时我国推行产业政策的近期目标，将"发展高技术产业，迎接世界新技术革命的挑战,赶超发达国家的产业结构水平"作为当时我国推行产业政策的远期目标。他们进一步指出,产业政策"应具体落脚在实现现存产业结构和产业组织的质的更新,推进以商品经济发展为基础的工业化进程"。

1985～1987年,国务院发展研究中心围绕产业政策问题组织了一系列相关研究,并赴日本通产省进行考察,以此为基础国务院发展研究中心产业政策专题课题组撰写了一份题为"我国产业政策的初步研究"的研究报告。该报告在中国的产业政策历史上具有重要影响,于1987年3月上报给了当时的中共中央领导人,建议中国引进日本在战后采用的产业政策。研究报告指出:"产业政策是许多国家实现工业化工程中推行的一整套重要政策的总称。一些实施产业政策得力的国家在发展和国际竞争中卓有成效。日本、韩国等国家和地区通过产业政策实现'竞争'与'干预'相结合经济体制的经验值得我们重视""产业政策不仅可以用配套的政策协调各项宏观经济控制手段,为实现资源最优配置服务,而且可以通过其促进产业关联和组织的作用推动企业搞活和劳动生产率提高。"该报告指出,产业政策是政府对市场机制的调控手段,产业政策可以把建设和改革有机地结合起来,能连接宏观经济与微观经济,填补计划真空和催育市场,可以作为推动(计划经济)向有计划商品经济过渡的有力工具。该报告进一步认为,通过产业政策的制定和实施,可以解决当时意义上计划与市场的矛盾,并逐步建立起新模式下计划与市场的关系。

该报告进一步阐述了产业政策的目标、政策体系与产业政策主要构成(产业结构政策与产业组织政策)。"产业政策是扶植各个时期战略产业(或产业群)的发展、最大限度地享受后发性利益、实现国家工业化目标超赶先进国家的政策。产业政策是经济发展的核心政策,通过其协调财政、金融、税收、外贸、外汇、技术、人才政策的制定和实施,形成产业政策体系。"产业政策的目标是"实现产业结构、技术结构和出口结构的合理化",政策体系包括"产业结构政策、产业组织政策、产业技术政策和进出口政策等"。产业结构政策,"对某种(某几种)产业的生产、投资、研究开发、现代化和产业改组进行促进,而对其他产业的同类活动进行抑制",以"实现产业的高度化"。产业组织政策则是"建立高度技术基础上的大批量生产机制",形成"以大企业为核心的分工协作网络",实现"组织高效化"。

1984年,党的十二届三中全会提出,中国要建立有计划的商品经济。1987年,国家计委提出的"国家调控市场、市场引导企业"意见被当时的中央领导人接受,当年党的十三大报告中明确提出"新的经济运行机制,总体上来说应当是'国家调节市场,市场引导企业'的机制""国家运用经济手段、法律手段和必要的行政手段,调节市场供求关系,创造适宜的经济和社会环境,以此引导企业正确地进行经营决策。实现这个目标是一个渐进过程,必须为此积极创造条件"。国务院发展研究中心建议制定实施产业政策的意见中,产业政策为"国家调节市场"提供了有力的政策工具,该建议很快得到当时中央领导人的认可和批复,并责成国家计划委员会负责执行(吴敬琏,2016)。1988年,国家计划委员会成立产业政策司。作为《我国产业政策的初步研究》执笔人之一的刘鹤,于1987年从国务院发展研究中心被调入国家计委工业综合局,1988年被调动到国家计委产业政策司。1989年,曾在日本一桥大学学习产业政策的杨伟民调入国家计委产业政策司。

在中国引入产业政策及产业政策理念的过程中,主要引入的是选择性产业政策及相应理念。这一时期,经济学者与经济工作者在进一步思考产业政策在中国的应用时,均是将其与当时的经济体制基础以及围绕经济体制改革展开的争论紧密联系起来。还有一重要细节值得我们关注,吴敬琏(2017)对此有较为详细的介绍:在1985年的中日交流会上,小宫隆太郎教授向马洪研究员推介《日本的产业政策》一书,该书由几十位日本经济学家对日本产业政策进行全面考察与研究后完成，该书对于选择性产业政策持批判态度，小宫龙太郎并将该书赠予马洪。该书于1988年在中国翻译出版，并没有引起中国政策部门及学者应有的重视。中国在引入产业政策及其理念时，过于注重与通产省及通产省资深官员的交流和观点，忽略了当时日本经济学界对于战后产业政策反思的大量研究，同时也忽略了企业界对此的不同看法和态度。

四、有计划的商品经济与产业政策初步尝试（1989～1993年）

1988年，国家计委产业政策司成立，开始产业政策的进一步研究工作以及产业政策的起草制定工作。同年，有两篇研究报告是颇值得关注的，一篇是杨伟民撰写的《对"八五"产业政策纲要的建议》，另一篇是刘鹤等（1989）撰写的《我国产业政策实施的总体思路》。杨伟民（1988）指出，当时我国产业结构矛盾主要体现在五个方面，即三次产业之间的失衡、第二产业内部的失衡、流通领域的混乱、贸易结构上失衡、就业不充分与工资成本大幅上升共存。杨伟民认为结构性矛盾是由机制紊乱造成的，而机制紊乱集中体现在非经济垄断和过度竞争两个方面。针对性的政策手段有两类：一类是塑造产业机制为目标的改造型（改革）政策手段；另一类是以产业结构、产业组织为目标的调整型政策手段。杨伟民进一步阐述产业机制是市场与产业政策有机结合、自动配合、自动发挥功效的调节器，其核心是产业政策指导市场配置资源，市场调节产业运行。刘鹤等（1989）的研究报告把产业政策作为连接宏观与微观、衔接中央与地方、沟通计划与市场的支点，并提出以产业政策立国的总体思路。他们认为当时有两个瓶颈制约我国产业结构高度化：一是随城市化进程加快而引致的基础产业供给瓶颈；二是高消费导致的技术供给瓶颈，并提出此后8年内（1988～1995年），我国产业政策的内容应主要包括以下三个方面的内容，即充实基础产业、发展创汇产业与加强市场组织化。

1988年上半年，国家计委产业政策司在大量调查、研究的基础上提出了初步研究成果《关于我国当前产业政策的若干要点》，经过反复征求意见、修改，国务院于1989年3月发布《国务院关于当前产业政策要点的决定》。这是中国第一部以产业政策命名的政策文件。《国务院关于当前产业政策要点的决定》，其中明确提出，"制定正确的产业政策，明确国民经济各个领域中支持和限制的重点，是调整产业结构、进行宏观调控的重要依据""当前和今后一个时期制定产业政策、调整产业结构的基本方向和任务是：集中力量发展农业、能源、交通和原材料等基础产业，加强能够增加有效供给的产业，增强经济发展的后劲；同时控制一般加工工业的发展，使它们同基础产业的发展相协调"。

《国务院关于当前产业政策要点的决定》，制定了当时产业的发展序列，并明确指出"当前的产业发展序列，是各部门、各地区执行产业政策的基本依据，也是各项经济政策的导向目标。由于同一产业在社会再生产各个领域中的状况往往不同，需要采取不同的政策。因此，产业发展序列要按社会再生产的不同领域分别排列"。在这一政策文件中从生产领域、建设领域、外贸领域、改造领域四个方面制定了各主要产业的发展序列。作为该政策文件附件一同发布的还有《当前的产业发展序列目录》，这一目录详细列出了以上四个领域重点支持、严格限制与停止生产的产业、产品（与工艺），目录极为详细。例如，在生产领域重点支持生产的产业、产品涉及18个产业领域数百个产品。后来的《产业结构调整指导目录（2005年本）》①及其之后的调整版本均延续了这种目录指导的风格，例如，《产业结构调整指导

---

① 2005年，国家发改委发布《产业结构调整指导目录2005年本》，分为鼓励类、限制类和淘汰类。

目录（2011年本）（修正））》① 条目共 1408 条，其中鼓励类 761 条，限制类 223 条，淘汰类 424 条。

《国务院关于当前产业政策要点的决定》在政策措施方面，主要采用计划经济的方式，这与当时"有计划的商品经济"的主基调是相一致的。政策实施第一条，"各部门、各地区要根据产业发展序列的要求，压缩固定资产投资、调整产业结构、引导外资流向，并结合财力、物力的可能，安排年度计划和'八五'计划"。第二条则是要求银行根据产业发展序列的要求，制定相应信贷政策，要求银行从"限制的产业中抽回资金，投入到支持的产业中"，并要求"国家计委要会同财政部、银行，根据产业发展序列要求，制订固定资产投资贷款优先顺序"。第四条要求物价部门"按照产业发展序列的要求，改进对重要商品的价格管理办法"。第五、第六条要求相应部门优先满足重点支持产业在外汇、交通、电力及物资资料上的需求。第七条是突出规模经济，"要按照规模经济和专业化协作的原则进行生产和建设，避免低水平的重复和地区趋同化的倾向"。此外，政策实施的第三条是要求制定与发展序列相适应的税收政策，第八条是对乡镇企业的要求，第九条是对地方政府及计划部门实施政策的要求，第十条则是要求"尽快制定与产业政策有关的法律、法规"。该文件最后指出"该决定由国家计委组织实施并负责解释"。

根据刘鹤和薛亮（1991）的内部报告，《国务院关于当前产业政策要点的决定》发布以后的两年里，共有 44 个地方、27 个行业主管部门、15 个经济综合部门提出了相应的实施办法。地方和部门主要是根据中央政策精神，精心制定本部门、本地区的发展重点与限制重点，并列出相应目录。经济综合部门主要提出具体实施办法，落实国家产业政策的实施保障措施，具体由以下几个方面的：①人民银行会同国家计委制定固定资产投资贷款差别利率及其实施办法，由专业银行具体执行。对于列入国家建设计划项目以及产业政策重点支持的项目享受差别贷款利率（低利率）。②制定固定资产投资方向调节税。1991年，国务院发布《中华人民共和国固定资产投资方向调节税暂行条例》（以下简称《暂行条例》），对于国家产业政策支持且符合一定经济规模标准的建设项目实行零税率，对于限制类项目和达不到经济规模的项目实行 30% 的高税率。③加强对部分产品生产能力建设与改造项目的管理。国务院于 1990 年发布《关于贯彻国家产业政策对若干产品生产能力的建设和改造加强管理的通知》，并制定《控制建设和改造生产能力产品目录》，对于目录中的 23 类产品，均须报经国家行业归口管理部门核准后才能批准立项，该目录还根据产业政策及国民经济发展情况进行定期或者不定期的调整。后来的《政府核准的投资项目目录》延续了这一政策传统。

《国务院关于当前产业政策要点的决定》及相应落实政策的制定实施，是中国制定实施产业政策的初步尝试。这些政策是在改革开放初期初步引入市场机制以及确立"有计划的商品经济"的经济体制这一特殊历史背景下制定出来的。它的出现有其内在的历史逻辑。改革开放初期，随着经济体制改革的推进，在指令性计划管理之外商品经济（市场经济）快速发展，在缺乏完善市场制度有效制约的情况下，商品经济的发展亦带来新的问题及面临新的挑战，这为实施产业政策带来了操作空间和内在需求。引入产业政策模式还有一个方面的重要考量，那就是通过实施产业政策来促进计划管理部门职能的转换，逐渐缩小指令性计划的作用范围。

这些政策的制定，突破了传统"大一统"计划经济管理模式，在当时开辟了通过直接干预和影响资源配置进行国民经济管理的新模式，在较

---

① 2011年3月，国家发改委发布了《产业结构调整指导目录（2011年本）》。2013年，国家发展改革委会同国务院有关部门对《产业结构调整指导目录（2011年本）》有关条目进行了调整，对外发布了《产业结构调整指导目录（2011年本）（修正）》。此次调整只是对目录执行中出现的问题或部分遗漏的补充，不是目录的全面修订。

大程度上缩小了计划管理的范围，并对当时新出现的在大量计划经济之外的市场经济活动进行管理和调节。这种产业政策的国民经济管理模式作为当时各方都能接受的方案，成为推动计划经济体制向市场经济机制转型的重要工具。正如蔡昉（2018）所言，尽管这看似仅仅是对传统计划经济体制的最初突破，但是从某种意义来讲已经可以称之为颠覆性制度创新，甚而可以被认为是中国经济改革的实践。

由于对市场机制持较为保留的态度，以及计划经济管理模式的惯性，这些政策仍沿用了不少计划经济管理措施，是产业计划管理与选择性产业政策的混合产物。但从总体上看，相对于传统的严格计划管理体制，采用产业政策进行调控大为放松了对经济主体的控制，扩大了地方和企业的经济决策权，激发了经济主体的活力，促进了产业与经济的发展。

五、市场经济体制改革与产业政策的发展（1994~2001年）

进入20世纪90年代，中国经济快速发展，产业结构变动速度加快，经济体制改革进程加快。1992年10月，党的十四大确定建立和完善社会主义市场经济体制。1993年11月，党的十四届三中全会通过了《中共中央关于建立社会主义市场经济体制若干问题的决定》。中国开始全面推进社会主义市场经济体制改革，决定明确指出，"建立社会主义市场经济体制，就是要使市场在国家宏观调控下对资源配置起基础性作用"。同时，中国亦为重新加入关贸总协定而努力。随着中国经济环境与制度环境发生的变化，国家计委产业政策司开始考虑在新的形势下制定新的产业政策。1992年5月，国家计委启动90年代国家产业政策的研究制定工作，进行了大量的调查、研究与分析工作，并多次邀请部分专家学者及相应领域的工作者召开座谈会，听取各方意见，并在此基础上形成了征求意见稿（刘鹤，1994）。

1993年5月，在国家计委、经贸委、体改委、国务院发展研究中心共同召开的产业政策工作座谈会上，国家计委提供了一份会议参阅文件，名为《关于近期产业政策工作的几个问题》[①]，由刘鹤等执笔，其中指出，国家计委在制定下一步产业政策的时候，需要考虑到社会主义市场经济的发育、国际环境的变化、中国特殊国情三方面的因素，并从以下几个方面展开工作：加强产业政策的预见性、导向性与专业性；制定一些加强市场功能、促进市场机制发育的产业政策；研究国家产业政策与地方经济发展的结合；形成适合中国国情的产业政策制定实施机制。

1993年11月，国家计委根据十四届三中全会精神和拟在1994年出台的几项重大体制改革方案，对于《90年代国家产业政策纲要》的草案进行了进一步的修改（刘鹤，1994）。1994年4月，国务院发布《90年代国家产业政策纲要》（以下简称《纲要》），这是中国颁布的第一部基于市场机制的产业政策。《纲要》明确提出，制定国家产业政策必须遵循"符合建立社会主义市场经济体制的要求，充分发挥市场在国家宏观调控下对资源配置的基础性作用"的原则。其政策重点主要包括六个方面的内容：一是大力发展农业和农村经济，增加农民收入；二是切实加强基础设施和基础工业；三是积极振兴支柱产业，特别是机械电子、石油化工、汽车制造和建筑业等产业；四是积极发展对外经济贸易，调整贸易结构，大力提高出口效益，鼓励进口新技术和相关的关键设备、关键零部件；五是产业组织、产业技术和产业布局政策，产业组织政策旨在促进企业合理竞争、实现规模经济和专业化协作，产业技术政策旨在促进应用技术开发、鼓励科研与生产相结合、加速科技成果的推广、推动引进和消化国外的先进技术，产业布局政策旨在逐步缩小经济发达地区与欠发达地区的差距、形成地区间专业化

[①] 国家计委.关于近期产业政策工作的几个问题.内部报告，1991[M]//刘鹤，杨伟民.中国的产业政策——理念与实践.北京：中国经济出版社，1999.

分工协作；六是建立产业政策的制定程序和实施保障机制。《纲要》还要求国家计委负责组织协调制定"交通、通信、建筑、电子、机械、石化和外资、外贸、技术及产业组织调整等产业政策"。《纲要》尤为重视规模经济问题，并附有《关于实施固定资产投资项目经济规模标准（第一批）的若干规定》及《固定资产投资项目的经济规模标准（第一批）》。

随后，中国发布了《汽车工业产业政策》（1994年）、《水利产业政策》（1997年）、《当前国家重点鼓励发展的产业、产品和技术目录》（1998年版、2000年修订）、《当前优先发展的高技术产业化重点领域指南》（1999年版、2001年版）、《鼓励软件产业和集成电路产业发展的若干政策》（2000年）等一系列产业政策。在这一时期，为加入世界贸易组织，中国着手清理、规范外商投资政策。1995年，中国政府发布《指导外商投资方向暂行规定》与《外商投资产业指导目录》（1995年本），《外商投资产业指导目录》（1995年本）分为鼓励类目录、限制类目录（其中又分为甲、乙两类）、禁止类三类。1997年，中国政府对《外商投资产业指导目录》进行了修订。

《纲要》是在党中央确立建立社会主义市场经济体制的背景下制定实施的，其政策思想与政策体系与建立社会主义市场经济体制的要求相衔接。较之《国务院关于当前产业政策要点的决定》，《纲要》更加重视发挥市场机制的作用。在《纲要》和此后发布的一系列产业政策中，计划管理性的政策措施逐渐退出舞台，投资审批、行业准入、财政税收、金融等政策工具逐渐成为产业政策主要政策工具。《纲要》是中国第一部传统意义上的产业政策，它是以市场机制为基础，它选择特定产业进行扶持或限制，在政策工具选择方面，主要采用审批、干预要素价格与资源配置等政策工具，是典型的选择性产业政策。

1994～2001年，《纲要》及随后一系列产业政策的发布与实施，基本形成了由产业结构政策、产业技术政策、产业组织政策及行业专项政策构成，以选择性产业政策为主体的产业政策体系。这些产业政策的政策理念、思路与政策模式，对于此后的产业政策均产生了深远的影响，并在此后的产业政策中延续下来。例如，《汽车工业产业政策》中培育和扶持大型企业集团、推动集中的产业组织政策，对于外商投资汽车工业及合资汽车的管制政策，对于投资与项目的管制政策，对于市场准入与产品准入的严格管制政策，对于整车进口的限制政策，一直被后续的汽车产业政策延续着；《当前国家重点鼓励发展的产业、产品和技术目录》则演变成《产业结构调整指导目录》中的鼓励类目录；《外商投资产业指导目录》及其模式一直被延续下来。

从总体来看，在这一期间，中国政府通过产业政策的实施完全取代了对微观经济的严格计划管理，企业逐渐成为市场主体，在接受国家产业政策调控与引导的同时，主要根据市场信号进行决策；由于产业政策不像计划管理那样具有很强的约束性，不当的产业政策干预相对容易被突破和调整。许多产业的发展过程均是不断突破有关部门预测、脱离其规划、摆脱其干预进而高速增长的过程，如果产业政策的干预大部分得以实现，这些行业的发展就会被进一步延迟（江小涓，1999）。从这个角度来看，产业政策因其灵活性与不断释放微观经济活力，在很大程度上促进了产业发展及产业结构调整（江飞涛和李晓萍，2015）。

六、宏观调控的强化与产业政策的演进（2002～2012年）

2002～2012年的10年里，中国经济发展的内外部环境发生了许多变化。中国的产业政策正是在这些变化的交互影响下发展和演进的。2001年，中国加入世界贸易组织，对外开放进程加速。中国企业在国内市场面临越来越多来自国外企业或产品的竞争，越来越多的企业参与国际市场的竞争。2002年，党的十六大召开。十六大报告明确提出"在更大程度上发挥市场在资源配置中的基础性作用，健全统一、开放、竞争、有序的现代市场体系"，要"加强和完善宏观调控"。2003年10月，党的十六届三中全会通过《中共中央关于完善社会主义市场经济体制若干问题的决定》，其中明确提出"更大程度地发挥市场在资源配置中的基础性作用，增强企业活力和竞争力"，继续改善国家宏观体系，深化行政审批体制与投资体制改革。2003~2007年，中国出于对经济过热问题的担心与防治，加强了宏观调控。2008年，国际金融危机爆发，中国经济亦受到强烈冲击，随后中国政府出台了强有力的政策体系来推动经济复苏。中国的产业政策正是在这些重要变化的交互影响下发展和演进的。

（一）总体政策的调整与行业政策的强化

2004年，国务院颁布《国务院关于投资体制改革的决定》，该决定的重点在于"转变政府管理职能，确立企业的投资主体地位"，该决定明确提出"对于企业不使用政府投资建设的项目，一律不再实行审批制，区别不同情况实行核准制和备案制。其中，政府仅对重大项目和限制类项目从维护社会公共利益角度进行核准，其他项目无论规模大小，均改为备案制"。对于投资核准，该决定明确提出，核准主要从"维护经济安全、合理开发利用资源、保护生态环境、优化重大布局、保障公共利益、防止出现垄断等方面进行"。该决定同时强调，要加强和改善投资的宏观调控，综合运用经济的、法律的和必要的行政手段，对全社会投资进行以间接调控方式为主的有效调控。该决定明确提出，要制定和适时调整投资指导目录，建立科学的行业准入制度，规范重点行业的环保、安全等标准，防止低水平重复建设。该决定明确指出，要严格和规范土地使用制度，充分发挥土地供应对社会投资的调控和引导作用。在2002年以来的产业政策体系中，《国务院关于投资体制改革的决定》扮演着重要角色，它为产业政策中采取新的目录指导、投资核准与备案、市场准入、土地使用制度等政策工具提供了重要依据。《企业投资项目核准暂行办法》与《政府核准的投资项目目录》亦是以《国务院关于投资体制改革的决定》为依据制定的。国家发改委制定的《企业投资项目核准暂行办法》赋予了自身在核准投资项目时仍拥有很大的自由裁量权，核准实质上成为变相的审批。

在对外商投资的管理方面，2001年中国加入WTO以后，着手修改和完善外商投资相关管理办法。2002年，国务院发布《指导外商投资方向规定》，同时废止了之前国家计委等三个部门发布的《指导外商投资方向暂行规定》，随后相关政策部门多次调整和修订《外商投资产业指导目录》，不断扩大对外商投资的开放程度。

2005年，国务院颁布《促进产业结构调整暂行规定》，该规定在21世纪的产业政策体系中具有重要作用，它为政策部门全面干预与管理产业领域的投资从而干预（或促进）产业结构的演变提供了重要依据，全面指导与管理产业发展方向的《产业结构调整指导目录》正是以此为基础制定的。《促进产业结构调整暂行规定》明确指出，"《产业结构调整指导目录》是引导投资方向，政府管理投资项目，制定和实施财税、信贷、土地、进出口等政策的重要依据"。《产业结构调整指导目录》由鼓励、限制和淘汰三类目录组成，对于鼓励类投资项目，可根据相关政策规定予以获取贷款、土地要素方面的便利与税收、土地价格等方面的优惠；对于限制类的新建项目则禁止投资；对于淘汰类项目严禁投资，对于已存在的淘汰类工艺技术、装备和产品必须按期淘汰，否则地方政府及相关部门可采取强制性措施。这类目录指导政策的实质是对资源配置的直接干预。

2002年以来，部分行业的产能过剩问题引起政策部门的高度关注，政府相继出台了一系列产业政策以抑制这些行业的盲目投资和产能过剩。例如，2003年11月，国家发改委等部门共同制定了《关于制止钢铁行业盲目投资的若干意见》等政策；2006年，国务院发布《国务院关于加快推进产能过剩行业结构调整通知》等政策；2009年9月，国家发改委出台《关于抑制部分行业产能过剩和重复建设引导产业健康发展的若干意见》，以治理钢铁、水泥、平板玻璃等行业的产能过剩问题，其中政策措施有7点：严格市场准入，强化环境监管，依法依规供地，实行有保有控的金融政策，严格项目审批管理，做好企业兼并重组，建立信息发布制度。2009年以来，强制淘汰落后产能成为治理产能过剩极为重要的措施。2010年2月，国务院颁布《国务院关于进一步加强淘汰落后产能工作的通知》，其中强化了淘汰落后产能工作的目标分解、行政上的组织领导与行政问责机制。

2002年以来，中国政府进一步细化和强化了对行业发展的指导，相继制定了钢铁、电石、水泥、煤炭、铝、电力、纺织等行业的结构调整政策；随后又陆续颁布了《汽车产业发展政策》《钢铁产业发展政策》《水泥工业产业发展政策》与《船舶工业中长期发展规划》等行业发展政策。这些政策的陆续颁布，标志着对单个产业发展进行系统干预的政策模式已经成熟。

（二）重点产业结构调整与振兴规划的推出与实施

2008年，国际金融危机对中国经济亦产生了强烈冲击，作为针对国际金融危机以及中国面临的严峻经济形势，2009年1月14日，国务院会议首先审议通过了汽车、钢铁产业调整振兴规划，随后国务院又先后通过了纺织、装备制造、船舶、电子信息、石化、轻工业、有色金属和物流业等8个产业的调整振兴规划，与之配套的实施细则多达160余项，涉及产业活动的各个方面。重点产业调整振兴规划的主要内容可以概括为"保增长，扩内需，调结构"，其中"保增长、扩内需"是针对金融危机带来的经济下滑问题，"调结构"则着眼于重点产业中长期的结构调整与健康发展。"保增长，扩内需"的政策主要有以下内容：鼓励家电与小排量汽车消费的政策；鼓励购买弃船，加快淘汰老旧船舶和单壳油船；鼓励纺织品、服装消费；推动第三代移动通信系统与农村信息化建设；油品、化肥、有色金属产品收储以及鼓励出口的政策；等等。"调结构"政策主要有：严格控制新增产能，加快淘汰落后产能；促进企业加大研发投入，支持企业自主创新；修订重点行业产业政策，修订准入条件与指导目录；等等。

虽然重点产业调整振兴规划强调利用市场机制、试图强化政府的服务功能，在一些政策细节方面进行了修订、调整与补充，但在很大程度上延续以往产业政策中干预主义色彩浓厚的特点。重点产业调整与振兴规划集中体现了我国产业政策的基本思想、政策措施偏好和发展趋势是此前产业政策的集成和发展，构建起比较全面、系统的产业政策体系。它的颁布实施，在某种程度上意味着政府部门进一步强化了产业政策的运用。

（三）培育和发展战略性新兴产业

国际金融危机发生以后，各国纷纷加大了在战略性新兴产业领域的投入与竞争，以积极抢占新一轮经济和科技发展的制高点。在此背景下，为了构建国际竞争新优势，加快推进产业结构升级与经济发展方式转变，国务院于2010年9月颁布了《国务院关于加快培育和发展战略性新兴产业的决定》，该决定将战略性新兴产业的概念进行了界定，并选择了节能环保、新一代信息技术、生物产业、高端装备制造产业、新能源产业、新材料产业、新能源汽车产业等7个产业作为战略性新兴产业，对于以上产业又给出了重点发展的产品、技术（或技术路线）及领域。政策保障上主要从以下五个方面着手："强化科技创新，提升产业核心竞争力""积极培育市场，营造良好市场环境""强化国际合作，提高国际化发展水平""加大财税金融政策扶持力度，引导和鼓励社会投入""推进体制机制创新，加强组织领导"。集中力量组织攻关突破关键技术，组织实施重大应用示范工程等政策工具，仍是政策的重点。

2012年7月，国务院发布了《"十二五"国家战略性新兴产业发展规划》，对重点发展领域及其重点发展方向、主要任务、重大工程进行了部署。该规划的基本原则有以下四个方面："市场主导、政府调控""创新驱动、开放发展""重点突破、整体推进""立足当前、着眼长远"。需要注意的是，规划在原则上明确指出，"针对产业发展的薄弱环节和瓶颈制约，有效发挥政府的规划引导、政策激励和组织协调作用""选择最有基础、最有条件的重点方向作为切入点和突破口，明确阶段发展目标，集中优势资源，促进重点领域和优势区域率先发展。总体部署产业布局和相关领域发展，统筹规划，分类指导，适时动态调整，促进协调发展"，这在很大程度上可以反映出规划实质上更为强调政府规划、政策引导的作用。该规划对于"十二五"期间七大战略性新兴产业领域的发展重点给出了更为详细的清单，同时该规划"十二五"期间重点推进重大工程的详细清单。从这些我们都不难看出，在促进战略性新兴产业发展方面仍延续着"集中力量办大事"的思路，仍强调政策部门对于技术路线的选择与引导。

2002~2012年，中国逐渐形成了完备的选择性产业政策体系，在整个产业政策体系中，投资的核准与备案、准入管理、各类目录指导政策居于比较中心的位置，政策部门对于财税、信贷、土地政策的运用也日趋娴熟，在行业政策制定方面也越来越细化和专业化，对于先进前沿技术与新兴产业的发展方面也越来越重视。在此期间，中国政府强调"在更大程度上发挥市场在资源配置中的基础性作用"，制定产业政策时均强调要充分发挥市场的基础性作用。例如，在《促进产业结构调整暂行规定》中，将"充分发挥市场配置资源的基础性作用，加强国家产业政策的合理引导，实现资源优化配置"作为该政策的基本原则；在《国务院关于加快培育和发展战略性新兴产业的决定》中，将"坚持充分发挥市场的基础性作用与政府引导推动相结合"作为基本原则。需指出的是，出于对经济过热与产能过剩的忧虑、对金融危机冲击的担心、对市场机制的疑虑，以及政策部门的思维惯性、政策传统与部门利益考量的影响，政策部门通过投资项目审批与核准（备案）、准入管理、目录指导、土地管理、财政补贴等手段的应用强化了对于市场及微观经济的干预。

在这一期间，中国的选择性产业政策体系得到强化，并形成其自身特色。这种特色表现为中国产业政策的选择性不只是体现为对特定产业的选择性扶持（或限制），还更多地表现为对特定技术路线、特定产品与特定企业的选择性扶持（或限制）方面（江飞涛和李晓萍，2010）。在这一时期，全面对外开放、支持技术研发与扩散等方面的产业政策在促进产业发展方面起到了重要作用，但是直接干预性产业政策措施的不良效应日趋突出。不良政策效应包括导致设租与寻租、妨碍产业效率的提升、导致部分战略性新兴产业较为严重的产能过剩、导致行政垄断等问题（李平等，2018）。

七、党的十八大以来产业政策的新发展

党的十八大以来，中国经济进入新的发展阶段，经济增长效率下降，投资、要素驱动型的增长方式难以持续，创新及其对于经济发展的贡献不足，一些不利于经济发展的体制机制问题亟待改革完善，同时中国还面临着新一轮科技革命和产业变革带来的挑战和机遇。2013年，党的十八届三中全会作出了《中共中央关于全面深化改革若干重大问题的决定》，明确提出，"建设统一开放、竞争有序的市场体系，是使市场在资源配置中起决定性作用的基础""建立公平开放透明的市场规则……清理和废除妨碍全国统一市场和公平竞争的各种规定和做法……"。以上这些都对我国的产业政策提出了新的要求，我国的产业政策也随之进行调整。

党的十八大以来，中国的产业政策更为注重创新驱动发展、新兴技术在经济发展中的应用。围绕创新驱动、新兴技术（产业）及先进制造业发展方面出台的重要政策有《中国制造2025》《国务院关于积极推进"互联网+"行动的指导意见》《关于大力推进大众创业万众创新若干政策措施的意见》《国家创新驱动发展战略纲要》《国务院关于印发新一代人工智能发展规划的通知》《国务院关于强化实施创新驱动发展战略进一步推进大众创业万众创新深入发展的意见》

等。2015年中国出台的《中国制造2025》集中体现了这一新的特征。《中国制造2025》是在新一轮科技革命和产业变革与我国加快转变经济发展方式的大背景下制定的，旨在解决"制造业大而不强，自主创新能力弱，关键核心技术与高端装备对外依存度高，以企业为主体的制造业创新体系不完善"等方面的问题。

《中国制造2025》以"创新驱动，质量为先，绿色发展，结构优化，人才为本"为基本方针，创新被放在最重要的位置上。《中国制造2025》秉承"市场主导，政府引导""立足当前，着眼长远""整体推进，重点突破""自主发展，开放合作"的基本原则，更加重视发挥市场在资源配置中的决定性作用，以及在更高层次上对外开放，并提出了明确的战略任务和重点方面。在力图突破的重点领域方面，《中国制造2025》明确提出了新一代信息技术产业、高档数控机床和机器人、航空航天装备、海洋工程装备及高技术船舶、先进轨道交通装备、节能与新能源汽车、电力装备、新材料、生物医药及高性能医疗器械等10个领域，以及每个领域力图重点突破的关键技术、装备、产品。

在政策工具选择方面，《中国制造2025》越来越重视注重改革和良好环境的营造。《中国制造2025》明确提出，"建设制造强国，必须发挥制度优势，动员各方面力量，进一步深化改革，完善政策措施，建立灵活高效的实施机制，营造良好环境；必须培育创新文化和中国特色制造文化，推动制造业由大变强"。其战略支撑与保障主要有八个方面的内容：第一，深化体制机制改革；第二，营造公平竞争市场环境；第三，完善金融扶持政策；第四，加大财税政策支持力度；第五，健全多层次人才培养体系；第六，完善中小微企业政策；第七，进一步扩大制造业对外开放；第八，健全组织实施机制。在政策组织实施机制方面，《中国制造2025》也有新的特点，强化了政策实施过程中的监测与评估，它明确提出"建立《中国制造2025》任务落实情况督促检查和第三方评价机制，完善统计监测、绩效评估、动态调整和监督考核机制。建立《中国制造2025》中期评估机制，适时对目标任务进行必要调整"。随后，相关部门还发布了11个配套的实施指南、行动指南和发展规划指南，包括国家制造业创新中心建设、工业强基、智能制造、绿色制造、高端装备创新五大工程实施指南，发展服务型制造和装备制造业质量品牌两个专项行动指南，以及新材料、信息产业、医药工业和制造业人才四个发展规划指南。其中，工业强基、智能制造、绿色制造等九个实施指南进一步细化了重点领域要重点发展的技术、装备、工艺及产品，并提出了更为详细的实施规划。工业和信息化、财政部联合编制印发的《智能制造发展规划（2016—2020年）》，亦是为落实《中国制造2025》制定的一项重要政策。

在化解过剩产能或者去产能方面，2013年10月，国务院发布了《国务院关于化解产能严重过剩矛盾的指导意见》；2016年2月，国务院发布《国务院关于钢铁行业化解过剩产能实现脱困发展的意见》《国务院关于煤炭行业化解过剩产能实现脱困发展的意见》。2017年，国家发展改革委、工业和信息化部、财政部等部门共同发布了《关于做好2017年钢铁煤炭行业化解过剩产能实现脱困发展工作的意见》。严格管制甚至是禁止新建产能投资，设立去产能专项基金，严格淘汰不符合技术、环保、能耗、规模等标准的产能，制定严格的去产能目标，然后通过指标层层分解、落实地区与企业责任以及行政问责的方式去产能，在煤炭行业甚至限制生产工作日，例如《国务院关于煤炭行业化解过剩产能实现脱困发展的意见》中直接规定"从2016年开始，按全年作业时间不超过276个工作日重新确定煤矿产能，原则上法定节假日和周日不安排生产"。

党的十八大以来，中国进入新的发展阶段，迫切需要通过深化市场经济体制改革与实施创新驱动发展战略为国民经济的健康发展注入新的动力。党的十八届三中全会也明确提出"使市场在资源配置中起决定性作用和更好发挥政府作用"。

在这一大时代背景下，中国的产业政策更加注重发挥市场机制的作用，也更加强调政府应将政策重点放在构建良好的制度环境及外部环境方面，并开始注重功能性产业政策的应用，同时也更为重视产业创新政策的制定实施。

例如在《中国制造2025》中，明确提出"全面深化改革，充分发挥市场在资源配置中的决定性作用，强化企业主体地位，激发企业活力和创造力"。在战略支撑与保障措施方面，深化体制机制改革、营造公平竞争市场环境与健全多层次人才培养体系等功能性产业政策成为其重要构成。在11个配套行动方案中，《国家制造业创新中心建设工程实施指南》与《制造业人才发展规划指南》亦是功能性产业政策。不过，政策部门仍然十分强调政府的引导与干预，但在"整体推进，重点突破"的论述中又强调加强战略研究和规划引导，全国一盘棋，强调政府统筹规划、分类指导、合理布局，强调政府要明确创新方向，并在重点领域方面及领域内的重点发展技术、工艺、装备、产品方面给出了详细的目录，这在很大程度上体现出"政府主导"的特征。在去产能政策方面，政策部门直接干预市场的特征更为明显，严格禁止新的投资，通过行政手段强制性去产能甚至强制性限定生产工作日，这些都是直接干预市场的行为。

从总体上看，党的十八大以来中国的产业政策发展具有两个重要趋势：一是产业政策体系中越来越多地引入了功能性产业政策；二是促进产业创新政策在整个政策体系中扮演着越来越重要的角色。

八、中国产业政策演进的逻辑与未来发展方向

（一）中国产业政策演进的逻辑

中国产业政策的引进和发展，是在中国市场化改革、对外开放与经济快速发展的历史大进程背景下发生的。中国产业政策的演进沿着两条逻辑线索展开：一条逻辑线索是市场化改革进程中政府与市场关系的调整，它对于产业政策的取向、政策工具产生重要影响；另一条是经济快速发展中产业发展、产业结构转换所面临的主要问题的变化，它对于产业政策重点的变化产生重要影响。

中国的市场化改革经历了放权让利、有计划商品经济、社会主义市场经济体制、"在更大程度上发挥市场在资源配置中的基础性作用"到"使市场在资源配置中起决定性作用"的转变过程。与之相适应，中国的产业政策体系也经历了一个从计划管理与选择性政策混合的产业政策体系，到选择性产业政策体系再到以选择性产业政策体系为主体、以功能性产业政策为辅助的产业政策体系的转变过程。从总体上看，在这个转变过程中，中国的产业政策越来越注重发挥市场机制的作用。

随着工业化进程与国民经济的发展，中国产业政策的重点亦随之调整。改革开放初期，中国处于工业化初期，严格的计划经济管理导致国民经济缺乏活力，同时基础设施十分落后，基础产业不能满足国民经济发展的需求，同时需要外汇购买国外先进设备与技术，这一时期产业政策的重点是减少计划管理、加强基础设施建设、发展基础产业与培育发展出口创汇产业。随着经济发展并向工业化中期迈进，中国基础设施与基础产业仍然薄弱，对于经济主体仍管制太多，同时需要促进产业结构的升级，并更多享受国际分工和贸易的好处，中国的产业政策重点是加快基础设施和基础工业的发展、以产业政策管理全面替代计划经济管理、支持资本密集型产业的发展并将其培育成支柱产业，加大对外开放力度、积极发展对外贸易。随着经济的进一步发展与工业化进入中期后半阶段，中国产业发展需要进一步融入国际分工和参与国际市场竞争，需要进一步提高技术能力与竞争能力，这时的产业政策重点是全面支持资本密集性行业的技术提升、产品升级以及竞争力提升，培育和发展技术密集型产业以及全面扩大对外开放。随着中国步入中等偏高收入国家水平与进入工业化后期，与发达国家在产业

与技术领域上的竞争越来越激烈,迫切需要提升产业创新能力,中国产业政策的重点转为提升技术密集性行业的技术能力、促进其产品升级及研发能力,培育和发展新兴产业,推动整个产业体系研发能力、创新能力的提升以及新技术的扩散。

(二)未来展望

随着中国改革开放的深入发展与国民经济的快速发展,中国以选择性政策为主体的产业政策体系的政策效果越来越有限且不良政策效应日趋显著。这种选择性产业政策模式与竞争政策之间存在激烈的冲突,竞争政策的基础性地位难以确立,市场竞争机制为经济与产业发展所带来的种种有利作用难以发挥。中国进入新的发展阶段后,迫切需要充分发挥市场机制的作用来激励创新,探索未来产业、技术发展的方向与新的经济增长点,并推动经济效率的不断改善。市场机制这些作用的发挥,主要是依靠公平竞争的市场过程来实现,同时需要更为完善的市场制度作为保障。同时,中国迫切需要采用有效的产业政策来提升产业竞争力,加快产业结构的调整。这就需要确立竞争政策基础性地位,推动产业政策的转型,实现产业政策与竞争政策的互补与协同。因而,转为实施与市场机制、竞争政策互补协同的功能性产业政策具有重要的现实意义。

构建功能性产业政策体系,应遵循与服从竞争政策。公平竞争是"创新、竞争力和增长的最重要的驱动力",构筑功能性产业政策应与竞争政策发挥互补、协同的作用,而不是违背公平竞争的基本原则。政策工具方面选择方面应主要采用功能性、服务性的政策工具,包括完善市场经济制度体系,创造良好的营商环境,对于基础科学研究与基础、通用技术研究开发的支持,促进经济主体之间协调与合作,重视产业技术人才的培养与劳动者技能的提升。在战略性领域予以重点支持时,也应将政策资源导入与之相关的公共科技服务体系、竞争前技术研发环节,对于技术创新活动的补贴与税收优惠也应以普惠的形式发放(江飞涛和李晓萍,2018)。

构筑功能性产业政策,应尤为重视技术创新与新技术的扩散。当前,中国的产业结构向中高端迈进,中国的产业发展与转型升级以及在全球价值链位置提升,越来越依赖于技术创新与创新能力的提升。中国必须为激励创新创造良好的制度环境,并构建更为有效的国家创新体系。第一,要加快完善知识产权保护制度及相应执法体制,强化知识产权的保护,并为科技中介与服务机构的发展创造良好的外部环境。第二,构建完备的科技创新公共服务体系,包括独立的国家实验室、产业创新中心(国家共性技术研究平台)、科技服务公共平台与全国性的技术转移公共平台,并为这些公共机构寻求良好的治理机制与运营机制。第三,加大对基础科学研究、基础技术与通用技术的研究开发的支持力度,改革科技财政资金管理体制,提高科技领域财政资金投入的效率。第四,构建多层次的产业技术创新人才培养体系,平衡大学"人才培养""科学研究"与"服务社会"的基本功能,充分发挥大学在国家创新体系中的作用(贺俊,2014)。

构建功能性产业政策时,还应重视包容性发展。包容性发展是指所有人都可公平地参与产业发展,并分享由此带来的繁荣和利益。包容性发展倡导的是机会平等,这首先有赖于公平有序的竞争环境的建立,让各阶层的人们都可以凭借自身努力,相对公平而充分地参与到制造业发展中来,并分享发展成果。在推动产业包容性发展时,需高度重视劳动者素质与技能的提升,以及高度重视帮助劳动者获取新的工作技能以适应新技术与新产业的发展。这一方面有助于提升制造业的效率,另一方面有助于劳动者能更多分享制造业发展的成果,应尤为重视为低收入阶层提供良好的职业教育和工作技能培训,让低收入阶层有更多机会参与到制造业发展中,还应鼓励和支持工业企业创造更多新工作岗位,特别是高质量工作岗位的投资。

构筑功能性产业政策,还应高度重视促进产业绿色发展,协调产业发展与环境可持续之间的矛盾,促进两者之间的协同。这需要建立健全激励与约束机制,倡导绿色可持续发展理念,提倡使用新能源、清洁能源和节能技术,加强节能环保技术、工艺、装备创新及其推广应用,全面推行清洁生产。大力发展循环经济,提高资源回收利用效率,积极应对气候变化;强化安全生产保障能力建设,加快推动资源利用方式向绿色低碳、清洁安全转变;将发展资源节约、环境友好型产业,实现绿色发展作为产业结构调整与发展的重点领域。

参考文献

[1] 蔡昉:《中国改革成功经验的逻辑》,《中国社会科学》2018年第1期。

[2] 陈重、韩志国:《八十年代的日本产业政策》,《现代日本经济》1983年第3期。

[3] 李平等:《重点产业结构调整与振兴规划研究——基于中国产业政策反思与重构的视角》,北京:中国社会科学出版社,2018年。

[4] 贺俊:《促进科技成果转化不能损害大学的基本功能》,中国社会科学院工业经济研究所研究报告,2014年。

[5] 李晓萍、江飞涛:《干预市场抑或增进与扩展市场:产业政策研究中的问题、争论及理论重构》,《比较》2012年第3期。

[6] 李晓萍、罗俊:《欧盟产业政策的发展与启示》,《学习与探索》2017年第10期。

[7] 刘鹤:《走向大国开放经济条件下我国产业政策的依据和特征》,1995年内部报告。

[8] 林毅夫,a:《产业政策与国家发展:新结构经济学视角》,《比较》2016年第6期。

[9] 林毅夫,b:《对张维迎教授的若干回应》,《比较》2016年第6期。

[10] 江飞涛、李晓萍:《当前中国产业政策转型的基本逻辑》,《南京大学学报》(哲学·人文科学·社会科学)2015年第3期。

[11] 江飞涛、李晓萍:《直接干预市场与限制竞争:中国产业政策的取向与根本缺陷》,《中国工业经济》2010年第9期。

[12] 江小涓:《体制转轨时期的增长、绩效与产业组织的变化:对中国若干行业的实证研究》,上海:上海人民出版社,1999年。

[13] 刘鹤、薛亮:《我国第一部产业政策的研究、制定和实施情况》,1991年内部报告。

[14] 刘鹤、杨焕昌、梁钧平:《我国产业政策实施的总体思路》,《经济理论与经济管理》1989年第2期。

[15] 刘鹤、杨伟民:《中国的产业政策——理念与实践》,北京:中国经济出版社,1999年版。

[16] 田万苍:《日本政府的产业政策》,《日本研究》1986年第10期。

[17] 托马斯·普戈:《日本的产业政策:手段、趋势和效果》,《世界经济译丛》1986年第4期。

[18] 吴敬琏:《中国经济60年》,《比较》2010第3期。

[19] 吴敬琏:《反思产业政策》,《比较》2016年第6期。

[20] 吴敬琏:《我国的产业政策,不是存废,而是转型》,《中国流通经济》2017年第11期。

[21] 小宫隆太郎、奥野正宽等:《日本的产业政策》,中译本,北京:国际文化出版公司,1988年。

[22] 杨沐、黄一义:《需求管理与供给管理相结合——兼谈必须尽快研究和制订产业政策》,《经济研究》1986年第4期。

[23] 杨伟民:《对"八五"产业政策纲要的建议》,内部研究报告,1988年。

[24] 杨伟民:《建立以产业政策为中心的经济发展政策体系》,《计划经济研究》1993年第2期。

[25] 周林、杨云龙、刘伟:《用产业政策推进改革与发展——关于设计现阶段我国产业政策的研究报告》,《经济研究》1987年第6期。

[26] Amsden A. Asia's Next Giant: South Korea and Late Industrialization, New York: Oxford University Press, 1989.

[27] Johnson C. MITI and the Japanese Miracle: The Growth of Industrial Policy, 1925 – 1975. Stanford: Stanford University Press, 1982.

Evolution of China's Industrial Policy in the 40 Years of Reform and Opening up
—On the Transformation of China's Industrial Policy System

Jiang Feitao, Li Xiaoping

Abstract: At the beginning of China's reform and opening to the outside world, the experience that the successful implementation of industrial policy in Japan has attracted the attention of all circles in China. Subsequently, China began to formulate and implement industrial policies, and thus promoted the transformation of the planned economic system to a market economic system. With the deepening of reform and opening to the outside world and rapid economic development, the system of China's industrial policy has experienced a transformation process, which was from the beginning when the system of China's industrial policy was mixed by planned management and selective industrial policy to the system which consisted of selective industrial policies as the subject and functional policies as the auxiliary. Since the 18th CPC National Congress, China's government began to attach importance to the application of functional policies and innovation policies in the system of China's industrial policy. Generally speaking, China's government has paid more and more attention to the role of market mechanisms in the system of China's industrial policy, but it has still retained a large number of measures for directly intervening in the market, which resulted in the severe policy effect while the effect was becoming more and more prominent. At present, China's government should transform the current system of China's industrial policy into the system with functional policies as the mainstay, focusing on improving the market mechanism, safeguarding fair competition and promoting innovation as well as accelerating the economy to the green and inclusive development.

Key Words: Industrial Policy; Market Mechanism; Policy Evolution; Policy Transformation

改革开放 40 年国有企业制度的创新与展望

刘戒骄　徐孝新

摘　要：改革开放 40 年，中国国有企业微观组织形态和政企关系发生了深刻变革，国有企业性质功能与存在依据的认识不断深化，总体实现了与社会主义市场经济兼容和共生发展。国有企业制度创新从解决紧迫的实际问题入手，微观组织形式上从扩权让利、政企分开发展到公司制改造和建立现代企业制度。宏观管理上将国有企业管理从一般政府职能中剥离出来，建立经营性国有资产集中管理体制。新时代国有企业制度创新必须坚持国有企业性质和功能并体现国家战略目标，在以下三个关键点发力：创新企业治理，实现坚持党的领导和建立现代企业制度的统一；以资本投资运营为手段，分类推进国有企业战略性重组；改革国有资本经营管理体制，规范出资人与企业关系，实现国有企业管理从"管资产"为主向"管资本"为主的转变。

关键词：国有企业改革；公司制改造；现代企业制度

一、引　言

改革开放 40 年，中国国有企业改革在缺乏现成理论指导和实践经验的情况下，直面现实问题，在解决制度不均衡过程中深化国有企业性质功能与存在依据的认识，探索出社会主义市场经济条件下发展壮大国有企业的途径。经过 40 年改革，中国国有企业普遍完成了公司制改造，形成了规范的公司法人治理结构，现代企业制度框架基本确立。政企关系和国家管理国有企业的体制发生了重大变化，国有企业成为自主经营、自负盈亏的市场竞争主体和法人实体，形成了与其他经济成分平等竞争的能力，总体实现了与社会主义市场经济兼容和共生发展。国有企业产业分布与国家经济发展要求更加匹配，更多国有资本投向公益类行业、关系国家安全和国民经济命脉的重要行业和关键领域。

国有企业改革发展和制度创新迫切需要解决坚持党的领导与建立现代企业制度的统一、进一步确立企业市场主体地位、深入开展战略性重组等深层次矛盾和问题，国有企业改革尚未完成。[1][2][3]新时代国有企业改革已经扬帆起航。回顾总结 40 年国有企业改革发展和制度创新的做法与经验，研究回答新时代国有企业功能目标定位、党组织嵌入企业治理体系、国有资本战略性重组和授权管理等问题，对于丰富国有企业和国有经济理论，按照党的十九大部署推进国有企业改革发展具有重要意义。

二、40 年国有企业改革的基本历程

国有企业改革发展和制度创新是我国经济体

---

* 本文发表在《财经问题研究》2018 年第 8 期。
［作者简介］刘戒骄，中国社会科学院工业经济研究所研究员、博士生导师；徐孝新，信阳师范学院商学院讲师。

制改革的关键环节。40年来，国有企业制度创新集中围绕加强激励与约束机制展开，具体有微观组织形式和宏观监督管理两条主线。微观组织形式上对国有企业进行公司制改造，宏观监督管理上设立集中专门管理机构，从管国有企业向管国有资本转变。40年来，国有企业制度创新具有明显的阶段性特征，可以分为以下三个基本阶段。

（一）从扩权让利到两权分离（1978~1991年）

党的十一届三中全会之后，党和国家的工作重点转移到社会主义现代化建设上来，国有企业政企不分、缺乏自主经营管理权、企业和员工积极性被严重束缚等问题变得突出。制度创新的重点是将国有企业生产经营权从所有权和政府职能中剥离出来，使工农业企业在国家统一计划的指导下有更多的经营管理自主权，从微观上探索搞活国有企业的机制。扩大企业自主权成为国有企业改革的突破口。[4]

企业自主权的扩大给国有企业注入了生机与活力，但未能突破传统计划经济体制的束缚，企业尚未成为市场竞争主体。党的十二届三中全会认识到增强企业活力是经济体制改革的中心环节，只有实行政企分开才能使企业真正成为相对独立的经济实体。党的十三大报告进一步提出转变企业经营机制，通过所有权和经营权分离搞活全民所有制企业。实行两权分离、转换企业经营机制成为这一时期国有企业改革的中心任务。在扩权让利试点、经济责任制、利改税、承包经营制和股份制试点等措施（见图1）。推行承包经营制进一步扩大了企业经营自主权，增强了企业活力，但承包经营制本质上是依靠契约界定政府、企业与职工个人的利益关系，不是一般性的制度化措施，没有从制度上理顺政府与企业关系，不能解决政企合一的体制弊端。这一时期出现的股份制试点在推动所有权与经营权分离、转变国有企业经营机制上的积极作用得到重视，埋下了国有企业公司制改造和建立现代企业制度的种子。

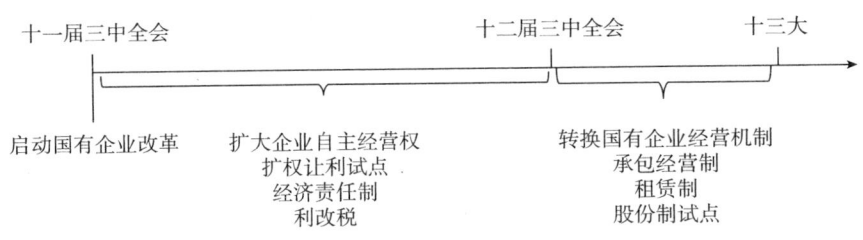

图1　改革开放初期国有企业改革重要节点、重点内容

（二）公司制改造和完善法人治理制度（1992~2011年）

这一时期，国有企业改革又可以分为两个阶段：前一个阶段为党的十四大、十五大时期，改革重点是从微观企业组织形式上对国有企业进行公司制改造，建立现代企业制度；后一个阶段为党的十六大、十七大时期，改革重点是扩大国有企业公司制改造和完善法人治理制度，并成立国资监管机构加强国有企业的监督管理（见图2）。党的十四大以后，国有企业面临与社会主义市场经济体制相融合的挑战，迫切需要从微观组织形式上推进国有企业改革。党的十四届三中全会将现代企业制度确立为国有企业改革的方向，党的十五大报告以及党的十五届四中全会要求对国有大中型企业实行规范的公司制改革，把国有企业改造成适应社会主义市场经济体制要求的法人实体和竞争主体。国有企业改革进入微观组织形式上进行公司制改造和加强宏观管理并重时期。截至2001年底，3/4的国有企业进行了公司制改造，其中非国有独资公司占改制企业的占比达到3/4。

按照建立现代企业制度的改革要求，国有企业从微观组织形式上普遍进行了公司制改造，建立了法人治理结构，但法人治理运行制度不健全，

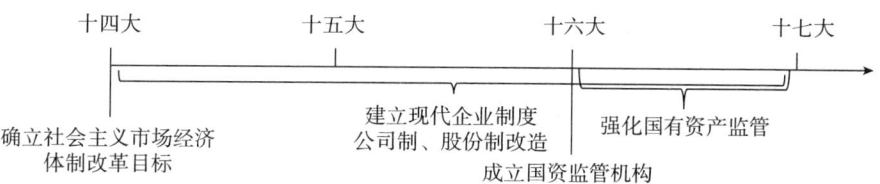

图 2　社会主义市场经济体制提出和建立时期国有企业改革重要节点、重点内容

突出表现在出资人履职不规范、所有权缺位和经理层缺乏监督，国有资产流失严重，客观上需要一个能够集中履行国有资产出资人职责的机构。在1998年国务院成立国家资产监督管理局和对国有大型企业实施稽查特派员制度、向国有重点企业外派监事会的基础上，2003年成立国务院国有资产监督管理委员会履行出资人权力，各级地方国有资产监督管理机构相继成立，代表地方政府履行出资人权力。这标志着国务院国资委和地方国资委分别代表中央和地方政府履行出资人职责，并对经营性国有资产实行集中统一监督管理体制上迈出重要一步。

公司制改造和国有资产监管新体制的形成，促进了政府公共管理职能与国有资产出资人职能进一步分离，政府与国有企业的关系及边界更加清晰，国有企业作为市场竞争主体和法人实体的地位和作用也进一步增强。然而，国资监管机构既代表政府履行出资人职责，又代表政府履行国有企业、国有资产监督管理职责，这种"裁判员""运动员"双重身份叠加致使国资监管机构权力过大，监管领域过宽，监管方式仍然以管资产为主，监管重点更重视企业商业目标而忽视社会目标和政策目标。

（三）功能界定和分类改革（2012年至今）

党的十八大以来，在继续推进现代企业制度改革的同时，更加强调国有企业功能界定、分类改革和加强国有资本管理（见图3）。实际上，国有企业分类改革的实践探索早已进行，但分类依据和分类改革着力点不同。党的十三大提出要根据产业性质、企业规模、技术特点实行差异化的所有权与经营权分离的分类改革思想，并采取不同类型的经营责任制。党的十四大提出根据企业规模实行分类改革，大中型国有企业要转换经营机制，小型国有企业可以出租或出售给集体或个人经营。党的十四届三中全会提出国有大中型企业要建立现代企业制度，并对不同类型的国有企业采取不同的企业组织形式、股权结构，对于小型国有企业，实行承包经营、租赁经营或出售给集体、个人经营。党的十五大、十六大还提出根据经营领域和战略意义对国有企业进行分类，从战略上调整国有经济布局。

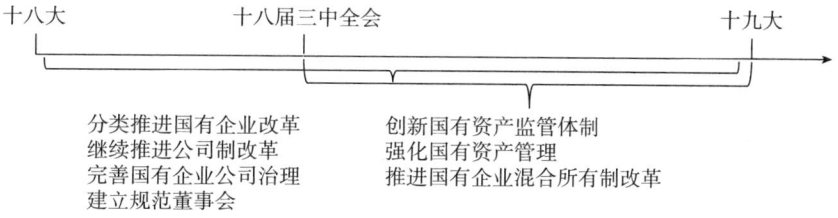

图 3　党的十八大以来国有企业改革重要节点、重点内容

党的十八大以来的分类改革以及在分类基础上推进国有资产监管体制、混合所有制改革等，更加切合社会主义市场经济要求。党的十八届三中全会提出要准确界定不同国有企业功能。中央和地方分别按《中共中央、国务院关于深化国有企业改革的指导意见》要求，将国有企业划分为

商业类和公益类,并将商业类国有企业划分为主业处于充分竞争领域的商业一类国有企业,和主业处于关系国家安全、国民经济命脉的重要行业与关键领域、承担重大专项任务的商业二类国有企业,对不同类型国有企业提出了差异化的公司治理模式、国有股权比例、考核导向、监管重点等具体举措。

公司制改造后,国有控股、参股公司发展较快,迫切需要建立以管资本为主的国有资产管理体制。但管资本为主并不意味着国资监管机构仅履行出资人代表职责,完全放弃国有企业重大事项决策权、参与权和知情权。对于国有独资公司、全资公司,国资监管机构可以通过任命董事组建董事会行使决策权。对于国有控股公司、参股公司,国资监管机构应当基于现代公司治理规范,按照股权比例行使股东权力,公司决策权、经营权、监督权分别由董事会、经理层、监事会负责。

国有企业混合所有制改革按照分类推进的原则进行。混合所有制改革的重点是商业一类国有企业,国有资本股权结构配置由市场决定不设比例限制,通过股权多元化、公司治理现代化、整体上市等方式使混合所有制企业成为市场竞争主体,完善公司治理结构,激烈的市场竞争能够激发企业活力、提高国有资本运行效率。对于商业二类国有企业,混合所有制企业改革要确保国有资本控股地位,自然垄断性国有企业的竞争性业务领域允许私有资本平等进入。对于以提供公共产品服务为主的公益类国有企业,不以盈利为目的的社会价值目标取向使得私有资本进入积极性不高,出于增进社会公共福利和保证此类物品稳定供应等社会目标的考虑,在私人资本进入条件不完全具备的条件下,宜继续实施国有独资模式。

三、40年来对国有企业存在依据与功能的认识

国有企业并不为社会主义国家所独有,世界各国普遍存在国有企业,即使市场经济体制成熟的发达国家也存在着一定数量、规模的国有企业。国有企业独立于经济制度而普遍存在,源于国有企业具有无法被私有企业替代的公共属性,即克服市场失灵和承担国家赋予特殊职能。市场作为一种有效的资源配置方式,前提条件是不存在外部性、公共物品以及信息不对称等市场失灵现象,但这一假设条件在现实经济中并不成立。尽管政府可以通过某种财政、金融等政策工具进行干预以矫正市场失灵,但国有企业是一种有效途径。[5]20世纪八九十年代西方资本主义国家进行的大规模私有化改革浪潮,只不过是缩小国有企业数量规模、调整国有经济产业布局而已,并没有永久放弃公共供给和彻底取消国有企业。在2007年席卷全球的美国次贷危机救助方案中,美国、英国、德国等国采取了国有化措施应对金融危机。[6]尤其是垄断产业,私有化不能根治垄断弊病,私人垄断比国有垄断问题更突出。[7]国有企业改革40年,对国有企业存在依据及其功能的认识不断深化。

(一)改革开放初期(1978~1991年)

改革开放初期,国有企业在整个国民经济中的数量占比和功能居于主导地位,与集体经济一道被认为是决定社会主义社会性质的基本经济形态,具有生产供应、税收贡献和社会职能等作用。该时期关系国计民生的重要产品和关系全局的重大经济活动几乎完全依靠国有企业,国有企业生产功能主要表现在执行政府指令性计划或指导性计划。由于计划经济体制下个体企业数量占比低,集体企业纳税能力弱,国有企业成为国家财政收入的最主要来源。此外,国有企业还承担本应该由政府承担的就业、教育、医疗、养老等社会功能。上述功能定位直接导致国有企业规模庞大和行业分布过广。统计数据显示,尽管这一时期国有及国有控股工业企业在工业总产值中的比重呈趋势性下降,但在1992年之前这一比例均高于50%(见表1)。如果将集体经济考虑在内,可以发现公有制经济占比逐年下降但依旧保持绝对优势。

表1 工业领域各类所有制企业工业总产值分布情况（1978~1992年）

年份	国有及国有控股企业		集体企业		个体企业		其他经济类型企业	
	总产值（亿元）	比重（%）	总产值（亿元）	比重（%）	总产值（亿元）	比重（%）	总产值（亿元）	比重（%）
1978	3289	77.63	948	22.37	0	0.00	0	0.00
1980	3916	75.98	1213	23.54	1	0.02	24	0.47
1985	6302	64.86	3117	32.08	180	1.85	117	1.20
1990	13064	54.61	8523	35.63	1290	5.39	1047	4.38
1991	14955	56.17	8783	32.99	1287	4.83	1600	6.01
1992	17824	51.52	12135	35.07	2006	5.80	2634	7.61

资料来源：根据《中国统计年鉴》（1999年）计算得到。

（二）社会主义市场经济体制的提出和建立时期（1992~2011年）

社会主义市场经济体制改革目标的确立，实现了国有企业功能认识的一次深化。计划经济体制时期国有企业功能走向分化。在社会主义市场经济体制下，以国有企业为主的公有制经济和私营企业等非公有制经济的共同发展，相对降低了国有企业在组织生产、创造财政收入和提供公共服务等方面的功能与作用。国有企业依旧作为一种特殊企业形态[8]向社会生产产品、提供服务。随着非公有制经济的不断壮大，私有企业在国民经济中的生产功能越来越突出，国有企业数量和产值占比不断降低，其生产功能进一步弱化。同时，私有企业对于国家税收的贡献越来越大，因而国有企业的财政税收创造功能正在不断下降，但国有企业仍然是国家财政收入的重要来源。这一时期，国有企业与政府的边界逐渐清晰，政企进一步分开，国有企业不再是政府行政机构的附属物，原先代替政府所行使的公共服务和社会职能从国有企业中逐渐剥离开来，国有企业不再担负本该由政府承担的社会服务职能。

国有企业制度保障功能的认识深化集中体现在主导作用实现方式上。非公有制经济的快速发展和结构地位迅速提升，促使人们认识到，国有经济主导作用主要体现在控制力上，即在关系国民经济命脉和国家安全的重要行业和关键领域处于支配地位，国有经济既要有量的优势，也要有质的提高以及区域布局的优化。因此，国有企业数量并不是越多越好，产业分布也不是越广越好，而应在具有公共属性的领域发挥更大作用。

从国有企业规模分布看，这期间国有企业数量规模总体上呈下降趋势。国有及国有控股企业在工业领域中的数量占比下降明显，从1999年的近40%下降到2006年的10%左右，此后进一步下降至个位数，目前这一比例维持在5%左右。在工业领域国有及国有控股企业数量急剧下降的同时，其总资产、主营业务收入以及利润总额总体上也呈下降趋势，但下降幅度低于企业数量下降幅度。然而，国有及国有控股工业企业平均总资产、平均主营业务收入以及平均利润总额则呈上升趋势，特别是企业平均总资产规模显著增加，而主营业务收入和利润总额均值先升后降，但仍然保持较高水平（见表2）。

表2 工业领域国有及国有控股企业基本情况（1999~2016年）

年份	比重（%）				均值（亿元）		
	企业数量	总资产	主营业务收入	利润总额	总资产	主营业务收入	利润总额
1999	37.83	68.80	51.47	43.61	1.31	0.45	0.03
2000	32.84	66.57	50.15	54.82	1.57	0.50	0.06

续表

年份	比重（%）				均值（亿元）		
	企业数量	总资产	主营业务收入	利润总额	总资产	主营业务收入	利润总额
2001	27.31	64.92	47.41	50.46	1.88	0.51	0.05
2002	22.65	60.93	43.70	45.52	2.17	0.54	0.06
2003	17.47	55.99	40.53	46.01	2.76	0.61	0.07
2004	12.88	50.94	35.91	45.71	3.08	0.65	0.08
2005	10.11	48.05	34.43	44.04	4.28	0.73	0.08
2006	8.27	46.41	32.34	43.51	5.41	0.75	0.08
2007	6.14	44.81	30.68	39.75	7.65	0.78	0.09
2008	5.00	43.78	29.50	29.66	8.86	0.78	0.06
2009	4.72	43.70	27.96	26.89	10.52	0.70	0.06
2010	4.47	41.79	27.85	27.78	12.23	0.78	0.08
2011	5.24	41.68	27.19	26.81	16.52	0.81	0.07
2012	5.19	40.62	26.37	24.51	17.48	0.79	0.06
2013	5.16	40.29	25.09	24.18	18.83	0.75	0.06
2014	4.98	38.81	23.73	21.29	19.74	0.71	0.06
2015	5.03	38.83	21.77	17.25	20.62	0.61	0.05
2016	5.02	38.47	20.62	17.14	21.96	0.57	0.05

资料来源：根据1999～2017年《中国统计年鉴》计算而得。企业数量、总资产、主营业务收入以及利润总额占比依据规模以上国有及非国有企业相关数据计算得到。

从产业布局来看，国有企业呈现向垄断性、公共政策性和关系国民经济命脉的重要行业和关键领域集中趋势。以工业领域为例，以采矿业为代表的资源性行业，国有及国有控股企业在采矿业的企业数量占比和总资产占比呈现"双增加"趋势，企业数量占比由2000年的6.24%上升至2016年的8.26%，总资产占比则由10.96%增加至16.87%（见表3）。在制造业，国有企业产业布局总体上有所收缩，但幅度较小，呈现出"一增一减"态势。在竞争性制造业领域，如农副食品加工业、食品制造业、纺织业等领域，企业数量及总资产比重明显降低，而在有色金属冶炼和压延加工业、汽车、铁路、船舶、航空航天和其他运输设备制造业等重要行业和关键领域，国有企业的数量和资产占比不断提高。电力、热力、燃气及水生产和供应业等基础行业，国有企业的数量和资产仍占据较大比重，并且其数量和资产比重也在逐渐提高。国有企业产业布局的变化不仅幅度大，而且具有趋势性和非均等化等特点。

表3 工业领域国有及国有控股企业在不同工业领域中的企业数量、总资产分布情况 单位:%

行业	企业数量分布				企业总资产分布			
	2016年	2010年	2006年	2000年	2016年	2010年	2006年	2000年
采矿业	8.26	7.82	6.69	6.24	16.87	17.31	13.97	10.96
其中：煤炭开采和洗选业	4.58	4.23	3.54	2.47	9.57	8.84	6.74	4.27
石油和天然气开采业	0.44	0.55	0.35	0.13	4.52	6.51	5.94	4.81
黑色金属矿采选业	0.68	0.67	0.45	0.33	1.22	1.16	0.46	0.30

续表

行业	企业数量分布				企业总资产分布			
	2016年	2010年	2006年	2000年	2016年	2010年	2006年	2000年
有色金属矿采选业	1.32	1.30	1.23	1.24	0.70	0.56	0.58	0.49
制造业	61.28	66.22	68.94	80.29	50.99	52.87	52.77	66.03
其中：农副食品加工业	3.58	3.96	4.56	9.50	0.62	0.61	0.60	1.86
食品制造业	1.64	1.87	2.06	3.87	0.27	0.36	0.53	0.82
纺织业	0.98	1.81	2.97	4.92	0.30	0.39	0.94	3.26
有色金属冶炼和压延加工业	2.62	2.38	1.75	1.14	3.44	3.54	2.99	2.45
其中：汽车、铁路、船舶、航空航天和其他运输设备	6.75	6.55	6.40	5.14	10.75	10.47	8.45	7.57
电力、热力、燃气及水的生产和供应业	30.01	25.96	24.37	12.36	31.73	29.83	33.26	22.06

资料来源：根据1999~2017年《中国统计年鉴》计算得到。

从国有企业地域分布看，作为区域经济社会协调发展的有力工具和重要承担者，国有企业发挥了重要作用。由于我国经济发展水平的区域性差异，国有企业较多地分布在东部沿海地区和东北地区。改革开放以来我国国民经济总量快速增加的同时，区域间不平衡、不协调的矛盾愈加突出，调整国有企业的区域分布成为实现国家区域经济结构调整的重要举措。党的十五届四中全会提出对国有经济进行区域布局结构调整，支持中西部地区经济发展。数据显示，工业领域国有及国有控股企业数量、总资产及销售收入占比均呈现出东部下降、中西部增加的变化特征（见表4）。东北地区是国家重工业基地，国有企业数量、资产规模一直保持相对较高比重，在中共中央、国务院《关于实施东北地区等老工业基地振兴战略的若干意见》和《全面振兴东北地区等老工业基地的若干意见》区域发展战略思想指导下，东北地区国有企业在保持一定比例数量和规模的情况下，重点在于提质增效、转型升级、优化结构和增强自主创新能力。

表4 工业领域国有及国有控股企业地区分布占比情况 单位：%

	2016年				2008年				1998年			
	东部	中部	西部	东北	东部	中部	西部	东北	东部	中部	西部	东北
企业数量	37.60	22.15	32.86	7.39	42.93	21.44	26.22	9.41	57.18	20.69	14.53	7.61
资产总额	41.03	20.13	29.92	8.92	41.89	21.19	25.34	11.57	50.38	17.96	18.06	13.60
销售收入	44.20	21.69	24.74	9.37	45.71	20.43	20.55	13.31	63.61	14.85	12.35	9.18
利润总额	62.39	13.92	20.84	2.84	38.25	16.85	28.01	16.89	85.19	7.82	2.71	4.28

数据来源：根据1999~2017年《中国统计年鉴》计算得到。

（三）全面深化改革时期（2012年至今）

党的十八大以来，习近平总书记多次强调坚持公有制的主体地位，坚定不移深化国有企业改革，着力创新体制机制，加快建立现代企业制度，不断增强国有经济活力、控制力和影响力。这一时期的改革深化了关于国有经济和国有企业作用的认识，进一步明确了国有企业功能与地位，国有企业功能和国有资本投资运营更加强调服务于国家战略目标，突出表现在以下三个方面。

一是实施"一带一路"倡议的先行者和主力

军。国有企业之所以在实施"一带一路"倡议中发挥先行者和主力军的作用，源于需求和供给两方面原因。从需求来看，"一带一路"沿线大多是发展中国家，经济增长缓慢，工业化水平不高，交通、能源、通信等基础实施不完善，亟须提升基础实施水平。"一带一路"沿线国家自身经济实力、技术水平和人力储备积累有限，需要借助于外力。从供给来看，中国国有企业建设和管理基础设施的技术和资金能力强，尤其在高铁、电力、通信、装备制造业等领域技术优势明显。"一带一路"沿线部分国家政治不稳定又加重经济风险和政治风险，经济风险与政治风险叠加导致"一带一路"沿线国家基础设施项目收益具有很大的不确定性和风险性。因而在实施"一带一路"倡议特别是基础设施领域投资项目方面，私有企业和私人资本出于规避风险的考虑缺乏投资意愿。国有企业目标多元化，在参与"一带一路"投资项目建设中，能够一定程度摆脱短期经济利益目标的限制，更好地体现国家意志和长远综合战略目标，理所当然地成为履行"一带一路"战略的先锋队，并发挥主力军作用。

二是实施技术赶超战略的主要力量。技术创新对产出增长的贡献越来越重要，关键技术和核心产品对产业发展的制约越来越严峻。技术创新具有高投入、高风险、外部性等特点，尤其在基础研究领域、核心技术、共性技术等方面，创新投入更大、风险更高、正外部性更强，私人收益与社会收益之间的偏离程度大。私有企业依据私人边际收益等于私人边际成本原则进行创新行为决策，必然导致创新意愿不强、创新投入不足。国有企业更能够克服追求短期利润的局限，兼顾自身经济利益目标和国家战略目标，甚至可以偏重于国家战略目标。因此，相对于私有企业，国有企业自主创新意愿更强。国有企业另外一个自主创新优势就是国有企业资金实力雄厚，技术水平、人才优势相对明显，能够承担私有企业无力承担的巨额创新成本。大中型国有企业普遍建立了产学研协同创新机制，具有实施原始创新、集成创新、引进消化吸收再创新的经历，能够在实施赶超战略中发挥重要作用。因此，国有企业技术创新更有利于实现国家使命和公共价值。[9]在关系国家安全和国民经济命脉的重要行业和关键领域，国有企业在国家科技创新体系中应该发挥骨干带头作用。

三是培育具有全球竞争力的世界一流企业的主要依托。国家间的竞争体现在以经济实力和技术水平为基础的综合国力的竞争，在微观层面则体现为是否拥有一批具有全球竞争力的世界一流企业。尽管经济体制改革以来私营经济有很大发展，但私营企业总体上规模较小、资金实力不强、技术创新能力不足等，加上以家族血脉为纽带的管理模式难以建立高效的法人治理结构，私营企业难以担当建设世界一流企业的重任。国有企业尤其是中央企业，凭借其自身经济实力、技术水平和人力资本等优势，能够在世界大企业中占据一席之地。《财富》世界500强统计数据显示，中国大陆《财富》世界500强企业数量由1999年的5家增加至2017年的105家，平均每年新增5.56家（见表5）。从企业所有权性质看，2008年之前，所有进入《财富》世界500强的中国企业均为国有企业，主要是中央企业。即便2008年之后有越来越多的中国私营企业入围《财富》世界500强，但国有企业依旧占绝对多数。2015年之前，国有企业在《财富》世界500强的席位一直增加，由2008年的25家增加到2015年的84家。在《财富》世界500强的中国企业中，2016年之前排名前10位的中国企业均为国有企业，2016年、2017年除了中国平安之外，另外9家上榜企业均为国有企业。近两年来，随着中国私营企业的进一步壮大和国有企业战略性改组，《财富》世界500强中的中国国有企业数量有所减少，但国有企业占比依旧保持在80%左右，同时国有企业资产总额、销售收入也稳步提高。因此，国有企业是培育具有全球竞争力的世界一流企业的重要依托。

表5 中国与主要国家《财富》世界500强入围企业数量对比情况（1999~2017年）

年份	美国（家）	日本（家）	德国（家）	法国（家）	英国（家）	中国		
						总数（家）	国有企业（家）	国有企业占比（%）
2017	132	51	29	29	23	105	80	76
2016	134	52	28	29	25	98	80	82
2015	128	54	28	31	28	95	84	88
2014	128	57	28	31	27	93	81	87
2013	133	62	29	31	25	90	81	90
2012	132	68	32	32	26	71	63	89
2011	132	68	34	35	30	60	55	92
2010	139	68	37	38	29	43	40	93
2009	140	68	39	40	26	34	33	97
2008	153	64	37	39	34	26	25	96
2007	162	67	37	39	35	22	22	100
2006	170	70	35	38	38	19	19	100
2005	176	81	35	39	35	15	15	100
2004	189	82	34	37	35	14	14	100
2003	192	88	37	40	35	11	11	100
2002	199	87	35	36	33	11	11	100
2001	186	105	34	38	35	11	11	100
2000	176	107	37	37	41	9	9	100
1999	185	100	42	38	40	5	5	100

资料来源：根据1999~2017年《财富》世界500强统计数据整理得到。

四、40年国有企业的治理创新

国有企业治理模式的变迁经历了三个阶段。第一阶段为改革开放初期的厂长负责制。第二阶段为社会主义市场经济体制的提出和建立时期，这一阶段的前10年，国有企业治理重点是建立现代公司制企业治理架构，后10年主要是完善现代企业制度和加强国有资产监督管理。第三阶段是党的十八大以来，国有企业治理进入规范和完善公司治理制度新阶段。

（一）厂长负责制时期（1992年之前）

改革开放初期，国有企业治理从党委领导下的厂长负责制改变为厂长负责制，厂长由企业主管机构或干部管理机构委派任命和免职。厂长为企业法定代表人，行使法人职权，并全面负责企业生产、经营、管理事务。在国有企业内部设立管理委员会，以协助厂长履行企业经营管理职责。厂长需向党委会和职工代表大会报告工作并接受其监督。这一治理模式实质是产权单一化企业的治理结构，厂长对企业生产经营、人事安排、资产管理等具有绝对控制权，国有企业以执行国家生产计划任务为目标并以事实上的工厂形式而存在。由于党的作用弱化和职工民主管理薄弱，企业权力高度集中于厂长，职工代表大会对厂长及企业的监督无力，未形成监督和制衡厂长的力量。

（二）建立现代企业制度时期（1992~2011年）

社会主义市场经济体制改革目标提出之后，建立和完善现代企业制度成为国有企业改革的主攻方向。1994年国务院选择一批国有大中型企业进行现代企业制度试点，开启了国有企业建立现代企业制度改革。现代企业制度一些元素嵌入中央和地方国有企业治理，治理架构向公司制企业治理转变,但企业市场主体地位还受到政企关系、国有出资人履职不规范、治理机构权责界定不清等制约。[10]党的十五大进一步提出对国有大中型企业实行规范的公司制改造,使企业成为适应市场的法人实体和竞争主体。十五届四中全会提出了国有大中型骨干企业建立现代企业制度改革任务时间表,要求用3年左右的时间在20世纪末完成大多数国有大中型骨干企业初步建立现代企业制度改革。

公司制改造和现代企业制度改革暴露了国有企业缺乏出资人监管的缺陷。一是一些已经建立起现代企业制度架构的国有企业,"形似神不似"[11],仅仅在名义上建立现代企业制度架构。二是由于出资人制度不完善,国有企业内部人控制问题突出。尤其那些经过改制而成的国有独资和绝对控股公司,所有者和委托人缺位问题凸显,董事会与经理层权力高度集中于董事长和总经理个人。法律建设滞后导致外部监督缺乏有效措施,内部治理的监督制约处于弱势,国有企业未能形成权力机构、决策机构、执行机构、监督机构相互制衡的法人治理结构。三是监督机制薄弱。尽管1998年国务院向国有大中型企业派驻稽查特派员,代表国家履行监督职责,但是,稽查特派员制度是一种事后监督而非全过程监督机制,而且游离于公司法人治理结构体系之外,存在时效滞后和信息不对称等缺陷。

2003年国务院国资委成立,随后地方各级国有资产监督管理机构相继建立,国有企业制度创新进入以加强出资人监督和完善法人治理为重点的新阶段。国资监管机构代表国家履行出资人职责,填补了国有企业所有者缺位和委托人缺位问题,明确了中央企业和地方国有企业出资人地位,解决了长期困扰国有企业所有者缺位、委托人虚位问题,促进了政府公共管理职能与国有资产出资人职能的分离。在国资委具体组织下,国有企业加强了董事会制度建设,大多数中央企业包括国有独资中央企业及其二级国有独资公司、全资公司建立了比较规范的董事会,董事会内部组织架构及运作机制不断完善,多数企业外部董事均超过半数,增强了董事会独立性、专业性和决策能力。

(三)规范和完善公司治理时期(2012年至今)

党的十八届三中全会提出"以管资本为主加强国有资产监管",国有资产监管职能发生重大转变,由"以管企业为主"转变为"以管资本为主"。[12]国资监管机构职能定位更加清晰,即"该管的"一定要管好、不能缺位,"不该管的"坚决不管,权力下放、绝不越位。国资监管机构履行出资人职责,以实现国有资本保值增值、放大国有资本功能为目标,从战略上优化国有资本布局、规范国有资本运作、推进经营性资产统一集中监管。企业经营决策、人事任免、薪酬分配、绩效考核、奖惩机制等"不该管的"的自主经营权要依法依规归位于企业,国资监管机构不越位干涉企业法人财产权和经营自主权。国资监管机构职能的这个转变,客观上要求企业规范和完善法人治理制度,加强董事会和监事会制度建设,强化外部监督和内部制衡。

《中共中央、国务院关于深化国有企业改革的指导意见》提出了分类推进国有企业改革的总要求,分类改革治理体现在治理结构、股权结构、管理人员产生机制、薪酬分配机制和业绩考核导向等方面的差异化。治理结构上,国有独资公司不设股东大会,股东会职权由出资机构行使,国有控股公司、全资公司根据股权份额由出资人代表参与股东会,按照法律法规、公司章程行使股东权利、履行股东义务。股权结构差异化在公益类国有企业以国有独资为主,具备条件之后再进行投资主体多元化,商业一类国有企业则不设股权比例限制,积极发展混合所有制经济,商业二类国有企业,在保持国有资本控股的基础上支持社会资本参股。管理人员产生机制差异化体现在坚持党管干部原则与市场选聘机制相结合。公益类国有企业和商业二类国有企业因执行国家特殊使命和功能,主要采取上级党组织和国资监管机构选拔、任免高管人员,但要结合具体情况采用市场化方式选聘一定比例的职业经理人充实到国有企业领导班子。商业一类国有企业高管人员任免权由董事会依法产生，主要利用市场机制、聘任制这一选人用人方式。薪酬分配机制上，行政任命类国有企业领导人员薪酬分配以政府为主导、兼顾市场机制，科学制定基本薪酬、绩效薪酬、任期绩效薪酬水平和结构，市场化选聘类管理人员薪酬分配方案由市场机制决定，将企业经营业绩与管理人员薪资挂钩，建立中长期薪酬激励机制。考核导向上，公益类国有企业考核以社会目标导向为主，重点考核公共产品服务供给能力、成本控制以及运营保障效率。商业一类国有企业考核以经济目标为导向，重点考核企业经营业绩、市场竞争力以及国有资产保值增值。商业二类国有企业考核以国家战略目标为导向，重点考核企业完成国家战略、特殊使命、前瞻性战略性产业情况。

五、新时代国有企业制度创新的着力点

党的十九大以来，中央强调发挥国有企业在我国的重要基础地位和重大历史作用，尊重市场经济规律深化国有资产管理体制和国有资本管理体制改革，以管资本为主加强国有资产监管，加快国有经济布局优化、结构调整、战略性重组，建设中国特色现代国有企业，培育世界一流企业。这是以习近平同志为核心的党中央对新时代国有企业改革做出的系统部署，为新时代推动国有企业制度创新提供了根本遵循。

（一）将党组织嵌入治理体系，使治理结构更好体现国有企业性质

发挥党组织的政治核心作用，将党组织嵌入治理结构体系体现了国家政治制度和经济制度要求，是我国国有企业管理体制和治理制度改革的重大创新，有利于体现国有企业公共性和更好发挥国有企业作用。党的领导是我国国有企业的独特优势，总体上看党组织在国有企业治理中的参与度在上升。[13]国有企业公司制改革过程中，一度存在的党组织与治理脱节问题正在逐步解决。新修订的《中国共产党章程》第三十三条载明：

"国有企业党委（党组）发挥领导核心作用，把方向、管大局、保落实，依照规定讨论和决定企业重大事项。"党对国有企业的领导集中体现为政治领导、思想领导和组织领导。党对国有企业的政治领导就是要求国有企业全面贯彻、执行党和政府赋予的使命和任务。党对国有企业的思想领导，就是严明政治纪律和政治规矩，不断提高党员干部思想政治素质和党性修养。党对国有企业的组织领导就是将加强党的领导和完善公司治理统一起来，使党管干部原则融入公司治理和市场化选人用人机制，党组织的领导核心和政治核心作用融入企业治理的各环节，确立党组织在公司法人治理结构中的法定地位。

国有企业在目标设定、经理人激励和出资人意志等方面具有不同于私有企业的特殊性质，吸纳公司制企业的治理元素并体现国有性质是世界各国国有企业治理的一个突出特点。国有企业既要有商业目标，又要承担非商业性的公共目标，经济利益激励强度与私有企业普遍存在差距，政府普遍通过一定的制度控制和引导国有企业。中国国有企业除通过"双向进入""交叉任职"的方式将党员个人嵌入公司治理机构，还要理顺党组织与董事会和经理层的关系，发挥党组织在企业治理决策、执行、监督各环节的领导核心作用。在选人用人问题上，坚持党管干部原则与董事会选聘经营者有机结合，加强对国有企业主要负责人和关键岗位监督，对投资采购、工程招投标、产权交易等重要环节进行监督。在党组织把方向、管大局、保落实的架构下，赋予董事会经营管理决策权和经理层执行监督权，加强董事会在战略决策、经理人选聘、财务监督、薪酬分配、绩效考核等方面的作用。优化董事会组成，加强董事会内部制衡约束，提高具备专业资格和经历的外部董事数量。除吸收具有管理经验、财务知识等通用业务素养的董事，还应该根据企业所处行业技术特点，选聘一定数量的技术专家进入董事会，提高董事会决策的专业性、独立性、科学性。加快完善职业经理人市场化选聘制度，畅通现有经营管理者与职业经理人的身份转换通道，

保障经理层根据公司章程和董事会授权行使经营自主权,避免董事会对经理层经营管理权的越位干预。

(二) 以资本投资运营为手段,推进国有企业战略性重组

并购重组是大型跨国公司和世界一流企业发展的重要手段。当前,国际资本集中和垄断程度不断加强,更多企业采取横向、纵向和跨界重组等方式加强对关键产业和产业链关键环节的控制,实现核心能力提升和新的发展。中国等新兴经济体的崛起正在改变世界经济格局,发达国家与其追赶者的竞争加剧,发达国家纷纷采取保护性贸易和投资措施力图扭转自身的发展颓势。特别是近期一些发达国家加强了对中国技术出口的限制,甚至对一些所谓的敏感行业直接采取保护国内企业免受外来竞争和限制国外企业并购等手段压制中国参与国际竞争。在这一格局下,中国作为追赶型发展中国家,单纯依靠单体企业自身积累和发展不可能实现追赶发达国家的目标,资本并购重组在后发国家实现赶超中均发挥特别重要的基石作用。中国国有企业必须顺应世界企业发展的趋势,根据国家战略和国际竞争需要,分类推进国有企业和国有资本战略性重组,整合人才、技术、品牌、管理、规模等能力要素,推动商业类国有企业向技术资本密集的战略性产业领域集中,增强国有资本集聚和集中各类资本的能力。尽快清晰界定商业类和公益类国有企业的职能和目标,确保商业类国有企业平等参与市场竞争,主要追求商业目标并通过公平竞争实现其目标,公益类国有企业清晰设定非商业性的政策目标并通过政策引导和监管实现目标与职能。发挥资本保障重组的作用,设立一批国有资本控股和参股的并购基金,提供论证咨询、融资服务和共同进行股权投资,发展以产权为纽带的母子公司集团。商业一类国有企业采取融资、转让、并购等资本化和市场化手段,加快能力相近、业务相关和竞争充分领域的企业整合和并购重组,提高国际竞争力。商业二类国有企业发挥国有资本战略引导作用,通过国有资本投资运营公司的平台作用,推动国有资本向战略性、前瞻性行业和核心技术等产业链关键环节集中,在关键技术、核心零部件、元器件与整机集成等领域形成一批掌控产业制高点和核心竞争力的企业,实现发展动力从规模驱动向科技驱动的飞跃。公益类国有企业加大财政和政策性资本投入,提高公共产品持续供给能力。

(三) 改革国有资本经营管理体制,规范出资人与企业关系

国有资本授权经营是国有企业改革新的的重要着力点。随着公司制改造的推进,国有独资企业数量大幅减少,国有控股和参股企业数量大幅度增加,国家与企业的关系由公司制改造前的全资所有关系转变为国有资本与其他资本的共有关系。政府公共利益维护者和国有资本出资人的身份相对分离,国有资本管理运营职能相对独立出来。国资委直接持有国有企业股份并作为国有企业股东参与企业治理的管理体制,面临专业能力不解决上述问题,客观上要求改革国有资本授权经营体制,设立国有资本市场化运作的专业平台,建立以"管资本"为主的国有资产管理体制。改革国有资本授权经营体制,就是分离出资人职能和国有资产监督管理职能,组建国有资本投资和运营公司专注于国有资本管理运营,形成"国资机构—国有资本投资运营公司—国有企业"扁平化国有资产经营管理方式,规范出资人与企业关系、所有权与经营权配置,确立企业市场主体地位。国有资本授权经营体制改革要在明晰所有权与经营权边界的基础上,准确界定经营权授权界限、明确授权方式,既要授权到位,也要防止过度授权并以此引起的国有资产"渎职性"流失、"经营性"流失和"混合型"流失。改组国有资本投资运营公司是改革国有资本授权经营体制的重要环节,既要防止国有资本投资运营公司虚化、行政化和简单翻牌,也不能"一刀切""大跃进",要分类分层推进改组国有资本投资运营公司。基于不同类别国有企业战略定位、发展目标的差异性,分别设置公益类、战略类和商业类国有资本投资和运营公司,并实行差异化授权。同时,将中央企业和地方国有企业改组成国有资本投资运营公司的方式也应差异化。中央企业可以在集团总部基础上改组为国有资本投资运营公司,地方国有企业数量多、规模小、产业分布广,可将若干家国有企业按业务类别和纵向联系组建成国有资本投资运营公司平台。

参考文献

[1] 刘戒骄. 国有企业下一步改革的几个关键点[J]. 中共中央党校学报, 2013, 17 (3): 64 – 69.

[2] 周叔莲, 刘戒骄. 尚未完成的国有企业改革[J]. 理论前沿, 2008 (18): 5 – 9.

[3] 黄速建. 国有企业改革三十年: 成就、问题与趋势[J]. 首都经济贸易大学学报, 2008 (6): 5 – 22.

[4] 林岗, 张晨. 关于进一步推进国有经济改革发展的一些意见[J]. 经济理论与经济管理, 2013 (2): 5 – 15.

[5] 周业安, 高岭. 国有企业的制度再造——观点反思和逻辑重构[J]. 中国人民大学学报, 2017 (4): 38 – 47.

[6] 罗仲伟. 中国国有企业改革: 方法论和策略[J]. 中国工业经济, 2009 (1): 5 – 17.

[7] 徐向艺, 李一楠. 中国国有企业改革 30 年回顾与展望[J]. 理论学刊, 2008 (10): 9 – 13.

[8] 黄速建. 国有企业改革的实践演进与经验分析[J]. 经济与管理研究, 2008 (10): 20 – 31.

[9] 王曙光. 转轨经济的路径选择: 渐进式变迁与激进主义[J]. 马克思主义研究, 2002 (6): 70 – 74.

[10] 林毅夫等. 论中国经济改革的渐进式道路[J]. 经济研究, 1993 (9): 3 – 11.

[11] 樊纲. 两种改革成本与两种改革方式[J]. 经济研究, 1993 (1): 3 – 15.

[12] 楼继伟. 以"管资本"为重点改革和完善国有资产管理体制[J]. 时事报告, 2016 (1): 44 – 59.

[13] 张卓元. 从"管企业为主"到"管资本为主": 国企改革的重大理论创新[J]. 新视野, 2016 (3): 13 – 16.

[14] 彭建国. 积极发展混合所有制经济[N]. 人民日报, 2014 – 9 – 15 (007).

[15] 中国宏观经济分析与预测课题组. 新时期新国企的新改革思路——国有企业分类改革的逻辑、路径与实施[J]. 经济理论与经济管理, 2017 (5): 5 – 24.

[16] 金碚, 刘戒骄. 西方国家应对金融危机的国有化措施分析[J]. 经济研究, 2009 (11): 38 – 46.

[17] 刘戒骄. 关于国有企业存在依据的新思考[J]. 经济管理, 2016 (10): 1 – 13.

[18] 金碚. 论国有企业是特殊企业[J]. 学习与探索, 1999 (3): 11 – 14.

[19] 金碚. 技术创新离不开国有企业[N]. 光明日报, 2015 – 4 – 1 (015).

[20] 汪海波. 中国国有企业改革的实践进程 (1979—2003 年) [J]. 中国经济史研究, 2005 (3): 103 – 112.

[21] 周叔莲. 国有企业改革 30 年的模式、道路与成绩[J]. 经济研究导刊, 2008 (8): 1 – 6.

[22] 马连福, 王佳宁. 党组织嵌入国有企业治理结构的三重考量[J]. 改革, 2017 (4): 5 – 13.

[23] 宋方敏. 习近平国有经济思想研究略论[J]. 政治经济学评论, 2017 (1): 3 – 24.

[24] 龚睿. 政党权力视阈下的国企党建生成逻辑与路径转型[J]. 理论与改革, 2017 (6): 148 – 157.

Institutional Innovation and Prospect of China's State Owned Enterprises in the past 40 Years of Reform and Opening up

Liu Jiejiao, Xu Xiaoxin

Abstract: In the 40 years of reform and opening up, the state – owned enterprises microcosmic organization and the Relationship between government and state-owned enterprises have undergone profound changes. The understanding of the nature, functions, and foundations of state-owned enterprises has been continuously deepened, and they have generally achieved compatibility and symbiotic development with the socialist market economy. State-owned enterprise system innovation starts from solving urgent practical problems. The micro-organization form extends from the expansion of rights and interests, the separation of government and enterprises, to the transformation of company systems and the establishment of a modern enterprise system. The macro-supervision and management has stripped state-owned enterprise management from general government functions and established a centralized management system for operating state-owned assets. The institutional innovation of state-owned enterprises in the new era must adhere to the nature and function of state-owned enterprises and reflect the national strategic objectives. They must exert force at the following three key points: innovate corporate governance, achieve the unity of adhering to the party's leadership and establishing a modern enterprise system; using capital as a means and Promoting Strategic reorganization of State-owned Enterprises by Classification; reforms the state-owned capital operation and management system, realizes the transformation of State-owned Enterprises management mainly from "asset-management" to "management of capital", and standardizes the relationship between capital contributors and enterprises.

Key Words: State-owned Enterprises Reform; Corporation System Reform; Modern Enterprise System

改革开放 40 年中国制造业竞争优势的转变

李晓华　李雯轩

摘　要：改革开放 40 年，中国制造业实现了由小到大的跨越式发展，建立了全球最完备的产业体系，创新能力显著增强，成为世界第一制造大国和制成品出口国。中国制造业的竞争优势经历了从价格优势到规模优势，再到创新型制造优势的演变过程。随着新工业革命的兴起与国内外经济发展条件和形势的变化，中国制造业需要培育综合竞争优势，从而推动制造业由高速增长向高质量发展转变，实现由大到强的战略目标。

关键词：改革开放；比较优势；竞争优势创新

改革开放 40 年来中国经济的发展是人类经济发展史上的奇迹（林毅夫等，2014a），也是一场伟大的工业革命（文一，2016）。经过 40 年的高速增长，中国成为世界第二大经济体、第一制造业大国和商品出口国，中国制成品出口额占世界制成品出口总额的比重接近 20%，是第二位美国的 2 倍还多，其中电子数据处理和办公设备、通信设备、服装、纺织品出口额占世界出口额的比重接近或超过 40%，中国对世界经济增长贡献率超过 30%。作为实体经济核心的制造业在"中国的奇迹"形成过程中发挥了关键性的作用。中国制造业通过充分发挥自身的比较优势、利用国际产业转移和技术变革的历史机遇，实现了持续的高速增长，竞争优势也逐步经历了从低成本优势、规模优势到创新型制造优势的转变。中国制造业各个阶段的竞争优势既建立在当时的资源禀赋、产业基础条件之上，同时也推动资源禀赋、产业配套和技术水平的转变，从而孕育出新的竞争优势。一个阶段竞争优势的形成过程，也是下一阶段竞争优势的孕育过程，而且影响上一阶段竞争优势的因素在下一阶段仍然会发挥作用。资源禀赋、发展阶段、发展环境、发展理念的变化对中国经济提出了由高速增长向高质量发展转变的要求，中国制造业的竞争优势也需要进行重构。本文回溯改革开放 40 年来中国制造业竞争优势的转变过程、竞争优势形成的原因，随着内外部环境的变化，中国制造业竞争优势应向综合优势转变。

一、丰富的劳动力供给与制造业的价格优势

改革开放之初，中国的工业基础薄弱，产业配套、技术水平和管理水平都与工业化国家存在很大差距，工业化水平低，大量劳动力依附于农业。改革开放后国内消费需求的释放以及与国际

---

* 本文发表在《东南学术》2018 年第 5 期。
[作者简介] 李晓华，中国社会科学院工业经济研究所研究员、博士生导师；李雯轩，中国社会科学院工业经济研究所博士后流动站研究人员。

市场的对接，使得丰富的劳动力供给与低廉的工资水平优势得以发挥，并形成了中国制造业的低成本和低价格优势。

（一）家庭联产承包制使农村的剩余劳动力得以释放

改革开放之初，中国的工业化水平很低。按照钱纳里等对工业化阶段的划分，以人均GDP为标准，前工业化阶段的人均GDP水平为100~200美元（1964年的美元价格），折合为2005年美元为745~1490美元（陈佳贵等，2012）。1978年，中国人均GDP仅为385元，相当于2005年的565.5美元。按照钱纳里的标准，改革开放之初的中国相当于前工业化阶段之前的水平，还是一个欠发达的农业国家。中国三次产业增加值结构为27.7∶47.7∶24.6，三次产业就业结构为70.5∶17.3∶12.2。由于生产力（特别是农业生产力）水平低，大量劳动力被锁定在农业和农村，1978年农村人口比重高达82.1%。

中国的改革开放从农村起步，1978年家庭联产承包责任制的实施极大地调动了农民的生产积极性，促进了农业生产率的显著提高。1978~1984年的短短6年间，中国农业总产值翻了一番还多（130%），粮食产量从30476.5万吨增长到40730.5万吨。农业劳动生产率的提高意味着农业生产已经不需要以前那么多劳动力，为农业劳动人口向二、三产业的转移提供了物质基础。1984年中央1号文件提出，"在兴办社队企业的同时，鼓励农民个人兴办或联合兴办各类乡镇企业"。受国家政策的鼓励，乡镇企业如雨后春笋般涌现，并吸纳了大量农村富余劳动力。图1展示了乡镇企业吸纳的就业人员占全部就业人员比重的变化情况。从1990年到2010年的20年间，乡镇企业的就业人员数量从9200万增至15300万，占所有从业人员的比重从14%逐步上升到20%。虽然没有20世纪80年代的统计数据，但根据我国改革开放的历史进程，可以推测80年代乡镇企业也是农村剩余劳动力转移的主要阵地。除个别年份外，从1979年以来第一产业就业占比就不断下降，在1984年以及1992~1996年第一产业就业出现绝对数量的下降，其中1994年、1995年第一产业就业人数减少超过1000万。乡镇企业的发展不仅解决了我国农村富余劳动力的转移问题，还为后来民营企业的发展积累了资金、技术和高素质人才，为民营经济在20世纪90年代后"抓大放小"时期的快速成长提供了条件。

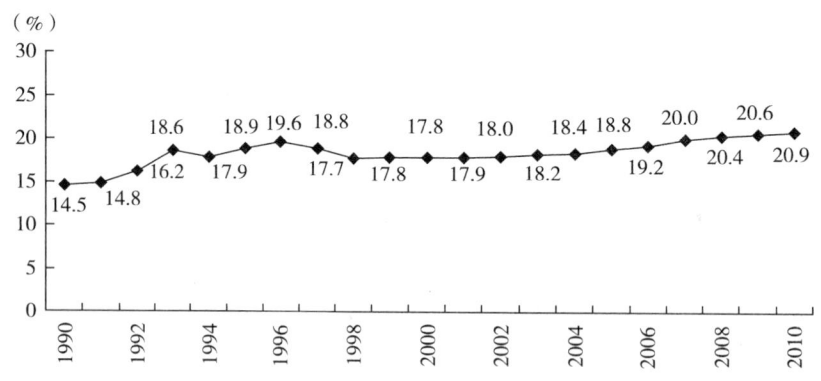

图1 乡镇企业吸纳就业人员的比重变化

资料来源：历年《中国统计年鉴》。

（二）无限供给的劳动力将制造业工资保持在较低水平

较高的劳动年龄人口比重有利于经济持续增长，劳动力优势在"亚洲四小龙"在二战后的赶超奇迹发挥了不可忽视的作用（Williamson，1997），劳动力禀赋优势也一直被认为是促

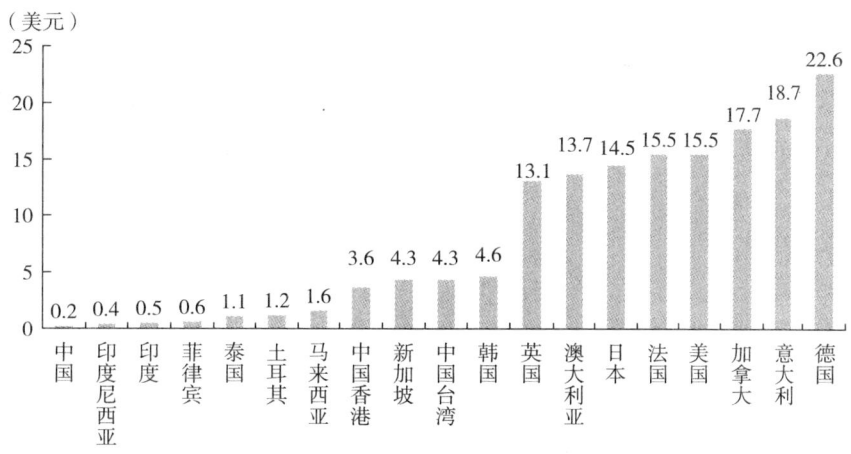

图 2　1991 年每小时劳动成本

资料来源：Economist Intelligence Unit。

进中国改革开放之后经济发展的强大动力（蔡昉，2004；Bloom et al.，2008）。1978 年以来我国人口规模呈持续增长之势，1982 年 15~64 岁劳动年龄人口比重为 61.5%，此后直到 2010 年，劳动年龄人口占比持续提高，2010 年达到 74.5%。较低的经济发展水平和充裕的劳动力供给使中国的制造业工资保持在较低水平。1978 年，全国职工平均工资仅为 615 元，1990 年增加到 2140 元，按照当年美元计算，约合 447.4 美元。根据经济学人智库的数据，1991 年中国的每小时劳动成本仅为 0.2 美元，不仅远远低于发达国家，而且也显著低于印度尼西亚、印度、菲律宾、泰国等周边发展中国家。

（三）中国制造业价格优势初步形成

改革开放之前仿照苏联实行的优先发展重工业的战略背离了中国劳动力丰富、成本较低的比较优势，造成宏观上资源错配、扭曲和微观上企业自生能力不足（林毅夫和刘明兴，2004），片面追求重工业优先发展的赶超战略已经难以为继。1979 年 4 月，中共中央确定对国民经济实行"调整、改革、整顿、提高"的方针，20 世纪 80 年代初期出台轻纺工业优先发展政策。轻纺工业是典型的劳动密集型产业，符合改革开放初期中国资本稀缺、劳动力丰富的比较优势，也较好地适应了城乡居民快速增长的消费需要与国际产业转移的趋势。一方面，计划经济下我国居民长期被压制的生活消费需求在改革开放之初爆发出来，促进了相关耐用消费品产业的发展；另一方面，20 世纪 80 年代正迎来发达国家劳动密集型产业及产业链环节向国外转移的浪潮，改革开放正好抓住了国际产业转移的趋势，使中国加入全球分工体系，劳动力丰富、工资水平低的优势得以发挥。

改革开放初期，乡镇企业、村办企业涉足的产业领域也主要集中于以轻纺工业为主的劳动密集型行业。从图 3 可以看到，乡办企业轻工业产值比重明显高于全国平均水平，而且纺织业产值在乡办工业企业总产值中占有很高的比重。① 除了纺织工业，乡镇企业在机械加工、建材等行业的工业产值规模也较为突出。这些劳动密集型产业符合乡镇企业、村办企业实力弱、技术水平低的特点，使之成为吸纳农村剩余劳动力的主体。

---

① 通过对比发现，乡办企业工业产值中纺织工业、建筑材料及其他非金属矿物制品业、机械加工等产业的产值比重较高；村办企业工业产值中建筑材料及其他非金属矿物制品业、食品加工业的产值比重较高。差别可能在于对纺织业等轻工业所需的原材料等更易被以社队工业为前身的乡办企业获得，村办工业在农产品加工方面更具有先天优势。

随着改革开放的推进，深圳、珠海、汕头、厦门和海南相继成为经济特区，东部沿海地区承接的外商直接投资规模不断扩大，"三来一补"等加工贸易发展起来，进一步推动农村剩余劳动力转移到城市特别是东部沿海地区。广东依托毗邻香港、澳门的区位优势成为我国改革开放的"排头兵"，1985~1992年承接的外商直接投资平均占我国当年所有外商直接投资的35%以上，有的年份达到49%，直接承接了香港等地区电子产品、机械加工的产业转移，率先建立起加工贸易的产业体系，为其他省份树立了对外开放的典范。①

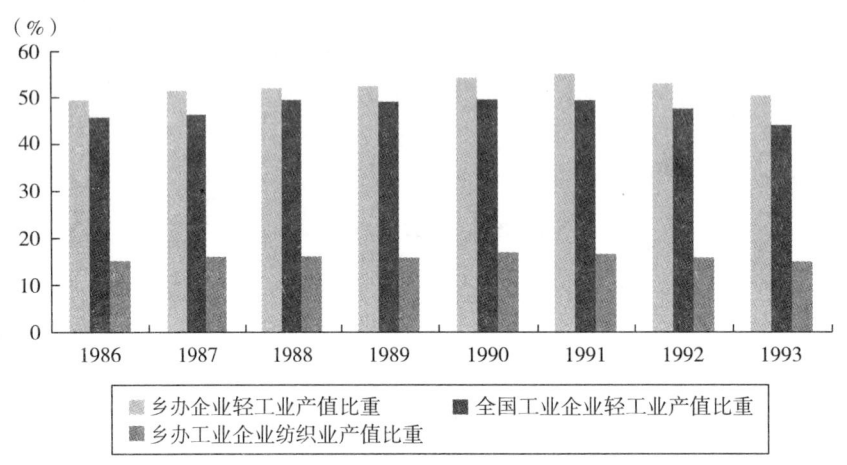

图3　1986~1993年乡办企业轻工业产值比重与全国轻工业产值比重对比

资料来源：历年《中国统计年鉴》。

以彩电行业为例，改革开放之初，我国彩电行业通过引进国外生产线起步，由于适应国内市场消费升级的需求，产销量提高很快，1981年我国电视机的生产数量只有539.41万台，其中彩色电视机15.21万台；1984年电视机的生产数量就上升为1003.81万台，其中彩色电视机133.95万台。与进口彩电相比，国产彩电具有明显的价格优势，而且在产业化的过程中企业技术能力和产品质量也不断提升。即便后来中国进口彩电，但其占领彩电等耐用消费品市场的能力也大打折扣（谢伟等，1999）。凭借物美价廉的优势，家电行业后来成为中国最具国际竞争优势的行业之一，美、日、欧老牌家电企业或者被中国家电企业收购或者退出中国市场，少数在华经营企业的市场份额也已微不足道。

二、发挥比较优势与制造业的规模优势

20世纪八九十年代，通过发挥劳动力丰富和成本低的比较优势，中国制造业凭借价格优势初露峥嵘。1980~1995年，中国纺织品出口额从25.4亿美元增加到139.2亿美元，占世界出口市场份额的比重从4.6%提高到9.1%；服装出口额从16.3亿美元增加到240.5亿美元，占世界出口市场份额的比重从4.0%提高到15.2%。1995年，办公和通信设备出口额145.1亿美元，占世界出口市场份额的2.4%。凭借低廉的制造成本，中国制造业高速增长，资金快速积累，规模迅速扩大，并吸引越来越多的国外购买力和外商直接投资流向中国。市场的扩大、投资的增加又进一

---

① 除食品加工和纺织业，广东省电子工业和机械工业等相关行业的产值比重由1980年的21%上升至1992年的33%左右。其中，仅电子及通信设备制造业的出口额就占1992年广东全省出口额的20%。

步加速中国制造业规模的扩张。2004年，美国《商业周刊》一篇名为"China price"（中国价格）的文章指出，"中国价格"是最让美国工业界恐慌的词之一，它意味着比在美国所能达到的价格低30%～50%。① 显著的价格优势与规模优势相结合，在加入WTO后，"中国制造"对国际市场产生更大的冲击。

（一）市场化取向改革推动中国制造业规模的快速扩张

与苏联的休克疗法不同，中国走的是渐进式改革的道路。随着改革开放的推进化，对市场在资源配置中作用的认识逐步深化，市场在经济运行中的作用不断增强（见表1）。计划经济时代的企业以国有企业为主体，存在着信息不对称、激励不相容、责任不对等的问题（林毅夫等，2014b）。1992年，党的十四大明确提出建立"社会主义市场经济体制"的改革方向，沿着这一目标，国家在所有制改革、财税体制改革、全面对外开放、国有企业改革等方面进行了整体配套改革，扭转了计划经济条件下的激励不相容局面，充分调动了市场微观主体的积极性。在地方层面，先后涌现出以外资驱动和外向型经济为特点的珠三角模式、以乡镇集体企业为特点的苏南模式和以民营经济为主的温州模式。改革开放使得企业家精神得以发挥，涌现出以任正非、董明珠、鲁冠球、张瑞敏等为代表的具有开拓创新精神的优秀企业家。有研究表明，改革开放以来企业家精神对我国的经济增长有显著的正向促进作用，企业家精神越集中的地区，经济发展也越快（李宏斌等，2009）。创新创业日趋活跃，新企业不断涌现。到2016年，我国私营企业2300多万户，个体户数5900多万户，其中不乏年轻的创业者。

表1 计划与市场关系的演变

以计划与市场的关系	主要文件
以计划经济为主、市场调节为辅	十二大（1982年），1982年《宪法》
公有制基础上的有计划商品经济	十二届三中全会《中共中央关于经济体制改革的决定》（1984年）
社会主义市场经济体制（使市场在社会主义国家宏观调控下对资源配置起基础性作用）	十四大（1992年），1993年《宪法》修正案，十四届三中全会《中共中央关于建立社会主义市场经济体制若干问题的决定》
更大程度、更广范围发挥市场在资源配置中的基础性作用	十八大（2012年）
市场在资源配置中起决定性作用和更好发挥政府作用	十八届三中全会《中共中央关于全面深化改革若干重大问题的决定》（2013年）

资料来源：《回首30年》系列专稿之十，陈述的《回首30年：从计划经济到社会主义市场经济》（http://www.china.com.cn/news/txt/2008-11/26/content_16833613.htm），及笔者整理。

中国制造业的规模优势主要取决于企业的数量和单个企业的规模两个方面。①企业数量。国家统计局对我国工业企业的统计口径进行了多次调整：从1985年开始工业企业包括村及村以下企业；1986～1997年为乡及乡以上工业企业；1998～2007年为全部国有及年主营业务收入达到500万元及以上的非国有工业法人企业；2007～2010年为年主营业务收入达到500万元及以上的工业法人企业；2011年以来为主营业务收入2000万元及以上的工业企业。各个统计时间段内工业企业数量均呈增长之势，1986～1997年，工业企业数量从42.2万家增加到53.4万家；1998～2010年，规模以上工业企业数量从16.5万家增加到45.3万家。②企业规模。资金的逐步积累使企业能够进一步扩大再生产，而且在扩大再生产的过程中追求更新的技术、工艺，更先进的设备，带来单

---

① The China Price, Business Week, December 6, 2004, http://www.businessweek.com/magazine/content/04_49/b3911401.htm.

个工厂（或生产线）规模的扩大。对于一些成熟产业，企业间的兼并重组也加速了企业规模的扩大。1988~1993年，规上工业企业平均主营业务收入从332.6万元提高到847.8万元，大中小企业比重从0.75:1.78:97.46变为1.02:3.15:95.83，大型和中型企业比重明显提高。以家电行业为例，冰箱、洗衣机、空调、电视机、微波炉等产品生产量占据世界前列，并形成了几家技术过硬、产量较高、市场占有率高的企业，例如1997年长虹的电视销量占国内市场的35%，1998年格兰仕在国内的市场份额就超过50%（张德修，2000）。

表2 中国制造业规模的变化

年份	主营业务收入（亿元）	工业企业单位数（个）			企业平均收入（万元）	不同规模企业占比（%）		
		全部	大型	中型	小型		大型	中型	小型
1988	14001.2	420929	3178	7498	410253	332.6	0.75	1.78	97.46
1989	15847.0	419971	3657	8505	407809	377.3	0.87	2.03	97.10
1990	16793.0	504000	3965	9450	403667	333.2	0.79	1.88	80.09
1991	20597.5	418869	4257	10687	403925	491.7	1.02	2.55	96.43
1992	25866.3	407989	3900	13003	391086	634.0	0.96	3.19	95.86
1993	38084.1	449216	4583	14156	430477	847.8	1.02	3.15	95.83

资料来源：国家统计局数据库。

（二）基础设施、产业配套的完善增强世界制造业基地的吸引力

基础设施的发展情况直接影响原材料和产品运输的成本和效率，从而决定了低成本是否能够真正转化为国际竞争力。改革开放以来，中国的基础设施发展很快（见表3）。1978~2000年，中国铁路运营里程从5.17万公里增加到6.87万公里，其中铁路电气化里程从0.1万公里增加到1.49万公里；公路里程从89.02万公里增加到167.98万公里，其中高速公路里程达到1.63万公里。沿海主要港口码头泊位数从1980年的437个增加到2000年的1772个，其中万吨级泊位数从144个增加到518个。亚洲金融危机后，为应对危机实施积极的财政政策，加大基础设施投入，高速公路、港口进一步取得突飞猛进的发展。

表3 中国基础设施发展情况

年份	铁路营业里程（万公里）	国家铁路电气化里程（万公里）	公路里程（万公里）	等级公路里程（万公里）	高速等级路公路里程（万公里）	沿海主要港口码头泊位数（个）	沿海主要港口万吨级泊位数（个）
1978	5.17	0.1	89.02				
1980	5.33	0.17	88.83	52.11		437	144
1985	5.52	0.41	94.24	60.64		503	178
1990	5.79	0.69	102.83	74.11	0.05	1200	284
1995	6.24	0.97	115.7	91.08	0.21	1519	394
2000	6.87	1.49	167.98	131.59	1.63	1772	518
2005	7.54	1.94	334.52	159.18	4.1	3641	769
2010	9.12	3.27	400.82	330.47	7.41	5529	1293
2015	12.1		457.73	404.63	12.35	6115	1750
2016	12.4		469.63	422.65	13.1	6096	1814

资料来源：国家统计局数据库。

市场范围决定了分工的程度。随着中国制造业规模的扩大，无论是产业间还是产业内的分工都不断深化。例如，中国拥有世界规模第一的钢铁产量，可以为下游的机械、电子、汽车、造船等行业提供充裕的原料保障；中国的纤维产量世界第一，同样可以为下游的服装行业提供稳定且成本低廉的原料供应。相比之下，近年来一些低成本国家虽然服装行业出口规模增长较快，但是由于纺织行业发展滞后，大量面料需要进口，在很大程度上限制了低成本优势在服装行业的发挥。从产业内分工关系看，随着改革开放的深入，国有企业改变过去"企业办社会""大而全、小而全"的组织格局，一些社会职能和配套职能被剥离出去；乡镇企业、民营经济从一开始的拾遗补阙给国有企业进行配套，逐步形成自己的竞争优势；跨国公司的离岸外包将中国制造业纳入其全球分工体系，中国的制造企业成为全球价值链中的重要一环。实际上，产业规模的扩大本身也意味着产业配套体系的完善。产业配套体系的日趋完善反过来又强化了中国制造的优势，吸引更多的资本进入。特别是外资的进入还给中国带来先进技术、人才以及市场开拓等管理理念，提高了中国企业的技术、管理等方面的水平。

在制造业自发发展和产业政策的推动下，在微观上我国形成以产业园区、专业（乡）镇（专业村）为载体的产业集群，在宏观上形成以长三角、珠三角、环渤海以及中心城市为中心的产业集聚带。在专业乡镇和专业村，尽管产业规模不大，但是"一村一品""一镇一业"的块状经济特征，可以使它们在细分市场做到全国乃至全球最大，企业尽管规模不大，但是能够在特定生产工序形成有效经济规模。在产业集聚带，由于产业链上下游和同一产业内部大量企业的集中，大大地降低了采购成本和供应链的反应速度，有利于知识的扩散和创新。

（三）加入 WTO 使中国制造业的规模优势得到释放

中国改革开放的时期恰逢全球化浪潮下国际分工体系调整。这一时期的经济大周期十分稳定，一直到 2008 年美国金融危机爆发之前，全球宏观经济处于高增长、低通胀的黄金时期（杨继军和范从来，2015）。受信息技术、运输技术的进步带来交易成本和运输成本的下降以及产品模块化程度提高的推动，发达国家的跨国公司为了应对成本上涨的影响，开始将劳动密集型产业和价值链的劳动密集型环节转移到更低成本的发展中国家，长期以来发达国家与发展中国家之间的水平分工模式被产业内和产品内的垂直分工模式取代。中国凭借低廉的制造成本成为跨国公司投资的热土和全球价值链中的重要一环。特别是 2001 年中国加入 WTO 之后，由于各种关税和非关税壁垒的贸易和投资壁垒的下降，中国与世界的商品、人才、信息、技术交流日益频繁，中国物美价廉的产品也更容易进入国际市场。在全球化的浪潮中，使中国受益的不只是出口额增长带来的经济效率的提高，还有引进外资后带来的技术提升、管理制度的改善。在与全球企业竞争、学习的过程中，中国企业通过"干中学"在工业生产领域创造了一条从制造到模仿、从模仿到改进、从改进到创新的技术升级之路，这也是中国能够长久地维持比较优势的动力所在（文一，2016）。

其他发展中小国虽然同样具有低成本优势，但中国作为人口多、地域辽阔的大国，制造业规模大、产业体系全、产业配套更完善。例如，全球性的贸易商更容易实现"一站式"采购，全球性的生产商业更容易组织自己的供应链。兼之国内市场规模巨大，因此更受跨国公司的青睐。亚洲金融危机后，中国很快超越"亚洲四小虎"，成为全球的加工制造中心。以办公和通信设备为例，1978～2000 年，中国的出口额与"亚洲四小虎"呈持续扩大之势，2003 年中国的出口额超过"亚洲四小虎"，此后与"亚洲四小虎"出口规模不断拉大，"亚洲四小虎"的出口额甚至在国际金融危机前后出现绝对数量的下降。

1997 年，中国制造业规模居美、日、德之后，列世界第四位；2001 年超过德国，2007 年超过日本，2010 年超过美国成为世界第一制造大国。2010 年，中国商品出口额 15777.54 亿元，占全球商品出口比重首次超过 10%（达到 10.3%）；其中，服装出口额占世界的 36.6%，纺织品出口额占 30.5%，办公和通信设备占 27.9%（其中，电子数据处理和办公设备占 37.74%）。凭借低廉的成本，中国成为世界的主要制造基地，而制造业的巨大生产规模为中国赢得"世界工厂"的赞誉。

表 4　中国与"亚洲四小虎"办公和通信设备出口变化

年份	中国	印度尼西亚	马来西亚	菲律宾	泰国	"亚洲四小虎"	"中国—亚洲四小虎"
1980	0.7	0.9	11.6	0.7	0.1	13.3	-12.6
1981	0.0	0.6	11.9	8.6	0.1	21.2	-21.2
1982	0.0	0.8	15.1	10.3	0.1	26.3	-26.3
1983	0.0	1.2	19.3	11.6	0.1	32.1	-32.1
1984	3.4	1.4	24.2	14.6	0.2	40.3	-36.9
1985	1.0	0.8	22.6	10.5	0.6	34.5	-33.5
1986	2.9	0.1	27.8	10.3	0.7	38.9	-36.0
1987	11.3	0.1	36.5	12.5	7.7	56.8	-45.5
1988	16.9	0.3	47.7	14.5	13.7	76.2	-59.4
1989	22.7	0.6	63.0	16.4	23.3	103.4	-80.6
1990	31.3	1.2	82.1	18.4	35.2	136.9	-105.6
1991	37.2	2.7	105.4	20.9	46.3	175.4	-138.2
1992	53.2	8.0	133.9	29.5	56.7	228.0	-174.8
1993	65.3	11.7	177.2	39.5	65.2	293.6	-228.3
1994	100.2	18.8	245.9	50.5	90.9	406.1	-305.9
1995	145.1	22.8	327.2	75.6	116.6	542.3	-397.2
1996	172.0	30.9	350.0	100.6	132.7	614.2	-442.2
1997	214.9	28.9	363.1	142.0	141.5	675.6	-460.6
1998	253.4	23.6	346.4	186.3	143.0	699.3	-445.8
1999	301.4	29.8	442.7	240.4	152.4	865.2	-563.8
2000	435.0	72.8	523.8	251.4	186.5	1034.5	-599.5
2001	522.6	59.4	448.7	207.5	162.1	877.6	-355.0
2002	755.2	63.1	478.3	233.6	169.8	944.7	-189.5
2003	1179.4	54.9	496.8	237.8	194.8	984.2	195.2
2004	1717.8	64.5	562.6	239.9	212.1	1079.1	638.7
2005	2259.6	68.1	602.9	237.9	239.1	1148.1	1111.6
2006	2873.2	60.6	678.7	260.9	293.5	1293.8	1579.3
2007	3478.4	52.9	685.0	288.8	321.3	1347.9	2130.5
2008	3822.7	58.0	677.0	256.5	325.4	1316.9	2505.8
2009	3464.5	61.3	574.5	201.2	293.6	1130.5	2333.9
2010	4493.4	79.7	672.4	279.7	360.2	1392.1	3101.3
2011	4967.6	79.4	662.8	238.5	346.8	1327.6	3640.0
2012	5398.8	78.0	625.4	187.8	363.3	1254.5	4144.3
2013	5939.1	68.0	631.9	205.2	351.8	1256.8	4682.4
2014	5954.6	63.8	657.2	231.8	358.4	1311.2	4643.4
2015	5885.3	55.2	592.0	256.7	346.2	1250.2	4635.2
2016	5412.0	49.5	576.2	253.8	332.9	1212.4	4199.6

资料来源：WTO Statistics Database。

三、创新能力提升促进创新型制造优势形成

（一）工资水平上涨与创新能力提升交映

受经济发展水平提高、人口红利消退、生活成本提高等因素的推动，我国工资水平呈持续快速上涨之势。根据联合国工业发展组织的数据，2004年，中国制造业的平均劳动报酬为0.18万美元，已经超过印度（0.16万美元）和印度尼西亚（0.12万美元）。制造业的劳动成本优势是由工资水平与劳动生产率综合决定的，可以用单位劳动生产成本来衡量。到2010年，中国制造业的单位劳动成本超过印度尼西亚，已经不是东亚、东南亚国家中最低的（李晓华和严欢，2015）。具体到细分行业，除"医疗、精密仪器及光学产品制造业"外，中国的单位劳动成本都已经不是最低的，且该行业的单位劳动成本已经与印度、印度尼西亚非常接近（李晓华等，2015）。

在制造业工资水平快速上涨的同时，制造业的创新能力不断增强。由于缺少制造业研发投入与产出较翔实的统计数据，我们用整个经济的创新情况近似地加以描述。1996年，中国的R&D强度（R&D投入占销售收入比重）只有0.57%，2002年达到1.07%，2014年达到2.02%，2017年进一步提高到2.12%。R&D强度已经超过英国、意大利以及欧盟28国的平均水平。根据《国家创新指数报告2016—2017》，中国的SCI论文数量为28.1万篇，占全球总量的14.4%，连续8年居世界第2位，中国国内发明专利授权量达到26.3万件，占世界总量的37.5%，首次超越日本，居世界首位。在制造业领域，中国已经涌现出技术水平处于国际前沿的企业。以华为为例，2014年研发投入54.4亿美元，居全国企业R&D总额的第15位，超过被视为技术领先者的苹果，R&D强度14.0%，超过三星（7.9%）和苹果（3.3%）。

（二）创新型制造能力逐步形成

相比于周边发展中国家已经不具备成本优势的情况下中国制造业仍然能够保持较强的国际竞争力，很重要的原因在于业已形成的创新型制造优势。所谓"创新型制造优势"，就是依托完善的产业配套、较高的技术消化吸收和创新能力以及强大的工程化和制造能力，将复杂的产品设计（来自国内或国外）制造为最终产品并规模化生产的能力，主要包括三个特征：完善的产业配套体系、较强的技术创新能力、快速商业化的能力（李晓华，2017）。制造业的产业链长、零部件众多，即使一个国家具有较低的工资水平，但是如果产业配套能力差，那么长距离的供应链、漫长的供应周期仍然会抵消低工资带来的优势，使产业链缺乏对市场的应变能力。以服装行业为例，尽管孟加拉国、柬埔寨、越南等国出口增长很快，但是很长一段时期作为服装原料的纺织品仍处于净进口状态，限制了服装产业的发展。产业链更长的电子装配业的发展将更需时日。完善的产业配套能力不仅在很大程度上抵消了中国制造业在成本上日益明显的劣势，更重要的是使中国的制造业更具有柔性，能够根据市场的变化快速组织生产。技术创新能力的提高又进一步放大了完善的产业配套体系的作用。当中国制造企业获得国外的新产品订单时，能够快速地组织供应链、将产品设计转化为商业化大批量生产的产品，并在这个过程中持续地进行产品改进与成本削减，使新产品更具竞争力。一些中国制造企业通过研发设计能力的增强，已经能够自主地开发设计产品，实现从OEM向ODM甚至OBM的价值链攀升。通过将传统的低成本加工制造能力、产业配套优势和不断增强的创新能力结合起来，中国制造的产品虽然不是技术上最前沿的、成本也不是最低的，但是能够以足够低的成本生产出中高技术含量的产品。

四、未来中国制造业竞争优势的发展方向

近年来，中国制造业发展的国内、国际环境发生重大的变化，要求中国制造业从创新制造优

势转向新的竞争优势。

（一）国内外发展环境的变化

1. 我国经济进入新常态，经济发展动力亟须转换

中国经济增速从高速向中高速换挡，第三产业成为经济和就业的主要贡献力量，第二产业增速下滑明显。"压缩型"工业化和重化工业的高速增长对生态环境造成巨大的压力，在"共抓大保护，不搞大开发"的生态优先原则下，高污染、高能耗、高物耗产业的平推式扩张已难以为继。中国人口红利的消失和快速老龄化加快劳动力成本上涨，依靠低廉成本的劳动密集型行业发展受到巨大挑战。在内需方面，中国消费结构正面临从模仿型排浪式消费阶段向个性化、多样化消费阶段的转变，当前国内工业供给水平和质量明显滞后于国内消费水平的升级，国内居民快速增长的需求无法得到满足。在全球价值链的分工格局中，中国高技术行业的增值能力偏弱，从而制约了我国制造业转型升级（王岚和李宏艳，2015）；同时具有潜在比较优势的产业种类也小于全球的平均水平（张其仔和李颢，2013）。自从中国进入中等收入国家行列以来，国内外很多学者对中国是否会陷入"中等收入陷阱"的探讨就从未停止（Woo，2012；张林秀等，2014）。中国制造业竞争优势的重塑将有力推动中国经济由高速增长向高质量发展，成功跨越"中等收入陷阱"。

2. 发达国家制造业回流，"逆全球化"对中国造成巨大挑战

制造业是一个国家的强国之基、立国之本。国际金融危机后，美国为了应对经济萧条、失业率攀升决定重振制造业，颁布了一系列鼓励和发展制造业的政策措施，大力推进美国"再工业化"。其他主要发达国家也纷纷出台类似政策，将制造业吸引回本土。可以预期，发达国家将在本土培养发展有技术前景、低污染、低能耗的先进制造业，不会把这类产业转移到欠发达国家，欠发达国家依靠发达国家产业转移过程中的技术溢出帮助本国产业升级难度加大。欧美国家的政治形势引起"逆全球化"思潮的回流，英国脱欧和美国特朗普上台被视作"逆全球化"的标志。特别是美国新一届政府提出的"美国利益优先"口号和已经采取的行动，对全球自由贸易体系构成威胁，未来全球经济发展的不确定性大大增强。对于出口占GDP相当比例的中国而言，未来贸易环境不利因素增多，传统加工贸易的用工成本逐渐提高，已有部分企业将纺织加工等产业转向东南亚国家，产业结构调整面临发达国家和发展中国家的双面夹击。

3. 新科技革命在全球兴起，新的产业机会应运而生

以人工智能、云计算、物联网等为基础的新一轮科技革命正在快速发展，由此催生新的产品和服务、新的产业、新的商业模式和新的增长动力。主要国家对新科技革命加以关注，并相继出台有关未来重点产业发展的战略部署，美国的《美国先进制造业国家战略计划》、德国的"工业4.0"、英国的《英国工业2050战略》、日本的《2015年版日本制造白皮书》等均是对这一历史机遇的回应。以人工智能为代表的新技术，很有可能改变未来产业布局，使制造业在国际范围内重新洗牌。比如发达国家可以通过智能机器人进行劳动密集型行业的生产，不需要将此类行业转移到劳动力成本低的欠发达国家；汽车等加工组装工作也可以在无人工厂中实现，大量减少组装工人的数量，目前阿迪达斯、奔驰等知名企业已经部分地实现上述场景。新科技革命对各国的重要意义不言而喻，也对中国制造业的发展提出了新的要求。

（二）打造制造业的综合竞争优势

改革开放40年来，中国制造业的竞争优势经历了由价格优势到规模优势再到创新型制造优势三个阶段的转变，中国的产业升级之路也符合产业发展阶段的一般经验，即资源禀赋驱动阶段（如纺织业）、规模经济驱动阶段（如钢铁、化学）、流水线驱动阶段（如汽车）、研发驱动阶段（如芯片、计算机行业）、互联网驱动阶段（如信息业）（Ozawa，2006）。面对内外部发展条件和

发展环境的变化，中国制造业需要形成新的竞争优势，我们称之为"综合竞争优势"。与前三个阶段相比，低工资的禀赋条件已经发生逆转，但产业配套体系非常完善，制造企业拥有强大的快速商业化能力，而且中国制造业的创新能力正在不断提升，从原来的以模仿为主到以引进消化再创新为主，当前正形成越来越强的原始创新能力，这些因素结合在一起就为未来综合竞争优势的形成奠定了基础（见表5）。

表5 中国制造业竞争优势的四个阶段

竞争优势	来源
价格优势	丰富的劳动力供给、低工资
规模优势	低工资+较好的基础设施和产业配套
创新型制造优势	完善的基础设施和产业配套+模仿型创新+快速商业化能力
综合竞争优势	完善的产业配套+快速的商业化能力+原始创新

资料来源：笔者整理。

综合竞争优势仍然建立在中国的比较优势基础之上。一方面，中国拥有全球最多的人口和劳动力，实现充分就业始终是一项艰巨的任务。因此，培育和发展综合竞争优势，并不是要放弃能够大量吸纳就业的加工组装环节，而是形成一种"高也成低也就"的产业格局；另一方面，虽然中国的工资水平已经明显超过更低成本的发展中国家，但是与发达国家相比仍有明显的优势，虽然40年来教育事业的发展，劳动力的知识技能已有显著的提高。因此，虽然中国的人口数量红利不再，人口质量红利仍有巨大的空间，可以利用大量高素质、相对低工资的技术和管理人员，发展更具有技术含量的产品以及提供基于产品的增值服务。

培育和发展制造业的综合竞争优势，增强创新能力是关键。党的十八届五中全会提出创新、协调、绿色、开放、共享的发展理念，并把创新放在五大发展理念之首，不仅凸显了创新的重要性，也与我国发展的要求相契合。高质量的制造业需要的不只是模仿式的创新，而是原发性的创新能力。按照波特竞争优势理论，企业的竞争战略有两种：①获得比竞争对手高的产品溢价；②运营成本低于竞争对手。企业若想扭转竞争劣势和长久维持竞争优势，必须有多样化的竞争优势来源并持续地改善与自我提升，不能仅仅把优势来源锁定在低成本或是规模效应（迈克尔等，2012）。当不同产业中能够保持长久竞争优势的企业越强大，这个国家的竞争优势也越稳固。科技创新、模式与业态创新和管理创新所代表的综合创新能力是我国下一阶段制造业比较优势的来源。

（三）打造制造业新优势的政策建议

"中国奇迹"的创造是与有为政府密不可分的，中国制造业的成就与竞争优势的持续转换也得益于合意的产业政策。在未来综合竞争优势培育发展的过程中，需要政府发挥引导作用，在产业培育、人才培养、创新环境创造等环节给予支持。

一是深化体制机制改革，激发企业的创新活力。企业是市场的微观主体，也是制造业创新的主体。在前沿科技发展尚不明朗的产业，我国需要学习外国的产业培育经验，深化体制机制改革，激发企业的创新活力，由企业和市场选择创新的技术。利用工业园区、开发区等地理相近的优势，因地制宜地发展上、下游产业相结合的产业集群，充分利用产业集群的溢出效应、带动效应提高经济效益。加大对基础研究、应用基础的投入，建立健全产学研科技成果转化机制，完善知识产权保护体系，加大对科技人才的培养。同时还要稳步推进国有企业改革，确立更加完善的产权制度，部分上游行业向民营企业开放，创造公平的竞争环境。尊重企业家精神和工匠精神，调整对企业家、一线工作人员的激励机制，激发企业家和一线工人的创新热情。

二是发展工业物联网平台，推进制造业数字化、智能化转型。工业4.0将物联网的概念和重要性普及产业界，全球各国对制造业人、机器、互联网相互联系的重视程度也逐步加深。随着大数据、云计算、人工智能的不断发展，制造业也将从自动化升级到数字化、智能化、网络化。工业物联网平台是智能制造的核心，德国西门子、美国GE等大型企业均将物联网平台作为提高该企业数字化水平的手段，我国的徐工、三一重工、海尔等企业也推出各自的工业物联网平台。中国制造企业的信息化水平差异巨大，许多企业还处于机械化、自动化阶段，数字化水平普遍较低。为了加快制造业与互联网、大数据、人工智能的深度融合，首先要提高制造业企业的数字化水平，改变传统的生产组织形式，在关键生产流程、关键设备上实现网路化，利用云计算和互联网实现与物联网平台的对接，优化企业的生产、财务、人力等供应链管理，最终实现制造业的智能化转型。

三是深化对外开放，鼓励制造业企业"走出去"。利用好国内国外两个市场和全球的创新资源，鼓励制造企业根据自身发展和价值链各个环节对资源的需求差异进行全球价值链布局，例如在发达国家设立研发中心、在市场容量大的发展中国家设立制造基地，推动行业领先企业发展成为世界一流企业。

四是提升制造业劳动力的素质和技能，引导服务业高质量发展。制造业劳动力素质的技能直接影响我国制造业转型升级的质量，为了更好地适应数字化、智能化生产的要求，需要加强劳动力的职业技能培训，完善企业的在职培训制度。对未来制造业所需的劳动力技能有一定的前瞻性，在中小学中加强STEM[科学（Science），技术（Technology），工程（Engineering），数学（Mathematics）]教育，推广新一代信息技术（如人工智能）选修课程。

参考文献

[1] Bloom D E, Canning D, Fink G, et al. Demographic Change, Institutional Settings, and Labor Supply [J]. Pgda Working Papers, 2008.

[2] Ozawa T. Asia's Labour – Driven Economic Development, Flying – Geese Style: An Unprecedented Opportunity for the Poor to Rise? [J]. Wider Working Paper, 2006.

[3] Williamson J G. Growth, Distribution, and Demography: Some Lessons from History, [J]. Cambridge, Massachusetts, National Bureau of Economic Research [NBER], 1997 Oct, 1998, 35（3）: 241 – 271.

[4] Woo W T. China meets the middle – income trap: the large potholes in the road to catching – up [J]. Journal of Chinese Economic & Business Studies, 2012, 10（4）: 313 – 336.

[5] 白津夫. "十一五"期间我国经济增长中的主要矛盾（上）[N]. 经济参考报, 2005 – 8 – 27.

[6] 蔡昉. 人口转变、人口红利与经济增长可持续性——兼论充分就业如何促进经济增长[J]. 人口研究, 2004, 28（2）: 2 – 9.

[7] 陈佳贵等. 中国工业化进程报告（1995~2010）[M]. 北京: 社会科学文献出版社, 2012.

[8] 黄群慧. 中国的工业化进程: 阶段、特征与前景[J]. 经济与管理, 2013（7）: 5 – 11.

[9] 李宏彬等. 企业家的创业与创新精神对中国经济增长的影响[J]. 经济研究, 2009（10）: 99 – 108.

[10] 李晓华, 严欢. "中国制造"正在丧失劳动成本优势吗[J]. 工业经济论坛, 2015（1）: 13 – 22.

[11] 李晓华. 以创新推动制造业高质量发展[N]. 经济日报, 2018 – 5 – 18.

[12] 李晓华等. 全球价值链背景下我国制造业转型升级策略研究[R]. 中国社会科学院工业经济研究所研究报告, 2015.

[13] 李晓华. 中国制造业国际竞争力的转变与重构[J]. 青海社会科学, 2017（2）: 1 – 12.

[14] 林毅夫, 蔡昉, 李周. 中国的奇迹: 发展战略与经济改革（增订版）[M]. 上海: 格致出版社, 上海三联书店, 上海人民出版社, 2014a.

[15] 林毅夫, 蔡昉, 李周. 充分信息与国有企业改革[M]. 上海: 格致出版社, 上海三联书店, 上海人民出

版社，2014b.

[16] 林毅夫，刘明兴. 经济发展战略与中国的工业化[J]. 经济研究，2004（7）：48-58.

[17] 迈克尔·波特，李明轩等. 国家竞争优势[M]. 北京：中信出版社，2012.

[18] 王岚，李宏艳. 中国制造业融入全球价值链路径研究——嵌入位置和增值能力的视角[J]. 中国工业经济，2015（2）：76-88.

[19] 文一. 伟大的中国工业革命[M]. 北京：清华大学出版社，2016.

[20] 谢伟，吴贵生，张晶. 彩电产业的发展及其启示[J]. 管理世界，1999（3）：134-142.

[21] 杨继军，范从来. "中国制造"对全球经济"大稳健"的影响——基于价值链的实证检验[J]. 中国社会科学，2015（10）：92-113.

[22] 张林秀等. 中等收入陷阱的人力资本根源：中国案例[J]. 中国人民大学学报，2014，28（3）：8-18.

[23] 张其仔，李颢. 中国产业升级机会的甄别[J]. 中国工业经济，2013（5）：44-56.

Transformation of China's Manufacturing Competitive Advantage Since Reform and Opening up Began

Li Xiaohua, Li Wenxuan

Abstract: During the 40 years of reform and opening up since 1978, China's manufacturing industry has achieved leap-forward development from small to large, established the world's most comprehensive industrial system, and significantly enhanced its innovation capability, become the world's largest manufacturing country and exporter of manufactured goods. The competitive advantage of China's manufacturing industry has evloved from price advantage to scale advantage, then to innovative manufacturing advantages. With the boom of the new industrial revolution and the changes of the economic conditions and circumstances demesticlyandabraod, China's manufacturing industry needs to cultivate comprehensive competitive advantage, thereby promoting the transition from high-speed growth to high-quality development of manufacturing, and achieving strategic goals from big to strong.

Key Words: Reform and Opening up; Comparative Advantages; Innovation

中国民营经济改革与发展 40 年：回顾与展望

王海兵　杨蕙馨

摘　要： 自改革开放以来，中国民营经济获得了长足的发展。40 年里，民营经济经历了 1978～1988 年萌芽和起步阶段、1989～1991 年受挫和恢复阶段、1992～2001 年调整和引导阶段、2002～2007 年促进和提升阶段、2008～2012 年冲击和成长阶段、2013 年至今转型和腾飞阶段，已经成为国民经济的重要组成部分、和谐社会的重要建设力量、产业转型的重要动力源泉、市场竞争的重要参与主体、科技创新的重要驱动因素。中国民营经济改革与发展的主要经验包括健康稳定的政治环境、科学合理的制度创新、卓越非凡的企业家精神、丰富有效的劳动供给、和谐共生的包容文化、多样频繁的社会互动。未来民营经济的高质量发展要重点围绕从小到大的规模经济、从弱到强的竞争优势、从表到里的公司治理、从内到外的跨国经营、从近到远的代际传承等方面展开。

关键词： 民营经济；改革历程；发展成就；主要经验；趋势展望

中国改革开放的 40 年，也是民营经济改革与发展的 40 年。在 40 年里，民营经济用不到 40% 的社会资源，贡献了 50% 以上的税收，开展了 60% 以上的固定资产投资和对外直接投资，组建了 70% 以上的高新技术企业，解决了 80% 以上的城镇就业，吸纳了 90% 以上的新增就业[①]，对中国经济从弱到强、由小到大产生了积极的推动作用。当前，中国经济由高速增长阶段向高质量发展阶段转变，民营经济必将迎来新的历史机遇。新时代下的民营经济如何开启新征程、承担新使命、发挥新作为、做出新贡献，对实现"两个阶段"奋斗目标和中华民族伟大复兴中国梦至关重要。党的十九大报告明确指出，未来将"毫不动摇地鼓励、支持、引导非公有制经济发展""激发和保护企业家精神""支持民营企业发展"，不仅更加坚定了民营企业家的信心，也给未来民营经济持续健康发展指明了方向。本文通过回顾 40 年中国民营经济改革与发展历程，归纳和总结经验，并在分析存在问题的基础上展望未来，承前启后，对推动民营经济实现转型升级和跨越式发展具有重要意义。

本文的结构安排如下：第一部分从六个阶段分析中国民营经济的改革历程，即 1978～1988 年萌芽和起步阶段、1989～1991 年受挫和恢复阶段、1992～2001 年调整和引导阶段、2002～2007 年促进和提升阶段、2008～2012 年冲击和成长阶段、2013 年至今的转型和腾飞阶段；第二部分从五个方面回顾中国民营经济的发展成就，即民营经济成为国民经济的重要组成部分，成为和谐社会的重要建设力量，成为产业转型的重要动力来

---

* 本文发表在《经济与管理研究》2018 年第 4 期。
[作者简介] 王海兵，中国社会科学院工业经济研究所助理研究员；杨蕙馨，山东大学管理学院教授、博士生导师。
① 数据来自十九大新闻中心记者招待会上的问答。

源,成为市场竞争的重要参与主体,成为科技创新的重要驱动因素;第三部分从六个方面总结中国民营经济改革与发展的主要经验,即健康稳定的政治环境、科学合理的制度创新、卓越非凡的企业家精神、丰富有效的劳动供给、和谐共生的包容文化、多样频繁的社会互动;第四部分从五个方面对中国民营经济未来发展趋势进行展望,即从小到大的规模经济展望、从弱到强的竞争优势展望、从表到里的公司治理展望、从内到外的跨国经营展望、从近到远的代际传承展望。

一、中国民营经济的改革历程

民营经济的改革历程并非一帆风顺,从坚决取缔到被限制,从被限制到被承认,从被承认到受重创,从受重创到鼓励适当发展,从鼓励适当发展到积极促进,从积极促进到"毫不动摇地鼓励、支持、引导",见证了其在社会主义经济中的地位从"必要补充"到"重要组成部分"的转变过程。参照图1中的相关数据及郭朝先[1]、刘迎秋和刘霞辉[2]、张志勇[3]、单忠东[4]等文献,本文将40年来民营经济改革历程大致分为以下六个阶段。

(一)1978~1988年:萌芽和起步阶段

改革开放前的一段时期,受"左"的思潮影响,我国在意识形态和经济实践中采取了一系列消除民营经济的政策措施,导致到1977年年底民营经济中的私营经济近乎消亡、个体经济极其微弱,全国城镇个体劳动者数量从1953年的898万减至1977年的15万。①[5][6]面对即将走入绝境的民营经济发展局面,改革的呼声自下而上越来越高。1978年,在经过"真理标准讨论"这场重要的思想解放运动后,党的十一届三中全会做出将全党工作重心向社会主义现代化建设转移的决定,明确提出"一定范围的劳动者个体经济是必要补充""决不允许把它们当作资本主义经济来批判和取缔"等论断,并通过返还在"文化大革命"中被查抄的存款、被扣减的薪金、被占用的私房等措施落实党对民族资产阶级的政策,由此开启了民营经济的萌芽和起步。1979年,邓小平在全国政协五届二次会议给资产阶级"脱帽""加冕",薛暮桥发表"广开门路、三扇门就业"的观

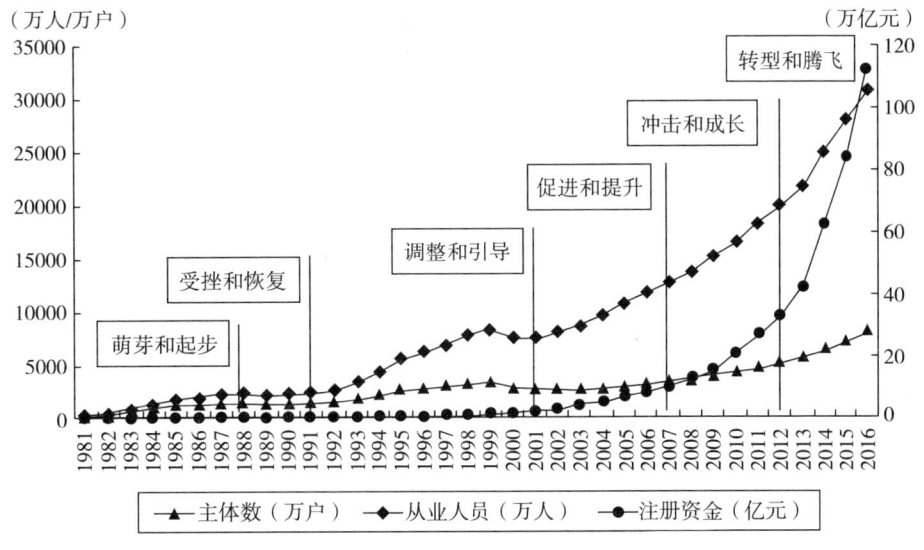

图1 中国民营经济改革与发展历程

注:主体数和从业人员为左轴;注册资金为右轴。
数据来源:黄孟复[5][6]、《中国经济年鉴》、国家统计局网站。

---

① 除特别说明外,本节数据均来自黄孟复(2009,2010)、《中国经济年鉴》、国家统计局网站。

点文章，叶剑英认为城乡劳动者个体经济"是社会主义公有制经济的附属和补充"。1980年，中共中央在全国劳动就业工作会议上提出"鼓励和扶持个体经济适当发展"的政策，国务院在相关文件中指出要"允许和提倡各种经济成分之间"开展竞争。1982年党的十二大报告和1987年党的十三大报告再次明确私营经济"是公有制经济必要的和有益的补充"，并在1982年和1988年的《宪法修正案》中指出"国家保护私营经济的合法的权利和利益"①。

这一时期，民营经济改革的主要特征是由紧到宽、自下而上、从被限制到被承认，多数政策围绕民营经济的性质而制定。个体经济仍是民营经济的主要组成部分，私营经济则逐渐起步。截至1988年底，个体经济方面，全国登记注册的个体工商户为1452.7万户，从业人员达2304.9万人，注册资金为311.9亿元，个体商业、饮食业、服务业、修理业等行业的营业额为1190.7亿元；私营经济方面，全国登记注册私营企业为4.06万户，从业人员达72.38万人，注册资金为32.86亿元②。

（二）1989～1991年：受挫和恢复阶段

从1988年下半年开始，国民经济出现过热，通货膨胀率较高，当年国内生产总值（GDP）增速和消费者价格指数（CPI）分别为11.23%和18.8%，随之出现了抢购风潮、囤积居奇、倒买倒卖使部分商品严重紧缺，经济秩序较为混乱。为此，1988年的十三届三中全会提出"治理经济环境、整顿经济秩序"的改革方针，并通过压缩投资规模、调整投资结构、提高存款利率、限制购买力、彻查在建项目、严控物价上涨等方式加强对宏观经济的监督管理。1989年出现的"政治风波"影响了民营经济发展的外部环境，对民营经济的认识也出现了波动，如"傻子瓜子"等企业业主所出现的贪污、挪用公款等现象更加重了人们对发展民营经济的担忧，"不能吸收私营企业主入党""加强城乡个体工商户和私营企业税收征管"等措施使得民营经济发展受到影响。截至1989年年底，全国登记注册的个体工商户减少了205.6万户，从业人员减少了363.5万人。针对这一问题，党和国家领导人多次在重要场合肯定民营经济发展所取得的成就，提出民营经济是"社会主义有益的、必要的补充"的方针，并指出国家继续发展民营经济的政策将"在相当长的时期内是不会变的"。1991年，全国经济体制改革工作会议明确提出，要围绕20世纪90年代经济体制改革的总目标，"建立以社会主义公有制为主体、多种经济成分共同发展的所有制结构"。同年，在庆祝中国共产党成立70周年大会上的讲话中，提出要"采取适当的措施，逐步使得各种经济成分在整个国民经济中所占的比例和发展范围趋于比较合理"。

这一时期，民营经济改革的主要特征是受创之后的逐渐恢复，多数政策仍围绕民营经济的性质而制定。个体经济在登记注册户数、从业人员、注册资金等方面仍超过私营经济。截至1991年年底，个体经济方面，全国登记注册的个体工商户为1416.8万户，从业人员达2258万人，注册资金为488.2亿元，个体商业、饮食业、服务业、修理业等行业的营业额为1798.2亿元；私营经济方面，全国登记注册私营企业为10.8万户，从业人员达183.9万人，注册资金为123.2亿元，私营商业、饮食业、服务业、修理业等行业的营业额为68亿元。

（三）1992～2001年：调整和引导阶段

1991年年底，苏联解体，国际共产主义运动遭到巨大冲击，世界政治格局朝多元化方向发展。伴随20世纪60年代至90年代周边国家和地区（如"亚洲四小龙""亚洲四小虎"）经济的快速发展，党内和一部分干部群众对"什么是社会主

---

① 1982年的《宪法修正案》中是"个体经济"。为了遵照相关文件的完整性，全文中的"非公有制经济"主要指"个体经济""私营经济"。

② 由于《中华人民共和国私营企业暂行条例》在1988年7月1日实施，山西、黑龙江、西藏仍未开展私营企业的登记注册工作，因此，三地的数据并不包括在内。

义、如何建设社会主义、社会主义的前途命运"等问题的认识出现了偏颇，围绕市场经济的思想冲突、意见论争和改革分歧异常激烈。对于民营经济而言，部分人甚至发出"私营企业和个体户就是搞资产阶级自由化的经济根源，中国的改革是资本主义化的改革还是社会主义化的改革"的疑问。面对这些质疑，邓小平在视察武昌、深圳、珠海、上海等地时，发表了著名的"南方谈话"，极大地推进了民营经济改革的进程。1992 年，七届人大五次会议做出我国经济"治理整顿的主要任务已经基本完成"、下一阶段要"把改革开放的步子迈得更大一些"的论断。同年，党的十四大报告明确把建立社会主义市场经济体制作为中国经济体制改革的目标，并确立以公有制为主体、多种经济成分共同发展的基本经济制度。1993 年，国家工商行政管理局发布了《关于促进个体私营经济发展的若干意见》，从登记注册、市场准入、参股方式、业务扩展等方面提出了相关措施以鼓励个体私营经济的发展。1997 年，党的十五大报告第一次把非公有制经济纳入我国基本经济制度。1999 年，九届人大二次会议通过的《宪法修正案》首次明确肯定了非公有制经济"是社会主义市场经济的重要组成部分"。2000 年，全国统战会议指出，要"继续鼓励、引导"非公有制经济健康发展。

这一时期，民营经济改革的主要特征是调整之后的鼓励发展，多数政策围绕民营经济的性质和地位而制定。民营经济成为社会主义市场经济的重要组成部分，个体经济在登记注册户数、从业人员等方面仍超过私营经济。截至 2001 年年底，个体经济方面，全国登记注册的个体工商户为 2433 万户，从业人员达 4760.3 万人，注册资金为 3435.8 亿元，营业额为 1.96 万亿元；私营经济方面，全国登记注册私营企业为 202.9 万户，从业人员达 2713.9 万人，注册资金为 2.82 万亿元，营业额为 1.34 万亿元。

（四）2002~2007 年：促进和提升阶段

2001 年年底，中国加入 WTO，民营经济改革进入新篇章。2002 年，党的十六大报告第一次明确提出"必须毫不动摇地鼓励、支持和引导非公有制经济共同发展"。同年通过的《中国共产党党章（修正案）》扫除了私营企业主无法入党的障碍。2003 年，十六届三中全会通过的《中共中央关于完善社会主义市场经济体制若干问题的决定》，从清理和修订法律法规、放宽市场准入、享受同等待遇、鼓励做强做大等方面提出引导非公有制经济发展的政策措施。2004 年，河北省委"1 号文件"对"民营企业经营者创业初期的犯罪行为"问题进行了澄清，从而引发了全国范围内有关民营企业"原罪"问题的讨论。这一讨论直到 2006 年年末，时任中共中央统战部部长"主张不争论，还是用实践和历史来回答"才告一段落。同年，十届人大二次会议通过的《中华人民共和国宪法（修正案）》规定，"公民的合法的私有财产不受侵犯"。2005 年，国务院以"3 号文件"的形式发布了《关于鼓励支持和引导个体私营等非公有制经济发展的若干意见》，从放宽市场准入、加大财税金融支持、完善社会服务、维护合法权益、引导提高自身素质、改进监管体系、加强政策协调七个方面制定了 36 条促进非公有制经济发展的政策措施。此后，各地区、各部门纷纷出台了相关落实配套措施。2006 年，国务院法制办和国家发改委联合下发《关于开展清理限制非公有制经济发展规定的通知》，在与 36 条促进非公有制经济发展的政策措施的对比下，明确了现有规章、规范性文件及其他文件的清理重点、清理原则、清理工作的组织和实施等内容。截至当年年底，共有 5000 多件规章和文件被清理、废除。2007 年，十届人大五次会议通过《中华人民共和国物权法》和《中华人民共和国企业所得税法》，从平等保护公有财产和私有财产、平等对待内资企业和外资企业税负两个角度保障民营经济健康发展。同年，党的十七大报告指出，要"坚持平等保护物权""破除体制障碍""促进个体、私营经济和中小企业发展"。

这一时期，民营经济改革的主要特征是从"继续鼓励、引导"到"毫不动摇地鼓励、支持和引导"，多数政策的针对性较强，围绕增强民营经济发展信心、吸引国内外高层次人才、引导民营企业发展高科技、推进民营企业国际化、消除不平等待遇等而制定。个体经济仅在登记注册户数上比私营经济有优势。截至2007年年底，个体经济方面，全国登记注册的个体工商户为2741.5万户，从业人员达5496.2万人，注册资金为7350.8亿元；私营经济方面，全国登记注册私营企业为551.3万户，从业人员达7253.1万人，注册资金为9.29万亿元。

（五）2008～2012年：冲击和成长阶段

从2007年下半年开始，美国次贷危机爆发，在短时间内迅速波及全球。全球经济增长率连续3年下降，2009年降至-1.74%。国际市场需求大幅萎缩、大宗商品价格剧烈波动、生产要素成本不断上升等因素对中国民营经济发展带来了巨大冲击。以浙江为例，据工商局公布的数据显示，2008年全省注销的民营企业数量同比上升10.99%，为2.2万户。一大批如中国金属、合俊玩具、华联三鑫、江龙控股等知名民营企业的倒闭便是次贷危机冲击下中国民营经济的缩影。面对这一情形，2008年，温家宝到珠三角和长三角民营企业进行调研时强调，要从营造良好环境、解决市场准入、落实财税支持、改善政府服务等方面加大对民营企业的支持力度。同年，在全国层面停止征收个体工商户管理费和集贸市场管理费的基础上，各地区和各部门纷纷出台了一系列政策措施，从贷款风险损失补偿、降低创业门槛、减免各项杂费、增加政府采购等方面促进民营经济发展。2009年，国务院发布《关于进一步促进中小企业发展的若干意见》，从营造良好环境、缓解融资困难、加大财税扶持力度、加快技术进步和结构调整、支持开拓市场、改进政府服务、提升经营管理水平、加强工作领导八个方面制定了29条促进中小企业发展的政策措施。2010年，国务院颁布了《关于鼓励和引导民间投资健康发展的若干意见》，从拓宽民间投资领域、鼓励民间资本重组联合和参与国企改革、推动民营企业加强自主创新和转型升级、引导民营企业参与国际竞争、加强规范管理等方面制定了36条促进民间投资的政策措施。2011年，国家发改委从清理规范准入条件、协调公共资源、完善相关配套政策、支持提升创新能力、扶持科技成果产业化、鼓励发展新业态、引导设立创投基金、支持利用新型金融工具融资、推进国际合作、加强服务和引导十个方面制定了促进民营企业发展战略性新兴产业的政策措施。2012年，国家发改委为进一步支持小微企业健康发展和引导民营企业开展境外投资，分别从融资、创新、市场、集聚、服务、保障等方面出发制定了29条和18条政策措施。

这一时期，民营经济改革的主要特征是转方式、调结构，多数政策围绕民营企业应对金融危机带来的负面影响及其转型升级而制定。个体经济仅在登记注册户数上比私营经济有优势。截至2012年年底，个体经济方面，全国登记注册的个体工商户为4059.27万户，从业人员达8628.31万人，注册资金为1.98万亿元；私营经济方面，全国登记注册私营企业为1085.72万户，从业人员达1.13亿人，注册资金为31.1万亿元。

（六）2013年至今：转型和腾飞阶段

2012年，美国"财政悬崖"日益迫近，日本"安倍经济学"效果不佳，欧债危机蔓延使欧元区国家经济持续萎缩，新兴经济体经济增速下降明显。在不确定性因素增多的背景下，世界范围内的贸易保护主义抬头，争端和摩擦加剧，失业率和通货膨胀水平保持高位，阻碍了全球经济的复苏进程。对于中国民营企业来说，迫切需要转换增长新动能实现转型升级。2013年，除了继续在金融支持、市场准入、鼓励"走出去"等方面制定相关政策措施外，国务院还发布了《国务院机构改革和职能转变方案》，对2013～2017年的重点任务进行了规划，由此拉开了加快建设服务型政府的进程。2014年，李克强在夏季达沃斯论坛发出"大众创业、万众创新"的改革号召，加快构建众创空间、降低创新创业门槛、加强财政资金引导、完善投融资活动、营造创新创业文化氛围等内容继而体现在《关于发展众创空间推进大众创新创业的指导意见》中，极大地推进了创新主体的涌现。① 2015年,《推动共建丝绸之路经济带和21世纪海上丝绸之路的愿景与行动》和《中国制造2025》发布,分别从构建以我国为主的经济合作体和实施以质量为先的制造强国战略两个角度出发打造未来中国经济发展新蓝图,给民营企业发展指明了道路。2016年,为进一步增强市场主体的能动性和创造力,在前期转变政府职能改革的基础上,针对审批多、收费高、耗时长等问题,持续开展"简政放权、放管结合、优化服务"的"放管服"改革。据《政府工作报告》中的数据显示,2016年全年降低企业税负超5700亿元,且在完成减少行政审批事项1/3目标的基础上,当年又取消、清理和规范577项。2017年,党的十九大报告在非公有制经济健康发展、非公有制经济人士健康成长、非公有制经济组织中的党员发展、企业家精神的激发和保护、民营企业活力的激发和增强等方面论述了新时代下鼓励、支持和引导民营经济转型升级的政策方针。

这一时期,民营经济改革的主要特征是凝心聚力、"松绑"和"减负",多数政策围绕民营企业在新时代下高质量发展而制定。个体经济仅在登记注册户数上比私营经济有优势。截至2016年年底,个体经济方面,全国登记注册的个体工商户为5929.95万户,从业人员达1.29亿人,注册资金为5.34万亿元;私营经济方面,全国登记注册私营企业为2309.2万户,从业人员达1.8亿人,注册资金为107.66万亿元。②

二、中国民营经济的发展成就

改革开放至今,民营经济取得了卓越的发展成就。[7]民营经济已成为国民经济的重要组成部分,成为和谐社会的重要建设力量,成为产业转型的重要动力来源,成为市场竞争的重要参与主体,成为科技创新的重要驱动因素。

(一)民营经济成为国民经济的重要组成部分

民营经济③成为国民经济的重要组成部分主要反映在四个方面:一是民营经济在GDP中的比重不断上升。1989年,私营经济和个体经济产值在GDP中的比重仅为3.86%[8],到2017年,据冉万祥在党的十九大新闻中心举办的记者招待会上介绍,这一比重已超过60%。二是民营经济在投资拉动经济增长中的作用突出。1982年,民营企业在全社会固定资产投资中的比重为17.1%④,能拉动0.36个百分点的GDP增速,到2016年,这一比重达到32.87%⑤,能拉动0.92个百分点的GDP增速。三是民营经济的进出口贸易增长迅速。2016年,民营企业的进出口总额为1.33万亿美元,比2015年降低了526.52亿美元,在所有企业进出口总额中的比重为36.36%,比2015年增长了1.15个百分点。其中,出口总额为9147.86亿美元,占比为43.6%;进口总额为4179.45亿美元,占比为26.33%。⑥四是民营经济在高新区中的作用越发突出。2016年,全国高新区中的私营企业有4.01万家,创造了3.1万亿元的总产值,在高新区所有企业中的比重分别为44%、15.77%,分别比2007年增长了1.68倍、15.65倍和13.13个百分点、11.58个百分点。⑦

(二)民营经济成为和谐社会的重要建设力量

民营经济成为和谐社会的重要建设力量主要反映在三个方面:一是民营经济在全国税收收入中的比重不断提高。1995年,私营企业和个体企业共缴纳税收429.6亿元,在全国税收收入中的比重为8%,到2015年,缴纳税收额增至1.99万亿元,比重增至14.6%。其中,私营企业和个体企业缴纳税收额分别为1.3万亿元和0.69万亿

---

① 如李克强在2017年夏季达沃斯论坛上所指出的,自2014年起,每天新增4万家市场主体,其中,新登记企业有1.4万户。
② 2016年个体经济和私营经济的注册资金数据并未公布,笔者根据当年所有企业注册资金增长率(33.5%)估算得到。
③ 由于数据获取受限,如无特别说明,发展成就中的民营经济范围仅指私营经济与个体经济,可能会造成结果解读上的差异。
④ 数据来自《中国固定资产统计年鉴》。
⑤ 数据来自2017年《中国统计年鉴》,与冉万祥所介绍的60%有差异。
⑥ 数据来自海关总署网站。
⑦ 数据来自科技部网站。

元，比重分别为9.57%和5.03%。①二是民营经济吸纳就业能力显著增强。1990年，私营企业和个体企业共吸纳就业人数为2275万人，在总就业人口中的比重为3.51%，到2016年，吸纳就业人数增至3.09亿人，比重增至39.77%。其中，私营企业和个体企业吸纳就业人数比重分别为23.19%和16.58%。②三是民营经济在教育、扶贫、救灾等慈善事业中的社会责任感和参与度越来越高。2008年，入选"中国慈善排行榜"的100家企业多为民营企业，共捐赠了44.24亿元，用以支持地震、雪灾、教育、扶贫等慈善事业，到2016年，捐赠额增至103.78亿元。其中，前10名捐赠额占比从39.82%升至70.29%。③

（三）民营经济成为产业转型的重要动力来源

民营经济成为产业转型的重要动力来源主要反映在三个方面：一是民营经济在推动物流、军工、金融等垄断行业开放中发挥了重要作用。以物流业为例，2007年上海42家非邮政快递企业联名"上书"，呼吁在相关法律法规改革中关注民营快递企业的发展诉求。到2014年底，国内已有超过1.1万家可经营快递业务的企业④，如顺丰、"三通一达"、百世等民营企业利用资本市场增强竞争力，目前已在细分市场上占据较大的市场份额。二是民营经济在产业创新中捷足先登。以近年来不断涌现的新兴产业为例，如网络打车、共享单车、分类信息网站、外卖送餐等新业态中很少有国有企业的身影，典型企业如滴滴、ofo、摩拜、58同城、美团等多为民营企业。三是民营经济在产业分布上逐渐合理。2014年，民营企业实有户数在第一、二、三产业企业总数中的比重分别为2.62%、10.99%、86.39%，吸纳就业人数也有较大差异。其中，批发、零售和餐饮业、制造业，交通运输、仓储和邮电通信业的民营企业所吸纳的就业人数比重分别为49.67%、16.11%、2.45%，分别比1989年降低了9.74个百分点、4.5个百分点、5.26个百分点。⑤

（四）民营经济成为市场竞争的重要参与主体

民营经济成为市场竞争的重要参与主体主要反映在三个方面：一是民营经济发展的质量和效益稳步提升。以全国工商联发布的"中国民营企业500强榜单"为例，2016年，500家企业的总资产、营业收入、净利润分别为23.4万亿元、19.4万亿元、0.84万亿元，比2015年增长了35.21%、19.84%、19.76%。其中，总资产超过1000亿元、营业收入超过3000亿元的分别有50家、6家企业；有16家企业入围世界500强榜单。二是与其他企业类型相比，民营企业的竞争优势突出。以规模以上工业企业为例，2016年，民营企业的户均总资产、营业收入、利润总额分别为1.12亿元、1.91亿元、0.12亿元，尽管低于国有控股企业的21.96亿元、12.56亿元、0.65亿元，也比外商投资和港、澳、台商投资企业的4.29亿元、5.05亿元、0.36亿元要低，但在户均费用（包括销售费用、管理费用和财务费用）上分别比两者低1.02亿元、0.29亿元，且在资产收益率上分别7.69个百分点、2.37个百分点。⑥三是民企业的国际市场影响力日益增强。以CBInsights最新公布的能影响全球科技创业走势的"独角兽"企业榜单为例，224家上榜企业中有59家中国企业，代表企业如滴滴、小米、新美大、陆金所分别排名第二位、第三位、第四位、第九位，估值分别为560亿美元、460亿美元、300亿美元、185亿美元。

（五）民营经济成为科技创新的重要驱动因素

民营经济成为科技创新的重要驱动因素主要反映在四个方面：一是民营经济的研发投入不断提升。以规模以上工业企业为例，2016年，私营

---

① 数据来自《中国税务年鉴》。
② 数据来自国家统计局网站。
③ 数据来自福布斯《中国慈善排行榜》。
④ 数据来自国家邮政局发展中心。
⑤ 数据来自《中国经济年鉴》。
⑥ 数据来自《中国统计年鉴》。

企业的研发人员全时当量为73.24万人年,研发经费为2800.54亿元,研发项目数为13.04万项,在整体中的比重分别为27.1%、25.59%、36.12%,分别比2011年增长了1.12倍、1.97倍、1.47倍和9.3个百分点、9.84个百分点、13.4个百分点。二是民营经济的专利产出不断增加。2016年,规模以上工业私营企业的专利申请数为23.78万件,在整体中的比重为33.24%,分别比2011年增长了1.13倍、4.31个百分点。其中,发明专利数申请数为7.86万件,在整体中的比重为27.37%,分别比2011年增长了1.69倍、5.71个百分点。截至2016年年底,规模以上工业私营企业的有效发明专利数为18.05万件,在整体中的比重为23.44%,分别比国有企业、港、澳、台商投资企业和外商投资企业高出20.41个百分点、14.52个百分点和13.24个百分点。三是民营经济的新产品开发效益不断提高。2016年,规模以上工业私营企业的新产品项目数为14.53万项,新产品销售收入为3.9万亿元,新产品出口销售收入为4701.95亿元,在整体中的比重分别为37.09%、22.32%、14.37%,分别比2011年增长了1.15倍、1.88倍、1.44倍和11.71个百分点、8.89个百分点、4.84个百分点。① 四是民营企业在高新技术企业中的先锋作用越发突出。2016年,全国高新技术企业中的私营企业有7.61万家,创造了4.17万亿元的工业总产值,技术、产品和商品销售收入达4.48万亿元,在所有高新技术企业中的比重分别为43.9%、1.96%、5.17%,分别比2007年增长了2.09倍、6.83倍、6.92倍和18.54个百分点、1.41个百分点、3.12个百分点。②

三、中国民营经济改革与发展的主要经验

民营经济取得巨大成就的主要经验有以下几个方面。

---

① 数据来自国家统计局网站。
② 数据来自科技部网站。

（一）健康稳定的政治环境是前提

健康稳定的政治环境是民营经济发展的前提[2],它不仅能为民营经济的改革提供有利条件,还能为民营经济的壮大提供政治保障。20世纪50~70年代,中国的政治环境较为震荡,在此背景下,对待民营经济的政策首先经历了从"利用和限制"到"利用、限制、改造"的过程。可是,"改造"政策在经过反右派运动后迅速向"左"转变,民营经济在经过社会主义改造后已步履维艰。之后在"兴无灭资""斗私批修""割资本主义尾巴"等思潮的影响下,逐渐成为政治运动批斗的对象。[9]到20世纪70年代末期,民营经济发展的社会基础已被破坏殆尽,尽管彼时的《宪法》仍然承认有限范围的个体劳动,但重在"引导他们逐步走上社会主义集体化的道路"。自20世纪80年代开始,中国的政治环境逐渐稳定,对待民营经济的政策从"保护"到"继续鼓励、引导"再到"毫不动摇地鼓励、支持和引导",民营经济的定性也从"必要补充"到"必要的和有益的补充"再到"重要组成部分",《宪法》的规定也从"国家保护个体经济的合法的权利和利益"到"国家保护个体经济、私营经济的合法的权利和利益"再到"公民的合法的私有财产不受侵犯",创造了民营经济发展壮大的政治环境。

（二）科学合理的制度创新是保证

科学合理的制度创新是民营经济发展的保证[10],它不仅能为民营经济的改革提供强大驱动,还能为民营经济的壮大提供制度红利。以经济体制改革为例,改革开放以前,经济体制改革的目标并不明确,政府对国民经济发展实行"计划"式管理,如党的十一大报告曾明确指出,要"把整个国民经济纳入有计划、按比例、高度发展的社会主义轨道"上。政府对主要物资、原材料、产成品、进出口、利率等采取了一系列控制措施,在很大程度上限制了民营经济的恢复。党的十四大以来,制度创新取得突破,经济体制改

革的目标被确定为"建立和完善社会主义市场经济体制"。在处理政府与市场的关系上，党的十四大提出"要使市场在社会主义国家宏观调控下对资源配置起基础性作用"，十五大提出"使市场在国家宏观调控下对资源配置起基础性作用"，党的十六大提出"在更大程度上发挥市场在资源配置中的基础性作用"，党的十七大提出"从制度上更好发挥市场在资源配置中的基础性作用"，党的十八大提出"更大程度更广范围发挥市场在资源配置中的基础性作用"，十八届三中全会提出"使市场在资源配置中起决定性作用和更好发挥政府作用"，在很大程度上促进了民营经济的壮大。

（三）卓越非凡的企业家精神是根本

卓越非凡的企业家精神是民营经济发展的根本[11]，它不仅能为民营经济的改革提供核心要素，还能为民营经济的壮大提供动力源泉。改革开放以前，国有企业居于绝对主导地位，由于长期实行"平均主义"的"计划"式管理模式，劳动者的积极性和职工队伍的效率不高，那些开展正常商品生产和交换的行为常被视为"投机倒把"而遭到打击，对"投机商贩"的斗争使企业家精神在很大程度上处于缺失状态。改革开放以后的一段时间，民营经济中的企业家精神逐渐得到恢复，但在特定的政治环境中，往往表现为挂靠公有制经济以在夹缝中生存的"戴红帽子"的特征。如1989年前、1989~1992年、1992年后"戴红帽子"的企业比例分别达到了46.3%、23.5%、22.6%。[8]从20世纪90年代以后，随着政治环境趋于稳定、制度创新取得突破，民营经济的企业家精神逐步回归，从而涌现出了一大批优秀的民营企业家，典型代表如万向的鲁冠球、联想的柳传志、海尔的张瑞敏、华为的任正非、娃哈哈的宗庆后、远东的蒋锡培、TCL的李东生、比亚迪的王传福、搜狐的张朝阳、网易的丁磊、小米的雷军、腾讯的马化腾、百度的李彦宏、阿里巴巴的马云、京东的刘强东等。他们不仅在不同的年代持续推动着民营企业的健康发展，还对在更广泛层次上塑造着国家竞争优势。

（四）丰富有效的劳动供给是基础

丰富有效的劳动供给是民营经济发展的基础[12]，它不仅能为民营经济的改革提供重要契机，还能为民营经济的壮大提供竞争优势。"文化大革命"以后，大批知青返城，加上大专院校毕业生、复员专业军人、留城青年及闲散劳动力，全国就业形势较为严峻。尽管拓宽就业渠道、多元化就业形式迫在眉睫，但旧有的劳动就业体制较为僵硬，并不能解决彼时所面临的突出问题。1978年，十一届三中全会指出，要开辟社队多种经营形式、发展农村集市贸易和家庭副业。次年，国家工商行政管理局提出"批准一批有正式户口的闲散劳动力从事修理、服务和手工业等个体劳动"，薛暮桥发表关于"允许发展集体企业甚至个体户""鼓励回城青年自找门路"的文章，从而在实际上拉开了民营经济改革与发展的序幕。从20世纪80年代开始，出口导向战略下的加工贸易成为越来越多企业采用的生产方式。民营企业利用国内丰富有效的劳动力资源承接发达国家和地区转移的劳动密集型产业，持续积累并培养高素质职工队伍，逐渐在世界范围内建立了较强的竞争优势。[12]2016年，据全国工商联数据显示，中国500强民营企业中进行海外投资的企业数为314家，海外投资项目及投资总额分别为1659项、515.32亿美元。典型企业如华为在2016年有18万名员工，总收入中有54.65%来自海外。

（五）和谐共生的包容文化是支撑

和谐共生的包容文化是民营经济发展的支撑[13]，它不仅能为民营经济的改革提供质变空间，还能为民营经济的壮大提供坚实土壤。如针对20世纪80年代发生的"傻子瓜子"事件，邓小平在1984年中央顾问委员会会议上指出，"我的意见是放两年再看""如果一动，群众就说政策变了，人心就不安了"。邓小平在1992的南方谈话中再次论述道，"像这一类的问题还有不少，如果处理不当，就很容易动摇我们的方针，影响改革的全局"。21世纪初，一大批民营企业家因在发展早期存在违法违规行为而遭到处理，从而引发了社会对"原罪"问题的讨论。紧接着，围绕"原罪"问题的讨论主题逐渐深化，从"有无原罪""应否清算"到"何种原罪""如何处置"，不仅降低了民营企业家的积极性，阻碍了民营经济的发展壮大，也给彼时经济体制改革蒙上了阴影。对此，党和政府领导也及时发表看法，给民营企业家吃"定心丸"。如时任全国政协副主席、全国工商联主席的黄孟复认为"原罪"是一个"伪命题、假命题"，时任中共中央统战部副部长、全国工商联党组书记、第一副主席的胡德平指出"在法律没有明文规定之前的资本原始积累阶段不存在'原罪'"，时任中共中央统战部部长的刘延东指出"中央发展非公有制经济的政策是绝对不会变化的，这个决心是坚定的"。

（六）多样频繁的社会互动是归属

多样频繁的社会互动是民营经济发展的归属[14]，它不仅能为民营经济的改革提供重要抓手，还能为民营经济的壮大提供前景蓝图。改革开放以前，民营企业家与社会互动的范围、频率都受到限制。以参政议政为例，1956年，邓小平在修改党章的报告中明确指出，"党员必须是从事劳动而不剥削他人劳动的人""只有从事劳动、不剥削他人劳动的人才能入党"。这一政策几经波折，直到2002年，党的十六大通过的《党章（修正案）》规定，"其他社会阶层"在满足入党条件后，"可以申请加入中国共产党"，从而极大地提高了民营企业家参与社会互动的积极性。当前，民营企业参与社会互动已不仅仅局限于通过优质的产品和服务创造客户价值，与供应链上下游企业保持紧密合作、为员工发展制定职业生涯规划、关注环境保护、关爱社会弱势群体、参与社区建设等[14]，不仅成为民营企业安身立命的基础，也是未来民营经济发展的前景蓝图。民营企业家当选全国劳模、获得五一劳动奖章、接受"优秀中国特色社会主义事业建设者"称号等也成为新时期民营企业积极参与社会互动、勇于承担社会责任、共同为中华民族伟大复兴中国梦奋斗最好证明。

四、中国民营经济未来发展趋势展望

新时代下，民营经济转型升级的步伐亟须加快。[15][16][17] 如何破解阻碍民营经济高质量发展的相关因素，是未来展望的重点内容。

（一）从小到大的规模经济展望

规模经济是民营企业发展壮大的显著标志。[18] 自20世纪90年代以来，民营企业发展规模不断增长，如1998年，入围全国工商联发布的"中国民营企业500强榜单"的门槛为0.9亿元，户均总资产、营业收入分别为1.04亿元、3.19亿元，到2016年，分别提至121亿元、468亿元、387亿元。然而，与世界500强、中国500强中的著名企业相比，民营企业的发展规模仍有进一步提高的空间。如何形成多层次的民营企业规模格局，使龙头企业在国际市场竞争中利用规模经济成为佼佼者、中小企业能在各自领域中发挥工匠精神成为专业者，是未来民营经济发展的可期之处。建议政府深化民营企业投融资机制改革，利用多种优惠措施鼓励民营企业通过资本运营、兼并收购、战略联盟等方式组建产业集团、企业集团，在保持经营效率的同时，提高规模经济。同时，由于中小企业多是民营企业，建议政府进一步完善、落实《中小企业促进法》，通过健全社会服务体系解决中小企业发展过程中遇到的信息匮乏、人才瓶颈、融资不畅等问题，让民营企业心无旁骛地走上从小到大的发展道路。

（二）从弱到强的竞争优势展望

竞争优势是民营企业可持续发展的核心因素。自20世纪80年代以来，民营企业通过承接发达国家和地区的产业转移，积极参与国际分工合作，逐渐在全球价值链中占据一席之地。但几十年来，发达国家和地区主导国际生产网络的格局并未发生显著变化，高附加值位置仍被其占据，而中国民营企业多数仍在中低端从事低附加值活动。[12] 从研发的角度看，据全国工商联公布的数据显示，2016年，在"中国民营企业500强"中，研发强度超过1%的仅有170家企业。从品牌的角度看，统计近十年全球最具价值品牌排行榜前十名出现频率，中国企业仅有中国移动和腾讯上榜，分别为6次和1次，而麦当劳、谷歌、苹果、微软、IBM等企业则年年在榜。① 如何从技术、品牌、管理、物流、人才、资金等方面提升民营企业的竞争优势，是未来民营经济发展的重点任务。建议政府进一步深化"放管服"改革，落实各项简政放权制度，积极制定"负面清单"并及时向社会公布，降低相关产业的市场准入标准，让民营企业在充分竞争中由弱变强。

（三）从表到里的公司治理展望

公司治理是民营企业发展取得成功的关键因素。由于历史原因，许多民营企业有"戴红帽子"和"摘红帽子"经历，这曾在很大程度上阻碍了民营企业建立现代企业制度。自党的十四届三中全会以来，以"产权清晰、权责明确、政企分开、管理科学"为特征的现代企业制度改革逐渐深化和完善，有力提升了民营企业的公司治理水平。据"中国公司治理指数"数据显示，2003年至今，上市公司治理水平整体上呈上升态势，民营上市公司治理水平连续多年高于国有上市公司。尽管如此，民营企业在公司治理中仍然面临股权高度集中、经营决策不科学、管理缺乏有效约束等问题[19]，在与国有企业的合作中也往往会丧失自主权、话语权。② 如何引导众多民营企业建立规范的组织框架、科学的决策机制、完善的人才结构，实现以"所有权和经营权分离"为特征的现代公司治理，是未来民营经济发展的迫切任务。建议政府清理有碍公平有序竞争的规定，加快要素市场改革，明确民营企业在国企改革中的作用，优化"授权经营体制"，构建清新型政商关系，让民营企业的公司治理从表到里得到改善。

（四）从内到外的跨国经营展望

跨国经营是民营企业走向世界的必由之路。自2001年加入世界贸易组织以来，民营企业"走出去"的步伐逐渐加大，逐渐在世界范围内开始投资经营。据商务部数据显示，2016年，对外直接投资者中，有6386家私营企业，占比达26.2%，分别比2011年增长了4.7倍、17.9个百分点；在对外非金融类直接投资存量中，私营企业占比8.7%，比2011年增长了7个百分点。然而，民营企业的跨国经营也面临着投资区域比较集中、行业分布较为狭窄、当地法律法规不熟悉、安全风险防范低、市场信息滞后等问题。如截至2016年年末，中国对外直接投资存量中，中国香港的比重为57.5%，租赁和商务服务业的比重为34.9%，分别比第二位高出49.8个百分点、21.8个百分点。如何在"平等互利、讲求实效、形式多样、共同发展"的原则基础上，鼓励民营企业开展对外投资、承包工程和劳务合作，是未来民营经济发展的必然要求。建议政府在"走出去"公共服务平台上增加境外投资所需法律法规、税收政策、典型案例，开辟企业家境外投资交流论坛和专门针对民营企业境外投资的信息通道，并及时发布针对民营企业"走出去"的研究报告，以使民营企业在充分准备的基础上实现从内到外的跨国经营。

（五）从近到远的代际传承展望

代际传承是民营企业稳定发展的重要关口。中国民营企业有很多是家族企业，从改革开放至今，随着第一代创业者逐渐退居二线，第二代甚至第三代传承者不断涌现，如任正非的女儿孟晚舟、宗庆后的女儿宗馥莉、鲁冠球的儿子鲁伟鼎、王健林的儿子王思聪等。然而，由于代际传承规划匮乏、接班人能力欠缺、人才队伍建设不全、接班人与经理人矛盾等，第二代传承者的继任过程并非都一帆风顺。[20] 据全国工商联相关数据显示，第二代传承者明确表示接班的比例仅占40%，剩下的或者态度不明确，或者明确表示不愿接班。如朱新礼首先选择儿子朱胜华为接班人，但后者并不感兴趣；紧接着，选择女婿高勇为接班人，但高勇又逐渐淡出；最后，只好选择女儿

---

① 数据来源：Kantar Millward Brown/BrandZ™。
② 如2016年，在"中国民营企业500强"中，有165家企业与国有企业有参股、共同发起设立新企业、控股的关系。

朱圣琴为接班人。如何在转变发展方式、优化经济结构、转换增长动力的攻关期处理好民营企业的代际传承问题,使其顺利跨越"富不过三代"的阵痛,对经济高质量发展至关重要。建议政府更加关注民营企业传承者的健康成长,积极发挥工商联的能动性,定期组织学习交流活动引导民营企业尽早开展接班规划和人才培养。

参考文献

[1] 郭朝先. 民营经济发展30年[J]. 经济研究参考, 2009 (49): 45-53.

[2] 刘迎秋, 刘霞辉. 非国有经济改革与发展30年: 回顾与展望[J]. 经济与管理研究, 2009 (1): 29-34.

[3] 张志勇. 中国往事30年: 揭幕民营经济中国式进程[M]. 北京: 经济日报出版社, 2009.

[4] 单忠东. 民营经济三十年——思考与展望[M]. 北京: 经济科学出版社, 2009.

[5] 黄孟复. 中国民营经济史·大事记[M]. 北京: 社会科学文献出版社, 2009.

[6] 黄孟复. 中国民营经济史·纪事本末[M]. 北京: 中华工商联合出版社, 2010.

[7] 陈永杰. 充分激发中国经济持续增长的内生动力——民营经济发展"十一五"回顾与"十二五"展望[J]. 经济理论与经济管理, 2011 (2): 100-112.

[8] 周立群, 谢思全. 中国经济改革30年: 民营经济卷(1978—2008)[M]. 重庆: 重庆大学出版社, 2008.

[9] 马立诚. 大突破: 新中国私营经济风云录[M]. 北京: 中国工商联合出版社, 2006.

[10] 邓宏图. 转轨期中国制度变迁的演进论解释——以民营经济的演化过程为例[J]. 中国社会科学, 2004 (5): 130-140.

[11] 程俊杰. 制度变迁、企业家精神与民营经济发展[J]. 经济管理, 2016 (8): 39-54.

[12] 杨蕙馨, 王海兵. 国际金融危机后中国制造业企业的成长策略[J]. 经济管理, 2013 (9): 41-52.

[13] 郭秀慧, 于东明. 民营经济发展与区域文化根植性——以东北再振兴为背景的实证研究[J]. 技术经济与管理研究, 2016 (5): 123-128.

[14] 王勇. 民营企业参与社会治理: 路径、限度与规引[J]. 地方治理研究, 2018 (1): 40-48.

[15] 丁任重, 孙根紧. 新时期我国民营经济的转型与发展[J]. 经济理论与经济管理, 2011 (12): 93-100.

[16] 史晋川, 郎金焕. 中国的民营经济与区域经济发展[J]. 山东大学学报(哲学社会科学版), 2018 (1): 7-17.

[17] 王欣. 中国经济转型时期国有企业与民营企业战略关系研究[J]. 理论月刊, 2017 (11): 166-170.

[18] 崔民强. 规模经济、人民币汇率与民营企业进出口——兼论民营企业进出口的影响因素[J]. 经济问题, 2011 (8): 31-33.

[19] 崔新健, 杨智寒, 郑勇男, 章东明. 民营企业现代企业制度建设现状及其竞争力——基于北京市民营企业样本的研究[J]. 经济体制改革, 2017 (5): 88-95.

[20] 张京心, 廖之华, 谭劲松. 民营企业创始人的离任权力交接与企业成长——基于美的集团的案例研究[J]. 中国工业经济, 2017 (10): 174-192.

Reform and Development of Private Economy in China from 1978-2017: Retrospects and Prospects

Wang Haibing, Yang Huixin

Abstract: It's been 40 years for private economy in China since the reform and opening-up in

1978. During the four decades, Chinese private economy has been through six periods, which areseed stage from 1978 to 1988, recovery stage from 1989 to 1991, adjustment stage from 1992 – 2001, promotion stage from 2002 – 2007, growth stage from 2008 – 2012, and transition stage since 2013. Nowadays, the private economy has made itself so important as an part of natinal economy, an effective support to harmonious society, a power source of industrial change, a player in market competition, a driven power to techonology innovation. Healthy and stable environment in politics, scientific and reasonable innovation in institutions, outstanding and distinguished entrepreneurship, rich and abundant supply of labor, harmoniously and symbiotically inclusiveculture, diversely and frequently social interaction are the main contributions to the reform and development of Chinese private economy. Attention should be paid more to scale economy, competitive strength, corporate governance, multinational operation and intergenerational inheritance.

Key Words: Private Economy; Reform; Achievement; Experience; Prospects

中印两国人类发展指数比较研究

李 钢 张建英

摘 要：在已有人类发展指数研究的基础上，重新构建了可以同时进行纵向与横向比较的人类发展指数的评估体系，并对中印两国 1950 年以来的人类发展指数进行了计算。数据表明，中印两国在经济与社会发展方面都取得了巨大成功；2014 年印度的 HDI 仅比 1950 年增长了 2.59 倍，而同期中国增长了 4.41 倍。在构成人类发展指数最重要的三个方面，中国从 1950 年全面落后于印度、印度的人类发展指数比中国高 27.17%；到 1992 年中国实现了全面超越，并且中印之间的差距呈现不断扩大的趋势；到 2014 年，中国的人类发展指数比印度高出 18.61%。进一步的研究表明，中国首先是教育指数超越印度，然后是寿命指数，最后才是收入指数超越印度。这一方面表明不是由于中国在经济方面的领先而使中国在社会发展方面超越印度，恰恰相反，是由于社会发展成功，而使中国在经济方面大幅领先印度；另一方面表明中国的成功与中国政府一直以来较好地平衡了当期与长远利益，引导整个民族进行长远投资有关；这也表明当下的成功不仅取决于当时的因素，也是不能与历史割断的。

关键词：中印比较；人类发展指数；收入指数；寿命指数；教育指数

一、引 言

改革开放以来，中国经济发展取得了举世瞩目的成绩，GDP 总量从 0.15 万亿美元增加到 11.07 万亿美元，世界排名提前了 9 位。印度于 1991 年开始经济改革，使 GDP 总量由 0.27 万亿美元增加到 2.09 万亿美元，世界排名同样提前了 9 位。中国和印度还是世界上的两个人口大国，1950 年中印人口数量分别为 5.44 亿和 3.76 亿，占世界总人口的 36.45%；到 2015 年两国人口分别增至 13.76 亿和 13.11 亿，占世界总人口的 36.56%。[①] 早在 20 世纪 80 年代，中印这两个人口大国就曾引起过发达国家学者的注意，美国、日本、英国、意大利等国都有学者对其经济发展进行比较研究（孙培钧，1991）。近年来，印度相对于中国的增长优势和人口优势凸显出来。2014 年以来，印度的 GDP 增长率一直比中国高，而且印度的人口老龄化率几乎只有中国的一半。从增长的角度看，难免使人产生"中国是不是会全面落后于印度"的猜疑。但大部分已有的中印比较研究只是分析了两国经济发展中的优势与不足，其中认为印度发展模式优于中国的学者也不在少数；但鲜有全面探讨中印差异的历史原因和发展

---

* 本文发表在《中国人口科学》2018 年第 2 期。

[作者简介] 李钢，中国社会科学院工业经济研究所研究员；张建英，中国社会科学院研究生院博士研究生。

① 数据来源：United Nations Department of Economic and Social Affairs/Population Division World Population Prospects: The 2015 Revision, Volume I: Comprehensive Tables. (pages: 18 – 21 Retrieved on January 18, 2017 at: https://esa.un.org/unpd/wpp/Publications/Files/WPP2015_ Volume – I_ Comprehensive – Tables.pdf)

原因的研究。本文正是基于对这一热点问题的思考，从历史发展的角度，以人类发展指数作为切入点，研究中印独立以来所取得的进展和差异，并从历史和发展的角度剖析导致差异的原因，以为当前的疑惑提供一种可能的解释。

二、方法与数据与结果

（一）指标体系及测算

联合国开发计划署发布的《1990年人文发展报告》首次采用人类发展指数衡量一国的经济社会发展水平。人类发展指数特别关注个人能力的提升，主要考察身体健康状况、受教育程度和生活是否体面三个方面的水平。随着社会的发展，人类发展指数的测算方法也发生了一些改变。1990年用的是预期寿命、成人识字率及入学率、实际人均GDP来分别衡量健康、教育与生活水平；到2010年时改用预期寿命、受教育年限、人均GNI来衡量。

本文考察的是中印两国的长期发展过程，考虑到两国获得主权独立的时间接近，1949年以后两国都走上了独立发展的道路，开始了全面建设本国经济社会的进程。因此，以1950年作为时间起点，考察近70年来中印两国的发展情况。一方面，《人类发展报告》的数据只延伸到1990年，而且2010年还调整了测算指标，现成的人类发展指数无法满足本文研究的需要。另一方面，成人识字率是人口普查数据，不具有连续性；而受教育年限的计算比较复杂，且人均GNI指标当中包含别的国家政策和制度因素在内，不能准确地反映本国地域范围内居民的真实生活水平。这些指标在1960年以前不曾统计，笔者难以获得相关原始数据。于是，根据人类发展指数的构建原理，笔者重新设计了人类发展指数的指标体系，如表1所示。

表1 人类发展指数的指标体系

指标 （字母表示）	人类发展指数（HDI）				
子指标 （字母表示）	收入指数（II）	寿命指数（LI）	教育指数（EI）		
变量 （字母表示）	按购买力平价计算的人均GDP（GDP）	出生时的预期寿命（LE）	综合入学率（GER）		
			小学入学率（PER）	中学入学率（SER）	高等教育入学率（HER）
取值范围	GDP ∈ [100, 40000]	LE ∈ [25, 85]	GER ∈ [0, 100]		

采用收入指数反映居民的生活水平，并采用按购买力平价计算的人均GDP来度量收入指数。用教育指数反映居民的受教育程度，并采用各阶段教育的学生入学率来测度教育指数。用寿命指数反映居民的健康状况，并采用出生时的预期寿命来测度寿命指数。为了剔除量纲的影响，参照《1990年人文发展报告》中相关指标的计算方法，采用式（1）至式（5）计算中印两国的人类发展指数（HDI）以及三个二级指标 EI、LI 和 II：

$$GER = (PER + SER + HER)/3 \quad (1)$$
$$EI = (GER - 0)/(100 - 0) \quad (2)$$
$$LI = (LE - 25)/(85 - 25) \quad (3)$$
$$II = [\ln GDP - \ln 100]/[\ln 40000 - \ln 100] \quad (4)$$
$$HDI = \sqrt[3]{II \times LI \times EI/100} \quad (5)$$

（二）数据来源及处理

本文所使用的数据主要来源于世界银行、《世界经济千年统计》和《帕尔格雷夫世界历史统计》。其中，中印1990~2014年按购买力平价计算的人均GDP，1960~2014年的出生时的预期寿命，1970~2014年的小学、中学、高等教育入学率都来自世界银行。中印1950~1989年按购买力平价计算的人均GDP来自《世界经济千年统计》。中国1949年出生时的预期寿命来自中国1949年发布的《中国人口增长》；印度1947年和

1951年出生时的预期寿命来自印度1947年和1951年发布的《印度独立后的医疗卫生成就》，中间缺失的年份用算术平均法估算。两国1950～1974年的年末人口数及小学、中学、高等教育在校生数据来自《帕尔格雷夫世界历史统计》。

考虑到数据来源的非连续性，采用基年等比例平滑的方法调整不同来源的数据。其一，在按购买力平价计算的人均GDP的匹配过程中，前者是以1990年不变购买力平价汇率计算的，两者1990年按购买力平价计算的人均GDP数值也不一样，因此先按1990年的数据等比例调整1950～1989年的数据。其二，出生时的预期寿命以1960年为界取自不同的来源，但是不存在量纲上的差异，因此不予调整。其三，综合入学率的数据也以1970年为界取自不同来源，因此对原始数据进行了一些处理：1970～2014年缺失的个别数据取算术平均值作为缺失年份的估计值。1998～2005年中国小学入学率缺失严重且出现异常值，于是采用《中国教育统计年鉴》的数据予以替代。1950～1969年的入学率用各级在校生数除以总人数计算。其中，中国的小学和中学入学率按1970年的数据等比例平滑，高等教育入学率按1973的数据等比例平滑；印度的各级入学率都按1971的数据等比例平滑。

（三）中国人类发展指数相关指标的结果及变化

1950年以来，人类发展指数以年均2.75%的速度增长，到2014年人类发展指数增长了4.41倍。从速度上看，收入指数和教育指数的年均增速快于人类发展指数，分别为2.86%和2.91%；而寿命指数的年均增速低于人类发展指数，为2.73%。从数值来看，收入指数和寿命指数增长的倍数大于人类发展指数，分别为4.82倍和4.43倍；而教育指数增长的倍数小于人类发展指数，为4.01倍。主要是因为教育指数的波动比收入指数和寿命指数大。为了方便比较，以2014年为基期调整相关指标，得到走势图1。跟新中国成立初期相比，中国居民的健康状况、受教育程度和生活水平总体上都得到了很大提升。具体而言，中国的经济社会发展具有以下三个特征。

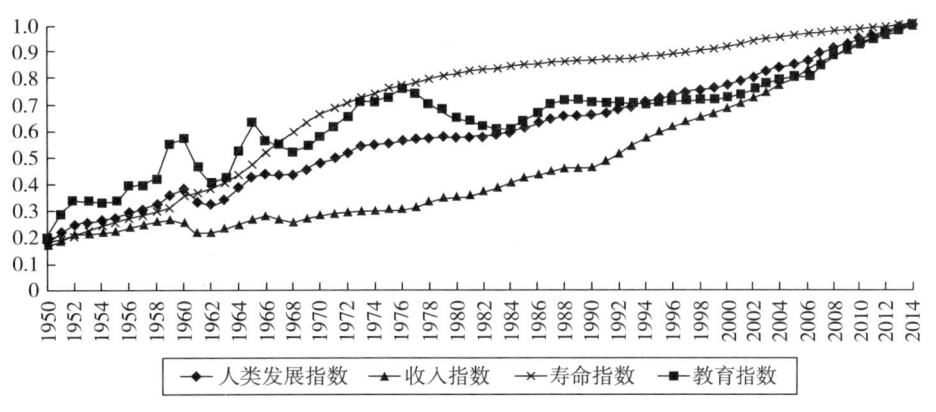

图1 以2014年为基期的中国人类发展指数及构成指标

1. 新中国成立之初，中国的经济基础底子非常薄

中国是在数十年的战争中重新获得了国家主权。新中国成立之初的中国百废待兴，比西方资本主义工业发达的国家落后百年有余。1950年，中国的人均国内生产总值低于美国的1/15；同期，粮食和棉花产量分别只有美国的87%和32%，钢铁和煤炭产量只有美国的1%和8%（安格斯·麦迪森，2003；马泉山，2016）。当时，中国的人均国民收入只有50美元。跟发达国家相比，中国工业化进程起步时的经济基础十分薄弱；当时中国的人均国民收入也比许多发展中国家低。

比如，印度、埃及、菲律宾、牙买加和加纳的人均国民收入是中国的 1.5~5.3 倍（马泉山，2016）。因此，无论是跟新中国成立前的工农业最高产量年份相比还是跟工业化起步时的许多发达国家相比，甚至跟同期的许多发展中国家相比，新中国成立之初的经济基础都是十分薄弱的。

2. 新中国成立后，中国的社会发展先行，教育水平和健康程度都得到较大提升

随着全国土地改革工作紧锣密鼓的开展，农民获得生产资料，工农业生产开始逐渐恢复。比起国民经济的增长，教育事业和卫生事业也都取得了更大进展。

新中国成立后的头 20 年，中国的总人口增长比较稳定，共增加了 2.5 亿人。第一个 10 年，初等教育在扫盲方面取得了巨大的成绩。其间，在校生数量增加 768.9 万人，其中小学生占 80.97%。新中国成立后的第二个 10 年，教育普及度的增长速度有所减缓，但教育的深度有所增加。其间，在校生数量只增加了 86.3 万人，但小中高等教育在校生数量的比例已由 82.5%、9.0%、8.5% 变为 82.6%、16.5%、0.9%，中等教育的比重明显上升。新中国的教育事业是从初中等教育开始抓起的。首先，国家加大了教育经费投入。1950 年，中国的教育费用投入 3.76 亿元，占财政支出的 5.52%；到 1965 年教育费用增至 29.12 亿元，占比也增至 6.24%（《中国教育年鉴》，1984）。其次，积极改善教学条件。到改革开放以前，中国新建学校 19.88 万所，新增专任教师 775.1 万人；培养的各级在校学生数量比 1949 年增长了 7.35 倍（《中国统计年鉴》，1984）。其中，中等专业学校和普通中学在校学生数量增长最快。国家在人力资本投资上的成果也十分显著，1978 年劳动年龄人口中没有完成小学的比重比 1952 年下降 34%，文盲率下降了 63.6%（Loren & Thomas，2008；白果和米歇尔·阿格列塔，2016）。

新中国成立后的头三个 10 年，居民的健康程度得到较大提升，预期寿命分别净增 19.2%、31.9% 和 12.56%，年均增长率达到 2.34%。中国在高峰期的预期寿命增长超过了几个主要国家。美国在 1880 年后的 30 年预期寿命增长了 0.9%；英国在 1871 年寿命增长高峰的增幅也不到 1.0%；日本在 1947 年后的 29 年预期寿命也只增长了 1.3%（马泉山，2016）。1950~2000 年，世界人口的预期寿命平均每年提高 0.34 岁，而中国年均增长了 0.73 岁（安格斯·麦迪森，2003）。居民的健康得到较大提升，一方面是因为消灭了主要传染病；另一方面，医疗卫生条件的改善也发挥了很大的作用。到 1970 年，血吸虫病、天花、鼠疫、疟疾、黑热病、钩虫病、血丝虫病、新生儿破伤风和性病在全国范围内已经得到基本消除（中共中央文献研究室，1994）。1978 年，农村的医院床位数由新中国成立时的 0.05‰张增加到 1.41‰张；医生数量由 0.66‰人增加到 0.73‰人。同期，县城的医院床位数由 0.63‰张增加到 4.85‰张；医生数量由 0.7‰人增至 2.99‰人。

到 1978 年，中国的人均 GDP 不足 157 美元，远低于世界平均水平的 1989.78 美元，中国的经济增长与世界平均水平还存在较大差距。但是，同期出生时的预期寿命比世界平均高出 3.37 岁；各级教育总的入学率比世界平均高出 11.48 个百分点。可以说，新中国成立后，中国居民的教育水平和健康程度的提升走在了经济增长的前面。

3. 改革开放以后，中国经济社会的发展速度趋稳，经济增长的优势逐渐凸显

改革开放政策的实施使中国创造了新的"增长奇迹"，也成就了中国这个世界第二大经济体。1978 年以来，中国维持了 9.74% 的高速经济增长，不仅远远超过美国、英国、日本和澳大利亚等发达国家，而且在新兴经济体中也具有明显优势，增速分别是印度、巴西和南非的 1.63 倍、3.51 倍和 3.99 倍。其间，中国 GDP 净增 10.92 万亿美元，高于除美国以外的其他国家。同时，本国的现代化程度不断提高，工业对 GDP 的贡献率由 1978 年的 62.2% 下降到 35%；第三产业的贡献率由 28.4% 上升到 53.7%（《中国统计年鉴》，2016）。此外，本国的城市化水平不断提

高，2014年城市化率达到54.77%，比1949年提高了4.15倍。1950年以来，中国人类发展指数增长的波动性较大，有些年份还呈现绝对下降的情况；而1978年改革开放以后，中国人类发展指数稳步提升，收入指数的增长成为带动总指数增长的最重要原因。

（四）印度人类发展指数相关指标的结果及变化

起初，印度是因人口数量多而受到世界主要经济体的关注。20世纪90年代以后，印度因迅速崛起的信息技术等第三产业和仅次于中国的经济增速而成为最热的新兴经济体之一。从图2可以看出，印度取得了较大的发展。1950年以来，人类发展指数年均增速2.02%，到2014年增长了2.59倍。从速度上看，收入指数的年均增速最慢，只有1.38%；低于寿命指数2.46%和教育指数2.27%。从数值来看，寿命指数和教育指数增长的幅度较大，分别为3.66倍和4.14倍。而且，印度居民的健康状况、受教育程度和生活水平的提升相对来说比较稳定。

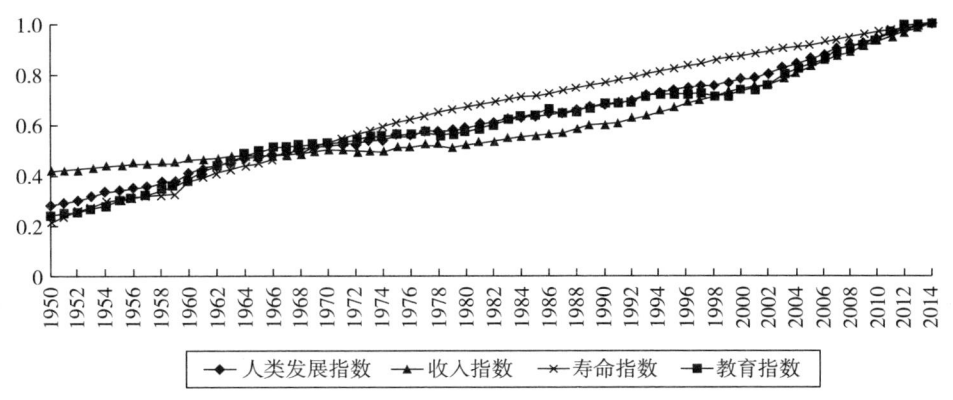

图2 以2014年为基期的印度人类发展指数及构成指标

1. 独立时印度经济发展的起点高于中国

独立之初，印度的经济体量较大，GDP总量位列世界前五。人均国民收入比亚洲平均值高29.55%（当代中国研究所，2012）。从速度和产量来看，印度起步时的工业基础并不差。1948年，印度的工业生产增长指数比世界平均水平大1（范慕韩，1985）；从铁路交通来看，印度起步时的基础设施还比较完善。独立之初，印度拥有亚洲第一、世界第四的铁路系统（鲁达尔·达特和K.P.M.桑达拉姆，1994）。可以说，无论工业基础还是基础设施，印度独立时的起点都高于中国。

2. 独立以后，印度的教育和健康水平也得到较大提升

独立之初，印度居民的预期寿命和受教育水平都很低，不仅低于世界平均水平，还低于同等收入水平国家。但独立以后，印度的教育事业取得了一定的进展。1950年，印度小、中、高等教育在校生的比重为81.23%、16.46%、2.30%，经过近30年发展，到1977年时，该比重变为73.17%、22.65%、4.18%；中高等教育得到了较大的发展。独立时，印度有大学18所，学生近30万人；到1961年，大学增至54所，学院增加到2500所，大学毕业生和研究生增加到61.3万人（林承节，2003）。到1974年，印度高等教育的入学人数为305.03万人，比1950年增长约9倍（B.R.米切尔，2002）。

20世纪60年代中期以后，印度的寿命指数和教育指数都超过了收入指数，尤其是寿命指数成为拉动印度人类发展指数的驱动因素。1976年，印度5岁以下儿童的死亡率比1960年下降56.9‰；而预期寿命相应地增加了10.51岁。居民寿命的延长跟营养条件和医疗条件的改善有关。20世纪60年代，印度开展了绿色革命，粮食播种

面积从1950~1951年的9730万公顷,到2000~2001年度增长了23.1%;并且70年代就基本上实现了粮食自给(文富德,2003)。"独立以后,印度政府建立了几乎免费的公共医疗卫生体系:小病都由政府付费,大病则需患者自付一部分费用;对于急诊病人,采取先看病后交钱的政策。据统计,印度共有1.2万所医院,2.2万个初级医疗中心,2000多个社区医疗中心和2.7万个诊疗所。这些遍布全国的政府医疗机构满足了大多数国民的基本医疗需求。"(沈开艳和许志桦,2016)

3. 印度经济改革以来,印度的经济、教育水平和居民的健康程度都得到了很大的提升①

1991年,印度开始经济改革;20多年来,经济得到迅速发展。从速度上看,1991~2014年印度的GDP增长率年均增长6.51%;超过世界的平均增速2.80%。从产业结构看,服务业在国民经济中占据主导地位,对GDP的贡献率由45.21%上升到51.85%;工业比重逐渐增大,比世界的平均水平还高2.51个百分点;农业在国民经济中的比重大幅下降,到2014年只占18.03%,降幅达40.82%。经济改革与发展使印度从一个农业国变成了服务业主导的现代化国家。

印度的文盲率显著下降。2015年成人识字率比1981年提高31.46%(鲁达尔·达特和K.P.M.桑达拉姆,1994);而青年识字率比1981年提高35.88%;尤其是青年女性的识字率提升幅度很大,达到47.94%。这说明印度对教育事业的投资取得了一些进展。另外,印度妇女地位和女性受教育认可度的提升也是女性教育发展取得的进步。2015年,全国15~19岁少女的生育率下降到25.67‰,比1991年下降了73.37‰。因此,发展教育不仅有助于控制人口数量,更关键的是能够显著提高人口素质。

改革以来,印度居民健康状况的提升主要得益于改善营养和预防传染病,到2014年5岁以下儿童死亡率降为47.7‰。同期,印度儿童营养不良发病率减少到29.4%,降幅达30.1%,远高于世界平均降幅。2014年,印度婴儿麻疹疫苗接种率达85%,比同期世界平均接种率高。不过,全国医疗投资还十分不足。2014年,印度医疗卫生支出在GDP的比重只有4.69%,低于世界平均医疗支出占比,而且1995年以来的增幅也比世界平均水平低。2012年,印度每千人拥有的内科医生数为0.70位,还不到2011年世界平均水平的一半。2011年,印度每千人拥有的医院床位数为0.7张,还不到2005年世界平均水平的1/4。可见,独立之后印度的医疗条件虽然有所改善,但跟世界平均水平比起来,还存在十分明显的差距。

三、中印两国人类发展指数的比较与分析

中国和印度各自70年的发展变化反映了社会生产力变化中共同的历史原因。两国的横向比较是在一个相对开放的环境下分析两国的发展问题,反映的是社会生产力变化当中的国别差异。

(一)中印人类发展指数的总体比较

从数值上看,新中国成立之初的起点低于印度,实现赶超后中印的差距越拉越大。1956年以前,中国的人类发展指数低于印度,主要是因为收入水平比印度低。1950年,中国的人均GDP不足印度的1/2,到1955年,中国仍比印度低288.56元。其间,教育指数和寿命指数相继超过印度。1965年以来,中国的人类发展指数在总体上超过印度,而且差距拉大主要依靠人均收入和教育水平的提高。

(二)中印人类发展指数的分阶段比较

根据中印人类发展指数的总体比较,1956年、1965年和1992年是中印两国发展的关系变化中三个重要的时间节点,将中印两国人类发展指数的变化关系分成四个阶段:1950~1955年是

---

① 本部分数据来自世界银行。

中国全力追赶印度的阶段；1956～1964年是中印发展的相持阶段；1965～1991年是中国总体上超过印度的阶段；1992年以来是中国全面超过印度的阶段。

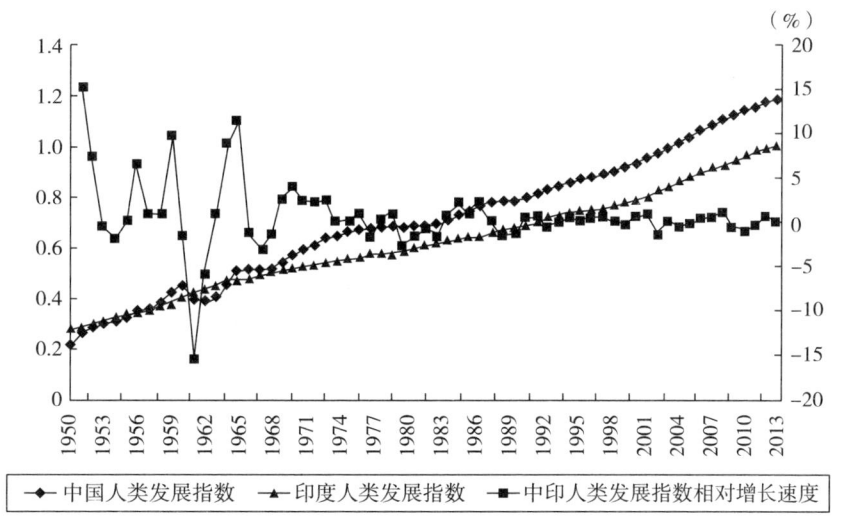

图3　中印相对人类发展指数及相对增长速度

注：印度以2014年为基期的人类发展指数，与图2相同；中国为以印度人数发展指数调整的相对人类发展指数，与图1不同。

表2　人类发展指数的阶段特征

指标	均值		增长率（%）		标准误		均值		增长率（%）		标准误	
阶段	HDI_c	HDI_i	HDI_c	HDI_i	HDI_c	HDI_i	II_c	II_i	II_c	II_i	II_c	II_i
第一阶段	0.196	0.213	8.18	4.05	0.063	0.008	0.169	0.289	5.83	1.02	0.046	0.008
第二阶段	0.277	0.278	4.26	3.67	0.071	0.016	0.200	0.312	1.39	1.17	0.068	0.015
第三阶段	0.457	0.399	2.09	1.42	0.025	0.008	0.288	0.355	2.53	0.84	0.027	0.017
第四阶段	0.681	0.578	1.75	1.65	0.004	0.007	0.624	0.541	3.16	2.18	0.011	0.006
总体	0.487	0.428	2.75	2.02	0.040	0.013	0.384	0.409	2.86	1.38	0.035	0.015
指标	均值		增长率（%）		标准误		均值		增长率（%）		标准误	
阶段	LI_c	LI_i	LI_c	LI_i	LI_c	LI_i	EI_c	EI_i	EI_c	EI_i	EI_c	EI_i
第一阶段	0.186	0.188	7.24	7.10	0.031	0.022	0.243	0.179	12.41	4.14	0.176	0.015
第二阶段	0.293	0.263	5.97	4.19	0.036	0.039	0.367	0.263	6.13	5.76	0.153	0.020
第三阶段	0.640	0.453	2.62	2.18	0.027	0.008	0.521	0.394	1.27	1.26	0.056	0.015
第四阶段	0.796	0.645	0.61	1.10	0.002	0.002	0.641	0.556	1.50	1.69	0.027	0.019
总体	0.605	0.470	2.73	2.46	0.032	0.024	0.516	0.414	2.91	2.27	0.092	0.024

资料来源：笔者整理。

第一阶段，追赶时期（1950～1955年）。中国的发展更快，而印度的发展更稳。这一阶段，中国由收入、教育和寿命指数全面落后于印度，到教育指数和寿命指数相继赶超，只花了不到六年的时间，追赶的效果比较明显。这期间中印收入指数的差距缩小了0.03，期末寿命指数超过印度0.004，期末教育指数反超印度0.07。到1955年，中国的人类发展指数提高为印度的94.8%。

第二阶段，相持时期（1956～1964年）。中国的发展较快，印度的发展较稳。这一阶段，中国的人类发展指数首次超越印度,但1962年再次落后于印度。收入指数仍然比印度低,但增长速度比印度快;寿命指数的增速比印度快且稳;教育指数比印度增长快,但波动性也更大。这期间,中印收入指数的差距增大了0.02,寿命指数的差距增大了0.05,教育指数的差距缩小了0.02。到1964年,中国的人类发展指数提高为印度的97.7%。

第三阶段,总体超越时期(1965~1991年)。中国的增长放缓,印度的增长加快。这一阶段,中国的人类发展指数比印度高,增长速度仍然比印度快,而且增速的波动性减小。收入指数和寿命指数的增长速度比印度快,波动大;但教育指数的增长速度略慢于印度。这期间,中印收入指数的差距缩小0.087,寿命指数的差距增大0.10,教育指数的差距缩小0.07。到1991年,中国的人类发展指数提高为印度的1.16倍。

第四阶段,全面超越时期(1992年以来)。中国和印度发展速度趋近、趋稳。这一阶段,中国的收入指数超过印度,实现了人类发展的全面赶超。这一阶段,寿命指数和教育指数的增长速度比印度慢。这期间,中国的收入指数反超印度0.14,寿命指数的差距缩小0.04,教育指数的差距增大0.02。到2014年,中国的人类发展指数增至印度的1.19倍。

(三)对差距的初步分析

1950年以来,中印都学习了苏联的计划经济模式,走社会主义发展道路,20世纪80年代前后又相继开展市场化改革;而且两国都十分注重教育和医疗卫生事业的发展。差距源自两个方面:第一,由两国不同的历史和文化所形成的固有差异;第二,由独立后两国不同的社会经济建设过程所决定的发展差异。

1. 社会历史的差异

独立之前,中印都遭遇了列强的侵略,两段不同的历史为两国起步阶段的发展奠定了不同基础,这是导致1950年前后中印差异的主要原因。印度受到帝国主义的侵略长达300多年,近代的侵略者主要是英国。英国将印度视为自己的原料产地和商品市场,这种侵略方式虽然破坏了印度原有的自然经济,但是英国先进技术设备和制度的引进促进了印度大工业和现代基础设施的较大发展。反观中国,受侵略的时间虽然只有100多年,但遭遇却与印度全然不同。西方列强对中国的侵略方式是敛财割地的斗争,共瓜分了19.5亿两白银和330多万平方公里土地,使中国变成了一个"一穷二白"的国家。

历史上,中印都有严重的封建等级制度,但制度的改革对中印两国的发展产生了不同的影响。新民主主义革命的胜利废除了封建等级制,从此中国女性的地位逐渐得到提高,具体表现为女性受教育程度和就业率的提高。种姓制度对印度目前还有巨大的影响力,社会不平等被普遍接受。在没有平等地位的印度人面前谈普及基础教育、享受平等权利、缩小财富差距等都是不可能实现的。而且印度女性的地位仍然十分低下,表现为女性文盲率、生育率和弃婴率高。女性地位低下不仅减少了可供使用的劳动力数量,还严重影响下一代的人力资本储备。

2. 社会文化的差异

中国和印度都受悠久的历史文明的影响,但印度的文化具有多元化特征,而中国的文化具有统一性特征。

(1)语言文化的差异。中国以汉语作为统一的官方语言,在全国推广普通话。除了极少数落后的偏远山区没有接受过教育的人以外,绝大部分中国人会说普通话,交流比较顺畅,这也比较有利于国民思想的统一,在民主决策和政府管理方面具有得天独厚的优势。在印度,仅宪法规定的官方语言就有18种,语言的多元化在地方各邦设置了天然的屏障,不利于地方的统一与合作,基础教育的普及难度较大。

(2)宗教文化的差异。印度还是一个宗教色彩浓厚的国家,有"世界宗教博物馆"之称,最主要的宗教是印度教和伊斯兰教。信仰的矛盾往往是导致不同宗教的教徒发生冲突的根源,比如印度教和伊斯兰教的矛盾是印巴分制的主要原因之一。另外,宗教一般给人一种精神的力量,传播生前安于现状、死后进入极乐世界的思想，导致宗教信仰者安于现状，不求上进。中国信仰宗教的人非常少，大部分中国人相信科学。比如，中国共产党员就是坚定的马克思主义者，坚信并且为了共产主义事业奋斗终生。因此，宗教文化的差异对国家的统一治理和坚定发展目标有重要的影响。

3. 工业化道路的差异

中印两国选择的工业化道路不同、政府的选择不同，因此在经济增长中的作用也就不同。在独立后的近40年里，印度确立了服务业在国民经济中的主体地位；而中国则建立了以制造业为主体的产业结构。制造业是工业化时代的历史选择，对于联动产业发展和促进就业有强大作用；而服务业是信息时代的历史选择，借助互联网能够反向促进制造业的发展，但在印度独立之初，重点发展服务业显然违背了时代的要求。

4. 土地制度的差异

中国的社会主义建设是以生产资料的社会主义改造顺利完成为前提的，而印度尝试建设"社会主义类型的社会"是在资本主义体制下以不彻底的生产资料社会主义改造为背景的。中印在不同的社会体制下，土地改革出现了两种结果，也就导致两种截然不同的土地制度的形成。新中国成立之初，废除了封建土地所有制，将土地所有权收归国有，使耕种者可以无偿地无限期地使用土地。这种土地制度一方面有利于团结广大贫苦劳动大众积极配合国家恢复工农业生产和进行社会主义经济建设，另一方面又有利于保持国家对土地的统一支配和有效管理。彻底的土地改革以及随之建立起来的土地公有制是中国进行基础设施建设和优先发展制造工业的制度基础。

印度虽然曾经多次进行土地改革，但是代表资产阶级利益的国家领导集团在遇到大地主和大资本家的阻挠时再也无力推进土改。除了消除柴明达地主制度中剥削性最大的部分以外，并没有对私有财产制度发动正面的攻击，国家不征收自耕地给土改留下了很大的制度漏洞，结果使土地改革半途而废（林承节，2003）。印度上层建筑和经济基础的矛盾以及生产力与生产关系的矛盾，使后来推行的许多社会主义计划无法实施。资本主义政体与社会主义道路的矛盾越来越凸显。

5. 政府作用的差异

在以公有制为主体的市场经济体制下，中国政府更好地提供了公共物品，弥补了市场机制的不足；而印度较差的基础设施条件和公费医疗条件下极差的公共卫生医疗条件就反映出印度政府在改善居民福利方面不及中国政府有作为。

印度政府的效率比中国政府低。中央与地方的矛盾不断，而且印度议会的决议经常遭到左翼政党、工会组织以及民族主义势力的反对。中国选择的是共产党领导下的人民民主专政制度，不仅成功地制定了长期政治目标，而且将资源合理地分配到所需之处。此外，中国政府不仅灵活地协调市场机制的作用，而且始终坚持中国特色社会主义的发展目标，以最大限度地满足人民日益增长的物质文化需要为指导，因此政府更加有作为。

6. 国家战略的差异

中国能够全面超越印度，跟两国的国家战略和党的领导分不开。从战略层面看，中国政府看得更远，走得更早。早在新中国成立之初，中国就重视居民健康，致力于消除鼠疫、霍乱、天花、斑疹、伤寒、黑热病等烈性传染病。1986年，中共中央、国务院发布的《中华人民共和国义务教育法》促进了义务教育的普及。1983年，开始控制人口数量，提升人口质量，实行计划生育政策。这些措施反映了中国政府在发展经济的同时更加注重提高居民的健康和素质。60多年得以一如既往地坚持并且以更快的速度落实储备人才的国家战略，体现了中国政府在国家发展战略上的远见卓识。印度虽然实现了全民公共医疗服务，但是卫生条件差、传染病盛行以及受教育程度低是多年来不曾彻底解决的难题。

从党的领导来看，以中国共产党为核心的多党合作制具有更强的执行能力。一方面，多党合作制有助于团结各方力量，在中国特色社会主义的建设过程中群策群力、统一行动。另一方面，坚持中国共产党的领导，就是坚持共产主义的伟大目标，不会因为领导的换届而发生改变。印度的领导核心可以是任何政党，只要在全民选举中获得优胜。这就带来两个弊端。第一，不同政党的执政理念和目标是有差异的，随着领导集团的换届，国家的发展没有一个明确的目标和方向，这样领导人就具有很大的相机抉择的机会，寻租现象会比较严重。第二，既然选举决定各党至少在5年内的权力和地位，因此造成印度领导人为了选举而选举，在执政期间却少有作为。

四、结论及启示

（一）主要结论

中国和印度从获得主权独立到发展成为拥有当前规模的新兴大国，历时70年，两国的地位也发生了逆转。同样是人口大国，中国的起点更低，但是其发展比印度走得要好、要快。

第一，中国的人类发展是从全面落后于印度到全面超越印度。中华人民共和国成立之初，无论在工农业生产和交通基础设施方面还是在居民预期寿命和受教育程度方面，中国都全面落后于印度。到1992年，中国的人均收入、教育水平和预期寿命全面超越了印度。如今，中国的收入指数、寿命指数和教育指数分别是印度的1.21倍、1.18倍和1.17倍。

第二，独立之初，教育水平和健康状况的提升推动了人类发展指数的提升。在改革以前，中印的教育指数及寿命指数的增速都比收入指数快；而且中国的收入指数低于教育指数和寿命指数，印度则相反，不论经济发展程度的高低，社会进步总是处于关键地位的。改革以后，人类发展指数主要由收入指数推动。经济的增长带动了教育和医疗卫生事业的发展，全面促进了人类社会的进步。因此，在把握国家发展战略时，领导集团的知识、能力非常关键；而在选择国家发展道路时，已有的经济基础是关键影响因素。

第三，中国首先在教育水平和预期寿命上超过印度，其次才是经济增长。教育指数在1951年超过印度，寿命指数在1955年超过印度，而收入指数在1992年超过印度。一方面，中印教育和寿命方面的差距比人均收入的差距要小得多。中国首先注重的是基础教育，而印度更加看重的是高等教育，这就使教育的追赶最先完成。在营养改善和生育率基本不变的情况下，传染病的控制是影响预期寿命的核心因素。中国在1968年前后基本消除了危害人类最严重的疾病，而印度只是一定程度上控制了传染病。另一方面，计划生育政策在控制人口数量和提高人口素质上发挥了重要作用，中国在这一方面显然比印度做得要好。

第四，中国对印度的全面超越具有明显的阶段性特征。收入指数的追赶主要发生在1978年中国改革开放以后，即使印度1990年也进行了经济改革，但是仍然没有改变中国对印度在经济上的追赶与超越。一方面，中国搭上了上一轮经济全球化的末班车，抓住全球产业结构调整的契机，发展了以制造业为基础的工业经济体系。这对提高劳动生产率以及扩大就业有非常重要的作用，中国经济得到了较大的发展。印度出于保护本国产业和避免受制于他国的考虑，放弃了这次分享改革红利的机会。另一方面，两国选择的工业化道路也不一样。中国采取的是制造业主导的传统工业化道路，而印度实施的是服务业主导的新兴发展道路。制造业主要解决中间教育水平的劳动力就业问题，而服务业主要解决两端教育水平的劳动力就业问题，对于有着大量中间收入水平人口的人口大国来说，对经济的促进作用就显而易见了。

（二）启示

从70年的发展历程来看，印度取得了较大的进展；但毫无疑问的是，中国要比印度更加成功。令人惊讶的是，中国从全面落后于印度到全面超越印度并不是因为经济增长，而是因为更早地关注了人的发展，包括教育和医疗卫生方面的投资。所谓"十年树木，百年树人"，古语早就道明了经济投入和社会投入的回报周期是不同的。对于保证长期经济增长而言，人力资本投资是十分关键的因素。针对人才的培养，中印两国的做法也是大相径庭的。印度只注重高等教育，保护的是少部分群体的受教育权利。因此结果是印度有世界上最好的软件开发人才和企业管理人才，但是印度的全民教育程度依然低于许多发展中国家。中国更加注重基础教育，保证的是全民的受教育权利，除了极其贫困和偏远的山区以外，中国基本普及了九年义务教育。一方面，为中国提供了丰富的具备基本素质的劳动力；另一方面，教育的普及提高了全民的素质，也有助于文明国度的建设和国家治理。

参考文献

［1］安格斯·麦迪森，2003. 世界经济千年史. 伍晓鹰，许宪春，施发启，译. 北京：北京大学出版社.

［2］白果，米歇尔·阿格列塔，2016. 中国道路：超越资本主义与帝制传统. 李陈华，许敏兰，译. 上海：格致出版社、上海人民出版社.

［3］B. R. 米切尔，2002. 帕尔格雷夫世界历史统计：亚洲、非洲和大洋洲卷（1750—1993）. 贺力平，译. 北京：经济科学出版社.

［4］当代中国研究所，2012. 中华人民共和国史稿（第一卷）. 北京：人民出版社，当代中国出版社.

［5］范慕韩，1985. 世界经济统计摘要. 北京：人民出版社.

［6］林承节，2003. 印度独立后的政治经济社会发展史，北京：昆仑出版社.

［7］鲁达尔·达特，K. P. M. 桑达拉姆，1994. 印度经济. 雷启准等，译. 成都：四川大学出版社.

［8］马泉山，2016. 中华民族的历史性跨越——新中国工业化回望录（1949—1978 年综述），北京：中国社会科学出版社.

［9］沈开艳，许志桦，2016. 印度经济分析——中印比较的视角. 上海：上海社会科学院出版社.

［10］孙培钧，1991. 中印经济发展比较研究. 北京：北京大学出版社.

［11］文富德，2003. 印度经济发展、改革与前景. 成都：巴蜀书社.

［12］中共中央文献研究室. 1994. 建国以来重要文献选编（第 10 册）. 北京：中央文献出版社.

［13］《中国教育年鉴》编辑部. 1984. 中国教育年鉴 1949—1981. 北京：中国大百科全书出版社.

［14］中国统计年鉴 1984 年. 中国统计出版社.

［15］中国统计年鉴 2016 年. 中国统计出版社.

［16］Loren B, Thomas G R, 2008. China's Great Economic Transformation［M］. New York：Cambridge University Press，5.

A Comparative Study on Human Development Indexes of China and India

Li Gang, Zhang Jianying

Abstract：On the basis of existing studies on human development index (HDI), this paper reconstructs an evaluation system that enables simultaneous vertical and horizontal comparison of human development indexes, and calculates the human development indexes of China and India since 1950. Data suggest that China and India have both achieved tremendous progress in their economic and social development. In 2014, India's HDI increased by 2.59 times on the basis of 1950, while China's increased by 4.41 times during the same period of time. Regarding the three most important elements of human development index, China was behind India on all fronts in 1950, when India's HDI was higher than China's by 27.17%. However, China moved ahead on all fronts in 1992, and the gaps between both countries kept expanding. By 2014, China's HDI was higher than India's by 18.61%. Further study shows that China surpassed India in education index at first, followed by longevity index and lastly income index. This shows that China did not surpass India in social development because it took the lead economically. On the contrary, China greatly surpassed India on the economic front due to its successful social development. On the other hand, China's success is also attributable to the Chinese government's efforts to balance current and long – term interests and guide the nation's long – term investment. This finding also shows that current success is not only attributable to current factors. Instead, historical factors are also at play.

Key Words: Comparison between China and India; Human Development Index; Income Index; Longevity Index; Education Index

国外典型大都市区新城规划建设对雄安新区的借鉴与思考

刘佳骏

摘　要：国外典型大都市区新城规划建设过程中的经验与教训可以为雄安新区建设提供镜鉴。雄安新区规划应从未来一定时期内城市性质、发展目标、发展规模、土地利用、空间布局及各项建设等方面进行综合部署和统筹安排。着眼雄安未来城市功能与形态开发，集中承载北京非首都功能疏解，打造主导功能分区明确、空间利用集约高效、产城有机融合、城乡一体协调发展的现代化科技新城。同时，推动居民生活、生产和生态环境功能同步规划与协调发展。

关键词：雄安新区；经验借鉴；规划建设；城市开发

2017年4月，党中央、国务院决定设立河北雄安新区，这对于集中疏解北京非首都功能、探索人口经济密集地区开发新模式、调整优化京津冀城市布局和空间结构、培育创新驱动发展新引擎，具有重要的现实意义和深远的历史意义。[1]按照党的十九大报告提出的"以疏解北京非首都功能为'牛鼻子'推动京津冀协同发展，高起点规划、高标准建设雄安新区"[2]的要求，雄安新区规划要对一定时期内城市性质、发展目标、发展规模、土地利用、空间布局及各项建设等方面进行综合部署和统筹安排，打造主导功能分区明确、空间利用集约高效、产城有机融合、城乡一体协调发展的现代化科技新城。国外大都市区新城规划建设已有近百年的历史，本文着重分析4个典型新城在建设发展过程中的经验与教训，为雄安新区科学规划建设提供镜鉴。

一、国外典型大都市区新城规划建设的经验与教训

20世纪20年代，伦敦、巴黎、东京、纽约等国际大都市区"大城市病"问题愈加显现，给人口、资源、环境的协调发展造成巨大压力。为此，以承接非都市功能为主要目的的新城规划建设相继开展，积累了诸多有益经验，但也有一些教训值得深刻反思。

（一）伦敦新城规划从建设"反磁力吸引中心"到重新回归主城集聚发展，从疏解主城人口压力到促进主城与新城融合发展

伦敦新城经历了从建设"反磁力吸引中心"城市疏解主城区人口，到重新回归主城集聚发展的过程。1952～1965年，伦敦城区空气污染十分严重，数以万计居民因空气污染引发疾病丧命，伦敦也因此沦为"雾都"。在接下来的10年间，伦敦市政府加强城市环境治理，严格控制高污染

---

* 本文发表在《经济纵横》2018年第1期。

[作者简介] 刘佳骏，中国社会科学院工业经济研究所、中国社会科学院京津冀协同发展智库副研究员。

企业落地主城区与近郊地区，同时引导大量工业企业迁出主城区。20世纪60年代中期，伦敦市政府制定伦敦大都市发展规划，通过三条主要快速交通干线向外扩展，使城市框架沿主干道路拉伸，改变原有城区同心圆封闭布局模式，形成三条地带走廊，在走廊沿线80~130公里通勤范围内，分别规划建设三座中等城市——密尔顿·凯恩斯新城、彼得伯勒与北安普顿，并明确定位三座城市的规模与功能发展方向，使其具有"反磁力吸引中心"的作用。三座新城的建设与发展使主城区与其周边地区承接人口流动、经济分工合作和城市协调发展等方面的问题在更大的地域空间范围内得到解决。其中，1967年建设的密尔顿·凯恩斯新城位于距伦敦市中心78公里处，区位优势明显，处于伦敦和伯明翰两座城市的中间点，经过近50年的发展，逐步成为英国乃至世界范围内新城建设的典范。目前，新城汇聚了诸多知名企业总部，是英国著名的经济商务中心。在新城开发过程中，由中央政府为其提供长达60年的贷款，成立专门的开发公司主要负责基础设施建设，使新城建设在资金和管理方面得到保障。

20世纪70年代中后期，由于长期采取疏解政策，大部分人口和产业迁出主城区，伦敦主城逐渐呈现萎缩态势。因此，伦敦市政府在新一轮新城规划中把城市建设的重心转向主城地位提升与设施更新建设，1978年通过伦敦《新城法》，标志主城向新城过度转移功能阶段的终结。进入2000年后，大伦敦政府重新成立，分别于2004年、2008年、2011年、2016年颁布了四个伦敦城市发展战略规划，提出依托整个伦敦大都市区将伦敦建设成为欧洲主导型城市和世界级城市的发展目标，明确了未来伦敦城市发展应坚持增长、公平及可持续三个基本原则。这四个规划与之前一直注重疏解主城人口与产业、建设新城的规划不同，2004年以来的伦敦城市规划着重强调可持续发展、高效率增长及城市功能完善、便捷与设施更新。政府逐渐意识到，只有实现将大伦敦区着力发展成为世界级城市的发展战略，才能有效带动英国的发展，为提升其世界级城市的领先地位，占据全球价值链高端，不能片面地因为人口集聚问题而简单地限制伦敦城市规模扩张。同时，城市规模扩张是由市场驱动，通过各种资源要素配置流动、人口自发迁徙与集聚、环境与服务功能逐步优化等因素共同作用的结果。以政府规划监督引导、市场调节要素流动、经济发展质量提升与城市功能完善逐步解决"大城市病"问题，但当行政力量过度调用政府资源进行大规模"造城运动"推进新城建设与发展时，必将出现更多城市问题。

（二）巴黎新城建设强调核心区集聚与整体大区域协同发展，从单核心放射型格局向多中心卫星城格局转变

巴黎市政府在巴黎新城建设初期利用政策手段向周边地区和城市转移巴黎主城区人口和产业，通过行政引导疏解主城区非都市功能，在一定程度上减轻了巴黎市主城的人口压力，但收效有限。20世纪30年代，巴黎市政府意识到应转变原有城市规划思路，将巴黎大都市区的城市发展规划同主城区规划和新城区规划结合起来，开始试图从城市所在区域整体层面出发，寻求有效途径解决城市发展中出现的"大城市病"问题。1964年，巴黎地区迎来其城市发展过程中的重要转折点——巴黎大都市区作为一级行政区划正式成立，并编制《巴黎地区国土开发与城市规划指导纲要1965—2000》，此次行政区划调整与城市规划制定明确了新的城市发展战略从以限制现有建成扩展区为导向，转变为强调核心区集聚的同时规划整体区域协同发展为导向的城市建设路线。规划要求，依托交通主干线拓展城市空间格局，拉伸城市框架，形成多个副中心城区与卫星城在整体大都市区空间范围上协同发展的态势，从而改变巴黎原有的单中心放射发散型城市空间拓展布局。与伦敦周边新城选址原则不同，巴黎新城与市中心通勤距离很近，控制在10~30公里范围内，甚至可以看成巴黎主城区的拓展，而且明确提出新城选址要在巴黎主城区近郊且基础较好的地区建立8座新城，并设立9个城市副中心，依托城市轻轨和快速路网络拉伸城市骨架、拓展城市空间，

并将所有城市副中心与新城的距离涵盖在半时通勤圈内，初始规划人口规模控制在30万~100万人之间。在新城建设中协调好当地政府与居民的关系，以政府主导设立专门机构负责规划和项目选择。

2000年后，巴黎城市发展规划继续坚持在大都市区层面以多副中心与卫星城的空间布局为导向，通过新城建设实现巴黎大都市区空间功能布局的优化，城建规划强调新城建设要依据承载能力、地理区位、发展规模和功能定位的差异性发展形成不同层级的城市极核，同时注重各极核在整个区域层面的联系与协作。基于此，巴黎制定了《巴黎大区2030指导纲要》，以营造一个紧凑、多核和绿色的大都市区，以确保21世纪具有全球吸引力为目标，坚持连接与组织、集聚与平衡、保护与发展三个基本原则，重点打造巴黎世界级都市区。依托已有城市化区域，增加土地利用效率、提高人口密度，形成各种资源要素在城市集聚，同时通过发展多中心空间结构，促进区域内职住平衡和大都市区整体均衡发展，实现城区内各要素资源的有效配置和城市功能的高效利用。新城建设在一定程度上分流了涌入巴黎主城区的新增人口，并有效引导原单中心放射发散型格局的巴黎都市区向多副中心和多卫星城格局的同步协同发展态势。

（三）东京新城建设成功疏解部分非首都功能，但因缺乏顶层设计和长远规划，造成职住不平衡现象严重

1920~1955年，东京都传统核心区域千代田区、中央区、港区等城区人口出现快速集聚，东京都人口数量从217万人迅速增长至697万人。为促进大城市区域均衡发展，治理因人口剧增导致的"大城市病"，日本政府于1956年制定了《首都圈整备法》，这一规划充分借鉴1944年《大伦敦城市规划》实施与管理经验，之后又制定"一都七县"首都圈发展规划，从而划定东京都城市现有建成区、近郊整备地带和城市开发区域。通过规划引导首都圈城市建设形态从"一核集中"布局结构转向"多副中心协作、多层次极核支撑、多功能片区组团"的分散型、网络化、板块化布局结构，实现了疏解东京都非中心城市功能的目的，并有效控制人口、产业过度向东京都中心集聚的态势。其中，筑波科技新城是日本新城建设的重要代表，也成为世界上诸多科技新城建设借鉴的典型。1963年，日本政府启动建设"筑波研究学园都市"，7年后颁布了筑波科技城总体规划雏形——《筑波研究学园都市建设法》，标志着筑波科技城建设全面展开。筑波新城选址距离东京都中心城区约50公里，日本政府于1973年开始将继承昌平坂学问所的原东京教育大学迁移到筑波并加以扩充成立筑波大学，之后又陆续将位于东京都城区内的日本政府所属的大部分国家级教育科研机构搬迁至筑波新城，筑波大学和相关科研机构为筑波新城奠定了筑波科技城最初的城市功能基础，集聚了大量创新技术人才和相关服务机构，使筑波科技城相关城市功能进一步完善和升级。1985年，筑波通过举办主题为"人类居住与科技"的世界博览会，有效扩大了筑波科技城的全球知名度，为建设世界级科技新城迈出第一步。截至2016年年底，筑波新城人口接近25万人，相关城市功能配套完善，并与东京都建立起有效的功能分工合作，已成为日本国内高科技人才、教育科研机构分布密度最高和科技孵化服务最为便捷的区域。

筑波科技新城规划建设过程符合城市内生性增长的逻辑：首先，新城建设过程通过引入大学，带动人才与产业导入，初步实现人口与其他要素资源的集聚，同时，通过轨道交通网络使新城区与主城区建设融为一体；其次，注重新城公共服务功能的配套，从新城建设之初就注重城市功能定位；最后，新城建设既有公共部门主导的开发，也有私营部门参与投资，有效保证新城建设资金来源，并逐步投入，避免过度开发。日本政府通过新城建设使东京都人口增长压力大幅减轻，首都圈"大城市病"治理成效显著，实现了人口向筑波等新城区的聚集，并促进了新城的健康发展。

由于缺乏顶层设计和长远规划，东京都的产业集聚问题始终没有得到很好的解决，一直以来大量的企业总部和相关机构集聚主城区，城市功能过度集中，大量人口到核心区域就业，虽然东京都政府通过不断完善城市轨道交通网络、提升城市公共交通便捷化程度和降低停车、用车成本等措施提高东京都的交通系统运行效率，一定程度上较好地解决了新城与原主城之间交通拥堵问题，但由于人口职住分离，钟摆式交通和远距离通勤造成的时间成本依然很高，使首都圈仍存在严重的职住不平衡问题。进入20世纪90年代中后期，东京都人口开始出现明显回流现象，2014年东京都人口超过1965年889万人的峰值，达到910万人。结合日本社会背景来看，社会进入人口少子化和老龄化阶段，东京房产市场泡沫破灭后地价回落以及从21世纪初开始的都市再生计划，使主城区人口过度集中问题进一步加剧。

（四）纽约大都市区建设由市场主导，缺乏政府引导致使新城区郊区化、主城区影响力下降

与伦敦、巴黎和东京新城规划建设与发展不同，纽约新城建设更倾向于市场主导，各种资源要素通过市场作用，实现在纽约大都市区空间上的有效配置，政府通过规划、补贴与制定促进产业升级的政策发挥对新城建设的引导作用。二战后，纽约城区人口迅速集聚，导致核心区人口密度过高，中心城区地价上涨，居住与生活环境质量下降。随着私人汽车普及与高速公路网络建设，城区与郊区的通勤时间大大缩短，以中产阶级为代表的大量城区居民逐渐从纽约核心区搬迁至郊区居住，出现城郊人口集聚的"逆城市化"现象。同时，由于人口郊区化和主城区各种要素成本上升，大型商业购物中心、企业也逐渐向郊区搬迁聚集，促使原城市郊区居民聚集点发展形成具有居住、就业、购物、娱乐、公共服务等复合功能的郊区城市综合体[3]，伴随相关城市功能完善，逐步发展为小型城镇，这些小型城镇即是今天的纽约周边"新城带"。

造成纽约新城建设由市场主导的原因还在于其城市规划体制不同于其他国家，负责纽约大都市区规划制定的是非营利性组织——纽约区域规划协会，在区域规划政策领域对跨政府和跨行政边界的合作进行了积极探索和实践，突出了政府、企业和社会三方合作机制在区域规划中的作用，特别是作为一个由社会组织牵头编制的区域性协调规划，无论是在制定还是实施方面，都提供了成功范例。[4]但由社会非营利性组织指定的规划不具有法定效力，纽约市政府负责发布针对本行政区域的总体性战略规划和进行宏观层面的设计指引。20世纪20年代，纽约市政府提出拓展城市范围、建设新城区优化工业布局的规划，1968年针对郊区居住集聚地低密度蔓延、建设用地效率降低等问题，提出通过发展卫星城和副中心城市建设多中心城市圈，将人口、产业、城市功能重新向纽约中心城区积聚，以提升纽约城市发展层级，直至1996年第三次纽约大都市区规划提出应当尽快通过构建全新交通网络连接，致力于保障纽约大都市区中现有建成中心区就业及居住人口的增长，从而实现纽约大都市区可持续发展的目标构想，并有效抑制纽约市及都市区影响力下降。可见，纽约大都市区规划的制定与执行都是基于市场与城市自我发育过程的内生性而逐步完善的，新城建设规划有效保障了纽约大都市区的健康发展。2015年，纽约市制定并发布《一个纽约——规划一个强大而公正的城市》，目的就在于改变纽约市的发展不平衡状况，提出增长、公平公正、可持续发展、有弹性等四项原则，将未来的纽约城市建设推入更高水平。纽约大都市区规划代表目前世界城市规划的先进水平，其着眼于综合城市发展竞争力提升，采取多主体合作与持续的科学实践探索研究，通过寻求解决大城市发展的区域途径，引导基础设施投资，促进纽约大都市区协调发展。

二、国外典型大都市区新城规划建设的启示

从对伦敦、巴黎、东京与纽约都市区域周边新城规划与建设过程的分析发现，新城区建设是大城市发展的必然过程，是减轻城市核心区人口

承载压力、疏解非都市功能、提升城市层级与优化城市空间发展格局、治理"大城市病"的重要途径。新城规划之初与建设过程中应注重提升主城区在全球价值链分工合作中的地位，避免降低其原核心城区的竞争力，阻碍世界级城市功能提升和区域协同发展。新城建设应保持历史耐心并符合城市发展的内生逻辑，有序引入产业、人口和其他要素，提升公共服务的有效供给。同时，新城建设需要结合国情与主城的发展阶段，正确处理好政府与市场的关系。

（一）新城建设是大城市发展的必然过程，是治理"大城市病"、疏解非都市功能、减轻主城区人口压力与优化城市空间布局的重要途径

在大都市周边选址建设新城可以充分发挥其所在区位优势，快速发展成为大都市区内多中心布局的一个功能承接地，可以有效疏解大城市核心区域部分功能，承接核心区人口和产业的转移，而且将逐步成为大都市区或大城市群内的一个重要功能支撑地，这也是大城市与城市群发展的必然过程。从伦敦、巴黎、东京和纽约新城建设的发展过程看，新城的兴起分流了部分向核心区涌入的人流，一定程度上缓解了主城区域的人口承载压力，并有效实现了大都市区内部空间布局多功能区叠加、过度集中于单一核心发散格局向多中心网络格局的城镇群模式发展优化。有效避免由单中心城镇格局的放射性扩张蔓延极易造成的城市空间以"摊大饼"的方式向外无序铺开，导致产业与公共服务集中于城市中心，而人群居住在外围的职住分离现象发生。这种由于城市功能空间布局不合理导致的"钟摆式"人流，不仅会造成严重的交通拥堵，甚至导致城市洼地、"贫民窟"等问题社区的出现。多中心格局则可以将不同功能区合理设置在居住区的周边，减少"大人流"固定时间通勤，有效降低交通拥堵压力，平衡城市公共服务供给，优化城市空间格局，提升要素配置效率，促进大都市区协调、可持续发展。

（二）新城建设应注重提升主城区在全球价值链分工合作中的地位，避免削弱大城市核心区竞争力

伦敦、巴黎、东京与纽约最近一次城市发展战略规划中的一个显著共同点就是都针对其城市集聚的产业优势基础和未来发展方向，通过周边新城建设与原主城区空间布局优化，实现进一步提升主城在全球价值链分工中的定位与相关保障措施的完善，全力将其打造成为更具引领力和核心竞争力的世界级城市。例如，伦敦城市规划从之前的功能疏解转为强调城市可持续发展与主城竞争力提升，巴黎大都市区规划则注重不同层级城市的分工与合作、集聚与平衡，东京都着力进行都市再生解决城市与社会发展过程中的问题，纽约注重主城区再集聚与大都市区协同发展理念。大都市是引领一国经济发展的核心区域，也是一国参与全球价值链分工、合作与竞争的重要载体，尤其是在大型城市的核心区域，不同功能区长时间的磨合与完善，各种生产要素在空间上高度集聚，促进生产效率与效益的提升。随着科技进步与城市承载力的进一步增强，多数城市规划更加强调其核心区的紧凑发展和各种要素与空间利用效率的提高；更加注重其国际竞争力提升，从而吸引更多的高端产业与人才、技术等要素的集聚，形成良性、自发的城市完善与升级循环，目的在于使其在全球价值链分工合作中始终处于引领地位。

（三）新城建设应保持历史耐心并符合城市发展的内生逻辑，有序引入产业、人口和其他要素，提升公共服务的有效供给

新城建设成长需要经历较长时间，规划人口规模较大的新城建设过程会更长。在确定新城建设的基本框架与战略目标后，针对近期、中期引入的产业和集聚的人口类型，厘清符合新城市发展的内生逻辑，进行科学论证与形势预判，并尽快完善与新城功能配套的基础设施和相关制度保障机制建设。同时，在市场的引导下合理配置功能区、产业、各种资源要素与人口在新城区空间上的高效流动与协同。所以，针对新城区建设应保持历史的耐心,尤其是在全球科技日新月异的今天,城市建设更应根据不同发展阶段与面临的情况及时调整建设规划。从伦敦、巴黎、东京与纽约新城建设过程中不难发现,在规划之初都进行了较为完善的公共交通网络规划建设和公共服务配套供给布局,将新城区与主城中心、次中心之间,各新城之间、新城与周边其他城市之间通过便捷化的交通网络建立起有机耦合联系。新城区的选址与建设以轻轨和快速路交通为基础连接轴,新城基本位于交通网络节点,同时注重不同功能区的公共服务配套供给,有效保证了城区间的通勤联系便捷性,促使人口均衡分布,避免职住分离现象发生。另外,从国外大都市区周边新城早期建设过程中也应吸取相关教训。历史积累的要素基础和路径依赖造成的锁定效应导致大城市中心的吸引力很强,单凭政策和规划引导,无法使部分产业短时间离开城市核心区;同时,过度、过快地疏解核心区功能与产业也会导致主城区的空心化和发展塌陷。经验表明,如果新城处于距离大城市中心50公里的通勤范围内,且产业发展停滞,公共服务配套供给不足,一定时期内极易沦为"睡城",不能建设成为职住平衡的"反磁力中心"。

(四)新城建设需要结合国情与主城的发展阶段,正确处理好政府与市场的关系

完全割裂的市场作用和政府调控都存在各自劣势,新城规划之初和开发建设过程中需要充分考虑国情、主城和周边城市区域发展阶段,正确处理好主城与新城、主城区和周边新城区的关系,结合宏观背景,充分论证未来发展需求,做好产业的合作分工与功能的合理定位。市场与政府应形成合作博弈,在新城初步建成后,使市场在资源配置中起决定性作用,并更好发挥政府作用。未来新城产业发展方向的确定和人口集聚规模的界定应根据由市场决定的城市承载能力,政府负责规范引导新城成长。纽约新城建设过程中由市场主导,实现了多中心城市的自然发育,但同时由于缺乏政府引导,大都市区影响力下降。在伦敦、巴黎、东京新城中,政府与市场作用融合较多,但是政府承担了前期较高的建设投资成本。东京新城建设既有由政府主导的层面也有由市场主导的部分,虽然核心区人口增长压力大幅减轻,但由于总体规划不完善,职住不平衡现象严重。在伦敦新城建设过程中,英国政府出资成立新城开发投资公司专门负责协调新城规划,参与基础设施建设,并与地方政府协作,创新投融资模式实现多渠道融资,有效保证新城建设之初的资金来源,但此后没能及时调整规划战略方向,持续限制主城区发展,导致伦敦都市核心区竞争力减弱甚至衰退。

三、对雄安新区总体规划建设的思考

雄安新区建设当务之急应从一定时期内城市发展目标、发展规模、土地利用、空间布局及各项建设等方面进行综合部署和统筹安排。[5]以创新、协调、绿色、开放、共享的发展理念引领雄安新区规划建设,探索新时代中国特色新区发展模式。[6]

(一)针对不同区域采取有针对性的发展策略,打造具有世界影响力、国内领先优势的创新高地和科技新城

雄安新区规划应针对规划区内不同功能区域制定相应的建设时序和发展策略。中心城区应着力推进与现代化科技新城相适应的相关基础设施建设,尽快完善城市功能,提升城市建设水平,结合高铁沿线与老城区周边县域的整体开发,推进区域内京津产业发展轴带现有产业区二次开发和升级,重点发展科技研发、会展等高端商务服务业。首先,优化白洋淀周边地区城镇布局,提升等级,以100平方公里起步区建设为"中心点",率先带动周边地区整体开发,发展设计研发、科技孵化服务、总部商务服务、教育医疗、高端制造、信息技术、生物医药、旅游会展、文化创意等产业,打造兼具传统特色城镇风貌和国际化大都市风格的现代化创新高地与科技新城;其次,引导白洋淀北部地区产业园区改造升级,集聚高端化产业,围绕新一代信息技术,包括大数据、物联网、云计算、AI技术、无人驾驶、机器人等技术打造智能园区，突出功能创新和区域联动，重点发展航空、航天等高新技术产品制造，高新技术孵化服务等具有创新引领作用的战略产业；最后，在京津冀地区的南方门户打造"创新型企业集聚引领、高新技术研发与孵化保障、国际临空临港服务支撑"三位一体的产业发展高地。重点建设"总部基地"与"创新基地"，将两个基地的辐射作用向京津冀地区以及整个华北地区拓展，确立其引领京津冀协同发展的龙头地位。通过集聚大学、科研院所、产业联盟与协作平台及发展高端高新产业，支持新区从政策"先行先试"、创新载体、运行机制、发展环境、服务保障等方面营造良好创新环境，吸引高端创新人才和团队向高新技术企业集聚，打造一批具有国际竞争力的创新创业载体，建设集技术研发和转移交易、成果孵化转化、产城融合的创新引领区和综合改革试验区。

（二）依据规划区资源环境承载力确定新区发展规模，适应绿色生态宜居新城区建设发展需要

雄安新区选址白洋淀周边，地处京津冀水环境和大气环境脆弱敏感地区，生态区位十分重要，新区开发建设必须充分考虑当地纵横交错水网系统和白洋淀生态水域的"蓝色空间"保护体系，在规划之初明确生态红线，预先构建边界清晰、永续发展、公共开敞的城市生态网络，避免新区发展过程中建成区连片无序蔓延。具体来看，第一，全面实施生态、绿色发展战略，引领"生态开敞、绿色低碳"的发展潮流，将"生态底线"前置为"生态前提"，科学测定资源环境承载力极限，确定雄安新区不同阶段的发展规模。[7]-[9]第二，构筑多层次、网络化、形态多元，生态、生产、生活功能复合的城市空间斑块格局，切实提高城市居民生产、生活环境质量。第三，构建陆域生态绿色空间体系，形成蓝绿交织的生态结构，使新区发展融于优良的生态环境之中，打造蓝绿交织、清新明亮、水城共融的生态型新区[10]，为绿色生态宜居新区建设提供保障，增强雄安新区的国际竞争力。

雄安新区建设应防范"过度集聚"再度引发"大城市病"，因此应在规划编制过程与城区建设中高度重视这一问题。[11]依据规划区资源环境承载力确定新区发展规模，为绿色生态宜居新城区建设提供保障。通过坚守生态空间、实施绿色先导、系统保护修复、改善环境质量、打造智慧环保、创新体制机制六个着力点，将雄安新区建设成为绿色低碳、信息智能、宜居宜业、具有世界影响力和竞争力、人与自然和谐共生的现代化绿色科技新城。

（三）高标准培育优质公共服务功能，打造疏解北京非首都功能的集中承接地

雄安新区要通过集中承接北京非首都功能，为京津冀建设成为世界级城市群提供支撑。雄安新区总体规划要充分体现京津冀区域协同、城市间分工合作、新城周边城乡融合发展的理念。在区域层面，按照京津冀协同发展建设要求，充分发挥雄安新区作为北京非首都功能疏解的集的支点作用。在城市层面，加强与北京、天津、石家庄、保定协同发展，明确自身定位，发挥各自的区域作用，促进京、津两大城市"做优"、河北中等城市"做强"、小城市"做大"，雄安新区将与北京城市副中心形成北京市新的"两翼"，与河北张家口地区形成河北省的"两翼"。在地区层面，通过城市布局、交通网络、公共服务、基础设施建设，加强与雄县、安新、容城三地的一体化协同发展，促进京津冀形成大、中、小城市协调发展格局和"多中心、网络化"的城镇空间格局。弥补当前京津冀城市群城镇体系的不足，从而完善周边区域城镇等级体系，带动河北省经济社会发展。[12][13]

新区的建设将紧紧围绕"人"这个核心谋篇布局。[14]这就要求雄安新区规划建设要充分重视公共服务配套与发展，充分把握承接非首都功能机遇，建设水平一流、便捷完善的教育、医疗公共服务体系，培育优质的公共服务功能。同时，依托周边现有条件，形成区域枢纽型交通网络，发挥新区疏解京津城市功能与补齐河北省公共服务短板的作用。雄安新区规划建设的发展核心理念应从以服务"产业"为导向转变为以服务"人"为导向，从针对"生产、生活、生态"各自单一的功能片区向统一协调的科技新城发展方向转变，使雄安新区从受惠于国家政策的开发区向具有发展示范意义的现代化科技新城转变，为承接北京非首都功能疏解与带动京津冀协调发展提供保障。

（四）明确近期、中期、远期雄安新区建设重点，逐步实现由新区向城市转变

正确认识雄安新区发展的资源本底条件和阶段特征，遵循客观规律，循序渐进，合理确定近期、中期、远期城市规模、建设重点、实现路径和建设时序。[15][16][17]同时，在雄安新区总体规划编制过程中，要合理确定规划区范围内的刚性控制边界，清晰地界定强制性实施内容。集中落实好资源环境保护、社会民生发展、设施保障完善、公共安全便捷等方面的基本要求。通过科学严格划定新区增长边界和基本生态控制线，强化新区空间开发管制力度，严控建设用地增量、盘活用地存量，优化新区内部片区功能，提高建设用地使用效率，防止新区无序蔓延。总体规划一经确定需要坚持执行，避免政府短期政绩考核与城市长远利益的不契合，以及"项目绑架详规、详规绑架总规"的情形。务必将总体规划的长远性与现实指导性有机结合起来，新区近期的建设重点应集中在承接非首都功能疏解以及服务保障与生态环境建设上，针对迁入产业需求重点建设与之相配套的基础设施。在100平方公里的起步区与未来2000平方公里地域范围内集中打造高端产业集聚，服务保障完善、生态环境秀美的宜居宜业现代化科技新城，在中远期逐渐由新区向城市转变，建成区范围逐步因需要扩展，实现雄安新区与北京从"联系"到"融合"的发展理念的转变。

（五）充分发挥市场的决定性作用，实现新区发展要素的高效配置

雄安新区建设将影响未来整个环渤海地区的发展，科学确定新区产业发展方向与集聚规模十分关键，充分发挥市场在资源配置过程中的决定性作用，在重大的空间布局战略行动前，政府要在充分论证的基础上，制定合理科学的产业发展规划和政策保障机制。雄安新区的城市空间布局肩负着探索未来我国人口与经济密集城市区域优化发展和创新发展的重要任务，要防止"摊大饼"式区域扩张，使"大城市病"得到有效控制和改善。具体来看，要摒弃单一功能布局和宽马路、大广场，采用同步式布局方案，打造中央商务区组团和绿色宜居区同步，高新技术产业区组团和滨湖生态休闲区同步发展模式，采用多功能混合、立体统筹开发，通过地下管廊与轨道交通贯穿各组同步发展区，构筑密路网、小街区的空间结构，打造同步式、网络化、立体化的区域城市。通过强化整合不同开发片区优势，构建遍布新区全域分工有效、合作顺畅、相互支撑、功能完善的产城融合板块，拓展高效管理平台的有力抓手，全力打造雄安新区创新产业经济发展引擎，实现新区要素时空上的优化配置。

对引入雄安新区的产业规模和结构从长远和全局角度进行充分评估和论证，从规划妥协迁就产业向规划引导规范产业转变，坚持以发展规划为引入产业的标准，科学制定雄安新区产业发展清单，降低雄安新区发展的风险和不确定因素。雄安的发展定位是城市，原有产业区作为发展主体的固有范式必须打破，应以综合功能型片区组团布局的"产城共进"模式，明确对各产业区块采取拓展、提升、控制等不同发展策略，指导新区未来建设形成产业用地规模集约、主导业态高端、空间布局优化、功能配套完善与功能片区协调的整体发展框架思路，从而在中远期达到产业空间的重构和优化。

（六）坚持"多规融合"、周期评估与反馈，保证规划体系完整性、科学性、前瞻性与引领性

雄安新区总体规划是未来雄安城市发展的战略性蓝图，必须立足于营造美好宜居环境与共同缔造和谐社会的目标，充分体现尊重自然、顺应自然、天人合一的理念。[18]应着眼城市功能形态的开发，推动生活、生产和生态功能同步规划与协调发展，加快形成主导功能明确、空间集约、产城融合、城乡协调的发展格局。[19][20]新区发展需要综合考虑经济、社会、土地、生态、环境、基础设施、公共服务等多方面因素，在充分借鉴国际经验、科学研究论证的基础上，由新区政府牵头，协调有关部门，吸纳国际机构与人才参与，鼓励国际先进标准与技术，制定雄安新区近期、中期、远期经济结构和社会发展规划、城市发展总体规划、土地利用总体规划、产业发展规划、环境保护规划、文物保护规划、人口发展规划、综合交通发展规划、水资源保护与利用规划、文化与生态旅游资源规划、社会事业保障规划等各类专项规划。[21]要坚持"多规融合""一张蓝图绘到底"，协调融合统一各部门制定的发展目标和空间蓝图，形成"1+3+N"的雄安发展规划体系："1"指雄安新区总体规划；"3"指起步区控制性规划、启动区控制性详细规划和白洋淀生态环境治理和保护规划；"N"指多个专项规划和重大课题研究。[22]以此保证规划体系完整性、科学性、前瞻性与引领性，形成引导新区健康、持续发展的蓝图。

为维护规划权威性，保障新区总体规划顺利、有序实施，要建立高效统一的规划建设管理体制和强有力的技术支撑体系，确立雄安新区"一级政府、一级事权、一级规划"责权利明确的管理执行体系。建立雄安新区总体规划全过程、周期性、常态化的评估与维护机制[23]，定期对规划实施情况进行第三方评估，充分引导新区内居民、企事业单位、合作建设单位等多主体广泛参与，有效监督和评估规划实施过程和实施效果，并及时对规划进行修改和完善。

参考文献

[1] 中共中央、国务院决定设立河北雄安新区. [EB/OL]. 2017-04-01. http://www.gov.cn/xinwen/2017-04/01/content_5182824.htm.

[2] 习近平. 中国共产党第十九次全国代表大会报告——决胜全面建成小康社会，夺取新时代中国特色社会主义伟大胜利[EB/OL]. 2017-10-27. http://news.xinhuanet.com/2017-10/27/c_1121867567.htm.

[3] 李万峰. 卫星城理论的产生、演变及对我国新型城镇化的启示[J]. 经济研究参考，2014（41）：4-8.

[4] 谷海洪. 由"第三部门"主导的区域规划的成功范例——纽约大都市区规划[J]. 国际城市规划，2007（5）：36-41.

[5] 杨开忠. 雄安新区规划建设要处理好的几个重要关系[J]. 经济学动态，2017（7）：8-10.

[6] 范周. 雄安新区研究的理论增长点——基于文化、产业、民生的现实维度[J]. 山东大学学报（哲学社会科学版），2017（5）：1-14.

[7] "雄安新区资源环境承载力评价和调控提升研究"课题组，葛全胜，杨林生，金凤君，朱会义. 雄安新区资源环境承载力评价和调控提升研究[J]. 中国科学院院刊，2017（11）：1206-1215.

[8] 封志明，杨艳昭，游珍. 雄安新区的人口与水土资源承载力[J]. 中国科学院院刊，2017（11）：1216-1223.

[9] 夏军，张永勇. 雄安新区建设水安全保障面临的问题与挑战[J]. 中国科学院院刊，2017（11）：1199-1205.

[10] 李晓江. 坚持生态优先构建水城共融的雄安新区[EB/OL]. 2017-04-12. http://news.xinhuanet.com/talking/character/2017041209.htm.

[11] 刘士林. 雄安新区战略解读与战略规划[J]. 学术界，2017（6）：5-12.

[12] 李兰冰，郭琪，吕程. 雄安新区与京津冀世界级城市群建设[J]. 南开学报（哲学社会科学版），2017（04）：22-31.

[13] 刘秉镰. 雄安新区与京津冀协同开放战略[J]. 经济学动态，2017（7）：12-13.

[14] 千年大计、国家大事——以习近平同志为核心的党中央决策：河北雄安新区规划建设纪实[EB/OL]. 2017-04-14. http://cpc.people.com.cn/n1/2017/0414/c64387-29209724.html.

[15] 肖金成. 雄安新区：定位、规划与建设[J]. 领导科学论坛，2017（16）：43-53.

[16] 孙久文. 雄安新区的意义、价值与规划思路[J]. 经济学动态，2017（7）：6-8.

[17] 倪鹏飞. 雄安新区：建设可持续竞争力的理想城市[J]. 中国科学院院刊，2017（11）：1260-1265.

[18] 毛其智. 不断提高城市规划管理科学水平[N].

人民日报，2014 – 03 – 21.

[19] 刘瑞. 中国社会科学院雄安发展研究智库成立[N]. 中国城市报，2014 – 07 – 24.

[20] 顾军. 空间拓展和重构并举的转型发展规划——浦东新区总体规划修编工作的一些思考[J]. 城市规划，2011（1）：132 – 136.

[21] 方创琳，杨俊宴，匡文慧. 京津冀协同发展中推进雄安新区"多规合一"的基本策略与建议[J]. 中国科学院院刊，2017（11）：1192 – 1198.

[22] 何立峰. 高起点高标准推进河北雄安新区规划建设[J]. 中国经贸导刊，2017（12）：4 – 5.

[23]《城市总体规划编制改革与创新》总报告课题组. 城市总体规划编制改革与创新思路研究[J]. 城市规划，2014（2）：84 – 89.

Reference and Reflection on the Planning and Construction of Typical Metropolitan Metro in Foreign Countries for the Construction of Xiong'an New District

Liu Jiajun

Abstract：By combing analyze the experience and lessons of new town planning and construction of a typical metropolitan area in the process, it can be seen, the Xiong'an New construction should fully learn from foreign experience in planning and construction of New Town metropolitan area. It should clarify the comprehensive deployment and implementation measures of urban nature, development goals, scale of development, land use, spatial layout and construction of Xiong'an New District for a certain period of time, and make overall arrangements for the future functional distribution in the region. Meanwhile, the city should focus on the development of functional morphology, and promote life, production and ecological functions synchronized planning and coordinated development, accelerate the formation of the dominant features a clear, space intensive, production integration of the city, urban and rural coordinated development pattern.

Key Words：Xiong'an New District；Experience and Reference；Planning and Construction；Urban Development